泛台海区域国学家文库

林惠祥文集

(下)

蒋炳钊 吴春明 主编

厦门大学出版社 国家一级出版社
XIAMEN UNIVERSITY PRESS 全国百佳图书出版单位

目　录

（下）

第三辑

考古学通论

第一章　绪论…………………………………………………………… 1
第二章　考古学所发现的原始时代史…………………………………… 9
第三章　史前的古迹……………………………………………………… 23
第四章　有史时代古迹…………………………………………………… 30
第五章　石器……………………………………………………………… 39
第六章　铜器……………………………………………………………… 44
第七章　陶瓷器…………………………………………………………… 57
第八章　玉器、明器、骨角器…………………………………………… 62
第九章　考察和发掘的技术……………………………………………… 69
第十章　古迹古物的研究………………………………………………… 79

为什么要保存古物

引言………………………………………………………………………… 95
第一章　古物的意义及其分类法………………………………………… 103
第二章　各种古物概说…………………………………………………… 105
第三章　古物有什么用处………………………………………………… 114
第四章　古物应怎样保存………………………………………………… 120
后记………………………………………………………………………… 135

算命的研究和批判

前言………………………………………………………………………… 136
第一章　命是什么？为什么人会信命？………………………………… 137

第二章 中国算命术的沿革	140
第三章 中国算命术的根本观念	145
第四章 算命术的推算法	157
第五章 算命术的批判	171

A NEOLITHIC SITE IN WUPING, FUKIEN ... 181
福建武平县新石器时代遗址 ... 194
福建南部的新石器时代遗址 ... 234
1950年厦门大学泉州考古队报告 ... 256
福建闽侯县甘蔗恒心联乡新石器时代遗址考察报告 ... 274
台湾石器时代遗物的研究 ... 308
1956年厦门大学考古实习队报告 ... 331
福建长汀县河田区新石器时代遗址 ... 362
中国东南区新石器文化特征之一：有段石锛 ... 424
香港新石器时代遗物发现追记 ... 463
马来亚吉打州石器时代考古追记 ... 466
福建龙岩石器时代遗址的发现 ... 483
福建厦门史前遗物发现追记 ... 500
福建南安新石器发现追记 ... 503
福建惠安史前遗物的发现 ... 505
雷公石考 ... 507
论长住娘家风俗的起源及母系制到父系制的过渡 ... 513
晋江南安惠安所发现的新石器 ... 535

时尚 ... 537
南洋华侨应发展文化事业 ... 542

悼蔡子民先生	547
悼叶君遂安	549
教师之自觉	550
办理本校(钟灵中学)之计划及其实施	551
(钟灵中学)小规模图书馆分类编目简法	558
(新加坡)新民学校周年纪念刊序	571
林惠祥《告社会书》	572
林惠祥对钟灵中学董事会"告侨胞书"之解答	574
徐悲鸿教授作品之另一看法	576
忆厦门	579
新加坡大检举逃生记	580
述检	584
《晋江新志》校订者序	586
文化相关性与文化失调	588
厦门大学"上古史"	593
查字写话的速成识字法	595
厦门大学应设立"人类学系"、"人类学研究所"及"人类博物馆"建议书	609
国立厦门大学添设历史研究所计划书	619
捐赠古物标本及图书提议设立人类博物馆筹备处呈函	628
林惠祥捐献厦门大学人类博物馆筹备处古物标本细目、图书细目	636
林惠祥第二次赠送厦门大学人类博物馆文物图书清单	685
厦门大学设立人类博物馆筹备处计划书	693

倡建华侨博物院缘起 …………………………… 703

捐送旧屋及基地给厦大证明字 ………………… 705

林惠祥教授遗物及遗书稿清单 ………………… 707

诗词 …………………………………………… 711

林惠祥年谱 …………………………………… 723

图集

考 古 学 通 论

第一章　绪　论

第一节　从没有考古学的知识讲起

没有考古学，在人类的知识上，会有影响吗？有的。会使历史知识的范围狭小难于增加，会使人由曲解古物或完全不识古物，而误解过去的史实，或者还会使人迷信，而有害于实际的生活。试举数例于下：

在春秋时，最博学的孔子曾说："夏礼吾能言之，杞不足征也；殷礼吾能言之，宋不足征也。文献不足故也，足则吾能征之矣。"可见孔子在周代，已经因为文献不足，对于前二代的史实便不能明了了。在我们今日，殷代的礼是可以征的，因为我们发现了孔子所不知的甲骨文；夏代的情形也已经略知一二，因为我们看见了夏朝人所使用的器具陶器，而这便是考古学的成绩。

罗马史家记载古希腊人曾发掘一个坟墓，内有陶器瓶和一块铜牌，牌上雕着无人认识的字，他们送去请问当时最有学问的埃及僧侣，埃及僧侣不识，却假装懂得，回说这是突累战争（Troy，古希腊有史之初的故事）时的东西。其实，这个墓是属于有史以前迈先尼时代（Mycenaean Period）的，当时的希腊人还不知道在他们之前还有一个迈先尼时代，他们已经完全是数典忘祖了。我们现在的人却能知道这迈先尼时代的详细情形，这也是考古学的成绩。不但迈先尼，便是古埃及、巴比伦、业述的历史，也都是考古学所赐给我们的知识，因为这些都是文献不足征的。还有印度的例，印度在三四千年前便开化，中世衰落，人民的文化水平也降低，几乎完全忘记古代的光荣。近来经考古学家将地下的古建筑物和古物发掘出来，印度人方知道自己国家古代的历史，而引以自豪，增加了独立自主的信心。还有爪哇在中世纪曾建大国，造了极伟大的佛塿（石雕建筑），后被尘封土掩，埋没不见，近经发掘而再现于世，印尼人便受古人遗物的感动，提高了民族自尊心。还有安南的安壑古迹（Anyhon），也有同样的情形。这些都是考古学的贡献。

还有我们人类起源的历史，以前未有考古学发现的时候，怎样回答这问题呢？西洋人说人是上帝在公元前4004年10月26日上午9时创造的。我国人说自盘古氏开天辟地到孔子获麟之岁，共有3276000年，其间有蛇身人面的伏羲氏、牛头的神农氏等人物。这些话都载在辉煌史籍的前头，你如不信还有什么办法？

还有古人的生活和社会是怎样的呢？资本主义的学者说人类从古从来便有私产制度，封建社会的学者说人类是从来便行封建制度。我们如要知道人类是否确实这样，便应当探究人类更早的状况，然而要做这事，没有考古学的知识是做不来的。因为最古的时代既无文献可征，便须根据遗物，然而若无考古学知识，便是发现了遗物也不能懂得，而且会反生曲解，甚至流于迷信。例如上古人类只有石器即石刀、石斧来做工具，这可以证明上古人类生产力薄弱，生活困苦必定实行原始共产制度，而非封建制度，或资本主义制度。又可以证明人类的文化都是依靠初时的劳动来的，而明了劳动创造世界的道理。这在我们现在是这样想，然而在以前，没有考古学知识的人怎样想呢？唐宋以来如发现石器，当时的人便以为是雷公斧，雷公打人时掉下钻入土内的，人得了它可以辟除鬼怪，特别拿去进贡皇帝。欧洲人在以前考古学未发明时也有同样的迷信，他们称石箭镞为仙箭，石斧也称为是雷斧。

还有更可笑的，由于不明古物的性质，对待古物的态度便很荒唐。汉武帝希望得到三代相传的九鼎，便有方士造了假鼎，说是从汾水取出的，他也上了大当，改元为元鼎。有的皇帝却相信古物会生妖怪，而将它毁坏，如隋文帝"平陈所得古器，多为妖变，悉命毁之"。金代也有这事。更有一事，以前的人都把它当做事实，没有人指破。湖北有八阵图遗迹，传说是诸葛亮所摆的，用许多大石排列起来变成千军万马以围困吴将，文人学士也相信它，杜甫便咏叹说："功盖三分国，名成八阵图，江流石不转，遗恨失吞吴。"其实这些巨石阵是史前的古人所排的，用以纪念重大的事件，或行宗教仪式。同样的石阵曾发现于欧亚许多地方，考古学家称之为"巨石纪念物"，那种风俗为"巨石文化"。

照上面所说，如到现在还没有考古学的知识，我们所知晓的历史范围岂不是要窄得多，我们对于古物古迹岂不是会照旧误解或依然迷信？

苏联著名考古学家吉谢列夫曾郑重地指出考古知识的重要，他说："考古学是离开生活很远的一种科学，这种见解是非常谬误的。这种见解是与马克思主义的世界观根本不符的。"

第二节　考古学的沿革和名称

考古学的起源很早,我国自汉代始,出土的三代古物日多,渐引起学者注意。到了宋代,便发生所谓金石之学,到清代达到很盛地步。四五十年来西洋的考古学方法传入我国,于是我国的考古学更有了长足的进步,重要古迹相继发现,如安阳殷墟、敦煌石室、仰韶遗址,尤其重要的是北京猿人,这些都是富有世界史意义的大发现。解放后,考古事业受了政府的重视,这一种学问今后的加速发展是可以预断的事。

至于考古学的名称,中文是沿用日本名词,日本是译自西文,西文名 archaeology 或 archaeologie,都出自古希腊文 apxaιολο ria,原由 archaeo(意为古事物)缀入 logy(意为学问),二字合成意义是古代的研究或古代史,不是现今所用的意义。这新的意义始自德国海纳氏(C. G. Heyne)在 1767 年著的《古代希腊罗马美术考古学》,这才是近代的考古学的意义。

第三节　考古学的定义

关于考古学的定义,各家所拟略有不同,试举数则如下:

1. 英文《社会科学百科全书》(*Encyclopaedia of Social Sciences*)中克娄伯氏(A. L. Kroeber)说,考古学是研究始源的学问。这说太泛。

2. 纽吞氏(Neuton C. J.)其在论文《论考古学》(*On The Study of Archaeology. 1850*)中说,考古学的资料包括口述的、记载的和古物的三种,所以"考古学是研究人类一切过去情形的学问"。这说连口述的传说和记载的史籍都包在内,范围也嫌太大。

3. 克拉克氏(Clark G.)说,考古学研究人类过去怎样生活。这说也不切实。(据 *Archaeology And Society*)。

4.《英国百科全书》(*Encydopaedia Britannic*)第一条说,考古学是研究古昔事物的泛称,但意义前后有变迁,在以前用以专指关于古希腊罗马的遗物之研究,其后用以包括全部古人类生活的研究,由人类的出现到中世纪为止。这一条也不十分明晰。

5. 卡逊氏(Cassons)说,考古学是研究过去遗物的学问(见所著《考古学》)。这一条提出"遗物",比较明确。

6. 滨田耕作说:"考古学是研究过去人类'物质的遗留'的学问。"这一条同上。

《英国百科全书》第二条说,考古学研究人类历史的证据,不论那种遗物的本身有没有艺术价值。这一条提出"证据"二字,表明遗物的功用。

比较切实的定义,折中并综合以上的诸家定义,我们可另定一条如下:考古学是根据过去的遗物以研究人类历史的学问。这一个定义说明考古学是研究人类历史的学问,同于前四条。但是这样不很切实,不能和一般的历史区别,所以须再指明是根据遗物来研究的,这样便指出考古学的特点,和一般的历史便有区别了。但这一条也还是不够正确,因为它只是就考古学的形式而论,未涉及考古学的内容。考古学所研究的人类历史不应专指那些统治阶级的片面历史,也不应指那些无关紧要的零星事物,考古学所应研究的主要是有关劳动人民的被遗忘了的过去事物。因此,考古学的定义应当说是:"考古学是根据过去遗物以研究过去人类历史的科学。"

第四节　考古学的分科

考古学的范围很广,所以其内容可分为几个部门。分科的标准可就时间分,或就地方、民族分,或就材料分。略举于下。

1. 就时间分

考古学所可应用的时间很长,自有人类以来至于过去数百年前可分三段:

(1)原始时代考古学。以前名为史前考古学,又名史前学或史前史,又译先史学,研究全无文献的有史以前的时代,所根据的遗物是人骨、石器、骨器以及铜器等。

(2)有史初期考古学。文化初开始有文字,但记载还少,文献不足的时代,例如我国的商代,西方的埃及、巴比伦等,仍应用考古学,发掘古迹古物,来补充它的历史。原史是初期历史的意思。

(3)有史时代考古学。这是文化发达已有很多记载的时代,如我国周代以来直至明末清初,西洋的希腊、罗马以至十六七世纪,有时也需要考古学来帮助,因为文献无征、记载不足的史事,仍必须根据遗迹遗物来补足它。

2. 就地方或民族分

这犹如国别史一样,各国的人常特别发展本国的考古学,但也有研究别国的考古学者。举例如下:

(1)中国考古学。

(2)苏联考古学。

(3)埃及考古学。

(4)西亚考古学。即巴比伦、阿述、波斯、阿拉伯等国的考古学。

(5)印度考古学。

(6)欧洲考古学。其中有一支是希腊罗马考古学,又称为古典考古学。

（7）美洲考古学。在哥伦布以前，墨西哥和秘鲁都是曾有过文明初期的古国，所以也有多人研究它。

（8）南洋考古学。爪哇、苏门答腊、安南、马来半岛以前也有过文明兴盛的时代，后来反湮没不彰，近来曾有考古学家发掘不少伟大古迹出来。

（9）日本考古学。日本历史虽短，但连史前算在内也有不少遗址遗物，所以日本的考古学也很发达。

（10）其他。

3. 就材料分

遗迹遗物种类很多，所以也可依其种类而分别研究。考古学家不限一种，收藏家却常只限一种。略举数种如下：

（1）陶瓷学。研究陶器瓷器，收藏家最喜瓷器，考古家却更注意陶器。

（2）金石学。其实可分为铜器学与碑刻学二种。

（3）甲骨学。研究商代的龟甲兽骨上的文字，以研究商代历史。

（4）古泉学。研究历代钱币。

（5）明器学。研究古人殉葬的明器。

（6）古兵器学。研究古代兵器。

（7）古书画学。考古学家不是研究书画的艺术，而是要根据书画去证明历史。

（8）古建筑学。研究古墓、宫殿、寺庙、古塔等。

第五节　考古学的效用

这是说考古学有甚么目标。在第一节中，我们提及考古学的效用，现在再作系统的说明。各家对于考古学的效用，说法很多，现在按照其正确的程度，从浅的说起。

1. 肤浅的说法

这一类说法，大都为要引起一般人的注意，所以说得通俗。

（1）"惊奇和满足两要素，在考古学里面，比较在别种学问里还要多些。"（Magic Spades）

（2）"人类的好奇心，或爱真理的心存在一日，考古家不会被人当做无用的人。"

2. 正确的说法

这便是说考古学的目标，是要发现或补足过去的历史。分析言之：

（1）发现或重构无文献的时代的历史。例如史前时代或埃及、巴比伦、迈先尼等古国以及被遗忘的马耶（在墨西哥）、印卡（在秘鲁）二国的历史，曾由考古学的发现而增添了全篇的历史(见 Cassons 书)。

(2)补足文献的不及或纠其错误。即便在文献丰富的历史时代,有时也需要考古的发现来填补遗漏,增添一二段叙述,或者甚至修正流行的谬误,例如史书常说斯巴达人生活很严肃,似乎出自天性,从来便是这样的。近来考古学上发觉斯巴达人在以前原来很放浪,后来方改变(见 Cassons 书)。

3. 更具体的说法

具体的例很多,略举几条重要的如下:

(1)明了人类出现和文化起源的历史。从猿到人以及原始时代创造发明的历史部分,须依靠考古学来发现。

(2)了解劳动的价值。凡古物古迹都是人类劳动的结果,不劳动的人决不会留下古物,无论石器、铜器、铁器、陶器、瓷器等,都代表着古人劳动的价值,可以证明劳动创造世界这条真理。

(3)帮助学习社会发展史。知道了有阶级的社会以前还有非常长的无阶级的原始共产社会,可以使我们知道人剥削人以及私有财产的事,不是人类天性所带来的。要明了这原始社会的一段,必须依靠考古学来供给一部分材料(另一部分是人类学供给的)。到了有阶级的社会,又因为执笔的人都属上等人,常不肯据实把当时的实际情形全部记录下来,须依靠发现于地下的遗物来推测当时的事实,如奴隶的殉葬、贵族的奢侈、封建地主的压迫农民、奴隶与贫民的痛苦生活等,都可由遗迹遗物而暴露出来。

(4)引起进步的观念以促进人类文化的发展。看见了各时代的古物各有不同,随着时间而发展进步,例如石器、铜器、铁器的递进,陶器进为瓷器,无形之中使人有进步的观念,知道将来必定胜于现在,便不敢顽固守旧。

(5)引起人类一致的观念,促进人类的团结。各国或各民族的生活、言语不同,形貌有异,阻碍了人类的团结和平。然而考古学上的遗骨遗物却表现各地各种人在骨骼上都是相同的,遗物也有相同之处,例如石器在隔离很远的两民族间都极为相似,这都可以使人相信世界人类原是一家(见 Clark 书),而消灭狭隘的民族中心主义。

第六节　考古学家与古董学家的区别

一般人常把考古学家看做和古董家相同,这是错误的。其差异如下:

1. 古董家

自古古董家便是收藏家或业余爱好者,他只选取他觉得有趣的东西,只凭他个人的兴趣所在来收藏一件东西,并不注意那件东西的含义,及其对于历史的贡献。

2. 考古学家

考古学家则须运用科学方法来考证某个时代,或某一件事物的历史,同时又须考究到一切可能涉及别种知识或别个时代的关系(见 Cassons 书)。考古学家的异于古董家之处,又可由其态度看出:

(1)注意古物的意义而不注重古物的本身。考古学家不能不靠遗物来推想古人生活的情况,他所注意的遗物常是外表不足动人的,他所注意的实是在人而不在物,他不过将物来当做证据而已。所以就这一点说,考古学家和犯罪学家是相同的。

(2)重在研究而不重在个人的收藏。考古学家只注意古物的研究价值,而不注意其经济价值。因此,真正的考古学家决不偷窃和占夺古物,私有的也肯献出来交给国家保存陈列,以供考古研究。

第七节 考古学与其他学科的关系

和考古学有关的科学很多,主要有:

1.历史学。历史学从广义言之,可以包括考古学,如从狭义言只指文献的研究,也可将考古学当做重要的工具,以补文献之不足。研究历史的方法最好是有实在的证据,如能获得遗物以证明理论,便是言之有物。所以考古也是历史学的一种方法。考古学如考证有史时代的古物,也应参考文献的记载,以助说明,所以两者之间极有关系。

2.人类学。发现史前遗迹遗物时,须参考现存原始民族的现状,以解释古代原始民族的生活。因此原始时代考古学也兼属人类学的范围内,所以考古学与人类学的内容有一部分相同。

3.地质学及古生物学。研究史前遗址如属旧石器时代,常须依赖这两个学科以推断遗址的时代。

4.古文字学。古物如附有古文字的,必须应用古文字学来解释它。反之古物的发现却常连带发现古文字。因此,古文字学须赖考古学而增加材料,例如埃及的象形文字雕在建筑物或器物上,巴比伦的楔形文字雕在泥砖上,中国商代的甲骨文雕在龟甲兽骨上,金文铸在铜器上,美洲马耶和印卡两国的古文字雕在建筑物品上,这些文字都由考古学家发现而重现于世。

5.艺术。古迹古物之中虽不一定都有艺术性质,然而有一部分却实在便是艺术作品,如图画、雕刻品、塑造物、建筑物等都是。所以考古发现愈多,古艺术品出现也愈多,而艺术史的材料也愈增加,可见考古学与艺术极有关系。

6.工艺。古迹古物之中有一部分虽没有艺术价值,然而也可藉以明了古代的工艺,如陶器、石器、建筑等,要探究这些工艺的起源,也应当借助于考古学。

7.解剖学。考古学家如发现史前人类的遗骨,自己不能确断是否属于人类,是古人类或现在人类,是人体上哪一部分的骨,便应当送交解剖学家研究。

8.化学。考古学上的古物,如铜器的成分,须请化学家分析;又如陶瓷器也应请化学家帮助鉴定,方能确定其成分、制法,而帮助决定其年代及真伪。

第八节　考古学的资料

考古学的资料,便是人类遗留下来的"物质的遗存"。

一、人类遗留的原因

1. 自然留下的,即人类自身的遗骨,死时自然留下。
2. 有意创造而留下的,如建筑物、坟墓、工具、艺术品、武器等。
3. 无意留下的,如手指痕、足迹、烧火遗迹、战争遗迹、食余遗迹等。
4. 间接留下的,如家畜的遗骨遗粪。

二、遗存的种类

遗存有二大类,每类再分为许多小类。这里只论大类,小类须分章详论。

1. 遗物

指形体不大、可以移动的东西,这是狭义的遗物,也便是所谓"古物",如铜器、陶器等。古物和古董或美术品常被人视为同一的东西,这是不对的,应加区别。

(1)古董和古物的区别。古董或称骨董,是有美术价值或商品价值,但不一定有学术价值的古物。古物不一定有美术价值或商品价值,但一定有学术价值。古董的意义,一说以为"董"是管理的意义,又一说以为"董"是懂得的意义(见卫聚贤《中国考古学史》);又一说以为"董"是治的意义(见董其昌《骨董十三说》)。第一与第三相类,可合并,或者古董便是这样的意义。但古字又作"骨",更为难解。董其昌说:"什古器物不类者为类,名骨董。"又说"骨"字便是"骨肉之骨",意义总是不明。他又说明骨董的性质:"今之骨董,古人用物也,其制作精工,非今人所及","或古人之服食制度不可见,见藉服食之器而贵重之,可以征好古之心,人所同然"。他又说骨董的效用是:"骨董之可贵为其长寿也","玩骨董有却病延年之效","骨董今之玩物也,唯贤者能好之而无改","人之好骨董即高出于世俗"。董其昌的话表现封建社会士大夫的心理,古董在他们不过是玩物而已,不是我们现在所谓古物。另有章太炎从文字学方面解释骨董的意义,他说《说文》中有"匫"字,在篆体作[匫],训为古器。这字或者是骨董的"骨"字的来源。

（2）艺术品和古物的区别。古物一部分是艺术品,但古物的价值却并不以艺术价值为标准。

2. 遗址或遗迹

这是古人留下的固定的遗存,是体积或面积大,不能移动的,例如建筑物（家屋、坟墓等）或自然场所（洞穴、战场等）。

三、遗物遗址的名称

新发现的遗物或遗址应给它一个名称,但这名称最好勿用时代或民族的名称,以避免后来发觉错误又须修改。考古学上的惯例,常以最初发现的地方的名为遗物或遗址的名。例如,日本东京本卿弥生町最初发现的陶器,便称为弥生式陶器。河南渑池县仰韶村最初发现的新石器文化便称为仰韶文化,时间上便是仰韶期。

第二章 考古学所发现的原始时代史

第一节 总 论

一、原始时代史是怎样发现的

人类对于自己的由来以及各种事物的起源,是从来有浓厚的兴趣而希望知道的。但是,每一个进入有史时代的开化的民族,由于以前的原始时代无文字记载遗留于后世,都已经不能追溯上去,只能随便猜测。而且有史时代的社会便是阶级社会,统治阶级常利用关于原始社会的猜测,造作有利于本阶级的故事,于是后来的人对于原始时代的真相便更蒙上一层烟幕了。我们试看以前的推测,大都很为可笑,其中虽也有少数个人有比较正确的推测,但却不为社会所接受。

就我国言之,盘古开天地,女娲造人,都是关于人的起源的传说,自然都是荒唐可笑的,而且女娲造人有优劣之别,更是阶级社会意识的表现。至于事物,即文化的起源,东汉时袁康著《越绝书》说:"轩辕神农之时以石为兵,禹时以铜为兵,后代方有铁兵。"明明指出原始时代是使用石器的,便是石器时代,以后是铜器时代和铁器时代,这是非常正确的话。可惜一般人都不理会。一直到了清代,对于原始时代的事物还是全无认识,如唐宋人发现出土的石器认为是"雷公斧",唐代楚州刺史曾将一枚进贡于皇帝。明代李时珍的《本草纲目》也将"雷斧"列入作为一种药物。外国的情形也和我国一样,上帝造人的传说等于女娲氏的笑话。外国也有像袁康的人,如罗马的鲁克列寿(Lucnetius),指出人类曾经石、铜、铁三时代,但不为一般人所接受。到了十七八世纪,德国人也还将石斧称为"雷斧"。

到了一二百年前,古物出现日多,考古学成立,方才逐渐了解原始时代的真相。北欧最先发现大量石器,丹麦的考古学者汤姆森(C. J. Thomsen)方确定石、铜、铁三时代的联续。以后欧洲各地发现很多,便将石器时代再分为旧石器、新石器二期,其后还各再细分为数个分期。此外,埃及、西亚、中亚、印度、南洋也都有发现,日本人发现也不少。我国二三十年来这种发现也越来越多。现在对于原始时代的真相已经可以明了一部分,今后一定可以知道得更多更详细,这是可以断言的。

二、原始时代史的性质

原始时代史的性质便是有文字记载以前的历史,也即是史前考古学所考出来的历史。其材料便是古迹古物。古物之中包括古人类的遗骨及其所制造使用的器物,器物之中尤以生产工具为最重要。原始时代史的效用是可以使我们明了人类的起源,以及人类初期即社会发展史上第一个阶段——原始共产社会的状况。这种知识对于我们现代人的思想是有关系的,因为凡是反对共产主义的人,必定不信原始时代是共产社会。这种知识可以石器等物为证,来说明原始时代必定是共产的,并且可以证明劳动创造了世界的道理。

三、地球生物人类的出现年代

人类是由生物进化而成,生物是生于地球上的,所以要了解人类的来源,必须连带追溯到生物的起源和地球的起源。后二者不是考古学的任务,我们只须请教天文学家、地质学家和古生物学家,便可以知道一个大概。他们的研究大略如下:

地球自气体形成固体,大约起自48万万年前。到了成为固体,地壳冷却而成为土石,便有地质年代可稽。据地质学的研究,地壳形成到现在可分为几个时代,其年数各家估计还无一定的意见,相差达10倍以上。现在采取一种最低限度的估计,列举于下:

1. 太古代。长约4000万年,占全部地质年代的十分之六。全部地质年代最低数是七八千万年(这是最低的估计,最高的估计达十余万万年)。这一时期还没有生物。

2. 古生代。长约2400万年,约占全部时间的三分之一。这时代生物出现,自单细胞动物进化到鱼类两栖类(这一期又称为第一纪,是从生物发生算起的。)

3. 中生代。长约900万年,约占十分之一的时间。这一期又称为爬虫时代,因为动物进化到爬虫类。当时的爬虫种类很多,其中有称为恐龙的,非常大,有达十几丈的。这些大爬虫到这一期末都绝种了,只剩了小爬虫数种存留到现在(这一期又称为第二纪)。

4. 新生代。长约300万年,约占全部时间的四十分之一(也有估为五六千万年的)。这一期再分为前后两段。

(1)前段——第三纪,长约250万年。这是哺乳类的时代,各种哺乳的兽类相继出现,到了灵长类即猿猴为止。

(2)后段——第四纪,长约50万年,这是最低的估计,也有估为100万年的。这是人类的时代,人类在这期之初便出现了。第四纪还可再分为两个小期。

①洪积世:又称冰河世。自50万年前到1万年前为止,其时河水多结成冰河,气候非常寒冷。人类自猿人进化到了真人。

②冲积世:自1万年前到现在,冰融成水冲刷土壤,积成现在的地面。人类的体貌已经和现在的人无异,但由环境的不同而分为种族。

四、原始时代分期

第四纪人类时代,50万年中约有495000年以上都是没有文字记载的时代,也即是原始共产社会,简称为原始时代。原始时代的分期是根据人类所使用的生产工具的种类而分,即前面所说的石、铜、铁三大时代。石器时代最长,故再分为小分期;分期的名称比较确定,但各期年数还未有一致的意见,现在也采取最低的标准。各期中的人类和文化特征也应当连带指出,以便明了整个原始时代的情形。表1-1是原始时代分期简表(时间据最低估计),是著者综众说加以自己意见而作成的,因为不能单据一说。

表 1-1　原始时代分期简表

分期			时间(距今年数)	人类	石器特征	其他
（始石器时代）			第三纪？50万年—5万年	爪哇猿人 华南巨人 北京猿人 丁村化石人	人工少，不规则，无一定形式	兼用木器，采集天产为生，利用天然火，树居穴居，结成游群，乱婚，行原始共产。
旧石器时代	前期	1.先舍利期	15万年—5万年	海德尔堡人	渐有一定形式，发明剥制法。	同上，继续改进。
		2.舍利期				
		3.阿修尔期		尼人或已发生	剥去石片，只用中心为石器。	
	中期	4.穆斯特期	5万年—25000年	尼安德他儿人（欧洲西亚）河套人（中国）	石片也用为石器，常只加工一面。	狩猎进步，皮衣游群渐大，穴居，以物殉葬。
	后期	5.粤利纳期	25000年—14000年	克罗马囊人（欧洲）山顶洞人（中国）资阳人（中国）	方法改进，二面加工石器，雕刻琢磨最精。多用长条石片。	发明人工取火，渔猎更精，发明标枪，多用骨角器，用骨针缝皮衣，能雕刻绘画，氏族萌芽。
		6.索留特累期				
		7.马达冷期				
中石器时代			14000年—10000年	同上的子孙	除上述石器外，多用细石片装于木柄上。	大略同上，但绘画雕刻退步，后期发明弓箭。
新石器时代			10000年—5000年	同上的子孙，和有史时代人相同	石器先磨锋口，后磨全面；又发明穿孔法。	陶器发明，华北有彩陶，华东有黑陶，华面有印纹陶。农业畜牧业发生，定住造屋，纺织，母系氏族制发达，仍行共产。末期转入父系氏族。
	欧洲有康辟尼其罗、宾火斯期、卡那期等。中国华北有齐家期、仰韶期、龙山期。华南另有一种文化。					
铜器时代	纯铜时代 即金石并用时代		5000年—4000年	有史时代的种族已形成	纯铜效用不大，利器仍多用石。	中国及其他早开化民族，奴隶及私有财产发生，原始社会渐解体。文字发明。落后民族尚未。
	青铜时代（中国在商）		4000年—3000年		青铜器代替石器。	中国及其他早开化国家进入奴隶社会，国家发生。落后民族原始社会渐解体。
铁器时代（周以后）			3000年—现代	种族分合错综	铁初用为农具，后用为兵器。	中国及其他早开化民族进入封建社会。落后民族方将脱离原始社会。

第二节　各种古人类的出现

古代的人不能明了人类的来源,所以有了上述的女娲造人、上帝造人等神话,直到近代生物学家达尔文提出进化论,方才彻底打破了以前的神话。达尔文于1859年发表《物种起源》,1871年发表《人类由来》,说明人类是从低等动物进化而成,其最近的祖先是一种古代猿类,这是很大的发现。但是人类的祖先猿类为什么会进化成为人类,达尔文还没有正确的解释。1876年恩格斯发表了《劳动在从猿到人过程中的作用》,说人类的祖先因为气候变化,从树上下来,到地面上生活,从此手足分工,足专管走路,手专管劳动,他们的劳动是制造和使用工具,与其他猿猴不同。

由这样的劳动,身体便变成直立,手指变得适于把握工具,头脑也变得发达,于是便成为原始的人类了。这一学说可简称为劳动创造人类说,弥补了达尔文进化论的不足,使我们彻底明了人类出现的原因(这个问题在体质人类学上有详细说明,这里无需详论)。

考古学上的发现可以证明上述的观点,并可推知人类出现的时间和地点。综合多次的发现,可以推测一个大略。如上所述,到了第三纪之末已有猿猴类即灵长类出现,故人类的出现应在第四纪之初,即约在50万年前。人既然是由猿进化而成,那末人类的祖先也便是古猿类的一种,其体质特征应当介于人与现代猿猴之间,这种古猿是联系猿与人之间的一个环。以前未找到它,故称为"失去的环",现在这个失去的环已经找到了。在非洲曾发现一种古猿的遗骨,名为南方古猿,但其生存时代不很古。又在印度北方喜马拉雅山之南西洼地方也发现一种古猿的遗骨,名为西洼古猿。有一种说法,以为当时还无喜马拉雅山,这种古猿散布很广,北到中亚、新疆、蒙古,后来喜马拉雅山升起,北方的古猿因为气候变冷不能在树上生活,便跑下地面生活,从此由于劳动便改变了身体变成人类。至于在山南方的古猿,则因气候不变,仍旧在树上生活,它的子孙便成为现在的猿类,所以现在猿类多在南洋和非洲。这一说可称为亚洲起源说,似乎比较近理。但是究竟人类是起源于哪一地点,现在却还未能作最后的确定,须待以后的发现。

考古学上除古猿遗骨以外,还发现了许多种古人类的遗骨,自最原始的直至真正的人类,共有十几种,分成三大类,即从猿到人的三阶段:第一是猿人阶段,第二是尼人阶段,第三是真人阶段。兹列举于下:

一、猿人阶段

1. 爪哇直立猿人(Pithecanthropus Erectus)

这是最先出现的人形的动物,因它已能用两足直立,故称为直立猿人。发现经过是在1891年,有一个荷兰医生名杜卜亚(Dubois),在爪哇中部一个村落名突里尼发现一个头盖骨、两个牙齿、一条大腿骨,他说这是介于人与猿之间的一种动物,故称为猿人。但当时多数人都不信,其后在1907年和1937年续有发现,有和前者相类似的头盖,还有下颚骨。经过学术上的争论以后,多数同意是最初出现的人类。这种猿人生存时的体貌是额非常低而且向后斜削,前头部狭窄,颚凸无下颚。眉棱骨突出,脑量870立方厘米,比人小,比猿猴大。能直立,身高达5呎7吋。在它附近还发现碎石子,大约便是它所使用的石器,属于始石器之类的。除石头外一定还使用树枝和骨角为武器,或者还能利用天然火。

2. 爪哇巨猿人(Moganthropus)

1936年在爪哇山芝兰地方发现一个下颚骨,很为巨大,证明另有一种比直立猿人身体更高大的猿人存在。这种猿人和直立猿人大约同时生存。直立猿人是人类的直系祖先,这种巨人却是旁系支派,后来绝种。

3. 中国猿人北京种(Sinanthropus Pekinensis)

又简称北京人。1927年北京地质调查所人员资丹斯基(Zdansky),在北京西南周口店石灰洞内获得一枚人齿。他认为是一种极古人类的遗物,便起了中国猿人北京种的名称。其后便正式发掘,果于1929年由裴文中发现了一个头盖骨。后来又继续发掘到抗战前,获得人骨甚多,代表38个人,中有4个头盖骨比较完整。据研究者步达生等人的意见,北京人体貌很像爪哇猿人,也是额低眉凸颚突,无下颚。但脑量1050立方厘米,比爪哇人进步。身体不高,男5呎1吋半,女4呎8吋半。它与爪哇人很相近,属同一种族,都是后来人类的直系祖先,又都代表人类进化的第一阶段。在洞穴内还发现石器很多,可知是所使用的石器,此外又必能使用木器、骨角器。洞内又发现灰及炭,可知已能用火。它们生时必定是住在洞内,合群生活,采集天产,捕猎动物,以为食物。北京人的石器很简单,还无一定型式,未分化。一件石器可兼作切割、钻刺之用。按石器的性质言之,应属于始石器之类。

4. 山西丁村化石人

1954年9月中国科学院在山西襄汾县发现了3枚人类牙齿的化石和2000多件石品。这种人类和周口店北京猿人的时代大致相同,但较为进步。其石器制作方法简单,形式很原始,材料是黑色火成岩。同时还发现牛、象和马的化石。

5. 华南巨猿人(Gigantanthropus)

1941年荷兰考古学家孔尼斯瓦(Koenigswald)在香港的中药铺买得3枚化石人齿,也属猿人之类,但非常巨大,其身体应比现代人类高大一倍。据推测,这种人应生存在华南一带,与北京人同时,或者是人类进化路线上的一个旁支,后来也绝了种。将来在华南山地或者还可发现这种人的遗骨。

6. 海德尔堡人(Homo Heidelbergensis)

以上四种属于猿人,由这一种起已可算作广义的人类(Homo),但还不是真正的人类。这种人的遗骨是 1907 年在德国海德尔堡区一个乡村中的沙坑内发现的。只有下颚骨一个,没有发现器物。证据虽少,特征却很明显,这种下颚的下部向后退缩,虽不突出,但也不像猿猴那样向后退缩得厉害,齿是人型的,明是进化中的一种古人类。

二、尼人阶段

1. 尼安德他耳人(Homo Neanderthalensis)

简称尼人(Neanderthal man),这种人代表人类进化的第二阶段,很为重要。发现经过自 1848 年起至今已有 40 多次,标准的发现地点是德国尼安德他耳地方的一个洞穴,此外在西欧、东欧各国很多地方也都有发现。遗骨很多而且完备,男女老幼都有,所以对于尼人的认识是很充分的。尼人的体貌比猿人进步,但还是富有原始的特征,所以还不能算作真正的人类。他们身体不高,男的平均 5 呎 3 吋,女的 4 呎 9 吋。腿微弯,背微曲,头大颈粗,筋骨肌肉发达,壮健有力。额顶还低,又向后削,眉棱骨还突出,口部也凸,下颚未出现,样子还丑,但比猿人好。脑量已扩大到 1400 立方厘米,介于猿人和真人之间。说话的能力大约也比猿人进步。和遗骨同时还发现多量石器,是属于旧石器中期,即穆斯特期的,所以推知这种人是生存于旧石器中期,即约自 5 万年以至 25000 年前。但这是最低的估计,有人还推溯到十几万年前。这种人的生活,因当时气候寒冷,故多住在洞穴内,从事渔猎为生,披毛皮御寒,大约已发明人工取火。这种人在欧洲到了旧石器后期真人出现时绝迹,故有人说已经绝种,没有后裔。但据近来正确的意见,认为他是人类进化过程中的中期直系祖先,他的后裔便成为旧石器后期的真人。

2. 尼人的同类

和尼人有同样特征的古人类遗骨,还发现在其他更远地方,可以说和尼人同属　种。简述如下：

(1)罗得西亚人。1921 年发现于非洲南部罗得西亚地方(Rhodesea),有颏骨一个及其他,很像尼人,但更为高大,也有石器。

(2)梭罗人。1931 年在爪哇梭罗河岸(Solo)发现头骨 11 个及其他,特征也是介于爪哇猿人与真人之间。也有石器,很粗劣,骨器很精。

(3)河套人。1923 年以后在北京的法国人桑志华曾到河套地方多次,发现很多属于旧石器中期的石器,又有一个人类门齿。据后来的研究,这是一个近似尼人的小孩门齿,可证明有使用旧石器的河套人存在。

（4）卡米耳山人。1931年至1932年在巴勒斯坦卡米耳山发现人类的遗骨很多,又有石器。人骨的特征表现为由尼人变为真人之状,石器也是属旧石器中期到后期的。

三、真人阶段

1. 克罗马囊人(Cromagnon Man)

这一种代表人类进化第三阶段,已经是属于真人(Homo Sapien),即和现代人是同类。最先是1868年在法国克罗马囊地方一个岩荫下发现5个人的遗骨和石器,以后在法、德、英、西班牙等国再发现了很多处,获得遗骨和遗物很多,所以证据也很充足。这种人的体貌已经和现代人尤其是白种人无大差别,身体还高些,男人达到5呎11吋。头盖发达,额高而宽,不再向后斜削,眉棱也平下去,颚不再凸出,下颏也出现,脑量也和现代人一样大。人类达到这种程度,已经是最高阶段,此后不再有重大的变化。而这种人大约便是白种人的祖先,其生存时间是在旧石器时代后期最少约自25000年到1万年前,和这种人骨同时还发现石器,是属于旧石器后期的。其石器比中期更为进步,又有很多加工制造的骨角器。遗址中还有雕刻物和壁画,可证他们已有艺术。他们生活还是狩猎捞鱼,但技术更精。他们合成的群会比以前更大些,氏族或者已经萌芽。

2. 格林马第人(Grimaldi Man)

这也是真人的一种。时间比克罗马囊人似稍早些,但却像是黑种人的祖先,因其遗骨有黑种人的特征,发现处是1906年在法国克罗马囊人遗址的更下层土内。

3. 山顶洞人

在北京周口店猿人洞穴山顶上的另一个洞内发现,故称为山顶洞人。其时代属旧石器后期,即和克罗马囊人大约同时,即两万余年前。发现经过是在1933年发掘得头骨7个,体骨数十。其中有的是老人,有蒙古利亚种的特征,即黄种人的祖先。另有中年妇女,像爱斯基摩人,也属黄种人。还有青年女人,却有美拉尼西亚人即南洋黑人的特征。石器不多,骨器中有骨针,可知已能缝合皮衣,又有穿孔的贝壳石子,磨光截断的鸟兽骨,大约是做饰物用的。生活也是狩猎捞鱼,但技术一定是更高的。

4. 资阳人

1951年修建成渝铁路时在四川资阳县发现头骨一个,是十四五岁的男性,属真人阶段,也有蒙古利亚种的特征。

四、中石器新石器时代的人类

万余年前中石器和新石器时代的人类遗骨,在我国和世界各地发现很多,都和现代人类无甚差别。大约自旧石器后期即两万余年前真人出现后,人类体貌便不再有重大变化,而且黄、白、黑三大种的祖先也都已经出现,以后的人都是他们的子孙了。

第三节 原始时代各期概况

一、始石器时代(Eolithic Age)

1. 时间

始石器的时间问题还未最后确定。其发现的地层可追溯到第三世纪之初,所以有人把始石器时代排在第三纪内。但是第三纪是哺乳动物的时代,还未有人类,始石器是否可列在第三纪内,现在还是一个疑问。但是由发展的眼光看来,旧石器不是最简单的东西,其前应当有更简单的始石器,所以在人类出现的初期应当是使用始石器的。人类出现如在第四纪初期,那末第四期的初期也应当称为始石器时代。这个时代的年数,按最低限度言之,约在50万年前到15万年前。

2. 人类

生存在这个时代的人类是第一阶段的人类,即猿人。如爪哇猿人、北京猿人、爪哇巨猿人、华南巨猿人。

3. 石器特征

始石器人工少,无固定型式,功用未分化,一件可兼作二三种用途。形状不规则,即不整齐、不对称,如北京猿人的石器便是这样。这种石器因不容易证实,故不容易发现,但这种简单型的石器在旧石器时代也还有。因为旧石器时代人有时贪图省力,也常制造简单的石器。

4. 始石器时代的一般状况

除石器以外,当时人类一定兼用木枝和角骨爪牙为武器。北京人的遗址中有灰和炭,可以证明这时代的人也应当能利用天然发生的火,但恐还不能由人工来生火。爪哇猿人大约也能用火。生产是靠采集天产物和猎取小动物,共同生产也共同消费,行原始共产制。住宿处多在洞穴内,如无洞穴,晚上或者栖于树上。他们结成原始群,大约包括母子或者暂时同栖的男人,男女关系是在乱婚杂交的阶段。

二、旧石器时代(Palaeolithic Age)

时间约自15万年前到14000年前,但这是就亚欧和埃及等文化早开的地方而言,其余地方可能延到更近的时期。还在使用旧石器型的石器,有的学者将旧石器时代推得更早些,但如将旧石器限于比较进步,已有一定型式的石器,便只可推到约自15万年前开始。旧石器时代人类和文化有很明显的变迁,所以再分为早、中、后三大期,每期又可再细别为小分期。石器的总特征是人工明显,有几种固定型式但尚未磨光,每期中又再有差别。

1. 旧石器时代前期

约自15万年到5万年前。遗骨和遗物发现在下层的土内,故又依地质学上的惯例,称为旧石器下层(Lower Palaeolithic Age)(或译作下期,实误)。其人类是海德尔堡人、辟尔当人,或者到将终时,尼人也已出现。石器的特征是将石块敲剥去一片一片,到只存中心一部分,成为一件石斧(Cavsde-Poing)。手斧形状不像铁的斧而像杏仁形。尖端和薄边都是锋,用以砍割刮削等。阔而厚的一端是手握处。除手斧以外,还有其他石器,如石刀、石锥、石锤等尖形器。生活还是采集和渔猎,住洞穴,披毛皮。当时是在地质学上的冰河时代,气候寒冷,动物有毛象、长角鹿、穴熊、锯齿虎等。人类天天和自然界斗争,生活很艰苦。旧石器前期的人类遗骨发现很少,但石器却很多,西欧、东欧、北非、南非、西亚、印度、南洋都有。旧石器前期还可再分为三个小分期,分期如下:

(1)先舍利期(Pre Chellean Period)。因推测在舍利期之前应还有一个时期,故名先舍利期。最先发现地点在法国,以后比利时、英国、西班牙都有。

(2)舍利期(Chellean Period)。最先发现处在法国马纳河边称为舍利的地方(Chelles)。手斧最先出现,便是用剥制的方法(ehipping)制成的。

(3)阿修尔期(Ache Ulian Period)。最先发现处在法国圣阿修尔(St. Acheul)地方。石器制法如前,但剥去的石片更细,使完成的手斧更整齐。

2. 旧石器时代中期

又称穆斯特期(Mousterian Period),没有其他分期,在整个旧石器时代是第四小分期。这一期很为重要,因为人骨发现很多,石器也不少,散布地方欧、亚、非都有。人类在西方便是尼人,在中国是河套人,在南洋是梭罗人,在非洲是罗德西亚人。这些人种都属于原始人类,不是真人类。时间至少是起自5万年前,终于25000年前。石器的制法有划时代的进步。前期只用石的中心为石器,浪费很多。这一期却将敲剥起来的石片也利用为石器,其方法是将石块敲破成一片一片,然后在其一面加工修剥,另一面原是破裂的面,不再加工。

这便是穆斯特期的特征。石器种类除手斧外还有多种,有些尖形器大约还加木柄成为长枪。最初发现地在法国穆斯特。

这一期的后段正当第四冰期,非常之冷,人类完全跑入洞穴居住。由于石器进步,因此狩猎技术也进步。仍是披毛皮为衣,用石刮刀刮制毛皮。死人手边有石斧,大约是殉葬物,由此可推知他们已有鬼魂观念。

3. 旧石器时代后期

因遗骨和遗物发现在上层土内,故又称为旧石器时代上层(或译上期,实误)。这一期在人类进化上和文化发展上也都起了重大的变迁,人种是属于真人类而不再是原始人类。在欧洲有克罗马囊人,是白种人的祖先;在欧洲又有格林马第人,是黑种人的祖先;在中国有山顶洞人,是黄种人的祖先。后代三大人种的祖先都已出现了,其时间是约自25000年前到14000年前。石器制法更进步,又制造多量骨角器。石器中也发明了制骨角的刻刀。发明人工取火,渔猎技术更为进步。毛皮的衣也有骨针可以缝合。绘画和雕刻的作品都有发现,妆饰品也多。这时氏族制度或者已经萌芽。文化的散布也很广,欧、亚、非三洲都有。分期有三个,照整个旧石器时代算来是:

(1)奥利沃期(Aurignacian Period)。最先在法国奥利沃地方发现,是一个山洞,内有石器很多。其石器的制法继承前期,但加工较细。

(2)索留特累期(Solutren Period)。最先在法国索留特累发现。这一期的石器在整个旧石器时代中是最为精美的,方法是两面都加修琢,很整齐,主要石器有桂叶形石枪尖和柳叶形石枪尖。

(3)马达冷期(Magdalenian Period)。也是最先在法国发现的。这一期的石器有很大的变迁。以前的手斧、枪尖不再是主要的石器,改以制造骨角器的工具即石刻刀为主要石器。刻刀的形是长条的石片,一头尖利,但这一期还大量使用骨角器为标枪、鱼叉、骨针饰物等。

4. 中石器时代(Mesolithic Age)

即旧新石器的过渡时期,其时间最早约自14000年前到1万年前,长约4000年。以前在欧美考古学上常以这期为过渡时期。最近苏联考古学上很重视这一期,采取中石器时代的名称。这一期的总特征是除旧石器时代的文化继续存在外,还增加了细石器(Microlith),一种后期发明的弓箭细石器,是细碎的小石块,用处是装在木或骨上以为枪、箭等武器。中石器时代在欧、亚、非三洲都有,中国也有。以下分别言之:

(1)阿济期(Azilian Period)。多发现于英、法两国,遗物有细石器、骨角器,无雕刻品及图画,却有一种卵石,绘有像文字的符号。

(2)塔登内斯期(Tardenoisian Period)。多有三角形或梯形细石器,无卵石。

(3)麦林莫西期(Maglemosian Period)。最先发现在丹麦,特殊遗物是一种细长骨棒,上有凹槽,可装细石器多块,以为武器。

在中国,最初发现在东北呼伦湖附近的札赉诺尔,故称札赉期。又发现在哈尔滨附近。这种细石器文化大约发源于西伯利亚的贝加尔湖附近,其人类向东南迁入黑龙江的呼伦周围即札赉诺尔一带地方。札赉期属中石器时代,但细石器还流传到东北、内蒙各地,与新石器混在一起,故应在新石器时代内叙述。

三、新石器时代(Neolithic Age)

1. 时间

新石器时代的始终时间在各地各民族是不同的,最早者为西亚、埃及,约始于1万年前,终于6000年前,最迟者到四五千年前结束。

2. 分期

新石器时代再分为两期:

(1)新石器早期。石器的特征是磨光,但在早期常只磨锋口而不磨全部,打制的石器还继续使用。除磨光石器外,这一期的发明还有陶器,由于贮藏和烹煮食物的需要而发生。弓箭由于磨制石箭镞发明而更为广泛使用。狗的成为家畜也在这时。石斧装柄也起于这一期。

(2)新石器盛期。石器全面磨光。农业产生,大麦、小麦及豆已成为谷物。畜牧也开始,家畜有牛、羊、猪。开始定住一地,建筑土木的房屋,有建在湖中的屋子。死人葬在石棺内,巨石纪念物出现。纺织也发明,有织物制成的衣服。用树干剡成独木舟。生产技术进步,社会组织是母系氏制,极盛,经济上仍行原始共产制。

3. 各地的新石器时代

(1)欧洲。在法国有康群尼期(Campignian Period),在北欧有食余遗址期(Kitchen-Midden Period),都属新石器早期。在瑞士有罗宾火斯期(Robenhausian Period)遗址,便是湖居屋,属于新石器盛期。英、法等地的巨石纪念物也发生在这时期。

(2)埃及和西亚。约起自1万年前,终于6000年前。

(3)印度。约起自1万年前,终于四五千年前。

(4)南洋及太平洋诸岛。开化早的地方如中南半岛、马来亚、爪哇、苏门答腊沿海平原,大约起自四五千年前,终于二三千年前。大岛内地和僻远小岛则迟到1000年前。又如新西兰、夏威夷等岛,到400年前还在使用新石器。

(5)日本。日本的新石器时代,始自四五千年前,终于两千余年前。分为二期,先是绳纹陶器期,即古蝦夷文化期,陶器上有绳席印纹;次为弥生式陶器期,即古日本人文化。

(6)中国北部。即就黄河流域数省言之,约起自1万年前,终于四五千年前。已发现的遗址都属晚期,分述于下:

①齐家期:约在五六千年前,属新石器晚期。最先发现于甘肃宁定县齐家坪,故名。新石器之外有陶器,其陶器无彩色。

②仰韶期:后于上期,约在四五千年前。最先发现于河南渑池县仰韶村。遗物中有新石器、彩色陶器等,以彩色陶器为特征。彩陶散布于华北数省,与中亚的相似,以前有人说是西来的,现在多认为是华北发生的。

③龙山期:在仰韶期之后,即在新石器将结束之时。最先发现于山东龙山镇城子崖。标准的遗物是黑陶,发生地点在山东,其后向西流传于河南,向南到浙江。

(7)中国东南。包括浙江、福建、江西、广东诸省。约起自1万年前,终于三四千年前,终止时间似乎比华北近些。这一带发现的遗物与华北不同,其特点是石器中少有像华北的石斧、石镰等,而多石锛,尤其是有段石锛更为华北所没有。其次是有肩石斧也是华北所少有,陶器不是彩陶而是印纹陶,即刻印几何体纹样的陶器。这些石器、陶器不与华北相同,却反像南洋、台湾、太平洋等处的东西。中国东南在史前应该便是越族的住地,故这种遗物应即是越族的。发现的地点已有多处,按其性质,可分为先后两期:

第一期,发现于福建厦门(1930年)、福建武平(1937年)、广东海丰(1937年)、福建长汀(1947年)、广东黄岗(1948年)、福建南安(1948年)、江西樟树(1950年)、福建龙岩及惠安(1951年)。以上各处石器、陶器都属同一种类,多有上面所说的特征。其石器都是实用物,陶器的质和工也比较素朴。其时间属于新石器盛期。

第二期,发现于浙江古荡(1930年)、香港南丫岛(1933年)。古荡的石器薄而美观,不像实用物而像殉葬物,陶器质也好。香港的遗址中还有铜器。所以这两处都不像是纯粹石器时代,而是石铜并用的时代。

四、铜器时代

1. 时间

铜器时代的开始在各地也不一样。在西亚、埃及大约最早,约在六七千年前。在我国和印度约在5000年前。欧洲东南约在4000年前。欧洲西北更迟,约在3000年前。

2. 分期

铜器有两种,故分为两期:

(1)纯铜时期。纯铜即红铜,发现较早,但质软,不够作利器,可作其他器具和妆饰品。其时还须兼用石器,故又称为石铜并用时期(Eneolithic Age)。在这时期生产力比以前进步,私有财产及家庭奴隶产生。父系的氏族渐代替了母系的氏族,原始共产社会逐渐解体。文字似乎产生在这时期。

(2)青铜时期。青铜是纯铜与少许锡混合而成的合金,质坚硬,可作利器,因此便代替了石器。这一期方是真正的铜器时代,其时间似乎也比纯铜期长些。这一时期生产力提高,私有财产制确立,原始共产社会完全崩溃,进入奴隶社会。文字更进步,已可以记事。此后便是有史时代,也即所谓开化时代了。

3. 我国的铜器时代

我国出土的铜器最早是商代的,时间不过3600年前。但商代铜器都是青铜器,且制造颇精,其前应有一段时间只用纯铜,故追溯到5000年前实不算多。古书说:黄帝采首山之铜。虽是传说,也非全无理由。在中国发现的铜器时代遗址及其分期如下:

(1)辛店期。这和以下二期都在甘肃发现。这一期中如有铜器,估计时间最早在4500年前。

(2)寺洼期。这一期铜器渐多,时间最早在4200年前。

(3)沙井期。这一期铜器更多,有很精美的,又有贝币。时间约在3900年前。

(4)小屯期。发现于河南安阳县小屯村殷墟。时间约自3400年前到3000年前。遗物有精致铜器、白陶、黑陶、有字甲骨,还有石器。这一期发现地与沙井期不同,但器物更进步,且有甲骨,由性质论应在沙井之后。

五、铁器时代

铜器时代已属奴隶社会时代,铁器时代更在奴隶社会末期或在封建社会初期。时间上,在两河流域和埃及约起于3200年前。在我国周初即300年前,已发现铁器,但大量使用约在春秋时代,至完全代替铜器以为利器还要到秦亡之后。在欧洲分为两期,第一是哈尔斯哈期(Hallstatt Period),自公元前9年—公元前5年,始有铁剑,但还多用铜剑及其他铜器。第二是拉登期(La Tene Period),自公元前500年到公元前1年。铁的枪、剑、斧、盔都很精美,自巴比伦人、希腊人到罗马人都使用过这种铁器。

第三章　史前的古迹

第一节　总　论

遗址在我国常称为古迹。如上所说,考古学的资料可分为古迹和古物二大类,而古物便是由古迹出土的东西,所以古迹须先研究。

古迹有在地面的,有在地下的。在地面的古迹常是高大的东西,如大建筑物、城堡、山洞、巨石纪念物等;在地下的是倒塌的建筑物或原来不高的建筑物,如坟墓等。原在地面的古迹久后也会逐渐埋入地下。古迹和古物重新出现于世上,便称为"出土"(to unearth)。古迹和古物何以会埋入地下？这不是人类有意掩埋它们,而是它们自然会这样的,但也不是由于它们自己沉下,而是受着日积月累的尘土掩没,而致周围的尘土积久了,达数尺或数丈的高,便是地面隆起了数尺或数丈,而古迹便像是下沉了数尺或数丈,后来发掘时便觉得古迹比现在的地面低了数尺或数丈,平地的古迹通常都是这样。山上的古迹因受风雨剥蚀,情形便相反,古迹常露出土面。

古迹被掩埋有时是受非常的自然变化而致,如意大利的火山爆发,埋葬了古城邦贝(Pompeii)。河北钜鹿县的古城于宋代被大水淹没,到 1921 年方重现于世。又如瑞士及其附近一带的湖水中在史前常有湖居屋,后来水位高而屋子塌了,也被淹没在水中泥内,近来方发现。

古迹古物埋于土内,或水中泥内,固然一部分会腐烂消灭,然而质料坚固的却能经久不坏,如砖石、陶瓷、金属、骨角等物常能经历数千年而重现于世。在气候干燥的地方,便是易于腐烂的东西,也可保存下来。例如甘肃敦煌石室中,且能保存汉代的木简、晋唐的纸绢到现在。一般人见了古物常疑心它不会真的那样古远,其实古物便是物质,物质是不易消灭的。所以古物也常可存留,不过它们多数被埋在土内,不在现在的地面上而已。

古迹被土覆盖久了,上上便生起草木,更使人无从知道那是古迹。如安南的安窒古迹,原是华丽的宫殿,竟被完全埋没,表面满生森林。考古学家从森林中掘出一座宫殿,似乎是有魔术,其实也不为难,因为古迹常有一部分东西露出土面,考古学家见了便能推知土内有古迹了。

地面存留的古迹也不少,然而一般人无考古学的知识,不晓得是古迹,便传说为神仙鬼怪的遗迹,编出许多神话来附会它们,或者将荒古的遗迹认为历史较近的名人所留。所以考古学家对于民间传说或方志记载的古迹,都须用另一种眼光来考察。应用这法来重新估定传说的古迹，必可发现真正的意义，例如福建晋江县新门外浮桥地方传说中的"石笋"，据方志说它是从清源山飞来的，为晋江一城风水的龙穴所在，明代曾经被雷击折，地方人士再为接合。著者一见，便断定它是古时所遗留的生殖器崇拜的大石像。

第二节　洞穴遗址（Cavern）

洞穴是人类最古的住所遗址。人类的始祖自离开树上生活以后，初时还常爬到树上过夜，天亮方再下来，其后大约是由于石制的武器进步，或者是发明了火，便不需上树，而敢住在地面上天然的洞穴里面。洞穴原是野兽的巢穴，人类要住洞穴，必须能够驱出野兽，并能够抵抗野兽入洞。所以能够住洞穴的，大约不是最低等的猿人，而是较为进步的猿人了。据史前学的研究，欧洲旧石器时代中期即穆斯特利期的尼安德他耳人（Neanderthal Man），最常住在洞穴内，至于更早期的人是否住在洞穴内，证据很少，大约也是有的，不过少些。旧石器后期的人类自然也还是以洞穴为住所，但由于武器逐渐进步，也渐敢住在无洞穴的地方，搭盖临时住所过夜。到了新石器时代，人类便大部分脱离洞穴，在平地的茅屋中居住，洞穴便被抛弃。有些地方到有史时代还有人类居住，那是特殊情形，不能一概而论。

洞穴遗址发现最多的地方是欧洲的西班牙北部和法国的南部，以及亚得利亚海北方称为 Carso 或 Karst 的地方，如著名的史前阿耳他米拉（Altamira）和格林马第（Grimaldli）诸洞穴都在这一带。这些洞穴既广且深，洞穴中遗物很丰富，有些甚至还遗留了极可贵的史前壁画。中国辽宁锦西沙窝屯的新石器时代遗址，北京周口店猿人的遗址，也是在洞穴内。洞穴必定在多山的地方，中国南部山地较多，洞穴也较多。将来或者可以发现很多史前的穴居遗址。南洋也有这种史前洞穴，如著者便曾在马来亚吉打洲华玲（Baling）地方发现一个山洞，内部很广，地面充满贝壳，夹杂许多旧石器，可以断定是旧石器时代的穴居遗址。

洞穴有由数块大岩石合成的，这便是石洞。其内部大小不等，有很深或很广的，如上述的阿耳他米拉洞穴，曲折三四次，全长 280 米。洞穴的形成是由于山顶有凹处，雨水从凹处下坠，将山的里面穿成了一条水道，向山旁流出，水道周围的泥土溶化，也随水流出，久而逐渐扩大，成为洞穴。这种容易穿洞的山常是石灰岩的山，故如见石灰岩的山常可探觅到山洞。山洞在有人住时离地面必不高，或者离溪谷河川的水

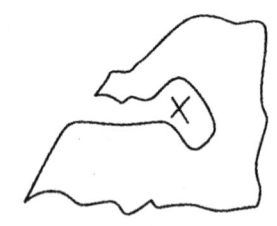

面很近,但是后来水面低落,山洞竟高悬在半山上。

洞穴大的里面也有高低,有适合居住的地点,也有不适合居住的地点。曾经人类居住的洞穴,其遗物遗址常被泥土盖住,但也有还露在表面的,被土掩盖的须加发掘。一个良好的洞穴常有先后数度为人类居住,所以发掘了一层遗址后,应再测探下去,看有无其他遗址层。如上举格林马第洞穴中,泥土堆积了约10米高,发掘后其遗址多至9层。洞穴中层数多的也像其他平地古迹一样,上层的时代近,下层的时代古。

第三节 岩荫（Rock-shelter）

山旁有些大岩石,一部分突出于外,遮覆了其下的一小片地面,这虽不及山洞的适合人类居住,但也可聊蔽风雨,供古人暂时驻足。所以这种岩荫也是史前的一种古迹,其下也可发现古物。如果岩荫的地方大,适合居住,也可能有不止一个的层次。欧洲旧石器时代也曾发现这种岩荫。

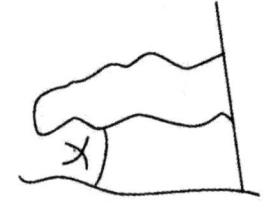

第四节 山坡土穴

在中国西北地面黄土很厚,气候又干燥,可以由人工在斜坡上挖成洞穴,以为住所。现在那边的人还有住在这种土穴内的,在古时自然也是这样,而且其时代必是自史前以至于有史时代,不曾间断,所以这种地方必有很多土穴的古迹。这种土坑与上举洞穴的差异在于一是人工挖成,一是自然成就。

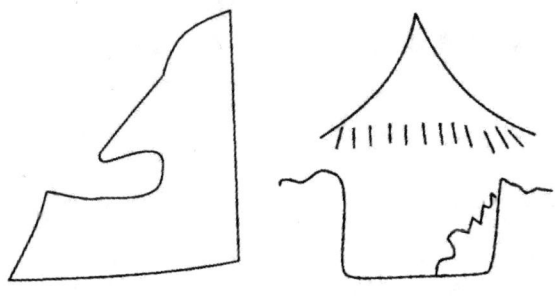

第五节 竖穴遗址

在平地无山的地方也可能有一种竖穴遗址,这是向地下掘约数尺深的土坑当做住所,在上面搭盖屋顶,人住其中,可以躲避风雨和烈日,坑边也可掘土作阶层,以便上下。这种竖穴可说是地上屋子的前身,在日本和欧洲都曾发现过。

第六节　史前平地草屋遗址

自旧石器时代后期,人类便能在平地搭盖临时住所。到了新石器时代农业产生,更发展了平地的草屋。草屋的料会消灭,但是也有特征可以证明它是人类居住的遗址:第一,居住遗址的土必定因有垃圾而变色,和周围的土色不同;第二,遗址中必有火炉的遗迹,如焦炭、草木灰、烧焦的骨等物;第三,遗址中常有破损的或完全的器物,如陶器、石器等;第四,遗址中常有食物的剩余,如兽骨、贝壳等。屋子的大小和形状,可以由垃圾土与原土的差异来判断。

第七节　食余遗址(Kitchen-midden)或贝冢遗址(Shell-mound)

这也是史前的古迹。史前人类食后的弃物,如鸟兽、鱼、贝、蛙、蛇的骨,贝类的壳弃置一地,日久堆积成小丘,故称为食余遗址。其中以贝壳为最多的,又称为贝壳堆(shell-mound)。这种遗址多在海岸地方。最先发现的地方是北欧的丹麦,故这名称原来丹麦字为 kjokken-moddingcr,英人译为 kitchen-midden。日本也有很多,日人称为贝冢,曾发现六百余处。贝冢散布的地方很广,凡海洋地方都有发现的可能。台湾台北有一个圆山,是一个著名的贝冢。香港东南的小岛南丫岛,也发现过贝冢;广东海丰也有发现。贝冢的价值不在贝壳,而在和贝壳、骨头杂在一起的人类器物,如陶器、石器等。发现一处贝冢,常可获得很多古物。上述各地贝冢都发现许多石器、陶器或铜器。台北圆山贝冢原由日本人发现,已取去石器很多,著者到该处采集还获得不少。

第八节　湖居遗址(Lake-dwelling)

湖居遗址多属史前时代。所谓湖居,便是说人类在湖中造屋居住。造法是先在湖底泥中植立许多木桩,周围堆积石块,以巩固木桩;木桩高出水面,然后在桩上铺设木板,作为地板;最后在其上筑成屋子,以树枝编成墙壁,涂上泥土,上面茸草为屋盖。屋子的形状或者是方形的。许多屋子连成一片,成为整个村落。与湖边陆上的交通是一道小木桥和小艇。一所屋子的木桩便有不少,整个村落的木桩数目极多,有达 10 万根之多的。一个大湖里面有不止一个的村落,也是用木桥和小艇往来。

人类所以要在湖中居住，是由于二个原因：一是为安全起见；二是为生活起见。住在湖水中可以避免敌人或野兽的攻击，小桥临时拆毁便和陆上完全断绝交通了。又湖中多鱼虾，造屋在湖中，便容易获得鱼虾为食物。湖居屋的工程是很不容易的，所以这种屋只在新石器时代才开始有，有的住到铁器初期方才放弃。湖居人既能有这种造屋能力，自然在别的方面也很进步。他们大都已能制网捞鱼，种植谷物，饲养家畜，剥制独木舟，编物纺织，制造陶器。有谷物、鱼肉、菜蔬以为食物，有织的布以为衣服，可以说已达到半开化程度，也便是新石器时代。

古人放弃了湖居屋以后，屋子不久便塌不见。到了百年前因逢湖水涸竭，湖中剩留的木桩残段乃发现，考古学家疑是古人有意植立的，乃发掘湖底的泥土，发现了许多遗物，才晓得是古人湖居遗迹。木桩虽朽烂倒坏，遗留的残段还是很多，植立如林。桩旁边的泥土中，保存了许多当时湖居人的器物垃圾，其中有石器、陶器、骨角器、贝器、木器等，木器能保存已是奇迹，有些遗址还能保存布席、绳网等植物纤维的编织物。食物的剩余有鱼骨、贝壳、鸟兽骨，甚至还有谷物。这种湖居遗址以发现于欧洲阿尔卑斯山系的湖泊中为最多，土名为 Palafittes，其中尤以瑞士的为最著名，曾发现约 200 个村落。此外意大利北部、德国南部也有，我国浙江湖州的钱山漾于 1934 年湖水干涸时发现石器、陶器很多，或者也是湖居遗迹。由上所述，如逢湖水或小河干涸时，有志考古的必须注意踏勘，或者可以发现这种遗址。

第九节　沼泽住所遗址（Crannogs）

沼泽住所也是史前时代的遗迹，多发现于爱尔兰和苏格兰。在意大利北部也有，土名为 Terremare，德国费德耳湖（Feder Sea）附近也有。古人选择沼泽中一块比较坚硬的土地，在其上植立木桩，建造房屋以为住所，又常于屋外设置防御工事。由住所经过沼泽到周围的陆地，很为难行，所以沼泽住所也明是为防御外敌而设的。遗址中自然也有遗物。

第十节　史前堡垒遗址（Scharrach）（Prehistoric-forts）

史前人类虽不能筑城，但由于安全的需要，也能用人力堆积土石以为堡垒。其最简单的，是用土石造一道围墙于小山顶上。复杂的则包围整个小山，包括堡垒和壕沟。这种史前的堡垒常被后来的人误指为有史时代的东西，或者说是神仙鬼怪所造。在欧洲曾发现过克耳特人（Celts），便称这种遗迹为

Scharrach。

第十一节　史前葬处

史前人类虽还不能造成和后代一样的坟墓,但也已经有了葬处,也可以说便是原始的坟墓。据考古学的发现,欧洲旧石器中期的尼人便已经知晓埋葬死人,因为死人的身旁有石器,似乎是殉葬的东西。史前的葬处也像后代的坟墓,除了人骨以外,还常有殉葬物。自旧石器中期以至新石器时代,葬处逐渐发达,殉葬物也渐多,史前葬处的型式有数种:

1. 土丘(mound)或丘坟(tumuli)　在死人葬处上面用人力堆积沙土成为小丘,或称丘坟。所以如此,自然是纪念其处,否则地面平坦便不可辨认了。

2. 棹石(dolmen)　在二三块大石之上盖了一块比较扁平的石,成为一个大石棹形,在其下的土内埋葬死人,这也是史前葬处之一种(详见下文巨石纪念物)。

3. 石棺(cist)　将数块大石围成一个长方形或椭圆形,另用一块扁平的棺底,再用一块石板石盖在上面,便成为一个石棺。这在史前便已有过。

4. 有墓道的坟(gallery grave)　有更大的石棺,容纳多人的尸体,上面堆土成丘,并且在土里面开一条长坑通到外面,以为墓道。用意大约是要给鬼魂出入的,这是史前最复杂的葬处了。

第十二节　巨石纪念物(Megalithic Monuments)

巨石纪念物是自然状的不加琢磨的大石,由人力植立起来或合成某种奇怪形状,如棹,如门,如长列,如圆环等。欧洲、亚洲都有。以前考古学未发达,这种东西常被人推测与神仙鬼怪有关。近百年来欧洲发现很多,经过研究方知是新石器时代的遗物。发现最多之处是法国、丹麦和英国。亚洲如印度、南洋、中国也有。史前人所以要植立这些巨石,便是为要纪念重大事件或执行宗教仪式。工程很大,用人必多,所以也不是太低级的人类所能做得到,必须是新石器时代人才有这种能力。因为散布地方很广,所以关于其起源颇有争论,一派以为是各地自己发明;一派以为是同出一个源头。至于这个源头,有人主张埃及说,又称巨石文化说(Heliolithic Culture)。按,巨石纪念物散布地方太广,形式复杂的散布在相近的地方,或者是由于传播。但形式简单的散布在远隔的地方,恐怕难以断为是由于传播,应当也有些是各自发明的。因为以巨石来纪念重大的事是很简单很自然的事。一个民族能发明,为什么别的民族一定不能呢?现在分述各种巨石纪念物于下:

1. 桌石（dolmen）

在两三块大石头之上，加盖一块扁平的大石，形如桌，所以称为桌石。原名 dolmen，出自克耳特语，便是此意。以前西欧人常称桌石为德鲁益教的祭坛（Druidical altar）。德鲁益教是中古时高卢人（Gaul）和不列颠人（Briton）的宗教，因为当时考古学未发达，不知道是史前的东西，却误认为是中古的东西。桌石原是史前人类的葬地，其下的土内埋着死人。上面所以要有桌石，是要做这葬处的记号。桌石散布的地方很广，可分为三方面说：①南方散布于非洲的埃及、苏丹的梨坡里、突尼士、阿耳及利亚、摩洛哥。②东方散布于克里米亚、保加利亚、巴勒斯坦、叙利亚、高加索、印度、中国东北。③北方散布于西班牙、葡萄牙、法国、比利时、荷兰、德国北部、丹麦、瑞典、挪威。有人说或者是有一种创设桌石的民族散布各处，所以各处才有这种遗迹。其实不然，因为桌石是一种风俗，风俗是可以传播到不同民族的。

2. 立石（menhir）

这是单一块的长石，矗立在地面上，常很高大，目的或者是纪念某项重大事项。但也有人说与生殖器崇拜有关。这种立石散布也很广。

3. 石纵阵（stone alignment）

这是很多较小的立石，排列成直形的阵状，有单行的，也有多行的。最著名的是在不列坦尼（Brittany）的石阵，包含 1000 个以上的立石，散布在约 1000 码的地面。我国俗传三国时代诸葛亮排了一座八阵图在"鱼腹浦"的地方，当刘备征吴失败时，八阵图的石头变成千军万马，围困吴将陆逊。这种石阵其实便是史前的遗迹，后人把它附会在诸葛亮的身上去。

4. 石圆阵（stone circle cromlech）

立石所排的阵也有成圆形的，在上述不列坦尼地方纵阵之旁也有这种圆阵。以上两种石阵究竟为什么目的而造成，原因还不十分明白。有人说是与宗教有关，如崇拜太阳等事。

5. 石门（lichauen or triliths）

由三石合成，下面两块植立，但不相接触，上面一块盖在两块的顶面，成为门状。

6. 石垣（stonc hcnge）

这是许多石头植立成环，顶面加盖长石条，看来像墙垣状，是新石器后期的东西，故石头比较整齐。直径不很大，中间有石门。以在英国 Avebury 地方发现的为最著名。这种石垣的意义，据说是史前人崇拜太阳的遗迹。

第四章　有史时代古迹

第一节　古建筑物的种类

以上都是起自史前的古迹，以下是有史以后的古迹。有史时代的古迹多属建筑物，即砖石等构成的建筑物。人类必须到了铜器时代，方能雕琢石块以为建筑原料。有了石雕的原料，再加以砖瓦木材，建筑方能伟大而美观。世界上各处文明发源地，自铜器时代即有史以来，大都有伟大的建筑物留存于后世。有些永远保存在地面上，有些虽一度不幸崩塌被埋于土内，但经过百年来的发掘，也得以再现于世。这些古建筑物的遗迹比史前石器时代的遗迹美观得多。在考古学家看来，两者的学术价值都一样，但一般人却对后者更有兴趣，所以这些古建筑遗迹大都成为著名的古迹。

古建筑物有很多种类，有神庙、王宫、陵墓、剧场、塔石门、碑坊、高柱等。其用处大都是宗教上的和政治上的。换言之，便是为僧侣和贵族阶级而盖的。至于平民和奴隶的建筑物，原是卑小不足道的，所以也不能经久。古代埃及、巴比伦、希腊、罗马的建筑所以那样伟大，装饰那样华丽，也是因为当时都在奴隶制时代，国王役使无数奴隶做无代价的劳作，经极长的时间才完成，故能成就那样的建筑。建筑的宏大美观是奴隶血汗的结晶，我们后来的人与其赞叹那些国王贵族的伟大，不如赞叹当时奴隶的伟大。在亚述古城尼尼微（Nineveh）的遗址中曾发现两块浮雕的石板，上面雕刻着国王和兵士监督无数奴隶从事建筑搬运大石之状。又如埃及的一个洞穴内，壁上也画着许多奴隶拖着一座大石像的图。这些都可使我们明了古代大建筑是怎样造成的，是什么人建造的。这些古建筑物，除了本身结构的艺术以外，其上还常有很多雕刻和绘画，所以在艺术史上也有很大的价值。现在便按照时代和地方，分别叙述各处的古建筑遗迹于下。

第二节　埃　及

埃及在金字塔时代的神庙还很简单，四周有石的列柱，但无屋盖，柱有柱头，雕作棕叶形、纸草形或莲花形。其时代早于希腊建筑2000年，故有人说希腊的柱头有些是源于埃及的。到了帝国时代便有了宏伟的神庙，尤以在卡纳克（Kanak）的安梦列大神庙（Ammon-Re）为最伟大。庙的正面有两座方塔构成人口，里面大厅有极多的石柱，石柱有大到直径 12 呎，高 70 呎的。埃及的建筑之中，还是以金字塔最为伟大。埃及古史上自公元前 3000 年—公元前 1500 年间，建筑金字塔最多，故称为金字塔时代。所谓金字塔（pyramid），实在是国王的陵墓。每座金字塔旁还有许多小的石造坟墓围绕着它，名为马思达巴（Mastaba），这是贵族朝臣的墓。埃及人很早便信仰人死后灵魂的存在，所以设法保护尸体，使它不腐坏，这便是建筑金字塔的原因。埃及人约在公元前 3400 年只能用日晒的砖造坟墓，到了公元前 3000 年顷开始能用铜的工具来凿石头，同时便开始建筑金字塔。著名的基泽（Gizeh）大金字塔便是在公元前 2900 年建造的。这个大金字塔底层面积 13 英亩，用 230 万方的石灰石堆成。每方石平均重两吨半，塔身上尖下广，有四面，从一面看是三角形，即金字形。底层每一边长 755 呎，高度原来是 500 呎，金字塔是实体的。这塔是苦甫王（Khufu）的陵墓。次大的是喀飞王（Khabre）的。每个金字塔之前都有一座庙，里面有衣服食物供死者取用。从金字塔和庙起还造一条墓道通到了另一所庙，在这里还有石雕的人面狮身像（Sphinx），这便是国王的像。最大的人面狮身像高达 65 呎，长 187 呎，面部 14 呎。金字塔下便是国王的坟墓。这些古埃及国王贵族的坟墓，真是宝藏的所在，凡生时的珍宝器物都放在里面殉葬。1932 年发掘了公元前 1360 年的杜登卡门王（Tutan-khamon）的陵墓，所得古物不可胜计，使我们更能明了古埃及人的生活。陵墓里面很大，也像人间建筑了许多房间，这所陵庙的发掘使我们能够研究陵墓里面的建筑并明了木乃伊（mummy）的所在，因为这墓自 3000 年前保存到现在未被破坏过。

第三节　两河流域

最先住在两河流域的是苏末人（Sumeuan），已能盖神庙。其状四方，底大而上小，有如金字塔，又如小山，也很宏大。以后巴比伦时代也有很多的大建筑，可惜多用大砖盖造，到了今日虽留遗址，但都属断壁颓垣，不及埃及古建筑保存得较大部分。虽是如此，但由于考古学家的努力发掘和研究，也可推知当时的形状。近代考古学家在两河流域的一个古代名城吾珥（Ur）发掘发现，这个地方的土中有二三个遗址层，其下层距地面三四十呎深，时间约在公元前 3500 年前。当时埃及还在半开化时代，这里已有高度的物质文化。在这古城遗址之中有一座叫做"神的山"，是四方形的大建筑物，下大上小，宛如小山或城堡状。四面有长阶通到顶上，屋盖只限于墙内，突出，故全形只见纵横的直线形，无曲线无柱，很觉整齐朴素。这是吾珥第三朝的国王所盖的，大约这一地的建筑作风都是这样。到了亚述人和迦尔底亚人的时代，建筑虽无大发展，但建筑上雕刻却很进步。有许多石浮雕，作打猎战斗的形状，都很生动，比埃及的好得多。大建筑物门口常有生翼的人头狮身石像,是保护家屋的神兽。巴比伦有一所"空中花园",是造在悬崖上的建筑,每层都有花木,下有小河,是古代七奇之一。阿述王阿殊巴尼帕(Assurbanipal)有一所图书馆,内藏楔形文字泥板书籍。

第四节 波 斯

波斯的建筑模仿巴比伦、阿述,现在的遗迹也残留许多石柱、石雕物和砖墙阶层。经考古学的研究,推测其原状也很为宏大美观。在波斯都城百色波里斯(Persepolis)已发现有一座大门(propylaes)和其后面的多柱大堂(hypostyle),更后还有宫殿一所,都是直线的即方形的建筑。大门口两旁有两头石雕人头牛身大像,是权力的象征。多柱大堂的柱是石的,墙是砖的,梁是木的。里外的柱很多,据说有百根以上,装饰很多,颇觉富丽堂皇。波斯还有一所旧都城名为苏萨(Susa),建于6000年前,现在也已由考古学家发掘出来。在这里有一所冬宫(Winter Palace),用上釉的彩色砖砌壁,每块上的绘画合成大幅的人物画,如武士持枪等,极为美观。又有石雕的动物状柱头、石柱础,都表现很优美的艺术。

第五节 希 腊

希腊早期的建筑用木柱和泥砖,很为粗陋,到公元前7世纪方改用石灰石的材料。又100年后,方能用大理石。建筑形式源于先住民族和埃及的影响。希腊人的建筑以神庙为主,不像东方多有国王的宫殿。希腊人以为神便是住在奥林布斯山上(Olympus),所以便在山上替诸神造庙,供他们居住。希腊的神庙建筑是先在地面上叠成二三阶层,多属长方形,四面都有一列长柱。柱的顶面横放一层相连接的长石条,这一段不加雕饰。其上一层,有许多直线槽竖立着,在各直线槽之间有许多雕刻装饰。再上方是屋檐。屋顶是两面倒水,故在屋顶两头都构成一个低三角形,即破风。在这三角形中雕刻着许多神话中的人物,最为美观。这各部分之中,尤以列柱为最主要。希腊建筑的型式便以柱为区别。第一式是陀利安式(Dorian order),是早期的,即自初开化以至波斯战役止,是陀利安人所创造的。柱身较为粗大,不甚高,柱头是素朴的方形和圆形,柱下无基础。艺术性质是庄严的。第二式是伊奥尼安式(Ionian order),时代属希腊最盛期。柱身细长,柱头雕成双涡卷形,柱下有圆形,双层基础。性质是优雅的。第三式名柯林提安式(Corinthian order),时代是自马其顿兴起到希腊灭亡为止。特征是柱身更为纤长,雕斫繁缛,性质是华丽的。

也有人止承认头两式。此外,另有一种女像为柱的型式。

希腊建筑中最壮观的可以帕典农(Parthenon)即女神雅典娜(Athena)的庙为例。雅典娜是雅典的守护神,所以战胜波斯后政治领袖贝里尼(Pericles)重建卫城(Acropolis),并恢复帕典农。这神庙可代表希腊建筑。面积 228 呎,长 100 呎,宽离地面 60 吋,有三阶层。四面各有列柱,共 46 根,每根高 34 呎,由 12 段叠成。柱是圆形,直径由 6 呎 3 吋递减到 4 呎 10 吋。柱上镌刻纵沟多条,柱的型式属陀利安式,檐下横披上有许多神话人物的雕刻像。在三角形的破风上也雕着许多神话人物故事。这座神庙到中古之末还存在。在 1670 年有人为它绘图记述,到 1687 年不幸被火药炸毁,现在还有列柱基础存留。帕典农是第二期的作品,至于第一期的作品可以海神坡赛东(Poseidon)的庙为例。这庙也很伟大,石柱 36 根,高 28 呎,直径最大处 6 呎半。柱的型式属陀利安式。其他部分也和帕典农相像,不过因柱较低,故内部较为阴暗。第三期即科林提安式的,代表可以在小亚细亚的摩梭尔陵庙(Mausoleum)为例,全部是方形的高大建筑,下层是四面密壁的陵寝,已经很高,上面加建有 36 根伊奥尼安式石柱的神庙,其上层是金字塔式的屋顶。除了神庙以外,希腊的古建筑还有露天剧场,也有遗迹留存。

第六节　罗　马

罗马建筑的式样是承自希腊的艺术,却加上本地原来的圆形屋顶、穹门等型式。以此更能掩盖巨大的空间,所以显得很为宏伟。原料也是用石和砖。罗马建筑也分三期:第一期有神殿和长方形的建筑,包括市场和法院,多仿希腊的型式。第二期是罗马全盛时代的建筑,发生许多伟大的建筑物。除前三种外还有宫殿、剧场、浴场、纪念柱、凯旋门等。第三期是衰颓期的建筑。罗马建筑物现在已多倒坏,但有些还保存很大部分。各建筑物中最伟大的首推万神庙(Pantheon),保存得也最完好,现在除了细致的装饰以外,原形还存留着。该建筑物分为前后两部,前部较小,长方形,仿希腊式,有列柱,有三角顶;后部即主要部分更为高大,是圆形的,而且连顶也是圆的。后部的直径 142 呎,高也是 142 呎,顶开一个 30 呎径的圆孔以取光。这屋落成于纪元后百余年。罗马的剧场(Colosseum)也极伟大,也是圆形的,是看决斗和斗兽的场所。座位环列,由中心逐层斜向后面,高起座位都是用石作的。最大的可容 8 万观众。凯旋门(Arch)也是罗马建筑的特点,形是一个门形,但很宏大,雕饰又繁多。顶是平的,门孔是圆穹状。罗马的建筑除在都城外,别处也有不少,其中有在南方,于公元 79 年被维苏威火山熔液覆没的邦贝城(Pompeii),到了 1709 年开始有人挖取古物,到 19 世纪才有科学性质的发掘,现在已经将灰土取起,露出原来的建筑以及尸身和各种被保存很好的器物,因此这一座古城和当时人的生活都才得以再现于现代人的眼前。

第七节　欧洲中古时代

自西罗马灭亡后,以拜占廷(Byzantine)为都城的东罗马,出现另一种建筑型式称为拜占廷式,它特别发展穹窿式的屋顶,并在屋内多加装饰。这种型式后来为回教徒所承受。到了12世纪以后,由法国北部发生一种新的型式,名为哥德式(Gothic style),其实不是源自哥德人,或者是由于十字军东征受东方建筑的影响而成立的。其式是屋顶面有许多尖而高的塔形,尖端作十字状,这便成为基督教的教堂建筑。直到欧洲基督教传到东方后,所盖的教堂还都是这样尖顶式。中古欧洲的建筑还有一个特点,便是当时贵族都建筑一座堡垒式的屋(castle),屋子本身便是一座堡垒,周围有城墙,有壕沟,有吊桥。到了火器发明后,这种堡垒便废弃了。

第八节　印　度

印度在释迦生存时代建筑术还很简陋,所以没有十分伟大的遗址留存到现在。当时的建筑材料还多用竹木,其后渐渐加用砖石。相传给孤独长者为佛盖造的祇园精舍,规模很大,但因材料不能耐久,到唐代玄奘游印时,已全归荒废,其遗址在今中印度舍卫城之南。著者曾游其地,只见遍地破砖,惟一二处基址犹存,都像台状,或者便是"金刚台"。舍卫国都城也都是砖瓦遍地。

到了孔雀朝兴起,阿育王(Asoka)振兴佛教,在释迦生时遗址建立许多佛寺、纪念柱、塔、石栏等,并加刻字以表彰佛教。纪念柱(stambhas 或 lats)都是石雕的,形都圆,周围刻字。柱身很高。柱头刻莲瓣状的钟形,再上是鼓状,鼓侧有浮雕的法轮(即车轮形)和动物形,最上是立体的大动物,像如狮、象、牛、马等,都属写实体,极生动。现在尚留数个。著者曾在鹿野苑(Sarnath)博物馆内见到一个四狮柱头,艺术极精。其柱根尚存,也在鹿野苑。又在蓝毗尼(Lumbini)见有一高柱,尚矗立,但柱头已失。石栏又名王垣(rail),建于佛迹的周围,以保护它们。阿育王时代还有石雕人像,也属写实派的,至今还有一尊药义神像存在。当时的寺庙宫殿也很宏丽,如国都华子城的建筑。据我国晋代游印僧人法显所记:"城中王宫殿,皆使鬼神,作累石起墙阙,雕文刻镂,非世所造。"可见它的伟丽。还有一种佛寺是就岩壁雕凿加工而成,原名Chaitya,中文译作招提,实即是石窟寺。在罗玛示里斯(Romas Risi)还有存留,也是阿育王所造。

塔是印度古迹中最常见的，原名（Stupa），中文译作窣堵坡，原印度语文简称作堵坡（thupa）。传到中国，又简作堵，后又讹为塔。窣堵坡原是僧侣的葬处，后来又用以收藏舍利子，即佛或僧侣的骨或圣物。据传，阿育王所领的小国有 48000 个，阿育王令各国都建塔一座，故有 48000 塔，现在还有些存留。尤以在山岐（Sanchi）一地所存的最完全最伟大，是用砖筑成的，高约 56 呎，径百呎。

到了公元前一二百年顷，松卡朝（Sunga）佛教建筑仍是发达，遗留到今的有在开耳里（Karli）地方的石窟寺，广阔而多雕刻，两旁凿成各 16 根石柱，更有许多人物像，都很美观。这时期的大建筑还有在佛成道的菩提伽耶地方（Boddh Gaya）的一座大塔，唐代玄奘游印时曾记："菩提树东有精舍，高百六七十尺，下基广二十余步，垒以青砖，涂以石灰，层龛皆有金像，四壁镂作奇制，或连珠形，或天仙像，上置金铜阿摩落迦果（亦称宝瓶）。"便是指这塔。因有修缮故至今还完好。著者游印度时曾见过。这塔实在是塔寺合一的建筑，上层是塔，下层是寺，高 180 呎。寺是长方形，其上四角各有一小塔，中央是大塔，四方形，下广上锐，最上部改为圆锥形，塔的四壁雕满大小石佛像，多至不可胜数。有石梯可升到寺顶，其四周有石雕小窣堵坡，成列为栏，也很好看。这塔是印度古建筑中保存最完整的，很为难得，我国北京五塔寺的塔，据说便是模仿这塔而建。

到安达罗朝，在山岐大塔周围的玉垣更添了四方的石门，名为天门（torana）。天门便是在两根石柱之上横架三条石梁，很像中国的碑坊。其实中国的碑坊便是模仿印度的天门而造，再传到日本而成为日本式碑坊，称为"鸟居"。山岐的这四个天门，雕刻工整，也是著名的古迹。

以上古建筑上的石雕，还未有佛像的雕刻。佛像是到了北印度归入大月氏朝时方发生。大月氏的国都在犍驮罗（Gandhara），所以这时代的建筑雕刻的作风称为犍驮罗式。其年代约自公元 130 年至 470 年之间，其时雕塑佛像最多，但后经大破坏。到唐代玄奘游印时，已少有遗留。近来再从地下掘出不少佛像，是佛教艺术的重要作品。到了这时，方才发达，大约其原因一方面是由于西方希腊美术的影响；一方面也由于佛灭久了，信徒将佛的人格神化起来，所以将他的本身造像崇拜。佛像有佛及菩萨两种，菩萨是未成道的佛，妆束尚作世俗状。犍驮罗的佛、菩萨像，体格都很好，有白种人的特征，像有坐立混合产物，后来传到我国，影响也很大。

犍驮罗时代，除了佛像外，还有许多佛寺和塔的建筑，其型式也受了希腊、罗马、西亚的影响，其后也传到我国来。

到了公元 4 世纪初，鞠多朝（Gupta）兴起，佛教古迹还有增加，而且艺术也更成熟。有一所在阿占他（Ajanta）的石窟寺，湮没了千余年，到 1819 年才被一个打猎的人发现，这地方在孟买东北。石窟在山壁上，全长 180 丈。有大小洞穴 29 个，先后凿成。这石窟中有许多处石窟也都有壁画，以在锡兰的最为美丽。这时期的雕刻也有进步。其佛像的特征是衣服紧束身上，宛如裸体，不像犍驮罗朝的佛像披着宽博的衣，佛的座也由犍驮罗式的方座改为莲花座。两旁也有加两头狮子的。著者曾在鹿野苑看过一尊出土未久的石雕佛像，是释迦初次说法的像，雕工细腻，作风便属这朝。铜铸的佛像也从这期起方有。鞠多朝在兰陀(Nalanda)有极大的佛寺，容万余人，玄奘游印时曾在该寺住了两年。《三藏法师传》说这寺的建筑是"宝台星列，琼楼岳峙，观竦烟中，殿飞霞上……诸院僧室皆有四重重阁……印度迦蓝，数乃千万，壮丽崇高，此为其极"。这寺破坏后约经千年，近由考古学家发掘出来，遗址很广，其中大建筑有十余座，多属方形墙。地基都存，材料用砖，但佛像用石。所得小件古物，现就其地设一考古学博物馆陈列。著者曾到其地，带回遗迹照片，可证《三藏传》所说确属实在情形。

印度的佛教约自7世纪开始衰落，原来的婆罗门教复兴，到11世纪初更被回教攻击，佛像建筑都被破坏，自此以后湮没近千年。到近来方由于考古发掘的工作而再现于世。

第九节　中　国

中国有历史之初，建筑已有进展。传说商朝的纣王曾建鹿台。周初开国，建设东西两京，建筑更盛，当时便发生"翚飞式"的建筑，便是檐角向上翘起如鸟飞势，这是中国建筑的特征。当时的城市建筑计划，《考工记》说："王宫在城之中，其左为宗庙，其右为社稷，其前为朝廷，其后为市肆。"又说："匠人营国，方九里，旁三门；国中九经九纬，经涂九轨。左祖右社，面朝后市。"可见当时的城很小。当时的建筑材料大约多用木料和砖，少片石，故不能如埃及希腊的保存较久。这是中国建筑的一大缺点，也是中国古迹较少的原因。

秦代在咸阳大兴土木营造阿房宫，据说其状是"东西五百步，南北五十丈，上可以坐万人，下可以建五丈旗，周驰为阁道"（《史记》）。"铜人十二，排立宫前，楼阁相属，蠹不知其几千万落。"（《阿房宫赋》）这就有点像波斯的王宫了。然而经了项羽的焚毁，现在已不留一点痕迹。秦代还有万里长城的建筑，是更为伟大的工程，至今还存在，为我国的重要古迹。长城虽在秦以前本有一部分，但经秦的增筑连接，方成为长城。当时的长城，西起临洮，东至辽东，随山势的起伏，蜿蜒二三千里，阔约二十尺，高达二三十尺，材料多用花岗岩石。始皇死后所营的骊山陵寝，规模极大，殉葬物极多，但也不能存留。

汉代的古迹有一种石室造在墓前，以供祭祀之用。石室内多雕种种人物，表现故事神话。至今还保存完好的有孝堂山祠的石室，在今山东肥县，大约是前汉时所造。图像刻于石室内壁及柱上，多属阴刻的线形雕刻。又有武氏祠的石室，是后汉时所建，在今山东嘉祥县。有雕刻的石，现存四十余方，雕法是阳刻。雕刻的题材也是古代故事神话等，极为丰富，我国的古史传说中的人物几乎都有表现，可说是古史的插图。又有武梁祠，也是后汉所建，比上一种时代略后，艺术比前者进步，所雕的都是古代名人的故事。更后有两城，在山东济宁县，比上两种更好，现在也存留。这种石室雕刻在山东很多，除以上举的以外还有几处。武梁祠的石刻曾收入《金石索》内，最为常见。

汉代又有石阙，建在祠庙前或墓道上，状如一垛狭而高的墙，上作石阙屋盖状，上面也有浮雕，各省多有，不限于山东。著名的有太室庙的石阙，在河南登封县嵩山；武氏祠旁也有石阙。

自东周之初已有在墓前置石人、石兽、华表的风俗，这种东西到汉代更多。石人名为翁仲，虽是人像，但很古拙。著名的有山东曲阜孝王墓前的两尊，长六七尺。河南中岳也有两尊。汉代石兽的艺术比石人好得多，著名的有四川雅安县的高颐墓前石兽，极为生动。

汉代起乃有镌刻文字的石碑。因为中国是文字之国。以后历朝都产生了很多石碑，也成为古迹之一种。碑多立于宫室祠庙坟墓的附近。碑的形状，顶端多雕螭龙，下部雕作玄武即龟蛇，其后更变为大龟。汉代著名的碑，有孔庙碑，现移在山东孔子庙，又有孟旋碑，在云南昭通出土。

汉代历朝皇帝常建大规模的宫殿，汉高祖建未央、长乐二宫，武帝造建章宫、明堂、上林苑、柏梁台、通天台等。其中以未央宫为最大，《三辅黄图》说："周回二十八里，前殿东西五十丈……以木兰为棼橑，文杏为梁柱，金铺玉户，华榱璧珰。"可见非常壮丽，但破坏之后，至今连遗址都无。大约是由于材料多用木、少用石的缘故。汉代平民的住屋更无古迹可考，但可由殉葬的陶制家屋模型看出。汉代附于建筑物上的雕刻也很发达，有雕刻动物，又有铜铸的，如铜驼铜马等物。

三国时代的建筑也没有存留，史上所记有魏的铜雀台，上有铜雀，可见也很精工。吴、蜀建筑都差。

到了六朝，佛教在中国盛行，佛教艺术如建筑雕像都传入中国，于是发生很多佛教古迹。第一是石窟，最初开凿的是公元366年前秦时代的敦煌地方的莫高窟，又称千佛岩。在鸣沙山之麓，在崖壁上凿了许多洞窟。西夏时，藏了许多汉、六朝、唐、五代的手抄书籍图书于其内。其后被沙土覆没，经过约千年之久，到1900年方被一个道士于无意中发现。石窟中有许多处都有壁画，所画的多属佛教故事，又有许多石雕佛像。此外有山西大同的云冈石窟，是后魏皇帝勅建的。形式模仿印度的阿占他石窟，佛像不很像中国人。这石窟也在断崖上，长达一里，现存重要的有24窟。其次有洛阳的龙门山石窟，是后魏迁都洛阳后所造的。隋唐也陆续开凿，佛龛多至千余，佛像至万余。南北朝时代盛行造石窟。此外在河南、山东、山西还存有十余处。

南北朝除石窟外,佛寺佛塔的建筑也极盛,后魏京城洛阳一城便有佛寺一千余所。南朝也同样地造了不少。后魏杨衒之著《洛阳伽蓝记》记载当时一个大寺名永宁寺,非常的伟大,可惜不久被火烧毁。当时又在河南嵩山勅建嵩岳寺,其旁的砖塔至今还在,可算是中国现存的最古的塔了。北京天宁寺的砖塔是隋代所建,也还存在。

南北朝的宫殿也有很华丽的,如后赵的石虎,夏的赫连勃勃。后魏、北齐、陈、隋都曾大兴土木。隋炀帝更建筑有名的迷楼,后被唐太宗拆毁,这些宫殿也像前代的一样都没有遗址了。

唐代的建筑因为中西交通发达,更加入了波斯印度等处的作风,宫殿、陵墓、寺庙都很发达。但和前代一样,存留至今的也极少。现在尚存的有几个砖塔,如西安大慈恩寺的大雁塔,兴教寺的玄奘塔,型式都像西域的,而与后代中国的塔式不同。皇帝的陵墓也和前代一样注重,唐代已有定制,后代都沿袭它,墓道两旁排列许多石人、石马、石狮、石凤等,唐太宗昭陵的六骏,艺术极高,最为著名。唐太宗为纪念他的六匹阵亡的良马,特别令工人雕刻它们的石像,后来便放在他的陵墓昭陵之旁。形式是浮雕,完全是写实派手法,极像真物。其中最好的是称为飒露紫的一匹马,现在其石已被美国人取去,放在费府大学的博物馆中了。此外在陕西数处还有唐代诸皇陵的石人石兽存在。唐代继续南北朝开凿石窟的风气。自唐初至唐末,还添了不少,而且散布到更大的地方。唐代碑碣的雕刻比前更为发达,艺术更精,而且按照人的等级制定了碑碣的大小,以及其螭首龟趺的花样种类。现存最著名的唐碑有在陕西西安文庙后的玄宗御注孝经碑、三藏圣教序碑。又有大秦景教流行中国碑,到了明代方再出现,现在闻名于世界。

宋代以后因其时代较近,古迹的古的性质也较少,所以不如前代的著名。宫殿的建筑因屡经战祸最难保存,寺庙还比较稍能保存,但也常经修缮,不是完全的原状。塔多属砖石造,少用木料,所以保存较多,如雷峰塔,建自五代,到 1924 年方倒。明代南京的琉璃塔到了太平天国以后方破坏。开凿石窟的风气,五代还有一点,宋代以后也没有了。皇帝的陵墓,常被人发掘盗取宝物而破坏,只有地面的石人石兽还多存在。如明孝陵等很为常见。

中国有史以来的古迹,以华北为最多,华中一带到了南北朝也渐多。至于闽粤,时代更迟,不但没有建筑物的遗址,连坟墓也少。广东还曾发现汉晋的墓,福建也曾发现东晋的坟墓。西南的古迹更为少见。这样看来,似乎华南没有古迹可以研究,其实不然。华南开化比较北方迟,故有史时代的古迹少,然而史前时代却比较近,所以史前的古迹应该保存较多,将来必可以发现很多史前的古迹,如洞穴遗址、贝冢等。著者和其他人曾发现厦门、武平、长汀、南安、平和、莆田、建州、海丰、香港诸处石器时代遗物遗址。至于有史以来的古迹，虽较少些，然而闽粤两地自唐以来对西洋的交通很盛，居留的外国人如波斯人、阿拉伯人、印度人很多，外国宗教如婆罗门教、佛教、回教也从海路到此，外国文物土产也输入很多。广州于唐末有不少外国人居留，泉州于宋元时是世界闻名的大海港。因为对外交通的关系，闽粤两省，尤其是泉州、广州，便有了可以研究中古时中西中南海道交通的古迹古物。这两处蕴藏了很多考古的宝藏，还未开发，正可为考古学提供资料。例如福建有史时代最古的古迹，据记载所及只提到唐末，近年先后经厦门大学几个教员的发掘（郑德坤、庄为玑、吴文良和著者），已经提早到隋代。因为 1935 年，曾在泉州发现唐贞观三年的墓，1950 年又发现隋开皇十六年的墓，获得和北方不同的瓷制明器不少。又如泉州的石造双塔，实是极伟大的古建筑，其价值远胜雁塔、雷峰。二十多年前曾经厦大的外籍教授艾克（Ecre）和戴密微（Sesmivielle）摄影研究，出版专书。又如国内的石碑多刻中文，泉州却有许多是雕刻古阿拉伯文以及其他外国文字的，此外已出土的古物有犍驮罗式的石佛像、印度的生殖器崇拜石刻、婆罗门教神像、来源未明的生殖器崇拜大石像，遍地的宋明瓷片（中国瓷器销南洋从此出口），1954 年曾发现宋明时代窑址，规模很大，又发现宋代遗址层。由此可见，这一带地方也有很多考古学的资料。

第五章　石　器

第一节　石器的性质

石器（stone implements）是有史以前石器时代人类所用的器物，所以是最古的古物。然而将石器列于古物之内的，却是考古学尤其是史前考古学发达以后的事，在以前常被当做神仙鬼怪的东西。现在我们研究史前时代便是根据石器，因为石器是古人的生产工具。生产工具决定了生产方式、社会组织以至于意识形态，所以我们可由此推知这些事情。现代的人不容易了解石器的效用，然而在史前时代数十万年的漫长期间，人类便靠着石器来劳动来生产，逐渐制胜自然，繁殖种族，终于成为万物之灵。所以石器便是最早的劳动工具、生产工具，可以证明人类靠劳动创造了文化，创造了世界。在一般人看来，石器既然是有史以前的东西，似乎很不易得，然而石器却又很容易获得。因为无论任何地方任何种族的人，都曾经过石器时代，所以到处都有石器遗留，只要有心探觅没有不能找到的。不过探觅之先，应当先读史前考古的书，了解石器的特征,方有把握。本书是考古学通论,在古物章内自然也包括石器在内,不过只是就石器本身而论,不详述石器时代的一般情形。

第二节 石器的种类

石器时代很长,制法先后有异,所以应分别时期而言。大概在早期的制法粗,种类少,型式无定;在后期的制法精,种类多,型式有定。现在就早期的说起。

一、始石器(Eolith or Dawn-stone-implement)

这便是始石器时代(Eeolithie age)的东西,制法极粗,约是将石捶击一二下便成。人工不明,很像天然破成的石块。种类大都是有一个尖端的,或有一个薄边的,尚无一定型式,各块都不相同。年代最古的约自50万年到15万年前。发现常在地层深处,不是地面上所可拾得的。

二、旧石器(Paleolith or Old-stone-implement)

制法比前一种进步,时代自15万年前至1万年前。因为时间长,制法前后有异。前期旧石器或称下层旧石器时代,制法是将石上不要的部分一片一片敲去,而留其中心,成为一器,如刀或斧状。初时手法尚粗,后期较精。中期旧石器时代制法,将敲下来的石片再加斩削便成一件石器,常只加工一面,余一面无需加工。这是这一期的特征,这法不致浪费石料。这一期石器种类也较多了。后期旧石器时代制法是在另一面也加工,达到旧石器的最高程度,其后不再发展这种制法,石器不再如前美观。但却发明别一法,一下便能敲成三棱形的长片,可用为刻刀等。

综括以上旧石器时代各期的石器,常可见者有以下几种:

1. 石手斧(hand axe)。一头钝,可用手拿,一头薄或尖。名虽是斧,形状与金属的斧不同。

2. 石刀(stone knife 或 chopper)。一边薄一边厚,可以斫砍,形状也不像金属刀的长。

3. 石刮刀(stone scraper)。有一薄边,形比上一种小,剥兽皮时用以刮皮上的肉。

4. 石尖器(stone points)。细长而一端尖利的,可用为枪尖或匕首。

5. 石锥(stone borer)。有一尖端,可用以钻物。

6. 石刻刀（stone graver）。用以刻削骨角，制为器物。

7. 鹰嘴形石器（eaglebeakshaped stone implement）。这是有一个尖端的石器，用如石锥，但其尖端弯曲像鹰嘴。

三、新石器（Neoliths or New-stone-implement）

时间约自 1 万年前到 5000 年前，但各民族有所不同，有的早些，有的迟些。新石器时代（neolithic age）发明了磨光的方法，将石器雕琢完成后再加磨光，比旧石器美观得多，效用也更大。石器的种类也分化得更多，其种类常见的有如下：

1. 石斧（stone axe）。形状像金属的斧，斧锋两面一样斜削，有手提的，也有装柄的；有厚的，也有薄的；有长到 30 厘米的，也有只五六厘米的。欧洲、华北都常有石斧。

2. 石锛（stone adze）。斧锋两面一样斜削成▱状，锛锋只一面强度斜削，一面垂直，呈▱状，体也常比斧小，大的一二十厘米，小的二三厘米。常见于华南及南洋。有一种特殊的石锛，名为有段石锛（stepped stone adze）；在其垂直的一面分成两段，呈▱状，用法是将有叉的树枝置于斜锋的一面，用绳扎牢，成为锄状。这种东西只见于中国东南各省及台湾、南洋以至太平洋诸岛，华北和欧洲未见（著者在武平、南安、台湾都曾发现）。或者原是发源于中国东南，传于台湾、南洋和太平洋，所以著者以为史前中国东南有一种海洋系文化。

3. 石刀。不像金属刀的长，不过有一边薄，可以斫割东西。

4. 石匕首。石不能制成长剑，但可制成匕首。

5. 石锤。有穿孔装柄的，也有在中腰开一沟，以便扎缚于木柄上的。

6. 石枪尖。装于长木柄上，有加磨的，也有不加磨的。

7. 石箭镞。很常见，有几种型式：甲，无箭根无倒钩的；乙，两者都有的；丙，有箭根无倒钩的；丁，有倒钩无箭根的。

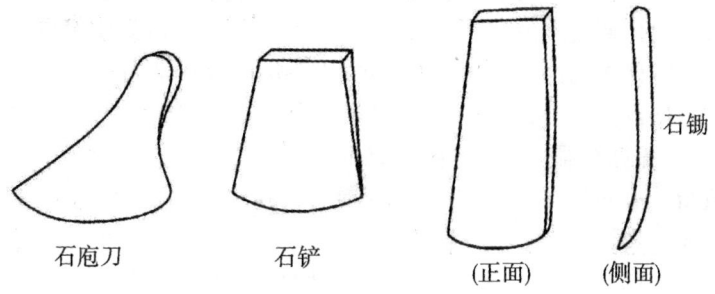

石庖刀　　　石铲　　　石锄
　　　　　　　　　　（正面）（侧面）

8. 石庖刀。形如鞋匠的切皮刀,在中国、南洋、日本都有。

9. 石镰刀。中国北方常有。

10. 石铲。比斧薄而阔,常有孔,或者是扒土用。

11. 石锄。石斧有一种形略弯的,或者兼用作锄。

12. 有肩石斧(shouldered axe)。形似斧但有两肩,似是装柄用的。其装柄法或者和有段石锛一样装起柄来,状如小锄,可以扒土。这一种散布的地方与有段石锛大同小异。

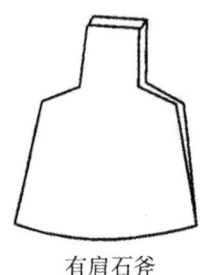

有肩石斧

13. 石戈。状如枪尖但略弯,中脊偏,一头有孔,这实是戈而不是枪。用时,横装于木柄之末,其孔是为穿绳扎缚之用。用法像铜戈,是横斫而不是直刺的。发现于香港和福建平和、华安、南安,大约中国东南都有这种东西。但到底是先于铜戈或后于铜戈,还未能定。

14. 沉网石。形如石卵,但有沟,是系连网上,使网下沉的东西,见于台湾。

15. 石锯。器的一边斩成锯齿状。

沉网石　　　　　石锯　　　　　石饰物

16. 石饰物。如石环、石珠等物,都是装饰用的东西。在石器时代都有。

第三节　石器的制造法

文明民族的石器时代久已过去,不能知道石器是怎样制成的,但如应用民族学的研究法,观察现存的还在使用石器的民族,便也可以推测古代石器的制造法。据研究结果,大致有如下诸法:

1. 击破。有两法:一是撞击;二是加热,使石头自裂。

2. 削剥(chipping)。用小石锤或骨角器,将经过上一法破成的石块按在边缘,加以压力,便能剥去一片。这样一片一片剥去,最后便制成所要的形状了。旧石器时代多用这法,前期还只留中心一块成为石器,中期便把石片再加剥削而成石器,后期应用削剥法达到最高阶段,制成极精致的石器。到了新石器时代,有一部分石器也还用这法制成,不加磋磨。

3. 截断。有两法:一是用石锥在石料两面各开一沟,然后加以压力,便断成两块。又一是用石锯。

4. 穿孔。也有两法:一是砂水摩擦,将砂和水放在要穿孔之处,用一根木棒抵住砂上，然后将木棒急速旋转，便能逐渐将石器磨成一孔。这法常由两面穿孔而成，叫做对穿法。又一是用石锥穿孔。

5. 磋磨(polishing)。将经过粗制的石器在砥石上磨擦，砥石有大有小，磨时或并加砂土于其间，以增加磨擦力。

第四节　石器的用途

石器在石器时代用途是很多的。

1. 生产的工具。如石斧、石枪、石箭是打猎的工具。石锄、石镰是耕种的用具。石锛、石刮刀、石刻刀、石锥、石锯是手工的工具。

2. 战斗的武器。打猎的工具自然也便是战斗的武器。

3. 仪式器。如人死后将石器殉葬。

4. 交易物。精美的石器是人人都愿意获得的，所以也可用为交易的媒介物。

5. 装饰品。如石环、石珠等物，是用来妆身的。

第五节　石器对于当时社会的影响

石器对于当时社会有重大的影响。

1. 石器的生产力，使人类不能不共同劳动，共同生活，因而石器时代便一定是原始共产社会，而其社会关系、意识形态便都属于原始阶段。

2. 新石器时代，石器的制造进步且复杂，需要熟练的技术，此便引起分工。精于制造石器的人，可专工制造石器供别人使用。

3. 石器的原料，尤其是坚硬美丽的石料，不是各地都有的。该地如有这种矿产，便可拿去外地交换别的东西，所以石器会促进氏族或部落间的交易。

4. 由于对石器原料的需要，在各族都是一样的，故发生一种风俗，对于采取石料的人常不加害，所以石器也能保障各族间的和睦。

第六节　石器对于后代的影响

人类使用石器的时间数十倍于使用金属的时间，所以石器虽是过去，也还留有影响于后世。

1. 保留于宗教仪式中

如人死后还用石器殉葬。真的石器完了，还仿造石器专用于殉葬，像杭州古荡很美观而又很薄的石器，便是殉葬用的。又如宗教上行割礼和宰杀牺牲也常用石刀,或用铜铁刀。

2. 保留于社会礼节中

如中国古代的圭璧,其实便是石器的遗制,因为玉便是最美丽的石。石器时代过去了,人类还舍不得丢掉玉斧、玉环,保留其作为礼物。玉斧改称为圭,玉环改称为璧。

3. 保留于神话传说中

到了人类完全忘记石器时代了,便把石器当做神仙鬼怪的东西,因而发生种种传说与迷信,如雷公斧、仙箭等。

第六章 铜 器

第一节 铜器的发明

人类发明铜器的经过大约如下:

1. 自然铜的利用

石器时代的人采觅石器原料时,如见有自然铜,或者也当做石料之一种,拿来制为器具。但觉得这种"石料"性质不同,可以捶打成器,不可击破或削剥,而且又很软,不可作利器,只可作饰物。

2. 铜矿的熔铸

到了新石器时代之末,人类更在无意之中,发明熔铸铜矿。其发明的原因,大约是古人常将土石块围成火炉,那些土石块中偶然有含铜质的,因热而熔化流了出来,人类便把它当做自然铜使用。经过反复的发现,便渐渐认识含铜的矿土,采来加热熔化,于是便发明铜器了。铸造的方法初时只能铸实体物,后来更能铸空心器。以上说的是钝铜(copper),即红铜,质软不可作利器,还不能代替石器。所以这时期又称为石铜并用期(Eneolithic Epoch)。要到了发明青铜,方进入真正的铜器时代。

3. 青铜的发明

青铜(bronze)是纯铜和锡的合金,大约铜五六分加锡一分。它的性质比纯铜坚硬,所以便可铸作利器,代替了石器。考古学上所谓铜器都是指青铜器。

第二节 铜器时代

世界上的国家,大都曾经过铜器时代,然后进到铁器时代。但开化较迟的国家也有未经铜器时代,便越级跳到铁器时代,那是受先进民族的影响。各地铜器时代的年代大略如下:埃及纯铜始自 7000 年前,青铜始自 6000 年前。西亚同上。欧洲西北,纯铜 4500 年前,青铜 3800 年前。欧洲东南,纯铜 5000 年前,青铜 4000 年前。印度纯铜 5500 年前,青铜 4000 年前。中国纯铜 5500 年前,青铜 5000 年前,美洲的马耶和印卡二国,纯铜 2000 年前,青铜 1000 年前。中国的铜器在商代最盛,但年代不过 3700 年前,更早的便无证据。然而商代铜器很为精美,必定是铜器后期之物,其前期应当还有数百年至 1000 年,不过还未有发现而已。

第三节　铜器对于人类社会的影响

铜器发明后,对于人类社会发生很大的影响。

1. 生产力提高

用铜器来生产,无论打猎、种田和手工业,都比石器好得多,因此生产力大大提高。

2. 人口增加

因为生产比较容易,有利于人类繁殖,人口也增加了。

3. 战争增多

生产力强,土地生产价值增加,产品有剩余成为财富。各族内消费需要的增加、兵器的进步等,引起各民族或部落互相掠夺财物与土地,便发生了更多的战争。

4. 阶级分化

奴隶社会成立,在氏族内加强了各家族间贫富的差别,完成阶级的分化,形成了贵族、平民与奴隶三阶级,进入了奴隶社会的阶段。贵族更靠了财富和坚甲利兵的武器驱使平民向外族侵略。这不但为了掠夺财富,也为了掠夺俘虏来做奴隶。

5. 艺术发展

铜本身便是很好的艺术材料,所以铜做的器皿、兵器,加上许多装饰纹样,都很华丽。有了铜制的工具,木工、骨角工、石工等的艺术也都大大发展起来。

第四节　铜器的种类

考古学上所谓铜器,自然是以铜器时代的为主,后代的铜器也以年代较古的为限,年代近的不必包括在内。结合各民族的铜器而言,大略分为以下数种:

1. 生产工具

(1)农具,如锄、铲、镰等;(2)手工业工具,如斧、凿、锯、锥等;(3)狩猎用具,如刀、枪、箭、弩机等。

2. 家具

(1)烹饪器;(2)盛食器;(3)盛酒器;(4)盛水器;(5)饮酒器;(6)洗涤器;(7)取明器,即油灯、烛台;(8)取暖器等。

3. 武器

(1)攻击的,如刀、剑、枪、箭、弩等;(2)护身的,如盔甲、盾等。

4. 宗教器

即用于宗教上的,如神像、祭器、法物等。

5. 政治用品

如玺印、符节、刑具、度量衡等。

6. 交通工具

如车马附件等。

7. 装饰品

附于体上的,有颈环、指环、臂环、脚环、耳饰、鼻饰等;附于衣服上的,有安全针钮、带钩等。

8. 货币

用铜铸的货币,从铜器时代开始,历代都不断。

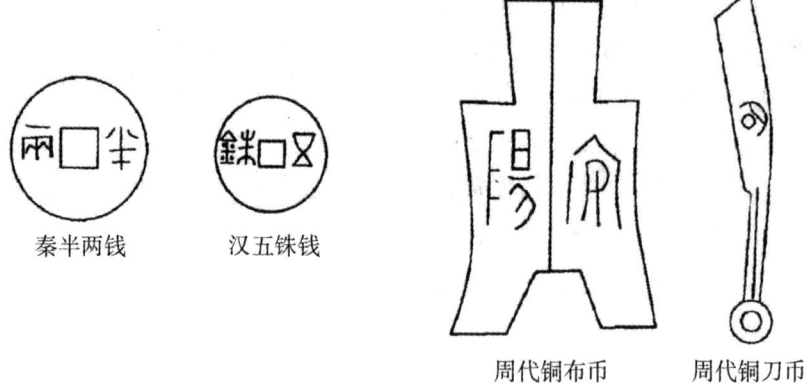

秦半两钱　　汉五铢钱　　　　周代铜布币　　周代铜刀币

9. 乐器

如喇叭,欧洲铜器时代便有,中国古时有钟有铙,后代有锣、钹等。

第五节　中国的铜器

中国铜器时代的古物可以说是世界上最美丽的,种类也是最多的,所以应当特别叙述。中国旧时所谓"金石之学","金"便是指铜器。自秦代转入完全的铁器时代以后,古代的铜器,即所谓钟鼎,便成为稀奇的东西。有时偶然出土,便附会为祥瑞之征,奏闻皇帝,甚至改元来纪念。到了宋代出土愈多,不再当做祥瑞的东西,而改为玩赏的东西,渐有人喜欢收藏著录。到了清末,这种风尚达到极盛地步,搜罗既多,著述也繁。可惜那些著作都只是著录纪念的性质,不是真正考古学的研究。到了现代,才入了研究的阶段。对于铜器的分类、铜器来源以及根据铜器来推论历史等工作都渐有人做。本书应当将中国铜器做一个介绍,但所介绍不是像以前的金石学书,只介绍某几件特殊的铜器,而是应当介绍中国铜器的种类以及各种类的特征。中国的铜器在以前有一个概括的名称,叫做"尊彝",内容可以分为下列七种。

一、烹饪器

中国铜器时代尚未将铜与炉灶分开,锅的底下有足,在足下烧火,故其烹饪器很特别。

1. 鼎

这是烹煮食物的大锅。形有圆及方两种,有三足或四足,有两耳,常有盖。在新石器时代便有陶鼎,到了铜器时代乃有铜鼎,后来还有铁鼎。"鼎"字便是实物的象形字。鼎在初时应当是日常用品,但到了后来,竟成为礼器,即天子诸侯的重器,世世相传,用于宗庙社稷的祭祀,以及诸侯会同冠、婚、宾、军各种重大仪式时的礼馔。鼎既然这样高贵隆重,于是便加上许多装饰的纹样,如雷纹、饕餮纹等。那些纹样还有用金银等嵌成的。天子用金,诸侯用银,大夫用铜,士用铁,充分表现阶级社会的真相。鼎有特别大的,称为鼐,圆形而小口的叫做鼒。

鼎

2. 鬲

这是日常所用的烹饪器。也有三足,但足是空的,故又称为欤足鼎。欤便是空的意思,空足可以入水于内使食物易熟。"鬲"字也是象形。鬲也是起于新石器时代的陶鬲,到了铜器时代,虽有些是用铜铸的,但还有多数用陶制,因为它是平常的家具。

3. 甗

上部如鼎,但无足,底有一孔,下部如鬲。上部的底以网状物遮住,便可盛谷物;下部盛水。所以这是可煮可炊的器物,陶制、铜制都有。以上三种是商周铜器中常见的烹饪器。

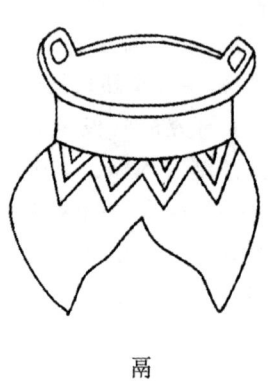

鬲

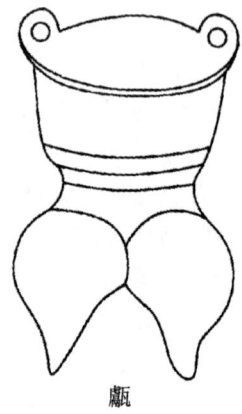

甗

4. 釜
釜无足无耳,中腹最广,口小。自此以下数种是秦汉始有的东西。

5. 镤
状似釜,但口稍大,用以蒸物。釜镤有加双环的,可以悬吊。

6. 鏊
如平底浅盘状,下有短足,即煎炒器。

7. 镳斗
小件器物,用途有温器、煮器、盛羹汁器等说。有口,有柄,有三足。

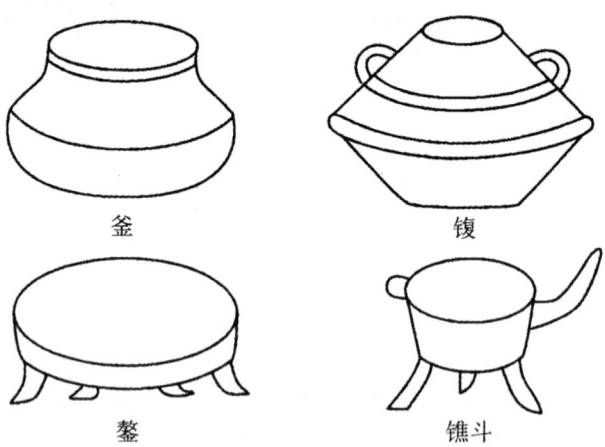

釜　　镤

鏊　　镳斗

8. 铫
状如矮杯,无足,有柄,有流,是温器。

9. 汉代一种特殊蒸器

器腹似釜，腹中盛水，其上有圆筒高起可盛物。腹上部有二个曲管，另有一条半月形曲管，盖下来时，两端与下面的二管相接，中部盖在圆筒上。这样，可使腹内的水蒸气由二曲管通到圆筒的上部，使物快熟。这物很复杂，但汉代人应当能有这种发明。有的考古学书称它为锭或镫，与取明的灯相混。著者以为这种物不应称为锭或镫，故只可权称为特殊蒸物器。

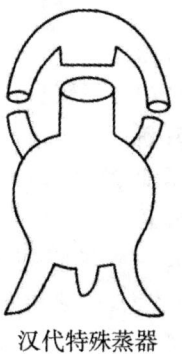

汉代特殊蒸器

二、盛食器

盛食物的器物有的是礼器，有的是常器。

1. 簋

古名为殷，宋以来名为敦，又称为彝。近经王静安考出，彝是铜器皿的总称，不是专指一种器，故彝皆是敦。容庚又考定大部分的敦实是簋。簋形圆，两耳，圈足，侈口，无盖，也有加盖的，其下有加一方座的。簋是盛黍稷稻粱之器，即盛饭器。多人同用一簋，以匕即匙取食。史前用竹木制，故其字从竹首，但也有用陶制的。商代用铜制，铜制的上加花纹附饰，非常美观。周代也有制造，但后期渐少。

簋

2. 簠

簠也是盛饭器，但形长方，侈口，两耳，有盖，有四足。簋为常膳，簠为加膳，都可容一斗二升。春秋以后方有，常与簋合称。

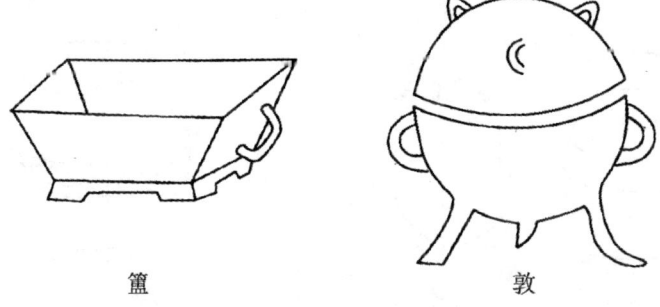

簠　　　　　　敦

3. 敦

器体及盖都是半圆，故合盖形如圆球，有三足两耳。春秋战国时常有这种敦,用处也是盛饭。祭祀时以盘盛血,以敦盛食,也作常用器。

4. 盨

形如簋但较长,由簋演变成,也是盛食器。

5. 盦

状如今的大碗,有盖,用以盛汤粥。

6. 豆

有一个高足,上有盖,形如现在的高足酒杯,但较大,是盛肉的器。"豆"字原是象形字。豆又是量器,可容4升,约合一人食量。

7. 钶

形圆,口小,似大腹瓮,是藏食物之器。

8. 瓿

形似钶,有双耳,口有大的,有小的,是藏醯酱等咸辣的东西,或说瓿是秦汉始有。

豆

三、盛酒器

有礼器和常器两种,并且依使用者的阶级而分别,故种类很多。

1. 尊

尊形有圆的有方的,有加两耳的,有无耳的。底有圈足,或极短足,最普通的是圆形,大腹圈足。大口方的,也是腹部较广。又有一种动物形的尊,如牺尊像牛,象尊像象。尊的意思有三:其最广的概括全部礼器;次广的指全部盛酒器,包括壶、卣、罍等;最狭义专指盛酒器的侈口(即大口)者。

2. 罍

形似圆尊,比尊大,大腹,圈足,双耳,腹上常有雷文,故称为罍。盛酒一斛。祭祀时必须用尊罍。原有陶制的,后乃用铜制。

 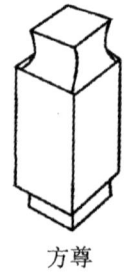 

圆尊　　　　方尊　　　　　　　　罍

3. 壶

形与尊相似,有盖。壶是广义的尊之一种,故有一部分的尊便是壶。壶比狭义的尊似乎口较小一点。壶形有四种:圆壶圆口,方腹扁壶,扁腹温壶,小口圆腹。

4. 卣

形似尊,但有盖,有提梁,用以盛秬鬯酒等。

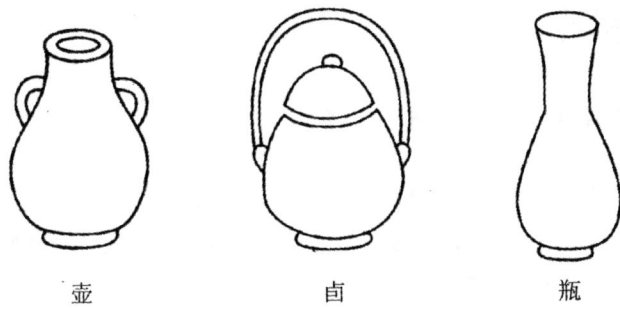

壶　　　　　卣　　　　　瓶

5. 舟

形矮而椭圆,略如舟形。

6. 盉

形如今之茶瓶,有流有盖有提梁,有三足或四足。古说以为是调和五味的器,近经王静安考证,方知是和水于酒,以调节厚薄的器。

7. 钟

汉代始有,形如圆壶,腹更大,腹旁有二大环,是大酒器。酒由钟倾于尊,由尊入觯,故用处与罍同。但罍是礼器,这是常器。

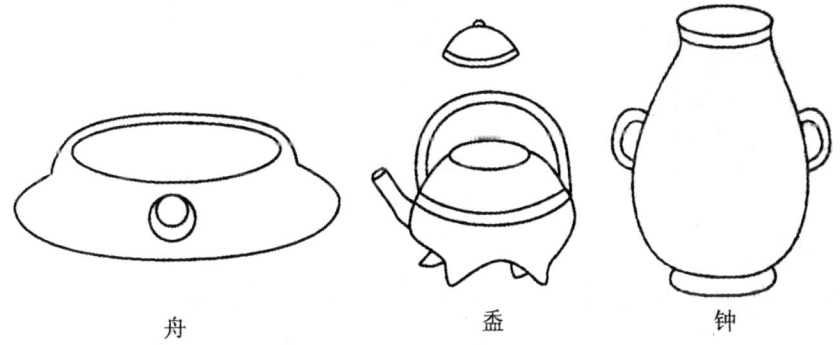

舟　　　　　盉　　　　　钟

8. 瓶

形略似壶,也是盛酒水器,长颈圜足。

9. 钫

形如瓶,有方有圆,汉代始有。

10. 缶

形矮而长,如圆筒,但中有隆起的颈和口,上有环可提。盛酒浆用。原是陶制,后有铜制,秦人且用作乐器。

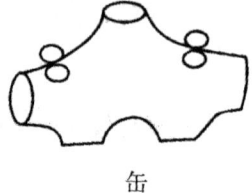

缶

四、饮酒器

饮酒器也有阶级之别,故种类也多。

1. 爵

字便是雀字,因为形像雀鸟。有流(像鸟嘴,即倾酒处)、有尾(像鸟尾),边缘有高起的双柱。旁有一个鋬,即柄,下有三个戈形足。这便是酒杯。夏代用盏,殷代用斝,周代用爵,爵的容量最小容1升。

2. 斝

似爵,但无流及尾,有双柱有鋬,有三戈足,用于殷代。容量大于角。古书讹斝为散,王静安始证其误,说散不是器名。

3. 角

似爵而无双柱,可容4升。石器时代以真正的动物角为饮器。角尖而弯,所以多加二根树枝于旁,用绳扎扎牢,于是下面便是三足,上面增加二柱。到了铜器时代仍旧仿这形状,便成铜器的角、斝、爵等(郭宝钧、吴泽所说)。

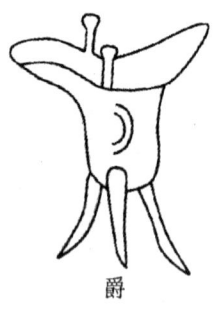
爵

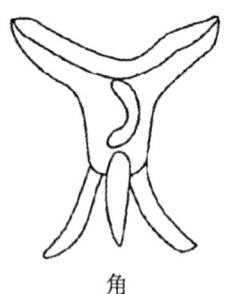
角

斝

4. 觚

形极细长,口反比身广,底是圈足。现在的高足酒杯便是由觚变成。盛古时2升,用于乡饮酒礼。觚的来源或者也是由真角变成。石器时代将二角相反扎成一件饮器。铜器时代仿制它,便成为觚(同上二人说)。

5. 觯

形略如尊,广口圜足,有加盖的,可容 3 升,也是酒杯。尊者举觯,卑者举角。觯或者也是由真角演成的,直角截去尖端,加上一个大圜,使它不倒,便可作杯。铜器的觯是仿角制的而又有变更,所以来源不明(同上二人说)。

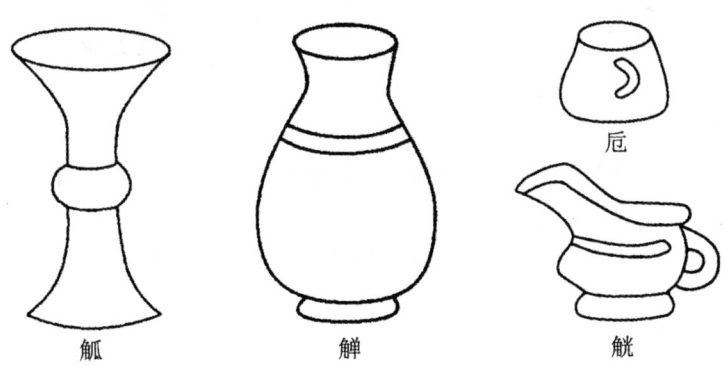

觚　　　　　觯　　　　　觥

6. 卮

形圆而近扁,底如圆球状,酒满便倾倒,可容 4 升。

7. 杯

《说文》作棓,或者还是木制的,发生比角似较迟。

8. 觥

形如大口杯,但有銎。銎对面有广阔的流,有圜足,有盖,可容 7 升。在饮酒器中为最大,古人常误指觥为匜,也到王静安始知其误。觥有盖,而与匜不同。

五、洗涤器

1. 匜

形与觥极相似,但无盖,是注水之器,用以注水,又可注酒,可容 1 斗。

2. 盘

有盥洗器、盛物器诸说,大约可兼用,大小方圆不一。本字原是从木的"槃"字,用铜制的则写作"鎜"字。侈口平底,圜足或四短足,常有两耳,也有加提柄的。

3. 洗

无耳,比盘较深,受洗用过的弃水,故名洗。底铸双鱼的汉代物最多,故或说是秦汉时始有。现在的洗面盆,便是从洗

匜

变成的。

盘　　　　　　　　　　洗

4. 盆、锅

与洗同形，同用途，但洗浅，盆较深，锅更深更小，也是秦汉始有。

5. 盂

周代有盂，形未明。汉代的盂比锅似更深，或者也更小。

六、乐器

商周的铜制乐器，种类不多。

1. 钟、镈、镛

钟自铜器时代传到现在，无大变化，但古钟形扁，而无圆的。钟是古乐器之首，古人很重视它，故与鼎并称钟鼎。古钟形制繁杂而紧严，各部分都有专名。钟是悬空而敲的，体积大，下面的边缘凹。比钟更大的称为镈，下面的边凸；更大的叫做镛。钟类外面雕饰纹样很多。

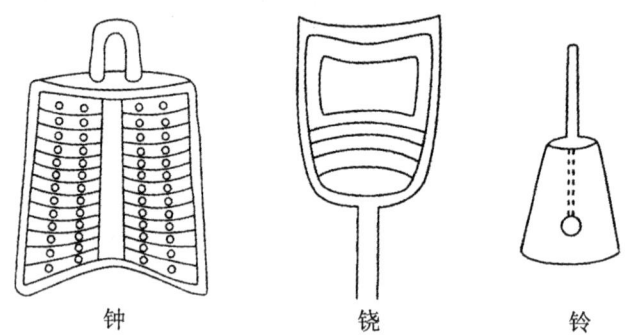

钟　　　　　铙　　　　　铃

2. 铙、钲

小形的钟，有柄可提而敲击，用于军乐或舞乐。军中鸣鼓而进，鸣铙而止。乐以鼓起，以铙终。铙多商及周初物，钲多春秋物，钲是由铙变成的。

3. 铃、铎

更小的钟形物，也有柄，中有舌，手摇发声。铃小，铎大。

七、兵器

中国铜制兵器，形式奇特，花纹繁多，也是世界有名的古物。

1. 斧、钺

殷墟出土的斧形状有极像石斧的，形厚而简单，但孔在后面，可装柄，又有一种孔是竖的，也可装柄。又有一种无孔，但其后端延伸可夹在木柄中。斧之大者名戉，后来写作钺，形状也进步，锋阔且向上下弯曲，花纹也多。

2. 矛

古书说矛为刺兵，便是直刺的兵器，有銎(孔)可装长柄。

3. 戈、戟

古时的戈戟到汉已变形，故自汉以后误认戈、戟为刺兵。宋黄伯思乃考出戈、戟是勾兵，清程瑶田更确定这说。戈有三部分，尖长的本体叫做援，弯曲有三四孔的叫做胡，援的后面有一小段突出部分叫做内。用时将胡穿绳扎于柲，即柄上。援与柄不是成一直线，而是作钝角状。援横向敌人击下，做鸡啄状；又可向内勾回。戟与戈相似，不过援较斜，内更长而尖利。战国末更有戈戟合一的武器，可直刺也，可横击，名仍为戟。汉代的戟由此演变而成，末如矛，下有一倒钩。后代的钩、镰、枪便由此而得。戈在汉代已完全不用。

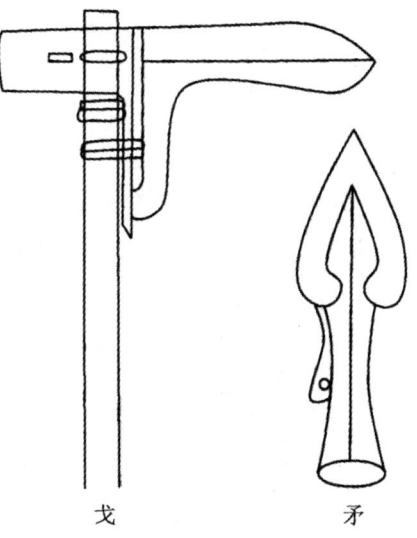

戈　　矛

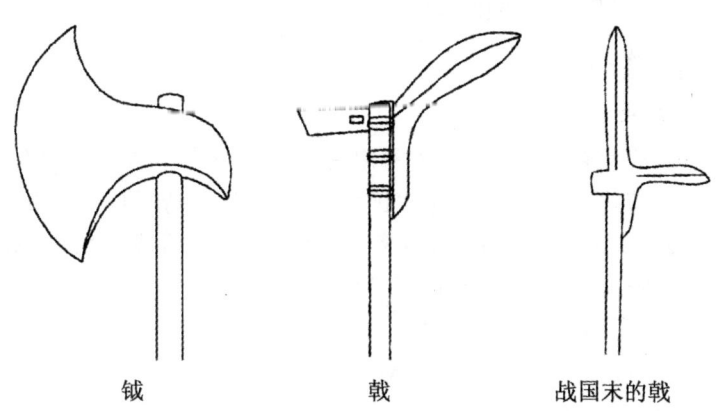

钺　　　　戟　　　　战国末的戟

4. 剑、匕首

剑是短兵,形直有两刃,茎圆,有轮节。茎末有圆轮,名为镡。《考工记》说:"身长五,其茎长……上士服之。身长四,其茎长……中士服之。身长三,其茎长……下士服之。"匕首似剑而短,其首匕(匙)形。

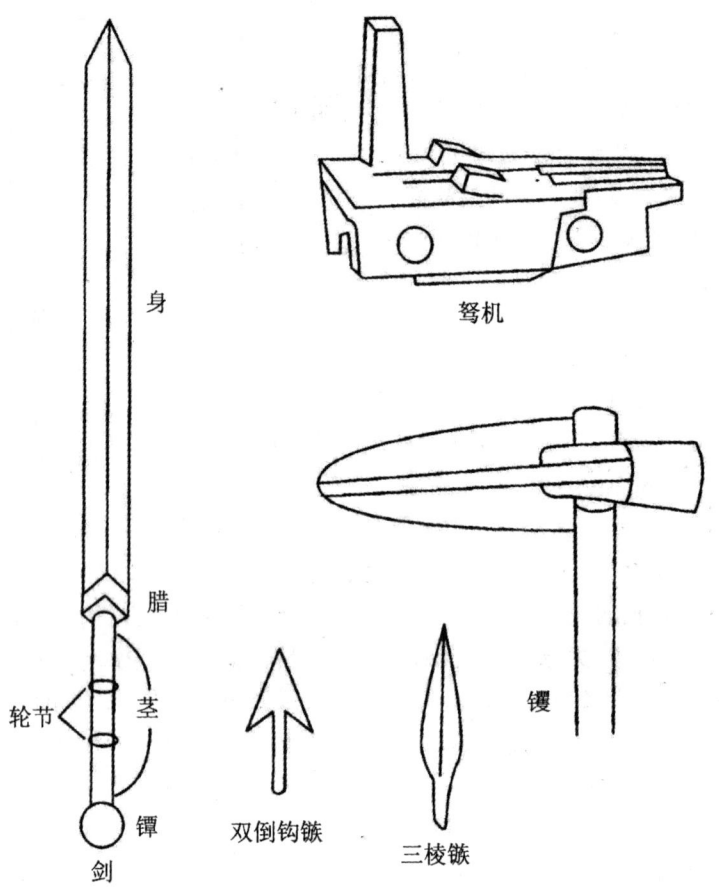

5. 弓箭及弩

自石器时代便有石箭镞。商周都用铜镞,常有倒钩。汉代还常有铜镞,常为三角形。发箭的东西是弓,到了战国更有弩。弩是有臂的弓,乃加一条木于弓上,与弓相交。木上有铜制弩机,将弦扣到机上,然后瞄准发机,杀伤力更大,所以谓之"强弩"。这种弩机也有出土的古物。

第七章　陶瓷器

陶瓷是同类的东西，陶先而瓷后，陶粗而瓷精，所以俗称陶为粗瓷。现在先由陶器说起。

第一节　陶器的发明

史前的陶器最粗，而又常余破片，可是在考古学上的价值却比后代美丽的瓷器还要高。因为它更不易得，而且所说明的事情更重大。某考古学家说："一时的陶片胜于希罗多德（Herodotus）的全集。"所以近世考古学又称为"瓶儿罐儿的研究"。

陶器的发明是在新石器时代。畜牧业、农业发展，食物加多，烹饪保存都需要器皿，因此促成陶器的发明。但是陶器的发明也不是容易的，起初必是偶然发现烧陶的方法，后来方有意制造。大约古人无陶器时，将食物放在竹木编的筐篮内，提在火上烘烧，烧坏又换一个，后来晓得在筐篮上涂上一层泥，以保护筐篮。烧了多次，筐篮焦了，但泥反变坚硬，可以代替筐篮，因此便发明了陶器。而其制法是先将泥贴在筐篮上，然后烧到坚硬。史前的陶器上常有筐篮纹，可以证明是贴在筐篮上烧的。

第二节　中国史前的陶器

中国古史说神农作瓦器，瓦便是陶器。又说黄帝时有"陶正"的官。又尧递为陶唐氏，舜曾陶于河滨。神农以至尧舜都在新石器时代，所以中国也是从史前便有了陶器。中国的旧式考古学家不晓得研究史前陶器，近三四十年来史前考古学发达，发现了不少史前陶器。中国的史前陶器，有几个系统代表了几种文化或民族，分述于下。

一、彩陶

1921年中国地质调查所人员安徒生（C. G. Anderson），在河南渑池县仰韶村发现新石器时代的遗址，其中的陶便是彩陶。其后陆续在甘肃的宁定、镇番、贵德、导河等县及青海湖沿岸，陕西夏县西阴村，山西万泉县荆村，辽宁锦西县沙锅屯，都发现彩陶。研究的结果，将这种含有彩陶的文化称为仰韶文化。那时期便称为仰韶期,约等于古史上的尧舜禹时代。古书上说:"禹作祭器,墨染其外,而朱画其内。"彩陶便是在红色的陶器上绘黑色或白色的花纹,或灰色的陶器上绘红黑白等色。花纹很美观,陶器形式和质料也好。和中亚的安瑙(Anau)及苏萨(Susa)所发现的史前陶器极相似。这种彩陶文化大约是在中国西北部发生,代表的民族或即是华夏系,以后向东西传布或者并曾传到东南沿海。

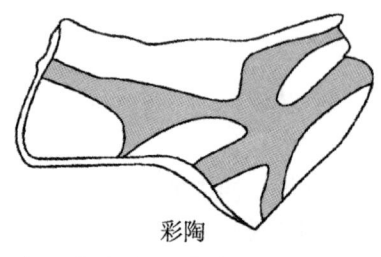
彩陶

二、黑陶

1930年山东历城县龙山镇北城子崖发现新石器时代遗址,特点是有一种黑色陶器。在河南安阳殷墟附近的后冈、浙江杭县的良渚镇也有发现。黑陶文化发生于华北东部,然后向西向南或者向北传播。研究者多认为黑陶文化是殷代文化的老家,大约是东夷系的文化。

三、印纹陶

在浙江杭县的古荡、福建的武平、广东的海丰、香港本岛及其附近的南丫岛,都曾发现了含有印纹陶的新石器遗址。印纹陶的颜色以灰色及棕色为多,表面加了繁多的几何形印纹,自简单的以至于复杂美观的都有。华北虽也有少许这种印纹陶,但不像这一带的多,而且也没有这样美观,所以这种印纹陶的文化自成一种。除中国东南以外,南洋也有相似的印纹陶。大约这种文化自中国东南发生,然后向南传播,一面也应当曾向

印纹陶

北方沿海传播。著者的意见认为这种印纹陶以及有段石锛、有肩石斧便构成了中国史前东南海洋系的文化。

第三节 以后历代的陶瓷器

一、中国铜器时代的陶器

商周两代铜器发达,取陶器的地位而代之。陶器原已发展到各种型式,如

鼎、鬲、尊、罍、洗、簠、瓠、爵等，后来便以铜铸造上等器皿，下等的常用物方以陶制造，因此陶器的发展便受到了打击，商周两代以铜器而不以陶器著称大约由此。然而当时一般平民和奴隶一定仍是多用陶器，所以陶器也应当还有所进步。

二、汉代陶瓷的交递

汉代已经脱离铜器时代，陶器便更为进步。陶质渐变坚硬，不过还不及后代瓷器的程度，色也未白。同时又发明加釉，这是很大的进步，也是过渡到瓷器的关键。汉代的釉已有绿釉、白釉、红褐釉诸种，出土的东西，其釉闪现银色。汉代的陶器形式，多仿古铜器，广州发现汉墓中也有加釉的陶器。（见《光明日报》1953年4月24日）

三、魏晋始有瓷器

曹魏时应当是瓷器产生的时候，不过实物的证据不足而已。到了晋代已有很优美的瓷器，瓷字也已见于晋人潘岳的赋中。当时有瓯越的青瓷，其地即今天的浙江永嘉。南朝的陈曾特诏昌南镇造建筑用的陶础，昌南镇便是后来的景德镇。北朝的魏也有"关中窑"、"洛京陶"的名称。

四、隋唐瓷器的成熟

隋代有绿瓷，但无传世物，出土的也极少见。前安阳发现隋墓中有瓷制明器。又厦门大学于1950年在南安县发现隋开皇时墓，得瓷制明器7件，釉多剥落，但可知便是绿釉。瓷质已经很坚硬。色白微灰，确属瓷器而非陶器。原来瓷与陶的分别在于：(1)原料不同，陶是各种土都可制，瓷必须采特殊的土石为泥，方可制瓷。(2)陶质松，瓷质硬。(3)陶色杂，瓷色必白，或带一点灰。(4)陶多无釉，瓷必有釉。(5)陶不透明，瓷薄而半透明。隋的明器已合于前面的1、2、3、4条。

到了唐代瓷器更为发达，昌南镇的瓷有假玉之称，可见其精美。唐代烧瓷的窑也有多处，如昌南镇有陶、霍二窑（即景德镇）、越州窑（今浙江绍兴），邢窑（今河北邢台县），蜀大邑窑（今四川邛州）及其他。杜甫诗赞美大邑瓷器说："大邑烧瓷轻且坚，扣如哀玉锦城传。"唐瓷的色以青及白者为上，黄褐者为下，又有"三彩"的瓷，是黄绿青三色所绘瓷器。唐代的瓷传世的也极少见，厦门大学于1935年曾在泉州中山公园发现贞观三年的墓，掘得瓷制明器六七十件，和上述南安隋墓瓷器相同。其后在安溪、南安、闽侯各县发现唐墓瓷制明器很多。

五、五代瓷器的进步

五代虽乱而时间短,但瓷器也有进步。越州有秘色窑,因是专供吴越国王朝之用,故名秘色,其实便是青色瓷。又有柴窑是后周柴世宗御用的,在河南郑州,其色是"雨过天青"的青色。

六、宋代瓷器的大发展

宋代的瓷也仍是单色釉。有青、白、黄、褐、蓝、紫、红、黑等色。烧时有偶然现出奇异的混合色彩的,称为窑变。装饰的纹样有划花(即凹雕)、印花、堆花(凸花)、暗花及其他。釉面有平滑的,也有成碎裂纹的,名为碎冰纹又名开片。瓷器的形式有当时的器皿、文具、玩物等,也有仿古铜器的。宋代的窑有名者如下:

1. 定窑。在河北定州。质薄,以色白者为上,名为白定。
2. 汝窑。在河南汝州。有厚薄二种,专烧青瓷,釉浓厚。
3. 官窑。徽宗于汴京署官窑。器极薄,色有月白、粉青、粉红诸种。南渡后在杭州另设新官窑,出品更精。
4. 哥窑、弟窑。浙江人章氏兄弟同在龙泉设窑,称为哥窑及弟窑,又名龙泉窑。两窑都以青瓷为主。哥窑多碎纹,弟窑少碎纹,后者尤胜前者。
5. 均窑。在河南禹县,宋称均州。

以上诸窑,都是专制单色器,而均窑能制各色瓷,有紫、红、蓝、青、绿、黑诸色。

6. 景德镇窑。宋真宗景德年间令昌南镇造瓷,自此改为景德镇。其瓷器也从此著名。
7. 建窑。在福建的建安(建宁),又号为乌泥窑。其器黑色有光,故又名黑建窑。
8. 广窑。在广东肇庆,南渡后始建。

此外尚有多处,从略。

自宋代以后瓷器大量销出外国,每年由泉州、广州运去南洋及波斯、阿拉伯的很多,故至今南洋土人家藏祖传的中国瓷器不少。

七、元代瓷器的持续发展

元代的瓷器仍沿用宋代的型式和方法,有时也创设奇特的样式,大约是由于蒙古风俗之故。瓷器到宋代都是单色,明初早有白地蓝花的瓷。南洋考古学家韩槐准根据元汪大渊的《岛夷志略》所说元代销行南洋的瓷有青白花瓷,推论白地蓝花(蓝与青通)的瓷起自元代。元代在景德镇设枢府窑,所产瓷器专供皇室使用,出品最佳,其余较差。

八、明代瓷器的更进一步

明代瓷器的色料多,有外国输入的,故色彩加多,且发生五彩瓷器。白地青花的器更为常见。明代的窑,以景德镇为中心,而且更为发展。洪武初便在景德镇设20座窑,烧御用品,以后历代都有增加,到万历时达三百余座。历朝所建的窑后来都以当时的年号为名,也用明瓷的分类。明代的瓷以宣德时为最盛,白地青花最佳。以外更发明霁红色,又名祭红(如雨后霁色)。五彩也自宣德时方有。成化窑更发展五彩瓷,故成化瓷在明代也有名。景德镇以外有名的窑是建窑,除宋代所出的乌泥建(即黑瓷)外,明代有一种白建,白如乳色,但这是在德化。江苏宜兴窑明代始著名。广东佛山有广窑。明代的瓷上多加绘画,其绘画也有很优美的。

九、清代瓷器的集大成

明末景德镇因战乱破坏,清初方再在景德镇设御窑。清初康熙、雍正、乾隆三朝,瓷器都非常优美,色彩、形式、绘画都极尽变化。除发生新式外,且兼仿宋代明代的瓷。咸丰以后,由于中国陷入半殖民地的命运,瓷窑业乃衰落。

第八章　玉器、明器、骨角器

第一节　玉　器

一、玉器的起源

中国古有玉器时代之说，如《越绝书》说："轩辕神农赫胥之时，以石为兵。……黄帝之时以玉为兵，以伐树林为宫室，凿地。……禹穴之时，以铜为兵。"其实没有所谓玉器时代。玉便是石之一种，是一种坚硬美丽的石。大约到了新石器时代之末，方能斩玉为器，即玉斧、玉环等。到了铜器时代，不再使用石器，但玉斧、玉环质料优美，古人舍不得弃掉，还是保留为礼器，用于宗教仪式上或社会礼节上，甚至用为货币。成了风俗以后，便大量制造应用。这种风尚自商周时代一直流行到汉代，时间愈后愈失去原意，也愈改变了形状。以前的人不明圭璧的性质，将其当做神秘的宝物。近来经考古学家考证，才知道圭是源于石斧，璧是出自石环，由此才打破这种神秘感。

二、玉器的产地

玉不是到处都有的，它的产地以中国西北为最多。汉以前陕西的蓝田出了很多的玉。《禹贡》说："（雍州）厥贡惟球琳琅玕。"大约蓝田的玉早已采尽，自汉以后更向新疆的于阗采玉。明代的人著的《天工开物》说："凡玉入中国，贵重用者，尽出于阗葱岭。"中国西南也出玉，但不如西北的好。中国以外，欧洲瑞士湖居遗址及克里地岛的史前遗址中都曾发现玉斧。日本也有。菲律宾发现两件玉斧，但据说是在史前时代由中国去的。新西兰也是产玉的地方，以前未开化时代多用玉做器物。

三、玉的性质

《说文》说："玉象三玉之连，其贯也。"这是说它的形，未说到它的质。玉的质料无定，泛指一切美丽的石质。中文的"玉"字和英文的jade，都包括数种矿物或宝石，如软玉（nephrite）、硬玉（jadeite）等。

四、中国玉器的种类

中国古玉器种类繁多,形状奇特,需要说明。自汉以后玉制品历代不绝,种类更多,但都易懂,无需多说。以下专就古玉器,说明其种类。

1. 圭

形细长扁平,常穿一个大孔。有极像石斧的,有不甚像的,其实便是玉斧,变成圭以后形状也渐异于斧状。圭有数种,《考工记》说:"镇圭尺有二寸,天子守之。命圭九寸……公守之。命圭七寸……侯守之。命圭五寸……伯守之。"此外又有琰圭、琬圭、谷圭等,各有其用途,如祭天地宗庙等事。

2. 璋

形如圭,斜削去一角,那余留的斜角名为射。璋是天子巡狩、祭祀山川之物,有大璋、中璋、边璋之别,用于不同大小的山川。璋是由石刀变成的。

3. 瑁

像石斧截去薄锋之状,上下宽度相同。《考工记》说:"天子执瑁四寸,以朝诸侯。"

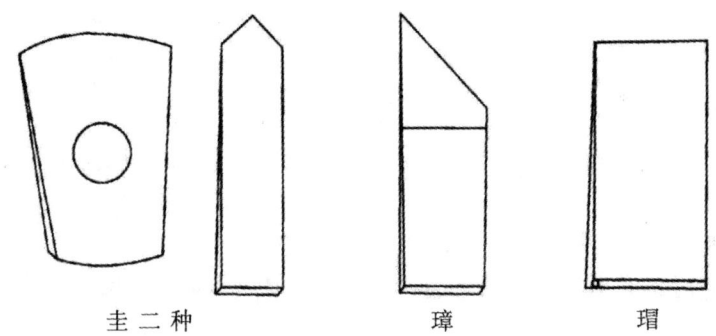

圭二种　　璋　　瑁

4. 璧、瑗、环

都是圆环形,源自石器时代的石环妆饰物。分为三种。《考工记》说:"璧羡(直径)度尺,好(孔)三寸以为度。"《尔雅》又说:"肉倍好谓之璧,好倍肉谓之瑗,肉好若一谓之环。"璧又有苍璧(礼天用)、谷璧(子所执)等名。璧在周代用

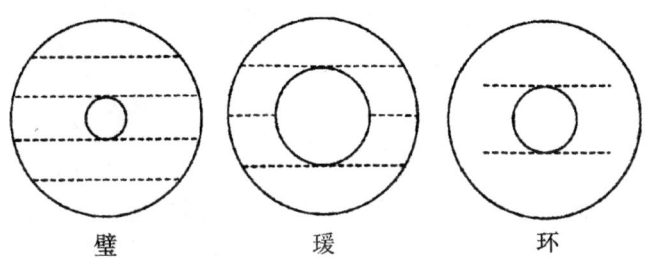

璧　　瑗　　环

为祭天的礼器,其后渐变为装饰之物,名为系璧,即佩用的小璧。

5. 玦

形似璧,而有一缺口,故名。玦又名为佩。《广韵》说,"佩如环而有缺。逐臣待命于境",赐环则还,"赐玦则绝义"。

6. 璜

《说文》释璜为半璧,因为它的形便是璧的一半,两头有孔。《周礼》说:"大宗伯以玄璜礼北方。"后世只用作佘物。

7. 琮

形如一个短筒,外方内有圆孔,大小长短不一。大琮与镇圭同样,长可达12寸。《周礼》说是祭地的礼器。又用以殉葬。近有人说琮是织机上的附件,后来变为礼器。

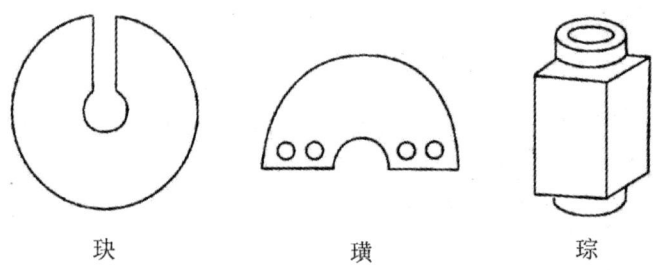

玦　　　　　　璜　　　　　　琮

8. 琥

玉雕作虎形,常只有头部,又已经图案化。有只在玉上雕虎头的,《说文》说是发兵瑞玉。又为殉葬物。

9. 琀

作蝉形,人死后放入口内殉葬。作蝉形的原因或是取蝉蜕的意义,希望死人像蝉蜕化,另换一个生命。

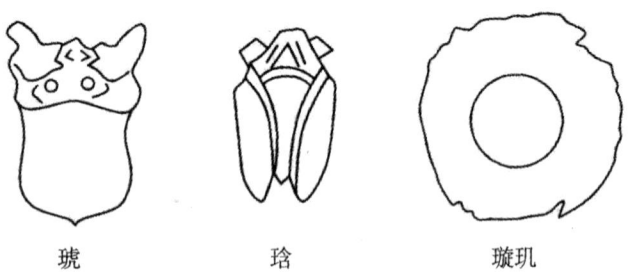

琥　　　　　　琀　　　　　　璇玑

10. 玑

形状奇特,似一个圆环,中央穿孔,周围有牙,即锯齿。《禹贡》说:"玑玉衡以齐七政。"吴大澂说是天文仪器,可以旋转,故有机牙。近有人说是古代织机上的轮,故有齿以防倒转。这说法比较合理。

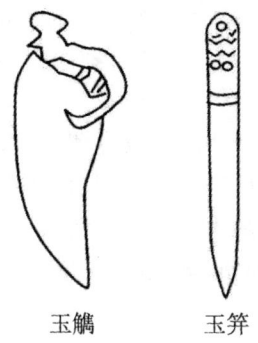

玉觿　　玉笄

第二节　明　器

一、明器的意义

明器便是仿实物而做成的殉葬的物品,包括俑(即偶人)、器物、家屋模型、动物模型等。明器是中国的古称,意义是"神明的器"。人死后为鬼,便是神明。《礼记·檀弓》说:"夫明器,鬼器也。"殉葬也有用实物的,那是称为"祭器"。上书又说:"祭器,人器也。"明器便是假器,所以质料、形式和大小都和实物有些不同。《檀弓》说:"孔子曰:是故竹不成用,瓦不成味,木不成斫。"由此也可见古代明器有竹、木、瓦等器,但竹、木易损毁,能存留的只有瓦器,即陶器。

二、史前的殉葬物

人死用生前器物殉葬的风俗,发生于旧石器的中期。当时的人是将石器殉葬。到了新石器时代,殉葬的东西更多,仰韶村新石器时代葬地遗址中也有殉葬的器物。在甘肃的石铜并用期,殉葬物更多,人身旁有陶甖、石器、骨器或金属器。甘肃殉葬的陶器上必有"丧纹",便是在其上绘红黑色直线和锯齿状的花纹。

三、殷周的殉葬物

殷代的殉葬物由安阳县小屯所发现四处墓地,而知有铜器、陶器和石器,但这些东西似乎还是祭器而不是明器。周代的墓,据《西京杂记》所载,内有铜器、铁器、金玉等,似乎也是祭器,但又有捧烛石人像,这便可算是俑,也便是明器的一种了。古书说,上古束草为人形以殉葬,后乃有木偶,名为俑。孔子以为俑太像人,会引发人的残忍之心,所以说:"始作俑者,其无后乎!"其实俑的产生是后来的事。在奴隶社会杀活人以殉葬是当时很常见的事,现在发现安阳殷墟有殉葬的多数人骨,可见当时有杀人的殉葬之俗。殷代是奴隶社会,故用活人即奴隶殉葬。周代已进入封建社会,奴隶少,故产生俑。大约春秋以前已经有了木俑、石俑和陶制的俑,至于竹木陶制殉葬品和假器物也早已有了。

四、汉代的明器

到了汉代,陶制的明器很盛。后汉时甚至在一墓内多到百余件。汉代明器的种类及其特征,大略如下:

1. 俑

初期是手捏,后期用模制。俑身上涂白粉,用墨画眉、目、头发及衣裳。立俑下身两脚不分开,合成喇叭状,大小自数厘米至数十厘米,技术很朴拙。

2. 建筑物模型

有家屋、谷仓、水亭、田舍、井灶等模型。

3. 器物

有车舆、杵器、器皿等,多仿铜器形式。

4. 鸟兽

有鸡、犬、牛、马等物。

汉代明器的特征是工艺朴拙;质料是陶;质多松,也有坚硬的;表面加绘画,但也有加绿釉的。

五、魏晋南北朝的明器

出土物比较少,形式和汉代有异,立俑下部不作喇叭状,两脚有别,但还常相连。俑的后面常扁平,是因为用半模型制成,不是两半相合的全模。此法可以大量出产俑,大约由于需要增加之故,器物的明器比较少。

六、隋唐的明器

唐代是明器的黄金时代,制造既精,出品又多。明器的进步大约在隋朝已经开始,唐代乃更发达。当时,明器似乎也有地域的差异。现在就已经发现的分两个系统,叙述于下。

1. 华北系统

河南、陕西出土最多,质料是陶,有很坚硬的,有表面有绘色的,有上釉的。釉是单色的,有多色的。制法用二模合成,前后面全备,里面都是空的。艺术水平有达到很高程度的,极像真的人物。种类很多,可分为如下数类:

(1)俑。有文官俑、武士俑、庶人俑、女俑、乐队俑、舞蹈俑、奴俑、黑奴俑、胡人俑。

(2)动物。有马、牛、骆驼、象等。

(3)器物。有壶、瓶、豆、釜、灶、烛台等。

(4)神怪。头多种,都极奇怪,是保护死人及其坟墓的神。又有十二支神,是动物头人身的。

2. 东南系统 厦门大学于1936年在福建晋江县城内中山公园发现唐贞观三年墓4座,所得明器74件,都是瓷制,又都是器物,没有俑动物和神怪。1939年在安溪又发现唐墓。1950年在南安县发现隋墓,所得明器也都同样。这些器物都属器皿,如大壶、中壶、瓿、茶杯、连杯托、四小杯连大盘、动物形便壶、四管花插、洗、灯、灶、盘等。大约福建全省都属这样,或者浙江、江西、广东,也会发现这种东西。近来福建也有发现俑和动物,但极少,应是受华北影响的。

七、唐以后的明器

唐朝以后,陶瓷明器殉葬的风俗突然衰退。宋墓中已经很少,元明墓更稀。原因是宋代产生纸制的冥器,明代又以木器代陶器,因此陶器便极少用了。

八、明器的学术价值

明器的学术价值是:(1)表现历史上的衣饰、器物、风俗、习惯;(2)表现雕塑的艺术程度;(3)表现烧制陶器的实用技术。

第三节 骨角等器

将动物的骨、角、爪、牙、甲壳等雕削磋磨,做成实用器物或艺术品,在有史时代很盛,为我们所熟知,可以不必讨论。我们所应讨论的是有史以前的骨角等器。自有人类以来便能利用动物的骨角等做武器或工具,与用石用木是同样自然的事,然而必须有加过人工的,方可证明是人类用过的东西。这种有加过人工的东西很早便产生。骨角等的耐久,自然不及石头,然而比竹木却好得多。数万年前的东西,有时也可以保存到现在,数千年前的更和石器一样常见。现在分述如下。

一、史前的骨角器

欧洲在后期旧石器时代之初,已经有很多骨角做的器。到了末期,骨角等器更为发达,种类繁多,数量也不少。其影响,竟使石器退居第二位。当时所用的骨角等器有以下几种:

1. 骨针。用以缝缀皮衣。
2. 枪尖。用骨或角制成。
3. 鱼叉。是有倒钩的射鱼标枪。枪尖有倒钩,也是用骨角制的。
4. 标枪投射器。用骨或角制成。
5. 指挥棒。棒上有雕刻。
6. 穿孔串连的牙。是佩带的装饰品。
7. 穿孔的贝壳。装饰品。
8. 钻子。
9. 匕首。
10. 小刀。

新石器时代也使用数种骨角器。中国的北京猿人便有骨器,但加工很粗。到了旧石器后期的山顶洞人,便能雕制骨角等器,并且大量使用。如骨针、穿孔牙齿、鸟骨制管状物、有孔的介壳、鱼脊椎骨制的妆饰品。中国新石器时代的河南仰韶村遗址,也有骨锥、骨针、骨箭镞、贝壳镞等。甘肃的新石器遗址,还有骨刀、骨板、骨锄、贝壳货币。同时代的山西西阴村遗址,更添了骨簪、骨环。

二、史前的骨角艺术品

欧洲旧石器后期之末,骨角等雕刻成的艺术品很多。有全体雕,有浮雕,有阴刻纹,所雕的东西多属动物形,如驯鹿、古象、牛马等。这些在中国发现还少,但依理应当也会多。

三、占卜的甲骨

这是中国特有的重要古物。甲是龟甲,骨是牛骨,是殷代人用以占卜的。

卜后在其上刻写卜辞，或记事，便是甲骨文。甲骨出土是清末以来的事，地点主要在河南安阳县的小屯村。那里是殷代的国都，即所谓殷墟。其他如山东、河南，也有数处发现卜骨、卜甲。占卜用的龟甲可以是腹甲背甲；牛骨是用肩胛骨，其牛大半是水牛。完整的甲最大者长 45 厘米，宽 35 厘米；最小者长 14 厘米，宽 7 厘米；中等者最普通。牛胛骨最大者长 43 厘米，有字的甲已出土者约 10 万片，甲占三分，骨占一分。无字的数量略相等。占卜用的龟甲，先将腹甲与背甲锯开，背甲更中分为二片。卜法是在甲骨背面凿一长槽，于其一旁钻一圆坎，使它将透未透。以火烧灼它，它的正面便产生裂纹，然后观察其裂纹以猜测吉凶。一片龟甲可占卜多次。占卜之后在其上刻卜辞，并记其征验。字是用铜刀刻的。卜辞有四部分：一是叙辞，即叙述占卜缘起的话。二是命辞，即问龟的话。三是占辞，是卜后猜详的话。四是验辞，是记征验的话。甲骨上的文字是殷代文字，虽不是最原始的文字，但也还有许多象形字。初发现时，无人认识，后经刘铁云、罗振玉、王国维诸人最先研究，渐能辨识，现在专精此学者已有多人。这种文字便称为甲骨文，又称契文、龟甲文，其字数约有五六千字，已认识的有二三千字。

第九章　考察和发掘的技术

第一节　遗址遗物的发现

遗址或遗物的发现有三种方式。

一、偶然的发现

遗址遗物常是埋在地下或被别物掩盖，其发现常是偶然的。发现者也常不是考古学家，而是一般人。发现之后，传到考古学家耳朵，方才来考察或发掘。这种偶然发现的情况略如下举。

1.农人耕地。开垦荒地时，土内如有古物，常被掘出，所以考古学家如逢这种机会必须注意。

2.工人开路、开沟、开地基。这些工程都须掘地，所以常发现古物。欧洲百年来考古学的发达，便是由于这种原因。

3.矿工开矿。开矿比开路、开沟、开地基挖掘得都深，如发现古物，必定更为古远。

4. 凿井。凿井地更深,所以常遇古物。

5. 大雨后自然发现。大雨过后,泥土被冲刷流去,土内的古物便会暴露出来。以前的人所以误认石斧是雷公斧,便是因为雨后方发现,雷、雨常相连,所以认为和雷公有关。

6. 湖水河水干涸见底而发现。湖、河中常有古人的物品掉落。在新石器时代且有人造的屋子遗留在湖水中,所以如遇亢旱,水被晒干,水底便呈露古物或古迹了。瑞士便有这种湖居屋。我国湖州也有发现过湖中的石器。

7. 基本建设。在基本建设工地上,往往有古物被发现。考古学者应特别留神。

二、有意的探访

考古学家有时也能由有意探访而发现古物古迹,其方式如下:

1. 根据古书

书上说某地是某件史事的发生场所,考古学家如认为可信,便常到那边寻觅遗物或遗址,有时可以确实觅得。

2. 根据传说

有根据民间传说古时某地有过某事,便去寻觅,也可能觅得。

3. 根据地形推测

某种地方应有某种古迹古物,颇有些原则或规律,故也可据此探访它们。例如河流两旁的斜坡上常有新石器时代物,洞穴中有旧石器时代物,海边有贝冢,注意探访,有时也可发现。著者发现南安溪土兜山的石锛,便是由于推测晋江两岸斜坡应当有新石器时代物。

4. 根据邻近地区的发现

如在某地区曾发现过古物古迹,便可推测附近地方也应有古物。又如两地曾有发现,便可推测中间地点可能也有古物。著者发现龙岩史前遗物,便是由此。

第二节 考察与发掘

古迹古物发现之后,考古学家便可亲到那边考察或进行发掘。这两事常合并,同时兼做,但其性质也可略加分别。

1. 考察

原是在地面上的古迹古物,或已经被掘出的古迹古物,考察也不是只用眼睛看看而已,必须详细测量摄影、拓印绘画、制纸型、描写、记录等,然后带回去研究。

2. 发掘

埋在地下的古迹古物必须加以发掘,方能看得见或拿得出。如属古迹,须将上面或旁边的土壤移去,恢复它的原状,使它再现于世。例如意大利的邦贝古城、安南的安壑古迹,都由此而重见天日。如属古物也须将它存在土里时的情形摄影记录,方可取出。因为古迹古物多被埋在地下,所以发掘是考古学上的重要方法。考古学家离不得一根锄头,近世的考古学别名为"锄头考古学",便是由此而来。发掘方法的程序,李曼氏(H. Schliemann)最先应用科学的方法,发掘古希腊传说上的特垒城(Troy)。这种有计划的发掘方法,经过百余年来各国考古学家的努力和发掘无数处古迹的经验,日益完善,已经成为一门真正的科学。

第三节 发掘者及工人

每次的发掘,都是由一个以上的主持者和许多体力工人完成。

1. 发掘者

发掘者须负责计划发掘的条件,即人力、经费和用具以及发掘的方针和程序,并执行发掘工作,处理发掘后的古迹古物。必须具备五个条件,方能成为胜任的发掘者:(1)他须有考古学的知识和经验。(2)他是在野外指挥工人,所以他须有办事的才干,能够指挥,能够应付社会的各方面。(3)他须有无产阶级的思想和学术上的良心,以人民的事业和自己名誉为重。(4)他须有劳动的精神,有时也须亲自拿锄头。(5)他须能善待工人,与工人同甘苦。发掘者如一人不足,可合数人共事,在各方面,如学问上、技术上、办事上,或交际上,各有专长,可以互相协助。又如远征的考古队,更须有医生和翻译同行。

2. 工人

工人也须合于四个条件:(1)须是惯于用锄头的人,故以农民为最适合。(2)须是精细的人,不致掘破古物,或漏掉古物。(3)须有工作上的公德心,尊重国家财产,不致偷窃藏匿古物。(4)须有点常识,懂得考古发掘的用意。工人如多,可用民主的管理法,由工人自己组织、自己检讨、自定赏罚的规则。主持发掘者也应自认是一个工人。因为他原是用脑力的工人,于将要发现古物的重要关头,更须亲自挖掘,所以也兼做体力工人,应该参加组织内,不应自居于工人之上。管理虽是民主的,然而工人的勤惰、工作态度和成绩都应该认真对待,对于发现古物的工人必须有奖励的办法。

第四节　发掘用具

发掘之前,须预备相应用具并带到野外发掘处,以免临时缺乏工具影响工作。用具有下列数类:

1. 掘土的

鹤嘴锄、普通锄铲等(掀石用)、镘(将近古物时用)、竹签(直接挖起古物时用,以免损坏)。

2. 整理的

大小号刷子、水桶(拓字、纹样用)、宣纸、油墨、棉花布、洒水器及蓝色粉笔、细粉及毛笔、小碟(搽于碑文或刻纹内以便照相)。

3. 收集的

棉纸、筐、袋、箱等,以便收容所得古物。又纸碎、刨花,以便垫塞。

4. 测量记录的

长公尺、卷尺、指南针、测量器、地图、照相机、放大镜、有色铅笔、笔记簿、画图纸、小方格的簿子。

第五节　发掘前应当做好预备工作

1. 选择发掘地点

应选择最有效而用工最省的地点,又须注意工作的便利,以及堆积泥土的地方。

2. 照相

先给遗址所在地照一张相,因为动工后就改变原状了。

3. 测量

遗址及其周围应绘制一测量图,小规模的可自制简图,大规模的应请专业测量人员,特别测量绘制详图。

4. 计划发掘方式

掘法不一,应看地形及遗址种类而定。

第六节　发掘方式

发掘分为两个步骤。

一、试探发掘

未明了遗址所在时,可先作试探发掘,其掘法有两种:

1. 掘深穴

由上而下直掘下去,如凿井状,可以明了那一层有遗址或遗物。但是这法会把不同层次的古物相混淆,所以如发现有一遗址层,便不可再掘下去。

2. 掘长坑

可先掘一道直线,如无所得,再掘一道相交的直线,成十字形。这法可以明了那一地点有遗址,探测一片地方已够了,如地方大可以多开。

二、正式发掘

依据地形选用以下两种方法:

1. 顺掘法

将遗址分为数部分,先掘第一部分,再掘第二部分。如图先掘 A 部分,将土弃于其旁,次掘 B,将土填于 A,依此类推。这法可使遗址各部分明,又可省搬运泥土的麻烦。

2. 阶层掘法

遗址在斜坡上者可用这法。如图,先将 A、B 顺次掘下各层,照同样高度和阔度,既毕,再掘 A_2、B_2 等。又如由平地掘下,再探测遗址遗物所在,也可用这法。比较纵深置入方法危险较多。

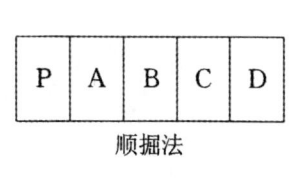

顺掘法

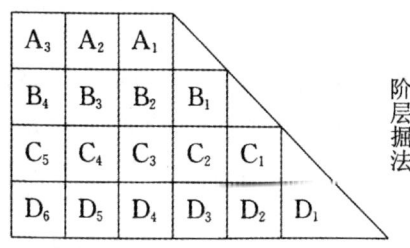

阶层掘法

第七节　发掘时应注意的要点

1. 凡遗物遗址都是平置的,所以发掘时也应当从平面找它们。应当从地面的现代层掘起,一层层掘下,直到处女土为止。

2.同一个地点常有两个以上的遗址层,区别遗址层是最重要的工作。不同的遗址层可由不同的土色或不同的遗物判断。

3.在斜坡上的遗址旁面掘下,或向下深掘,都不是正确的掘法,只可用以试探而已。这种掘法不能推知遗址层年代。

4.正确的掘法是展开发掘的平面,一层搜索清楚方再掘下去。

5.应注意不让上层的遗物落于下层的遗址中,以免混淆。

6.当进行发掘时,发掘人一时都不可离开发掘场所,以免漏过古物。

7.将近古物时,不可再用铁锄,应改用镘,再次更当改用竹签,最后利用手指发掘,方免破坏。

8.将近古物时,又须由发掘人亲自挖掘,方能明了古物在土内的原状、位置,且免破坏古物。

9.土内古物须搜索净尽,不可遗漏,有时须用筛滤过。

10.弃置泥土的地方不可太远,也不可即积于坑旁。如坑深时搬上泥土的方法,可用两条绳子系筐盛土,分由上面的二人吊上。

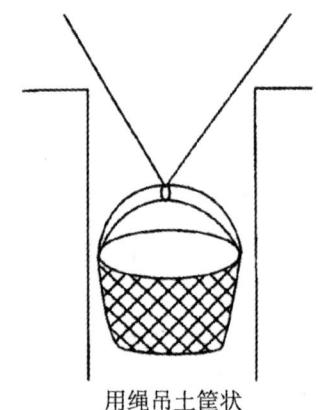

用绳吊土筐状

第八节 古物的处置

发掘的目标在于发现古迹和古物,所以发掘时对于古物应有适当的处理方法,以免破损,并供研究。

1.发现古物时,不可即刻取离原位,亦不可将其周围完全挖清,须先为摄影,并记录其存在的原状,测量其地位,方可取起。因为古物的原来位置对于研究也很重要,取起后其原状便不可明了了。

2.古物无论有无经济价值或美术价值,都须一律收集,即使是一块焦炭、一块有手指纹或足印的泥土,也和铜器、玉器有同样的学术价值。

3.古物取起后,应用棉花、草纸、毛边纸、新闻纸包裹,易破的用棉花包后放入筐袋、纸匣或木箱内。包外用纸条、干草、刨花、粟壳等垫塞,以免撞毁。车船运输时,尤须小心装置。

4.古物有洗刷之必要者,可加以洗刷(如有文字纹样或绘图者),否则不必洗刷,只须刮去其外面或里面的泥土便可。

5.一件古物如破成很多片段,应包在一起,以便事后粘接。

6. 古物的收集应以同地点同层次为标准,不以种类为标准。不同层次便是不同时代,自然不应合置一处。

7. 每件古物取起后,即须以墨水笔或有色铅笔,记它是出自某坑(或某层)以及发现的次第号数,不必记种类的号数。古物上可写字的,便写于其不重要处;如不可写,须写于包裹的纸上。

8. 每发现一件古物,应即登记于笔记簿上,所记事项同上一条,但多加古物名称、质料、形状、大小等项。

9. 以上的各种工作(如用竹签挖取古物、包裹、登记)都须有专人负责,发掘大规模时分工应更细。

第九节　古迹的处置

发掘后对于古迹应有善后的方法,如无保存的价值,发掘后便任其自然或再填满泥土,以免妨碍交通或耕种等事。这一类大约是广场贝冢等。其有保存价值者,如建筑物、坟墓、壁画、大雕刻等,都应设法保存。保存的方法是:

1. 将原物打扫洗刷干净,或加筑围墙,外开消水的沟,立碑刻字,说明其名称、意义以及发现和发掘时间。

2. 较小的古物如石像等,可加盖一小亭保护它。

3. 有雕刻文字的,可用油漆描搭与其质料相反的颜色,使它明显,便人参观。

第十节　发掘及考察应用的特殊技术

一、照　相

照相术是考古学上最有用的技术,自从照相术发明以后,考古学进步到另一阶段。

1. 照相术的便利

(1)保存古迹古物的真相。发掘前的古迹地面,发掘后的在土内的情形,古物的形状、花纹、文字等,都可用照相表现。为优,比绘图也更为正确详细。不但有助于发掘者、研究者的工完毕后出版的著作,也可利用相片而将古迹古物的原形介绍给别人了然。所以照相术不但能促进考古学,并且能将考古学的新发现介界。

(2)照相术的第二项便利是迅速。千言万语的文字描写,或惨淡经营的绘画,都须费时甚久,照相术却如闪电一瞥,便完成工作,所以在时间上最为快捷。

2. 必须照相的事物

自发掘前、发掘过程,以至发掘后在研究室中的研究,都必须照相。所应照的事物如下:

(1)发掘前古迹的地面。

(2)发掘过程的工作状况。

(3)发掘后古迹的全形。

(4)古迹中有特殊意义的部分,如绘画、雕刻、文字等。

(5)古物未取起时的原状及其周围环境。

(6)古物的形状及其花纹、文字,末一项可在研究室中做。

3. 照相术应用于考古学上有以下数项特殊技术

(1)拍立体的古迹,应在各面都照一幅,都是正面相。

(2)在两面之间的侧面也应各照一幅,以显其立体状。

(3)如属建筑物,可以入内照里面的相,如光线不足,应用补充光源。

(4)应从近旁高处拍俯瞰的相,以显其顶部以及所占面积。如属大规模的古迹,最好在飞机上俯照。

(5)拍古迹古物,无论平面或立体都须用最小的光环,方能全部明晰。如用大光环则只有一点明晰,其余便模糊不清。这是学术相片与美术相片不同之处。

(6)拍摄雕刻而成的文字或纹样,应利用从一旁斜射来的光线,使它一边明亮,一边有阴影。这样方能明晰。

(7)凸凹的文字或纹样,又可加以化妆(dressing),即用和碑石相反的色料,如白石则用黑色墨,黑石则用白色粉,搽于凹痕内,这样拍成的相片更为明显。

(8)无论拍古迹或古物都应有表示大小之物放在旁边,小物可用尺,大物可用人,一并照入相里。尺在学术上多用公尺。

(9)古迹古物如有色彩的,应用调色照相法,加用光筛。例如,红底黑纹者用红光筛,青红相间者用青光筛,多色者用黄光筛,这样方能分明,否则模糊难辨。

(10)拍小件古物时应特别注意配置其背景,暗色物背景应白,浅色物背景应黑。布或纸可作背景,利用光线明暗也可作背景。

(11)拍小件物又当设法除去其一旁的阴影,以免一旁的轮廓不明。方法是做一木架,上面置相机俯摄,中层放一片玻璃,所照的物体置玻璃上,阴影会透过玻璃到下面去,相里便无阴影了。

二、拓印法

拓印法是我国固有的,梁代初发明,唐代便很盛行。在照相术未发明时,这是考古学上唯一的辅助技术。

1. 拓印法的优点和缺点

优点是:(1)能使文字或雕刻黑白分明;(2)可得照原形大的拓片。

劣点是:(1)石碑的表面如粗,则拓片上黑地成点粒状,不能全黑;(2)做工比照相繁。

2. 拓印法有两种

(1)干拓法,又名扫拓法,将墨搽于碑面上,然后将纸铺于碑面,用帚轻轻扫过,使墨印于纸上,无墨之处便是字,或刻纹,将纸取下便是白字黑底的拓本了。这法发明于南北朝的梁代,但印成的字是反面的,所以当时有特供拓印的石经,是反字的,拓印后便成正面。现在使用较少。

(2)水拓法,又名打拓法。碑上不搽墨,将纸铺于碑面,将水把纸洒湿,以布包棉花轻轻敲打,将纸压入凹纹处。等将干时,另以布包棉花蘸墨轻打纸上,不要打入凹痕。干后取起,便也成为黑底白字的拓本,但这却是正文了。这种方法唐代便有。

以上两种方法所用的墨,旧时是临时磨的墨汁,很费时。现已有印书或油印的墨,也同样可用,著者已实验过。打纸的布包棉花,现在可代以油印的橡胶棍。

三、纸型和石膏模型

建筑物上的石浮雕或立体的石雕人物等,虽可照相,但嫌缩小,且又变成平面像。要携带原物又不可能,或太重不便,这种物可用石膏复制其原状,成为模型。但要制石膏,必须先制纸型,其法如下:

1.将对象物搽满肥皂液,然后将毛边纸、连史纸或草纸浸于水内,蒙于对象物上,用布包棉花捶压它,使塞满凹入之处。凹入之处应多填,使与凸处平,厚度看大小而定,总以干后能坚硬为度。边须多留一点,以便做框。待干后取起。事先搽肥皂液是要使纸不粘于原物上。

2.将熟石膏粉(牙科店出售的较细)加水溶解,倒入纸型内,厚度也看大小而定,太薄易破,干后取起,即成石膏模型。一面的浮雕物只要一个纸型;若是两面以上的须分两三次,做两三个纸型,然后合而为一,成中空的模,倒入石膏便成。石膏模型形状大小与原物同,如再照原物加搽色彩,眼观便宛如真物。

四、绘画

除照相外,有时也须绘画,因为绘画也有其优点:
1. 有时照相所不能显出的特点,可以绘画表示出来。
2. 绘画较为明显而无阴影,而且也比较美观。
3. 绘画的图可比照相的大。

五、测量

大规模的须有测量员。
1. 测全形法
所测绘的图须有平面图及断面图两种。测量的目的是要明了古迹的面积和方向。
2. 定古物位置法
每件古物出土时都须测量记载,以便将来研究,其方法如下:
(1)有范围的定位法。例如古墓便是有范围的。古物所在的地点除在正中央的以外,必偏于横直两边,便可量其物与两边的距离。如图1-1。
(2)无范围的定位法。先选择一件重要物品为中心,然后划成南北、东西二条直线。以后便以这两条十字线为标准,测量每件古物与这二线的距离。如图1-2。

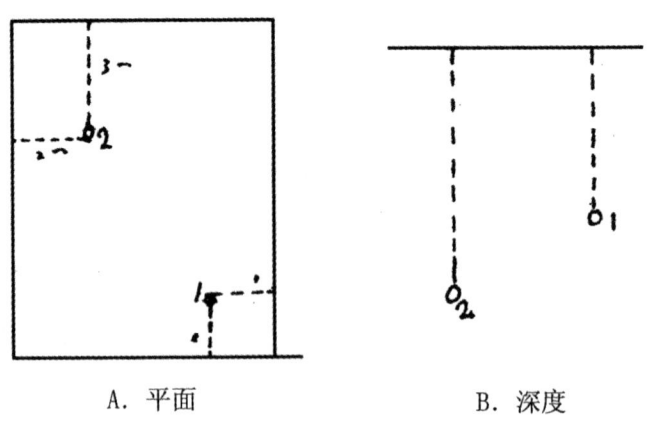

A. 平面　　　　　　B. 深度

图 1-1

(3)测深度法。在土内的古物,都应兼测其深度,其法以地面为标准。将一木条横架于上面,然后以卷尺量古物与这根木条的距离。以上三法的记录图如下。

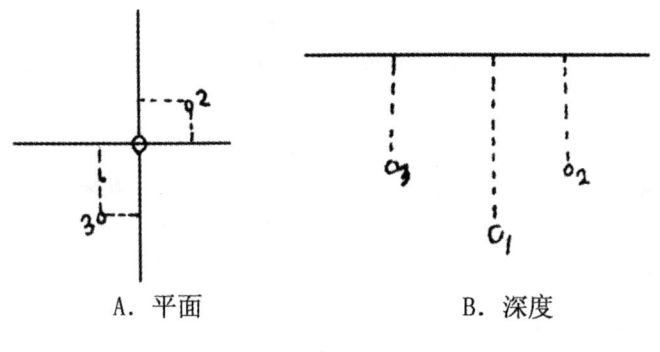

图 1-2

第十章　古迹古物的研究

第一节　材料的鉴别

一、材料的来源

考古学的材料,包括古物与古迹有三种来源。

1. 自己发掘及采集的

自己发掘的古迹或采集来的古物可算是第一手的材料。

2. 博物馆所陈列的

这是别人所发掘或采集已陈列在博物馆内或其他学术机关,或在人家里,其物尚未经研究或研究未毕,可以利用为自己的研究材料,这是第二手的材料。

3. 图书所记载的

原已发现的古迹古物已见于图书记载,有时也可利用为参考比较或综合研究之用。

二、古物的等级

古物的学术价值也有高低不同。

1. 第一等

自己发掘或采集发现地点及共存物都明了的。这是最可靠的材料。

2. 第二等

发现地明了,其他不明了的,例如单个的古物,没有共存物只可算是孤证,不足以为确定的资料。

3. 第三等

发现地不明的,例如一件古物,本身特征明显,可断是真的,但不晓得出自何处,因此减少做证据的资格。

4. 等外古物

本身特征不很明显,真伪不明,因之不能采用为考证材料。

三、伪造与变造

古物成为古董,即成为买卖的对象后,便产生伪造的东西或变造的东西。考古学家如碰到这种东西,应具鉴别的眼光。

1. 伪造

这是完全非真,是假造的东西。

2. 变造

物原是真的,但被改变其形状,如加以雕刻或修补。如中国的古铜器,无文字的,常被古董商加刻古文字,以增加价值。又如铜器有断折的,便加以补接。这种东西可说部分已经失真了,不是真正可靠的古物。

3. 鉴别法

考古学家不能不知鉴别,否则认假作真,必致闹成笑话。如不能辨认时,宁可审慎,不加采用。鉴别方法如下:

(1)肉眼的观察。

①可就形状论,是否合于某地某时代的某类古物,是否有那种古物的特征。

②就色泽论,是否经过长久时间。

③就质料论,是否属某时某地的原料。

④就刻纹或文字论,是否合于某时某地某民族的艺术风尚,或文字形式,文法体裁。

(2)显微镜放大镜的考察。刻纹质料如放大了看有时可发现肉眼所不能见的要点。

(3)化学分析方法。例如铜器可用化学分析法,验知其成分。

第二节　重要的研究方法

一、层位学的方法

因为各时代的古物都有埋存在地下的。各层时代不同，层位也不同，一层一层堆积起来，所以古物在地下的层位深浅可以证明它的年代的远近。而且层位深浅的次序，常可以证明古物形式发展的次序。古物按时代埋入土内，其正确就像化石的动植物埋存在岩石内一样，故考古学上层位学的证据，是像其他科学的证据一样可靠。这种方法有几种原则：

1. 古物在土内上层者年代近，下层者年代远，所以上层便是后期，下层便是早期。史前学上旧石器时代分为下层旧石器时代（lower paleolithic age）、上层旧石器时代（upper paleolithic age）便是这样。有的误认上层为上期即早期，下层为下期即后期，那便错了。

2. 古物同在一个层位内的属于同时期之物。

3. 须防由外羼入的东西，如井、坑和坟墓都常有后代的东西羼入于古代层位内，这点必须加以辨别。

4. 考古学上的层位并不就是地质学上的地层，后者时间常比前者为长。

二、形式学的方法

1. 古物多是人工物，即人所制成的物品。同时代的人所制的一种物品，必有同一种形式，时代不同，形式也不同，所以形式必有时代的特征。

2. 形式依时代而变迁，其倾向有的是进化，有的是退化。由简而繁，由粗而精是进化，反之是退化。

3. 最初的形式称为原形式，在地下原形式一定是在最底层。

4. 形式虽有变迁，在先的形式常遗留其特征于后来的形式。初时是有意义的，即故意遗留的，后来渐变为无意义的，就像赘瘤一样。

进化的，例如欧洲铜器时代铜斧的形式。最初是像石器一样，无孔可装柄；其后把两边延长成翼，然后向内扳入，以夹斧柄；更后两翼更阔，夹柄更紧；最后则两翼连成一片，中留一孔以便装斧柄。

又如刀的护手的形式，有如下的进化。最初无护手；次加一圆形铜铁片为护手；更次将圆片变为长片，并且一端向上弯，一端向下弯；最后向下弯的一端和柄头连成一个环状。

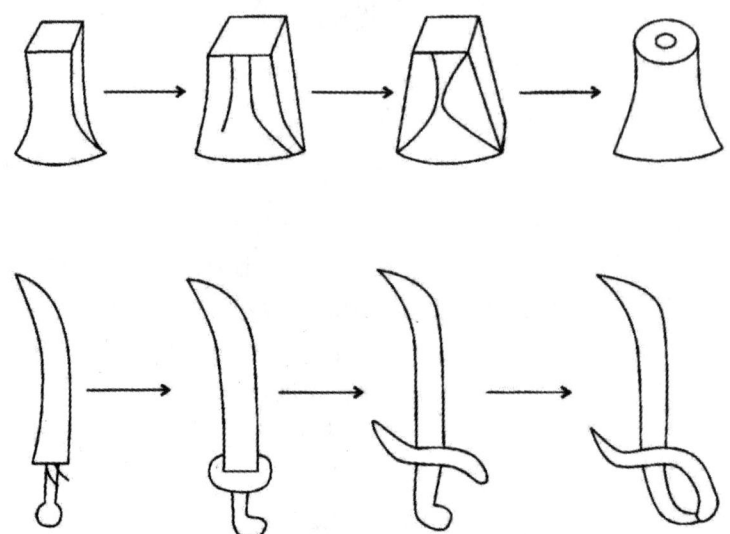

退化的形式可以日本的祝部陶器为例。其器原有双耳,其后耳变成钩状,更后只留一点如瘤,最后连小点都没有了。

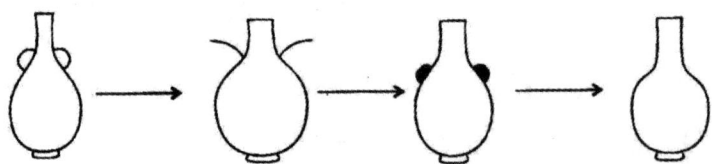

5. 形式学的方法虽可用以断定不同形式的同一种古物的先后,但是也有困难之处。因为形式既然有进化的,但也有退化的,所以要断定某一形式是原来的形式,某一形式是最近的形式,颇为困难。有时会将退化的误认为原始的,或将原始的认为退化的。又当推论两地文化的交流时,也有困难,有时不易判断某种古物是出自哪一方,流传于哪一方。所以单就一件古物的形式来断定年代是不够的,如多种古物都表现同样的趋向,便可以确定年代。

6. 共存关系的方法。

(1)古物的年代如不能明了,可观察其共存留的遗物。如有一件共存物的年代能明了,其他便也可以推知。例如古墓内的古物,可由墓碑、墓志或墓砖上的铸字,而推知其年代。厦门大学于1935年发现泉州的唐墓,得瓷制明器数十件,由于墓砖上铸有"贞观三年闰十二月廿五日葬"诸字,因得确断是唐初的墓。1950年在南安发掘隋墓,也是由于砖上有"开皇十六年八月八日"等字,因得确断是隋墓,而所得瓷壶便是隋瓷了。又如福建武平发现刻纹陶片,如无共存的石器,也不敢即断定是史前的陶器。

(2)一种古物形式变化的次序先后,如有怀疑时,可由共存物而推知。方法是将该种古物的形式和共存物的形式,排列成并行的次序,然后互相对照。有时可由共存关系以改正其物假定的形式次序。这样对照,有三种可能存在的状况:

```
第一式   甲   乙   丙   丁   戊 ＝某物的五种形式
         ‖   ‖   ‖   ‖   ‖
         A    B    C    D    E ＝共存物的五种形式
```

这两方相符合可以证明某物的假定形式不错。

```
第二式   甲   ○   丙   丁   戊       某物的形式脱落一种,可
         A    B    C    D    E       由共存物而推知补正。
第三式   乙   丙   甲   丁   戊       某物次序错误,可由共存
         A    B    C    D    E       物而校正。
```

三、民族学的方法

民族学是人类学的一分支,又称文化人类学,是研究人类文化起源和发展的理论的学科。应用民族学于考古学,可以帮助推论,其理由如下。

1.各民族文化的发展路线都相同,即经过蒙昧、半开化、文明三个大阶段。

2.各民族文化的发展速率不等。同一时期,有的(如我国人和欧洲人)已发展到文明阶段,有的(如美洲土人)才发展到半开化阶段,有的(如澳洲土人)尚在蒙昧阶段。

3.蒙昧和半开化民族的文化和用具,很像文明民族的远古时代,即史前时代,因为它们同属社会发展史上的原始共产社会阶段。

4.由此可由现存的蒙昧民族或半开化民族的器物,以推论文明民族的上古的古物。例如欧洲史前人类的石器如何制造和使用,久已失传。而且不见记载。但参考现存的使用石器的民族便可推知史前人如何用剥削方法制造石器。又如中国东南方出土的史前"有段石锛"(stepped adze),著者本人初发现时,不能明了它的使用法,后来因见民族学书记载,太平洋海岛土人不久以前还多使用石器,也有这种有段石锛,把它装在弯曲的木柄上使用,因而恍然大

悟。此外,如史前古陶器的制法,也靠同样的方法而得明白,还有其他多种事物都是这样。

以上所述层位、形式学、民族学三种研究法是法国学者德社列(Dechelette)所提倡的。在史前时代的考古只有这三法,但在有史时代的考古,因为时代较近,可参考的材料较多,还可兼用下列三种方法。

四、文献考证法

这便是利用历史记载以说明古迹古物。关于古迹古物的时、地、人、事四项要点,有时可以找出史书上直接记载,那是最好的参考材料了。如果没有直接的记载,也可以找到间接的记载,以供推论之用。例如晋江县发现的唐初古墓,墓砖上铸有"贞观三年闰十二月廿五日葬"的文字;又如南安发现隋代古墓,墓砖上铸有"开皇十六年八月八日"等字,这都可查看史书中那一时代的记载。又如安溪发现唐墓,墓砖上有"武吕"的人名,庄为玑先生考证唐史上虽无这个名字,然而转查唐初武氏诸人的传,推论是武则天的同父异母兄弟被贬于福建,而后死于贬所的。又如唐代刘蜕,根据史籍说齐桓公在生九合诸侯而为盟主的时候,还没有谥号桓公之称,因而证明曲阜古铁盎是后人伪造的(盎上有字说是"齐桓公会于葵邱岁铸")。这些都是利用史籍记载,以考证古物的好例,由此可见史籍与古物在有史时代的考古上,可以互相证明,不可偏废。不过如遇到史籍与古物不符时,却不可怀有成见,偏袒一方,应当审慎,察看哪一方是正确的,用来纠正另一方。大抵史书的正确性会比古物差些。然而古物是不会自己说话的,如解释错了,其错误也不下于史书。我国原有考据学一种学问,大抵是以书证书,有时也有以书证物的,便和考古学较有关系。文献的材料也不专以本国的为限,外国文的记载如有关的,也可参考,有时也可获得可靠的证据。

五、民俗学考证法

民俗学(folklore)是研究文明民族所保存的古旧风俗,即原始社会以至封建社会的旧事物的一种学问。这种旧风俗、旧事物常不见于记载,但它们却可以利用来说明过去的史实或古物古迹,所以考古学上也应当应用这种方法。例如考古学上发现了古人用以厌胜的东西,如史籍上不曾记载,也可参考现在民间的这类风俗。又如其他的古器物,史上虽无可稽考,有时也可由民俗中获得解释。例如福建南方的隋唐古墓中常有瓷制明器,其中有一种便壶,具有耳目口鼻和四足,按本地人在不久以前还叫便壶做"尿鳖",然而近代的便壶却全无鳖的形状。由民俗中的这一事,可以证明隋唐时的便壶便是作鳖的形状,而由这一件古物也可了解"尿鳖"的名称的原意。

六、古文字学的考证法

原史时代便有了古式文字。古建筑物、古墓、古纪念物,或小件古物上,常雕刻或铸造古文字。如古埃及有象形字,古巴比伦、阿述有楔形字,我国商周有甲骨文、金文。研究埃及的考古学家初发现象形字时不能认识,但后来渐能辨认,现在已经能够根据那些文字来说明埃及古迹古物并了解古埃及人的史事和风俗,如"死人之书"都能读得来了。又如古巴比伦、阿述的考古学家也发现了汉穆拉比王的法典。中国的考古学家也由龟甲之兽骨和铜器上的文字,而了解古物的本身和商周的历史。甚至较后年代的古物,也可根据历朝的字体而考证古物的真伪。

第三节　年代的决定

如上所说,年代的判定是考古研究的第一步,上面数种研究法的效用,首先也便是决定古迹或古物所处的年代。

一、年代决定法

有数条在上面已经详述,这里只须略述。

1. 根据古物上或古迹中的铭刻

古迹中常有刻在石碑石柱等物上的文字,或砖上铸成的文字;古物如铜器上铁器上也常刻文字,陶瓷器上也常书写文字。刻字的意义,大抵是为要纪念某项重要事件,事件有时间性,所以刻字中常表示年代。这种刻有年代的古迹古物,可以说是最可靠最准确的证据了。如无年代,但由于文字上所表示的别的事情,也有助于推测年代。

2. 根据文献

古迹古物本身虽无文字可证明年代,但有时也可从史书中得到证据,以推知年代。

3. 根据形式

某时代的古物,有某时代的特殊形式,所以由上述形式学的研究也可以推知其年代。例如欧洲史前旧石器时代穆斯特利期的石器,常有一面加工的缘故。如在欧洲掘得这种石器,便可断定是属这一期的东西。又如宋代的瓷碗,也有其时代的特殊形式,和后代不同。

4. 根据质料或制法

各时代古物的质料和制法也常有其特征。例如白地蓝花的瓷器,一定是明代以后的东西,而不是宋代的。手捏的陶器也必是史前的东西,而不是唐宋的制品。

5. 根据共存物

一件古物本身如不能决定其年代,有时也可以由共存物而推知。

6. 根据遗址

古物不能明,如遗址可断定年代时,便可推知古物。

7. 根据同类遗址

本遗址不能明,但如别处有相类似的遗址,也可借以推知年代。

8. 根据地层

旧石器时代的古物常在较深的地层中,可根据地质学的地层推知其年代。

9. 根据树木的年轮

遗址上面所生的树木,由于年轮学(dendrochronology)的研究,可以推知其年寿若干,因此便也可以推知遗址的年代。

10. 根据散布地方的大小

同一形式的古物,如散布的地方大者,年代常较古;散布的地方小者,年代较近。

二、年代的种类

年代种类有两种。

1. 相对的年代(relative chronology)

这种年代不是表示确定的某一年,而是表示某时代(epoch)或时期(period),即论年数,也是泛指某年至某年之间,或约在多少年前。这种年代多用于史前时代的考古,因在史前原无历法和记载,所历时间又长,自然只可泛指某时期,而不能确指某一年。史前考古学上,所以有了很多时代或时期的名称,便是为此。例如欧洲旧石器时代常分为六期,如赫利期、阿舍利期、穆斯特利期等。又如中国有齐家期、仰韶期、龙山期等名称。这些时期的名称大都是名不见于经传的,因为考古学上时期的名称,常是根于一个标准遗址,常是最先发现的遗址,即以遗址所在的小地名称之为时期的。如穆斯特利期是以发现地穆斯特(Lemoustier)为名,又如仰韶期是以发现地仰韶村为名。

同一期内如时间长,须要划分,有两种划分法:(1)三段法,即将一个时期分为早期、中期和后期。如要再分,可各再分为一、二、三段合为早一、早二、早三等段，这法最常用。（2）假数年代（sequence date），是贝突里氏（Petrie）所创，假定一种古物的年代为一百段，然后将它的各种形式分配在各段内，看它们的先后变化。以下的图表示几种古物在过去时间内的发生和存在的时间（这图是假定的，不是真有其物）。如 A 物约自 4～40，B 物约自 30～70，C 物存在于 80～90。

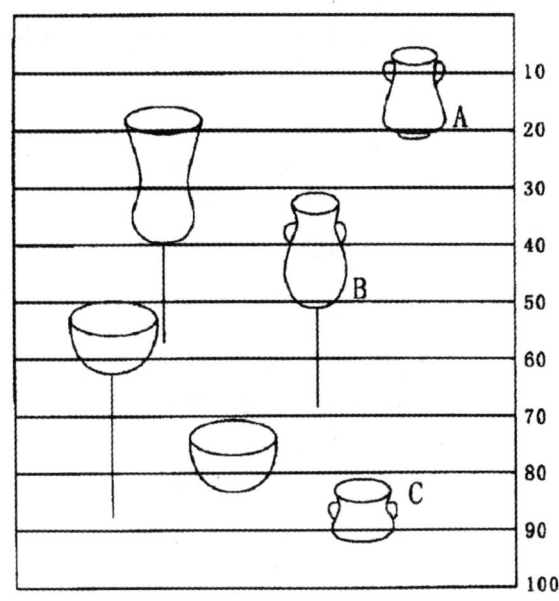

2. 绝对的年代（absolute chronology）

这是确指过去的那一年或距今确定年数。例如说隋开皇十六年，或公元前 1122 年，或距今 2070 年。这种准确的年代，必须当时已有历法，有记载，所以这法只能应用于有史时代的考古，不能应用于史前时代。绝对的年代以在古迹古物上原有的铭刻为最可靠（自然须是非伪造的）。虽无文字，但如该古迹古物本身可以确定是那一年的东西，也可据此判断。如古迹古物本身全无证据，专靠文献推论，有时也可推得绝对年代，但可靠性较差。

3. 等时关系（synchronism）

即两地年代的比较。两个地方尤其是相近的地方，如都发现了古迹，除了单独的研究以外，还应当进一步研究他们之间在时间上的关系，是同时的，或先后的。同时的便是有等时关系，研究方法自然须比较两方的特征。如特征完全不同，自然是在年代上差得很远。如有相同或相似之点，便可证明是同时或相差不远。至于要确定究竟是同时或谁先谁后，必须很精详的比较。如两地的特征难以直接比较，可以两地之间的其他地点为桥梁而间接比较。由甲比照乙,再由乙比照丙,然后推论甲与丙的年代的先后。例如欧洲考古学家为要比较法国与波希米亚的新石器时代的先后。比较法国的 Seineoise-marne 期遗址与瑞士的 Horgen 期遗址,断定两方是等时的,再比较瑞士与 Goldberg 地方(属 Wurtemberg),两者都有 Michelsberg 期的遗址,而瑞士的这一期便在 Horgen 期之前。再次比较 Goldberg 与波希米亚,发觉 Goldberg 的 Michelsberg 期的前期 Aichbuhl,便是波希米亚的 Danubian Ⅱ 期的变相,以此便推知法国的 Seineoise-marne 期比波希米亚的 Danubian Ⅱ 期为后。其关系如下图所示。

	法国	瑞士	Goldberg	波希米亚
1	——	——	Aichbuhl	══ Danubian
2	——	Michelsberg	══ Michelsberg	
3	Seineoise-marne	══ Horgen		

第四节 解 释

一、考古学的意义

考古学家的发掘古迹古物,不是单为搜括古董或满足好奇心,目的实为搜罗材料来说明过去。考古学上固然也常发现古文字如甲骨文、金文、石刻文字、陶器文字,埃及的草纸上文字,印度的贝叶文字,巴比伦的砖上文字等,可以直接说明过去的史事,但是古迹古物却以无文字的为多,故发现以后必须加以解释,方能明了当时的情形。考古学家所谓过去,其实便是指过去的人。所有发掘研究的工作都是要发现古时的人是怎样生活,一方面要以过去社会的情形来解释古迹古物,一方面要以古迹古物证明过去的社会。

考古学家自然不能根据古迹古物而了解过去社会的一切事情,他所能了解最清楚的是过去社会生活中表现于物质方面的部分,至于其他方面,便须根据古迹古物作间接的推论。考古学根据古迹古物所推论的过去社会的各方面,有如下面一个表,这个表很能符合于唯物史观,可以说是考古学上给予唯物史观的一种证明。

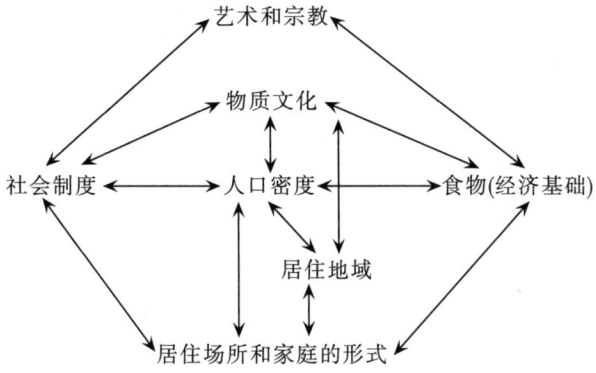

二、关于食物的解释

考古学家怎样根据古迹古物以解释过去的社会,可以照上面的表一一说来。关于食物的解释,最重要的是食物的来源。首先应察看这古迹的住民是以采集食物为生,还是以生产食物为生。如属前者,他们便有打猎、捞鱼的遗迹。打猎的遗留了许多猎具和兽骨,捞鱼的有渔具、鱼骨和贝壳。如属后者,便有畜牧或耕种的遗迹。畜牧的遗留家畜的骨头,耕种的有农具或谷粒。试举实例如下:

考古学家的报告书中常列举遗迹中动物骨头的数目,似乎只供古生物学家参考,并且很为枯燥无味。其实这种材料便是推论食物和职业的最好证据。如欧洲新石器时代遗址中常发现很多动物骨头,根据这些骨头分类统计,便明了新石器时代发生了经济上的大革命,并发现有多次移民到欧洲。试看英国格拉斯顿波里(Glastonbury)在一个湖中村落遗址所发现的兽骨统计。

野兽骨件数:红鹿 2、牝鹿 6、野猪 4、狐 4、野猫 5、獭 36、海狸 14,合计 71 件。

家畜骨件数:马 73、牛 181、猪 58、绵羊 3013、山羊 6、狗 24,合计 3355 件。

两方比较,野兽骨只占总数四十七分之一,如再除去专为要取毛皮的以外,剩余的食用野兽只占二百八十分之一,可见当时食物的来源是以畜牧为主,打猎不过辅助而已。同样的方法可以应用于谷物,在欧洲阿尔卑斯山一带湖居遗址中保留了新石器时代的谷粒,证明当时农业已经很盛,并且知道所种的是什么。此外,别地方有时也可找到炭化的谷粒。又未烧的陶器或泥土中所印的谷粒痕迹也是一种证据。如丹麦的史前遗址,便由陶片上的印纹而推

测出当时的农作物,其统计如下:

	新石器时代 （409 片）	后期铜器时代 （241 片）	罗马以前的铁器时代 （30 片）	罗马时代 （247 片）
小麦	86.8%	9%	3.3%	1.6%
大麦	13.2%	88%	96.7%	78.1%
燕麦	——	3%	——	15.8%
裸麦	——	——	——	4.5%

根据这个表,不但可以知道当时的农作物是什么,并且可以知道农作物的变迁。如在新石器时代小麦居第一位,到了铜器时代后期大麦便代替了小麦,一直继续到后代。其余两种都是到罗马时代方盛。

发现农具可以证明已有农业。农具如多于猎具和兵器,可以证明是以农耕为主业的民族。又根据农具的种类也可以推知当时农耕的方法、规模,藉以明了当时的生产力。根据陶器和铜制的器皿也可以推知烹饪食物的方法和生活水平。

三、住居地区

住居地区的形式须看经济发展而定,同时却又能够影响经济发展,住居地区与经济生活极有联系。如海岸使居民可以鱼贝为生,因而有贝冢的遗迹。黄土地带易于发展农业。白垩的小山宜于畜牧。各地出产的天然物资大有影响于其他文化的进展和传播。一地出产的建筑原料决定了该处古时的建筑形式。因为自然环境是常有变迁的,不论地理或动植物,都随时代而有异。我们考察了古迹古物,也可以推知当时的自然环境甚至气候的变迁。如在欧洲曾发现热带动物的骨头,知道古时曾有过热带的气候。又欧洲南部曾发现寒带动物,推知古时也曾有过极冷的时期。至于有史时代,也还有自然环境大变迁的事。如近代考古学家曾在新疆中亚沙漠中发现古迹古物,推知当时那些地方原是有水草有土壤、人烟繁盛的地方,后来才变成沙漠。

四、屋子和住居场所

由遗址中的基层可以明了原来屋子的面积、建筑原料和形式。至于上层即使倒塌也常留有墙柱的下段,并且倒塌下的柱头、石梁、屋顶也常存留在下面的土里,可供推测全形之用。屋子的形式各时代不同,可根据已发现过的推测新发现的。各历史时代的屋子,也可找文献中的记录作为参考。屋子上如附有文字或雕刻,更可以帮助明了其时代。秦砖汉瓦以至后代的砖瓦都附有特殊的纹样,可为证据。在史前未能建筑砖石的屋子时,虽有茅屋也不能存留,不过其屋址中必有烧火的遗迹,如焦炭、灰、器物等可以证明。在旧石器时代,人类多住洞穴,其中遗留很多器物、骨头等,都可推知是人类曾住过的。每一个良好的洞穴又常不止有一个遗址层,一层之下隔了一层泥土又有一层遗址,有达到数层之多的,可以表示各时代都有人居住。

五、物质文化

古代文化的遗物,如工具、武器以及日用品等,成为考古学的重点。其实这些遗物是大大不够的,只要看一看现存原始民族的器物,便可知道古人的东西已经消失很多,能够留下的不过极少的一点儿而已。我们现在便要根据这一点儿遗物来推测古时的物质文化。例如遗址中发现了箭镞,便可证明当时已有弓箭;有凿子便是有木工;有纺锤和压机物便是有纺织;有鞘头的铜片便是已有剑鞘。根据结合衣服的东西,可以推知衣服的式样,如铜器时代不列颠人用钮子,北欧人则用平安扣针,可知两地衣服的差异。物质文化也常可由图画看出,西班牙东部史前洞穴内的壁画,绘着一人持弓发箭,追逐两只鹿,可以知道当时已有弓箭。德国南部 Odenburg 发现一个早期铁器时代的缸,上面刻着一个织机,证明当时已有织机。在瑞典 Bohuslan 发现铜器时代的岩石雕刻,证明当时已有用双牛犁田的方法。

在文明更进步的时代,因为有了阶级,上等阶级的人财力多,他们的屋子和坟墓里的遗物也丰富,而且精美。至于下级的人,无论屋子或坟墓都没有多量的精美的遗物。一般考古学家大都好奇猎异,以发掘古时皇帝陵墓、获得珍贵宝物为目标,对于一般平民的遗物认为庸俗粗陋,不肯搜罗研究,这实在是很大的错误。苏联的考古学家怪资本主义国家的同行太过注重上等阶级的考古,而忽略下等阶级便是由此。苏联考古学家杜列维氏(Trever)在发掘蒙古游牧人坟墓的报告中曾说:"我们只熟悉了上等阶级的日常生活,但还没有资料可以使我们明了那些工人们的生活,便是那些做刺绣的工,染羊毛的工,开矿的工,铸铜铁的工,掘墓穴的工,以及替主人建坟墓的工。"所以考古学家们如研究有阶级时代的古迹时,应当分别阶级,除研究上层的以外,还要注意下层的。

对于古器物如不能明了其用法或意义,可用民族学的方法,由现存原始民族中寻觅相同或相类的器物以供参考。

六、人口

发现一处古人居住的地方,有时也可推知当时的人口,这在史前遗迹考古中尤为重要。因为当时人口多少没有记载,推算史前人口的方法,可以有史以后最初记载的人口数为限,次之按当时的生产力,就那一块地方,并参酌现存相类似的原始民族的情形,计算当时可以维持多少人口,照这样算便可以推得一个大概。考古学家推算英格兰和威尔士一岛,在史前的人口已经得到一个数目,据说在罗马统治时代这地方的人口应为六七十万。史前在新石器时代可以达 40 万人。在旧石器时代,可以百年前美洲的阿拉斯加和美国西北部为例,约只有 250~2000 人。

人口的数量以外,还可以推测年龄的成分,华鲁亚氏(H. V. Va.lloi)曾研究欧洲几种史前人类的生存年龄,编成一个表,很可以做研究的例。现引述于下:

人种名(数字是人口数)	0~14 岁	15~20 岁	21~40 岁	41~60 岁	60 岁以上者
尼安达他耳人(20)	40.0%	15.0%	40.0%	5.0%	
旧石器后期人(102)	24.5%	9.8%	53.9%	2.8%	
中石器时代人(65)	30.8%	6.2%	58.5%	3.0%	1.5%
奥地利铜器早期(273)	7.9%	17.2%	39.9%	28.6%	7.3%
1829 年的奥地利	50.7%	3.3%	12.1%	12.8%	21.0%
1927 年的奥地利	15.3%	2.7%	2.9%	22.6%	47.4%

由这表可以看出史前人类寿命很短。旧石器中期的尼人只有 5% 能活过 40 岁,其后逐渐增加,到百年来竟有半数活到 60 岁以上。由人骨推测年龄非有精确的解剖学知识不可,故这法必须借助于医生。

七、艺术

古迹古物除了极粗劣的以外,多少带有一点艺术价值。因之也可看出当时的艺术作风和程度。古物之中有些极其精美的,也便是艺术品,而古物所以会成为古董也是由此。艺术种类很多,古迹古物所能表现的却有限度。歌谣、音乐等表现于声的艺术,便不是古迹古物所能保存。古迹古物所能保存者是表现于形的艺术,如绘画、雕刻、铸造、建筑装饰、跳舞等。表现这些艺术的物质如易于毁灭的,像竹木、藤、草、皮革、织物、纸等,都不易存留。敦煌石室中保存魏晋至唐的绢和纸绘的图,古埃及的墓中保存的草纸(papyrus)绘图,印度的贝叶写经书都是不易得的古物。至于我国自古流传下来的古字画,年代不会太久远且多赝品,在考古学上的价值次于上述的发现品。

各种艺术品之中,如建筑物多用石和砖筑成者,容易保存;木造的便易毁灭。我国少有建筑物的遗迹,便是因为古代建筑物多用木造的缘故。建筑物如宫殿、寺庙、塔坊,本身的形状体式便是艺术的结构,而且建筑物上又多附雕塑绘画,所以更富艺术性质。其次是绘画,如绘于皮革、布类、纸类之上的,若不埋入土内,也可保存下来;如绘在建筑物或洞穴中、岩荫下的壁画也有时发现于后世。图书也有绘或刻在古物上的,如陶瓷器、金属器或石碑上,更容易保存下来。雕塑的艺术自史前以来历代都有,其能保存的是石雕、玉雕、骨角雕、泥塑、陶制、瓷制等物,其形状有人像、动物像、神怪像、器物等,极为丰富,占古物的大部分。铸造的原料是金属物,多属青铜,自然也易于保存。各国铜器时代的铸造物,出土的或流传的都不少,而且都富有美术价值。装饰有人身装饰和器物装饰两种,人身装饰可以由绘画或雕塑的人像看出,器物装饰可由雕塑和铸造的器物看出。跳舞虽是动的状态,但也可由绘画或雕塑的人像看出,甚至音乐也可由遗留的乐器根究它。诗歌如雕刻于古迹古物上也可藉以保存。

八、宗教

由古迹古物也可以看出古代宗教观念。因为古迹古物中有一部分便是由宗教上的目的而产生,如古代神庙、神佛像、坟墓、殉葬品等都是。

由云冈的石刻佛像,可以证明北魏时代的崇佛。由广州、泉州的古清真寺和回教墓,可以推知回教有由海路入中国的一支。由陕西发现的大秦景教流行中国碑,而知道基督教早已入中国。由埃及的古坟墓的发掘而发现了古埃及人的死后观念。由古希腊的石雕和铜铸的神像,而证明他们的神话。推到史前时代,也可由古迹古物而了解宗教观念的起源。欧洲史前旧石器时代有一件怀孕女人的石像,又在洞壁上的图画中有带生殖器的人。石器时代以来,各地都有生殖器崇拜的石雕生殖器,这些都说明古代人类已有生殖器崇拜和祈求繁殖人丁和家畜农产的魔术。他们在打猎时也有魔术,如旧石器时代法国洞穴壁画中绘有负伤的野牛像,这便是对打猎的目的物施术。太阳的崇拜,在发明了农业的民族便有了,如铜器时代瑞典 Bohuslan 的壁画中,在犁田的图旁,加上一个太阳形象。法国旧石器后期壁画中也有一个化装为长角鹿的神巫像，可以推知当时已有神巫。死后的观念，早在旧石器中期便已发生，因为在法国 La-Chafelleaux-saintes 地方发现的尼安德他耳人骸骨旁置有石器，明是要给死人在死后应用的。自此以后，直到近代坟墓中的殉葬品（即明器），逐代都有。最近殷墟发现很多殉葬的人骨，更可使我们了解殷人的死后观念。

九、社会组织和制度

社会组织及制度和宗教一样，都是上层建筑。跟物质的遗存物虽没有直接关系，然而也可以由其间接关系而推知一二。社会组织的大小，决定于生产力的程度；生产力的程度，决定于生产工具。一个石器时代的遗迹，只有新石器和陶器，自然只能有氏族社会的组织，行着原始共产制。政治法律、婚姻家族、道德观念也都是原始性的。如属铜器时代的遗迹，可以推论大约是奴隶制的社会，因为它的生产力正好由原始共产制脱离出来而达到这一阶段。铁器发明以后的古迹大都是封建制的社会，不应再推它为原始社会。由另一方面来说，如发现古埃及的陵墓，考古家们便可了解古埃及王朝的社会状况，详详细细地构成一部古埃及史。又如我国考古家，根据殷墟的发掘，也明了了殷代社会的情形。小之如福建的晋江、南安、安溪，发现了隋唐古墓和明器，也藉以推知当时这一带居民的情况。

（《天风海涛室遗稿》，鹭江出版社 2001 年版）

为什么要保存古物

引 言

第一节 我国古物的丰富

我国古物的丰富是世界有名的,也可以说是世界第一的。不要说日本、英、美、法、德等国家望尘莫及,便是埃及、波斯、伊拉克等国虽是开化很早,上古遗留些古物,但是后来衰落了,便没有大量宝贵的文物遗留给后世。我国则不但上古有宝贵的古物,便是后代也还有很多古物遗留到现在。

我国古物所以会特别丰富不是偶然的,而是有条件的。古物都是由自然物加工制成的,我国土地广博,天产丰富,这是第一个条件。古物是需要时间的条件的,我国开化的时间已有4000年,如从有人类讲起,更提早到50万年前,在这样长的时间内,古物哪得不多,这是第二个条件。古物是人手制成的,人多则物多,我国的人口从来便很多,所以古物也跟着多,这是第三个条件。最后,因为我国人民从来是勤劳聪慧的,不断地劳动,不断地创造,所以便不断产生珍贵的古物出来,这是第四个条件。

我国古物之多真是数不完,50万年前生存在北京附近的中国猿人便能制造石器、骨器,其数很多。其后的丁村人、河套人、山顶洞人,也都有石器、骨器等遗留下来,四五千年前的新石器时代的石器、陶器、骨器等物散布全国各省,多至不可胜数。到了商代更有了精致的青铜器、刻字的龟甲兽骨、石雕刻物、白色陶器。周代也有很多青铜器、玉器和漆器等物。西周的青铜和玉器不但数量多,也极为精美,是世界各国所没有的。汉代也还有铜器、玉器、陶器,也更为进步,而且有很多泥塑的殉葬用的"明器",除了小件古物而外,汉代又遗留了很多石雕的大物以及石墓等建筑物。六朝开始增加一种珍贵的古物,便是瓷器,又增加了有关佛教的石像和建筑物。唐代继承以前用明器殉葬的风俗,明器达到了极盛地步,瓷器也更进步,铜器如铜钟也很美而且多。宋代瓷器尤为精美，遗留在人间的很多，成为后来所谓"古董"的一大部分。明代的瓷器种类更多，遗留的也极众。甚至清初的瓷器到现在也成了名贵的"古董"。除上举的古物以外还有其他种类，如字画、古钱、印章、石碑等不可胜数。

我国古物之多，有没有数目可证明呢？这是不容易的，但也可举一二个例来说说。试举铜器一类。清代乾隆时曾把皇宫内所藏古铜器绘图登记，编为书籍，共登记了4074件，其中有文字的1290件。清末考古家王国维等人曾著书统计清代所有曾经记录过的有文字的古铜器，共有7143件，其中三代物5968件，汉以后物1175件。这是专指有文字的铜器，如包括没有文字的，照上面所举，乾隆时皇宫内古铜的比例，应达到二三万件。此外，瓷器、明器等无可稽考，其数量应当更多。甲骨出土也有10万片之多。大件的古物如石碑、石雕物到处都是，无从计算。

由解放后出土古物的数量看来，也可证明我国古物的丰富，自1949年至1954年5月，五年之内，在全国各地基本建设工程中发现出来的古物共131713件。单就一个地方说，如河南洛阳市区自1952年冬至1953年夏，基建工程中发现历代墓葬600余座，得古物16000余件。湖南长沙市区在1952年发现战国和汉代的墓葬1000座以上。由此可见，我国地下蕴藏的古物真是多到无法估计，处处都有，就像郑振铎先生所说的：我们除了地上的古物之外，还有"地下博物馆"，这种情形是任何外国都没有的。

第二节　我国古物的丧失

我国古物固然很多，然而丧失的却也很多。历史上凡是太平兴盛的时候，都有很多珍贵的文物，有些是古代保存下来当做"重器"的，有些是当时创造的精美物品。易朝换代以后，这些文物常失去大部分，如上文所举清代的铜器有文字的7000余件，没有文字的更多，现在这些宝物在哪里呢？可以说极大部分都已失去了。

古物丧失的原因，最简单的一条，是自然力的破坏。室外大件的古物，以及整个的古建筑物，时时受了日晒雨淋，自然会逐渐损坏，如遇到突发的灾害如地震、水灾等更会突然损坏。第二条是人为的破坏，其破坏力之大比自然力要大得多，人为的破坏也有几种。第一是战争，不论建筑物以及小件古物，每遭一次战争便丧失了不少。秦的阿房宫，汉的未央宫、长乐宫，以及后代的宫殿，都常是随着朝代的变动而毁灭。第二是人为的灾害，如火灾也能吞灭建筑物及其中的文物。第三是故意破坏，如秦始皇消灭天下的青铜兵器，隋文帝和金氏的皇帝都怕前代的铜器会成妖怪，下令毁灭。王莽讨厌汉代所立的石碑，下令尽数打破。第四是改铸，这是指金属器的，如董卓、宋高宗、明思宗等都因国库空虚，下令把古铜器改铸为铜钱。第五是盗窃。这一种的为害比前四种要大得多，因为前四种都是特殊的罕有的事，盗窃却是经常的事，盗窃是指盗出国外而言，因为盗出国外才会使古物完全脱离我国，使我国人民看不见，这才是完全丧失了。盗窃的人一部分是外国人，一部分是我国人，我国人是为外国人而盗窃的，所以主犯还是外国人。盗窃的事发生最近，不过自100年前开始，但所盗古物的数量却多得可怕。

自100年前鸦片战争以后，帝国主义势力侵入我国，他们的军人、外交官、传教士、商人、游历家，尤其是伪装的学者，都震惊于我国古物的精美和丰富，便使出种种的手段，或明抢或暗偷，将我们的古物大批盗窃出国。国内也有些坏人盗窃了古物卖给他们。

1860年英法联军侵占北京，先将圆明园内的古物抢劫一空，然后放火焚毁。当时有一个英国军官姓赫利恩，绰号"中国詹姆"，抢得了中国大批古物，回英国后因此致富，曾著一本书便以《中国詹姆》为书名，详说当时联军抢劫的情形。到了1900年，八国联军又攻陷北京，这一次抢劫的军队有八国，人数多，所抢去的古物也更多。经过了这两次的大抢劫，上文所说清代的古物，尤其是皇宫内的，便失去了很多。

除了帝国主义军队的大规模抢劫之外，还有帝国主义伪装学者的大规模盗窃，帝国主义的伪学者知道我国古物是很丰富的，他们便借口学术研究，组织大规模的考古队，侵入我国的内地搜索古物，或拣采或发掘，或强夺或巧取，可以移动的小件物也要，不可以移动的大件物也要。摩崖的大浮雕也把它凿起，取去一部分，而使剩余的部分成为废物。整个的建筑物也拆起装去，复原在他们的博物馆内。试举几个实例来说：清光绪三十三年英国派斯坦因到甘肃敦煌千佛洞偷运所发现的古写本书籍和艺术品共29箱，后又再去偷运一次。法国伯希和也到敦煌抢去不少。德国人格路维德也去新疆、蒙古偷运古物两次共46箱。勒可克则运去了397箱。日本人也从东北和山东偷去了很多古物。

帝国主义国家盗窃了我国的古物究有多少，是无从计算的，但也可由个别的例而知道一个大概。帝国主义国家盗窃的古物有些在私人家里，有些在博物馆中，单就博物馆来说，英国的大英博物馆及其他博物馆，所藏中国古物多而且精，因为他们最先动手抢劫，所以获得很多。法国、德国、日本的博物馆也收藏大量我国的古物，很可以同英国比较。美帝国主义最后起，但他们急起直追，到了现在所盗窃我国古物之多似乎竟驾于英法等国之上。美国博物馆盗窃我国古物最多的有七所。如波士顿美术博物馆中陈列中国古物有十大室之多。哈佛大学佛格艺术博物馆专门训练盗窃技术的人才，曾派一个名华尔纳的伪考古学者，到敦煌用布涂上胶水粘剥去好的壁画。纽约市艺术博物馆所藏东方古物 21000 余件，其中绝大部分是中国古物。这所博物馆曾主使北京的奸商岳彬将龙门宾阳洞魏代石雕皇帝礼佛图整片凿下来，偷运到美国去。费城大学博物馆将陕西的唐太守昭陵六骏石雕最好的一匹偷去收藏。芝加哥艺术博物馆的中国古物陈列室达 15 间，佛利尔艺术馆有极精美的中国铜器和玉器，奈尔逊艺术博物馆有中国庙宇室，将清代的绿琉璃宫门整个拆去重新装成。由这些实例可见，美国和其他帝国主义盗窃我国古物是如何的贪而且狠了。

第三节　世界上最大规模的盗窃案

上面所说我国古物已被帝国主义盗窃很多，但我国古物原极丰富，清朝灭亡后还有不少。1914 年在北京设立古物陈列所。1925 年设立故宫博物院。"九一八"以后，于 1933 年将古物南运到南京，同年在南京设立伪中央博物院筹备处。1935 年将一部分分运到英国伦敦举行中国艺术展览会，会后运回国内。抗战中西迁，1946 年迁回南京。

1948 年末，蒋介石已准备逃亡台湾，乃陆续由南京运载前北平故宫博物院、前中央博物院筹备处、前中央研究院、前中央图书馆四个机关的珍贵文物、图书到台湾，前后共三次，总数达 5000 箱以上。其中包括：(1)前清皇宫内的铜器、玉器、瓷器、书画等，包括前参加伦敦艺术展览会的在内。(2)前中央研究院的发掘品，包括华北各地新石器时代遗物（石器、陶器）、安阳殷墟遗物（有字的甲骨、铜器、玉器、大理石雕物等）、濬县发掘的周代铜器、玉器，汉代人写的竹简等。(3)我国仅存的一部《四库全书》和其他珍本图书。这些文物、图书是解放前全国的国宝，数量既极繁多，价值也极名贵。

帝国主义早垂涎于这批宝物。美国费城艺术博物馆副馆长霍雷斯·杰尼曾撰文说，应把蒋介石盗窃去台湾的这批宝物，以"长期出借"的名义送到美国。去年即有美国的博物馆馆长等到台湾活动，蒋介石也派胡适在美国接洽出卖这批宝物。美国合众社报道说："这一批宝物是东方艺术之花，其中有不少是中国古代艺术史上最宝贵的杰作，美元不能衡量其价值，这些都是无价之宝。"

这个建议盗窃我国在台湾的文物的杰尼，原来是盗窃我国文物的惯犯。1924 年杰尼曾随美国哈佛大学佛格博物馆的华尔纳到敦煌千佛洞，用胶布粘剥了几十幅壁画。次年再来，要想偷窃更多的壁画，被我国人民知道，阻止了他们的行径。现在就是这个杰尼建议"长期出借"，并说这是"不可避免的国际义务"。这样的一个惯犯，却说了这样的话，真是恬不知耻。所谓"长期出借"，实际便是"永远买断"，所谓"不可避免的国际义务"，实际便是"千方百计的国际劫案"。

这些在台湾的我国文物，是我国历代劳动人民的劳动结晶，是我们的国宝。我们六万万的人民绝对不能容忍美帝国主义盗窃我们的国宝，所以消息传来，全国人民都感到无比的愤怒，坚决抗议这一件大罪行，并表示我们将来一定要将它们全数追回来，如有损失必须由美国负责。

第四节　对待古物的三种态度

封建时代的古人便爱好古物，现代资本主义的外国人也爱好古物，社会主义国家的人民也爱好古物，然则对待古物的态度是不是完全相同？不，这是不同的，可分别为三种态度：封建时代的古人以及资本主义的外国人比较相近，我们社会主义国家人民，和他们的态度截然不同。

封建时代的古人称古物为"古董"，又叫"骨董"。他们把古物当做玩物，所以他们有"玩古董"的话。他们认为古董的效用有以下几条（据明代董其昌所著《骨董十三说》的话）：第一，"骨董今人之玩物也，唯贤者能好之而无改"，"人之好骨董即高出于世俗"。这是说古董是高等的娱乐品，即有闲有钱的阶级的玩物。第二，"骨董之可贵为其长寿也"，"玩骨董有却病延年之效"。这是说古董可以使人长寿，带点迷信的意思。第三，"今之骨董，古人用物也，其制作精工，非今人所及"，"或古人之服食制度不可见，见籍服食之器而贵重之，可以征好古之心，人所同然"。这是说古董可以使人发生好古的感情，好古再进而崇古，故说"非今人所及"。崇古便会保守，保守便想维持现行的封建制度。所以封建时代的人爱好古董是与此心理有关的。

资本主义的国家的人爱好古董（他们也有和"古董"相同的字，例如英文叫做 curio），也有几条原因：第一，古董在个人是一种财产，是一种高级形式的货币，其价值有些比金银还贵。积蓄古董便是积蓄财富，可以投资买入，当做奇货，待价而沽，获得暴利。第二，古董可供娱乐，陈列古董的博物馆他们便说是供人们娱乐的。如美国博物馆专家斯坦因说："博物馆的功用在搜集，保存与陈列过去的文物，以便于现代人们的娱乐、艺术的欣赏和教育。"第三，古董有社会教育作用，便是对一般人民进行一种无形的教育，使他们由于对艺术品的欣赏进到对所处社会文化的欣赏，以麻醉阶级斗争的意识，缓和社会革命，以便维持资产阶级的统治。如美国博物馆协会会长魏斯勒曾说，博物馆对群众的教育目的有三：(1)对艺术品欣赏；(2)对所处环境的欣赏；(3)对自己所处社会文化的欣赏。

以上三条已经可以说明资本主义国家所以爱好古物的缘故了。至于他们所以特别爱好别国的文物，甚至于要夺尽扫光，却是由于第四条的原因，便是要摧残别国的文化，降低别国的文化地位，抬高自己的文化地位，以便压迫、统治和剥削别的民族。自资本主义国家进一步而成为帝国主义国家以后，为要在经济上剥削别的国家，便要在政治上灭亡和统治他们，同时还要在文化上破坏或降低他们。破坏或降低别的国家，文化的方法之一是掠夺其文物，使他们忘了祖国过去的光荣历史，养成自卑心理，而驯服于帝国主义统治剥削之下。另一面在帝国主义国内充满了别国的文物，也可夸耀于人；并表示别的国家不能珍惜保存自己的文物，只有帝国主义才会爱护文物，甚至于"大公无私"地一样爱护别国的文物。如以前日本帝国主义抢了我国很多的文物、图书之后，便夸说中国人如要研究汉字须到日本去学。美帝的"东方学者"或"汉学家"们，也狂妄地宣称以后中国人要学中国历史应到美国去学。我们如任凭他们这样搞下去，岂不把我们国内珍贵的文物、图书尽数都搬到美国去，把我们的国家弄成为文化上的真空地方，使我们成为数典忘祖的落后民族，永远供帝国主义宰割剥削。由这第四条原因看来，美帝所以要抢尽我们的文物，原来是为这样的目的的。

上面所说封建时代的古人和资本主义的外国人，对待古物的态度实是大同而小异，因为他们的社会同是阶级的社会，古物掌握在统治阶级手里。他们对古物同是认为对自己的阶级有玩耍娱乐和当做财富的作用，且可以利用来麻醉被统治的一般人民的意识，使他们欣赏现在的社会与文化，不想反抗现行的剥削制度。

至于没有阶级剥削和压迫的社会主义社会，例如苏联，对于古物的态度是和以上所说的封建社会、资本主义社会是大不相同的。我国是向着社会主义前进的社会，所以我们对于古物的态度也是和苏联相同，而与封建社会、资本主义社会有异。苏联和我国的对古物的态度可以说有几条如下：

第一，不把古物当做私有的财产，而当做全国人民公有的东西。

第二，不将古物当做单纯的财富，不当做一种货币，而单纯地积蓄起来；反之却把古物当做一种资料，用来研究过去的社会经济形态，过去人民的历史与文化，以为建设现在和未来的幸福社会的参考。

第三，虽也欣赏古物的优美，但却不抱着崇古的念头，不会发生保守的思想，对着优美的古物却更激发了追求进步的思想。根据过去的成就，精益求精，推陈出新，创造出更优美的物品。

第四，不将古物当做玩物，当做娱乐品，而是将古物当做教育用品。要使人民看了古物得到明确的历史知识，养成高尚的道德品质，以成就为社会主义社会的一个优良成员。

第五，社会主义的国家虽也欣赏别国的古物，但绝不想抢夺别国的东西，而有损于别国的文化。

以上这五点是和封建社会、资本主义社会恰恰相反的。但就由于上述的前三条理由,社会主义国家对于古物也是非常爱好的,非常能够欣赏。这种正确的态度比较不正确的态度,更能够发挥古物的优点与效用。古物如果能够有知觉,一定乐于存留在社会主义的国家,而不愿意被抢劫到资本主义国家去。珍贵的古物,不遇着识者便不能显出它们的优点,一切古物都是这样的。

第五节 解放后人民政府对古物的关心

中国共产党的目的是要把我们的国家改变为社会主义的国家,所以对古物的态度,便是像上面所讲的社会主义国家的态度。远在抗日战争的时候,党便注意保护古文物。在1942年间,为了要抢救山西赵城县的古庙内所存的一部金代刻本的《大藏经》(是佛经总集,存3600多卷),以免落于日寇之手,曾派了战士去阻止日寇,运走了这部四十余箱的古书。

1949年中央人民政府成立后,便实施保存保护古代文物的政策。1950年5月由政务院颁布了《禁止珍贵文物图书出口暂行办法令》以保护我国文化遗产,防止有关革命历史的、文化的、艺术的珍贵文物图书流出国外。这个命令颁布后便制止了百年来帝国主义国家盗窃我国文物和国内奸商盗卖文物于国外的不法行为,使我国的文化遗产能够保留在国内,不再外流。同时又颁布了《规定古迹珍贵文物图书及稀有生物保护办法》《古文化遗址及古墓葬之调查发掘暂行法令》,这些法令一面规定了原有的及偶然发现的一切文物古迹的保护办法,一面规定了调查发掘古迹的办法,这样既可使国内的原有古物古迹不致由于不知爱护的粗暴和漠视的态度而致散失破坏,又可防止非科学的挖宝式的发掘,以致损坏了古迹古物的学术价值。

中央人民政府非常重视文物保护工作以及其他社会文化工作,设了一个文化部,在文化部之下设立了一个文物管理局,在各省市也设立了文化局和文物管理委员会。中央文物管理局主持了全国的保护文物古迹的工作,各省的文物管理委员会、文化局则分担各地方的保护管理古迹古物工作。这些机关是以前反动政权以及更早的封建政府所没有的,甚至在资本主义国家也没有这样专门负责的机关。

由于解放后进行各种建设,到处都有开垦水利、开路、建筑等工作。这些工作必须动土,便发现了地下蕴藏的古物古迹。建设的工作是发现古物古迹的良好机会,但如不注意保存保护,也会变成破坏古物古迹的机会,所以政府的主管机关如中央文物局和各省文物管理委员会便以极大注意来处理这种"抢救"古物古迹的工作。加以主持建设的部门也能协力帮助,于是在短短的五年之内便发现了极大数量的古物,总数达到14万件以上,在过去任何时代都不曾有过这样的大发现。这些古物既多且精,大大弥补了以前被盗窃的数量,证明我国地下蕴藏的古物是无穷尽的。

人民政府既掌握了这样大数量的文物,不是单纯把它们当做一种国家的宝物,把它们深藏于仓库;而是尽量利用它们于文化教育上,以为人民服务。出土的古物由各地的文物管理委员会收集,同时并由考古研究机关研究说明,然后交予中央或地方的博物馆陈列,以供人民参观。所以现在的古物已真的成为人民所共有,人民所享用,而不像封建时代和资本主义国家只是为统治阶级所占有所享用了。

第六节　我们应当怎样对待古物

解放后,人民政府对文化遗产这样的重视,一般人民自然也应当改变以前对古物古迹的看法,遵从政府的指示,协助保存保护古物古迹,以便应用于文化教育上。那么,我们应当怎样对待古物古迹呢？

第一,我们应当认识古物以公有为合理。政府已经宣布"凡地下埋藏及发掘所得之古物标本概为国有",凡新发现的古物必须交公家。至于以前家传或购买所得的古物,政府只要求登记并不强逼献出,但我们人民如抱着社会主义思想,一定不会坚持私有想传给自己的子孙,而肯将古物贡献于国家,以协助社会主义的文化建设,且免埋没古物,使它不得发挥应有的作用。解放后人民思想觉悟提高,曾有多人献出珍藏的古物于国家,如周代大件铜器虢季子白盘已由物主刘肃献出,得到政府的奖励。

第二,我们人民如发现了古物古迹,必须报告政府处理,尤其是参加基本建设从事掘土的工人,以及垦荒种田的农民,最有机会发现,所以也最应注意。解放后各处工人农民报告发现古物者极多,这也是以前所没有的事。

第三,对于一切古物不论是室内的古物,或在野外的古迹,都应知爱护,不可破坏。因为这些都是公共财物,是五爱的目标中的一种。

第四,对于出发作调查发掘工作的考古人员,应该理解这种工作的意义,给予帮助,不要加以阻难。

第五,如见有人要偷运古物出国,应劝阻他或报告政府。

以上都是人民对古物的义务方面,但是人民也有对古物的权利方面,也不要放弃,这便是第六条。人民应当晓得尽量享受或应用古物古迹,如常到博物馆参观,或去游览古迹,以增加知识,培养德性。如果附近有博物馆或古迹,而不晓得去参观游览,真是放弃了绝好的机会,也可以说是不晓得对待历史上的文化遗产了。

第一章 古物的意义及其分类法

第一节 古物的意义

"古物"有几个意义相类的名称应当区别说明,以免混淆。

一个最容易混淆的名称便是"古董"或"骨董"。上文已经说过,封建时代士大夫喜欢玩古董,在一般的意见以为古董便是古物,其实这两个名称是有实质上的区别的。古董是有美术价值或商品价值的东西,但不一定有学术价值。因为"古董"这个名词是用在封建社会或资本主义社会的,在那些私有财产的社会里,一件东西必有商品价值,而且这件东西如无美术价值也不能有高贵的商品价值。有美术价值和商品价值的东西,在那种社会中已经可以成为"古董"了。至于这件古董是否真有学术价值,那是不一定靠得住的。例如古董铺中一件美丽而昂贵的"古瓷器",可以作为古董,买来陈列在案头,但这件"古瓷器"是否真的属于某一个时代的某一个地方的东西,便不一定是可信的了。古物则不一定有美术价值或商品价值,但必须有学术价值。因为古物是指古代遗留下来,可以供我们研究过去历史的东西;这种东西有些固然也有美术价值,而可以有昂贵的商品价值,但这些却一点也不好看,而没有人肯花钱买它去陈列在案头。例如一些破陶片、一块焦炭,是不可以当做古董的,然而却是很好的古物。

苏联考古学家谢吉列夫说,考古研究者"努力首先去搜罗那些表面上仿佛是无足轻重的,但实际上对于生活的、经济的、社会的等问题的历史研究,有着重大意义的一切详细资料"。有些东西同时既是古董,又是古物,便也可以当做古物看待。有些东西绝无学术价值的,便不可算做古物。学术上所需要的是古物,不是古董,所以"古董"这个名称在学术上是不可以用的。

还有"艺术品"的意义和"古物"也常混用。陈列古物的博物馆常有称为艺术博物馆的。这是因为艺术品中常有古时遗留的,而古物中也常有艺术很高的。但不是一切艺术品都是古物,也不是一切古物都属艺术品,这个道理和上文所说的一样。

又有"文物"一个名称和"古物"也常通用。但文物的意义广,包括古今,古物则是指古时的文物。

我们知道古物便是古时遗留下来有学术价值的东西,但是这些东西是怎样遗留下来的呢?这有四项原因:(1)自然留下的,如人类自身的遗骨,死后自然留下。(2)有意创造而留下的,如建筑坟墓、工具、武器、艺术品等。(3)无意留下的,如印有手指痕或足迹的泥块、烧火的灰烬、战争的遗迹、食余遗迹等。(4)间接留下的,如家畜的遗迹遗粪等。凡由以上原因遗留下来东西都是广义的古物,都可作研究资料。

古时遗留下来的东西,分别来说,可分为两大类:其一是古物,便是体积较小,可以移动的东西,如人类遗骨、工具、用品、武器、小件艺术品等。其二是体积或面积大而不能移动的,另称为古迹,如建筑物、坟墓、巨大石刻、战场、洞穴等。古物古迹是通俗的名称,在考古学上称为遗物、遗址。古物与古迹虽可划分,但这是指狭义的古物,古物如用为广义的,也可包括古迹在内,因为古迹也是一种古代留下来的东西,不过体积大些而已。一般的用法常用广义的,因为比较简便。本书的书名也用广义,但书中为求意义明显起见,常分别用古物、古迹两个名称。

我们说古物、古迹是古时遗留下来,那末,这个"古时"到底是以哪一个时代,或若干年以前为标准呢?古物、古迹的最古时间是人类发生时约50万年前,或甚至包括更早的古生物时代,至于最近时间是要看哪一种古物、古迹而言,没有一定的标准。古物、古迹的效用是当做研究过去的历史的参考资料,如果有一种东西,时间上并不十分古,不过是一二百年前,但那一种东西却很稀少,且可以说明已经失传的重大历史事件,则这件东西也可算作重要的古物了。例如太平天国的武器、货币、文件、壁画等所以被重视,便是由此。

第二节　古物的分类法

我国的古物数量众多,种类繁杂,其范围内容还没有统一的标准,现在先列举过去的分类法,然后决定一种。

我国著录及研究古物的书目自宋以来便有,但其内容只限"金石",金即铜,石即碑刻,其学问便称为金石学,范围不大。到了清代,古物的种类增加,便有人提议改用古物学或古器物学的名称,如罗振玉便说:"古器物能包括金石学,金石学固不能包括古器物也。"罗氏又将古器物分为十五类:①礼品(鼎彝簠簋之属);②乐器(钟磬之属);③车骑马饰;④兵器;⑤度量衡诸器;⑥泉币;⑦符契(玺)印;⑧服御诸器(镫镜斧犁等);⑨明器(殉葬品);⑩古玉;⑪古陶;⑫瓦当专(砖)甓;⑬古器物范(铸模);⑭图画刻石;⑮梵像(铜或石的佛像)。罗氏的分类法为后来分类的根据,但还是有缺点。

以前国民党内政部公布名胜古迹古物管理条例,将古物分为十类,名胜古迹分为三类。又其后国民党教育部颁布《古物之范围及种类草案》,共分为四大类,每大类再分小类,大略如下:甲、建筑,分七小类;乙、器物,分十二小类;

丙、文献,分八小类;丁、古生物。这两种官定的也都有其缺点。此外还有考古学者所拟的分类法数种。

古物的分类法应按几条原则:(1)须能包括一切古物。(2)应避免重复。(3)分类按物质不如按用途,以用途为大类、物质为小类比较适当。(4)更详细的分类可再按时代。(5)如该类古物散布地广,多者可再按地方分类。

要拟定一个最为详细而又最合理想的古物分类法,是很不容易的。因为:(1)要包括一切小类古物,绝无遗漏,是难以想象到的;新的古物时时发现,所以古物种类也会增加,不是一成不变的。(2)古物分类不能不兼按物质和用途或其他标准,兼用两种标准便难免会有重复,如铜器与礼器便是这样。理想的分类法在考古学研究上是必须讨论的,但在政府的法令上以及文物工作上,却不一定需要用那样繁冗详细的理想分类法,只要有一个合乎实用的分类法也就够了。本书是一本通俗的小书,以采用实用的分类法为宜。中央人民政府政务院于1950年5月颁布的《禁止珍贵文物图书出口暂行办法令》中,曾指出十一类文物图书不得出口。又如省政府颁布的《关于执行中央政务院规定保护古文物与征集管理各项法令的补充指示》,也分文物为同上的十一类。这十一类的名目如下:①革命文献及实物;②古生物;③史前遗物;④建筑物;⑤绘画;⑥雕塑;⑦铭刻;⑧图书;⑨货币;⑩舆服;⑪器具。这十一类文物之中,只有革命文物时间属现代,其他十类都是古物,可见这种分类法是现在实际应用的。本书为实用起见,便采用这种分类法,似乎比较高谈理想的分类法更为妥当些。下章便根据法令的分类法,略论各种古物的内容。

第二章　各种古物概说

第一节　古生物

《法令》[①]解释为:"古代动植物之遗迹遗骸及化石等。"古生物不是人类的遗物,不是考古家的研究资料,但不能不说是古物,不能不收集保管。古生物的年代有的比古人类古得多,达到数万万年前,有的和原始人类同时,至少也在数万年前。其种类常是已经灭种的,动物植物都有。动物留下来的东西是

---

① 指中央人民政府政务院1950年5月颁发的《禁止珍贵文物图书出口暂行办法令》,下同。

骨骼、硬壳，但也有全身被泥土包围，久后仍保持其原状，不过原质已经改变为无机物。植物则有根、干、枝叶、果壳等。以上这些都已化成像石质，所以称为化石。此外也有某种动植物被别物所包藏，因而保存其原来的外表，但未至成为石状，也可以并入化石之类。如印有动植物痕迹的石块，虽不是古生物的本体，也可归入化石之类。这些古生物化石对我们现代人的知识上也很有用处，为古生物学的研究资料。因为生物的发生先后有序，某种生物的遗骸必存于某种地层中，所以根据化石可以证明地层的年代，知道了地层的年代，可以了解地质和地文，而地质地文的知识可以帮助各项建设。

我国幅员广大，地质悠久，地下所蕴藏的化石很多。以前的人发现化石不晓得研究，只用为药物，名为龙骨。近三四十年来由地质学家采得不少，如北京周口店龙骨洞出土和猿人同时代的古动物化石，云南禄丰出土的恐龙等，但到了解放以后方有大规模的发现。如山西保德发现剑齿虎头骨化石，河南新蔡县发现犀象化石，河南郸城县也发现象臼齿化石，在导淮工程中安徽发现了象下颚骨化石、鸵鸟蛋化石、木化石等。福建地质很古，当然也有古生物化石，如武夷山有植物化石，闽西曾发现古动物大牙，将来一定可以发现更多。

第二节　史前遗物

《法令》解释为："史前人类之遗物遗迹及化石等。"自这一种以下都是人类的东西，都属考古学的研究资料。所谓"史前"是指有文字记载以前的时代，包括石器时代及金属器初期。在社会发展史上略等于原始共产社会时代。这个时期比较有文字记载的时代长得多，就我国而言，约自50万年前到三四千年前。过去关于这样长久的太古时代，只有些相传下来的荒唐的神话，完全不晓得真相，偶然发现石斧，便说是雷公打人的"雷公斧"，当做神秘的东西。自三四十年来人类学、考古学渐渐发达，国内陆续发现石器时代的石器、陶器、骨器以及古人类的骨骼化石，于是关于这漫长的石器时代也已有了一个轮廓。

在北京西南周口店发现了中国猿人的头骨，上下肢骨，以及他们所使用的很原始的石器和骨器，证明了在50万年前便有这种古人类，其时代是属于旧石器时代早期。在河套地方发现了人齿和石器，推测在旧石器中期便有了一种河套人。在周口店山顶洞发现了比较进步形式的人类头骨和石器、骨针、骨管、穿孔贝壳等，推知了在旧石器后期有一种属于真人类的山顶洞人。解放后在山西汾城丁村发现很多旧石器时代的遗物，在四川资阳又发现旧石器晚期的人头骨。至于新石器时代的发现更多。在长城外一带地方发现多处有打制的细石器文化遗址。在华北西部有仰韶文化遗址，其遗物是彩陶、磨制石斧、石刀等。在华北东部有龙山文化遗址，其遗物是黑陶、磨光石器、蚌器等。在东南沿海区有印纹陶文化遗址，其遗物有打印的几何纹硬陶器和磨制的石器。解放前新石器时代遗址发现还少，解放后发现很多，至今已有150处以上。

福建石器时代文化属于东南沿海区。福建的发现始自1931年厦门发现石锛。1937年武平发现印纹陶和各种磨光石器，1940年、1948年南安发现石器。解放后，1950年福州横屿发现石器、陶器，1951年龙岩发现陶器、石器，惠安发现石器，1952年厦门又发现石器，1953年华安、晋江、南安发现石器，1954年闽侯甘蔗恒心乡、罗源、光泽等地发现石器、陶器。福建的陶器以印纹陶为主，但也有少数的类似彩陶和黑陶，大约是北方传来的。石器都是磨光的，种类主要是石锛、石斧、石箭镞等，其中尤以有段石锛最为特别，可称为东南沿海区的特征。以上福建的石器时代遗址都属于新石器时代晚期，或甚至石铜并用时代，其下限约在春秋以前，不到3000年，当时已有北方传来的铜器，但只见于闽西北，数量也极少。今后福建还可以发现更多的新石器时代遗物，甚至旧石器时代的遗物也有可能发现。

第三节　建　筑

《法令》解释为："建筑物及建筑模型或其附属品。"古建筑物是古人类遗迹之一种，它可以来表现古人的建筑工艺、装饰美术，以及人类的起居生活。其特殊用途的建筑，如寺庙、宫殿、塔、桥等，还可以表现各该方面的事迹与意义。这种有纪念性的建筑物尤为可贵。建筑物有很多种类，分述如下：

1. 巨石纪念物。在新石器时代人类已经能够搭盖草木的小屋在平地上，但不能保存到后来。只有将大石竖立或叠造起来的所谓巨石纪念物，如立石、石门、石桌、石阵等至今还在，可以算是最原始的建筑物了。

2. 房屋宫殿。发明铜器以后，人类便能盖造砖石土木的真正房屋，伟大宏丽的房屋便是宫殿，如我国的商代便有国王所住宫殿，但也不能保存，现在只能看见其基址。其后周、秦、汉、魏以至宋代都有伟丽的宫殿，但都在易朝以后便毁了，其存留到现在的如北京等地大都是明、清所建造，保留了一点宋、金、元的基础。

3. 寺庙。寺庙也是宏伟的建筑，保存至今的比宫殿的还要多而且古，如唐代五台山佛光寺的大殿至今犹存，是用木构成的。还有12世纪曲阜孔庙也未遭破坏。我国的宫殿和寺庙都是中国式的建筑，即用骨架结构法加以飞翚式的屋顶，这是我国的一种伟大发明。

4. 塔。塔原是由印度传来的，原名窣堵坡，最后讹为塔。其形状初时全是印度式平面四方形，现在的如陕西长安的唐代大雁塔便是这样。其后变成中国化，改为八角形且加飞翚式的檐。材料最初是木构的，以后改用砖石，现存的木塔只有山西省应县佛宫寺的木塔（1056年造）。福建泉州有东西塔，全部石造，却又摹仿木瓦状，且有很多浮雕，也可算是很宏伟的建筑。

5. 石窟寺。受印度影响的还有石窟寺，就山边岩石开凿为寺，如麦积山石窟寺和敦煌的石室便是。

6. 城堡。城堡也常有古代遗留的，如万里长城原自秦代，后来常加修缮。各地也常有古城墙。

7. 坟墓。坟墓也是非常重要的古建筑。古人迷信，"事死如事生"，特为死人造住所于地下，给他居住。尤其是帝皇的陵墓，将地面上的皇宫缩造于地下。贵族地主也各依能力建造坚固的坟墓。汉代的大规模坟墓且有附属的石室。又坟墓内多有殉葬的器物。这种古墓到处都是，因有殉葬之物，致常被后人盗掘。解放后发现极多，如河南安阳和郑州发现殷代坟墓，洛阳发现汉代坟墓数百个。福建发现古墓始自1935年发掘泉州唐贞观时墓，其后安溪、南安也有发现，解放后在福州发现东晋墓和南齐墓，南安发现隋墓。今后在福建可以发现更多的东晋以后的古墓，汉墓也会有，不过少些。

8. 桥梁。我国人发明了弓形石造桥梁，到现在还有一座最古的存在，即河北赵县的大石桥，是隋代所造的。但规模宏大的古代石桥还要推福建宋代造的洛阳桥。

9. 石阙。盛行于汉代，建于寺庙前或墓道上，状如一垛狭而高的墙，顶如屋盖状，在上面有浮雕。山东、河南等省都有保留。

10. 石碑坊。时代较晚，或者由印度的"天门"变成，再传到日本而成为"鸟居"。状如一道独立的大门，横于大路中，上有字和雕刻，用以纪念大事或表示个人的荣誉。

此外还有其他的古建筑不能详述。

古建筑物崩倒后，其附属物如砖瓦以及有雕刻的石头等，也是应当保存的，如所谓的秦砖汉瓦都是古物。

第四节　绘　画

《法令》解释为："前代画家之各种作品，宫殿、寺庙、冢墓之古壁画，以及前代具有高度美术价值之绣绘、漆绘。"古绘画不但本身有其价值，且有其他的用处：(1)古绘画表现古人的绘画技术，为绘画史的资料，且可供现代画家参考。(2)画中所表现的人物事迹可供历史的参考。例如宋张择端画的《清明上河图》，表现当时的人物风俗和建筑很详细。古绘画的范围很广，分述如下：

1. 纸上绢上的绘画。这是最常见的，数量也最多。这种纸绢的绘画多属人间保存的东西，只有极少的是在古迹中保存，如战国墓中保存的僧书，敦煌石室中保存的纸绢画。人间保存的东西自晋至唐的很少,著名的有由唐人摹本所保留的晋顾恺之的画,隋展子虔《游春图》、唐韩干画马等图。宋以后渐多,其中被盗出国外的不少。

2.石刻砖刻的绘画。多属汉代物,又常是坟墓中附带的,如山东嘉祥县武梁石室中壁上石刻画极多,最近发现山东沂南汉墓石刻画也极多。又如各处发现汉墓大砖上也有图像,名为画像砖。这种石刻砖刻的画虽不像后代的技术高,但它表现了古代的神话故事,以及当代的人物、生活、风格、习惯,都是很好的历史资料。

3.铜器上的绘画。这是刻在铜器上的,时间更古,是商周的东西,如河南汲县山彪镇出土战国的铜镜,雕刻了当时的水陆攻战图,便是很好的绘画。

4.壁画。汉代的壁画至今还有保存,这是最近发现的,时代较后的有敦煌石室,壁画很多,表现六朝至唐代的社会人物的事迹,是可贵的艺术品和历史资料。其他如寺庙宫殿也常有壁画,最近如南京发现太平天国的壁画也很可宝贵。

5.绣画漆画等。古时刺绣有些也很有艺术价值,又如漆器上的绘画也有很好的,都应保存。

第五节 雕 塑

《法令》解释为:"具有高度艺术价值之浮雕和雕刻,宗教的礼俗的雕像,以及前代的金、石、玉、竹、木、骨、角、牙、陶、瓷等美术雕刻。"这一类所指的古物在技术上是浮雕和立体雕塑,材料是金属、玉、石、泥土、陶、瓷、竹、木、骨、角、牙、贝等,形式是人物、神怪、动物等,作用是宗教上的、社会礼俗上的、纯粹艺术上的等。就主要的种类分述如下:

1.石雕大佛像。自北魏开始以至唐代,盛行就山雕石为佛像,这便是宗教的雕像。其像有很巨大的,雕法有立体的也有浮雕的,有单个的也有多人成群的,散布之地多在华北,至今尚存在。但一部分已被盗窃者凿夫或敲去头部,最有名的是洛阳龙门、大同云岗等。

2.附属于坟墓的石雕物。自汉代起便有,到明清还盛行。汉代墓前石人称为翁仲,后代帝皇陵墓或大官坟前更有成列的文官武将。石兽也自汉代便有,作猛兽形,六朝也多。唐太宗昭陵六骏虽是浮雕,也属同类。明陵更有巨大的象、马等立体像。华表也是附属于坟墓的,形同高柱,上有雕刻。

3.附属于建筑物的石雕。多附属于宫殿寺庙,如雕龙石柱、石狮子、壁上的浮雕石像、浮雕石阶、有雕刻的石栏等很多种。福建多有自宋以后的石雕像,尤以泉州为多,技术也很高,如东西塔四壁满布浮雕像,又立体形的石雕也不少,且有印度、阿拉伯的东西。

4. 泥塑的大像。敦煌石室、甘肃麦积山石窟内有塑像很多,艺术很精。其他寺庙的神佛像也有塑得很好的,也应保存。如唐代杨惠元的塑像艺术程度很高,惜至今只有一处保存。

5. 金属铸的人像及动物。秦始皇所铸的大铜人早已销毁。六朝以后也有铜铸佛像,数量很多,但形体不如石的大。铜铸的动物如曹魏的铜雀台(上有铜雀),晋有铜驼,后都失去。明清皇宫中的铜铸的大动物至今还有存在的。西湖岳墓前铁铸秦桧等像更有历史意义。

6. 玉石小件雕刻品。这是指玉及宝石所雕成的小件东西。这种古物质料好制工精,不论当时或后代都被当做宝物。自商代便有玉器,周代更盛,汉代还有其名称如圭、璧、琮、璜等多种,当时是当做礼器或货币。这种古玉器多经过殉葬入土,后再出土,故有"色沁",便是斑纹。后代用玉及宝石雕的东西也多,但多属妆饰品及玩物。

7. 泥土陶瓷小件塑品。泥或陶瓷的小像有些是用以殉葬的,也可归入明器类,但也有不是殉葬的,瓷制的像时代不古,好的也应保存。

8. 竹、木、骨、角等雕刻品。竹、木是容易毁灭的,故古物存留的少,但也不是没有,如战国墓中木器还有保存的,骨、角雕刻品可以保存较久。

第六节 铭 刻

《法令》解释为:"甲骨刻辞、玺印、符契、书板之雕刻等,及古代金、石、玉、竹、木、砖、瓦等之有铭记者。"这是指无论何种物质,凡有刻字的都可算这一类。但种类也很多:

1. 甲骨刻辞。这是商代的古物,甲是龟甲,骨是牛骨,其上所刻的字即甲骨文。甲骨是用以占卜的,所刻的字成句,有很长的,故称刻辞。这种文字是我国文字之祖,对于文字学和历史都有很大用处。河南安阳出土最多,近在洛阳等地也有发现。

2. 铜器铭刻。商周铜器上常有刻字,称为金文,字体有和甲骨文相同的,有属篆文的,字少的也可藉以推断铜器的年代,字多的且可作历史资料。

3. 石刻。汉代以后历朝都有刻字的石碑,种类有墓碑、墓志铭、纪念碑、石刻经书等,数量极多,书法常很精妙,故自宋以来拓印著录颇多,成为金石学的一半资料。石碑时代古的,必须保存,时代不古但有关于历史事件的,也应保存。书法精美的也应保存。平常的近代东西,如普通墓碑,便不必注意。福建石刻自唐宋起渐多,时代不及北方古,但也有重要的。又泉州有宋元时阿拉伯等外国文的碑很多,这是很特殊的。

4. 砖瓦铭刻。古砖瓦有些也有字，如汉砖上便常有字。福建发现南朝隋唐墓的砖少数也有字，记明其年月日或人名。

5. 玺印。古印章，除帝王以金制以外，多以铜或玉制，其上刻有官号或人名，很可作为艺术品或历史资料。金石学书中也有专门搜罗玺印的。

6. 符契。是古人用作信物的，上常有字，如虎符等。

第七节　图　书

《法令》解释为："其有历史价值之简牍、图书、档案、名人书法墨迹及珍贵之金石拓本等。"这是指手写的，或虽是印刷，却是古代版本，已经稀少，故应当做古物，不应当做现在一般的图书。分述如下：

1. 竹木简。是古人的书籍或信札。字有刀刻的，也有用笔书写的，在敦煌石室内保存了很多汉晋的竹木简，周末楚墓里也有。因竹、木是不易保存的，故很可贵。

2. 图书。指古人手抄孤本或古代印刷的书，已经很难得的。敦煌石室中有很多抄于绢或纸上的书，后代也常有手抄本的书。印刷的则现存最古的是唐代一种，已被英国人盗去。宋元明版的木刻书也都有价值。

3. 档案。这是政府所存的备查公文，时间如久，也可当做历史资料。

4. 名人书法墨迹。我国书画并称，书法也是艺术之一。历代学者都重书法，故古人书法的墨迹很可作为美术品，而且有些还有重大的历史意义，故应珍重保存。但墨迹是写在纸上，都是人间存留的，常有伪装的应加以鉴别。

5. 金石拓本。古铜器石刻上的文字图画常有拓印本，虽不是原物，但有些也很有学术价值。

第八节　货　币

《法令》解释为："古贝、古钱币（如刀、布、钱、镕、交钞、票钞等），"金石学书中也有专辑货币或专书的。我国货币发生最早，种类最多，搜集起来可以帮助研究历朝的金融制度以至经济情况。种类可分为：

1. 贝币。商周两代所用，至秦乃禁止。其物便是小贝壳，常穿一孔。河南出土最多。

2. 铜刀币、铜布币。华北出土最多。这是周代所用的，刀做真刀形。有做实用的"布"形，"布"是扒土用的器具，如铲状，柄旁有尖角。秦以后改用圆形有孔的钱，废刀布，王莽复古又铸刀布，但形与古刀布有别。

3. 铜钱。这便是扁圆形有孔的铜货币，自秦铸半两大钱，汉继铸半两小钱五铢钱。以后历朝都铸圆钱,后来更以年号为钱名,于是种类更多。由钱的质料、铸工、面值,可以看出当时的经济状况。

4. 金银锭。这是金或银所制的,是大单位的货币,出土古物中最少见,因为以前的人如发现便取去熔化使用了。

5. 交钞。这是古时的纸币,又名交子,在纸上写明价值若干,加上印戳,行使市上。宋以后很多,但少有存留的。

6. 票钞。这是古时的汇票,在纸上写银若干,凭信用行使,这是商业经济渐发达以后方有的,明清方盛。

第九节 舆 服

《法令》解释为:"具有历史价值之车、舆、船、马具、冠履、衣裳、带佩、饰物及织物等。"可以再分为两类如下:

1. 交通工具。车、舆、船、马具是水陆交通用具,自商代古墓中便发现车的遗迹。船自石器时代便有独木舟。春秋时期我国的船很发达,虽未发现实物,但铜器石刻中都有船的图。马拉车应在商代便有,人骑马则战国也发生,周代马具曾有出土。

2. 衣服饰物。冠履、衣裳、带佩、饰物及织物等便是,石器时代人便有毛皮的衣、苎麻织的衣,到了商周衣饰发达,种类繁多,其后历代服制也有变迁。由这类古物可以了解古时衣饰的演变,并可间接推论经济和社会生活的情形。惜衣类不易保存,饰物却由墓中出土不少。

第十节 器 具

《法令》解释为:"古代生产工具、兵器、礼乐器、法器、明器、仪器、家具、日用品、文具、娱乐品等。"这是指可供使用的一切用具,材料包括铜、铁、玉、石、陶、瓷、竹、木等。种类很多,略述如下:

1. 生产工具。石器已见于史前一类中。铜的生产工具在商代便有不少,出土的有斧斤削锯等物。最近福建也发现铜斧和铜锯,时间应属周代。铁制的农具周初已有,最近也发现周代的铁犁、铁锄等物。秦汉以后,生产工具全用铁制。历代农具、手工业工具都有进步,惜以前的考古家不注意这种民生日用的东西,致发现太少,今后必须注意收集,以供社会发展史和物质文化史的研究。

2. 兵器。商代全用青铜的兵器,如戈、矛、箭镞等。周代也多用铜兵器,种类增加剑、戟和弩等。周末渐有铁制兵器。当时所谓宝剑应是铁剑。秦始皇收天下铜兵器熔化改铸为大铜人像。其后兵器除极少数外都改用铁的了。我国历代铁兵器种类繁多,自元明起更有火器。兵器可为战争史的参考材料。莫斯科曾有一所兵器博物馆,我国的兵器也很可搜集陈列。

3. 礼器。这是用于政治上、社会礼俗上的东西。商周的铜器多数是礼器,如鼎、敦、簠、簋、尊、爵等都是。在金石学上所谓"金"都是指这种铜制礼器。商周还有玉制礼器,如圭、璧等。汉以后历朝也有礼器,不限于铜制,如故宫博物院中的古物有很多是清代的礼器。

4. 乐器。商周已有铜乐器,以钟为最重要,又有磬是石的。汉以后乐器更多,种类繁杂,但乐器中以丝革竹木等所制的都易消灭,只有铜制的石制的可保存长久。

5. 法器。这是指宗教上应用的东西,如佛教、道教等所用的便是。

6. 明器。明器是埋在坟墓中的殉葬物,形体比较小,除少数用木石制的以外,几乎全是泥塑或陶瓷制。其种类有俑,即人像,又有螭头(即神怪)动物、器物、建筑物等,极为繁多。商墓已有俑,汉代更盛,唐代最发达,艺术程度也很高,宋以后渐少,但至明也还有少数。明器可作研究历朝衣服妆饰、风俗习惯的参考,又可作为艺术史的资料。福建的明器有地方特色,质料多属瓷制,种类多属器物,俑和动物都极少。

7. 仪器。是指学术上所应用的东西,如天文气候的仪器以及其他。

8. 家具。这是指古时的几案桌椅等物。古人起居与现代不同,汉以前都是席地而坐,故室内家具与今有异。案是古家具,后已失传,误解为桌,故不能解释"举案齐眉"的意义。最近发现了周代的木制案,方知道原来是有四足的小方盘状物,原来是放在地面席上进食用的,所以女人可以举起来进食于丈夫。

9. 日用品。这是生活上各种用具,但竹木等制的多已消灭,铜制石陶制的可保存。其中以陶瓷制的最多。我国陶瓷发明最早,而瓷器又最精致,所以瓷器也是我国的主要古物之一。瓷器虽是日用品,但有些因制工精美,已经成为艺术品。

10. 文具、石砚、水丞、笔筒、笔架及其他。不但是实用物,有些也因制作精美而成为艺术品。

11. 娱乐品。指制作精美、可供陈列玩赏的东西,即通常所谓古玩,如瓷花瓶、玉如意、珊瑚等。上述日用品和文具等成为艺术品的也便是娱乐品。还有游戏消遣用的东西也可算为娱乐品。

第三章　古物有什么用处

第一节　概　说

第一章中已经指出社会主义社会对古物的态度是和封建社会、资本主义社会不同，但古物对我们的社会究竟有什么用处，还未详细说明过。中央人民政府颁布的《关于在基本建设工程中保护历史及革命文物的指示》中有一句话说："这些文物与建筑，不但是研究我国的历史与文化的最可靠的实物例证，也是对广大人民进行爱国主义教育的最具体的材料。"郑振铎先生在《基本建设与古文物保护工作》中也说："古代文物是我们祖国丰富的文化和艺术遗产，是古代劳动人民的伟大创造和智慧结晶。它们有不朽的文化艺术价值，它们有永久的人民性，它们能够反映我们祖先的生活，说明古代的历史，而且可供我们和我们子孙学习。"这段话更为具体地阐明上举法令中一句话的意思。现在根据这种说法，将古物的效用详细分述于下。

第二节　证明祖国的伟大，帮助爱国主义教育

我国古物的丰富和优美证明了我国历史的悠久和文化的发达，可以使我们认识祖国的伟大，因而更为热爱我们的祖国。我们每个人见到了博物馆所展览的我国珍贵古物，不禁会发出惊奇赞叹的叫声，由于知道这便是自己的国家所出的宝物，同时还会深深引以为荣。我们有了50万年前的中国猿人的遗骨遗物，可以证明我们的国土是世界上最早有人类的地方，我们全国已发现150处以上的散布各地的新石器时代遗址，有很多精美的陶器和磨光石器，可以证明在数千年前我们的祖先已经有了很高度的智慧。我们有商代的极其美好的青铜器和相当复杂的甲骨文，可以证明在3000余年前的我国已有发展很高的文化。我们看了周代的玉器和青铜器、铁器、漆器等，真会想不到两千数百年前我国已经有了这样高度的工艺技术。看了龙门、云冈的巨大石像，敦煌的无数塑像壁画和所藏的竹简纸绢本图书，都不禁感叹我国古代人民的伟大创造力及其艺术成就。看了晋以来历朝的瓷器，更会使我们确信我国的物质文明在中古以前原是世界第一的。看了北京遗留的古建筑，使人觉得我国自己发明的中国式建筑是多么宏伟壮丽。看了赵州桥，知道隋代我国工人李春便发明这种弧形的桥比欧洲人还早。看了在泉州的古时阿拉伯等国文字的古

碑和郑和石碑，证明我国人的航海术的发达，在宋元明时还是世界无比的，福建的刺桐港（即泉州）还是元代世界最大的海港。总之，随便举一种古物，都可证明我国过去文化的发达，所以古物便是我国光荣史的标志。外国人见了我们的古物都要佩服我国过去的伟大，我国人见了自己的古物更引以自豪，而更加热爱自己的祖国。

第三节　证明劳动创造世界的真理，引起爱好劳动的观念

苏联考古学家吉谢列夫说："每一件古迹是创造这些古迹的人们的社会劳动之反映。"这话很对，凡是古物古迹都是劳动人民的劳动成果，无论哪一种古物古迹都不是天然的东西，而是劳动人民的手脑并用辛辛苦苦创造成功的。美丽绝伦的铜器、玉器、瓷器、石雕等以至宏伟的古代建筑，都是过去无数无名的劳动人民造成的，而不是剥削的阶级造成的，只不过是被剥削阶级占去享用而已。到了现在，剥削阶级不曾留下一点自己创造的东西，只有劳动人民留下了他们自己的伟大成果，历经千秋万世不曾消灭，给我们后人来欣赏赞叹。我们看了古物古迹决不会赞叹占去享用的剥削阶级，而只会赞叹创造它的劳动人民。我们看了这些千形万状的劳动产物，方能明确了解劳动创造世界的真理，同时也使我们产生爱好劳动的观念，知道参加劳动才是不朽的事业。以前剥削阶级的不愿劳动、鄙视劳动，对于文化上没有一点贡献，才是很可耻的。

第四节　证明马列主义社会发展史的正确

马克思论及考古学时说："劳动资料的遗骸，对于研究已经消灭的社会经济形态，也如动物骨骼的结构，对于研究已经灭亡的动物的躯体一样，有极重要的意义。……劳动资料不仅是人类劳动发展的尺度，并且是劳动所赖以实现的那些社会关系的标志。"马克思又说："工艺揭示出人类积极对待自然界的关系，揭示出人类生活以及人类生活所处的社会关系，和由此发生的种种精神观念的直接生产过程。"古物古迹便是工艺的产物，所以古物古迹便有如上面所说的作用。吉谢列夫说："为了要重现某个部落或民族的生活样式之基本特点，就必须在物质的残迹上找出断定那时那地所特有的社会制度的根据。同时苏联的考古学者努力去揭发那不断在发展中的社会过程，并且去了解这种过程的动力。"由上面所举的话，可以知道古物古迹可供我们研究当时的生产力和生产关系，进一步推知当时的社会制度，以至于意识形态。由于根据实物研究各个社会的具体情况，便可证明马列主义社会发展规律的正确。例如我们看了原始人类所用的石器，可以推知以这样低微的生产力，当然不能一个人

或一个家族独立生产,而只有集体劳动、共同生活,方得生存下去,因此便不能不构成为原始共产社会。而且因个人生产力太小,当然其社会也必是无剥削无阶级的。再进一步可以推知由于人类的生产力小,自然会发生崇拜自然物的原始宗教,而且因人类生活在对自然界的斗争中,必然会产生以自然物为主题的艺术。又如看了商代的青铜器那样坚利,便可知道当时的生产力一定提高一大步,而社会形态已进到了奴隶社会。看了殷代陵墓中的殉葬人骨,更可证明商代的社会是奴隶社会。看了周末尤其是汉以后盛行的以俑(土木制的人像)殉葬,可以推知在封建社会没有可以杀死殉葬的奴隶,故用俑以代真人殉葬。看了古铜器和古玉器的大小形制,可以证明奴隶社会和前期封建社会的等级分明。汉代和以后的壁画石刻也都表现各该时代的社会制度,如最近发现河南禹县的宋代赵大翁墓壁画,描绘了剥削农民生产品的状态。宋以后的瓷器证明当时有大规模又是分工的烧瓷业,可以推知商业经济的发展,成为资本主义的前奏。古物古迹与当时社会状况有极密切的联系,古物古迹的产生不能脱离社会的原因,社会的形态也脱不了古物古迹所代表的生产力。由此可见,由古物古迹以推测社会状况而证明社会发展规律,是很靠得住的方法。

第五节　发现未有历史记载时的人类状况

人类发生已有50万年,但人类能够发明文字,自己记载历史,不过是数千年来的事情。自此以前,都无可稽考,虽有些神话传说,但都不是信史。由于古物古迹的发现,我们已经能够逐渐了解有记载以前的过去人类状况,甚至于人类的起源。人类没有历史记载的时代是非常长的,比有历史记载的时代是九十九与一之比,如不能明了当时的人类状况,哪能说是已经知道人类的历史,可说是数典忘祖。但是这一段漫漫的长夜,都因生产能力的低微,社会制度简单,长久滞留在原始社会阶段,文字不易产生,因此不会有记载。须到了铜器发明,生产力跃进一步,进入奴隶社会,同时文字记载也由条件成熟而出现。可见无文字记载的时代便是原始社会,也便是考古学上的石器时代以至铜器时代初期。那末,我们要了解当时的人类状况,便可以由研究石器时代和铜器时代初期的遗物遗迹而推知了。

我国有文字记载的时代不过始自三千数百年前的商代,更早便无信史。但近三四十年来发现了不少的古人类遗骨遗物,已经可以补足这一大段的空白(本书第三章第二节已讲过,不再赘述)。目前的发现还在开始,将来一定可以发现更多,而使今后的人对于太古人类状况,了解得更加详细,如同对有历史记载的时代一样。这种工作可以说是创造历史记载,所以每一件石器或陶片都是历史资料,是我们所不能忽视的。

第六节　补足文献还少的古代史

我国夏商以至周代,以前史书虽已有记载,但文献太少,记载不详,如孔子曾说:"夏礼吾能言之,杞不足征也;殷礼吾能言之,宋不足征也,足则吾能征之矣。"为要详细了解当时的生产状况、社会制度等,还须由古物古迹来研究推论,以补足这段历史。夏代的历史曾有后人追记,但既不详细,又未必确实,须待地下的材料来补充。自清末以来发现商代的甲骨文,考古学者据以推知商代的历史,已经很有成绩。又周代的史书虽较详,但也未足,近据出土的周代古物也补充了不少历史知识。不但我国,凡世界上的文明古国,如巴比伦、埃及、波斯、印度、古希腊,都是这样。可见古物古迹对于古代是很重要的资料。

第七节　证实或纠正历史记载

秦汉以后历史记载很多,至于汗牛充栋,然而在有阶级的社会中,史家执笔,也未必据事直书,有时难免歪曲事实,又限于见闻,也未必翔实可靠。所以孟子也说:"尽信书,则不如无书。"为要明确知道历史记载是否确实,也应将古物古迹和历史记载相对证,方可证实历史记载的正确,或纠正其错误。这种工作已经做了很久,如自宋以来,便有金石学家根据石碑的文字和铜器的铭刻,以证实或纠正历史记载,他们称为"金石证史"。商周铜器到汉代很多已废弃失传,汉人注释经书,对于古器常有误解。宋以后铜器出土日多,对于经书中古器的了解,反比汉儒正确些。如戈、戟两种兵器,汉人以为是直刺的兵器,宋以后方知是横击的兵器。陶器加釉以前以为是汉代方有,近来发现商代已有,福建的新石器时代遗址中也有上釉的陶片。又如毛笔原说是秦蒙恬所发明,近发现战国时已有笔。太平天国距现在不过百年,但其历史被歪曲不少,最近发现太平天国的大批遗物,很可纠正这段历史。以上是纠正错误的部分。至于历史记载原本正确,但古人因时代不同,不能十分明了,由古物证明方得了解的也不少。如上文曾说,史书载汉梁鸿夫妇"举案齐眉",后人不能解,但由湖南出土战国时的漆案,便证明了举案是确实的事。史书上常称溺器为"虎子",由出土的六朝至唐代的明器中瓷制虎形溺器,方晓得"虎子"的意义。古书说夏人尚黑、殷人尚白(爱用黑色物或白色物),近发现殷代遗址有白陶,更早一层似属夏代遗址则有黑陶。又唐代史书有"昆仑奴"的名称,由唐墓明器中有黑种人形状的俑,可以推知便是昆仑奴。这些例子都是说明由古物也可证实史书的正确。

第八节　供给艺术史的资料

古物中常有艺术程度很高的,故也可称为艺术品。要研究艺术史,必须汇集古艺术品与文字记载相印证。古艺术品有雕塑品和绘画两种,都是形象艺术的作品。形象化艺术品不能专靠文字的描写,如不见真物,虽千言万语也不能使人有明确的印象。如只由记载而知道晋代顾恺之的画是怎样的好,唐代杨惠之的塑像是怎样的精,不见实物,哪能了解。本书第三章所说的绘画和雕塑两类的古物,都可作艺术史的资料,这里无需赘述。铭刻一类也可供书法艺术的参考。建筑也有一部分入艺术范围,甚至铜器、玉器、瓷器等也都和艺术史有关。因此,艺术史的资料必须在古物中寻觅。古物除作艺术史的资料外,对于现代艺术家们的创作也可供参考。郑振铎先生说,出土古物"会给艺术创作家们以多大的兴奋,他们将会从这个广大、深厚、繁迹、优秀的前代的创作里,吸取着大量的养料,而灌养着自己的创作"。

第九节　供给工业史的资料

工业在过去都是手工业,其产品也有遗留至今而成为古物古迹的。如建筑物的构成,以及铜铁器、陶瓷器、兵器、车船、衣饰、货币、书籍等的制造,都是工业。工业史的依赖古物以为实证,和艺术史是一样的。要叙述我国铜器铁器的起源,必须探索商代周代遗址中的发现。要说明我国陶瓷业的沿革,必须引证新石器时代的彩陶、黑陶、印纹陶,商代的白陶、釉陶,以至汉代的陶器,六朝以后的瓷器。要叙述我国的建筑史,必须取材于商周的遗址,汉代的壁画、石刻和明器,唐宋以后图画和遗留的建筑物。货币的铸造可看古钱和钱范,印刷术可看唐宋元明版古书。总之,工业史也是离不开古物的。古物除供给工业史的资料外,也对现代工业家的创作有很大的效用。郑振铎先生说:"至于美术工艺者和手工艺的制作者,包括陶瓷、纺织日用品的制造者、设计者在内,他们将会如何的直接取材于这些新的实物资料,而推陈出新,或发扬光大之,那更不用说了。"只要看瓷业一项,如能尽知古瓷的秘法,再加以现代的技术,必能重新振兴这种世界独步的,和国家同一名称的工业(英语称我国为China,称瓷器也为china)。

第十节　供给古文字学的资料

古物之中一部分附有文字,那些文字的体式又依古物的时代而不同,这就使古物也成为古文字学的资料，而且是极重要的资料。我国文字体式演变多次，后代的人便不再通用古字，我国自后汉起始有楷体字，自此以前的字体都存于古物上。所以文字学家要研究文字的演变，要读懂古代的文字记载，当然只有借助于古物。金石学的发生原意还是注意在文字上。由于金石学者的努力，对于古铜器古石刻上的文字已经搜辑很多，发现所谓"金文"的文字，金文便是指古铜器上所刻的文字。自宋以来，由于金文的研究，逐渐充实了我国文字学的内容。到了清末更发现了商代的甲骨文，比金文更进一步，推广了我国文字学的领域，追溯我国古文字到了将近起源的阶段。到了现在，我国的文字学家已经能够将我国文字的起源和演变理出一条路线，这是应当归功于古物的发现的。今后甲骨文的发现还会更多，而且在甲骨文以前的更原始的文字，即"图画文字"，也应跟着古物而发现，这是很有可能的。

第十一节　供给古生物学的资料

古生物化石可供给古生物学家研究，古生物化石中有些还是已经灭种的，更可宝贵。古生物学家有了这些资料，便可追溯这些生物的起源与演变，构成生物的历史。古生物对于古生物学家的用处不输于古文物对于考古学家的用处。我国的古物不但人类遗留的古文物很多，便是生物遗留的化石也是不少，而且两者都是蕴藏在地下的，从事收集古物工作的人当然都要收集。发现的人也一定都要注意，我国的古生物学者已发现了在我们国土内也有各地质时代的古生物，最近在大规模的经济建设中更有了重要的发现，如恐龙骨、鸵鸟卵、犀、象、剑齿虎等化石，使我国的古生物的资料更为丰富。今后一定还有更多的发现，这是可以预料的。

第十二节　供给实物教学法的资料

古物发现及收集后，先由研究机构作研究鉴定的工作，最后便交博物馆陈列，公开给人民参观。古物属于人类遗留的，和人类学、考古学、历史、艺术、工业以及其他社会科学，多少都有关系。属于古生物遗留的则和古生物学、地质学等有关系，在各级学校教学上，如能结合古物，使学生眼见这些真凭实据的东西，必能获得更明确更深刻的印象，所以实物教学法很受教育学者的重视。尤其是马列主义的教学法，根据唯物的观点，反对唯心的空谈，更为重视这种实物教学法。据杨伯达同志参观苏联博物馆的报告（见《文物参考资料》1954年第四期）说："辅导学生的功课也成为苏联博物馆的重要任务之一，苏联学校在教学大纲上规定着学生须参观博物馆，因为参观真的历史文物各种形象化的展品,能使学生的功课学得更具体、更生动、更有趣,能够帮助他们更好地掌握在课堂上所得的知识。"我国解放以前古物掌握在反动政府和私人手内,不会公开于人民,所以也谈不上应用于教学上。解放以后古物出土既多,又添设很多博物馆,正可供学校教学参考之用。

第十三节　供给社会教育的资料

古物公开陈列在博物馆中,博物馆的大门向着一般的人民开着,欢迎他们进去参观,目的不是像资本主义国家给人们消遣娱乐,而是进行着社会教育。据杨伯达同志同上报告中说:"苏联博物馆是苏联文化教育事业极重要的组成部分。它的基本任务是向人民群众进行爱国主义教育与国际主义教育,鼓舞人民献身于共产主义建设事业。它显示给人们苏联的富饶与强大,告诉观众苏联各族人民的丰富的历史与优秀的文化,教育人民热爱苏维埃祖国,热爱自己的领袖,它给予人民的教育力量是不可计算的。"当然,博物馆的内容不止古物一项,但古物总是一个重要部分。我国解放后,人民政府对于古物的珍重,以及对于博物馆的设施是双管齐下的,目的便是要利用古物以发展对人民的教育。博物馆中陈列着我国历史上各个时代的古物,使人们看了既可以获得关于我国历史和文化的知识,又可以在无形之中养成正确的思想与良好的品性。古物到了博物馆中,可以说是"得其所哉"。因为在这里它方能发挥对广大人民的教育作用。

第四章　古物应怎样保存

第一节　古物为什么常在地下

古人遗留的东西,就古迹而言,有在地上的有在地下的。在地上的如新石器时代的巨石纪念物,未塌的房屋宫殿、寺庙、塔、石窟寺及其大石佛像、城堡、桥梁、石阙、石碑坊,未毁的坟墓顶部,附属于坟墓的大石雕物如石人、石兽、华表等。在地下的有石器时代人类住所遗址、已塌的古房屋宫殿寺庙遗址、已毁的坟墓、被水淹没的整个城市村落、地震毁灭的大片地方等。就古物(狭义的)而论,一小部分保留在人们手里,大部分掩埋在地下。保留在人们手里者多属美观完整的东西,如古画、古字、古书、金银珠宝、瓷器、文具、饰物等,时代不甚古。掩埋在地下的东西很多,时间有很古远的,如古生物化石、石器时代遗物、古铜器、古铁器、古陶瓷器、古货币、明器、甲骨、小件雕塑品、装饰品、日用器具、交通工具、已塌建筑物的附件等。地下的古物这样多,所以郑振铎先生称它为"地下博物馆"是很正确的。

在地面的古迹容易处理,只要调查并研究其在历史文化上的意义,就其重要的加以保护或修缮。至于在地下的因其数量既多,又看不见在哪里,如何处理,便须细心从事了。

我们应先研究古物古迹为什么多在地下。古迹之中除了坟墓的下层之外,原来都是在地面的。古物除了放在坟墓里的殉葬品之外,也都在地面,并且是在人类住所里面。虽是建筑倒塌,古物因破损失落,脱离人手,丢在地面,也不会自己钻入地下,也不是被人类有意掩埋。古迹古物的埋入地下,实是由于受着日积月累的尘埋土掩,盖在它们的上面,久而久之,积成很厚的一层泥土,达到数寸以至数丈的厚。由现在的地面看来,古迹古物好像沉降下去,其实是那一处的地面反高了起来。以前原在地面的古迹古物常是这样,但以前如在山上的古迹便因泥土被冲刷去,而古迹古物不会深埋。古迹古物的埋于地下,有时也会由于非常的自然变化而致,如我国河北省钜鹿县的古城在宋代被水淹没,意大利的邦贝古城被火山溶液覆没。

第二节　古物怎样发现

埋在地下的古物古迹后来露出被人发现,那种古物便被取起,这在考古学上的术语叫做"出土"。可是古物古迹怎样会发现呢?发现有两种方式:

一、偶然的发现

地下的古物古迹不是地上可以看得到的,所以发现常由偶然的机会,但如无主观上的认识和注意,虽看见了也等于不曾看见,所以也是不会发现。发现古迹古物人常是一般人,而很少是考古学家,因为考古学家人数极少,又不常自己动手掘土。一般人发现了之后,传给考古学家知道,方来考察或作正式发掘。所以古物古迹的发现有赖于群众,如无群众的帮助,考古学家自身是不能发现多少的。偶然发现也有两种原因:一是自然的,一是人为的,分述于下:

1. 自然的原因。这是说古物古迹的暴露于外是由自然界的原因,与人类无关,其例如下:

(1)因表面土壤冲去而暴露。古物如入土不甚深,则其上面土壤常受雨淋风吹,渐被冲刷下去,尤其是在暴雨之后更易冲去土壤,石器常由这种原因暴露出来。唐宋时人发现了石斧误认作"雷公斧",便是因为石器常在大雨后暴露之故。

(2)在水底的古物因水涸而发现：太古人类曾造有桩的屋在湖中或河中居住，称为湖居屋，其后屋倒不见，后世如遇大旱，水干见底，便可发现屋址和古物。

2.人为的原因。这是说由于人类工作，间接使古物古迹发现出来，其例如下：

(1)开荒掘地。开掘荒地时常会发现古物古迹，尤其是新地更有机会。

(2)开造车路。开造汽车路须掘去地皮，可以发现埋葬很浅的古物。开铁路更须削平高地或开凿隧道，更可以发现较深的古物。

(3)开沟凿井。开沟比开车路掘土深些，凿井入土更深，可以发现更深的古物古迹。

(4)兴修水利。疏浚河流，开挖运河，开凿水渠，都须挖土，故也是发现的机会。

(5)预备基址。建筑物的地基必须动土，尤其是现代的建筑基址入土很深，故也可发现古物。

(6)开凿广场。如运动场、飞机场都须平坦，故应削平高地，填满洼地，入土虽浅，也是一个机会。

(7)取用泥土。建筑或其他工程常须要泥土，故须挖取附近的土。

(8)开挖矿产。这事挖土常很深。

(9)埋葬死人。我国风俗自古用埋葬方式，开挖墓坑，将死人埋于地下。这事有时也会发现古物。

二、有意的发现

考古学家有时也会由有意的探访而发现古物古迹，但探访也须有线索，不是茫无头绪地遍处乱找。这些线索略举数条如下：

1.根据古书的记载。古书上说某时代在某地方曾发生过某一事件，或曾有某种建筑，考古学家便到那地方去寻觅其遗迹遗物，有时也可找到。例如说古书记载商代盘庚迁殷，便是后来的河南安阳县。清末考古家原知道这一地点，故早已注意，后来果然发现殷墟遗址。又如长城一带，现在还可拾得汉代箭镞。

2.根据民间传说。书籍不曾记载，但民间传说某地有过某事，有时也是确实的，可以作为线索。传说之中有些是很荒唐的，如说某地有神仙的遗迹，有历史上名人所留的怪异的东西等，有时也可以由此而发现古物古迹，但却是另外一种意义，而不是照传说的意义。例如，民间传说诸葛亮在鱼腹浦排石头作八阵图,困住东吴人马,这是荒唐的传说,但研究起来,却可发现这种石阵原来是新石器时代的巨石纪念物。又如,泉州新门外相传有飞来的"石笋",为有关全城"风水"的神秘物,作者去考察,觉得很像"生殖器崇拜"的大石像。

3.根据地形推测。某地方应有某种古物古迹,有时可以根据地形推测而知。例如洞穴里面有时会找到旧石器时代遗物,河流两旁的小丘有时可找到新石器时代遗址,海边有时可发现贝冢(石器时代人吃海产物积成的贝壳堆),矿穴里有时可发现古生物化石。

4.根据邻近地区的发现。某地的邻近地区如有发现某种古物古迹,有时也可推知该地方也有发现的可能。作者曾由武平和厦门、南安都发现新石时代遗物,乃推测介于其间的龙岩地方也应有同样遗址,有意去探访,果然发现。

以上两种方法中以偶然的发现为多,有意的发现为少。偶然发现之中,以人为的原因为多,自然的原因为少。人为的诸种原因之中,以由现代建设间接的发现比较多,以前的发现比较少。

第三节　基本建设与古物的发现

由以上所说,可见古物古迹的发现,还是由现代经济建设间接引起的最多,这是因为现代的经济建设如开路、开矿、垦荒、水利、改建城市、大兴土木等事,常是用机器的大工程,发掘的地面广大,探挖的地层很深,比以前的封建时代小规模的建筑和农工业的挖地,大大不同。一二百年来西洋资本主义国家,由于经济建设的机会也发现了他们国内的古物古迹不少。苏联社会主义建设发动后,建设的规模更大,所发现的古物古迹也更多。现在我国已走上社会主义基本建设的大路,我国地下蕴藏的古物古迹,当然也会由于这空前的机会而大批涌现了出来。自解放后至今短短的五六年内,已经在经济建设的工程中,发现了不少的古物古迹,其数量超过了解放前的数十年,或封建时代的数百年。1950年成渝铁路动工后,不久便发现沿路都有古物古迹,数量极多,种类有资阳人的头骨化石、古动物化石、石器、铜器、明器、大石雕物、崖墓、坟墓等。天成铁路工程中也发现了很多汉墓、崖墓及晋唐元明等古墓,古物极多,其中有汉代画像砖和晋代缥瓷器碗,都是很重要的东西。郑州市修路工程中在二里岗发现殷商遗址,以及更早的龙山文化遗址,在人民公园挖河工程中也发现殷商墓葬。西安市近郊发现古墓3000余座。洛阳西郊建校基址中发现了530座汉墓,清理了其中近200座,获得古物16000余件。湖南长沙基建工程中发现战国及汉代墓葬1000座以上,古物极多。治淮工程中也在苏北、安徽发现古象化石、新石器时代遗址等。在河南白沙水库发现古墓800余座,古文化遗址三处。浙江省在建筑浙江大学校舍时,清理了10000平方米的新石器时代遗址,得石器 200 余件,又汉六朝至宋代的古墓 100 余座,得陶器、瓷器、木俑等 600 多件。以上还不是拣最多的说,已经是很可惊的了。郭沫若先生说:"在国家进行大规模建设时期,古物出土机会多。"这是很确实的话。

第四节　古物古迹的被破坏

但是建设工程对于古物古迹也有破坏的方面,这是由于工人或农民们有些还不明了人民对于古物古迹应有的态度,甚至有些建设工程的干部抱了单纯的本位主义,不知道对于古物古迹应负的责任,以致发生了若干的损失。

在建设工程中破坏古物古迹的例很多,略举数例如下:

1953 年,"武汉市修建马路,在武昌大东门外发掘西汉六朝古墓九座,规模庞大,出土文物很多,但因施工人员缺乏文物常识,致使古墓全遭破坏,古物被打成了破片"。同年,"郑州市铁路工程局修建路基时,十余日间破坏了战国汉隋唐各代古墓十余座"。1952 年,"湖南省文管会组织一批'土夫子'用打小洞的方法挖掘古墓二百余座,掘出古物九百多件,但因缺乏历史文物的知识,又未采用科学发掘方法,抱着单纯找古墓的观点,使大批历史文物未能完整的发掘出来,并使地层遭到破坏"(《文物参考资料》1953 年第七期)。1952 年,"陕西咸阳西北第一棉织厂建厂工程中,在七百八十八根柱脚下,有五十六根下面探出有墓穴,其中四处最为严重……地下蕴藏的古墓葬及其中文物现在已被压在厂基之下,其损失是无法估计的"(《文物参考资料》1953 年十二期)。

至于一般群众的破坏古迹古物,在解放后也时有发生。解放初期,南京牛首山一带六朝古迹,李贤妃、沐英等墓数十座,被当地群众发掘,古物散失。1953 年,福建省文物管理委员会调查莆田县被群众发掘古墓达 100 座以上,同安县被破坏的古墓 210 座,内宋墓 72 座、明墓 39 座、清墓 82 座,时代不详的 82 座。1953 年,长沙由于各项建筑工程需要,人民纷纷挖掘古墓砖石出售,破坏了古墓,干部未加制止。

由上举事实看来,古物古迹的保护抢救是很有必要的,尤其是在大规模的基建工程中,尤为急不容缓。因为在大规模的工程中,一方面是发现古物古迹的机会,但另一方面却也是破坏古迹古物的机会。办得好,可以发现很多古迹古物;办得不好,也可以破坏很多古迹古物。所以,基建工程与保护文物的工作必须配合起来。

第五节　基建工程和文物工作应如何互相配合

陆定一先生说:"随着我国建设事业的发展,考古工作也有了巨大的发展前途,希望文物搜集与整理的工作,与各工农业部门通力合作,达到两利的目的;既有利于基本建设,又是有利于宝贵的不可复得的历史资料的收集。"郑振铎先生也说:"古代文物跟基本建设的人员有什么关系呢？肯定地说,有关系,而且关系很大,关系很密切。"这两句话都强调基建与古物的关系,这是很正确的。

　　文物工作与基建工程的配合,应从两个方面来说。文物工作者或考古学家眼见着基建工程中常发现地下古物古迹,当然认为这是发现和保护古物古迹的最好机会,要加以十二分的注意,自动的要求和工程配合,以执行保护或抢救的任务。因为如果漠视基建工程而不理,不赶紧进行保护或抢救,则工程的进行是很迅速的,稍纵即逝,古迹或被破坏或被重埋,甚且在其上建了巨大的永久性的大建筑,古物则或被打破,或被丢弃,或被取起四散。所以,文物工作者为了尽他们保护文物的责任是不能放弃不顾的,考古学家为了获得研究资料也是不能放弃不问的。置了这样的机会不问,却要去另找没有线索的古物古迹,那就很不对了。

　　由基建工程人员的方面言之,好像只是帮助别人的事,在本身似乎可以不必管他什么古迹古物。其实,基建工程人员的方面原有两项责任:

　　(1)古物原是存在地下的,这块土地交给基建工程人员去使用,工程人员便应对地下的古物古迹负责,地下如有古迹古物,便不可破坏,应当发掘出来,交给国家。所以这不是帮助别人,不过尽自己的责任而已。

　　(2)要在一块土地上面造建筑物或造铁路等事,也必须看这块土地是否坚实,没有空隙,地下如有古迹古物则其地便不坚固,将来难保无事,所以事前应先探测。如已发现古物古迹更应当考虑要用或不用该地,要用也须将古物掘出,将该处填实,方可使用。为该项建设事业计,原是应当这样,所以这不是帮助别人,而反是需要文物工作者或考古学家的帮助。

　　至于基建部门与文化部门两方面要怎样配合呢？据文化部郑振铎副部长的意见,有以下几条原则:

　　(1)事前应由文化部门,特别是考古发掘事业的专门机构,了解重要基建工程的计划地区,与工程面积的大小宽度。如果该地有重要的古迹,便应该考虑避免,或另选地点。

　　(2)虽不在重要古文物集中地区,也应共同勘察钻探地下有无古物古迹。

　　(3)如有古物古迹且十分重要的,必须呈报中央,组织专家去发掘。

　　(4)如事前未经勘察,在工程进行中发现古物古迹,应立即通知地方文化部门,组织人力去做清理工作。出土文物应集中起来,交地方文化部门保管。如性质十分重要的则应考虑暂时停工,以待清理。

　　至于实施的细则,各省主持文物工作的部门都曾发出指示,如福建省文物管理委员会、文化教育委员会、财政经济委员会曾于1953年3月发出《关于配合本省经济建设保护文物古迹》的联合通知,又福建省文化事业管理局曾于同年5月发出《为配合本省经济建设加强保护文物工作的领导》的通知,都作了详细的指示。

但是建设部门的干部或者也有些顾虑,如湖南长沙文物工作者程欣人同志所反映的,他并提出解答如下:(1)怕因清理古墓影响工程进度和完成任务的日程。这一点如双方的工作配合进行得好,经常联系研究进行的次序,以及配备必要的人力物力,是可以解决的。(2)怕影响建筑地基的巩固。这一点工程干部应了解挖掘清理古墓然后填土,反可使地基巩固。(3)怕增加建筑工程经费的负担。这一点无问题,因发掘清理古墓的费用由文物工作部门负担。

第六节　怎样勘察地下有无古物古迹

上文说过,建设的基地应先由考古人员勘察地下有无古迹古物。究竟是怎样勘察呢?勘察的方法有两种:

1.地面的考察。第一步应先就基地的地面考察,以推测其地下有无古迹古物,这事有下述几条方法可供参考。

(1)由地位推测。首先看这块土地是在城市或在乡村,如在城市,则地下常有以前的建筑物遗址,即不是十分古的,也有近代的遗址。如在乡村,则古时建筑物遗址或较少,但古坟墓却很多,上层虽已不见,下层或仍存留。

(2)由地形推测。平地的地下最有可能蕴藏古迹古物,但小丘土内可能也会有。有时整个小丘便是人类堆成的,例如贝冢便是。四面水田,中留孤堆,常是由于古时的地面被掘下去,只留一小块,其中或有古物。山顶如有古物古迹常会暴露于外,但山麓便会有被掩埋的古迹古物。小河旁的小丘或山坡最常有石器时代遗址,大河旁则比较有古市镇遗址。海滩和河旁的近水冲积地常无古迹,因其地还新,不能作住所。

(3)由土质推测。在黄赤色的自然土内少有人类遗物,在灰黑色混有杂质的垃圾土是人类住居所致,如见有夯土,恐有古时的建筑遗址,最应注意。自然土如松,或者曾经人类挖过再填,其下未必全无古物。自然土如十分坚硬,难得有人类的古物,但有时却有古生物化石。

(4)由地面露出的零星古物推测。地面如有类似石器时代的陶片,其下或者是石器时代遗址。地面如有类似古墓砖的东西,其下或者有古墓。如有瓦片、基石,其下或有建筑物遗址。

(5)由崖壁上推测。无论自然的大断崖,或人工挖成的小断崖,都可据以推测该处附近地下有无古物。因为断崖不输于故意开掘的深沟,崖壁上明显地表示了该处地下的土质以及所蕴藏的东西。虽是建筑基地不在断崖上,但如离断崖不远便也可以推测。

(6)由吸水的快慢推测。如有一小块土地,雨水过后最容易吸干,又不是流于别处,便可怀疑其下面有古墓或古建筑遗址。这事也可以故意倒水试验。

(7)由草木的生长状况推测。如有一小块土地比较周围土地不容易生长草木,没有大树,便可怀疑其下面有古墓或古建筑遗址。

(8)由声音推测。如有一小块土地在其上掘土或别项工作时,觉得似有空洞的声音,便可怀疑其下有古墓或古建筑遗址。

2.试掘。无论地下有无蕴藏古迹古物的可能,都应进一步试掘。试掘的方法如下:

(1)深穴。像掘井一样深掘下去。这法可以很快知道那一地点下面有无古迹古物,又可以明了地下的层次,但范围很小,所了解的面积不大。打深穴时最忌不分层次,使各层的土内物混乱,因为上下层便代表时间的先后,上层时间近,下层时间古。

(2)长沟。这法可以了解较大面积。沟的宽度不必大,约一米宽也够容一个人工作了。深度看需要而定,如已到自然土,便无需再挖下去。一条只能了解一条线,如嫌不够,可再开一条交叉的沟,合成十字形,这样便可了解全面的大概了。

第七节　怎样鉴别古物古迹

无论由地面考察或试掘,还是在基建工程进行中偶然发现类似古物古迹的东西,究竟怎样断定它是古物古迹呢?这在考古学家或文物工作者由于平时研究有素,当然不成问题。但掘土的工友们如完全没有一点印象,恐怕不晓得拾起来而当面漏过。反之,不论什么东西都拾起,把普通的石头、现代的破瓷碎瓦都当做古物,也浪费了工夫。所以最好应当稍能了解常见的古物古迹的特征,亦不致误事。古物古迹太多了,现在约略说一说常见的特征如下:

如见有绳纹陶片、彩绘陶片、黑色陶片、印纹陶片,磨光的石斧、石锛、石箭镞等,便可知是新石器时代古物。有字的龟甲兽骨、白色陶片、有饕餮的铜器、简单无内无胡的铜戈,便可猜是商代遗物。如看见铜剑、有胡有内的铜戈、铜戟、错金银的铜器、山字形花纹的铜镜,便可猜是周代的古物。如碰到有石室的坟墓,其中有石刻的图画,或有画像砖,墓中有五铢钱,闪现银色的绿釉陶器、陶制绘红白色的器物、陶鸡、陶狗,同上制成的陶俑,其技术不很高,女俑不分双脚,只有喇叭状的下裳,有隶书的竹木简或其他,便可疑它是汉代的墓及其殉葬物。如见有初期的瓷器,质在陶瓷之间,釉色青而带黄或灰,又有陶俑,技术比汉代略有进步,背后常是扁平的,便可以怀疑是六朝物。又如发现了很多制工很精的俑,有彩绘的,有单色黄釉的,也有土黄绿紫三色釉的,有活跃的马,有骆驼,便可猜是唐代的东西。如墓内无陶俑,或极少,但有很好的单色瓷器,或者是宋墓。如有蒙古文的铜钱,应是元墓。如有白地彩画瓷器,应是明以后的墓。

以上是我国大部分地方的情形,在边疆地方还有点地方色彩。就福建而论,还不曾发现华北常有的古物,如彩陶、黑陶、甲骨、商周铜器、汉代明器,唐代陶俑也极少。福建发现的石器时代遗物有印纹陶,多数石锛、石箭镞,少数石斧。有一种有段石锛华北未有,江浙很少,闽粤最多。最近在光泽县发现青铜小斧和青铜锯条,应是由北方传来的,将来可望发现更多。六朝古墓在福州已有发现,其中多瓷制明器,数量很多,如大瓿、小瓿、壶、碗、灯、盏、杯、盘、灶、虎子(便壶,状似虎)、尿鳖(便壶,状似鳖)等物,陶俑极少见。

六朝及唐的墓都是砖筑的,四壁及顶底都是砖,顶常是穹隆的,墓形长方。有的墓在前部有向左右扩展的二小翼,这二小翼和前部是排列明器之处。墓砖很大,向外的两边有印成的凸起花纹,作龙纹、鱼纹、钱纹、蕉纹、花朵纹、圆圈纹等。有少数的砖上印有阳文的字,记其年号月日或死者姓名,常是反写的。福建多宋墓,墓内殉葬物也多属单色瓷器,而少有像唐代的明器。

福建遗留的宋代居住遗址应有不少,如见很多宋代瓷片的地方便可注意。泉州中山公园内曾发现一处宋代遗址层,瓷片极多。宋代福建瓷业开始发达,近发现很多窑址,散布在晋江、莆田等处,其瓷属青瓷白瓷。在水吉也发现烧黑色瓷碗的"黑建窑址"。泉州在宋元时为世界最大的海港,有很多阿拉伯、印度、波斯等国的人住在那里,遗留很多坟墓及建筑,其墓上部是石雕的,有阿拉伯等国文字,又有花纹。建筑物现存有回教寺和佛寺、佛塔。地下常有倒仆的石雕物、石碑等,已发现不少。所雕物有印度的生殖器崇拜像、婆罗门教神像等,可证当时或有印度婆罗门教寺。石碑的文字以阿拉伯字为最多,又有蒙古字,但还有些似是西亚其他国家的文字。今后如发现上述这种石雕物、石碑应注意保存,因为这便是特殊的古物,国内别处极少见,可以为研究中古时中外文化交通史的资料。明代清代的古墓更多,常有墓碑,易于认识。

第八节　怎样处理已发现的古物

不论是文物工作者还是基建工作人员发现的古物,都应当慎重处理。如不知慎重处理,只是很随便地取起,别无其他手续,即使真是古物,也减少了它的价值。现略述几条方法于后,以供参考。

1. 发现古物时,不可即刻取离原位,也不可将其周围泥土完全挖清,须先记录其存在的原状,测量其地位(水平及深度),如属重要的古物还应当摄影,方可取起。这些手续称为"固定"。这是因为古物在土内原状和原来位置,很有关于研究,取起后其原状和原来位置便不可明了了。一件古物如不知其在土内多少深度和原状,便难以推论它的年代和意义。

2.古物无论完整的或残破的,好看的或不好看的,都须一律收集,即使是一块焦炭、一块破陶片、一块有手指纹或足印的泥土,都应看做和一件完整的铜器玉器一样重要。这种不好看的东西有时比好看的东西更有学术价值。

3.古物取起后,应用纸包裹,易破的应用草纸甚至棉花来包垫,以防破损。装运时应用木箱,用纸条、干草、粟壳或棉花垫塞,以防撞破。

4.古物外表的土刮去后,不必洗刷,待送到研究部门方由研究者洗刷。

5.一件古物不论在原处或取起后破成很多片段,也应包在一处,以便后来粘接。不可因其破损便丢弃,或和其他同类破片混杂在一起。

6.古物的收集应以同地点同层次为标准,不可以种类为标准。同地点同层次的可合装一箱。不同层次便是不同时代,不同地点便是另一遗址,更不可混杂。

7.每件古物取起后,应在古物上记其地点的简号,以及发现的次第号数。如古物上不便写字,应写在所包的纸上。所记的号数与第一条笔记簿上所记的应相同,以便对照。

8.第一条笔记簿除记录每件古物的总号数及地位原状外,还应在取起后补记其质料形状大小或名称,名称不晓可不必记,因为最后还可由研究人员决定名称。

以上的手续是麻烦的,但如果不这样做,则这件古物交到研究者手里,如果他不是在场参加发现的,他便难以鉴定和研究。这件古物不过等于从古董铺买来的古董一样,不知来历,只能就它的本身乱猜而已。这样,虽是抢救了那件古物,其实也便是降低那件古物的价值。

第九节　怎样处理已发现的古迹

多数古物所在的地点便是古迹,古物既已取起,这所古迹也应适当处理。有几条原则如下:

1.石器时代的平地遗址,除了古物之外,如没有建筑或其他重要遗迹,且该遗址的学术意义不重要而古物又不多,可以不必保存。如出土古物多,遗址的意义重要,可以供学术上的参考,便需保存。

2.如属有史以后的古建筑古墓葬遗址,也看其意义是否重要而决定应否保存。

3.不需保存的古迹待古物取起后,可摄影记录,然后填土使平,作为建设基地。

4.应保存的重要古迹便不可作为建设基地,应清理其中泥土,使它显出原状,或稍加修补以恢复旧观,如有石刻的字应搽以颜色,使它明显。其上或加小亭以遮蔽雨水及日光,周围或加围墙,以免被人或动物破坏。旁边加立石碑,标明该古迹的名称、时代和意义,这样便可增加一处名胜古迹以供人民参观。

第十节　结束语

每一处含有多量古物的古迹被发现后,必须经过发掘、研究和陈列三部曲,略述如下:

1.发掘。这是指正式的发掘,即由试探后已知是古迹,然后加以发掘,目的既要取起古物,又要了解古迹。发掘是需要方法的,上文所说的怎样处理已发现的古物和古迹,都是有关发掘的常识,此外还有很多,本书是为一般人写的,无需详述。凡文物工作者从事多年工作的,必有很多经验,只有书本上的考古学知识,还是不够的。

2.研究。古迹古物发掘后必须做室内的研究工作,写成报告或论文,不但将发现、发掘详细经过叙述,古迹古物详细描写,附加照片绘图,帮助说明。还要进一步推论该项古迹古物属何种类,何时代,有何意义,可以说明历史文化上何种问题,可以增加何种知识,对现代人有何种作用。这样方能发挥该项古物古迹的效用。如只是取起古物,不加研究,不过等于"挖宝",等于"盗掘",对古物古迹反有害处。这工作是考古研究机构的责任,故考古研究机构必须和文物工作机构合作,甚且应当参加考察及发掘,因为如不曾参加考察发掘的田野工作,便不能充分明了古物古迹的原状。

3.陈列。古物经过研究后便可交博物馆永久陈列,以供人民参观。古迹虽不能移来陈列于博物馆内,但在原地保存也是陈列。古物古迹有本书第四章所说的多种用处,对于人民是有益的,所以应当陈列。人民一面看陈列品,一面读论文,便可明了该项古物古迹的意义。所以保存古物的工作最后归宿还是为着人民的利益。

末了,引述科学院院长郭沫若先生一句话以概括这本小书的大意:"通过古代文物的发掘、整理和研究,可以体会到前代劳动人民的创造精神和中国历史的一定规律,因而使人们能得到鼓舞而推陈出新,使爱国主义的教育能具体深入。"

附录一

中央人民政府及福建省人民政府颁布的
有关保护古迹古物的重要法令

一、中央人民政府政务院规定古迹、珍贵文物、图书及稀有生物保护办法并颁发《古文化遗址及古墓葬之调查发掘暂行办法令》(1950年5月公布,见《文物参考资料》第一至六期)。

二、中央人民政府政务院颁发《禁止珍贵文物图书出口暂行办法令》(1950年5月公布,见同上)。

三、政务院发布《切实保护古文物建筑》指示(1950年7月公布,见同上第七期)。

四、福建省人民政府《关于执行中央政务院规定保护古文物与征集管理各项法令的补充指示》(1950年11月公布,见同上第十二期)。

五、福建省文物管理委员会、文化教育委员会、财政经济委员会联合通知:《关于配合本省经济建设保护文物古迹》(1953年4月公布,见同上1953年第七期)。

六、福建省人民政府文化事业管理局通知:《为配合本省经济建设加强保护文物工作的领导》(1953年5月公布,见同上)。

附录二

保护文物快板

李忠臣

〔《文物参考资料》编者按〕在贯彻国家保护文物政策上，全国各地的有关部门和人民群众创造了多种多样的宣传方式，"快板"和"相声"就是这些很好的方式之一。用群众熟悉的口语，讲说国家保护文物的道理，简单明了，生动具体，使人听来亲切易懂，因之它发挥的宣传效果也就愈大。河南郸城县曲艺人李忠臣同志编写的《保护文物快板》，山东临淄县宋誉卿老先生编写的《争取做个保护文物的模范》相声，都受到各该专署和县行政领导部门的重视。前者并经郸城县文化馆组织曲艺改进会试唱，据群众反映效果很好，曾由商丘专署文化科印作农村宣传材料，大量推广。本刊特将它们发表，以供各地宣传工作的参考。我们希望各地能根据不同的情况与需要，更多地创造些新的生动的宣传方式，使国家保护文物的政策能做到"家喻户晓"、"人人知道"。

敲敲竹板定定弦，
听我把保护文物谈一谈。
上级号召打井为增产，
目前就是缺少砖。
没砖怎能把井打？
这个事儿可不好办。
我不表大家动员投资的热烈劲儿，
单把××社里谈一谈。
社长名叫张老六，
有个青年社员张成俭。
这一天他俩到一块，
讨论打井动员弄砖。
老六说：咱社有地两千亩，
该打砖井四十眼。
每眼用砖三千块，
总共就得十二万。
这个任务可不小，
你看上哪去弄砖。

成俭说:我有主意整三个,
不知你看沾不沾?
第一个:发动社员把砖对,
没有砖的来对钱。
第二个:南地有个老古庙,
发动社员去扒砖。
大约能扒五万块,
足够打井二十眼。
第三个:北地有个大冢子(古墓),
其中砖头不简单。
拉土犁地有人见,
下面券洞全是砖。
估计最少万把块,
足够打井三四眼。
成俭正在往下讲,
社长连忙发了言。
前一个办法倒很好,
后两个办法可不沾。
成俭一听发了愣,
叫声社长听俺言。
成天讲的不让再迷信,
我看你还是个老封建。
古庙古墓有啥用,
净闲占地少生产。
日后使用拖拉机,
那时犁地更不便。
社长一旁又开口,
叫声成俭听俺言。
您说我是老封建,
破坏文物,违犯法令不是玩。
文物法令政府早公布,
号召咱们好好来保管。
有价值的古庙要保护,
地下古墓更不许剜。
就是打井、生产碰到墓,

也要用土把它掩。
宪法之上有规定，
上面一一说得全。
地权虽属咱们有，
地下埋藏可不属咱。
谁要存心来破坏，
依法处理不容宽。
成俭一听哈哈笑，
社长你别吓唬俺。
打井为的是增产，
古物要它啥相干。
啥是违犯文物法，
咱们是利用"废物"来生产。
社长正色面含笑，
成俭你的"冒失鬼"外号不虚传。
要说生产干劲数着你，
保护文物意义你还得听我谈。
前天我到县里去开会，
文化馆大会发过言。
保护文物的道理讲得清，
现在听我向你谈谈。
咱们咋着生产都知道，
几百年、几千年咋着生产谁能谈？
过去的风俗习惯谁知道，
社会发展更不必谈。
别认为古庙、古墓没啥用，
咱们祖先的智慧创造全在里边。
更不能认为古代砖、瓦、灶、井、陶器、瓷器没有用，
这都是人民国家的财产。
经过专家来研究，
过去的事儿会知全。
爱国主义教育它有用，
考古缺它也不沾。
文物的用处多得很，
一时我也难说完。

本来我想向大家讲一讲，
因生产还没顾得往下传。
要问应该怎么办？
办法教得也怪全。
打井开始碰着有古墓，
立即停止挪地点。
打井当中碰到它，
立刻报告文化馆。
应该咋着来处理，
听候通知再去办。
成俭听了点头笑，
多亏社长指点俺。
过去只知为生产，
想不到文物的用处还有这一篇。
文物用处既有这么大，
我一定好好来保管、来保管。

后　记

一、本书是为一般群众而写的，介绍一点古物的常识，以引起对古物的关心和爱护。

二、本书提纲曾参照福建人民出版社编辑部所提的意见，又全稿蒙本馆同事庄为玑、陈国强二位同志代详看一遍，并提供意见，谨此道谢。

林惠祥志于厦门大学人类博物馆
1955年10月

（《天风海涛室遗稿》鹭江出版社2001年版）

算命的研究和批判

前 言

算命似乎是无关紧要的事,尤其是在解放后的新社会里,信的人比较少了,这种迷信已经不会再像以前起着重大的作用,似乎不值得研究。但是算命在旧社会的历史已久,深入一般人的心里,算命不仅仅是算命先生的事,算命先生的背后有整个旧社会作为他们的后盾,整个社会的人都是相信有命运的,不但一般人,便是很有学问的读书人、大学者,也几乎全部是信有命运的,所以信命运的思想是我国旧学术的一种概念,而算命术也是旧学术的一部分,不只是一小撮算命先生搞的鬼。信命和算命在过去社会已有至少 2000 余年的历史,根深蒂固,如说解放后短短几年内便完全肃清了这种旧思想,那是不可能的事,因为意识的变化落在社会制度以及经济基础之后,如苏联建设社会主义已有数十年,到现在也还有相信命运、占卜命运的人,还需要有学者著书来反对这种迷信(见尼·依·梁赞采夫著《有没有命运?》中译本)。

算命是不可信的,但是要彻底消灭这种迷信,却不是容易的事。因为"命运"这种观念比宗教信仰更为顽强。有人可以不信宗教,但还是信仰命运,如东汉的学者王充不信神鬼却极力主张有命运,现在的苏联也有人说:"我老早就不相信什么上帝和魔鬼了,可是命运我还是相信的。"(见上举书)由此可见,命运的信仰还有些荒谬而却是很复杂的理由。我们如解释不来,便很难叫人不信它,所以算命这件事应当研究,如能了解到它的根柢,便可以破除这种迷信,只因信命是绝对唯心主义的思想,解决了信命的思想,间接也可以打击唯心主义。

著者在以前曾因研究民俗学而引起了对算命的注意,写了一篇论文,现在加以补充修改,成为这本小书。这本小书的主要是要教人不必相信算命,也便是不要相信命运,但方法却不采取一味的批判、漫骂,先把算命扣上一顶迷信的帽子,一下便把它骂倒;本书是平心静气地先找出算命所根据的根本观念,其次学会算命的方法,最后方判断其理或无理,可信或不可信。所以本书内容有一大部分是讲算命的方法，教人怎样算命，很像是教人信它，在看的人有些是会觉得不耐烦的，可是如不用这种方法，不晓得算命是怎样算法，却硬要武断它是迷信，自己反犯了主观的非科学方法的错误。本书可以说是一本算命入门的书，读者耐心读下去，一定可以学会自己算命，但学会了以后，同时便知道算命是不足信的，确是一种迷信。

林惠祥写于厦门大学人类博物馆
1957 年 5 月 12 日

第一章　命是什么？为什么人会信命？

算命是一种方法，即旧时所谓"方技"，是借以了解一个人的命好坏的一种方法。其目的是希望摸到了命的底子，可以趋吉避凶，立身处世。这种方法的产生是由于先有了"命"的信仰。所以要谈算命，必须先从"命"谈起。

旧社会一般人开口合口都提到命。如说好命坏命、长命短命、富贵命、贫贱命、皇帝命、乞丐命、命中注定、命里带来、命途多舛、命宫摩蝎、万事皆由命、由天由命不由人；他们又常提到运或运气，命运也常合为一个名词。大约二者性质相关，不过命是一生的，运是一时的，如说好运、坏运、红运、走运、碰运气、交好运、运未通。

命的意义是什么呢？照一般人的说法，命便是一个人生来注定一生的生活地位、寿命等的固定准则，运是这不变的准则在某一时期的表现，也便是命一部分。这是个通俗的意义，我们试查看学术上的解释。汉代王充著《论衡·偶会篇》说："命吉凶之主也，自然之道，适偶之数，非有他气旁物压胜感动使之然也。"意思说，命是人的一生好坏的原则，是自然的道理，且有相适合的一定的数量标准，不是由于其他东西的影响而致。这一条可以说是在我国古书上最完备的解说。我们再看一看外国人的说法，因为外国人也有信命的，在英文《宗教伦理百科全书》（*Encyclopedia of Religion and Ethics*）中说："命是一种势力，那是我们人为的能力所不能抵抗的。常是一种机械的、物质的、无意识的势力。这种势力能管理全世界，便是人也在被管理之列。"这二条界说大意相同，我们很可以感叹说，"知命君子"，无间中外，其理一也。

我们要进一步问，这种主宰人生的命运，即伟大势力的存在，人类是怎样能觉得呢？人类是怎样发觉有这种势力在控制着他呢？人类是由生活上的体验来推想的。一个人到了智穷力竭、陷于失败和灾祸之中时，他便自然会想到冥冥之中有一种势力在控制着他，而他的结局是在事前已被决定的了，故挣扎也是无效的。又如另一个，不曾企图营求某种目的，却无缘无故地得到了，这也会使他觉得有一种暗中的势力在左右着他。又如有某种事件，由人的眼光看来，原是一定无可能的，它却居然成功，另有别种事件，原是一定会实现的，它却竟然失败。这种情形之下，也使人会想到有出于人力之外的某种大势力，即命运，在操纵着人类，总之，人是到了人力所穷、人智已竭的地步才想到有命运。在过去社会人力人智常有穷竭的时候，所以人便常常想到命运。楚霸王百战百胜，终于自刎乌江，大喊"天亡我也，非战之罪"，天便是指暗中的一种伟大势力，也便是命。李广一世猛将，却永远不得立功封侯，不能不诿于数奇，也便是命不好。汉朝的幸臣邓通，皇帝特别赐他有铸钱的权利，他却终于饿死，据说也是由于命中注定。

命的观念很早便发生，故与其用新的话来说明，不如用古人的话来说明，更可以知道他们为什么会信有命。

孔子一生便常说到命字，因此后来传下来的儒家是主张有命的。《论语》记孔子说，"死生有命，富贵在天"，天便是命。他又说："道之将行也欤？命也；道之将废也欤？命也。"他说他的学说能不能实行，都是由命。又说："不知命无以为君子也。"又说："君子居易以俟命，小人行险以侥幸。"意思是说君子安分守己，听天由命，小人不肯安分，冒险强求。《孔子集语》记孔子说："古圣人君子博学深谋不遇时者众矣，岂独丘（孔子的名）哉。贤不肖者才也，为不为者人也，遇不遇者时也，死生者命也。"他安慰自己说，古来怀才不遇之人很多，不独是我一个。人的才干和努力是另一件事，境遇和死生都是命运所定的。

列子也是信有命的，所著的《力命篇》说："力谓命曰：'若（你）之功奚若（何能比）我哉？'命曰：'汝奚（何）功于物，而欲比朕（我）？'力曰：'寿夭穷达，贵贱贫富，我力之所能也。'命曰：'彭祖之智，不出尧舜之上，而寿八百。颜渊之才，不出众人之下，而寿四八。仲尼之德不出诸侯之下，而困（遭难）陈蔡。殷纣之行不出三仁（仁人）之上，而居君位。季札（吴贤公子）无爵（官）于吴，田恒专有齐国（篡夺齐国）。夷、齐（殷末忠臣）饿于首阳（山名），季氏（鲁权臣）富于展禽（鲁贤人）。若是汝力之所能，奈何寿彼（如彭祖）而夭此（如颜渊），穷圣（如仲尼）而达逆（殷纣王），贱贤（季札）而贵愚（田恒），贫善（夷齐、展禽）而富恶（季氏）邪（耶）？'力曰：'若如若（你）言，我固无功于物，而物若此邪。此则若（你）之所制邪。'命曰：'既谓无命，奈何有制之者邪。朕（我）直而推之，曲而任之。自寿，自夭，自穷，自达，自贵，自贱，自富，自贫，朕岂能识之哉。'"他认为种种不合常理之事，都不是人力所致，而是命中自招。

春秋战国时，命的信仰很流行，诸子百家中，只有墨子一派不信命，墨子著《非命篇》，引用信命者的话："执有命者（信命的）之言曰：'命富则富，命贫则贫,命众则众,命寡则寡,命治则治(太平),命乱则乱,命寿则寿,命夭则夭;虽强劲何益哉?'"这是引当时信命者所说的话。又说:"执有命者之言曰:'上(上级)之所赏,命固且赏,非贤故赏也;上之所罚,命固且罚,不暴,故罚也。'"这是说信命者以为一个人获得赏罚也是由命中得来,不是由行为的善恶。周末儒家鼓吹信命,墨家反对信命,汉代儒家势盛,故信命的更多。《淮南子》说:"仁鄙在时不在行,利害在命不在智。"扬雄著《法言》说:"或问命,曰命者天之命也,非人为也。人为不为命……命不可避也。"

东汉大学者王充虽不信几种迷信,但他却非常信有命运,在所著的《论衡》一书中有数篇(命禄、气寿、幸偶、命义、无形、偶会、初禀诸篇)都说到人有一定的命,说得最详细,最有系统,可以说是中国古学者中最坚决主张有命的了。他说:"凡人遇偶(逢遇机缘)及遭累害(灾祸),皆由命也。有死生寿夭之命,亦有贵贱贫富之命。自王公逮(至)庶人(人民),圣贤及下愚,凡有首目之类,含血之属(人类),莫不有命。命当贫贱,虽富贵之,犹涉(接触)祸患矣。命当富贵,虽贫贱之,犹逢福善矣。……命贵之人,俱学(和别人同学)独达(独自发达),并仕(和别人同做官)独迁(独自升官)。命富之人,俱术(和别人同经营)独得,并为(和别人同作事)独成。贫贱反此,难达,难迁,难成,获过受罪,疾病亡遗(难免)。""富贵有命,福禄不在贤哲与辩慧(聪明)。故曰,富不可以筹筴(经营)得,贵不可以才能成。智虑深而无财,才能高而无官。怀银纡紫(做大官),未必稷契(古时二贤人)之才,积金累玉,未必陶朱(陶朱公善营业)之智。……故贵贱在命不在智愚,贫富在禄(命中的禄)不在顽慧(愚与智)。""凡人操行有贤有愚,反遭祸福,有幸有不幸。举事有是有非,及触尝罚,有偶(同幸)有不偶。"以上的话,都是说明人的富贵贫贱吉凶祸福都由命定,和人事无干,人世上种种不合理的现象,如不应富贵者反得富贵,不应贫贱者反陷贫贱,都是命中注定。

由上举这些古人对于命的见解,很可以看出他们是认为命是暗中的一种超出于人力之上的大势力,能控制人的生命长短、生活穷达;人类所以会信有命,是由于不能掌握自己的生命和生活,也不能了解社会上许多事件成败的原因,因此不得不信命。

第二章　中国算命术的沿革

第一节　算命术的起源

　　古人既信有命,当然会想要进一步探测命的好坏,以为处世的南针。探测命运的方法起源也很早,初时简略,后来一步一步复杂起来。初时不过观察有关命运的偶发事件,也即是占卜,最后方进到用复杂方法来算命。所以算命是起源于占卜,其实也便是占卜之一种。

　　命的信仰在最早是认为命和星象有关,命的好坏是受天上星象的影响,(详见下文星的崇拜),尤其是统治阶级的人物和大事都与星象有关,因此很早便发生占星之术。古史说轩辕氏设立占星的官,称为星官。《周礼》说:"保京氏掌天星,以志日月星辰之变动,以观天下之迁,辨其吉凶;以星土辨九州之地,所封之域皆有分星,以观妖祥。"这是说有一种官职名保京氏,专管观察天上星象以推测地上人世间的吉凶祸福。

　　汉代也有观察星象的官,名为"星工"。这种观察星象的官,历代不绝,如星官、钦天监等官职,都是以观察星象探测吉凶为责任的官。如《汉书·艺文志》说:"探知五星日月之会,凶厄之患,吉隆之善,其术皆出焉,此圣人知命之术也。"《后汉书》说:"命星工伺侯妖异瑞祥。"

　　以占星测候吉凶,只能限于统治阶级的大人物大事件,不能满足一般人民的需要。而且占星是被动的,只有发现了变态的特殊星象,方可据以猜测吉凶,不能随时自动探测命运好坏。因此后来再进一步,想出别种方法。因为古人想,人的命是由星象影响,星象的质(即现在所谓元素)是五行(星的名称便是金木水火土五行的名,如金星木星等),人身由星象获得了五行的质(即元素),所以只要测算人身所合的五行,便可知道命的好坏了。因此便发展了五行的观念,根据五行来算命。有很多有关算命的基本观念,如五行相生相克、五行和五方四时的配合等,自周末已经提出来。《尚书》中已有五行的名称,以及其性质功用的话。

　　汉初人所记的《礼记·月令篇》中已有很多五行四时等的观念,这些观念发源于周代,儒家原已略有一点这种观念,再加战国阴阳家方士的推衍,到了汉代更大为发达。《礼记·月令篇》中已经指出如下的观念:春的干支是甲乙,五行属木,色青,位在东方。夏的干支是丙丁,五行属火,色赤,位在南方。秋的干支是庚辛,五行属金,色白,位在西方。冬的干支是壬癸,五行属水,色黑,位在北方。五行的土居四时中央，干支是戊己，色黄。东汉学者所著《白虎通》有《五行篇》详论五行的性质功用等，更为后代算命术的根据。如说："五行者何谓也，谓金木水火土也。言行者欲言为天行气之又也。……少阳见于寅，盛于卯，衰于辰。其日甲乙……时为春……位在东方，其色青。……其神句芒……其精青龙。……太阳见于巳，壮盛于午，衰于未……其日丙丁……时为夏……位在南方，其色赤。……其神祝融……其精朱鸟。……少阴见于申，壮于酉，衰于戌……其日庚辛……时为秋……其位西方，其色白。……其神蓐收……其精白虎。……太阴见于亥，壮于子，衰于丑……其日壬癸……时为冬……其位在北方……其神玄冥……其精玄武……土为中宫，其日戊己……其神后土。"这一段推衍《礼记》之说更详细。"五行所以更王何？以其转相生，故有终始也。木生火，火生土，土生金，金生水，水生木。是以木王，火相，土死，金囚，水休。王所胜者死囚。"这一段更说明五行相生及休旺之理。极端相信有命的王充，在其《论衡》中也已提出了些算命术的基本观念，和《白虎通》所说的差不多。如说："春夏囚死，秋冬旺相，非能为之也。日朝出而暮入，非术之也，天道自然。"这便是四时休王的观念。又说："世上男女早死者，夫贼妻、妻害夫。"这便是夫妻相克之说。又说："天生万物，以万物古五行之气，五行之气更相贼害。"这也是说五行相克。又说："且一人之身含五行之气，故一人之行有五常之操。"这也便是以五行算命的根据。又如："寅木也，其禽（生肖）虎也；戌土也，其禽犬也。丑未亦土也，丑禽牛，未禽羊也。木胜土故犬与牛羊为虎所服也。"这便是五行生肖相克说的胚胎。

汉代已立下算命术的基础观念，但当时或只有极简单的算命方法，即仅就生日所值星象来推测人的命运。汉代司马季主、严君平，三国的管辂，晋代的郭璞，南朝的陶宏景等，或者已有初步的算命术。后世所传算命书有假托为出于战国的鬼谷子、珞琭子等人的，其实都是后来的星命家所写，大约是宋以后人所作。算命术的确立始自唐代，唐代成立算命术的原因，其一当然是继承汉代的阴阳五行的观念，第二或者是由于六朝时印度西域的婆罗门教、佛教传来中国，连带将西方的占星术也传来，中外两种迷信结合起来，比前更为发达，故能成立算命术。

宋《王应麟集》："土星行历推人命贵贱始于唐贞元初都利术士李弼乾，传有《聿斯经》，本梵书。"元吴莱说："都利盖都赖也，西域康居城当都赖水上。今所谓《聿斯经》者，波罗门之术也。"文中明说按星象历法推算人命是起自唐德宗的贞元年间，即公元785—805年，又说是由于西域康居国来的一个外国术士名李弼乾（是汉化的人名）传来印度星命书称为《聿斯经》而起。又据《通考》，也记有一部《称星经》，三卷，"以日月金木水火土五星及罗睺计都紫气月孛十一曜，演十二宫度数，以推人贵贱寿夭休咎。不知所自起，或云天竺学也"。罗睺计都等名明是外国字，可证是由外国传来。

由此可见，星命术源自中国古代的星象五行的迷信，再加以外国的星象历数的迷信，乃在唐代构成了算命术，其中星象即神煞部分或者很有些外来的成分，至于五行生克等，还是中国固有的。中国固有的应占大部分，外来的不多。

第二节　算命术的成熟

唐代建立算命术的人有李虚中、僧一行、桑道茂等人，以李虚中为最著。韩愈曾著文记李虚中的事迹。李虚中是唐元和时人，与韩愈同时。由《韩昌黎文集·李虚中墓志》："殿中侍御史李君名虚中，字常容……爱于其父母。年少长，喜学，无所不通。最深于五行书，以人之始生年月日所值日辰枝干，相生胜衰死相王斟酌，推人寿夭、贵贱利不利，辄先起其年时，百不失一二。其说汪洋奥义，关节开解，万端千绪，参错重出。学者就传其法，初若可取，卒然失之。星官历翁莫能与之校得失。"

李虚中的算命方法，用出生年月日（或说兼用时）的干支推算五行的生克等现象，已经成为一种有系统的复杂方法，所以李虚中可以说是算命术的开创者。李虚中没有真的著作传下，后世所传李虚中请鬼谷子著《命书》三卷，实是宋代人假托的。后来有徐子平更进一步将李虚中的算命术发展得更为复杂而完备。徐子平是五代人，名居易，隐于太华西棠峰洞。徐子平的改进算命术，是确定就人出生的年月日时四项立论，四项各有二个干支，共有八字，自此看命才是看八字。他又要侧重于用五行推算，方法更精密，所以到了徐子平，算命术方才完备，因此，算命术也称为子平术。徐子平所著的书，据说还有传下，如《明通赋》、《渊海子平等》，以外还有后来的人推衍他的原意而写的书很多。自徐子平以后，算命术的流行很广，不但在一般人里面取得信仰，便在学者中间也多相信，所谓儒家的读书人也有兼学星命术或甚至改途从事算命的，如韩愈替李虚中作墓志铭说他百不失一二，又如宋代道学家领袖朱熹也相信算命，曾写一篇《赠徐端叔命序》，徐端叔便是读书人改业算命的，其文如下：

> 世以人生年月日时所值枝干纳音，推知其人吉凶寿夭穷达者，其术虽若浅近，然学之者亦往往不能造其精微。盖天地所以生物之机，不越乎阴阳五行而已，其屈伸消息，错综变化，固已不可胜究，而物之所赋，贤愚贵贱之不同，特昏明厚薄毫厘之差耳，而可易知其说哉。徐君尝为儒，则尝知其说矣。其用志之密微，而言之多中也固宜。世之君子倘一过而问焉，岂惟足以信徐君之术而振业之，亦足以知夫得于有生之初者，其赋予分量固已如是，富贵荣显，固非贪慕所得致，而贫贱祸患固非巧力所可辞也。

自徐子平以后，宋元明清历代都有著作星命书的人，如宋有冲虚子、僧道洪、徐大升，明醉醒子、张神蜂、刘基，清沈孝瞻、陈素菴、俞曲园等人，其书很多。但这种书大多数是不能使人了解的，其原因一是故意写得隐晦以显其玄虚奥妙，二是好用术语堆砌成篇，三是多作韵文歌括体，更难达意，四是日久传写失真，讹字太多。因此，在旧社会要学习算命，除了拜师父口头传授之外，如要自己看书学习，绝对困难。不过命书之中，有时也有几部是由原来读书人改业星命的所写，文理比较通顺，还可以看得懂。

算命术自唐代成立后，流行很盛，人不论贵贱贫富、男女老少，事不论做官、赴考、营业、婚姻，几乎人人都要算命，事事都要算命。权威极大的专制皇帝也要算命，以证明他生来是皇帝命。学问很好的学者也相信算命（如曾国藩、俞樾）。大官僚大军阀也藉算命来决定施政和打仗（前四川某军阀重用一个会算命等事的军师，又如蒋介石和他手下大官也有些很信算命的）。可以说直到解放前为止，1000余年来流行不绝。解放后当然势力渐衰，但如说已经绝迹，那还是太早的。

第三节　古人反对信命和算命的

命运的信仰在我国过去的社会是很盛的，不但一般人民信命。便是学者也多信命。春秋战国诸子百家，如儒家是以信命著称的，道家（如列子）也信命，阴阳家更是算命术的祖师，其他各家也都不敢反对信命，汉代儒家继承儒家和阴阳家的理论，更发展了信命的宿命论哲学，而且构成了算命的基本观念，后代的读书人也几乎全部都信命，如韩愈、朱熹也是相信的。可说宿命论和算命术风靡了中国过去社会，但是在众人皆醉之中，却也有极少数头脑清醒的人反对信命，或反对算命，略举于下：

1.墨家非命——墨子书中有《非命》三篇，极力宣传反对信命。他说："古者桀之所乱，汤受而治之，纣之所乱，武王受而治之。此世未易民未渝（改）。在于桀纣，则天下乱，在于汤武，则天下治。岂可谓有命哉？""今用执有命者之言，是覆（破坏）天下之义，覆天下之义者，是立命（信命）者也。""入则孝慈于亲戚，出则弟长于乡里。坐处有度，出入有节，男女有辨。使治官府，则不盗窃（不贪污），守城，则不崩叛。君有难则死，出亡则送。（是一个有义的人。）此上之所赏，而百姓之所誉也。执有命者之言曰，上之所赏，命固当赏，非贤故赏也。上之所罚，命固且罚，不暴（非因不义）故罚也。""是故入则不慈孝于亲戚，出则不弟长于乡里。坐处不度，出入无节，男女无辨。是故治官府则盗窃，守城则崩叛。君有难则不死，出亡则不送。（不义的人。）此上之所罚，百姓之所毁（责难）也。执有命者言曰：上之所罚，命固且罚，不暴故罚也。上之所赏，命固且赏，非贤故赏也。""执有命者之言，不可不非（反对），此天下之大害也。"

"自古以及今,生民以来者,亦尝见命之物、闻命之声乎,则未尝有也。""天下之治也,汤武之力也,天下之乱也,桀纣之罪也。若以此观之,夫安危治乱,存乎上之为政也,则夫岂可谓有命哉。"墨子的反对信命是从功利出发的,他说信命的人便不肯勤劳服务,守义做人,一切只透于命,所以信命是有大害的。

2. 吕才——吕才是唐太宗时人,是有名的学者,后代算命先生认他为一个星命家,算命书中如合婚法等还假托为他创的,其实他是反对星命的。他著《算命篇》说:"汉宋忠、贾谊讥司马季主(占卜术士)曰:'卜筮者高人禄命(说人好命),以悦人心,矫言祸福,以规(图谋)人财。'王充曰:'见骨体,知命禄,见命禄,知骨体。'此则言禄命尚矣。推索本原,固不其然。积善之家,必有余庆,岂建禄(命中有禄)而后吉乎? 积恶之家,必有余殃,岂劫杀(命中带劫杀)而后灾乎? ……文王忧勤损寿,非初值空亡(不是碰到凶煞)。长平坑降卒(战国赵败于秦,败卒40万尽被秦所杀),非俱犯三刑(坏命),南阳多近亲(东汉光武帝,南阳人,故南阳多贵族),非俱当六合(好命)。……世有同建与禄(同命),而贵贱殊域(不同),共命若胎,而夭寿异科(命同寿异)。鲁桓公六年七月子同生,是为庄公。按历岁在乙亥,月建申,然则值禄空亡,据法(算命的法)应穷贱。又触勾绞六害(凶煞)背驿马身克驿马,三刑,法无官。命火也,生当病乡,法曰为人尪弱矬陋,而《诗》言庄公曰:'猗嗟昌兮,欣而长兮,美目扬兮,巧趋跄兮。'唯向命一物,法当寿,而公薨,止四十五。一不验。"这段说鲁庄公依命应贫贱,无官爵,常病,身弱矮丑,长寿,然而鲁庄公却是贵为国君,长身美貌,寿却不长。以下再举秦始皇帝,命应无官,少有奴婢,长寿,始皇帝却贵为天子,臣妾天下,寿止五十二,又是不验。汉武帝命也应无官,少年不好,老才交运,其实他却是皇帝,又是十六岁便即位,老年国家户口反减少。后魏高祖命中父应早死,不及见父,其实他是受父禅位,父还健在。南朝宋高祖命中宜于长子,次子应早亡,实则长子被杀,而次子反嗣位。这些都可证明算命是不确的。《新唐书·吕才传》说他"以经谊推处其验术(批评各种迷信的方术),诸家共诃短之(说他坏话),又举世相惑以祸福,终莫悟云。"

3. 宋黄滚——滚字补之,著《梁溪漫志》说:"一时生一人,一日只生十二人,以一岁计之,只生四千三百二十人,以一甲子计之,止有五十一万八千四百八人,亦只有五十一万八千四百八命而已。今一郡户口不下数百万,则同年同月同日同时多矣,又何贵贱贫富之不同哉?"这是就八字公式最多数来说,公式只有51万余,人却非常之多,同时生的人太多了,他们的命为什么又各不相同,可见其不确。

4. 清袁枚——袁枚即子才,著《随园随笔》,中有论算命一段说,"余意大挠作甲子,原不过标题名,数甲乙子丑,犹云一二三四也,并无意义,有何生克配合之说? 或曰:'人亦无姓名,今派之姓某名某,则呼之即应。支干水火,理亦宜然。'余驳之曰：'人灵物也，故呼之即应。若草木禽兽派以姓名，不能呼之即应也。况支干之本属虚无者乎？'韩昌黎作李虚中墓志极言其推人年寿，了无一失，何以不知己身之寿命，而服金石（药）以速死也。王荆公《汴说》一篇写尽贵人好算命之陋，宋金华《禄命论》一书亦言之最详。杨慈湖（宋）讥真西山云：'希元有志圣贤，而好算命，终竟名利之心未断，如何入道？'宋洪彦升奏禁天下士大夫谈佞佛，劾郭天信以谈命进用。金世宗大定三年诏三品以上，除嫁娶修造安葬外，不许推算相命，违者革职，徒三年。"

以上几位以外，还有其他不信命的人，但其数若比信命的，可说一粒粟比大海，由此也可见这几位的思想是很难得的了。

第四节　外国的算命术

本书是研究中国算命术的，但上文说中国算命术也曾受外国算命术的影响，现在略谈一谈外国的算命术以为参考。对于命的信仰，世界都是一样的，西洋也有。从巴比仑起就有占星术或星命术（astrology, astrologic 等），以后由巴比仑而希腊，而罗马，而阿拉伯，再传回到欧洲西部。到了中古有大学时，还把星命术当作一种课程。星命家信地球中心说，以为地球既在中心，自然周围的星象都集中影响于它；而地球上满布人类，自然会影响了人类，这便是天人相应。故占星术便是占星以知命的法术。和中国古时的占星有同样的目的。到了17世纪，天文学家哥白尼发现天体真相，才把这种信仰打破。哥白尼发现太阳中心说，使地球中心说受了极大的打击，于是西洋人对星命术的信仰才降低。但是现在西洋人的报纸上还常看到所谓预言家的预言，又西洋人也有类似通书一类的历书，其中预言未来的吉凶，这些也都是占星术的残余。便是哥白尼当日研究天文的目的也是和占星术有关，原想借此以阐明占星术，想不到却因为他的新发现而反使占星术受了打击。

第三章　中国算命术的根本观念

中国算命术有几种根本观念，如干支、五行、四时、五方等，照上文所说，这些根本观念在汉以前已经发生，后来到唐代便根据这些观念成立算命术。要学算命者，必须先了解这些根本观念，现在根据命书将它们分析说明如下：

第一节 干支观念

干支原作干枝。所谓干枝,原是借用树木的干和枝二字,实是古人的数字,也即是记历方法而已。其字如下:

十天干:甲乙丙丁戊己庚辛壬癸

十二地支:子丑寅卯辰巳午未申酉戌亥

据古书说,干支是太古轩辕时令大挠所作,十天干是用以名日,十二地支用以名月。古人很笨,还没有抽象的数观念,故每一日给它一个具体名称,即一个数字,数字不能太多,原始时代人类常只能算到十,因为他们常用手指计数,手指只有十个,所以便只有从甲到癸十个数字,第一日称为甲日,次日为乙日。三日为丙日,十日过后可以再来一遍,从头算起。至于月的名称,不能混用日的名称,所以要另起一套,别造子丑寅卯等名来称月,一月称为子月,次月便称丑月。初时或者未必是十二个字,以名十二个月,因为历法未发明时,哪能知道一年有十二个月,要等到原始时代之末,将开化时,由于年年观察季节的经验,发现了每年有十二个月,方才决定了十二个字以称十二个月。所以地枝为十二个字的发生,应迟于天干的十个字。其后又将十天干与十二地支互相配合,以每二个字成为一个数,用以称年,即以天干首字甲、地支首字子合为甲子以称第一年,其次乙丑以称第二年,直到最后的二字即癸亥以称第六十年。其式如下:

	1	2	3	4	5	6	7	8	9	10
1	甲子	乙丑	丙寅	丁卯	戊辰	己巳	庚午	辛未	壬申	癸酉
2	甲戌	乙亥	丙子	丁丑	戊寅	己卯	庚辰	辛巳	壬午	癸未
3	甲申	乙酉	丙戌	丁亥	戊子	己丑	庚寅	辛卯	壬辰	癸巳
4	甲午	乙未	丙申	丁酉	戊戌	己亥	庚子	辛丑	壬寅	癸卯
5	甲辰	乙巳	丙午	丁未	戊申	己酉	庚戌	辛亥	壬子	癸丑
6	甲寅	乙卯	丙辰	丁巳	戊午	己未	庚申	辛酉	壬戌	癸亥

满60年称为一个花甲,60年以后从头再算起。这种计算法,比十进的百千万计算法,当然笨得多,但是在当时也不容易发明,一定是十天干、十二地支发明以后很久,方才发明了这一法。

由此看来,十天干(以下简称天干)、十二地支以及二字配合的甲子乙丑等名词,原来不过是古时很笨拙的记历的数字,一点都没有什么神秘奥妙。命书上所说的带有玄学性的意义,都是后来的人附会上去的。

第二节　阴阳观念

人类有阴阳观念也是自然的,因为宇宙间常有相反的二方面,如明暗、黑白、昼夜、强弱、冷热、雌雄、男女等,由此归纳成为阴阳的观念,也即是矛盾的观念,再以阴阳的观念拿来推论万事万物。这种观念在开化初期的太古思想家便会想到。中国的阴阳观念发生于三代,到了汉朝和五行的观念同样发展成为中国哲学以至宗教迷信的根本观念。故阴阳观念也和五行一样,应用很多方面,无论占卜、星命、相法、堪舆甚至医药都牵涉到。在星命方面是和干支相配合,将干支分成阴阳二类:

	天干	地支
阳	甲 丙 戊 庚 壬	子 寅 辰 午 申 戌
阴	乙 丁 己 辛 癸	丑 卯 巳 未 酉 亥

十个天干之内,五个奇数的为阳性的,五个偶数的为阴性的。十二地支也是这样分配。甲乙虽同是代表一种东西即木,但甲是代表阳性的木,乙是代表阴性的木,子与丑也这样分别。算命须看干支的阴阳而异其算法。

第三节　五行观念

一、五行与人的关系

上文已详述五行是算命术的最重要根本观念,星象对人类的影响也是通过五行的。五行即金木水火土,是五种物质,也即是五种元素,是构成万物的基本原质,上自星宿,下至人类,都是五行所构成的,都有五行的气质。算命所以可能,便是因为可以测算而知道各人所含的五行气质的分量,而了解其一生的命运。试举一本算命书的说法于下:

东海乐吾著《古今名人命鉴》(1934年)自序:"释典有言,四大和合,虚妄名生,四大别离,虚妄名灭。佛言四大,儒言五行,人之一身由四大和合而成,亦即五行秉赋而成也。光热为火,润泽为水,流动为风,质实为地。(按,地水火风即四大。)而儒家五行之分类,除水火相同外,金属为金,纤维质为木,不属于金木之质为士,故土又名杂气,此与今之科学家人体物质之分析,固有不谋而合者也。……人身由五行和合而成之原理,固无可非难也。人身之五行由何而来?曰由于太阳之光线。……人之秉受有不同乎?曰不同。所秉五行固无可见,然可征之于声,征之于气。……人之秉受不同,其原因固安在乎?曰由于感受太阳之光线、星球之吸力,随时有不同也,春之气和煦,秋之气肃杀,夏热而冬寒,此显而易见者……潮汐之涨落,随月球之吸力……人之产生岂不有不受其影响!……凡人脱离母体之时……其感受之光线吸力,即为人生之秉赋。秉赋所得于其人生之进程,有宜不宜,而顺逆生焉。得气之厚,神定气足则寿;得气之强,体大用宏则贵。反是则不永其年,或所为辄阻,贫贱夭折,必居其一。……自子平之法出,源流所自,专以五行为总诀。"以上都是根据古人所说的,试举古人所说的二则于下:

宋代朱熹也说:"盖天地所以生物之机,不越乎阴阳五行而已。……而物之所赋,贤愚、贫贱之不同,特昏明厚薄毫厘之差耳。"

汉王充《论街·初禀篇》也说:"人生性命当富贵者,初禀自然之气,养育长大,富贵之命效矣。……命谓初所禀得而生也,人生受性则受命矣,性命俱禀,同时并得,非先禀性,后乃受命也。……文王在母身之中已受命也。"又《命义篇》说:"凡人受命,在父母施气之时,已得吉凶矣。……富贵贫贱皆在初禀之时,不在长大之后随操行而至也。"

由上面的话,可知人的命是由所禀赋的五行决定的,而禀赋的时间是在出生时,所以看命便是要看各人所禀赋的五行,而要知所禀赋的五行,应看其出生时自然环境的五行状况。五行状况是随时随地而不同的,故人的禀赋不同,而命也有异。

二、五行与干支

五行是随时随地而不同的,故代表时间的干支所含五行也不同。五行与干支的相配合如下:

	天　干	地　支
木	甲 乙	寅 卯 辰
火	丙 丁	巳 午 未
土	戊 己	辰 戌 丑 未
金	庚 辛	申 酉 戌
水	壬 癸	亥 子 丑

注:天干有五行,地支也有五行,但天干的五行强些,地支的五行弱些。

各个干支所代表的五行各有不同。甲乙与寅卯辰不同,甲与乙也不同。甲木是阳性的,是大木,乙木是阴性的,是小木,丙火是太阳,丁火是灯火。兹举命书说明于下:

(甲木)指森林大树。命书中有诗说明它:"甲木天干作首排,原无枝叶与根荄。欲存天地千年久,直向泥沙万丈埋。成就不劳炎火锻,资扶偏爱湿泥佳。断就栋梁金得用,化成炭灰水为灾。"诗中说甲木性质强壮。

(乙木)指小树如花草等:"乙木根荄种得深,只宜阳地不宜阴。漂浮最怕多逢水,克断何须苦用金。南去火炎灾不浅,西行土重祸犹侵。栋梁不是连根物,辨别工夫好用心。"诗中描写乙木性质软弱。

(丁火)指灯炉的火:"丁火其形一烛灯,太阳相见夺光明。得时能铸千斤铁,失令难熔一时金。虽少干柴犹可引,纵多湿木不能生。其间衰旺当分晓,旺比一炉衰一荧。"诗中说丁火不如甲火太阳的强大,得时方有用,失时全无力。这种诗句都兼指有这种五行的人的命运。

诗很多,共十首,不再多引,只注明这些天干所代表的五行于下:

甲木(森林大木)、丙火(太阳)、戊土(大地土)、庚金(铁)、壬水(海水)、乙木(花草小木)、丁火(灯火)、己土(田园土)、辛金(珠玉)、癸水(雨露)。

至于地支每三字代表一种五行,其中也有分别。第一字初兴,第二字极盛,第三字渐衰。如巳火初兴,午火极盛,未火渐衰。

如上面所说的五行,称为正五行,此外还有一种"纳音五行",是将六十甲子每四个字代表一种特殊的五行,这四个字与上述的正五行是不同的,有歌诀如下:甲子乙丑海中金,丙寅丁卯炉中火,戊辰己巳大林木,庚午辛未路旁土,壬申癸酉剑锋金,甲戌乙亥山头火,丙子丁丑涧下水,戊寅己卯城头土,庚辰辛巳白腊金,壬午癸未杨柳木,甲申乙酉泉中水,丙戌丁亥屋上土,戊子己丑霹雳火,庚寅辛卯松柏木,壬辰癸巳长流水,甲午乙未沙中金,丙申丁酉山下火,戊戌己亥平地木,庚子辛丑壁上土,壬寅癸卯金箔金,甲辰乙巳复灯火,丙午丁未天河水,戊申己酉大驿土,庚戌辛亥钗钏金,壬子癸丑桑柘木,甲寅乙卯大溪水,丙辰丁巳沙中土,戊午己未天上火,庚申辛酉石榴木,壬戌癸亥大海水。

三、五行的相互关系

(生):木生火,火生土,土生金,金生水,水生木。

算命书说明其理由如下:《命理探原》说:"木生火者,木性温暖,火伏其中,钻灼而生,故木生火。火生土者,火热故能焚木,木焚而成灰,灰即土也,故火生土。土生金者,金居石依山,津润而生,聚土成山,石必生石,故土生金。金生水者,少阴之气温润流泽,销金亦为水,故金生水。水生木者,因水润而能出,故水生木也。"

（克）：木克土,土克水,水克火,火克金,金克木。《白虎通》说明其理如下："五行所以相害（即克）者,天地之性,众胜寡,故水胜（克）火也。精胜坚,故火胜金。刚胜柔,故金胜木。专胜散,故木胜土。实胜虚,故土胜水也。"

（刑）：子刑卯,卯刑子。寅刑巳,巳刑申,申刑寅。丑刑戌,戌刑未,未刑丑。辰午酉亥自刑。刑是相妨害之意。

（冲）：子午相冲,丑未相冲,寅申相冲,卯酉相冲,辰戌相冲,巳亥相冲。又名六冲。冲也是相克相害之意。子午冲因子代表水、午代表火,故相冲。冲在算命中很重要。

（害）：子未相害,丑午相害,寅巳相害,卯辰相害,申亥相害,酉戌相害。害也是相妨害的意思。害又名为穿。

（化）：甲与己合化土,乙与庚合化金,丙与辛合化水,丁与壬合化木,戊与癸合化火。甲原是木,己原是土,但二字相合却只化为土。

（合）：六合五行是子丑合为土,寅亥合为木,卯戌为火,辰酉为金,巳申为水,午未为太阳太阴。又三合五行是申子辰合为水,亥卯未合为木,寅午戌合为火,巳酉丑合为金。

四、五行的宜忌

由于以上的相互关系,五行之间各有所宜与所忌,这在算命上是很重要的观念。命的好坏,便是由其五行的宜忌看出的。算命书中有诀如下。

（被生）：金赖土生,土多金埋。土赖火生,火多土焦。火赖木生,木多火炽。木赖水生,水多木漂。水赖金生,金多水浊。意思说金宜土,因土能生金,但又忌土太多。一个人的命如是金命,他宜土,但又忌土太多。余照此类推。

（所生）：金能生水,水多金沉。水能生木,木多水缩。木能生火,火多木焚。火能生土,土多火晦。土能生金,金多土弱。

（被克）：金衰遇火,必见销镕。火弱逢水,必为熄灭。水弱逢土,必为汙塞。土衰逢木,必遭倾陷。木弱逢金,必为砍折。意思说金命的忌火,火命的忌水。

（所克）：金能克木,木坚金缺。木能克土,土重木折。土能克水,水多土流。水能克火,火炎水灼。火能克金,金多火熄。这是说金命的虽能克木,但又忌木太多。

（消泄）：强金得水,方挫其锋。强水得木,方泄其势。强木得火,方化其顽。强火得土,方止其焰。强土得金,方制其壅。这是说金命如太强的,反宜有水来消泄它。

第四节 四时观念

四时和干支五行也相配 因为五行在四时有盛衰之别,每种各旺一季如下:

天干	地支	五行	所旺的时季
甲 乙	寅 卯 辰	木	春
丙 丁	巳 午 未	火	夏
庚 辛	申 酉 戌	金	秋
壬 癸	亥 子 丑	水	冬
戊 己	辰 戌 丑 未	土	旺于四季

王相休囚死 在每季,五行之一王即旺盛,其四则依次而有相休囚死的状态,相即次旺,意为宰相,休即退休,因为人被囚,势更衰落,死是全灭,列表如下:

		我生的	生我的	克我的	我克的
春	木 王	火 相	水 休	金 囚	土 死
夏	火 王	土 相	木 休	水 囚	金 死
秋	金 王	水 相	土 休	火 囚	木 死
冬	土 王	木 相	金 休	土 囚	火 死
四季	土 王	金 相	火 休	木 囚	水 死

表中的意思是说:春季木是当令的(得时),故称王。火是木所生的,故次旺,称相。水是生木的,木已长,水可以退休了。金是克木的,但木当旺盛,金失作用,故被囚。土是木所克的,木正当权,故土被克死。应用起来,一个人生在春季,如他的命以木为主,便是得时的,如是以金为主,便是被囚,即不得时了。

"生旺死绝"十二阶段 这也是说明四时与五行的关系。以天干代表五行,以地支代表月份(寅即正月孟春),将每个天干当作一种五行,一一和地支的名字对照,意思便是要看这个五行在某月份是盛或衰,即自生长以至死亡的过程。有12名词表示12个状态:(1)长生,即出生。(2)沐浴,为小孩出生后沐浴。(3)冠带,成人后可以加冠带。(4)临官,年壮可以出仕做官。(5)帝旺,极壮盛时可以辅佐帝王。(6)衰,中年以后,盛极而衰。(7)病,更衰。(8)死,气尽身亡。(9)墓,遗骸入土。(10)绝,生气已尽绝。(11)胎,重新孕育新的胚胎。(12)养,将胚胎渐渐培养起来。再接下去又是重新出生。因在算命上必须应用,兹将其表列下:

五行时令 状态	五阳干					五阴干				
	甲木	丙火	戊土	庚金	壬水	乙木	丁火	己土	辛金	癸水
长生	亥	寅	寅	巳	申	午	酉	酉	子	卯
沐浴	子	卯	卯	午	酉	巳	申	申	亥	寅
冠带	丑	辰	辰	未	戌	辰	未	未	戌	丑
临官	寅	巳	巳	申	亥	卯	午	午	酉	子
帝旺	卯	午	午	酉	子	寅	巳	巳	申	亥
衰	辰	未	未	戌	丑	丑	辰	辰	未	戌
病	巳	申	申	亥	寅	子	卯	卯	午	酉
死	午	酉	酉	子	卯	亥	寅	寅	巳	申
墓	未	戌	戌	丑	辰	戌	丑	丑	辰	未
绝	申	亥	亥	寅	巳	酉	子	子	卯	午
胎	酉	子	子	卯	午	申	亥	亥	寅	巳
养	戌	丑	丑	辰	未	未	戌	戌	丑	辰

看法例如以甲对同一纵列的地支,如对亥便是长生,意思是甲所代表的木,如在亥月即十月,是在长生即出生的状态。如对卯便是帝旺,意思是在旺盛的状态。如对申便是绝,即衰败到极点了。这样的说法是根据物质的表征来看的,如草木确是由冬初(亥子丑月)发生,春季(寅卯辰月)长成,夏季(巳午未月)盛极而衰,秋季(申酉戌月)在土内渐渐孕育新的生命。其他也是照此类推。将这些物质的状态,来象征人的命运的好坏。

五行在四时中的宜忌 更有详细分析说明的诀,为算命所必需,其诀甚长,但不能不全引。其诀出自《穷通宝鉴》,如下:

论四时之木宜忌

春月之木,犹有余寒。得火温之,始无盘屈之患,得水润之,乃有舒畅之美。然水多则木湿,水缺则木枯,必须水火既济方佳。至于土多则损力堪虞,土薄则丰财可许。如逢金重,见火无伤,假使木强,得金仍发。

夏月之木,根干叶燥。由曲而直,由屈而伸。喜水盛以润之,忌火炎以焚之。宜薄土不宜厚土,厚则为灾,恶多金不恶少金,多则受制。若夫重重见木,徒自成林,叠叠逢华,终无结果。

秋月之木,形渐凋零。初秋则火气犹在,喜水土以资生,中秋则果实已成,爱刚金以砍削。霜降后不宜水盛,水盛则木漂。寒露前又宜火炎,火炎则木实。木多有多材之美,土厚无自立之能。

冬月之木,盘屈在地。欲土多以培养,恐水盛则亡形。金纵多,克伐无害。火重见,温暖有功。归根复命之时,木病安能辅助。惟忌死绝,只宜生旺。

论四时之火宜忌

春月之火,母旺子相,势力并行。喜木生扶,不宜过旺,旺则火炎。欲水既济,不宜太多,多则火灭。土多则晦,火盛则亢。见金可以施功,纵叠见富余可望。

夏月之火,势力当权。逢水制,则免自焚之咎,见木助,必遭夭折之忧。遇金必发,得土皆良。然金土虽为美利,无水则金燥土焦。若再火盛,太过必致倾危。

秋月之火,性息体休。得木生,则有复明之庆,遇水克,难逃熄灭之灾。土重掩光,金多夺势。火见火以光辉,虽叠见亦有利。

冬月之火,体绝形亡。喜木生而有效,遇水克以为殃。欲土制为荣,爱火比为利。见金则难任为财,无金则不遭磨折。

论四时之土宜忌

春月之土,其势最孤,喜火生扶,忌木克削。喜比助力,忌水扬波。得金制木为强,金重又盗土气。

夏月之土,其性最燥。得盛水滋润成功,见旺火亢燥为害。木助火炎,生克不取。金生水足,财禄有余。见比肩蹇滞不通,如太过又宜木袭。

秋月之土,子旺母衰。金多则盗泄其气,木盛则制伏纯良。火重不厌,水泛非祥。得比肩则能助力,至霜降不比无妨。

冬月之土,外寒内温。水旺财丰,金多身贵。火盛有荣,木多无咎。再逢土助尤佳,惟喜身强益寿。

论四时之金宜忌

春月之金,寒未尽,贵乎火气为荣,体弱性柔,欲得土生乃妙。水盛则金寒,有用等于无用。木盛则金折,至刚转为不刚。金来比助,扶持最喜。比而无火,失类非良。

夏月之金,尤为柔弱。形质未备,更忌身衰。水盛呈祥,火多不妙。遇金则扶持精壮,见木则助鬼伤身。土厚埋没无光,土薄资生有益。

秋月之金,当权得令。火来锻炼,遂成钟鼎之材,土复资生,反有顽浊之气。见水则精神越秀,逢木则琢削施威。金助愈刚,过刚则折。

冬月之金,形寒性冷。木多则难施斧凿之功,水盛则不免沉潜之患。土能制水,金体不寒。火来生土,子母成功。喜比肩类聚相扶,欲官印温养为妙。

论四时之水宜忌

春月之水,性滥滔淫。若逢土制,则无横流之害。再逢水助,必有崩堤之忧。喜金生扶,不宜金盛,欲火既济,不宜火炎。见木施功,无土散漫。

夏月之水,外实内虚。时当涸际,欲得比肩。喜金生助体,忌火旺太炎。木盛则耗泄其气,土盛则克制其源。

秋月之水,母旺子相。得金助则清澄,逢土旺则混浊。火多而财盛,太过不宜。木重而身荣,中和为贵,重重见水,增其汜滥之忧。叠叠逢土,始得清平之象。

冬月之水,正应司权。遇火除寒,见土归宿。金多反致无义,木盛是为有情。水太微则喜比为助,水太盛则喜土为堤。

兹特提纲挈领言之

凡日主属木者,须辨其木势盛衰。木重水多则为盛,宜金砍木,金少者逢土亦佳。木微金刚则为衰,宜火制金,火少者逢木亦妙。至于水盛则木漂,取土为上,火次之。土重则木弱,取木为上,水次之。火多则木焚,取水为上,金次之。

凡日主属火者,须辨其火力有余不足。火炎木多,则为有余,宜水济火,水衰者逢金亦妙。火弱水旺,则为不足,宜土制木,土衰者逢火亦佳。至于木多则火炽,取水为上,金次之。金多则火熄,取火为上,木次之。土多则火晦,取木为上,水次之。

凡日主属土者,须辨其土质厚薄。土重水少则为厚,宜木疏土,木弱者逢水亦佳。土轻木盛则为薄,宜金制木,金弱者逢土亦妙。至于火多则土焦,取水为上,金次之。水多则土流,取土为上,火次之。金多则土弱,取火为土,木次之。

凡日主属金者,须辨其金质老嫩。金多土厚则为老,宜火炼金,火衰者逢木亦妙。木重金轻则为嫩,宜土生金,土衰者金逢亦佳。至于土多则金埋,取木为上,水次之。水多则金沉,取土为上,火次之,火烈则金伤,取水为上,金次之。

凡日主属水者,须辨其水势大小。水多金重则为大,宜土御水,土弱者逢火亦妙。水少土多则为小,宜木克土,木弱者逢水亦佳。至于金多则水浊,取火为上,木次之。火炎则水灼,水为上,金次之。木多则水缩,取金为上，土次之。

第五节　五方观念

五方就是四方加中央，与干支五行也互相配合，因为五行在各地方也有盛衰不同。其配合如下表：

方位	五行	天干	地支
东方	木	甲 乙	寅 卯 辰
南方	火	丙 丁	巳 午 未
中央	土	戊 己	辰 未 戌 丑
西方	金	庚 辛	申 酉 戌
北方	水	壬 癸	亥 子 丑

南方所以属火，大约因南方炎热，故想象其性质是火。北方属水，则北方寒冷，故想象其性质是水。东方所以属木，或因太阳从东出，草木最需要太阳光。西方从金或因太阳西落，西方被想象为较冷而不宜草木之地，有金属利器的性质，故派它属金。这二条是比较牵强的。五方观念应用于算命术上，可知道一个人的活动应在哪一地方。

第六节　生肖观念

"生肖"即由出生而类似某种动物的意思，在某一年出生的，便肖某一种动物，年是看地支的字，地支十二字配合十二种动物如下。

生年：子丑寅卯辰巳午未申酉戌亥
生肖：鼠牛虎兔龙蛇马羊猴鸡狗猪

如子年生的，其生肖便是鼠，也即肖鼠，丑年生，肖牛。至于子年何以会肖鼠，丑年何以会肖牛，算命书虽有解释，却是非常牵强。这种生肖的观念发生也很早，大约与五行同样早，春秋战国已有，汉以后更流行。如三国时谯周称司马氏为典午（隐语），以马影射午。自算命术盛行后，生肖也成为重要的部分。将人的命运性质和动物联系起来，有些生肖甚至有害于个人，如肖虎的人常为别人所畏忌，尤其是肖虎的女人，几乎无人敢要她做老婆，只有肖龙的方才敢要她。

第七节　神煞观念

　　神煞是另一种看命法，以生日为主，看那一日的干支和年月时的干支的配合，如某日的干支碰到年月时的干支内有某字，便是碰到某种神煞。这种配合是硬性的，不必用五行生克的理由来说明，便要说明也有些说不清楚。神煞观念的发生，大约由星象来，古人以为人出生的某时，适逢天上有某星照临，这便是所谓"照命"或"入命"，这颗星便会影响了这个人一生的命。《诗经》说"我辰安哉"，便是一个人自说他的照命的星辰不知是哪一颗，是自叹命苦的意思，可见这种信仰很古。唐朝的韩愈自叹命宫磨蝎，即是说生时碰着磨蝎宫的星。用神煞断命运，大约是较古的看命法，其法比较简单，不及五行法的完备，故后来虽存在，不过参用而已。有一位陈素庵说，"凡人命吉凶，皆由格局运气，安可以偶合神煞而信之"，故在算命术中，神煞不是重要的。神煞的名称有很多种，现在只选列几种于下：

　　1. 天德：古歌："正丁二坤中，三壬四辛同，五乾六甲上，七癸八庚逢，九丙十居乙，子巽丑庚中。"意思说以日为主，如正月逢丁，三月逢壬日。在正月丁日出生的便是逢了天德，主命是吉祥的。

　　2. 月德："寅午戌月在丙，申子辰月在壬，亥卯未月在甲，巳酉丑月在庚。"以日为主，正午九月逢丙日出生，便是逢了月德，也是好命。

　　3. 天赦："春戊寅，夏甲午，秋戊申，冬甲子。"春月逢戊寅日便是命书说："命中若逢天赦，一生处世无忧。"

　　4. 文昌："甲乙巳午报君知，丙戊申宫丁己鸡，庚猪辛鼠壬逢虎，癸人见兔入云梯。"如甲日见巳，乙日见午便是。命书说："文昌入命，聪明过人，又主逢凶化吉。"

　　5. 华盖："寅午戌见戌，巳酉丑见丑，申子辰见辰，亥卯未见未。"如寅午戌日生的，其年月时的干支有戌字便是。命书说："华盖逢空，偏宜僧道。"有这种命的，怕是和尚命、道士命。

　　6. 将星："寅午戌见午，巳酉丑见酉，申子辰见子，亥卯未见卯。"即寅午戌日出生，其年月时有午字便是。命书说："将星文武两相宜，禄重权高足可知。"所以这是大官命。

　　7. 十恶大败："甲辰乙巳与壬申，丙甲丁亥及庚辰，戊戌癸亥加辛巳，己丑都来十位神。"即生日值甲辰或乙巳等十日者，年月时不论，这命是很坏的。

　　8. 亡神："申子辰见亥，寅午戌见巳，巳酉丑见申，亥卯未见寅。"以日为主，月时见之最重，年较轻。算命书说："亡神入命祸非轻，用尽机关心不宁。"是极坏的命。

9. 桃花煞:"寅午戌见卯,巳酉丑见午,申子辰见酉,亥卯未见子。"即寅午戌日出生的,其月是卯月(二月)卯时都是。算命书说:"酒色猖狂,只为桃花带煞。"这命为"男女淫欲之征。"有这种命的女人是男人最忌的。

第四章 算命术的推算法

第一节 推八字即四柱法

算命是根据一个人出生的年月日时而推测其吉凶。年月日时共四项,术语称为四柱,每柱二个干支,共八个字,故又称为八字。算命所根据的历是旧历即太阴历,岁数是虚岁。

推年法 本年出生者,其年的干支二字当然便照本年的干支,如乙丑年生,其干支便是乙丑年。如年岁已大者,可反推上去。推算的方法有三:一是查看万年历(又名百年经,以前书店内部都有,现在可由旧书店买),上面记着约百年的干支,一查便知。二是自己写一张六十甲子的表,就表反推上去。其三是就自己的手指推算,瞎子便用这法。其法是将地支十二字分配于指上,位置如附图,以拇指点算。例如一人年三十四岁,今年是丁酉年,要反推他的生年的干支,可就酉字算起,丁酉为一岁,

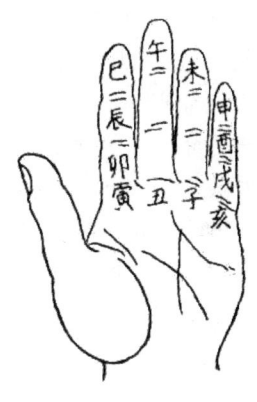

隔二字丁亥为十一岁,丁丑为二十一岁,丁卯为三十一岁,尚差三年,再倒算上去,三十四岁便是甲子年。推算年的干支须注意节气,如在正月立春节后生的,用本年干支,如在立春节前生的,须用上年干支;如在十二月立春节后生的,须用下年干支。立春节在哪一日,可看万年历便知。

推月法 每月的地支一字是固定的,即以寅为正月,这便是所谓夏历,即夏代的历法。

月份	正月	二月	三月	四月	五月	六月	七月	八月	九月	十月	十一月	十二月
地支	寅	卯	辰	巳	午	未	申	酉	戌	亥	子	丑

其天干一字却不固定,须由年推得。歌诀说:"甲己之年丙作首,乙庚之岁戊为头,丙辛必定寻庚起,丁壬壬位顺行流,更有戊癸何方觅,甲寅之上好追

求。"即若遇甲或己的年,正月是丙寅;若遇乙或庚之年,正月为戊寅。丙或辛年正月为庚寅,丁或壬年正月为壬寅,戊癸年正月为甲寅。已知正月便可推知余月。如正月为丙寅,二月便是丁卯,三月戊辰。但也须注意节气,即在本月节令前生者,须用上月干支,在本月下一节令后生者,便用下月干支。

推日法 人生日的干支可查看万年历,历上每年每月的初一、十二、廿一的干支都有载明,顺推便知。例如十五日生,在得某年某月十一日是丙辛,便可推知十五日是庚子。

推时法 时的下一字即地支,常是已知的,即由来算命者自报。如说子时生的,但如只说某点钟生的也可推知。即以二十四小时配十二地支,每二小时为一地支,由夜间十一点至一点为子时,一点至三点为丑时,余照推。还有上一字,即时的天干,却须由其人生日遁得,即推得。歌诀说:"甲己还生甲,乙庚丙作初,丙辛从戊起,丁壬庚子居,戊癸何方发,壬子是真途。"这便是说甲日己日生的其子时上配甲字,即为甲子,乙庚日生的为丙子,丙辛日是戊子,丁壬日是庚子,戊癸是壬子。已知子时的天干,便可推知其余。如子时为甲子,丑时便是乙丑,寅为丙寅。

例如有一造男命,四十九岁,七月三十日下午二点生,由上述推算法,就可推得生年干支为己酉,因为万年历载明四十八年前是宣统元年即己酉年。其生月应是壬申,但那一月七月廿四日是白露节,他是七月卅日生,所以要改用八月的干支即癸酉。又查万年所己酉年七月廿一日为戊辰,推得三十日的干支是丁丑。生时下午二点是未时,依法推得其上一字是丁字,即丁未。共查得八字如下:己酉年,癸酉月,丁丑日,丁未时。

第二节 运、命宫、流年法

推大运法 要知道这个人在一生中每一时期运气的好坏,就得再排大运。一个人不一定生下来就起运,有三岁起运的,也有到十岁方起运的。推算大运起行的岁数,是从生日起。若是阳年生的男或是阴年生的女,则顺数到未来节止,以三日为一岁。若是阴年生的男或阳年生的女,则逆数到过去节止,也以三日为一岁。遇有余或不足时须加注明,一时为十天,一日为四个月。大运也用干支表示,每运二字,各管五年吉凶。大运的干支是根据生月的干支推排的,顺数的由下一字顺排,逆数时由上一字依次逆排。例如生月是乙卯,则顺数的大运是丙辰、巳丁、戊午等。逆数的是甲寅、癸丑、壬子等。如从三岁起运,则三岁到十三岁为一运,如是顺数的,则其运的干支是丙辰,十三岁到廿三岁为一运,干支为丁巳。以次推下到七十三、八十三等,遇到死亡的运方止。

上面所举的例,己酉年生的男是阴年生的男,应逆数,所以从七月三十日他的生日倒数到过去节七月廿四日的白露节得六日，三日为一岁，计二岁。这就是说，这人从二岁起运。但是白露节是在申时（据万年历载），而他是在未时生，尚差一时，即差十日，故须注明差十天。他生日是七月三十日，欠十日，即在七月廿日交运，故又须注明每逢甲己之年七月二十日未时交换。列单如下：

乾造清宣统元年七月卅日未时生
己酉（年） 二岁起运 壬申
癸酉（月） 十二岁起 辛未
丁丑（日） 廿二岁起 庚午
丁未（时） 卅二岁起 己巳
　　　　　 四十二岁起 戊辰
　　　　　 五十二岁起 丁卯
　　　　　 六十二岁起 丙寅
　　　　　 七十二岁起 乙丑
大运二岁扣足欠十日，每逢甲己之年七月廿日未时交换

推命宫法 应用手掌图，由手掌的子位起正月，逆数上去到所生的月，再就那一位改作所生的时，顺数下来，数到卯时为止，所止的位的字，便是命宫的地支。再照由年遁月干的例，推得其天干的一字。图如下：

巳 八月　　午 七月　　未 六月　　申 五月
辰 九月　　　　　　　　　　　　　酉 四月
卯 十月　　　　　　　　　　　　　戌 三月
寅 十一月　丑 十二月　子 正月　　亥 二月

例如甲子年三月酉时生，由图上子位作正月，逆数上去，到三月是在戌位，再以戌位作为出生的酉时，顺数下来，到卯时是在辰位，这辰字便是命宫的地支。再由"甲己之年丙作首"配寅字，则配辰字的是戊字，这戊字便是命字的天干。故这命的命宫二字是戊辰。又如上举的一造，己酉年七月三十日未时生，先逆数生月的位是在午位，再以这位为生时未，顺数到卯是在寅位，即命宫的地支。再就"甲己之年丙作首"推得寅的天干便是丙。故这命的命宫便是丙寅二字，可在命书之末注明"命安丙寅"或"安命寅宫"。

推流年法 在某年算命，其年的干支便是流年。例如有一命，其生日天干是庚，于乙卯年算命，其流年便是流年乙卯，庚金见乙木即遇我所克者，别称为正财，故可在命书上加注"流年乙卯，正财主事"。如上举的命，生日丁丑，在今年丁酉年算，便是"流年丁酉"，丁见丁为比肩，故可注明"比肩主事"。

其余还有推小限，推胎元，推小运，推恩等，比较不重要，故从略。

第三节 论断法

算命家常喜用些专门术语或"深奥玄妙"的语句，其实术语花样虽多，也不过根于几条简单的基本原则，即五行生克等观念而已（有些则全无意义），所以只需根据上述第三章的根本观念，便可推断命运的好坏。自徐子平提倡专用五行论命以后，星命家都沿用这法，最近如袁树珊著《命理探原》等书更力主这法，因这法是比较有理论的，不是硬性武断如专就神煞判决的，因此易于引起一般人，尤其是文化较高的士大夫所信仰。论断的步骤如下：

干支化五行 这是第一步工作，就是把八字的干支化成五行，用小字或用硃笔注在各干支的上面或下面。如上述的八字中，己字据第三章所述干支与五行的关系，己属土，所以就在己字上注一土字。又如癸是水，丁是火，也各注在上面。四个天干都化成五行了。

至于地支也都含有五行在内，另有古歌说：

子宫癸水在其中，丑癸辛金己土同。
寅宫甲木秉丙戊，卯宫乙木独相逢。
辰藏乙戊三分癸，巳中庚金丙戊丛。
午宫丁火并己土，未官乙己丁共宗。
申位庚金壬水戊，酉宫辛字独丰隆。
戌宫辛金及丁戊，亥藏壬甲足真踪。

列表如下：

地支	子	丑	寅	卯	辰	巳	午	未	申	酉	戌	亥
所含的天干及其五行	癸水	癸水辛金己土	甲木丙火戊土	乙木	乙木戊土癸水	庚金丙火戊土	丁火己土	乙木己土丁火	庚金壬水戊土	辛金	辛金丁火戊土	壬水甲木

故如上举一造的八字，其年支酉属金，其下可注金字。月支也是酉字，相同。日支是丑，化为水金土。时支是未，化为木土火。地支中所含五行力量不及天干的强，论断时当有分别。

就五行推论 论命的好坏就是看在八字中各干支的相互关系怎样。最先取日干为己身，看日干是什么五行，再看月支即出生的月是属哪一季，在那一季中这一种行是得时或失时,是强或是弱,这可以看上文第三章中四季的观念最后的古诀。再和七个干支一一比对,看这些干支所代表的五行对于日干有何关系,是同类,或是我生我克,或生我克我,看日干而决定。它所宜或所忌的其他五行,有几条很简明的原则,兹引《命理探原》所说的一段如下:

凡日主属木者,须辨其木势盛衰。木重水多则为盛,宜金斩木,金少者逢土亦佳,木微金刚则为衰,宜火制金,火少者逢木亦妙。至于水盛则木漂,取土为上,火次之,土重则木弱,取木为上,水次之;火多则木焚,取水为上,金次之。

凡日主属火者,须辨其火力有余不足。火炎木多,则为有余,宜水济火,水衰者逢金亦妙。火弱水旺,则为不足,宜土制木,土衰者逢火亦佳。至于木多则火炽,取水为上,金次之;金多则火熄,取火为上,木次之,土多则火晦,取木为上,水次之。

凡日主属土者,须辨其土质厚薄。土重水少则为厚,宜土疏土,木弱者逢水亦佳。土轻木盛则为薄,宜金制木,金弱者逢土亦妙。至于火多则土焦,取水为上,金次之;水多则土流,取土为上,火次之,金多则土弱,取火为上,木次之。

凡日主属金者,须辨其金质老嫩。金多土厚则为老,宜火炼金,火衰者逢木亦妙;木重金轻则为嫩,宜土生金,土衰者逢金亦佳。至于土多则金埋,取木为上,水次之;水多则金沉,取土为上,火次之;火烈则金伤,取水为上,金次之。

凡日主属水者,须辨其水势大小。水多金重则为大,宜土御水,土弱者逢火亦妙,水少土多则为小,宜木克土,木弱者逢水亦佳。至于金多则水浊,取火为上,木次之,火炎则水灼,取水为上,金次之,木多则水缩,取金为上,土次之。

大抵一个日干与别个干支(即七个)的关系,可用扶抑二字推论。日干的五行如弱,便宜扶助;若扶助太过,又须有抑其扶者;扶若不足,又须有扶其扶者。日干如强,宜逢能抑之者,抑之太过,又贵有能抑其抑者,抑之不及,又宜有扶其抑者。如木弱扶之以水,水扶太过,制水以土;水扶不及,生水以金。木强抑之以金,金抑太过,制金以火;金抑不及,生金以土。同类者相助,也是扶,所生者泄其气,被克者耗其力,也算是抑。这样可以一一加以考究,就可以晓得这个命如何。这些可看第三章五行的宜忌便知。

"用神"的名称　"用神"便是指日干所需要以救济它的缺陷的一种五行,无论是扶其过弱,抑其太强,抑其太过的扶,扶其太过的抑,扶其不及的扶,抑其太过的抑,都是救济,便都是用神。例如日主太弱,宜取生我者或同类为用神;如日主太强,则宜取克我者为用神;故用神便是指生我、克我、我克、我生、

161

同类等对于日主的干有救济的效用者。星命家喜用专门术语表示这些生克等关系。这些术语即用神的取名如下：取日干为我，和年干月干时干，年月日时的地支中所藏的干以及命宫的干也即是看其所代表的五行的相互关系，一一比较，看是同类或是生克。又以阳见阳，或阴见阴为正（同性）、阳见阴，阴见阳为偏（异性）。与我同类者叫做比肩（同性）、败财劫财（异性）。我生的叫食神（同性）、伤官（异性）。我克的叫偏财（同性）、正财（异性）。克我者叫偏官（又名七杀）（同性）、正官（异性）。生我者叫偏印（又名枭神）（同性）、正印（异性）。如甲木见甲木，属同类同性，故为比肩；甲木见乙木是同类异性，故为败财。甲木遇丙火为食神，甲木遇丁火为伤官。余可类推。算命上应用用神以表示五行生克等关系名词很多，如本身是火遇太多的水，水是克我的七杀即偏官，故称为"杀重身轻"；如水势弱，则为"身强杀浅"。遇太多的金，金是我克的便是财，故称为"财多身弱"；遇同类的火，火是比肩，称为"比肩太重"；同类火多，我克的金少，称为"比劫夺财"；本身火弱，迁生我的木，称为"印绶护身"；有克我的水为官，又有生我的木为印，称为"官印双全"等。这些专门术语很奇怪晦涩，带有象征的意义，星命家很多是满口这些术语，令人难解，但也有些不喜用这些术语，如袁树珊便曾说，比、食财、官、印乃五行生克变化之名词，但因其高深费解，故他为人谈命，仍多详论五行，略论用神。

关系		用神	五阳干	用神	五阴干
同类	同性 异性	比肩 败财	甲丙戊庚壬 乙丁己辛癸	劫财 比肩	甲丙戊庚壬 乙丁己辛癸
我生	同性 异性	食神 伤官	丙戊庚壬甲 丁己辛癸乙	伤官 食神	丙戊庚壬甲 丁己辛癸乙
我克	同性 异性	偏财 正官	戊庚壬甲丙 己辛癸乙丁	正财 偏财	戊庚壬甲丙 己辛癸乙丁
克我	同性 异性	偏官 正官	庚壬甲丙戊 辛癸乙丁己	正官 偏官	庚壬甲丙戊 辛癸乙丁己
生我	同性 异性	偏印 正印	壬甲丙戊庚 癸乙丁己辛	正印 偏印	壬甲丙戊庚 癸乙丁己辛

命的分论

1.看六亲。祖上、父母、兄弟、姐妹、妻妾、子息为六亲。各有其官位，但在官位上的不及用神的有力。

祖上：位在年官，又用神以偏印为祖父，伤官为祖母。

父母：位在月宫，又以偏财为父，正印为正母，偏印为庶母。

兄弟姐妹：位附月宫，又以比肩为兄弟姐妹。

妻妾：妻宫位在日支，又以正财为妻，偏财为妾。女命以克我为夫。

子息：位在时宫，又以偏官（七杀）为男，正官为女。女命以我生为子息。食神为男孩，伤官为女孩。看法以临于本宫为得位，见于天干为透，藏于地支者不及透的有力，遇相克或相刑、相冲者不好。

用神配六亲的理由，据星命书所说如下："正印为母，身所自出，取其生我也。若偏财受我克制，何反为父，偏财者母之正夫也，正印为母，则偏财为父矣。正财为妻，受我克制。夫为妻纲，妻则从夫。若官杀则克制乎我，何以反为子女者，官杀者财所生也。财为妻妾，则官杀为子女矣。至于比肩为兄弟之类，又理之显然者。"（《子平真诠》）亲属自己身强者佳，遇克他的，即遭克死，但如逢能生他的，略有希望。或逢有能克他的，也有救。偏财旺者父长寿，比劫多者父早死，正印有力者母寿，财多破印即主克母，例如己身日干为甲木，其财（父）为戊己，印（母）为壬癸，戊己土克壬癸水，水（母）被克死。比肩财多者兄弟多。见比肩劫财败财都会克妻妾及父，例如己身为甲木，比肩败财即甲乙木，妻妾为正财偏财即戊己土，甲乙木能克戊己土，故妻妾被克死。又父也是偏财，故也被克。坐下妻宫主妻好。妻即是用神也主有贤妻。妻星多主克妻，妻星两透，偏正杂出，则有多妻。日干坐下的地支遇刑冲会克妻。己身强妻弱者，应配能补救这种弱势的女人，这称为"硬配"。官杀多，伤兄弟姐妹，例如正官偏官的庚辛金太多，则伤及比肩败财的甲乙木，即伤兄弟姐妹。伤官食神多会伤子息，因为丙丁火克庚辛金。枭印多克祖父母（壬癸水克丙丁火）。看子女的方法，应先寻得子星，再对照时的地支，照生旺死绝来推（参看第三章四时观念生旺死绝表），推法依下面的歌：

长生四子中旬半，沐浴一双保吉祥。
冠带临官三子位，旺中五子自成行。
衰中二子病中一，死中至老没儿郎。
除非养取他人子，入墓之时命夭亡。
受气为绝一个子，胎中头产有姑娘。
养中三子只留一，男女宫中仔细详。

歌中意思说，假如己身是甲，子星便是庚，庚如逢时支是巳，便是在长生的状态，可以在中年时得四子；如逢午便是在沐浴的状态，可以有二子；在冠带临官都有三子；在帝旺有五子；在衰中有二子；病中有一子；在死的状态，无子；逢墓的状态子会夭亡。在绝中有一子，在胎中会有长女；在养中生三子留一子。

2.看女命及合婚。女命以克我的官（正官）杀（偏官）为夫，我生的食神伤官为子女。但官杀如太强，须改取伤官为用神，为子女的食神伤官如过旺，也须改取生我的枭（偏印）印（正印）为用神。"比劫帮身，毕竟争官分食。"即同类的比肩劫财如多，会有别的女人来争丈夫和分儿女。合婚的看法："男家择妇，八字贵看夫子二星,盖夫兴子益,其福必优也。女家择夫,八字贵得中和之气,盖不偏不倚,其寿必长也。若男命比肩劫财重者,必择女命偏官食神重者以配之,女命伤官食神重者,必择男命比肩劫财重者以配之,始可琴瑟和谐,子嗣蕃衍。"例如男命是甲乙木,其妻是戊己土,男命同类的木太多,则妻恐被克,故其妻命应有很多的庚辛金,方能抵制得住太强的木。女命如庚辛金太多者,恐会伤丈夫,故其夫的命应有很多的同类甲乙木,方抵制得住。"男命木盛宜金者,得女命之刚金补之,则为尽美,得土生金者亦佳,得火者较次,得水木者则无取矣。如女命金刚喜火者,得男命之烈火助之,则为尽美,得木生火者亦佳,得水者较次,得金土者则无取矣。"

看合婚又有用神煞来判断的,其神煞除第三章之末所说的以外,还有很多,都是凶的,下列的几种是看生年的地支某字逢生月的地支某字(即某月),便是犯了这种神煞。

生年 \ 月份 神煞	骨破碑 女破男家	骨破碑 男破女家	铁扫帚 男扫女家	铁扫帚 女扫男家	大败	孤辰	寡宿	重婚	再嫁	绝房
子	八	六	正	十二	四	正	九	四	五	十二
丑	三	四	六	九	七	正	九	五	六	二
寅	十	三	四	七	十	四	十二	六	七	七
卯	五	正	二	八	十	四	十二	七	八	十二
辰	十二	六	正	十二	四	四	十二	八	九	二
巳	正	四	六	九	四	七	三	九	十	七
午	八	三	四	七	十	七	三	十	十一	十一
未	九	正	二	八	正	七	三	十一	十二	二
申	四	六	正	十二	七	十	六	十二	正	七
酉	十一	四	六	九	七	十	六	正	二	十一
戌	六	三	四	七	正	十	六	二	三	二
亥	七	正	二	八	正	正	九	三	四	七

以外还有其他,都是非常可怕的,是算命先生用来吓人的东西,但因其太不合理,所以有些算命书也反对这种看法,说:"但以人之所生年枝硬配月枝一字,尤为谬妄。夫以年月日时干枝八字及五行生克,论人吉凶,犹虞不足,岂可弃日时等六字,只论年月二字,即可妄断灾祥乎?"(《命理探原》引西溪逸叟语)

3.看性情体貌。五行所主,照算命书所说如下:

金:主义。仗义疏财,勇敢豪杰,知廉耻。骨肉相应,方面白色,眉高眼深,鼻高耳仰。清响之声,刚毅有决。然过则无人心,好贪闲欲。不及则三思不决,悭吝,作事挫志。

木:主仁。恻隐慈祥,恺悌利民,恤孤寡,恬静清高。人物清秀,体长青白。然过则执物性偏,不及则心生妒意。

水:主智。聪明权谋,谲诈飘荡。不及则胆小无谋,过则人物瘦小。

火:主礼。恭敬威仪,质重淳朴。面上尖下圆,印堂窄,鼻窍露。精神闪烁,语言辞急。意速心焦,面或青赤。太过则聪明性燥,不及则黄瘦妒毒,有始无终。

土:主信。诚实敦厚,言行相顾,好敬神佛。背圆腰阔,鼻大口方,眉目清秀,面如墙壁,色黄。处事不轻,度量宽厚。过则过朴,古执如痴。不及则颜忧鼻低,面偏声浊,朴实执拗。太过且孤介悭吝,沉毒狠戾,失信颠倒。且日干弱则退缩怕羞,强则妄诞执一。

4.看地方宜忌。从八字里面据说也可以推出一个人适合何地方,不宜何地方。例如他的命中宜甲乙木,不宜庚辛金,他便应当往东方,方可发迹,不应跑到西方去。又如他的命中是宜甲木,同时又宜壬水,他可以到东北方去。星命家万育吾说:"甲乙寅卯属木,生于兖青(山东一带)为得地;丙丁巳午属火,生于徐扬(长江流域一带)为得地,戊己辰戌丑未属土,生于豫州(河南)为得地,庚辛申酉属金,生于荆梁(西部一带)为得地;壬癸亥子属水,生于冀雍(华北)为得地。"这是古时专就中原地方而论,如在近代便扩大到更广大地方了。

5.看命名宜忌。这也同样要看他八字中所需要的是什么,例如他命中宜水,而所需要的不十分多,命名时便可用三点水旁的字;如需要很多的水,便可用整个水字,或壬癸字。如需许多的木,可用水字旁以及整个木字,若还不够,也可以用三木的森字,像以前国民党政府主席林森,一个姓名中有五个木;如果是命中缺木,却是很适合的,不过他究竟是否因命中缺木而起这木却就不得而知了。缺其余的五行者,可用土字、金字、火字偏旁及本字,都照此类推。过去我国一般人民名字常有用五行为名字的,如金火、金水、木土、水生、金生等,大约都是算命先生所起的。(《邵武府志》说,邵武人民多用金生、水生、土生、木生等为名。土改时,我在惠安县也见过有这种风俗。)

6.看疾病。星命家以为五行也会影响到病症。看命书说:"金主刀刃刑伤,水主溺舟而死。木乃悬梁自缢,虎唊咤嗔。火则夜眠颠倒,蛇伤火焚。土乃山崩石压,泥陷墙崩。"此外木命见金及申酉的,金命见火及巳午的,水命见土及四季旺月的,土命见木及寅卯的,火命见水及亥子的,都有许多病。又,身体内部各部分如有病,也可由干支看出,歌诀说。"甲肝乙胆丙小肠,丁心戊胃己脾乡,庚是大肠辛属肺,壬是膀胱癸肾脏。"

7.看大运吉凶。论大运吉凶也不外由本命的宜忌是什么,来看大运干支所代表的五行对本命即日干的生克扶抑等关系是宜或是忌,又看其有无刑冲化合等。每运十年,上干下支各管五年。星命书说:"宜与不宜,全凭格局,利与不利,但问日干。破格者值之为戚(忌的),助格者遇之为欢(宜的)。日弱者扶之而气盛,日强者抑之而全美。旺日复到旺乡(即大连),必罹悔吝(凶),衰日再行衰地,定主摧残(凶)。吉若财官印辰,喜于相见,凶如刑冲枭劫,多主不安。"(《命理探原》引陈素庵语)例如日干是木,在命中木弱,宜逢木水的运,而忌金运。

看大运法又可以四柱推论:"年管少年,月日管中年,时管晚年。如年为喜神(宜的)则少年发达,为忌神则少年迍邅(苦)。月日为喜神,则中年亨通,为忌神则中年蹇滞。时为喜神则晚年安荣,为忌神则晚年零落。"但这种看法不如大运的详。

8.看命宫法。命宫的好坏也是由日干的宜忌来推论,命宫干支二字也要同八字一样分析,方法相同,不赘述。

9.看流年法。流年有许多神煞(在上举的之外还有),以'太岁'为首,轮流值年,其神煞有吉有凶。"命宫如值流年吉神,其年则福,值凶煞,其年则祸",其神煞分属十二年,每年不同。子年太岁在子,太阳在丑,丧门在寅……丑年太岁改在丑,太阳在寅,丧门在卯……

流年	子	丑	寅	卯	辰	巳	午	未	申	酉	戌	亥
神煞	太岁 剑锋 伏尸	太阳 天空	丧门 地丧	勾绞 贯索	官符 五鬼	死符 小耗	岁破 大耗	暴败 天厄	飞廉 白虎	卷舌 福星	天狗 吊客	病符

假如命宫是辰,流年是子年,则辰字值官符五鬼的神煞是很凶的,这一年很不吉利。但星命家有的也不取这样的看法,说:"凶煞有十之九,吉神仅十之一,其不适用可知。舍干枝五行生克之至理,而惟务此虚文,宜其毫无效验,贻讥大雅。"(《命理探原》)

看命实例 本书试看的命：

1. 先把上举所排的八字及其大运，运用上文所说的论命方法试行论断，计开"命书"一纸如下：

```
乾造清宣统元年七月三十日未时生

食神  七杀  日元  比肩
 土    令    火    火
 己    癸    丁    丁
 酉    酉    丑    未
辛金  辛金  癸水 己土乙木  己土丁火
偏财  偏财  七杀 食神偏财 食神偏印 比肩
                        冲
      安    命    丙    寅
                  火    甲木 丙火 戊土
                        正印 劫财 伤官
                  劫材

大运自二岁起，扣足欠十日。每逢甲己之年七月
二十日未时交换

初二 十二 廿二 卅二 四二 五二 六二 七二
水壬 金辛 金庚 土己 土戊 火丁 火丙 木己
 申    酉    午    巳    辰    卯    寅    丑
                        冲         如
                        运         下
```

从中日干丁火是本身，丁火是小火，生于酉，即生于八月的秋天，"性息体休"，已经失时。依古歌说："得木生则有复明之庆，遇水克难避熄灭之灾。土重掩光，金多夺势。火见火以光辉，虽叠见亦有利。"可见这命宜火及木，可取火为用神，而忌水及金。而月干见水，日支藏水，水势已不小。加以年支月支都见金，日支又藏金，金多能夺火势，且金能生水，水势更厉。火力不足，且遭水金相攻，怕真会有熄灭之灾。若得木生，还可有复明之庆，惜命中唯时支藏木，未免嫌少，幸时干有同类的火，时支又藏火，可以增加声势。而年干见土，日支时支又藏土，土重虽能掩光，然在此命土能克木，可稍减水患，对微弱的丁火不无补益。由此观之，此命本弱又不得时，大富贵大事业无甚希望，然而略有救济，一生衣食必可免虑。年月为根基，而年月多属金水，可见根基不好，少

年命苦。时柱方有补益,可见晚景方佳。这命宜火木,故命名宜取火木二字。这人做事宜南及东或东南,中央亦可,切忌西往,尤忌北行。火主礼,然力嫌不足,做事恐有始无终。又看其格局,丁日逢酉得"天乙贵人"及"文昌"两个吉星。命书说"天乙贵人,得之聪明","文昌入命,聪明过人"(命书中如万年历便有此等格局可查),故这人如入学界,必有成就。

2. 再引袁树珊著《命理探原》中推命实例二则于下:

比肩木	日元木	伤官火	正印水	为王友兰先生推
甲子	甲戌	丁巳	癸酉	
水正印	金正官 火伤官 土偏财	金七杀 火食神 土偏财	金正官	
亥	癸	命	安	
水偏印 木比肩	水正印			

七六	六六	五六	四六	卅六	廿六	十六	初六
土己酉	金庚戌	金辛亥	水壬子	水癸丑	木甲寅	木乙卯	火丙辰

甲木属阳,乙木属阴……阳木喜金,阴木忌金。今观尊造,甲木双排,木成林矣,巳酉联合,金会局矣。夫以会局之金,而制成林之木,岂非与生克赋所谓栋梁材喜斧斤为友者,遥相印合乎。孰知时属夏令,火强金弱,虽八字中有三金,亦不胜一火之克制,而况三火耶。明乎此,则知金虽为喜神而势小,难为我用,火虽为忌神而势大,适为我敌。所幸月枝之巳与日枝之戌,均含土质,藉土生金,能使喜神弱者转强,藉土晦火,能使忌神强有转弱。用神赖以不缺。贵虽无望,富必可期。若再岁运逢土,岁运逢金,以助用神之不逮,则鸿图大展,骏业宏开,有不期然而然者。总之木火有余之人,光明是其天性,刚直是其本骨。唯光明太过,犹水清则无鱼;刚直太过,犹月满则必亏。有此二弊,则与应世兴利之前途,不无窒碍。曾湘乡云:"凡办大事,须多选替手。"可知凡事之成功,必非一人一力所能到也。君能本此义,而浑厚,而和平,而择交共事,有不

小往大来、名高财阜者哉。若夫印绶透，桩庭先背，而萱堂后丧；比肩逢，棠棣联辉，而根基巩固。日枝临墓，妻难同偕，或硬配相抵，或常客异乡，庶可永好。七杀不见，子难早存，迟育一枝，差堪告慰。

为某女士推

败财金	日元金	食神水	偏官火
辛巳	庚寅	壬辰	丙申
土偏印 火偏官 金比肩	土偏印 火偏官 木偏财	水伤官 土偏印 木正财	土偏印 水食神 金比肩

寅	庚	命	安
土偏印 火偏官 木偏财	水比肩		

七一	六一	五一	四一	卅一	廿一	十一	初一
木甲申	木乙酉	火丙戌	火丁亥	土戊子	土己丑	金庚寅	金辛卯

庚金以丙火为夫星，壬水为子星。今年干值丙火，月干逢壬水，似觉夫星发达，子星蕃昌。无如丙火为壬水所伤，壬水为辰土所制，昙花一现，终归乌有。或曰时枝之巳藏丙火，年枝之申藏壬水，足可补天干丙壬之缺点，失之东隅，未尝不可收之桑榆，改调别弹，未尝不可增长幸福。殊不知巳与寅刑，巳破矣，申与寅冲，申又破矣；巳申俱破，似有若无，似实若虚，岂能望夫贤子孝，齐眉绕膝哉。……三十岁前，譬如昨死，兹不赘言。三十一岁丑运尾，流年丙寅，风电飘摇，把舵宜稳。……三十二岁交戊运，孳孳为善，渐履康庄。除三十三岁戊辰忧丧烦恼外，接至三十六岁，性静情逸，优哉游哉。三十七岁交子运，第一年庚申，又防灾生无妄。三十八岁丁运后，素位而行，从心所欲，较之前境，判若天渊矣。

3. 星命家也能为古人算命。再引袁树珊著《命谱》内为诸葛亮算的命如下：

诸葛武侯相后汉灵帝光和四年七月二十三日巳时生

偏印	正财	日元	偏财
金 辛酉	火 丙申	火 癸丑	火 丁巳
辛金偏印	戊土正官 壬水劫财 庚金正印	己土正官 辛金偏印 癸水比肩	戊土正官 丙火正财 庚金正印
命	宫	壬 水劫财	辰 乙木食神 戊土正官 癸水比肩

三岁 木乙未
十三 木甲午
廿三 水癸巳
卅三 水壬辰
四三 金辛卯
五三 金庚寅
六三 土己丑

　　日元癸水，诞生立秋节后，白帝司权，金正当令，水得金生，正气充足，再逢年干辛金，年枝酉金，及月枝申藏庚金，又藏壬水，日枝丑藏辛金，又藏癸水，叠叠生之助之，其为金白水清，显然易见。仅惜月干单独丙火，不独不能制金，且亦不敷济水之用，况丙与辛合，同化为水，其火之成分，又复若有若无，不有生时丁巳之二火，决不能制当令之旺金，济有余之相水。今既得此为正式之用神，其为雨旸时若、天地顺成可知。……惜大运金水连环，与用神之火背道而驰，虽曰鞠躬尽力，亦只事倍功半。……二十七岁丁亥……刘昭烈屯新野，徐庶荐之。昭烈三往乃见。二十八岁戊子……侯说权于柴桑，权大悦，即遣周瑜、程普、鲁肃等水军三万，与昭烈并力拒曹。进与操遇于赤壁，纵火烧其船舰，操军大败。……昭烈徇荆州，江南诸郡降之，表刘琦为荆州刺史，以侯为军师中郎将。……此二年，乃侯一生之名业关键。其妙在岁逢丁戊，限逢丙乙，非癸水运之效力也。……三十二岁壬辰，小限辛酉，三十三岁癸巳，小限庚申，侯均在荆州。此五年，虽为侯之名业初步，关系至大。若无此数年特殊成绩，刘璋固不致遣使来迎昭烈，而孙权亦不能于卧榻之前，容他人鼾睡。所以然者，适行巳运。中藏丙火，与生时之巳，固是同声相应、同气相求，而又与月干丙火,时干丁火,共同合作,是以得道多助,化难呈祥。……四十三岁癸卯,……此五年间,圣帝、桓侯,相继逝世,而昭烈帝又薨。具见辰运为水墓,岁限逢金水,故叠遭大故,命之有凭若是。虽有智者,亦未如之何也。……四十八岁庚申,小限己酉,春,侯伐魏……前军马谡违节度,败于街亭。……此五年中,以庚申为最恶劣。盖大运在庚,而又岁值庚申。金多生水,是以满溢。其余四载,岁逢木火,故可裕如。丁未生子,亦火能济水之明证也。……五十四岁甲寅……八月癸酉,二十八日庚辰,侯疾病,卒于军。此固岁枝之寅冲申刑巳之弊,然若无癸酉月、庚辰日助纣为虐,尚不致如是之烈。

第五章　算命术的批判

第一节　算命术的要素

上文已对中国算命术作了具体的深入的介绍,现在可以进一步来分析它的内容到底含有什么要素了。中国算命术的内容可以说有三种基本成分即三种信仰,都是起自原始社会时代即未开化时代,也即是野蛮时代,在我国来说是在数千年以前,在落后的民族到了近时也还存在着。这些信仰有宗教迷信的性质。因是起于原始时代故称为原始信仰。这些原始信仰到了开化以后成为古代的哲学构成为命运的观念,也即宿命论。到了中古时更发生了测算命运的方术,便是星命术或算命术。现在试将这三种原始信仰叙述于下：

1. 星的崇拜(star worship)

天上的星既极繁多,又会发生变化,因此在很早的原始时代便被人类注意到。人类由于劳动和生活的经验,发现了某种星象和人事有关,如农业、航海等,都可看某种星象而决定,如金牛宫的七曜星(Pleiades)是古希腊人航海的标准星,希腊的舟人每等这星出现方敢开船,因此这一西文的字原是由古希腊文"航驶"(plein)来的;南非洲的沮鲁人(Zulus)又呼这星为"掘星",待它出现方才掘地。我国古传说的牵牛、织女二星原来或者也和耕织的劳动有关。农夫和舟人常注意某种星的出没,以为它们是管理气候的。我国古人说箕星好风、毕星好雨,便是说箕星出现会有风,毕星出现会有雨。陨星和彗星的出现,各地人类都认为是可怕的事,是祸事的前兆。在原始人看来,天上布满了星,地上也布满了人,星和人类互相影响是很自然的,因此他们相信星与人是会互变的。有些星是地上的人所变的,他们原是地上的猎人或舞女等。我国古书《书经》说"庶民惟星",也是说人与星是有关的。人也有些是星所变的,如后汉时派二个使者入蜀,馆驿吏李郃预先知道,因为天上有二使星向益州分野。我国古哲学家说"天人相应"。人类相信星能控制人类命运的信仰是很常有的,天上有某星出现,那时出生的人便会受它的影响,决定了一生的命运。英语"祸患"(disaster)一字,其下半 aster 是希腊语星的意义,所以这字的原意是"不幸的星的打击"。英语还有评人的命运为"遭坏星的"(illstarred)或"生于吉星之下的"(born under a lucky star)。我国古人说"我辰安哉"、"命不逢辰"、"我生不辰",辰字便是星,意思都是说生时不逢好星。又,"命宫磨蝎"是说生时适逢磨蝎宫的星,那是凶星,故致一生的命运不好。既相信星和人的命运有关,当然便发生占星术,这是很自然的事。西亚古迦勒底人与希伯来人便盛行占星术。我国春秋时如《吕氏春秋》记:"宋景公时荧惑(即彗星)守心,公召子韦问焉,子韦曰,祸当君,可移于相。公曰,相所以治国家也。曰,可移于百姓,公曰,百姓死,寡人将谁为君。曰,可移于岁(收获),公曰,岁饥人饿必死。子韦曰,君有至德之言三,天必三赏君。是夜荧惑退三舍。"文中说彗星出现,祸在宋君,其后因宋君有仁德,彗星竟会退避。《左传》记:"吴伐越,史墨曰,不及四十年越其有吴乎,越得岁而吴伐之,必受其凶。"史墨便是占卜家,他说岁星在越国,越国的命运会兴,吴伐他必自受殃。后汉时严光与光武帝同卧,以足加在光武帝肚子上,职兼占星和记事的太史便奏说"客星犯御座"。晋代戴逵因见天上月犯少微星,少微星据说是隐士的星,他便很怕会死。《三国演义》说诸葛亮见东方大星落下,便知是关云长死了。我国历史上各朝代都有太史、史官一类官职,其人在古代原是兼司占星和记录大事的,本来实是神巫,后来方成为历史家。历史上政治军事的措施都要看天文。所以小说说:"为将者须上识天文、下知地理。"诸葛亮、刘基都是精于天文的。直到清代中叶,曾国藩还教儿子认星座,目的也是要观天象占吉凶的。中国算命术原称星命术,便是占星知命的法术。

  我们再引些我国古人关于星和命的理论。后汉王充在《论衡》里说:"国命系于众星。列宿吉凶,国有祸福,众星推移,人有盛衰。""所禀之气得众星之精。众星在天,天有其象。得富贵象则富贵,得贫贱象则贫贱,故曰在天。在天如何?天有百官,有众星。天施气而众星布精,天所施气,众星之气在其中矣。人禀气而生,含气而长。得贵则贵,得贱则贱。贵或秩有高下,富或赀有多少,皆星位尊卑小大之所授也。""故天有百官,地有万民……凡人受命,在父母施气之时(怀孕),已得吉凶矣。"俞樾(清代学者)注此段后说:"《抱朴子·辨问篇》云,人之吉凶修短,于结胎受气之日,皆上得列宿(众星)之精。其值圣宿则圣,值贤宿则贤,值文宿则文,值武宿则武,值贵宿则贵,值富宿则富,值贱宿则贱,值贫宿则贫,值寿宿则寿,值仙宿则仙,与此文大旨相近,即后世星命之学所权舆(开始)也。"南朝梁代刘勰《新论》说:"人之命相,贤愚贵贱,修短吉凶,制气受胎,受生之时。……降及凡庶,亦禀天命,皆属星辰。其值吉宿则吉,值凶宿则凶,受气之始,相命已定。"

星命术内,神煞便是星象,如天乙贵人、将星、华盖、文昌、太岁等都是。又如金木水火土五星,罗睺计都紫气月孛等四曜也都是星。出生的月或日如逢这些星象出现,便被它决定了一生的命运。由神煞即星象直接推断命运好坏,应是最早的占卜命运的方法,即所谓星命术,但到了后来,因为这种方法太简单,不能使人满足,乃由金木水火土五星而推出其所含的五种物质元素,最能够影响人的命运,于是乃侧重用五行来算命,而前一种占星论命方法降为次要。但是五行也是由五星而来,故还是含有占星的意义。

2. 元素崇拜(worship of elements)

由第三章五行观念,可知算命术的最基本的观念还是五行,五行观念与星象的观念同是发生在原始社会时代,后来发生了星命术或占星术时,已包括了五行观念在内,如上面所说众星之中已包括金木水火土五星在内。后来算命术再进一步,便特别提出金木水火土五星,发挥它们的气的作用,也即是它们含有的物质元素对人类的影响,这些物质元素便是五行。如《白虎通》说:"五行者……天行气之义也。"这是很自然的想法,因为要说星象能影响人类,必须说星象有某种气,这气是由星体发出的,于无形之中降临到地上,使人类受了影响。原始的哲学家也可以说原始的科学家,认为宇宙万物都是几种元素化合成就的,我国的则认为是五种,即五行,不但金木水火土五星,便是其他的星象,一切自然界万物,都是五行所构成,因此便认为五行是人的命运的关键,以后便侧重五行的算命法。以五行算命,自唐代李虚中发起,徐子平更完成它,星象神煞不过结合于内作为次要的成分而已。所以五行的观念实是算命术的最重要的基本观念。

由第二章所说,已知五行便是五种元素,应用于算命虽是后代才开始,但这种元素观念,也可说元素崇拜很早便发生。不但我国,在世界上其他民族,无论早开化的文明古国,或落后的现代原始性民族,都常有这种元素崇拜的思想,也可以说是原始崇拜之一种。五行之中最常受崇拜的是火,故原始民族对火都很畏惧崇敬,认为是神秘的东西,能影响人类的生活和命运。古波斯人最崇拜火,成立了拜火的宗教,称为祆教。佛教也有佛前长明灯,原是继承原始宗教拜火的信仰。原始人不单拜火,他们认为构成万物的,还有其他元素,希腊人认为有地(即土)水火风,印度人也有这种信仰。原始人都认为水火等元素既是构成万物的成分,当然人类也是这些元素构成的,所以对元素的崇拜,可以使人获得幸福。这种信仰,自原始社会发生后,到了后代,发展为较复杂的哲学观念,也即是玄学的观念,如我国自周至汉代的阴阳五行思想,不但将五行和四时、五方、五味、五声、五色都联系起来,还进一步将五行观念发挥到和种种人事都联系起来。《白虎通·五行篇》有这样的说法,举数条如下:"父死子继,何法?法木终火王也。"(子继承父,是按照木能生火的道理。)"男不离父母,何法?法火不离木也。女离父母,何法?法水流去金也。"(男结婚仍居父母家,是照火不能离生它的木;女子嫁出,是依照水离去生它的金的道理。)"臣谏君,何法?法金正木也。子谏父,何法?法火揉直木也。""父母生子养长子,何法?法水生木,木长大也。"(父母生子并养他到长大,是学水生木。)"不以父命废王父命,何法?法金不畏土而畏火。"(火生土,土生金,故金畏火如孙畏祖父。)"不娶同姓,何法?法五行异类乃相生也。""子丧父母,何法?法木不见水则憔悴也。"既然信人事是依五行的道理,当然会认为人的命运和五行有关。信命的人认为人的命运是在出生时或自结胎时便受自然的气所影响,那种气当然是五行之气。如王充说:"或贵或贱,或贫或富,富或累金,贫或乞食,贵至封侯,贱至奴仆,非关禀施有左右也,人物受性有厚薄也。""天施气而众星布精,天所施气,众星之气在其中矣。人禀气而生,含气而长。""凡人受命在父母施气之时,以得吉凶矣。"王充将气和星混合来说,他认为天地间充满了"气",星的气也在其内,人结胎或出生时即最初有生命时便受了气的影响而决定了一生的命,那种气当然便是五行。后世李虚中、徐子平等用五行来论命,便是由汉人的论命论五行开其端。

五行的思想认为,人的身体受了天地间的气,即五行的影响,所以都有了五行之气。至于各人的命为什么有不同呢?那是因为各人所受的五行种类数量都不同。为什么会不同?那是因为各人结胎或出生的年月日时其环境所含的五行数量不等,所以各人所接受的五行种类数量便不同。由此说来,只要根据各人出生的年月日时来推算当时所含五行的种类数量多少,即旺衰的状态,便可知道各人的命的好坏了。

由以上所说,可见元素的崇拜是算命术的基本观念,而元素崇拜是原始社会时代文化未开时的原始思想及宗教,是非科学的思想,算命术却以这种原始思想为基础,所以算命术确是非科学的。

3. 动物崇拜(animal worship)

中国的算命术除了元素崇拜和星象崇拜两种主要的原始信仰之外,还有第三种比较次要的原始信仰,便是动物的崇拜。人类在原始社会时代,因为动物对人类的生活有密切关系,而人类的智力还未发达,故老早便发生动物崇拜。凶恶的动物能威胁人的生命,人类因畏惧它而对它表示屈服,有些动物对人的生活有帮助,也受崇拜,有些动物对于人类食料的来源有关的,也受崇拜。由于这些原因,世界上的人类,自原始社会便都有过动物崇拜,所拜的动物有些是一般的,有些是特殊的。这种信仰流传到封建社会,甚至资本主义社会,虽逐渐衰落,但也还存痕迹。我国在原始社会时代也有动物崇拜,其后遗留下来的还不少，如在算命术中的生肖观念也便是动物崇拜的残余。十二生肖便是十二种动物，这些动物在原始时代一定是被崇拜为神灵的。其被崇拜的原因，如虎蛇是以凶恶的资格受崇拜的，鼠猴威力较小，但也是以能害人受崇拜的，牛马狗是以能帮助人类劳动受崇拜的，兔羊鸡猪是以可维持人的生命而受崇拜的。龙在后代虽就不是实物，但在上古应是一种爬虫类，也是以有害的资格受崇拜的。人类所崇拜的不是它们的本身，而是拜它们的神，即它们的代表。因对这些动物的崇拜很早便发生，故后来也成为算命术中的一部分要素，算命术中将十二生肖和十二地支密切配合，如子便是鼠，丑便是牛。因地支用来记年，故某年生的便称为肖某种动物，而这个人便被认为带有某种动物的性质。肖虎的一定较有杀气，只有肖龙的可以压服它，肖牛肖羊的便没有人怕他。生肖又分为互相矛盾的六对，鼠马相冲，也便是子午相冲，虎猴相冲，也便是寅申相冲。动物相冲使人也相冲起来，肖鼠的一定不可以和肖马的结婚，肖牛的又怕肖羊的会和他相触。这样的信仰当然是迷信，是非科学的思想。又有生肖相害的一说，认为鼠羊相害，牛马相害，鸡犬相害，虎蛇相害，龙兔相害，猴猪相害，也影响到有这些生肖的人。

由以上所说，这三种要素都是远古以前未开化前原始社会的意识形态，是非科学的思想，也便是迷信的观念，算命术却以这些迷信为基础，当然也便是迷信的东西。

第二节　中国算命术所用的方法

再就算命术所用的方法言之，也是非科学的方法，分析言之，可以说有三种方法：

1. 象征律（symbolism）

原始人类对万物的看法是很混乱的，他们不能分别实有的物与幻想的物，不能分别生物和无生物，不能分别人类和别种自然物。他们认为，万物都可相通，只要表面上相类似的东西，便可以互相影响，这一种观念称为类似律或象征律。这种观念在算命上应用极多。表面上有一点相似的征象便推它是相同的。如五行配五方，配五色，配四季，配性情，都是这样。以木表春，以火表夏，火旺于南，水旺于北。我克者为妻妾，正财为妻，偏财为妾。同类的五行称为比肩，代表兄弟姐妹。生我者为母，故木命者以水为母。女人以我生者为子女，故木命者以火为子女。命主火者意速心焦，主金则刚毅有决，声音清响。至于推论五行生克，也全是用象征律，如说金赖土生，土多金埋，火弱逢水必见熄灭，命属火而生于夏月者，据说是"夏月之火势力当权，逢水制则免自焚之咎，见木助必遭夭折之忧"，将夏月的火象征人的命运。又如五行的长生、沐浴、冠带、临官、帝旺、衰、病、死、墓、绝、胎、养十二状态更完全是象征的说法。又如说五行的生克，"积水自苔（水生木），积火自灰（火生土），水贮金则不涸（金生水），金入土则自行（土生金），五金蕴而高山童（金克木），草种落而坚城崩（木克土）"（《命理探原》）。以自然的表面现象勉强推论到五行的生克，很明显的是应用象征律。可以说，几乎全部算命术的各种观念，都是应用象征律而推得的。

2. 演绎法

算命术是先有了各种基本观念为大前提，然后将一个人的八字拿来按照大前提推论。基本观念便是五行生克、星象吉凶等，即第三章所叙述的。推论的方法都是有一定的，如第四章所说。算命术很像代数学一样：先立了一个公式，然后一步一步演算下去。如果算命先生真的铁口无忌，照规则推算，则不同的算命先生所算的，可以大同小异。若说他们是胡说杜撰，确实冤枉，因为他们实是照算命书上所说，用演绎法算出来的。至于那些大前提是否合理，他们便不管了。大前提便是上文所说的三种要素，也便是三种原始的信仰，也即是迷信。前提既是迷信，所得的结论当然也是迷信了。

3. 遁辞

算命先生如果真的铁口无忌，照算命术的原则论命，他有时可以说得准，有时可以说得不准。说得不准时，多子的也许说成绝嗣，父母在世的说成椿萱早逝。显赫大官看作命当饿死，千金小姐看作命带桃花，当场戳破，不但命金无望，还要饱吃老拳，摘去招牌，岂不真的绝了算命先生的命根。因此，看命先生学会了算命术之后，还不可以立即问世，如果照本书上文所说，学会了算命的一般技术，真的挂起招牌，替人算命，只在一天之内，立即有人赏赐拳头。学算命的徒弟学成时，先生还要教他探人口风，讲模棱话，察言观色，随机应变，不用呆板的说法，而用种种的遁辞来应付。什么遁辞呢？遁辞便是另一种说法。算命先生如发觉一般的说法会不对头时，他便放弃这种说法，另采别种说法，这便是遁辞。算命术中这种遁辞很多，算命术成立以来，时时发生遁辞，算命术愈来愈复杂，便是由此。

第一，算命术最初原是计年计月的，其后因为同年同月生的人太多了，难以解释同年同月不同命的人，所以就来一遁，由计年计月而兼计日。后来发觉同日生的人也太多了，便改为计年计月计日之外还要计时。其后发觉同时生的人不同命的还有不少，便再将时分别为上中下刻，日分别在节前节后，渐分渐细，愈遁愈繁。

第二，算命术最初便是占星术，以星象来判断吉凶，所谓神煞，便是星象，但因其法太简，易出毛病，所以后来的星命家如李虚中、徐子平便专就五行生克来论命，不重神煞。比较精细的算命书多有这样的意见，如《命理探原》有一段论星辰无关格局:"八字格局,专以月令配四柱,至于星辰好歹,既不能为生克之用,又何以操成败之权。况于局有碍,即财官美物,尚不能济,何论吉星。于局有用,即七杀伤官,皆为美物,何谓凶辰乎。是以格局既成,即使满盘孤辰八杀,何损其贵,格局既破,即使满盘天德贵人,亦难为功。今人不知轻重,见是吉星,遂至抛却用神,不观四柱,妄论贵贱,谬谈祸福,甚可笑也。"由星辰而专重五行,便是一种遁辞。

第三,五行的说法也不止一种,天干地支各与五行相配,谓之正五行,此外还有六十甲子与五行相配,谓之纳音五行,二者是不相符合的。例如在正五行甲乙是木,子丑是水,但在纳音五行甲子乙丑却成为海中金。自徐子平专用正五行不用纳音,可见是由纳音遁为正五行。但这两种五行后来还兼用,《三命通会》说:"谈命者本是以五行为经,参之以纳音为纬。"《命理探原》说:"大概看日元之强弱,定用神之得先,皆以正五行为主,若欲补偏救弊,酌盈剂虚,又当参看年月时之纳音。"现在算命先生可以情形而看采用这两种五行,正五行如不对,便改用纳音的说法。所以这也是一种遁辞。

第四,五行的刑冲化合也是遁辞。照五行论,如有不合时,便以刑冲化合来改变看法,如在一造命中,子和卯原都是宜的,但这样断命会不准,便可以说子刑卯,卯刑子,二者都失效。一造命中有一个午字,照论是好的,但不符实际,便可说八字或命宫或大运或流年等有一个子字,子午相冲也冲破了。化和合更可将五行改变,例如算命先生推一造命是极坏的,但明知道本人是做官发财的人,又不可以照原则来断命,于是可以改从化合之说,如日主原是木,很不好,他可以说甲和己合而为土,这命不应以木论而应以土论,于是坏命可以变成好命。这岂不也是遁辞。

第五,透于机缘环境。东海乐吾《古今名人命鉴》自序说:"机缘起于人事,成败定于命运。……天下有相同之命运而无相同之人事,八字共经五十一万八千四百个程式,古今中外岂无相同之命运,而人物无相同者,则因其人之环境异焉。尝见富贵子弟之命造,其格局无瑕,运程顺利,然以处境太顺之故,惮于振作,蹉跎终老,一事无成也。若以相同之命运,而生于贫贱之家,则因环境逼迫之故,黾勉奋斗,成绩灿然,其成绩无可限量。盖福禄相同也,顺利相同也,而人事有不同也。"有一个官家公子,人推他的命都说大贵,但到老还不过六品小官。据说是因为他的母亲太偏爱他之故,折了他的福(《命理探原》)。

第六,透于品行。命坏而实际结果是好的,可说本人是由于修德而改变坏命为好命,反之,命好而实际结果是坏的,可以说本人是有了缺德,故改变好命为坏命。有一个星命家推论一个王总镇的命应死于五十八岁某日某时,但又说"修德可以禳之"。其后王某竟活到七十余岁,据说他曾放了十几个罪不应死的强盗。这种说法是很好的遁辞。算命先生对每个人都可以断定他哪一年哪一日死，只要附带说他如修德便可改变，这是不会失败的。

第七，诿于偶然的事。以上各条都无可推诿时，也还可以诿于偶然的事。《命理探原》说，曾有一位大官和一个打铁的同一八字生日，而命的好坏却全异，这在算命先生是一个大难题。但他却解释说，因为这命中火气太盛，那位大官幸而生于舟中，得了水气灭火的势，故得中和而得发达，至于那个铁匠则生在火炉边，火气更盛，所以坏了。又，宋代有一个算命先生王处讷推算一个名赞宁为史馆的官，这个命是很坏的，不应发达，据说是因为生时有二位贵官途中遇雨，走到他家暂避，因此便使他虽原有坏命而却会发达。明太祖访得天下有一个人和他八字全同，便存了恶念，将他召来，不意那人却是洛阳的一个贫苦老翁，姓李。皇帝问他干什么生活，他说："老民养蜜蜂十三窠，以之度日。"皇帝说："此似我食十三省布政司税也。"以十三省税和十三窠蜂相比，非常的勉强，可见都是诿于偶然的事。

第三节　算命术的性质

1. 算命术反映封建社会制度

算命术的基本观念星的崇拜和元素崇拜虽是起于原始社会，但其发展成为算命术却是在封建社会，所以算命术受封建社会制度影响很深，为封建社会的意识形态之一种，反映了封建社会的多种特征。例如用神之应用于父母妻子，表现了男尊女卑、一夫多妻等制度。如说："正财为妻，受我克制，夫为妻纲，妻则从夫。"男命以我克者为妻，女命以克我者为夫，如火克金，夫为火，妻为金。八字的位置也以夫的座位下为妻的位置，即日干为夫而日支为妻。看女人的命，先看夫星。夫星便是官杀，即克我者。妻星两透，偏正杂出，主一夫而多妻。封建社会有阶级，故算命术从命来说明人所以有富贵贫贱之分。王充《论衡》说："人禀气而生，含气而长，得贵则贵，得贱则贱。……富贵贫贱皆在初禀之时，不在长大之后随操行而至也。"六朝时刘勰著《新论》说："人之命相，贤愚贵贱，修短吉凶，制气受胎，受生之时。"

2. 算命术有麻醉作用

算命术既然以人的富贵贫贱是命中决定，先天带来，当然便劝人只要听天由命，不可强求，做一个乐天知命的"君子"。星命家喜欢引孔子的话说："君子居易以俟命，小人行险以侥幸。""不知命无以为君子也。"他们说："若不知命而妄为，必至寡廉鲜耻，败德丧身，天下无良善人矣。"（《命理探原》自序）照算命先生的意见，富贵的人可以尽量享受，无须不安，贫穷的人则只好怪自己的命苦，也不必羡慕怨妒别人。如有不甘贫苦，不愿再受压逼剥削的要起来反抗，必被算命先生责为不知命而妄为，不是良善的人。这种论调对于封建社会在地主官僚之下呻吟的贫苦农民,是很有麻醉作用的。

3. 算命术假托科学

星命家不说人的命是由神造的,而说是由宇宙间的自然现象影响而成,他们说宇宙万物都是由五种物质元素(五行)构成,人的身也是同样的由五种元素构成。这话有点像现在的化学所说,不过元素的种类数量内容不同而已。他们又说五行生克都是自然现象,如水能生木,木能生火,火能生土,土能生金,又如土能克水,水能克火,火能克金,金能克木,在表面上看来也都是确实的。又如木旺于春,火旺于夏。也有点理由。根据这些理由,星命家决不自己承认是迷信,他们还自吹是真理,他们会引用化学、物理、天文、地理、数学、历法等来证明算命术是科学,然而上面所举这一点理由便是证明算命术是科学吗?宇宙万物的元素果真只有五种吗?金木水火土便是最基本最单纯而不可分析的元素吗?水能克火可以做化学上的原则吗?木赖水生便可以解释植物的生理吗?还有金能生水,有科学上的根据吗?木能克土,究竟是怎样的克法?人是出生时的五行所构成的,有没有生理学家化学家可以证明吗?正当一个小孩出生时,如果一个化学家把那时刻那地方的空气收集起来,加以分析,能否刚好等于那个小孩的八字所表示的五行的数量吗?此外难题还有非常之多,怎样解释呢?所以算命术是假托为科学的,是古时科学未发达、人智未开通时骗人的东西,在现代便只可以说是迷信。

4. 算命术和宗教是同一类的东西

墨子信鬼神而不信命,王充却不信鬼神而信命,现在苏联的人民也有不信宗教而信有命运的。似乎命的信仰和鬼神的信仰不同,而算命术也有异于宗教,其实这两项是相同的,是同一类的东西。因为二者同是发源于"超自然主义"的(super-naturalism)。超自然主义便是信宇宙间有一种超出于自然之上的极伟大的势力,在冥冥之中控制着宇宙万物以及人类。宗教便是信有些鬼怪神灵拥有这种超自然势力,因此便能在暗中对人类作威作福。命运的信仰也是认为宇宙间有超自然的势力;它能在冥冥之中影响着人类,这种势力也可说是一种气,看是看不见,听也听不到,但是人却受它控制,自己决无能力抵抗。命运所以神秘而不可解,便是由此。算命先生所能算的是已决定的命,至于命所以会决定这样,便不是算命先生所敢过问,他只能说是天决定的,因此命又称为"天命",这天便是宗教的对象了。项羽说"天亡我也",王充《论衡》说,"项羽且死,顾谓其徒曰吾败乃命"。可见命与天是一样的,封建时代的皇帝诏书上说"奉天承运皇帝诏曰",意思说他的做皇帝的命运是天给他的。扬雄也说:"命者天之命也。"由此可见,命的信仰和拜神的宗教信仰是相通的。墨子的信鬼神反对信命,只是由功利起见,不是彻底不信有命,王充的信命不信鬼神也不是能够绝对没有鬼神的观念。凡信有神的也会信有命,信有命的当然也会信有神,因为二者有其相通之处。

5. 信命是唯心论,是违背马克思主义的世界观的

由上文所说,可见信命的宿命论是没有唯物的根据的,只是人类在原始社会生产力低微、不能掌握自己的命运时,凭空想出来的。至于算命术,更是发挥幻想,用演绎法作无边际无止境的推论而产生的。这种唯心的宿命论和辩证唯物论、历史唯物论正好相反,它否认自然界和人类社会都有一定的发展规律,它认为人的命运是不可捉摸的,也没有一定规律,努力者反致失败,懒惰的反会成功,富贵贫贱都和人事无关,寿夭苦乐都没有理由可说,都是命,半点不由人,这是一种彻底的反规律论。苏联学者梁赞采夫著《有没有命运》一书对于信命有很好的批评,可以引来做本书的结论。他说:"相信命运是跟马克思主义关于自然界与社会发展的规律性的科学原理直接对立的。相信命运就会导致否认物质世界发展的规律性。许多跟宗教世界观断绝了关系并且不信上帝的人,也不会再相信命运。他们知道:命运这个概念本身就是一种偏见,一种神话的残余,是一种不合乎规律的东西。相信命运不可避免地首先要承认某种神秘的超自然的力量(如上帝天使魔鬼灵魂之类),以为这种力量预先规定了一切现象发展的进程,并能在任何时刻按照自己的意图违反物质世界的自然规律。……科学与实践则跟相信命运对立,它们说明了我们周围的整个世界是合乎规律地发展着的。世界上没有任何一个现象,是不能以某些原因和某些规律的作用来阐明的。……由于承认物质世界的客观规律性,就会直接得出这样一个结论:任何'命运'都是不存在的,也就是说,相信'命运'是没有任何根据的。"

(1981年"第一届全国人类学学术讨论会"论文)

A NEOLITHIC SITE IN WUPING, FUKIEN

By

LIN HUISIANG, M A., LIANG HUIPU, B A., AND LUI TZEKUANG, B. A

PLATES XLIV-XLVIII

I. INTRODUCTORY REMARKS

The sites of Stone Age in Northern China have been brought to light by many scholars since about a score of years ago, while in Southern China such discoveries have been much later and rare. An archaeologist, Prof. WeiCHUHSIEN claimed that he did find a few pieces of stone implements from the Chihsia Hill near Nanking in the year 1930[1]. The writer, Lin. was also lucky enough to pick up two pieces of stone adzes from both the eastern and western sides of Nanputao Hill, Amoy, when the main road there was under construction in the year 1931 (Pl. XL, VIII Fig. 4). Owing to its insignificance in number this discovery was not announced until the year 1934 when Prof-CHENG TEKUN made a brief statement in his essay "a History of the Campus of the University of Amoy" with a photograph attached. [2]

In the above two cases only a small number of artifacts was found. It was in the year 1932 that Father D. J. FINN discovered the Neolithic site in the Island of Lamma near Hongkong; this gave us a hint that it might be hoped for in the continent too. Since the year 1936 more light has been thrown on the problem of prehistory in South-eastern China by the discoveries in Chekiang province. At first, Prof. WEI, undeterred by his disappointment in his former research, discovered eventually the Neolithic site at Kutang in Hangchow. [3] Subsequently, in the same year, Mr. Sze Hsinkeng and Mr. Ho Tienhsing discovered another at the town of Liangtzi in the district of Hang. [4] And Mr. Sen Veitzi located a third one at Chiensan-yang in Huchow. [5] Owing to these discoveries, the fact that there really existed a Stone Age in the northern part of Chekiang province has come to be verified.

It was not, however, sufficient to construct a complete conception of the prehistoric period of South-eastern China as long as the enormous space between the northern part of Chekiang and Hongkong remained unknown. With so great a distance between these two places it is also not easy to find out the cultural and ethnological relationship between them without a link.

The finding in Wuping, fortunately, may serve as such a link by filling up this space and connecting the prehistory of Northern Chekiang with that of Hong Kong and even Formosa and Malaysia (This paper was written before the announcement of Father MAGLIONI'S discovery of Hoi-fung Neolithic site, which, in its function, is the same as that of Wuping).

II. THE DISCOVERY

The district of Wuping is situated on the south-western border of Fukien province. The altitude is higher than the eastern and southern neighbouring regions, and communications are very difficult owing to the mountains extending both inside and outside the border.

A Junior High School is established in the city in which Mr. LIANG

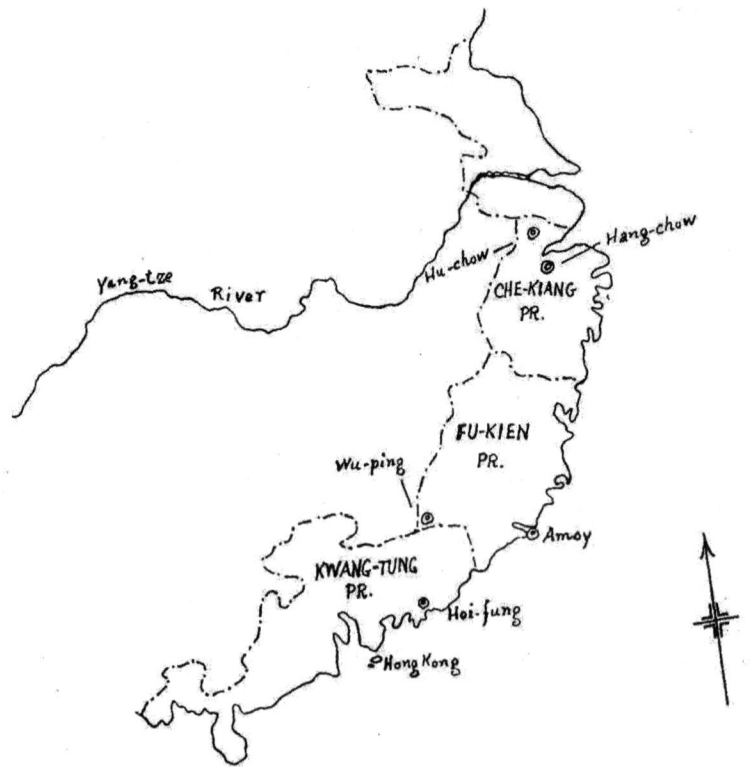

Fig. 1. The Prehistoric Sites in South-eastern China. Sites marked with a circle.

HUIPU served as the director of the Teaching Department. In the afternoon of 26th April last year (1937) Mr. LIANG was leading a group of students to take a trip to the Pagoda of Siaochingpei beyond the South Gate of the city. Happening to pick up a piece of potsherd, Liang suspected that the region might be a site of ancient people. Some pieces of stone arrow-heads, stone adzes, stone axes and more potsherds were successively found later on. Sending a letter and a box containing the stone implements and potsherds to Mr. LIN HUISIANG in the University af Amoy Liang asked him to identify them and make a journey to Wuping to investigate the site. LIN, with LUI, another co-operater, started from Amoy on the 8th of June and reached Wuping on the 11th after a hard journey through Swatao, Chowan and the inner mountainous regions.

III. THE INVESTIGATION

At 3 P. M. on the 11th June LIN, LIANG, LUI and Mr. CHIANG, the principal of the High School, started for the site. After a walk of one mile they reached the destination. The site consists of 21 hills. Only the eastern part of them was observed and several pieces of pot-sherds and stone arrow-heads picked up in that afternoon.

On 12th LIN, LIANG and LUI set out again with the object of determining the extent of the site, hence nearly the whole region was walked over. Two pieces of stone adzes (No. 2) were picked up from upon the top of Ta-yang-ping Hill C.

On 13th LIN, LIANG and LUI and other teachers of the High School— Mr. CHEN, Mr. WONG, Mr. LEE and two farmers employed as workmen tried a small scale excavation on the top of the Siao-ching-pei Hill C. Every pit dug was 1 m. in width, 3 m. in length and 0.5 m. in depth. The first pit produced a small number of potsherds, the 2nd one 178 pieces. Those from the 3rd one are not large in number but most of them may be combined to reconstruct the original form. Nothing was produced from the 4th pit. Several pieces of stone arrow-heads were collected from the top of the hill. Turning to the Hill of Yan-tzi-men-kow they dug five pits; only the 5th one produced 95 potsherds.

On 14th they turned their attention to the Hill of Ta-yang-ping. A complete small stone adze (No. 4) and two pieces of broken arrow-heads were picked up from the south-western slope. The first three pits produced nothing, the 4th pit, however, offered 94 potsherds. Turning to the Lion-shaped Hill they collected one stone adze (No. 5), one stone arrow-head and about one dozen of potsherds from the surface of the ground.

On 15th LIN, LUI and two workmen walked southward for about three kilometers to Fung-kow-tung Hill with the purpose of ascertaining how far the prehistoric site extends. A stone adze (No. 6) and some potsherds appeared to afford evidence that this hill is a site also. Returning to the Hill opposite to the Kanlu Tower they took their lunch on the top of it. After lunch they continued to observe the Siao-ching-pei, Ta-yang-ping and other hills.

On 16th LIN, LUI and the workmen walked through Ta-yang-ping Hill, Lion-shaped Hill, Hwa-mei Hill to Siao-ching-pei Hill A. On the last hill there is a pagoda and no stone implements or potsherds appeared.

On 17th, the indoor work of arranging the objects collected from the sites was done.

On 18th the Principal Mr. CHIANG, LIN and LUI took a walk to the hills at the west of the city, where, based upon reasoning, prehistoric sites ought to be found. In the course of careful observation some potsherds were actually found and a piece of a broken stone ring was picked up by Mr. CHIANG.

On 19th LIN and LUI started the return journey and reached Amoy on 25th.

VI. THE SITES

In the central region of Wuping lies a small plain in which the city is situated. Small hills are scattered beyond the city, while large mountains surround the plain at the farther horizon. The sites are on the hills near the City.

There are three groups of sites: the 1st group, the Siao-ching-pei System is on the hills 1.5 kilometers southward from the city; the 2nd group, the Fung-kow-tung Hill, lies more southward at three kilometers from the city; the 3rd group is on the Western Hills.

(Ⅰ) The Siao-ching-pei System: The investigation made here is more careful than other sites. The hills in this system are the following:

(1) The Siao-ching-pei A, B, C, D, E: lies at the middle of south.

(2) The Fun-liao-hsia A, B: east of the above hills.

(3) The Yan-tzi-men-kow: north of the above B.

(4) The Hwa-mei A,B,C,D: west of Siao-ching-pei.

(5) The Lion-shaped: north of the above A.

(6) The Ta-yang-ping A,B,C,D,E: at the north-western opposite side of Siao-ching-pei.

(7) The Hill opposite to Kanlu Tower A,B,C: at the north-eastern opposite side of Siao-ching-pei.

These hills form an oval ring surrounding a valley which there are some fields. The diameter of this oval ring is about half k.m. from north to south. The entrance to the inner valley is merely small and rugged paths. Shrubs grow abundantly at the base of the hills, while on the top of them are only dwarf pine trees or even nothing except on the Hwa-mei Hill where giant trees stand erect against the wind. The top of the hills are, as a rule, nearly flat, and the slopes are not steep. The hills consist of reddish-yellow clay, without stone and with scanty sand. Over these hills many potsherds are scattered; stone arrow-heads are also abundant; stone adzes come next. Most of the remaining objects appear upon the surface of the ground. The upper face of the objects usually bears moss which even has become black in colour showing its long existence. The objects in the earth lie usually not more than half a meter deep. In the earth pieces of charcoal or even a layer of it sometimes appears. Besides the reddish-yellow clay, however, there is no grayish-black, layer of earth and rubbish formed by the influence of human occupation and usually considered as a culture layer. During prehistoric time there presumably existed such a layer upon the top of the hills; the reason of its disappearance may be due to the erosion by the rain and the wind. In the valley there existed a stream which has gradually become fields due to the ever increasing soils washed down from the hills.

(II) Fung-kow-tung Hill: This hill is situated at the south of Siao-ching-pei 15 k.m. away. Small numbers of stone adze, arrow-heads and potsherds of the same type as above were found. Between Fung-kow-tung and Siao-ching-pei there are hills running continuously but no prehistoric objects occurred.

(III) The Western Hill System: This lies about 1 k.m. west of the City. It consists of a large number of hills, the nearest part of them produced potsherds and a piece of broken stone ring. The farther hills have not been examined.

General Condition of the Sites: All the sites mentioned above are on the top of the hills. Potsherds and stone implements are scattered on the surface or lie beneath the surface not deeper than about half a meter. No bronze, iron or porcelain of later age appeared. Charcoal was found beneath the surface too. These prove that there were prehistoric people living on these hills using their stone-headed arrows to shoot animals and probably to fight against each other. The large number of potsherds prove that they had an abundance of food, the cloth design on the potsherds show that they already had clothes of woven material and the fine appearance of the designs on the pottery suggests that these people were not lacking in the appreciation of fine art.

V. THE OBJECTS

The objects are of two classes:

(Ⅰ) Stone Implements

All the stone implements are of Neolithic type. Most of them are polished over the whole surface. Though a few pieces are not polished; they are, in fact, unfinished ones. Arrow-heads stand first in number, adzes come next. The former were their principal weapon and the latter their principal tool. The size of the stone implements is not large. Two specimens (No. 24, 30) bear holes. The stone used is mostly shale and schist. The stones were patinated and look yellowish-gray in colour. The quantity is not large as compared with the size of the site. Most of them appeared on the surface of the hills. The number is 82 specimens in all including both complete and broken ones.

They are classified as follows:

Adzes	No. 1~18	18 pieces
Axes	No. 19~24	6 pieces
Chisels	No. 25~28	4 pieces
Spades	No. 29~30	2 pieces
Pestle	No. 31	1 pieces
Unpolished axes	No. 32~33	2 pieces
Arrow-heads	No. 34~75	42 pieces
Unfinished arrow-heads	No. 76~77	2 pieces
Part of a ring	No. 78	1 pieces

Grind stone	No. 79~82	4 pieces
	No. 82	82 pieces

(Ⅱ) Pottery

(1) The Form: Four vessels are reconstructed but are still incomplete.

No. 1, a jar ("Tsun" in Chinese term): Height 12.3 cm. Reconstructed from 31 pieces. Colour gray. Incised geometric design cover all the surface including the bottom only except the neck. This form is quite like the Ancient Chinese bronze "Tsun". Pl. XLIV.

No. 2, base of a "Tow": This is the remaining lower part of "Tow" instead of the upper part, on the side there are five holes which is a good evidence. Broken parts like this or even more complete were found in the Neolithic site in Hangchow.

No. 3, part of a broken vessel.

No. 4, half of a small bowl: May be of later age.

The forms of the parts of the vessels may be inferred from the potsherds as follows:

Top of the cover	4 kinds
Rim of the cover	2 kinds
Mouth and neck: straight type	3 kinds
Mouth and neck: curved outward	8 kinds
Mouth and neck: curved inward	14 kinds
Ear	2 kinds
Base	4 kinds

(2) The Designs: The designs are not only beautiful but also so large in number that they exceed those of Northern China. The mode of formation of the designs are of three kinds: 1, Moulding; 2, Impressing; 3, Incising. The last one is the principal method used.

The designs are 36 in all and may be classified from complex to simple ones as follows:

No. 1, spiral design (Pl. XLV, Fig. 1).

No. 2, double circle (ibid.).

No. 3, thunder design I: Square but coiled inward and outward, also connected with each other. This type often appears on the bronze vessels of Ancient China. (Pl. XLV, Fig. 2)

No. 4, thunder design Ⅱ (ibid.); Variant form of above.

No. 5, thunder design Ⅲ (ibid.): Variant form too.

No. 6, acute angles: Largest in number, occupies 35.7% of the whole. (Pl. XLVI, Fig. 1).

No. 7, obtuse angles: Variant form of the above. (ibid.)

No. 8, tortoise shell.

No. 9, fish scale.

No. 10, zigzag Ⅰ.

No. 11, zigzag Ⅱ.

No. 12, two crosses (Pl. XLVI, Fig. 2).

No. 13, double-lined two crosses (ibid.).

No. 14, square containing oblique cross.

No. 15, square containing straight lines.

No. 16, triangle containing straight lines.

No. 17, horizontal and perpendicular lines Ⅰ.

No. 18, horizontal and perpendicular lines Ⅱ.

No. 19, grass-moulded design.

No. 20, double squares.

No. 21, circles.

No. 22, finger nail print.

No. 23, wave design.

No. 24, grass-shaped design.

No. 25, cloth-moulded design.

No. 26, upright small squares Ⅰ: Made by the moulding of woven material.

No. 27, upright small square Ⅱ: A little larger.

No. 28, upright small squares Ⅲ: Largest, moulded by net.

No. 29, oblique small squares Ⅰ.

No. 30, oblique small squares Ⅱ: Larger.

No. 31, oblique small squares Ⅲ: Largest.

No. 32, oblique lines

No. 33, perpendicular lines.

No. 34, horizontal lines.

No. 35, string-pressed design.

No. 36, basket-moulded design.

Among these the acute angle design may be regarded as the

representative form, the obtuse angle and the two crosses designs come next.

On the body of the vessels there are protruded, horizontal lines as decoration developing from the most simple No. 1 type to the most complex No. 12 type; the evolution of cord-shaped decoration may be traced from this series.

(3) The Material: Half of the potsherds are of hard material and half of a softer one. The colour are black, gray, white, yellow, orange, red and purple. 81.8% of them are of gray colour, which, hence, may be regarded as the representative colour.

VI. COMPARISON WITH OTHER PREHISTORIC SITES

(1) A stone adze (No. 4) is quite like those found at Amoy in both its shape and material (Pl. XLVII, Fig. 2).

(2) Another stone adze with a projecting part on the back, in other words a chamfered adze (No. 1) bears a close resemblance to those of Hong Kong[6], Formosa[7] Philippine Islands and Polynesian Islands.[8] A variant form also occurred in Hangchow.[9]

(3) The arrow-heads are similar to those of Hangchow and Huchow.[10]

(4) Stone spades with a hole are like specimens from Hangcbow[11] and the Malay Peninsula.[12]

(5) The two-crosses design on pottery are like those of Hangchow.[13]

(6) The acute-angles design resembles that of Bukit Chintamani, Malay Peninsula.[14]

(7) The double square, the perpendicular and horizontal, the thunder design, the oblique small squares, the zigzags also appear on the pottery of Hongkong.[15]

(8) The vessel No. 2, the base of a "Tow", is like that of Hangchow.[16]

All the above are points of resemblance with other sites; the characteristics of Wuping may be summarised as follows: the abundance of stone arrow-heads, a kind of stone adze with a projecting part on the back, acute angle design on pottery and pottery of gray colour.

VII. THE INFERENCES

(Ⅰ) The People

During the Period of Spring and Autumn, in the present provinces of

Chekiang, Fukien, Kwangtung and Kiangsi existed the people of Yueh whose language and culture were far different from those of Hwa-hsia—the original Chinese in Yellow River valley—and who were considered by the latter as barbarians. The Hwa-hsia stock immigrated into Fukien since the reign of Wu-ti of the Han dynasty. The stone age sites of Wuping, therefore, certainly belong to the aboriginal Yueh people and not to Hwa-hsia or present-day Fukienese. [17]

(Ⅱ) The Chronology: This may be inferred in two ways

(1) Based upon comparison. The Neolithic chronology of Northern China according to the research of Dr. ANDERSON, Dr. LI CHI and other scholars is as follows: The Period of Yang-sao ended about 2,000 B. C. ; the Period of How-kang about 1,200 B. C. [18] The chronology of the Neolithic Epoch of Hangchow is regarded by Mr. WEI CHUHSIEN as not later than Northern China[19]. That of Wuping, as compared with the above two places, though the region lies out of the right way, is not likely to be more than one thousand years later than Northern China and Hangchow; hence a few centuries B. C. is a moderate estimate of its chronology.

(2) Based upon Records: In the ancient book "Kuo-yu" it is stated that once a hawk fell down dead, with a stone-headed arrow piercing its body, in the court of the Duke of CHEN. The duke sent a messenger to ask Confucius about the source of the wonderful stone arrow. "The hawk has come from a far, far away country", said Confucius, "for the stone-headed arrow belongs to the people of Su-sen which once presented stone-headed arrows as tribute to our country during the reign of King Wu". [20] Su-sen was the ancestor of the later Manchurian people. Though they lived for away from Confucius, their custom of using stone arrows could not escape from his knowledge. If the Yueh people were still using stone as arrow-heads during that time, a wise man like Confucius would not fail to know it. The stone age of the Yueh people in Fukien, therefore was so much earlier than Confucius time that even the tradition was forgotten. The lifetime of Confucius was 551-479 B. C. , hence the stone age of Wuping must be earlier than 500 B. C.

The historian Hsi-ma Chien of the Han Dynasty traced the history of Min-yueh viz. Fukien up to the Period of the Warring States (403—221 B. C.) without any mention of their using stone implements [21]; this may serve as another piece of evidence that 500 B. C. is the approximate chronology of the prehistoric or Neolithic Age of Wuping.

VIII. FURTHER INFERENCES

Further and broader inferences may be drawn from the material obtained from Wuping, but as much more material for reference has to be utilized and collected from other regions, the broader hypothesis are beyond the scope of this report; hence they may not be included here except the subjects proposed as follows:

(1) That the prehistoric culture of South-eastern China was different from that of Northern China, being connected with the Southern neighbouring peninsulas and islands viz. Malaysia or even Polynesian Islands.

(2) That the people of Yueh might bear some racial relationship to the present peoples in Malaysia; though to which specific stock cannot easily be determined at present.

(3) That the pottery with incised designs scattered over South-eastern Asia may have originated in South-eastern China and spread both southward and northward.

(4) That the development of the Chinese porcelain of later days might be due to the early progress of pottery during prehistoric times in the South-eastern region.

(5) That the ancient Chinese beak-shaped bronze weapon "Ko" may be traced to the stone adze with a projecting part or a chamfer on the back; and the "Ko" may be supposed to have originated in South-eastern China instead of the North.

For the resolution of these problems more material and information will have to be collected for reference, including further research in South-east China which has only just begun and also the study of material from the South neighbouring regions like Formosa, Indo-China, Malaysia and even the Pacific islands which may be obtained for comparison by taking advantage of the admirable researches made by the great scholars in these regions.

DISCUSSION

Mr. W. SCHOFIELD said: From Prof. LIN'S very interesting paper we can now begin to see something of the extent of territory covered by the cultures represented in Hongkong; evidently they occupied the greater part of South China. Many of the designs found by Prof. LIN resemble ours. The pattern of squares with raised lines as boundaries and similar lines as diagonals is usually, in Hongkong, associated with pottery believed to be of Han date. Prof. LIN is to be congratulated on his important discoveries.

Explanation of Plates

PLATE XLIV. A pottery jar (Tsun) height, 12.3 cm, thickness, 0.2~0.4 cm.

PLATE XLV. Fig. 1—Designs on pottery (1, Spiral design; 2, double circle).

　　　　　　Fig. 2—Designs on pottery (thunder designs).

PLATE XLVI. Fig. 1—Designs on pottery (6, acute angles; 7, obtuse angles).

　　　　　　Fig. 2—Designs on pottery (12, two-crosses, 13, double lined two crosses).

PLATE XLVII. Stone implements.

　　　　　　Fig. 1—A stone adze of common type.

　　　　　　Fig. 2—A stone adze with thin sides.

　　　　　　Fig. 3—Broken pieces of stone spades.

　　　　　　Fig. 4—Stone arrow heads.

PLATE XLVIII. Stone implements.

　　　　　　Fig. 1—Arrow heads; the points.

　　　　　　Fig. 2—Arrow heads; the middle parts.

　　　　　　Fig. 3—Arrow heads; the tangs.

　　　　　　Fig. 4—Stone adzes from Amoy.

Notes

[1] Wei Chuhsien: Discussion about the Chronology of the Stone Age in Chekiang (in Chinese)

[2] Cheng Tekun: A History of the Campus of the University of Amoy (in Chinese)

[3] Wei Chuhsien and Others: Preliminary Investigation of the Neolithic Site in Kutang, Hangchow (in Chinese)

[4] (a) Szi Hsinking: Trial Excavation of the Ancient Site in the 2nd Section, Hangchow (in Chinese). (b) Ho Tienhsing: The Stone Implements and Black Pottery in the Town of Liangtzi, Hangchow (in Chinese)

[5] Sen Veitzi: The Discovery of the Stone Implements in Chien-san-yang, Huchow (in Chinese)

[6] D. J. Finn: Archaological Finds on Lamma Island near Hongkong, Pt. III
[7] Lin Huisiang: The Primitive Culture of the Aborigines of Formosa (in Chinese)
[8] British Museum: *Handbook to the Ethnographical Collections*, P. 157
[9] The same as 3 (Fig. 4, 17, 34) and 4(b) (Pl. 4)
[10] Ibid (Fig. 19~25)
[11] Ibid (Fig. 7~15)
[12] Bulletin of the Raffles Museum, Series B., No. 1, Pl. XIX, Fig. 1
[13] The same as 3 (Fig. 35~50)
[14] The same as 12 (Pl, XXV)
[15] The same as 6 (Pt. XII)
[16] The same as 4(b) (Pl. 18)
[17] Lin Huisiang: *An Ethnological History of Chinese Peoples*, Chap. VI (in Chinese)
[18] Fu Hsinien, Li Chi and Others: The Report of the Excavation of Cheng tzi-yai (in Chinese)
[19] The same as 3 (P. 16)
[20] "Kuo-yu" (*History of the States*) (in Chinese)
[21] "Hsih-chi" (*A General History*), Chap. 114 (in Chinese)

(The Third Congress of Prehistorians of The Far East, Singapore, 1938)

福建武平县新石器时代遗址

小 引

我国石器时代遗迹的发现多在华北,北京人仰韶文化等材料都已采入教科书内;华南发现较少而且迟,虽有数处,也不甚为学术界所知。1931年本人发现厦门石器二件,但数量太少,1931年香港大学芬氏(Finn)发现南丫岛遗址;①1934年浙江的湖州钱山漾②,1936年杭州古荡③,1937年良渚镇④相继发现新石器时代遗址。以上可以证明浙江和香港都有石器时代遗迹,但相距很远,发现还少,未能推知中间一大片地方,即中国东南部的石器时代状况详细如何。1937年武平遗迹发现,同年广东海丰也有发现,这二处的发现可以联结浙江和香港,而推知中国东南部的新石器时代文化和人类。海丰的遗迹是意大利人麦李翁尼(Maglioni)所发现,曾用英文在香港大学发表。⑤翦伯赞曾引用于所著《中国史纲》中。⑥ 武平的发现最不幸,1937年6月工作才完毕日寇侵略便发生,其后由我将遗物带往南洋,虽曾于1937年冬由我加以研究,写成报告,并另写英文简单论文,⑦在新加坡召开的远东(实是南洋)史前学家第三届大会宣读,即加入该会特刊(*Proceedings of the Third Congress of the Prehistorians of the Far East*)出版,但在国内却因在抗战期中未有机会可以发表。胜利后又因反动政府发动内战,影响学术,仍无机会出版这样的学术报告。在1937年已写成的这本中文详细报告经过十余年还不得付印。解放后

---

① Finn, D. J.: Archaeological Finds on Lamma Is. near Hongkong, pt. III.
② 慎微之:《湖州钱山漾石器之发现与中国文化之起源》。
③ 卫聚贤等:《杭州古荡新石器时代遗址试探报告》。
④ 何天行:《杭县良渚镇之石器与黑陶》。施昕更:《杭县第二区远古文化遗址试探简录》。
⑤ Maglioni, *Archaeological Finds in Hoi-Fung*
⑥ 翦伯赞:《中国史纲》史前篇。
⑦ Lin Huisiang: A Neolithic Site in Wuping, Fukien.

人民政府提倡科学研究,科学院考古研究所曾嘱我将以前在武平、龙岩、厦门、南安、惠安的发现合写一篇提要,名《福建南部新石器时代遗址》,在《考古学报》第八册于1954年12月出版。今年本校举行科学讨论会,我将那篇提要提出,经到会的同志们指示那一篇过于简略,尤其是推论太少,应加补充。现在我再将十余年前的原来论文专论武平的发现一篇,交学报发表,以作为科学讨论会的补充论文。这一篇关于遗址遗物的记录比较明细,推论也详;图片也多,很可以补足提要。

林惠祥
1956年5月23日

第一节　发现缘起及工作经过

　　武平县在福建西南隅,西界江西,南邻广东,地势高峻,交通困难,外地人罕到,故不甚著名。县城内有武平中学一所。1937年4月26日该校历史教员梁惠溥率领学生远足到城南小径背山,发现有几何纹陶片,觉得不像是近代物。梁原是厦门大学毕业生,曾在林惠祥私立人类博物馆筹备处中见过新石器时代石器和陶片,平时对考古很有兴趣。他便再加探看,果然在附近发现石镞断片一枚。自此继续采集得石镞、石斧、石锛及陶片等。梁拟将所得的古物寄去给厦门大学林惠祥鉴定,并邀林到地考察发掘。林已由报纸得悉,即偕毕业生雷泽光于6月8日由厦门动身,因当时厦门到武平尚无公路,乃由厦门搭船先到汕头,乘汽车绕道经揭阳、潮阳、丰顺、梅县、蕉岭,于11日始抵武平。抵武平后即受武平中学招待,寄寓校内。

　　11日下午起即开始工作。工作人员除林梁雷三人之外,另有武平中学校长教职员姜献祥、陈善洪、王贞宏、李一真、李希斋、梁崇礼、钟日华、朱瑞清、刘益霖等人,课外也来参加,又每日雇工二名,专司掘地挑物。工作日程是11日下午先到小径背山丙,向东经粉寮下山走到岩子门口山。在小径背山见有陶片很多,也有石镞断片,粉寮下山二冈都无,岩子门口山也有些陶片,又得石砺一块。梁用锄试掘地面,见土内有木炭和陶片,暂停不掘。

　　12日:先到甘露亭对面山,略有陶片。向西到大洋坪山。连绵五冈,中有断崖二处。在丙冈上陶片较多,又发现完整的常型石锛二件(即石器第三号二件),都在土面,相距半米,向上的一面已生青黑色苔,在附近一带又得破石镞数个。最后由狮形崠西南坡下山回寓。

　　13日:由前二日的考察知道小径背山丙遗物最多,故选定为发掘地点。今日参加工作人员最多,分任指导挖掘、测量、拍照、收集古物、登记等事。小径背丙冈上有凸起的小台地一处(第4图),疑为原来文化层的未被破坏部分。细心将它分为四段,先从东南部一段挖起,掘至半米已见原土,只有陶片及木炭,数量也不多,全无石器,这一条便作为小丙第一坑。次掘西北部的一小部分也无物,即停止不掘。台地既无所得乃试掘台地周围的较平的山面。掘了四条探坑,在第三坑中获得已被压破的陶器数件(第7图),其后接合成为陶尊、陶豆下部等。第二坑得陶片颇多,第四五坑无所得。知道这种山上遗址,其泥土已被冲刷破坏,土内已少有蕴藏。便转到岩子门口山,掘五条探坑,其中只第五坑有陶片,余都无所得。

14日:到大洋坪山诸冈,先在丙冈上以前发现土面二石锛处,掘二坑,无所得,在大乙掘一坑也无物。转到大甲发现土面上有完整石锛(第四号)一件,又破石镞二个(第8图),疑该处土内有物,乃就其处掘一坑,无所得。在其旁掘第二第三坑也无物。只在土面上捡拾陶片。又在大甲接近狮形崠处掘第4坑,得陶片颇多。掘至深约半米,土色分二层,上层土色带灰黑,下层浅黄色即原土,坑内除陶片外尚有木炭等物。转向狮形崠拾获石锛第五号一件,石箭镞破块一,掘二坑都无物。

15日:因小径背诸山已明了大概,乃远赴六七里外的西南方风口崠山,在西南面发现露面的小石锛(第6号)一件。西南坡被雨水冲刷成一小涧,涧中散布陶片颇多。在其处试掘二坑无所得,选拾陶片数十片而回。折至甘露亭对面山小径背大洋坪诸山,再覆查一遍。

16日:再到小径背诸山拍照及绘图,并记录诸山情形。

17日:将古物整理登记及装箱。

18日:到城西小山探看,因照形势推测这里也应有遗物,果发现陶片及破石瑗一段。

19日动身回厦,乘汽车到松口,然后沿韩江坐小汽船到潮安,换乘火车到汕头,转搭轮船回厦门,6月24日到达。

总结这次费时17日,实际田野工作7日。发掘探坑21条,每条都是长3米,阔1米,深半米。石器全数是土面上发现,没有一件是发掘所得。陶片在土面捡拾和由探坑内获得者都有,但土面上更多些。只有补接成形的陶器四件是由发掘所得。由这次的经验知道在这种山上的遗址,因其原来文化层的泥土已被雨水冲刷下山,垃圾土已不见,文化层已破坏,遗物因比较重,故多留土面,土内再掘下去也少有蕴藏。这种地方的石器时代古迹和平地的古迹不同。平地的古迹因表土是后来由别处流来冲积的,故古迹古物埋在地下深处。要获得古物必须发掘。山上的古迹则如上所说,与平地的刚刚相反,要获得古物只需在山上土面采集,再掘也无大希望。这二种情形可以说是丘陵地带和平原地带的不同之处,可见在这二种地方的田野考古方法是不同的,平地须发掘，山地则须以采集为主。如只以发掘为唯一方法，以发掘所得者方认为有研究价值，对于原来暴露的古物置而不论，则对于丘陵地带的古迹，除了极少数地点以外，多数地方是不可以应用的，而对于丘陵地带的古迹古物便也无从研究了。

这次所得石器共 84 件，其中一小部分是梁惠溥发现的，其余是林、雷到后和梁等共同考察时发现的。陶片在山上土面很多，只选拾较大而花纹较明的 949 片带回。因这次考古工作原不是政府或学校支持负担的，而是个人自动进行，其用费除雷的旅费自理外，其余（旅费、运费、雇工发掘费、拍照费，以及后来室内拍照费等）皆由林负担；故共议即将这批古物交林私立的人类博物馆筹备处保存及陈列，供厦门大学教学应用，并公开给各界参观，将来如该馆正式成立也即送与国家。又议定以后研究和写文工作由林担任。梁交来发现缘起一篇，雷交来工作经过一篇，因字数太多，由林简缩另写为本文第一节，又雷写的旅途日记也因字数及体裁不合在学报发表故删去。遗址及发掘状况，古物原来位置，室内拍摄古物等照片还有很多，也因篇幅关系从略。

[出版时追记：该次所得古物于抗战发生后，因恐厦门沦陷，曾将全部石器及 4 件陶器，表示花纹质料各部分形状的陶片一百二十余片，带去南洋，参加史前学家第三届大会。战后运回国内，除少数石器与外国博物馆交换马来亚、澳洲等地石器外，尚存石器 62 件，及陶器 4 件，陶片一百余片，现陈列在厦门大学人类博物馆，1937 年秋留在厦门的陶片一箱约八百余片，战后已不见，不知是被日寇取去，或埋没在该处（顶澳仔村）土内。将来如该处发现这种印纹陶片，不可即认为厦门之物。]

第二节 遗 址

遗址有四部分，一为小径背及邻近诸山，二为风口崠山，三为城西小山，四天马山。分别言之：

第一部分

小径背及邻近诸山遗址（第 1、2、3 图）：小径背及邻近诸山遗址位于武平城南，距离约 3 里即一公里半（第 5 图），山十余座。以小径背为中心点，其西有画眉山，东有粉寮下山、岩子门口山。其对面西北隔一山谷有狮形崠大洋坪，东北有甘露亭对面山等，回环合抱，中夹上述的山谷，谷中有田。诸山大都再分为数个小冈，小径背山有甲乙丙丁戊五冈，画眉山有甲乙丙丁四冈，大洋坪有五冈，甘露亭对面山有三冈。

在甘露亭对面山及大洋坪两山的中间有小径可出入。这处或者便是古代人来往的要道。又大洋坪甲乙之间也有小径。由外入的可过小木桥便到其地。甘露亭对面山及大洋坪山的北面山下有小溪一道,绕山而过向西南方去,过溪只有上述木桥一,他处须涉水。

1. 小径背山

为便于纪录起见,将这山分为甲乙丙丁戊五冈。小甲(第6图)(即小径背甲,下仿此)最高,其上建有古塔一座。塔下层已破坏,其周围据说是禅寺的遗址但现在已不见一片砖瓦。小甲全无陶片或即因曾建寺院之故,石器遗址已经破坏。小径背乙岗在甲冈前面伸入谷中,很低且小,无遗物。

小径背丙(第4图)最为重要,土面散布陶片、石箭镞很多,表面多被雨水剥蚀,现出黄色砂土,散布土面的陶片、石器,多已生青苔,可知出土已久。该山顶有凸起的长形台地,从东南到西北,长4.5米,两头都是阔2.5米,中部2米。台地四周的土似经掘过,故初时疑这台地是原来的文化层,尚未被破坏,其中应有较多遗物。这里曾试掘过。先掘台地东南部四分之一的面积,深约半米,所含遗物只有少数陶片和木炭,土色微灰,便是文化层,其下便是黄色的原土层。再掘西北部四分之一结果也相同。台地周围的平地也会发掘过,先在台地东南开掘,条深坑距台地5米,和台地平形,长3米阔1米,深半米(以下所掘都相同)。台地称为小丙1,这条坑便称为小丙2。在这坑内掘得陶片178片。在台地东北掘第3坑获得陶片虽不多,但可以接合,后来接合成为陶尊、陶豆足部等四件。续掘第4、5二坑,获得陶片不多。

小丙土面散布陶片石器原比较多,但发掘的结果不能多获,可见这种山顶遗址,因被雨水冲刷,文化层已被冲坏,遗物留在土面,土内已少有蕴藏。小丁小戊面积小而且低未见遗物,故不发掘。

2. 粉寮下山

有甲乙二岗,在小径背之东,无所得。

3. 岩子门口山

位于粉寮下山之东北,是这一带诸山的极东端,更东便是平地,蕉武公路经这里山下而过。当该道未开辟前,已有小径通达。从岩前上杭等处来武平城多经这里。该山土质松软,土色和小径背丙略同,土面有陶片。开掘五坑,一二三四各坑都无所得,只第五坑内得陶片95片,土色带灰黑,其中且有木炭少许。但土面曾发现石箭镞、石杵、石砺等物。

4. 画眉山

在小径背之西,有四岗,自小径背算下为丁丙乙甲。丁丙乙三岗很高,差不多和小径背甲相并。土色黄多沙,山上遍植松树,高达数丈,地上泥土多已开掘,即使有遗址亦已被破坏,丙岗上有陶片数块散布地面。零拾11片,甲岗略低,树较小,但满生青草,土面不露,曾发现已破大石箭镞及小形不全石箭镞若干,零拾陶片 35 片。如掘草观察或者更能有所得。

5. 狮形崠

在画眉山之北。山势最高。发现石锛(第 5 号)、石箭镞(第 52 号),陶片较少。掘二坑无所得。土面零拾 23 片。

6. 大洋坪

在狮形崠之北,在小径背隔谷斜对,山分五岗,由西向东称之为大洋坪甲乙丙丁戊。大洋坪甲山顶多生青草,西北部会发现石锛(第 4 号)、石箭镞等。就其处掘三坑都无所得。东南坡微露黄土,且散布陶片很多,试掘一坑,数寸深处便见陶片和木炭等物,获陶片 94 片,又零拾 22 片。这里木炭较他处为多或者便是石器时代人住宿处。大乙掘一坑无所得,大丙便是发现石器第三号二件处。此外陶片石镞亦较多,掘二坑无所获,拾陶片 15 片。大丁大戊皆无所得。

7. 甘露亭对面山

因在甘露亭对面,故暂以为名,分为三岗,略有陶片石镞。

第二部分

风口崠——在小径背诸山之南约 1 公里半,距武平城约 3 公里半。已植松树,观察较难。该处陶片不多,零拾 28 片。石箭镞亦未发现,只获石锛(第 6 号)一枚。试掘二坑无所得。土质与画眉山同。这山以南已无别山,北有黄竹坑山,更北便是小径背及附近诸山。黄竹坑山未见遗物。

第三部分

城外西山——遥与小径背、风口崠诸山成对峙的势。中为城南平原所隔,该平原在古代或即是河流,后被山上下来的泥沙冲积,才成今日的田野。因西山距城较远,在历史时代应常有人来这里,山上也有后代的瓷片。山的东南部已被雨水冲刷,泥随水下,土面多露砂粒,回纹形陶片及石瑗便在此发现,陶片不多,零拾 20 片。

第四部分

天马山:在城东 15 公里外,闻亦有史前遗物,梁后曾到其处,得有段石锛、陶片等。

总 论

合以上诸遗址而论可概括如下：

1. 遗址范围

自小径背至南端风口崠约两公里余,这是主要遗址。其他是城西小山,范围很小。天马山很远,未测。

2. 遗址所在

都在小山上,平地不见遗物故无遗址。

3. 遗址形势

城南诸山(由小径背至风口崠)与城西的山隔一平原,遥遥相对,平原今为田地,中且有一河流及数个池塘。在石器时代,这平原中间应有大河流,后由泥沙冲积而成平地。

4. 遗址的土质

诸小山大都由黄赤色泥土构成,石极罕见,砂亦不多。在顶面遗物所在之处,土也是黄赤色,不见有受人类住居影响改变过的灰色垃圾土。石器时代人类既住其地,必有这种灰黑色土,其所以不见,或者由于后来雨水冲刷,下流于山谷及其外面山下,因此山顶遗址已无明显的文化层。

5. 遗物所在

遗物如陶片石器等大都显露土面,其向上的一面常生黑苔。所在地的土便是黄赤色的自然土。如上所述原来的灰黑色土即普通遗址中的文化层土,已冲刷消灭,只剩自然土而已。遗物较泥土为大且重,故仍留其地或稍被移动到山坡。山面或山坡虽开掘也不须深,大都在半米以内,更深也无物。

6. 遗址的性质

遗址上多有陶片,陶为日常用器,可证明其为住所,且有木炭,更可证其为住所。但不见建筑的遗迹。推测当时住址或者全是茅屋。遗物中石箭镞也多,且皆零星散布山面。箭镞除狩猎外便是战争的利器,且住所多据山巅易于防守的地点,这种遗址除住居外当兼有防卫性质。诸小山之间多有小谷,现在多成田地。诸山顶都是平而不尖,谷形大都为 U 字形,可见山龄已老。小谷的成为田地,必由于山上冲下的泥土所成,在当时或有小溪。

7. 再行探寻的预测

再进一步的探寻应为大规模的方易有成绩,其法预计如下：

(1)尽探法——因遗物在土内既不深,只在约半米以内,自然易于开掘。可多雇工人尽将小径背诸山顶及山坡翻掘一遍,如为草所蔽的地方遗物不露的,必须用这法方能有所发现。

(2)集中注意法——原始人茅屋下面有深掘地面而住于其内的,称为半地下屋,在山顶可以注意探寻,如有则其中蕴藏必较多。又山腰斜坡表面的土是由山上冲下的,其内或比较能保存遗物,如见有土质松软的或者便是由上冲下的土,可以深掘,不限于半米。

(3)扩张法——新石器时代人类已众,散布已广,故在上述诸山外,凡附近一带的小山高地都可探寻。本地老人说城东30里外的天马山等处也曾有石镞,居民不知为古物,儿童常取供玩戏。林、雷二人因急欲回厦不曾去,梁君后率学生到其地探察,果得石锛、石镞、陶片等与小径背诸山相同,惟陶片花纹有新种。梁又往北门外摇钱山亦得陶片。由此观之可见附近数十里内甚或武平全县以及邻县也都可以寻得。

第三节 遗 物

一、石器

(尺寸单位是厘米,cm,长阔厚以最大处为准)

第一号 有段石锛大号2件(第9、10、11图)

第9、10图中一件细长者长13.8,阔3.7,厚2.5厘米。第11图一件长略减(物在梁处)。第一件石质属泥板岩,表色风化成灰黄。二件形状相类,其一面平,另一面有一横脊,分全器为二段,前段较厚。其脊的用处在乎可以扎绳系于有曲叉的木枝上,成为锄状。其绳为横脊所阻,不易脱,落第一件在天马山,第二件是小径背发现。

第二号 有段石锛小号1件,长3.5阔2.6厚0.9(第12、13图)

质属片岩,色风化成灰,硬度中。形与大者相同,但较短小,近方形。天马山发现。

第三号 常型石锛2件(第14、15图)

二件形相同,大者长7.7阔3.7厚1.4厘米,小者6.3×3.1×1.0厘米。质皆属泥板岩,色黄、赤,硬度低。二件皆完整精致,可称为标准形石锛。大洋坪丙山顶发现,在土面,相距约半米。

第四号 薄边石锛长7.0阔3.9厚1.2(第16图)

石质同上。表色灰。微缺。这一种实为制造不精的石锛,因陋就简,故其两边不磨平。太洋坪甲山顶上发现。背面向上,生苔。此一种与厦门发现者相类。

第五号 短石锛长4.0阔4.1厚1.8(第17图)

石质同上,表色灰青,硬度亦同上,全体生苔,完整。发现于狮形崠山顶土面。

第六号　短石锛长4.4阔5.3厚1.2(第17图)

石质同上,色及硬度亦同。完整。但制造不精。发现风口崠山坡土面。

第七号　无棱石锛长6.0阔4.0厚17(第18图)

石质为砂质泥板岩。完整。制造不精。两边无棱,横剖面圆刃凹如弯凿状。发现于小径背山。

第八号　普通小石锛长4.3阔3.9厚0.8(第19图)

石质为泥板岩完整。制造不精。背面生苔。地同上。

第九号　普通小石锛长4.3阔2.4厚10(第19图)

石质、表色、硬度同上。完整。背面生苔。发现地同上。

第十号　普通小石锛长4.7阔2.1厚0.4(第19图)

石质表色硬度同上。甚薄,或是由使用而消蚀。发现地同上。

第十一号　极小石锛长3.3阔1.4厚0.5(第19图)

石质等同上。形体很小。略缺。制造也不精。发现地同上。

第十二号　类似石锛长4.9阔2.5原1.1(图略)

石质同上。制造原不完备,然可知其为石锛,发现同上。

第十三号　石锛破块下段阔5.6厚2.5(图略)

第十四号　同上,阔4.3厚1.7(图略)

第十五号　同上,阔4.0厚1.5(图略)

以上三件石质等同上。锋口尚存,故知为锛(因是破块故不量长度)。

第十六号　石锛破块长8.5阔5.0厚2.0(图略)

石质等同上。破一角,且加修整。锋存一小部分,故知为锛。

第十七号　石锛破块上段阔4.9厚2.0(图略)

第十八号　同上,阔5.2厚1.0(图略)

以上二件都是石锛的上半段,由形状而知,石质等同上。

第十九号　石斧(第21图)

石质同上,形为普通石斧,物在梁处。

第二十号　石斧破块,余斧锋,石质似为赤铁矿(图略)

第二十一号　同上,余斧锋及一边,石质为安山岩(图略)

第二十二号　同上,余上段但很厚似近于斧,质同上(图略)

第二十三号　同上,余一小片,但由其形近于斧,石质为玄武岩,色黑,很硬(图略)

第二十四号　同上　余一小片如上,原有一孔,存一部分,石质同上(图略)

第二十五号 石凿长 6.0 阔 2.3 厚 1.0（图略）

石质为泥板岩,色灰,生苔。形细长,有锋的一端更狭。

第二十六号 石凿破块上段阔 2.4 厚 1.4（第 22 图）

石质已变很松,但由其状可知为凿类的上段。已遗失。

第二十七号 三棱形石凿长 7.7 阔 1.6 厚 1.0（第 23 图）

石质为泥板岩。一面有纵贯的中脊,但锋仍斜削,制造不精。

第二十八号 三棱形石凿破块阔 2.7 厚 1.1（第 23 图）

石质同上。制造较上为精,缺下段。

第二十九号 石锛破块（第 24 图）

余一边的小片,石质为泥板岩,色青。

第三十号 同上（第 24 图）

余上段的一部分。石质及色同上。原有一孔,余一部分。

第三十一号 石杵（第 21 图）

石质为安山岩,形圆而略方,物在梁处。

第三十二号 打制未磨石斧长 7.2 阔 3.6 厚 0.5（第 20 图）。

石质为片岩,色灰黑。较阔的一端略薄。全体未磨,类似旧石器,但实是新石器时代物,不过未磨而已。

第三十三号 打制未磨石斧阔 5.3 厚 1.0（第 20 图）

石质及色同上状,也是石斧下段,上段缺。一边略磨平,余皆未磨。

第三十四号 长石镞长 6.3 阔 2.0 厚 0.5（第 25 图）

石质为片岩。色灰,硬度中。完整,但锋末微缺。制工很精。

第三十五号 短石镞长 3.7 阔 1.6 厚 0.3（第 25 图）

石质等同上。形体很小,尖锋不锐。

第三十七～第四十五号 石镞破块:尖端 9 件。

最长者 4.2 最阔者 0.5（第 26 图）

石质皆同上,下段缺只余尖端,色多灰,也有黄赤的。

第四十六～六十三号 石镞破块.中段 18 件（第 27 图）

石质同上。

第六十四～七十五号 石镞破块;箭樱 12 件（第 28 图）

最长者 5.0 最阔者 2.2 最厚者 0.7。

石质同上,唯第六十七号母色全红,然质仍相类,其根有磨成尖长形以便插入箭干的,如第六十四～六十七号,余似只可扎搏于干上。

第七十六～七十七号 未完石镞 2 件,第七十六号长 9.0 阔 2.7 厚 0.4（第 29 图）

石质同上,形状明系已将原料打为箭形但未磨成。

第七十八号　石瑷破块长 4.2 阔 0.9 厚 0.7（第 29 图）
石质也是片岩，两端破缺。城西小山所得。

第七十九～八十二号　石砺 4 件（图略）
即磨制石器的工具，原物较大。这是破块。

石器分类表

种　　类	号数	数量	附　　注
石锛：完整的	1—11	13	No.1 梁保存
同上，破块	12—18	7	
石斧：完整的	19	1	梁保存
同上：破块	20—24	5	
石凿：完整的	25	1	
同上：破块	26	1	
三棱石凿：完整的	27	1	
同上：破块	28	1	
石铲：破块	29—30	2	
石杵	31	1	梁保存
打制未磨的石斧	32—33	2	
石箭镞：完整的	34—36	3	
同上：破块尖端	37—45	9	
同上：破块中段	46—63	18	
同上：破块箭根	64—47	12	
同上：未磨者	76—77	2	
石瑷	78	1	
石砺	79—82	4	
合　　计		84	

石器出处表

遗　址	器名	数量	附　　注
大洋坪丙	完整石锛	2	即 No.2,3.
大洋坪乙	同上	1	即 No.4.

续表

遗 址	器名	数量	附 注
同上	石镞破块	2	即 No.37,41.
狮形崠	完整短石锛	1	即 No.5.
画眉山甲	石镞破块	2	
大洋坪狮形崠	同上	6	
同上	未磨石镞	1	
风口崠	完整短石锛	1	即 No.6.
西山	石瑗	1	
小径背大洋坪等山	完整石锛	6	即 No.1,7,8,9,10,11. No.1 梁保存
同上	石锛破块	7	即 No.12—18.
同上	完整石斧	1	即 No.19. 在梁处
同上	石斧破块	5	即 No.20—24.
同上	石凿	4	即 No.25,26.
同上	三棱石凿	4	即 No.27,28.
同上	石镞破块	4	即 No.29,30.
同上	未磨石斧	4	即 No.32,33.
同上	完整石镞	3	即 No.34—36.
同上	石镞破块	29	
同上	未磨石镞	1	
同上	石砺破块	4	
同上	石杵	1	即 No.31 梁保存
天马山	有段石锛	2	
合 计		84	

兹将这次所得石器概括说明于下：

(1)此次石器除第 6 号得自风口崠,78 号得自西山,第一号二件得自天马山外,余皆由小径背诸山所得。

(2)全属新石器,除第 32、33、76、77 外都是全体磨制。由 33 号一边略磨,推知 32 号状虽似旧石器,实也是新石器时代物。76、77,二号不过为未完成物。

(3)种类以石镞为最多,石锛次之。前者为主要武器,后者为主要用具。

(4)形体多数为小物。

(5)用法似多手握,唯箭镞及有段石锛是装柄使用。
(6)石器中有穿孔的如 24 号、30 号,其孔似为系绳装柄用。
(7)石质以泥板岩、片岩为最多。
(8)表面的色多数风化成灰黄色。硬度也似已减少。
(9)就石质及制工言之,除一二件外不甚精致。
(10)遗址甚大,石器数量不算多。
(11)多数露于土面,故多生苔,苔色且变黑不易洗脱。
(12)遗址中无石料,石料似由别处运来。

二、陶器

（Ⅰ）成形之器

第一号 尊 1 件(通高 12.3,口广 9.2,腹广 13.5,圈足径 9.0,圈足高 1.3,厚 0.2～0.4)(第 30 图)。

小径背丙第三坑 A 出土。原是 31 破片,接合后将近完整。形类古铜尊,底有圆足。外面除口部外全体有凹凸的文,其文为曲尺文。在圆足内的底部也有花纹。陶色灰,质松但也不太松。制法似用手捏兼用模,里不平有手按痕,口颈部有刮平痕。用处应是盛流质的容器。因其花纹很多制工,很繁,可推为当时重要的东西。

第二号 豆的足部 1 件(高 54 口广 12.5 腹广 8.7 边厚 0.4)(第 43 图)

小径背丙三 B 处出土,原是 6 片,接合后得大半。径大的部分有似器的口部,形也似容器,但腹有五孔(已见四孔,一孔由推测而知)不能容流质物,故可决其非容器的上部,且径小之部尚有延伸之处,虽已破然可知其尚有一大部分。由良渚所发现的陶器推之,或为豆的足部。

第三号 不全的容器(腹 7.3)(图略)

小丙三 C 出土,原是 9 片,接合后缺上部,底不全,不知是何物,质极松,色外黄中灰,是粗物。

第四号 盂(高 5.3 口广 8.1 肩广 9.5 底广 3.7,厚度底 0.8 口 0.2)(图略)

小丙三 D 出土,原是三片,接合后只得一半。但由这一半已可知其全形。口略敛,肩大,腹小,底更小。肩上有波形文环绕一周。质硬色灰,近肩处带黑。似曾搽上一层色料,但又不是釉,或即釉初步。全体里外都有轮旋的痕;很匀整。由制工而言,较上三种为进步,但质仍相同,且出处亦同,故仍以属于石器时代为是,大约是较后期之物。

陶片出处表

遗　　址	方法	数量	附　　注
小径背丙 2	发掘	178	内 31 片后接合为陶器第 1 号
小径背丙 A3	同上	42	接合为陶器第 2
小丙 3B	同上	6	内 9 片接合为陶器第 3
小丙 3C	同上	18	内 3 片接合为陶器第 4
小丙 3D	同上	33	
小丙 3E	同上	2	
小丙土面	采集	68	
岩子门口	发掘	95	
同上土面	采集	9	
大洋坪甲	发掘	94	
同上土面	采集	22	
大洋坪丙	同上	15	
狮形崠土面	同上	23	
画眉山甲土面	同上	35	
画眉山丙土面	同上	11	
风口崠	同上	28	
城西小山土面	同上	20	
小径背大洋坪等山	同上	250	
合　　计		949	

(Ⅱ)陶片质料

第一号 未成陶的；质很松，多砂，尚如土状。色内黑外黄赤。这一类都是大块。

第二号 甲　色黑质松的：数量很少。

同上　乙　色黑质硬的：非纯黑，略带灰。质颇佳。数量也少，类似北方的黑陶。

第三号 甲　色灰质松的：其松可以用指甲剥其边缘。数量很多。

第三号 乙　色灰质硬的：坚硬不可用指甲剥。这类最多。合上类言之，灰色者占总数 81.8%。故可为这次陶质的代表。

第四号 甲　色白质松的：色非纯白，略带灰色。质不太松，不可用指甲剥。同上。

乙　色白质硬的：色较上略白，但也不是纯白。

第五号　色黄质松的。黄色的都不坚硬，其松略如砖瓦，数量次于灰的。

第六号　色橙质松的；这色也无硬的，极似砖质。

第七号　甲　色红质松的；很少。同上。

乙　色红质硬的；也少，略如火力较足的砖。

第八号　色紫质硬的；颇类后代的陶。紫色无松者，或者因紫色便是由于火候足，故无松的。

概括言之：

1.武平陶器以灰色为主，黄及橙色次之，别色很少。

2.陶质硬的和松的各占一半，其硬的也还比不上后代的陶器，其松的可以用指甲剥落，不知是否经时太久而变质，最粗的第一号实未成为陶，不过为略经火烧的土而已。

陶片质料表

号　数	色　彩	质　地	数　量	百分比
第一号	黄	极　松 多　砂	48	5.1
第二号	黑	甲　松 乙　硬	2 2	0.2 0.2
第三号	灰	甲　松 乙　硬	356 420	37.5 44.3
第四号	白	甲　松 乙　硬	3 3	0.3 0.3
第五号	黄	松	87	9.2
第六号	橙	松	23	2.4
第七号	红	甲　松 乙　硬	1 1	0.1 0.1
第八号	紫	硬	3	0.3
总　计			949	100%

(Ⅲ)陶片花纹

合小径背诸山、风口崠、西山三处遗址所得计949片，归纳其花纹得36种，加素面者2种合37种。兹由繁而简依次说明如下。

1. 螺旋纹(第 31 图)

阳纹,印成,这种花纹,最为美观。但数最少只一片,或者是外来的。但陶质和其他片同,仍属同一时代物。

2. 叠圆环纹(第 31 图)

阳纹,印成,中有一圆点,外加二环,此外再加以纵横线,也颇复杂。初看和上一号相似,实不同。数也少。

3. 雷纹 1(第 32 图)

阳纹,印成。方形,但角钝。得自西山,数较上二种多。

4. 雷纹 2(第 32 图)

阳纹,印成。方形,角锐。纹较上一种细,层较多。中有斜十字纹。只一片。

5. 雷纹 3(第 32 图)

阳纹,印成,较上二种简单且小。也只一件。

6. 曲尺纹(第 33 图)

阳纹,印成。参数直角即曲尺状纹相叠,这一种数量最多,居35.7%。

7. 人字纹(第 33 图)

阳纹,印成。状如多数人字相叠,似为上一种的变体,但这是钝角。数量占 7.8% 颇不为少。

8. 龟甲纹(第 34 图)

阳纹,印成。状如龟甲上的六角长形纹。也可谓曲尺纹的变体。只一件。

9. 鱼鳞纹(第 34 图)

阳纹,印成。为多数眉形曲线相叠相错如鱼鳞状,这一种实也是曲尺纹的变体。

10. 之字纹 1(第 35 图)

阳纹,印成。状如草书之字。多个相叠。

11. 同上 2(第 35 图)

铰上一种粗大。

12. 米字纹(第 36 图)

阳纹,似由印模而成。由正斜两十字合成如米字。这一种也颇多。

13. 双线米字纹(第 36 图)

阳纹,亦似印成。外加方格,一片上只一纹。只一件。

14. 方格包斜十字纹(第 37 图)

阳纹,印成,也只一件。

15. 方格包直线相错纹(第 37 图)

阳纹,印成,每十方格内有直线,各方格复按其内之线纵横相错。

16. 三角相错纹(第 37 图)

阳纹,印成。构造略同上,但系三角。

17. 横直线相错纹 1(第 38 图)

阳纹印成。横直线各相叠成排,然后相错。

18. 同上 2(第 38 图)

似上一种。但一小部分相错成方格。

19. 编草纹(第 38 图)

阳纹,似由编草为范而制成。

20. 回字形印纹(第 39 图)

阳纹,印成,两个方格相叠如回字。

21. 圆形印纹(第 39 图)

阴纹,印成,为简单的圆环形印纹摹。

22. 指甲形印纹(第 39 图)

阴纹,印成,似由指甲戳入陶面而成。

23. 波纹(第 39 图)

阴纹,似由尖细工具刻割而成。

24. 草形纹(第 39 图)

阴纹,由同上方法刻成,惟较为简单。

25. 布纹(第 40 图)

不分阴阳纹,似以细麻布为范制成。

26. 正方格纹 1(第 40 图)

阳纹,似以粗麻布为范制成。

27. 同上 2(第 40 图)

阳纹,较上一种更粗。

28. 同上 3(第 40 图)

阳纹,较上更粗,似以网为范。

29. 斜方格纹 1(第 41 图)

阳纹,似以麻布为范印成。

30. 同上 2(第 41 图)

阳纹,较上为粗。

31. 同上 3(第 41 图)

阳纹,最粗,似由大网制成。

32. 斜线纹(第 42 图)

阳纹,印成。

33. 直线纹(第 42 图)

阳纹印成。

34. 平行横纹（第42图）

阳纹，印成，很细，且平行。

35. 不平行横纹（第42图）

似用绳捺印而成，纹横但不甚平行。

36. 筐篮纹（第42图）

似贴于筐篮上烧成，纹不平行，时有交错处。图中无记号的一片为里面有筐篮纹的陶片。

兹制一表于下计算其数量及各占总数百分之几以推知某种可为代表式。

陶器花纹种类表

总号数	种 类	数 量	百分数
1	螺旋纹1	1	0.1
2	圆环纹1	3	0.3
3	雷纹1	9	0.9
4	同上2	1	0.1
5	同上3	1	0.1
6	曲尺纹	339	35.7
7	人字纹	74	7.8
8	龟甲状纹	1	0.1
9	鱼鳞纹	7	0.7
10	之字纹1	1	0.1
11	同上2	1	0.1
12	米字纹	37	3.9
13	双线米字纹	1	0.1
14	方格斜十字纹	1	0.1
15	方格包直线相错纹	2	0.2
16	三角相错纹	3	0.3
17	横直线相错纹1	10	1.1
18	同上2	6	0.6
19	编草纹	8	0.8
20	回字形印纹	1	0.1
21	圆形印纹	1	0.1
22	指甲印纹	2	0.2

续表

总号数	种 类	数 量	百分数
23	波纹	8	0.8
24	草形纹	1	0.1
25	布纹	4	0.4
26	正方格纹1	9	0.9
27	同上2	23	2.4
28	同上3	2	0.2
29	斜方格纹1	1	0.1
30	同上2	52	5.5
31	同上3	6	0.6
32	斜纹	21	2.2
33	直纹	8	0.8
34	平行横纹	2	0.2
35	不平行横纹	13	1.4
36	筐篮纹	13	1.4
37	素面	44	4.6
38	口及底原无饰纹者	232	24.4
39	合　计	949	100%

兹将这次所得的花纹概括叙述如下：

1.花纹种类颇多，小别者不计，大别者尚有36种。

2.花纹多由捺印而成，极少数似由刻划。

3.诸项花纹种以曲尺纹为最多，占35.7%。人字纹次之，占7.8%。这二种实同一源，故可谓曲尺纹为这次陶片花纹的代表式，此外米字纹、斜方格纹次之。

4口部足部原无纹饰，腹部多有饰纹，素面者甚少。

5.器底圈足之内也常有纹，更可见纹饰之多。

6.其纹饰多数美丽复杂。若非与石器同在一处，必疑为后代物。无论华北无此种纹饰，即杭州等地发见者似亦不及其多。

7.花纹种类中有数量甚少者，或系由外间传入。

8.花纹既繁杂，一器制成需时很久，可知当时人很费精力于陶器。当时工艺美术大约集中于陶器，此外似无他项可从事。这种情形颇合于石器时代，因为如已发明铜器，必不再这样注重陶器了。

（Ⅳ）陶器的各部分

1. 盖顶（图略,4件）

第一号　　手提处最小者:其径最小处 3 厘米,盖身厚 1 厘米。原器必在 10 厘米以上。

第二号　　手提处较上大者:径最小处 4.5 厘米,盖身厚 1.5 厘米。原器较上件更大。

第三号　　手提处更大者:径最小处 4.8 厘米,盖身厚约 0.7 厘米。原器较上件大。

第四号　　手提处最大者:径最小处 5 厘米,盖身厚 0.5 厘米。原器似与上件同大。

2. 盖的边缘（图略,2件）

第一号　　此残片长 10 厘米,厚 1 厘米。其边既有突出之部,复有盖下之部,制法颇精。其原器似颇大。

第二号　　这件远比上件小。长 6 厘米,厚 1 厘米。形体同上。

3. 口颈部（单位以厘米为准）

甲种　口颈直,渐向外倾者。

第一号　　最简单,高 1,厚 0.5。无饰。

第二号　　高 3,厚 0.4,微向外倾。顶有一沟为饰。

第三号　　高 4.6,厚 0.8。微向外倾。

第四号　　高 35,厚 0.5。更向外倾。顶有二沟为饰。

第五号　　高 4,厚 0.7。更向外倾。

乙种　口颈弯,渐向外倾者。第 44 图。

第六号　　高 4.5,厚 0.4。内面尚直,外面微向外弯。顶有二沟为饰。

第七号　　口与腹似无分界处。厚 0.6。更为弯曲向外。

第八号　　高 5.3,厚 0.6。更弯向外。

第九号　　高 3.5,厚 0.8。更弯向外。

第十号　　口与腹似无分界处。状颇高。厚 0.4。更弯向外。

第十一号　　高 3.5,厚 0.4～1。极向外倾。

丙种　口颈弯渐向内卷者。（第 45 图）

第十二号　　口腹无分,微向内倾似杯状。厚 0.3～0.6。

第十三号　　口腹无分。更向内倾。厚 0.2～1。似碗状。

第十四号　　高 3.3,厚 0.3～1。口缘向内卷。

第十五号　　高 2.2,厚 0.4。口缘更向内卷,外有一棱为饰。

第十六号　　高不明,厚 0.3。口缘更向内卷,达 0.8 之阔。

第十七号　　高不明,厚 0.5。口缘更向内卷,至达 1.4 之阔。上有二沟为饰。

第十八号　高不明,厚0.4。口缘更向内卷,达1.4。上有三沟为饰。

丁种　口颈向内生一唇者。

第十九号　高不明,厚0.3~0.8。口缘生一唇向内倾。

第二十号　高5.4。厚0.5。唇与本身界限甚明。这是承盖之用。

第二十一号　高30,唇更长达1.4。

第二十二号　高不明,厚0.5。唇更长达1.5。唇外有二沟为饰。

第二十三号　高不明,厚0.4。唇更长达2.0。唇外有三沟为饰。

第二十四号　高不明,厚0.4~0.5。唇更延长至2.2。

4. 耳部 3 件

第一号　耳外高1.9,孔内径长1.7,阔0.8,系将另一块陶土贴上者。原器大。

第二号　器小,耳也小,耳外长1.0,高0.5,内孔径0.3。

第三号　无耳但有一孔似系用以代耳。

5. 腹部 12 件

腹部常有长条文为饰,其条文非就器上捏使凸起,而系另加一条于器上者,此由第9号而知之。以厘米为单位。

甲种　单线者:

第一号　最简单只有一狭形条。

第二号　其条渐阔至0.5,较为美观。

第三号　其条加阔至0.7,且高起至0.2。

乙种　多线者:

第四号　如第一号之条有二条,相距1.2。

第五号　如上之条距离2.6。

第六号　三条相距0.9。

第七号　三条相距为2.3及1.9。

第八号　三条加阔至0.6,0.6,0.8。

丙种　盘上加饰者:

第九号　条上剥削成多数凹处,使余部成齿状。齿不整齐。

第十号　如上之齿更密,亦不整齐。

第十一号　其条由上更进化而为绳索形,绳索形之进化盖由齿形而来此点颇为重要。

6. 底部　4 件

第一号　平底。

第二号　稍凸之底。

第三、四号　圆足,状如现代的碗底。三号大,四号小,形同。

7. 足部(12件)

上部似容器的底,其下的足扁而渐尖。陶质极粗。

第四节　与他处石器时代遗物的比较

1. 石器第4号薄边石锛(第7图)与1931年厦门所发现的石锛极为相类,厦门石锛也是薄边,且石质同属泥枚岩,色亦皆灰黄。厦门发现石器在福建是最早的,但数量太少,只有2件,直到武平有大量的发现,方证实了厦门的发现。

2. 石器第一号有段石锛。按有段石锛台湾①、香港②、南洋③、太平洋群岛④都有,而武平所发现者最与香港、台湾之物相似,甚或可谓之相同。杭州良渚也有有段石锛⑤,状似略异。古荡石器第四号⑥也是有段石锛,但也略有异。石锛的有段实为扎柄之用,这由近代太平洋坡里尼西亚群岛土人的石锛而推知(第52图)。⑦其柄非直木,而是一端有曲叉的木板,扎时将石锛平面置曲叉上,然后以绳并石锋与曲叉而扎合。其状如小锄,其分段处有隆起的棱,即所以阻绳脱落。这种方法颇为复杂。各地有这法似由传播,非由各自发明而互相暗合。这类石锛在华北尚未发现,或即因此物原为亚洲东南海洋地带的产物。

3. 穿孔石铲:武平石器第30号是穿孔石铲的破片。按穿孔石铲在杭州古荡及良渚都有。马来半岛的石器中亦有石铲,其形甚为相似。⑧

4. 石镞:与杭州古荡、湖州钱山漾发现者很为相类,大都中有一脊,长身,无倒钩,有箭根。

5. 陶片饰文:大体与杭州古荡所发现者相类,其中尤以米字文、回文更全相同。这样相同决非偶然相合,而是由传播。尚有曲尺文一种则马来半岛的

---

①　林惠祥:《台湾番族之原始文化》。

②　Finn, D. J. : Archaeological Finds on Lamma Is. Near Hong Kong, pt. Ⅲ.

③　菲律宾的由 H. O. Beyer 采集很多,称为 Philippine stone axe(菲律宾型石斧)。西里伯也有。

④　British Museum : Handbook to Ethnographical Collections , p. 157.

⑤　何天行:《杭县良渚镇之石器与黑陶》。施昕更:《杭县第二区远古文化遗址试探简录》。

⑥　卫聚贤等:《杭州古荡新石器时代遗址试探报告》。

⑦　Walli, W. D. :*An Introduction to Anthropology.*

⑧　Bulletin of the Raffles Museum, Series B, No. 1, Plate ⅩⅠⅩ.

Bukit Chintamani 地方石器时代遗址也有(Bulletin of the Raffles Museum, Series B., No.1, Plate ⅩⅩⅤ 1936),这种纹样非甚简单而可以偶合者,故亦似由传播。

6.陶器形状:陶器第一号即陶尊之状与良渚的陶尊颇相似(见良渚报告图第 17 图 A),又第二号有孔陶器与良渚的敦状豆底部亦相似(见同上第 18 图 D)。

〔按以上都是原文,故所比较的都是 1937 年以前的别地发现资料。〕

第五节 推 论

一、当时住民的生活文化

由遗址及遗物推之,当新石器时代武平附近数十里内小山上均已有人类居住,诸山间的平地在今日为田地,在当时或者便是河流,而诸山在当时或较今日为高峭。诸山今日树木稀少,但这或是由樵采而致,诸山的土质颇松软且肥润,非不毛之地,在石器时代或有颇多的树木。故在今日虽为人迹罕到的荒山,然在当时有树有水,自然有天产食物,大可为人类居住的地方。当时人所居大都即在山顶及山坡,似以茅屋为住所,因为其地别无山洞岩荫可居住。山顶颇有发现木炭之处,有成一薄层者,又有土块似经火烧而变硬,然又不类器物,似即火炉的土。所用的器物有磨制石器及陶器。石器不甚多,或因本处不产石,其石料似由他处运来。石器制工也颇好,但多数不大加工,似当时人不很注意于此。当时人精力所贯注者似有陶器,因为陶器破片很多,且很精,陶质颇好,适于为流质的容器。陶器上所加的饰文种类多,且美观,手续很繁,甚至不重要的部分如容器的底也加印文(陶如尊)可见当时人对于陶器的致力。石陶而外,必尚有竹木等器,竹木易烂故不见。至于骨角器尚未发现,即有似亦不多。此外所可推知者,制陶有用筐篮、布类,或网为范的,可知这三者都已发明。其布或者是麻布。有布即有布制的衣服。网目大小均有,可知渔猎已能用网。箭镞很多,除射鸟兽外也必用于战斗。陶器多,食物必丰,其食物除鱼虾鸟兽外或当有谷物,因为陶器的发明或由于烹煮谷物的需要,石器之中又已有杵,且他处新石器时代人大都已知种植。今试想象当时人的日常生活:大约男子日日拿着弓箭网绳往来山林水涯之间,从事渔猎,妇女则携带筐篮陶器工作于住家的附近。男女都有麻织的衣服,带上或悬佩有孔的石器。今日散布于山上的破石镞都是男子的成绩,而陶片则是妇女所遗留。

二、年代

可由下述二法考证之。

1. 由比较言之：华北石器时代据安特生的研究自新石器时代末期到石铜并用期是自公元前3500—公元前2600年①，据其他诸家的发现，河南仰韶文化之后为后冈文化或城子崖文化，以后方为小屯文化，即入铜器时代。至于仰韶期的年代诸家之说略有不同，据董作宾概括如下：安特生谓在公元前3000年，即黄帝以前。阿尔纳谓在公元前3000—公元前2500年，即黄帝少昊颛顼之时。李济谓为公元前1800年即殷商以前。徐中舒谓为公元前2200—公元前1800年即虞夏之时。董作宾谓为公元前2000年，即折中李徐二说。至于后冈文化即城子崖黑陶文化据董氏谓在公元前2000—公元前1200年。② 由此观之，华北新石器时代的结束最高估计在公元前2600年前，最迟在公元前1200年。折中言之为公元前2000年前，即距今4000年前，以后即入铜器时代。

至于浙江古荡、良渚的新石器时代，据卫聚贤说江南文化因之拉长数千年，卫氏且倡江浙文化古于北方之说③，卫氏认为古荡的石器确为石器时代之物，其年代颇古唯不曾断定其年数。此外如胡天行等则谓"浙江出土石器因其形式美与玉器的关系密切，只可看作是石铜并用时期之产物，不能遽定为新石器时代之文化品"④。

古荡、良渚、钱山漾等处的石器中确多有精巧技术的产物而有类于兼用铜器所制成，且伴玉出土，似属殉葬用品，然其他亦非无技术较粗而锋刃已钝之物，则似属实用品，不能尽归于铜器时代制造的殉葬物。杭州、湖州等遗址可谓终止于石铜并用期，然其开始必远在纯粹新石器时代。

至于这次武平的石器则其物大都粗朴，且散布山上，决非殉葬品或铜器制造物而确为石器时代之物。至其年代因此地较外间为荒僻，古时文化亦必较为落后，故决不能说与华北同时，此之浙江，物较粗而地较僻，两者相抵，或在同时，换言之此地的石器时代或稽留至浙江已入石铜并用期而华北已进入铜器时代。由此言之华北的石器时代若终于3000数百年前，此地的石器时代应

---

① 李济等：《城子崖》。
② Anderson：《甘肃考古记》。
③ 卫聚贤等：吴越文化论丛第296页303页。又卫聚贤：《中国文化起于东南发达于西北的探讨》（东方杂志，卅四卷第七号）
④ 同上书第289页胡天行文。

在其后约1000年,即约在2000数百年以前,即春秋时代以前。

2. 由记载言之,《国语》有下列记载一则:

> 仲尼在陈,有隼集于陈侯之庭而死,楛矢贯之,石砮,其长尺有咫。陈惠公使人以隼如仲尼之馆问之。仲尼曰:"隼之来远矣,此肃慎氏之矢也。昔武王克商,通道于九夷、百蛮,使各以其方贿来贡,使无忘厥职。于是肃慎氏贡楛矢石砮,其长尺有咫。"

据此孔子一见楛矢石砮(即石镞)即断其为东北方肃慎氏之物,不曾疑及东南方的民族。东南方民族如浙江的越,若在当时,或不久以前,尚使用石镞,博学如孔子必不致全无闻知。可见浙江地方民族的使用石镞必远在孔子之前,至少亦须数百年方能泯其传说。孔子生于距今两千四五百年前,再加数百年即达3000年。但这说就浙江北方交通方便之地言之则可,若武平则远在其南方山地,交通不便,保存石器文化亦必较久,故其年代依理似较后于浙江。惟当孔子时浙江的越久已脱离石器时代而盛用铜器,武平虽较后亦不致落后太久。且《史记》记述闽越始自越亡,即战国时,亦不曾言及其民族曾使用石器,故武平的石器时代最迟亦应终于春秋时,即2500年前。

三、民族

春秋时浙闽粤赣诸省皆为越族住地,总号百越。至于汉时复有瓯越、闽越、南越之称,闽越即在福建,汉武帝时闽越人始被政府强迫移民于江淮之间。

> 闽越王无诸及越东海王摇者其先皆越王勾践之后也,姓驺氏。秦已并天下,皆废为君长……以其地为闽中郡。……于是天子曰东越狭多阻,闽越悍数反复,诏军吏皆将其民徙处江淮间,东越地遂虚。(《史记》卷一一四)

由此观之可见石器时代的武平住民决非华夏族而系越族,这是无疑义的。[①]

四、这种文化的散布地方

上文曾言及除武平城附近一带遗址外武平城东约30里的天马山,也有石器、陶片发现,据居民所述尚有他山亦发现石镞,可见武平一县这种遗址尚甚

---

① 林惠祥:《中国民族史·百越系》。又《中国文化之起源及发达》(《东方杂志》卅四卷第七号)。本篇原是1937年所写,故参考书都是1937年以前的著作。

多。武平之东则厦门亦有相类的石器发现。由武平及厦门已发现的事实推之,此两地间即闽西闽南一带均应有石器,两地间的长泰县曾闻亦有石器,唯未证实。至于北向则杭州、湖州亦皆有石器陶器,而其物据上文比较,与武平者乃颇相类,似可见系同一系统的文化。故由浙江北部以至武平,中经浙南闽北必皆有石器遗迹,虽未发现然可预推。至于南向则广东的香港也曾发现石器时代遗物,印度支那也有石器遗址,而据上文的比较,武平陶器的曲尺文也见于马来半岛的陶器,有段石锛多见于台湾、南洋各地而武平亦有,由此可见武平的石器时代文化与台湾、香港、南洋群岛颇有关系,其间的广东大陆应有石器时代,而与武平毗连的潮梅一带似更当有武平式的新石器文化。虽皆未有发现唯按事实推之固应如此。

〔按以上是1937年所写的原文,故所举各地的比较资料不包括以后的发现。当时所推测浙闽粤应有武平式的新石器文化,现在已经证实。〕

(《厦门大学学报》社会科学版1956年第4期)

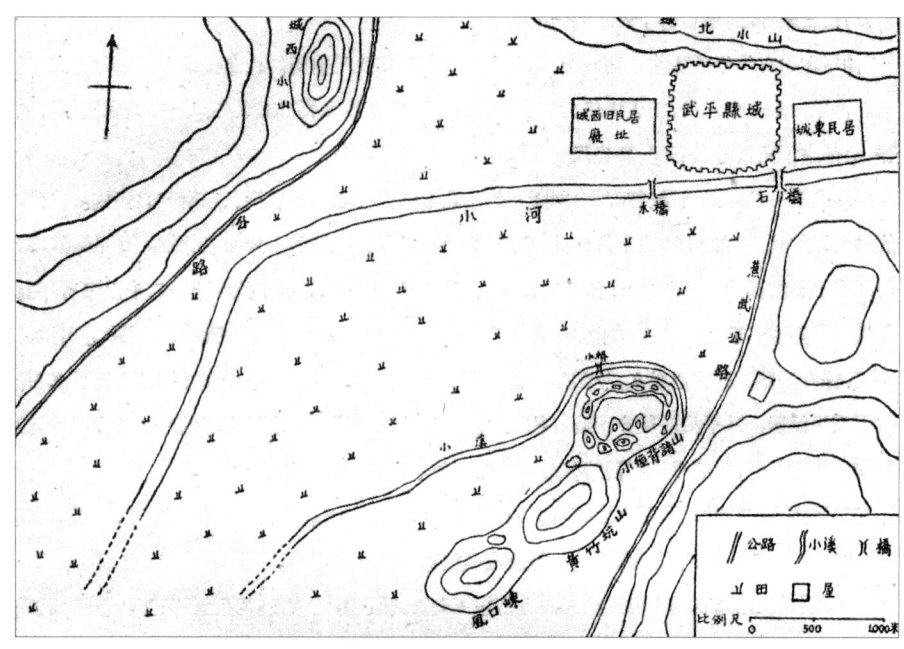

第 1 图　武平城附近新石器时代遗址简图

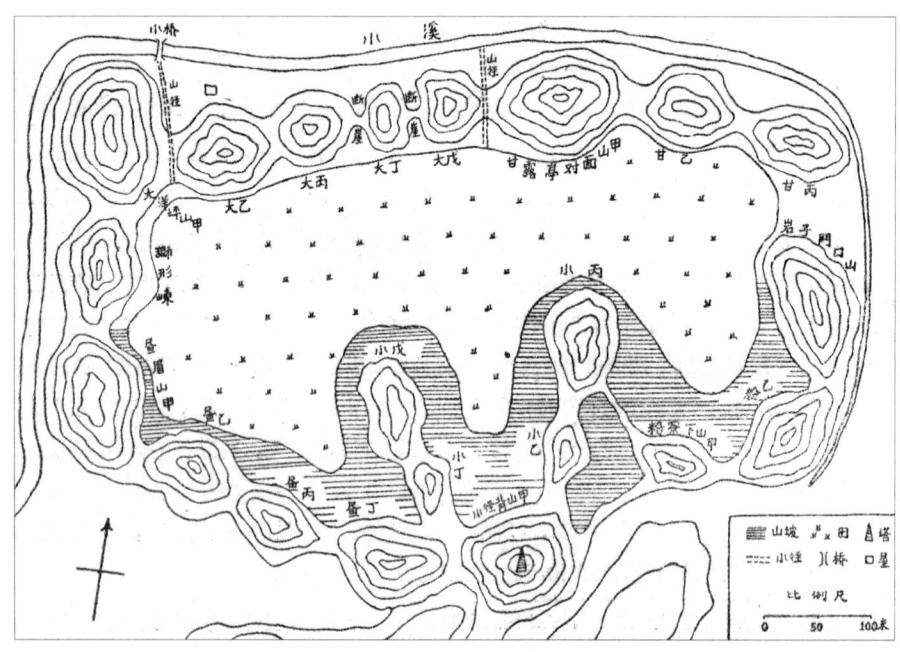

第 2 图　小径背诸山遗址简图

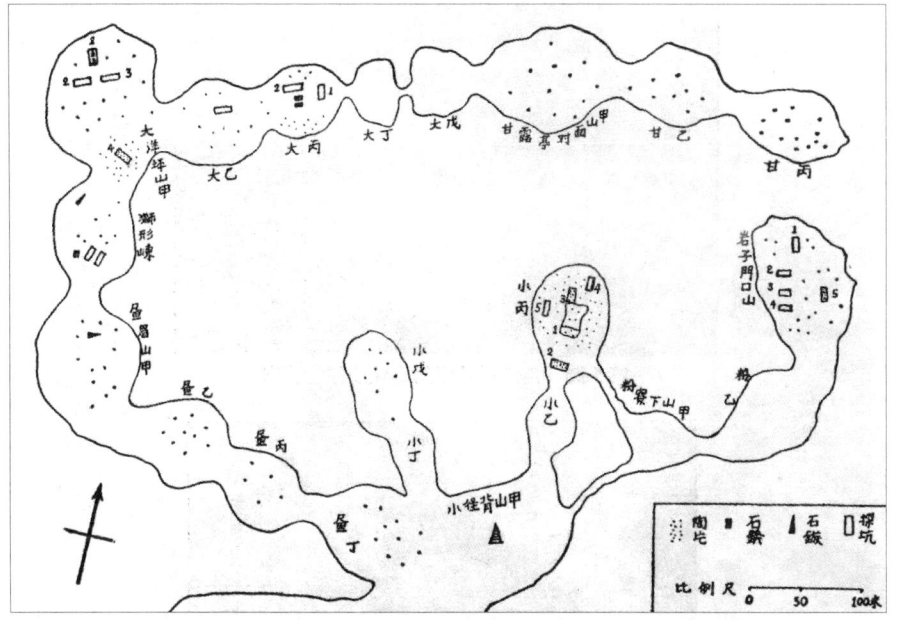

第 3 图　小径背诸山遗物暴露处及发掘处简图

第 4 图　最主要遗址小径背丙冈（中央有台地）

第 5 图　由武平城南门远望小径背诸山

第 6 图　小径背山甲冈及其上的塔

第 7 图　小径背丙第三探坑中陶尊出土状　　第 8 图　大洋坪甲石锛在土面上原状

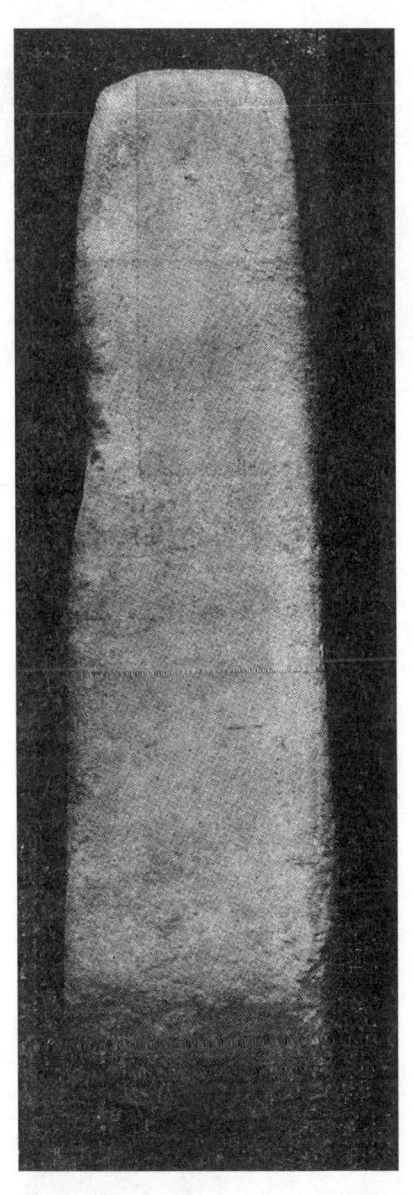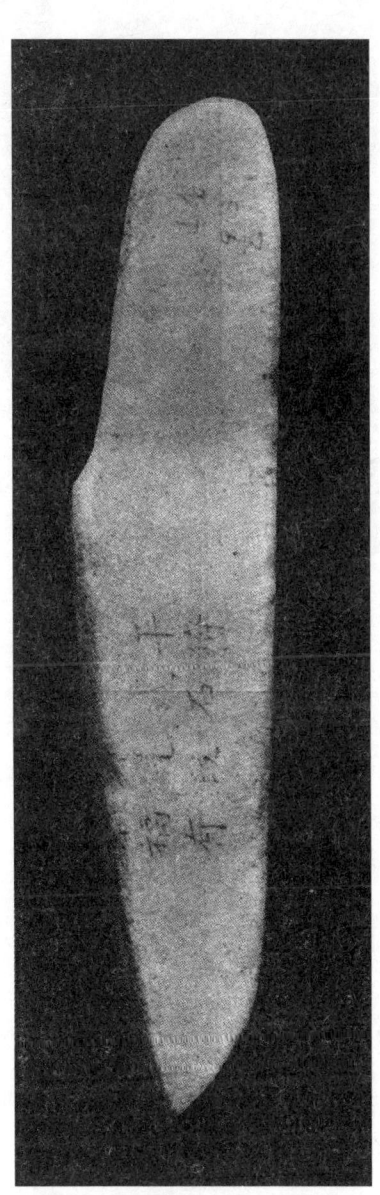

第 9 图　有段石锛大号第 1 件正面(原大)　　　第 10 图　同左侧面(原大)
（长 13.8 厘米，阔 3.7 厘米，厚 2.5 厘米）

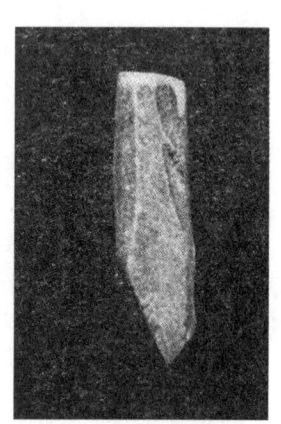

第 12 图　有段石锛小号正面
（同大，长 3.5 厘米，阔 2.6 厘米，厚 0.9 厘米）

第 13 图　同左侧面

第 11 图　有段石锛大号第 2 件
（背面，长比上略减，物在梁处）

第 14 图　常型石锛第 1 件
（正面，7.7×3.7×1.4 厘米）

第 15 图　常型石锛第 2 件
（正面，6.3×3.1×1.0 厘米）

福建武平县新石器时代遗址

第16图 薄边石锛(长7厘米)

第18图 无棱石锛(6厘米)

第19图 小石锛4件(右4.3厘米,左3.3厘米)

第17图 短石锛2件
(上4.0厘米,下4.4厘米)

第20图 打制未磨石斧(右长7.2厘米)

第 21 图　石斧(右)、石杵(左)

第 22 图　石凿 2 件(右 6 厘米)

第 23 图　三棱形石凿 2 件(右 7.7 厘米)

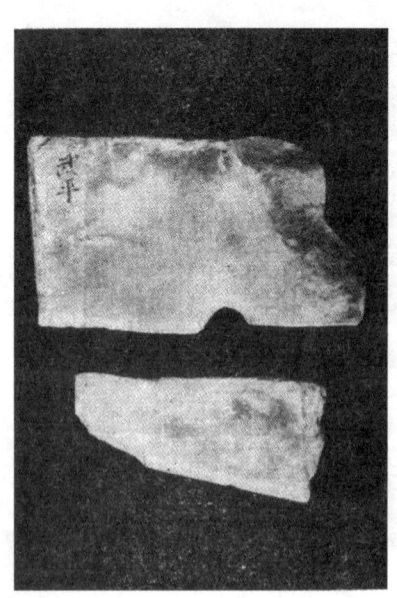

第 24 图　石铲破块 2 件

第25图 完整石箭镞3件
（右6.3厘米，左3.2厘米）

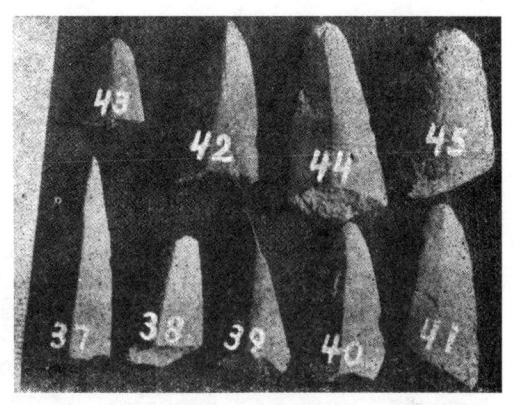

第26图 石镞破块：尖端

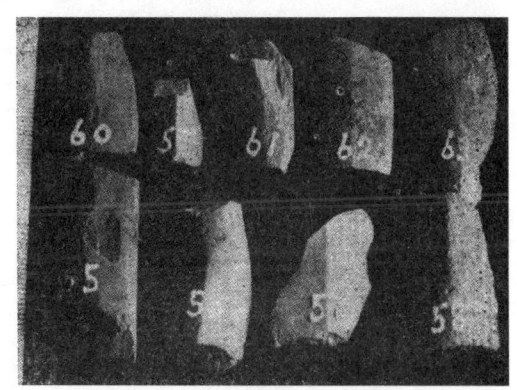

第27图 石镞破块：中段

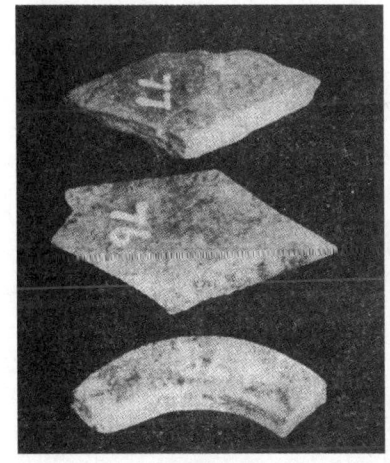

第29图 未完石镞2件（上中）
　　　　石瑗残段（下）

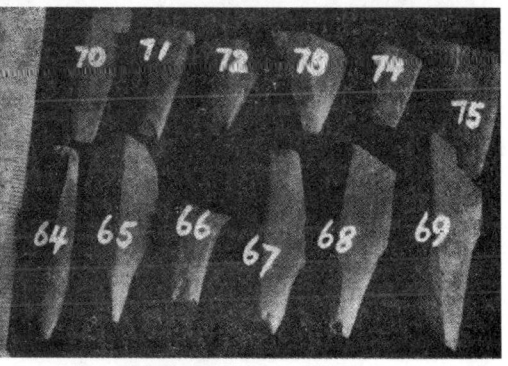

第28图 石镞破块：根部

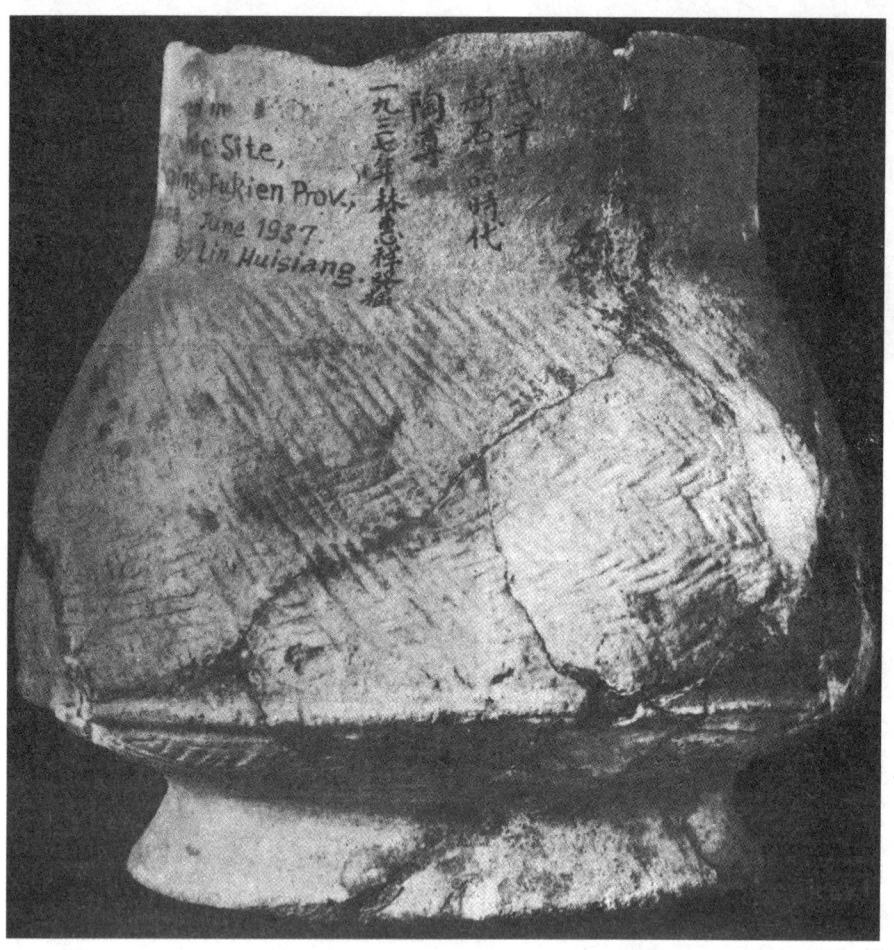

第30图 印纹陶尊（高 12.3 厘米，广 9.2 厘米）

第 31 图 陶片花纹：1.螺旋纹；2.叠圆环纹

第 32 图 陶片花纹：3、4、5 雷纹三种

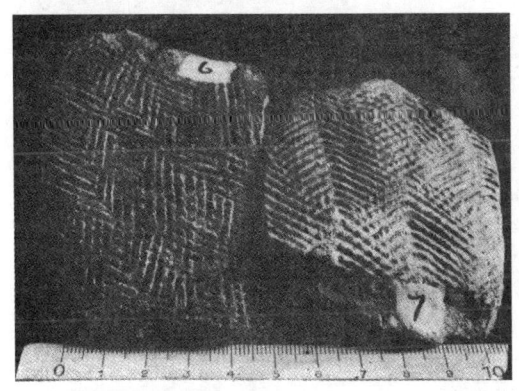

第 33 图 陶片花纹：6.曲尺纹；7.人字纹

第 34 图 陶片花纹：
8.龟甲纹；9.鱼鳞纹

第 35 图 陶片花纹：
10.之字纹细的；11.之字纹粗的

第 36 图　陶片花纹：12.米字纹，13.双线米字纹

第 39 图　陶片花纹：
20.回字形印纹，21.圆字形印纹，
22.指甲形印纹，23.波形纹，
24.草形纹

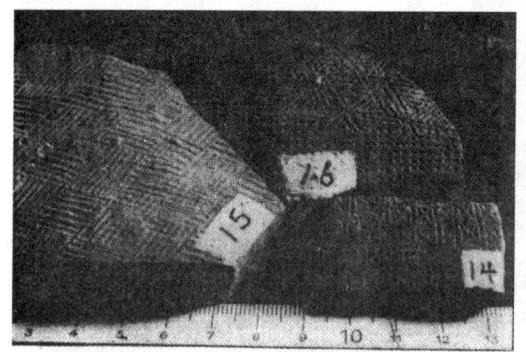

第 37 图　陶片花纹：14.方格包斜十字纹，
15.方格包直线相错纹，16.三角相错纹

第 38 图　陶片花纹：
17.横直线相错纹，18.同上略异，19.编草纹

第 40 图　陶片花纹：
25.布纹，26–28.正方格纹

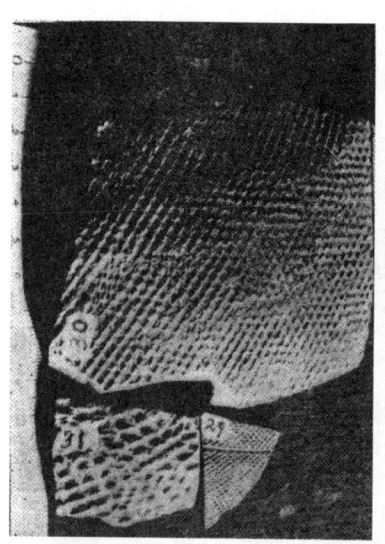

第41图 陶片花纹:29-31.斜方格纹

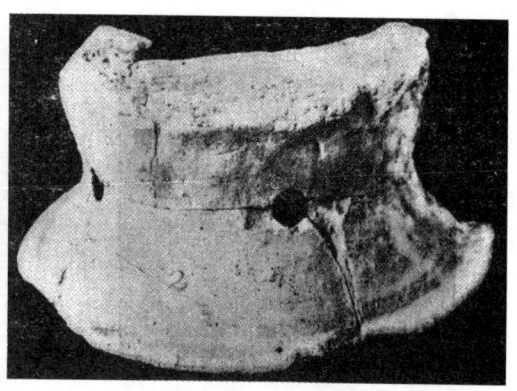

第43图 陶豆底部

第44图 陶器口颈部:向外弯者

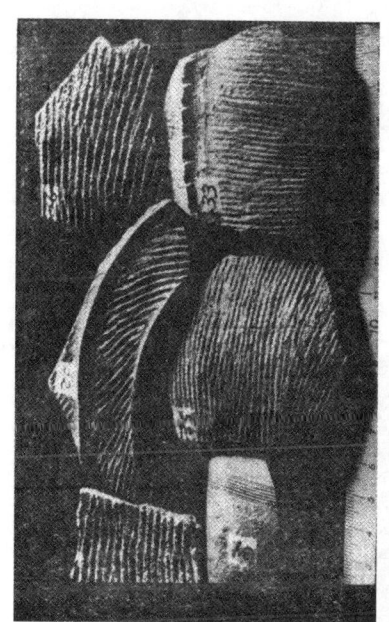

第42图 陶片花纹:
32.斜线纹,33.直线纹,34.平行横纹
35.不平行横纹,36.筐篮纹

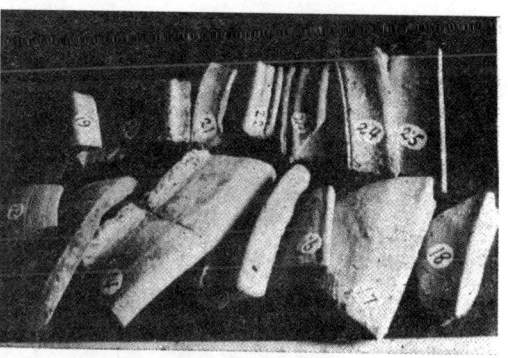

第45图 同上:向内弯者

第 46 图　陶器耳部　　　　　第 47 图　陶器的足

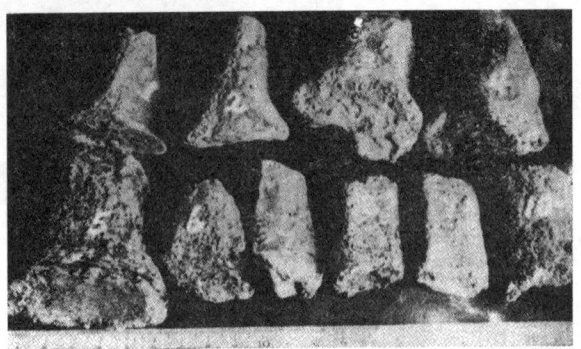

第 48 图　陶器的足

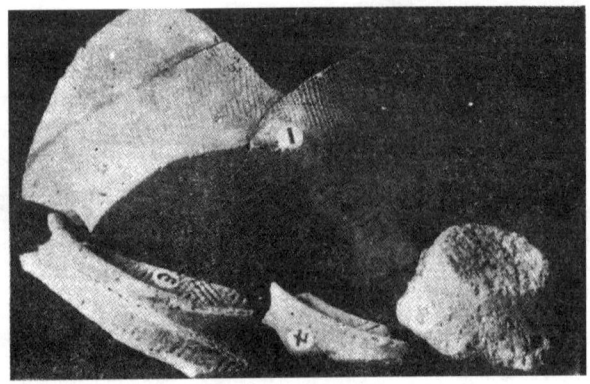

第 49 图　陶器的底部

第 50 图　武平有段石锛大号
　　　　第一件装柄状

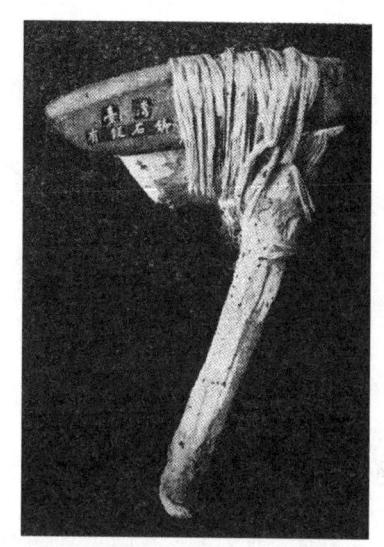

第 51 图　台湾有段石锛装柄

第 53 图　武平(左)和杭州古荡(右)的
　　　　米字纹陶片的比较

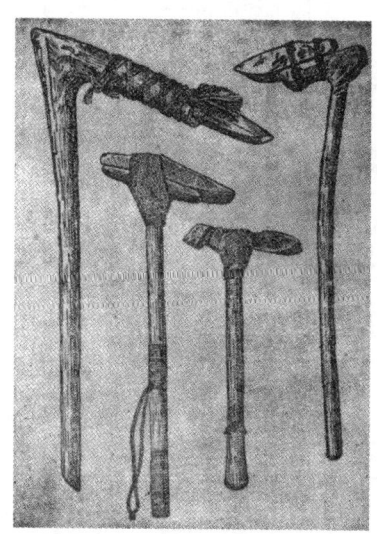

第 52 图　太平洋诸岛的有段石锛

第 54 图　武平(左)和马来亚的
　　　　曲尺纹陶片的比较

福建武平县新石器时代遗址

福建南部的新石器时代遗址

一、引　言

中国新石器时代的遗址，过去发现多在华北一带。近年来长江以南的东南沿海区域，如浙江杭县，福建福州，广东海丰、韩江流域以及香港等地也都有发现，并且另具特征，与华北不同。福建南部一带，就地理的位置而论，是很重要的地区。作者过去及最近曾在武平、龙岩、厦门、南安、惠安等五县发现了新石器时代的遗存好几处，证明了这一带不仅遗存颇多，并且是属于东南沿海区的文化系统。今述其要，以供大家参考（插图1）。

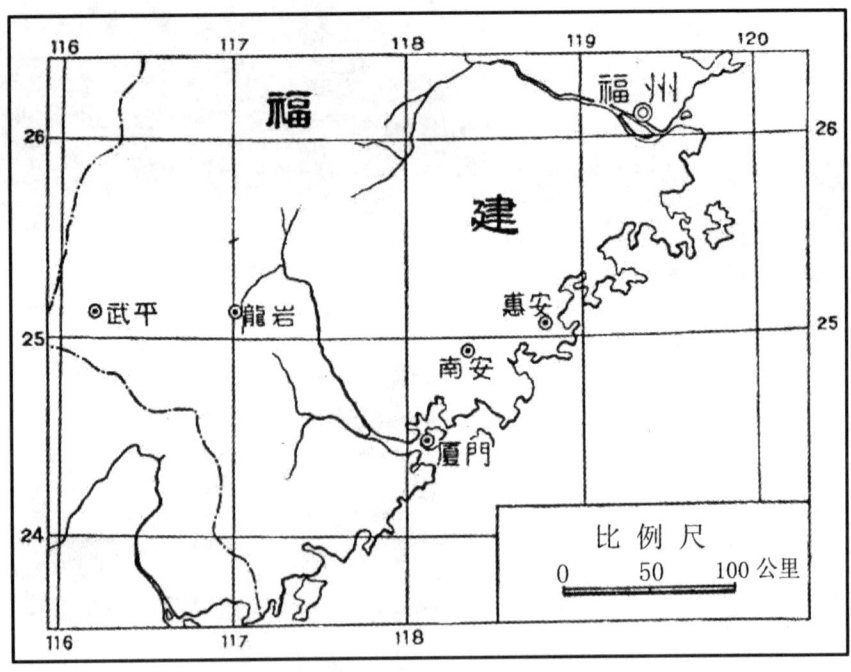

插图1　福建南部新石器时代遗址分布图

二、武　平

(一)发现及工作经过

1937年4月武平中学教员梁惠溥同志在城南小径背山发现印纹陶片及石器,遂函告作者。由6月12日至18日,作者与雷泽光同志,去附近一带调查,并进行发掘工作,除又发现数处遗址外,并在小径背诸山,开掘了长3米,宽1米,深0.5米的探坑17个。所得遗物除2、3件留梁惠溥同志处以外,其余完全带回,现存于厦门大学人类博物馆。

(二)遗址

遗址可分为下列四部分:

1. 小径背及邻近诸山遗址(插图2、3)——位于武平城南约3里。山约有十余座,以小径背为中心点,西有画眉山,东有粉寮下山、岩子门口山;对面西北隔一山谷有狮形崠、大洋坪,东北有甘露亭对面山(因在甘露亭对面,故暂以此为名)等,回环合抱,形成山谷,谷中有田。诸山大抵都可再分为数个小冈,以甲、乙、丙、丁等名之。在甘露亭对面山及大洋坪两山之间,和大洋坪甲、乙两冈之间,各有小径可以出入,或为古代人类来往的要道。

(1)小径背山。可以分为甲、乙、丙、丁、戊五冈。在丙冈地面上散布陶片、石镞等甚多,因遗址受雨水浸蚀,故皆露出地面。曾开5探坑,仅得陶片少许。其余各冈未见遗物。

(2)岩子门口山。共开5坑,仅在一坑内,获得95片陶片。在地面上曾采集有石镞、石杵、砺石等物。

(3)画眉山。因植树的关系,冈上的泥土多被搅动。在甲冈地面采集有若干石镞及35片陶片,在丙冈地面采集陶片11片。

(4)狮形崠。共掘2坑,无发现,曾采集有石碑、石镞和陶片23片。

(5)大洋坪。在甲冈东南坡试掘深数寸即见陶片及木炭等物,获陶片94片;又在地面采集有22片。西北部掘3坑,无所获,惟曾采集有石锛、石镞等。乙冈掘1坑,无所得。丙冈掘2坑,无所得,但曾在地面上采集石镞和陶片15片。

(6)甘露亭对面山。略有石镞与陶片。

2. 风口崠。在小径背诸山南3里,即武平南约6~7里。该地遗物不多,仅采集陶片 28 片,石锛 1 件,未发现石镞。

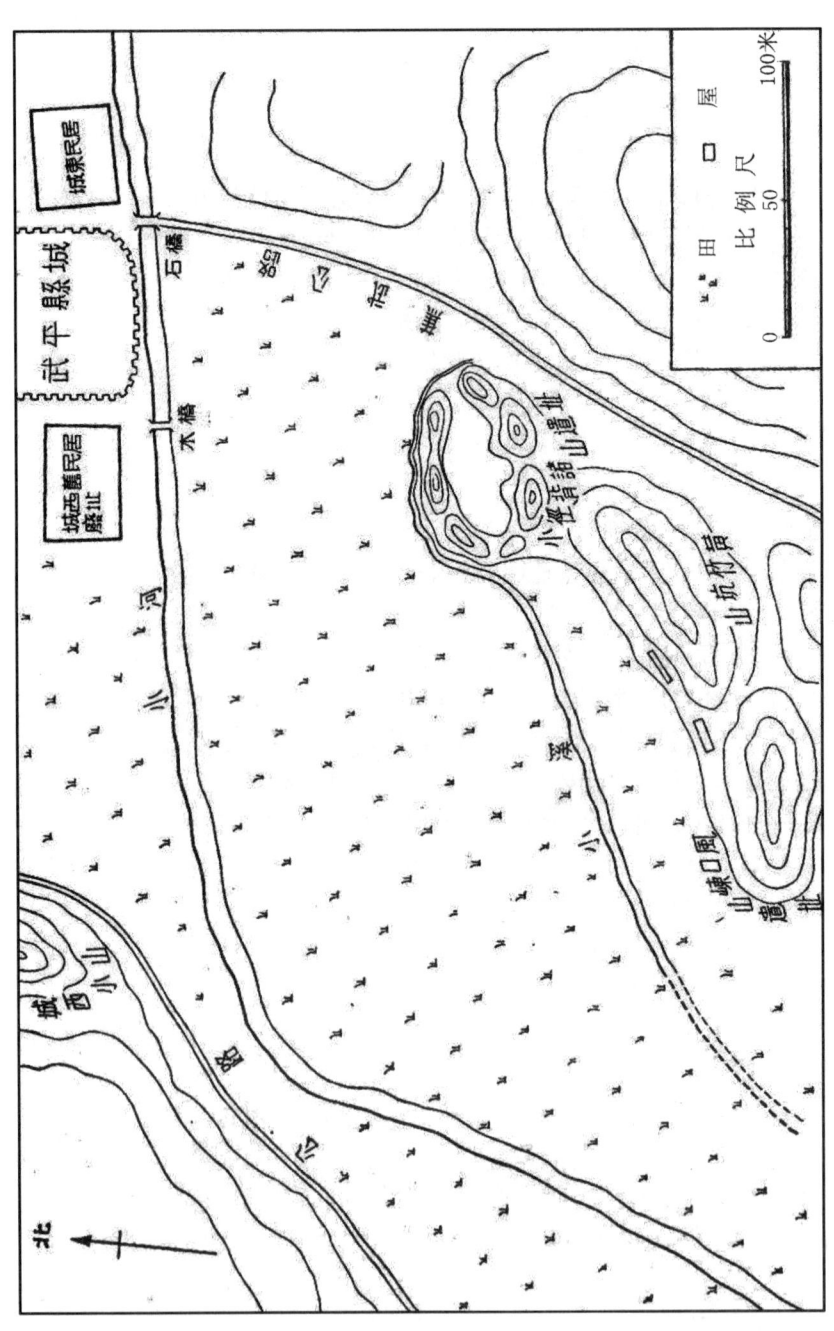

插图 2 武平附近遗址位置图

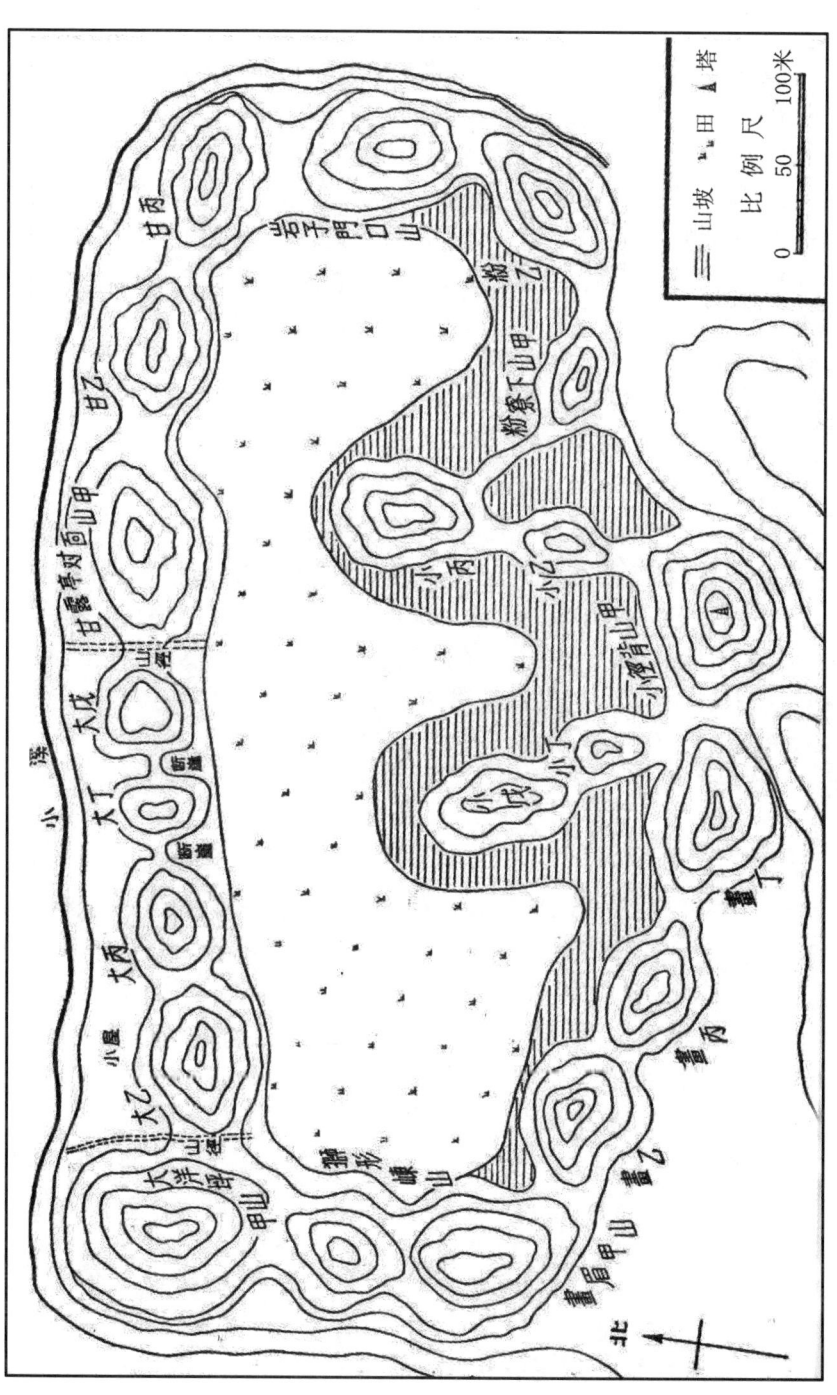

插图 3　武平小径背诸山遗址

福建南部的新石器时代遗址

237

3. 西山。在武平城西约 4 里,遥与小径背、风口崠诸山相对峙。采集有石瑗及陶片 20 片。

4. 天马山。在武平城东 30 里,梁惠溥同志曾在该处采集有石锛及陶片等。

综观以上的各个遗址,都是散布在小山的顶上。在平原上还未曾发现过遗址。各遗址的土质,都是黄赤色的泥土,不含砂砾,但也不见灰土的痕迹。可能当时人类所遗留的文化层(灰土)为雨水浸蚀而去,因文化遗物较重,故仍残存于该地,但亦多在地面,即使开掘,亦多在 0.5 米以内,再深即无任何遗物。在遗址中除了发现日常使用的石器、陶器外,还发现有木炭,当是古代人类居住的地方,但还没有发现过任何建筑的痕迹。

(三)遗物

1. 石器

从武平附近的各遗址中,共获得了完整和残缺的石器 84 件。主要的都出土在小径背诸山,至于在风口崠、西山和天马山所得到的,不过一二件。

石器的质料以泥板岩和页岩为最多,在各遗址附近不产石料,可能是由他处运来的。制法以磨制为主,也发现过两件穿孔的(如 24 号斧、30 号铲)。另外有少数打制的,制作粗糙,有略加磨制的痕迹(如 32 号)。

器形有锛、斧、凿、铲、杵、镞等,另外也有若干砺石。其中以镞为最多,锛次之,前者为当时人类常用的主要武器,后者为主要用具。现在分类叙述如下:

(1)锛。共获完整的 13 件,残片 7 件。共同的特征是:器身作扁平长方形,刃部在一端,由一面磨成不对称的单面刃。根据它们形式的不同,可以分为两式:Ⅰ式,常型石锛,器身作扁平长方形,典型的如 3 号(图版一,5),长 6.3 厘米,宽 3.1 厘米,厚 1 厘米。在形式方面也略有变化的,如有器身较短的短石锛如 5 号,长 4 厘米,宽 4.1 厘米,厚 1.8 厘米;刃部作弧状凸出如 7 号(图版一,9),长 6 厘米,宽 4 厘米,厚 1.7 厘米;有器身较薄的小石锛,如 8 号,长 4.3 厘米,宽 3.2 厘米,厚 0.8 厘米。另外还有几件,因制造简陋,形式稍有变化,不再一一叙述。Ⅱ式,有段石锛,刃部构造与Ⅰ式相同,惟器身稍异,一面平坦,另一面有一横脊,分全器为两段。其脊部的用途,是便于缚在有曲杈的木枝上,成为锄状。所系的绳为横脊所限,不易脱落(插图 4)。共发现两件,大小不同,大的标本如 1 号(图版一,1~2),长 13.8 厘米,宽 3.7 厘米,厚 2.5 厘米。小型标本如 2 号(图版一,3~4),长 3.5 厘米,宽 2.6 厘米,厚 0.9 厘米。

(2) 斧。发现完整的一件,残片 5 件。形式与Ⅰ式石锛相似,仅刃部由两面磨成对称的锋刃,如 19 号(图版一,10)。

(3) 凿。发现完整的 2 件,残片 2 件。其中一种,器形狭长,刃部对称或不对称,如 25 号,长 6 厘米,宽 2.3 厘米,厚 10 厘米。还有一种,器身作三棱形,一面有纵贯的中脊,如 27 号,长 7.7 厘米,宽 1.6 厘米,厚 1 厘米。

(4) 铲。共发现 2 块残片。器身较薄,全形不详,其中 30 号,有穿孔的痕迹。

(5) 杵。仅发现一件,石质为安山岩,形圆而略方,如 31 号(图版一,11)。

(6) 未完成的石斧。共发现 2 件。用扁平板岩打成,制作粗糙,如 32 号,长 7.2 厘米,宽 3.6 厘米,厚 0.5 厘米;另外一件如 33 号,稍有磨制的痕迹。

(7) 镞。共获完整的 3 件,残片 39 件。都是扁平叶形,中脊隆起,分成左右两叶,脊下附链,大小形式不完全相同。如 34 号,长 6.3 厘米,宽 2 厘米,厚 0.5 厘米;35 号,长 3.7 厘米,宽 1.6 厘米,厚 0.6 厘米;36 号,长 3.2 厘米,宽 1.4 厘米,厚 0.3 厘米(图版一,6~8)。

(8) 石瑗残片。仅获一件,残长 4.2 厘米,宽 0.9 厘米,厚 0.7 厘米(图版一,12)。

(9) 砺石。共获 4 件残片。

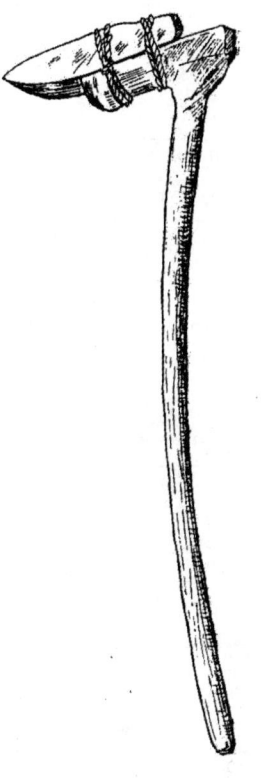

插图 4 有段石锛的装柄法

武平石器登记表

遗 址	器 名	数量	器 号
大洋坪丙	锛	2	3
大洋坪甲	锛	1	4
大洋坪甲	镞(残)	2	37,41
狮形崠	锛	1	5
画眉山甲	镞(残)	2	
大洋坪狮形崠采集	镞(残)	6	

续表

遗　　址	器　名	数量	器　　号
风口崠	短锛	1	6
西　山	瑗(残)	1	78
小径背大洋坪等地采集	锛	6	7,8,9,10,11
小径背大洋坪等地采集	锛(残)	7	12～18
小径背大洋坪等地采集	斧	1	19
小径背大洋坪等地采集	斧(残)	5	20～24
小径背大洋坪等地采集	凿	2	25,26
小径背大洋坪等地采集	三棱凿	2	27,28
小径背大洋坪等地采集	铲(残)	2	29,30
小径背大洋坪等地采集	未磨石斧	2	32～33
小径背大洋坪等地采集	镞	3	34～36
小径背大洋坪等地采集	镞(残)	29	
小径背大洋坪等地采集	砺石(残)	4	79～82
小径背大洋坪等地采集	杵	2	31
天马山	有段锛	2	1,2
合　　　计		83	

2．陶器和陶片

（1）完整的器形。各遗址中所发现的都是残片，仅在小径背丙冈开掘得到的4件是大体可以复原的。分叙如下：

①尊(1号)，敛口直唇，凸腹，底附圈足，形式类似古铜尊。除口颈部分抹平外，其他部分在表面印有曲尺纹。圈足内的底部上也有印纹。陶质较松，灰色。陶壁甚薄，可能是模制，里面不平，惟口缘部分的里面有轮转的痕迹。通高12.3厘米，口径9.2厘米，腹径13.5厘米，圈足径9厘米，圈足高1.3厘米，厚0.2～0.4厘米(图版二,2)。

②豆足(2号)，仅存圈足部分，圈足上镂有5个圈孔(现仅存4个)，残高5.4厘米，圈足径12.5厘米，圈足腹径8.7厘米，壁厚0.4厘米(图版二,1)。

③容器残片(3号)，原为9片，接合成一腹部残片，器形不辨。腹径7.3厘米。

④盂(4号)，敛口，大肩，小腹，小底。肩上环绕一周波形纹。陶质坚硬，灰色，近肩处带黑色。器身全体表里都有轮制的痕迹。制作技术较上述三者进步，可能是比较后期的产物。高5.3厘米，口径8.1厘米，肩径9.5厘米，底径3.7厘米，壁厚0.8厘米。

(2)陶片的数量和出土地。现排列成表如下(接合整器之陶片包括在括号内)：

遗　　址	方法	数　量	遗　　址	方法	数　量
小径背　丙2	开掘	128	大洋坪　地面	采集	22
小径背　A3	开掘	11＋(31)	大洋坪　丙地面	采集	15
小径背　3B	开掘	(6)	狮形岽　地面	采集	23
小径背　3C	开掘	9＋(9)	画眉山　甲地面	采集	35
小径背　3D	开掘	30＋(3)	画眉山　丙地面	采集	11
小径背　3E	开掘	2	凤口岽　地面	采集	28
小径背　地面	采集	68	城西小山　地面	采集	20
岩子门口	开掘	95	小径背大洋坪等山		250
岩子门口　地面	采集	9			
大洋坪　甲	开掘	94	合　　计		949

(3)陶片质料。根据陶片颜色及质地硬松之不同,可以分为7类。其中以灰色者为主,其他颜色亦多不纯正。质地坚硬者,和现代陶器无异。其松软者,可以用指甲剥落,不知是否经时过久而致变质。其中第一类,陶质松软内含多量砂粒,不过是一种略经火烧过的陶土而已。今按类列表如下。

陶片资料登记表

类别	颜色	质地		数量	百分数
Ⅰ	黄	极松		48	5.1
Ⅱ	黑	A	松	2	0.2
		B	硬	2	0.2
Ⅲ	灰	A	松	356	37.5
		B	硬	420	44.3
Ⅳ	白	A	松	3	0.3
		B	硬	3	0.3
Ⅴ	橙黄	松		110	11.6
Ⅵ	红	A	松	1	0.1
		B	硬	1	0.1
Ⅷ	紫	硬		3	0.3
总　计				949	100％

（4）陶片花纹。在各遗址中所获得的949片陶中,根据花纹的不同可以分为10类。主要的是几何形印纹,也有少数的划纹和素面。花纹都施在腹部,圈足器的器底也常施有花纹,口部及足部概为素面。今据纹饰的有无和异同,综述如下：

①螺旋纹。作相连的螺旋形,或圆环形(图版二,3～4)。

②雷纹。作钝角或锐角的方形雷纹以及回字形纹(图版二,5～7,图版三,9)。

③曲尺纹。数目较多,形式也比较复杂,作直角的曲尺形,或人字形、三角交错形,也有作钝角的鱼鳞形或之字形的(图版二,8～9,图版三,5～6)。

④米字纹。在方格内由正斜两十字合成为米字,多系单线,也有一例作双线米字纹(图版三,1～2)。

⑤方格纹。种类稍复杂,包括正方格、斜方格,方格内有斜十字,方格直线相错纹等(图版三,3～4)。

⑥圆圈纹。简单的圆圈形阴纹(图版三,8)。

⑦绳纹。垂直或斜行排列。

⑧布纹。

⑨划纹。以尖状器划成有平行、波形纹、瓜形纹等(图版三 7、10、11)。

⑩素面。

陶器花纹登记表

类别	种类	数量	百分数	类别	种类	数量	百分数
1	螺旋纹	4	0.4	6	圆圈纹	1	0.1
2	雷纹	12	1.2	9	绳纹	63	6.6
3	曲尺纹	426	44.8	8	布纹	4	0.4
4	米字纹	38	4	9	划纹	13	1.3
5	方格纹	115	11.7	10	素面	44	4.6
				11	口及底无花纹者	232	24.4
	总	计				949	100

（5）陶器之各部分。所获得的949片陶片中,器形大部分不能够复原。现在再根据它们的部分残片,分类加以叙述：

①盖顶。共4件,盖上有圆形钮,可供提拿。

②口缘。可分为：(甲)口直渐向外倾；(乙)口弯渐向外倾；(丙)口弯渐向内卷；(丁)向内生一唇者。

③腹部。腹部常附加一条或两条以上的凸起长条纹,也有条纹上更压凹

凸的齿状者。

④底部。可分为：(甲)平底；(乙)稍凸之底；(丙)圈足。

⑤足部。足扁而渐尖。

三、龙 岩

(一)发现经过及遗址情形

龙岩县位于福建南部的中间地带，地势高耸，县境处在山中，县城及郊外形成一个小盆池。1951年暑假作者在县城南的山地发现了新石器时代遗物（插图5），只作过地面采集，没有发掘。现在分述如下：

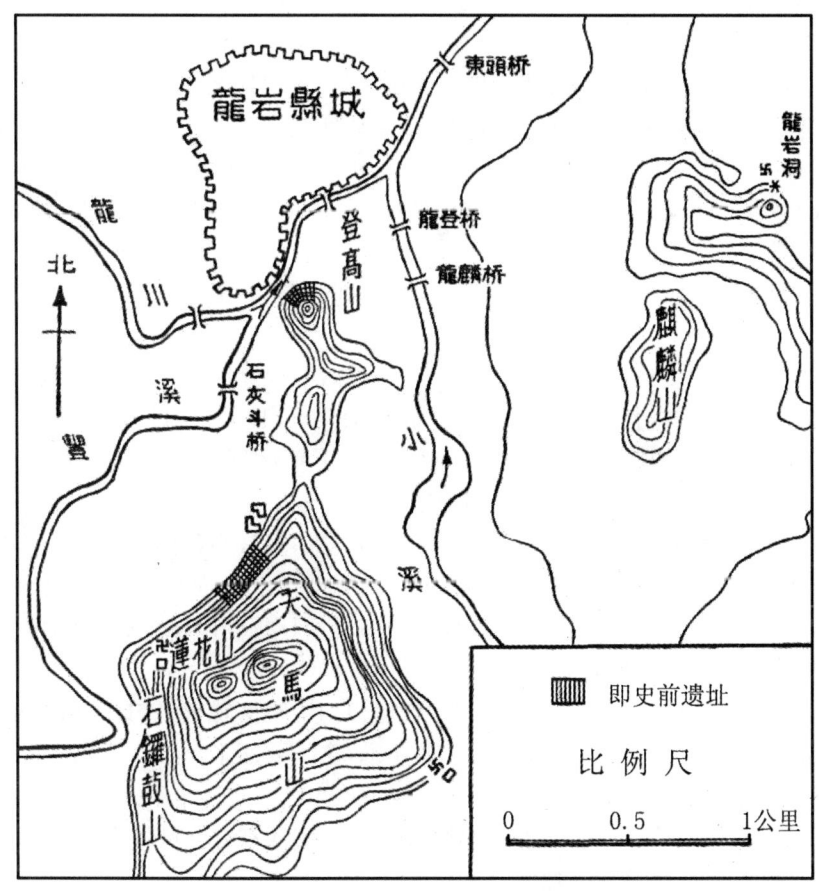

插图5 龙岩附近遗址位置图

1. 登高山。距城极近,只隔一道丰溪。山形弯曲,东西广不及 1 里,其南绵延到天马山。高约 17~18 丈。遗址在登高山西北面半山腰。遗物露出在山坡的断崖中深 2~3 尺处。在这里采集了石器 9 件,陶片 139 片。

2. 天马山。在登高山之南,距城约 3 里。山形南北长约 2 里,东西不足 2 里,高约 30~40 丈。在该山的西北麓,也发现了遗址,有断层的地方始露出遗物。共采集石器 12 件、陶片 133 片。

3. 县城南门外。在近溪的地方,曾采集了新石器 2 件,未见陶片。

(二)遗物

1. 石器

这里的石器原料,主要采用了砂岩、页岩和玄武岩。器形有锛、斧、镞、铲、环、小石牌、砺石、小石臼等;其他还有沟状石器以及石雕等。现在依器形分叙于下:

(1)锛。Ⅰ. 常型锛,共获 4 件。大小不一,大的如 9 号,长 11.9 厘米,宽 3.5 厘米,厚 1.9 厘米。小的如 6 号,长 1.8 厘米,宽 1.8 厘米,厚 0.6 厘米。有一件残石锛(4 号)器身作梯形,残长 7.4 厘米,宽 3.9 厘米,厚 2 厘米(图版四,8)。Ⅱ. 有段石锛,共获 2 件,如 10 号,长 10.3 厘米,宽 2.5 厘米,厚 8 厘米。

(2)斧。只发现残斧 1 件,即 3 号,残长 10.6 厘米,宽 3.4 厘米,厚 1.8 厘米。

(3)镞。只发现一件(1 号),两旁不很对称,一面无中脊,一面只尖端微有脊,镞铤也不整齐,长 7.3 厘米,宽 2.3 厘米,厚 0.5 厘米(图版四,3)。

(4)铲。共发现石铲残片 3 片。仅一件(11 号)带有孔的痕迹。残长 4.8 厘米,残宽 4.5 厘米,厚 0.8 厘米(图版四,2)。

(5)环。共发现两件残片。一件(17 号)扁平,仅残存约四分之一,一端有两个小孔,另一段残缺,磨制匀整,残长 2.8 厘米,宽 1.3 厘米,厚 0.2 厘米(图版四,1)。另外一件(18 号),较厚,残存约一半,制作较粗,残长 4 厘米,宽 1.1 厘米,厚 1 厘米(图版四,9)。

(6)小石牌(19 号)。长方形如牌状,两面四边都磨得很平匀,一角有小缺口,大约是一种装饰品或玩物。长 5.8 厘米,宽 1.8 厘米,厚 0.25 厘米(图版四,4)。

(7)砺石(22 号)。形状是不规则的五角形,每面都有磨过的痕迹。长 9.7 厘米,宽 6.3 厘米,厚 4.6 厘米。

(8)小石臼(23 号)。如臼形,一面圆凸如锅底,一面凹入。大约是新石器时代人类用以舂槌硬壳的植物,或者是盛油的灯。长 7 厘米,宽 6.4 厘米,厚 2.5 厘米(图版四,6)。

(9)沟状石器(21 号)。一块砂岩的残片,一面的中间有一条深磨的沟,因残缺过多,原形不详。或者是磨制器物的工具。残长 4.7 厘米,宽 3.9 厘米,厚 1.8 厘米(图版四,5)。

(10)石雕(16 号)。砂岩制成,形似蹲兽状,顶端有头有口,前部有胸有足,后部有两条斜形纹。或者是一种原始的雕刻,但也可能和沟状石器同样地是一种砺石(图版四,10)。

2. 陶片

共发现陶片 310 片,最大的 15.3 厘米,最小的 2 厘米。登高山与天马山二地所得到的数量大致相等。现在综述如下:

(1)质料及颜色

①最粗松者,片厚大,含砂多,火候低,多作红色。比例较小。

②松而细者,片较薄,不含粗砂,火候亦低。颜色以灰色居多,也有作黄赤色的。

③硬度中等者,较前一种更薄,泥质细腻,硬度稍高。颜色以灰色为主。数量最多,约作全部陶器中的大半数。

④硬度高者,硬度较高,灰白色。这一种最少,不及十分之一。

(2)花纹

在 272 片陶片中,有花纹的 224 片(图版五,1～2),约占全数的 82％。素面无花纹的 48 片,占 18％。现在将花纹分类如下:

①雷纹。排列比较整齐,有回字形的和菱形的两种,共获 17 片。

②曲尺纹。共获 29 片,作曲尺形、人字形、之字形或鱼鳞形等。

③米字纹。只 2 片。

④方格纹。共获 115 片,有整齐和不整齐的方格纹以及横叠直线相错的方格纹。

⑤篮纹。共获 22 片。

⑥划纹。共获 7 片,多为平行划纹。

⑦布纹。共获 18 片。

(3)形状

未曾发现较完整的陶器,所以无从了解整个器形。根据碎片略可复原者,分述如下:

①口颈部。共获 20 片,可以分为下列两式:

甲.敞口,即唇向外弯的(插图 6,1～7)。

乙.敛口,即唇向内弯的(插图 6,8～9)。

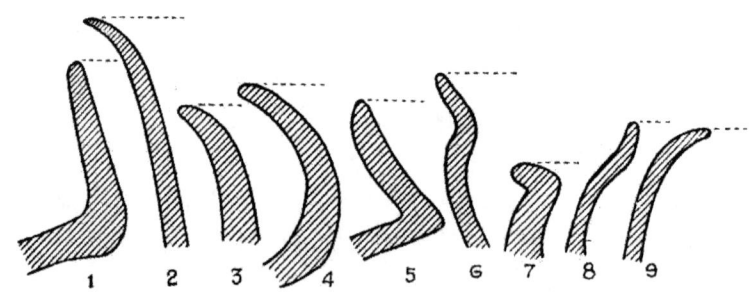

插图6　龙岩陶器口缘剖面图

②底部。可以分为四式：

甲．平底，底部全平（插图7,1）。

乙．凸底，即平底部稍高的（插图7,2）。

丙．凹底，即底的中央凹入的（插图7,3）。

丁．圈足，在器底另加一圈形足，使器底不直接触于所置的平面（插图7,4）。

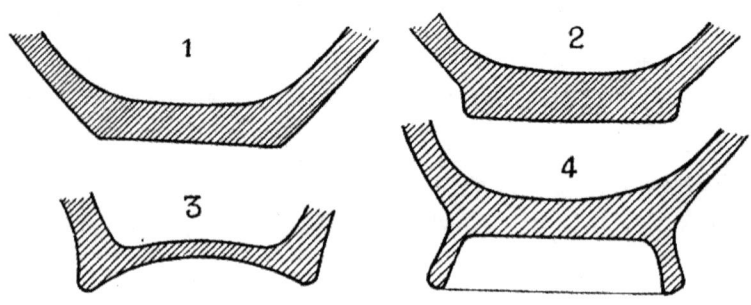

插图7　龙岩陶器底部剖面图

四、厦　门

厦门见于记载比较迟，据《厦门志》上讲，自宋代以前无考，但是我们在厦门附近却找到了新石器时代的遗物，因而证明它的历史也是比较古老的。

1931年在蜂巢山与南普陀山西坡修公路时，作者曾在蜂巢山向厦港的斜坡上发现一件石锛。长5.5厘米，宽3.2厘米，厚1厘米（图版六,1）。

1932年，在南普陀山东面东边斜坡上，又发现了一残刃部缺的石锛，长7.6厘米，宽4.1厘米，厚1.7厘米。

1952年，厦门大学添建校舍，作者在新礼堂地基后斜坡的翻动的土中，采集了3片陶片,都是手制的。第一片黄色,表面有隆起的一排V形纹;第二片灰色,表面即有云纹;第三片似为陶器的耳部,灰色,上面还遗留有指纹的痕迹(图版三,12~14)。

1953年3月,在建筑中的新礼堂前面的地面上又发现了1件石斧。长9.8厘米,宽5.7厘米,厚2厘米,横剖面作椭圆形(图版六,2)。

由于以上的发现,可证明从新石器时代起,厦门附近已经有人类居住了。

五、南　安

厦门大学庄为玑同志在抗战期中路过南安县八尺岭时,曾发现了一个石锛,1947年赠给厦门大学人类博物馆。该锛用泥板岩制成,长7.8厘米,宽5.9厘米,厚1.6厘米(图版六,3)。

根据上述的线索,作者推测该地仍应该有新石器时代遗物的残存,遂在1948年前去调查。在八尺岭一带无所得,沿晋江北岸到南安溪乾山前面,采集到一件有段石锛。用砂岩制成,因受浸蚀表面不光滑。长10.9厘米,宽3.6厘米,厚2.3厘米。

从上述两个发现来看,可证晋江流域自新石器时代起便有人类居住了。

六、惠　安

1951年冬天,作者参加惠安土改工作,在瑞东乡路碛村途塞,狮山乡庄林柄村等地,曾发现了新石器时代的石器和陶片。分叙如下:

1. 石锛。共发现2件。路碛村所发现的一件,用泥板岩制成,刃部残缺,长5厘米,宽4.7厘米,厚1.7厘米。庄林柄村所发现的一件,完整,用燧石制成,长6.1厘米,宽3.8厘米,厚1.9厘米(图版六,4)。

2. 石器残片。在庄林柄村发现一件小石器残片,用页岩制成,方形,一边残缺,长2.4厘米,宽2.9厘米,厚1厘米,因刃部残缺,无法知道它是锛还是斧。

3. 方格纹陶片。在庄林柄村发现一片,黄色,长6.5厘米,宽6.9厘米,厚0.5厘米。

4. 篮纹陶片。在庄林柄村发现一片,红棕色,长5.1厘米,宽5厘米,厚0.9厘米。

七、推 论

(一)当时居民的文化

以上的各个遗址除了武平做过小规模的试掘以外,其他各地都是地面采集,所以对整个文化性质上还难作正确的判断。从遗址的所在以及遗物的发现状况来推测,当时人类是居住在现在各小山的顶上。现在诸山间的田地在当时或为沼泽,所以人类必选择较高的地方来居住。至于文化层因受雨水的浸蚀,所以很少保存。

虽然没有发现建筑遗存,在武平遗址中曾发现木炭及似经火烧硬的土块,可能当时人类是建立茅屋居住。遗址附近不产石材,石器的原料,可能是由他处运来的。陶器上多加印纹,种类复杂。从陶片上印有布纹,可知当时已知织布。从石杵和石镞的发现,可知当时人类过着农业和狩猎的生活。

(二)遗物的比较

以上的各个遗址,都具有同样的性质,大约都是属于同一个文化。试从遗址的所有石砰、有段石锛以及印纹陶的相同诸点来观察,就可以获得证明。

石器的有段石锛,是富有特征的一种遗物,不但在福建南部的各遗址中,在南洋诸岛,台湾,香港,浙江省的杭州、良渚、古荡和江西樟树镇等地都有发现。此类石锛在华北一带尚未有发现,当为亚洲东南海洋地带的产物。穿孔石铲,和杭州良渚、古荡的发现者相似。另外所发现的石镞,也和杭州、古荡及湖州钱山漾所发现的相似。

陶器的印纹和杭州古荡所发现的近似,其中尤以方格纹、米字纹更为相似。至器形方面也是同样的,如武平第1号陶尊,和杭州良渚所发现的陶尊近似①。至于武平第2号豆也和良渚所发现的豆足近似②。

从上述相同点观察,福建南部各遗址的性质与华南一带的新石器时代遗址近似,在遗物上也表现了南方新石器文化的特征,因此它们是应该属华南新石器文化范畴内的遗址。

---

① 何天行:《杭县良渚镇之石器与黑陶》,1937,图版 17A。
② 何天行:《杭县良渚镇之石器与黑陶》,1937,图版 18D。

(三)年代

以上的各个遗址的遗物,不但互相近似,并且和其南的广东韩江流域、海丰、香港,其北的杭州良渚、古荡和江西樟树镇,也都是互相近似的,因此它们的年代应该是相差不远。

上述各处遗址的年代,虽属于新石器时代,但一般地讲,都晚于华北的新石器文化。当时在华北可能已经进入铜器时代,东南沿海地区的遗址中,年代最早的要推浙江杭县,但也只能上溯到春秋以前。福建南部各遗址的年代应比较杭县的晚一些,因此它们的年代大约是在距现在 2500 年以前,也就是约在春秋时代。

(《考古学报》1954 年第 8 期)

图版一

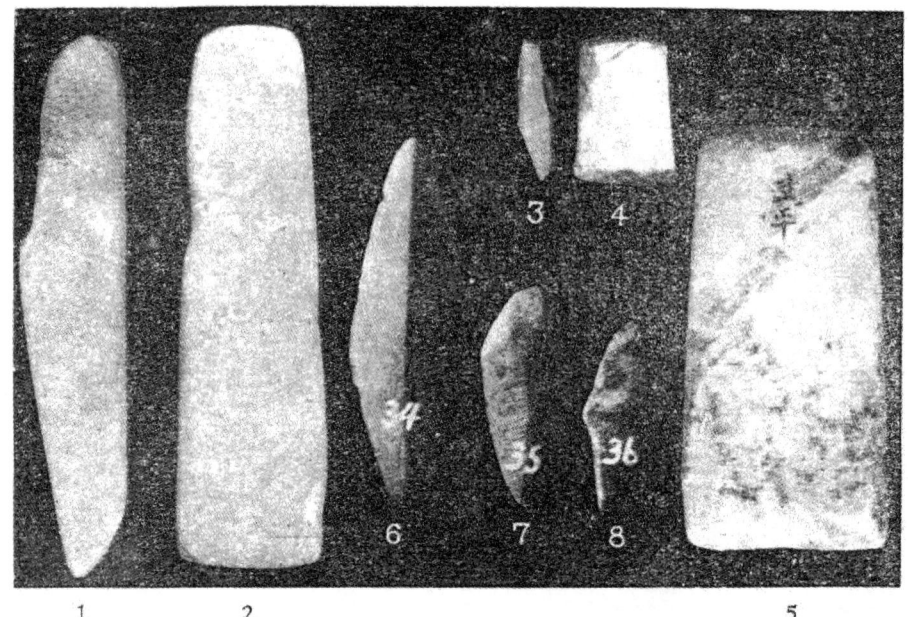

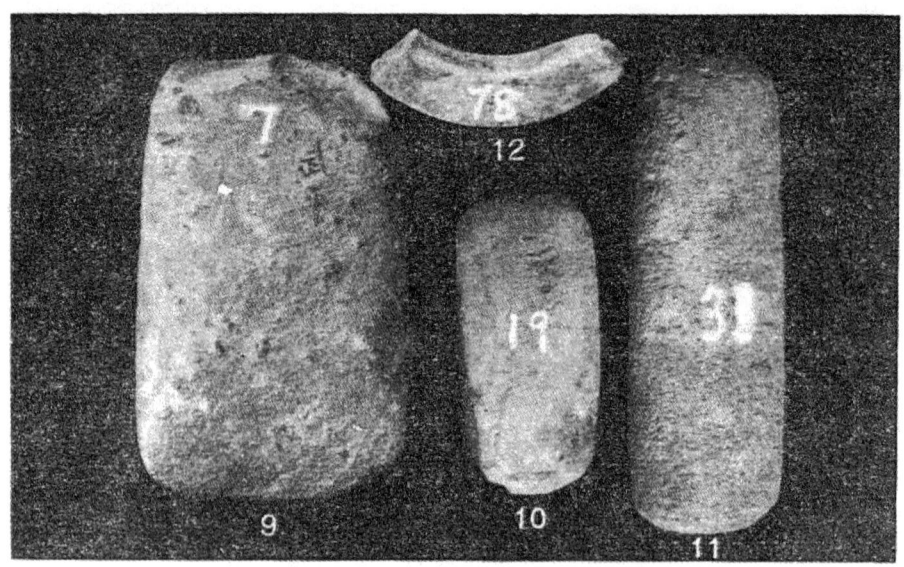

武平石器

1—4.有段锛(1、2号)　5.9.常型锛(3、7号)　6—8.镞(34、35、36号)
10.斧(19号)　11.杵(31号)　12.残瑗(78号)

图版二

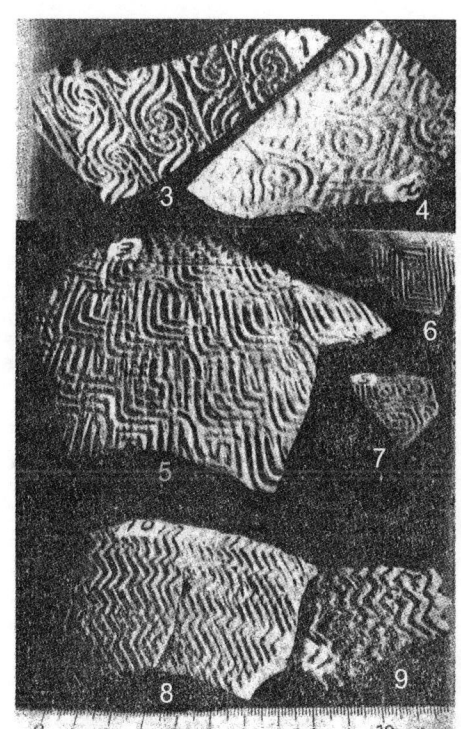 

武平陶器及陶片花纹
1.残豆足(2号) 2.尊(1号) 3.4.螺旋纹(1、2号)
5—7.雷纹(3、4、5号) 8.9.曲尺纹(10、11号)

图版三

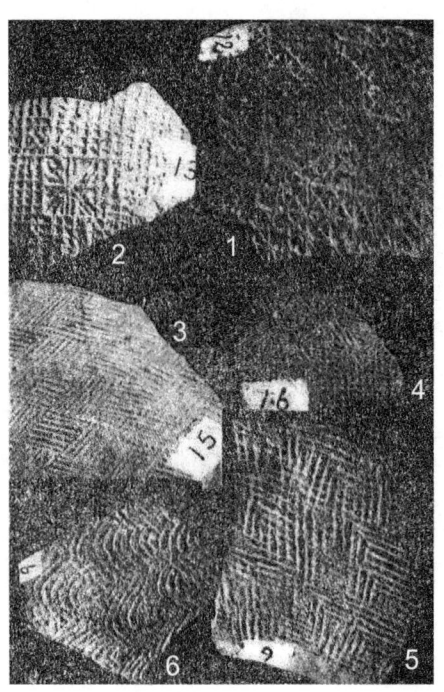

武平等地陶片花纹

1.2.米字纹(12、13号)　3.4.方格纹(15、16号)　5.6.曲尺纹(6、9号)
7.10.11 画纹(24、22、23号)　8.圆圈纹(21号)　9.雷纹(20号)厦门陶片
12—14.厦门大学新礼堂前发现的陶片

图版四

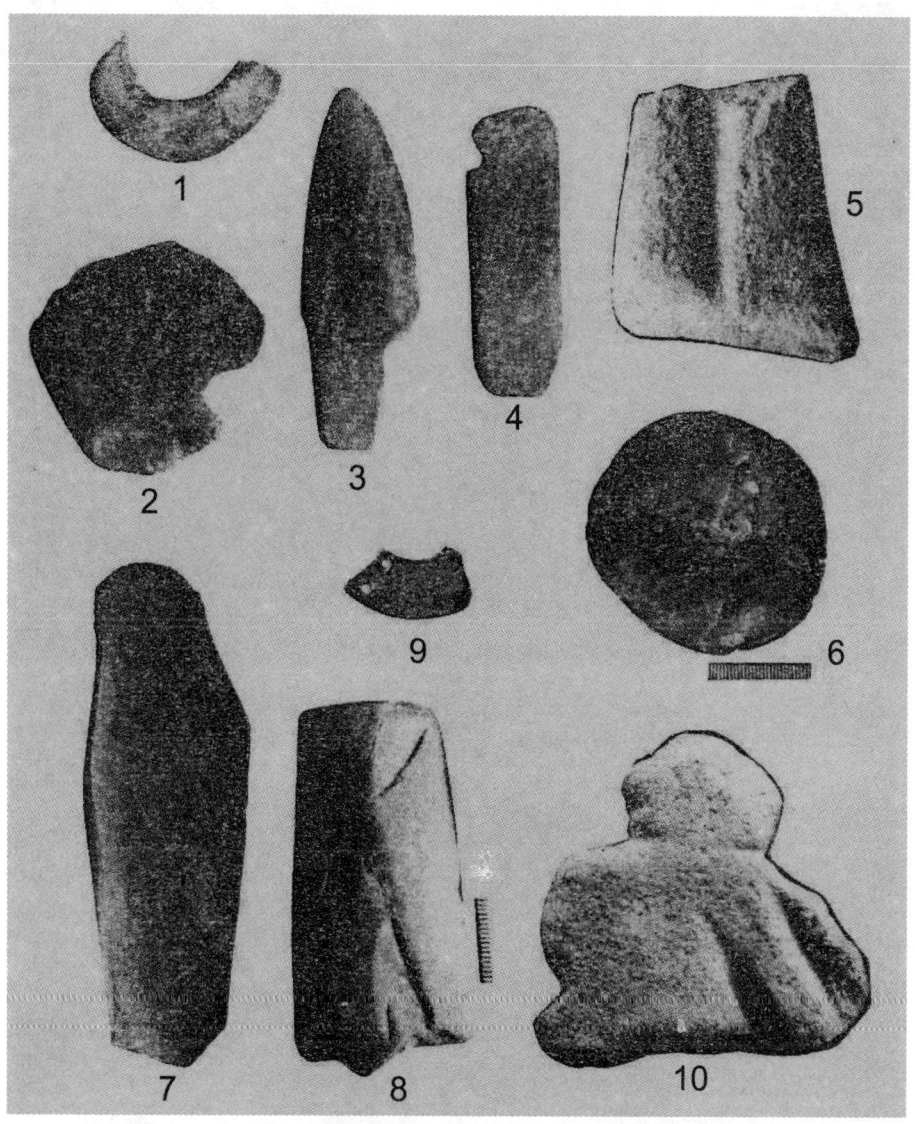

龙岩石器

1. 残扁石环(17号)　2. 有孔石铲(11号)　3. 石镞(1号)　4. 小石牌(19号)
5. 有沟石器(21号)　6. 小石臼(23号)　7. 残石斧(3号)　8. 残石锛(4号)
9. 残扁石环(18号)　10. 石雕(16号)

图版五

1. 龙岩陶片花纹之一

2. 龙岩陶片花纹之二

图版六

1. 厦门蜂巢山发现的石锛　2. 厦门大学新礼堂发现的石斧
3. 南安八尺岭发现的石锛　4. 惠安常型石锛

1950年厦门大学泉州考古队报告

一、缘起和经过

1950年秋本校历史研究室为要获得新的材料,而历史学系考古学班也要实地参观古迹和实习考古方法,乃组织考古队,目的地是泉州,因为这一带地方经过本校二三十年来的陆续研究,已发现古迹不少。考古学班同学希望实地参观这些古迹,以便将理论和实际联系起来。参观已发现的古迹以外,我们还希望能有新的发现,因为照理这地方应当还有很多未发现的古迹古物。不过发现不是可以预定的,我们初时也不敢确定必有新发现。

考古队的队员包括历史研究室的四位研究员,也即是历史系的先生,即熊德基、庄为玑、韩振华三位先生和作者,以及本校南洋研究馆的资料室主任陈盛明先生,考古学班同学14名,即陈在正、陈国强、薛谋成、林启训、李金培、黄滕爽(女)、萧文瑞(女)(以上四年级)、黄焕宗、李祖弼、陈鼎铭、陈孔立、陈文彬、陈兆坤、林素琴(女),共19人。

因为到泉州的公共汽车费很贵,每票需要十二万余元,而人数又多,乃决定徒步往回。幸而偶然碰到有二辆军车替我们学校从福州搬运书籍来厦,于10月16日到校。我们便和押车的同志商量,请求回去时顺便载我们到泉州。幸蒙他们好意,我们便于19日清早出发,当日傍晚抵达泉州城内。泉州是清末以前的古地名,原是府级,辖晋江、南安、惠安、安溪、同安五县。民国以来废府留县,但习惯上尚称首县晋江为泉州。我们也是照惯例以晋江为泉州,但考古的范围却不限于晋江。

10月20日我们便按照计划,先参观城北一部分古迹并摄照相片。所参观的是唐初四墓、印度生殖器崇拜石刻、城隍庙壁画地图等。

21日因急于要看二个月前听到的南安发现的古墓,乃出西门步行约5公里,到南安县丰州镇北门外踏斗山,墓已填土再耕,乃转到发现古墓的农民傅孙朝家,看他从墓中搬来的砖和明器。墓上面的地形和搬出的明器及砖都有照相。承傅君赠运明器2件砖6块。下午再前行到九日山,目的是要看宋代有关中南交通的许多祈风石刻,抄写其文字。回泉城时已入夜。本日在路上尚看见其他古迹如石经幢、石塔等。

22日上午参观城内其余古迹,如开元寺、东西塔、承天寺、玄妙观、铜佛寺、清真寺等。下午到吴文良先生家参观他所收藏的泉州出土许多古代外国文石碑和石雕像,并请他说明。

23日上午出东门到灵山参观相传为唐代回教传教师的墓及阿拉伯文碑和郑和行香碑。下午庄先生再去南安查访古迹,同学们在吴先生家实习拓碑方法,又在城内中山公园试挖,获得宋代双层瓷碗和极似汉代物的陶尊陶片。晚庄先生回城报告查得在丰州埔头村旱田中曾于数年前发现一穴,可断定是古墓,当晚即决定试掘。

24日庄先生带二位同学先到丰州办理发掘手续,并即于下午动工。余人在城内续挖中山公园,觅陶瓷片,又在吴先生家实习制纸模和拓碑。晚庄先生回城报告,已发现有字墓砖证明是隋代的墓。

25日全体到丰州埔头村发掘古墓,将晚挖得瓷制明器3件。

26日续挖隋墓,上午完工,下午摄影测量,并清还雇工工资和赔偿田主损失。又在埔头村北小山上发现似原始文字的"仙字"。夜回泉城。

27日发现泉州新门外浮桥头的生殖器崇拜大石像。

28日出城到清蒙车站候车,29日仍搭军车回厦。

这次共费时十日,用款120万元。来往都搭军车,省车费约500万元。膳费师生都是自理,蒙晋江中学厨房代办。住宿即借庄为玑、陈盛明、吴文良诸先生家,及泉山书店。对于以上军车管理员和招待住宿膳食诸处的朋友们,以及赠送三个木箱的泉山书店都应当道谢。

至于这次的手续是初到泉州时即将学校公文呈交泉州军管会,报告来意,请求指导及协助。发掘南安隋墓后曾再呈文泉州专员公署作正式报告。当时所以未先请示华东文物局,实因事前未能知道何处有古迹可发掘,等到意外发现了以后,如先回厦办理请求发掘手续,须迟一二个月后方能再来,恐怕被人盗掘。所以为权宜计,先行试掘,然后呈报。这事后来曾接中央文化部文物局来文查问,并曾送去正式简单报告。现在刊印这篇文,另有庁、韩二篇文也是作为初步研究报告。以下就这次的工作分别作较详的叙述。

二、隋墓的发现和发掘

这次的发现隋墓完全是意外的事。我们于到泉第三日即21日,到丰州看已被农民发掘的古墓后,颇觉失望。幸庄为玑先生不肯灰心,于23日单身再到丰州,多方探问有无其他古迹,才查得在数年前埔头村北松仔岭下旱田中,农人犁土时踏陷一穴,约二三尺深,使将木板盖上,上面再铺一层田土,照旧耕作,但该处水很易干。庄先生便到那边察勘,在近处拾得砖块,问知是穴中的物,断定是古墓,且由花纹而推测是唐以前的古墓。庄先生回城报告,大家都很兴奋,便决定以大部分带来的款用于这事。次日庄先生便和二位同学再去寻访田主,讲定赔偿条件,并雇工友四名,即于那天下午动工发掘。傍晚发现有字的墓砖,有"开皇十六年"等字,知道是隋文帝时的墓。25日我们全队齐到那边工作,分担计划、督工、手挖、包装、保管、登记、摄影、测量、预备工具等事,情绪极为热烈。

这墓位置在田中土内,田里原种番薯,将番薯拔起,掘土约30厘米(约1尺)便见墓顶(第1图)。墓形长方,坐北北西,朝南南东。长5米,阔1.15米,全部都由大砖砌成。顶是穹形。顶的前部已塌一穴,后部尚存。发掘时将穴上原盖的木板取起,派一个工友下去工作。圹内只有上部还空,其下充满泥土。上层的土是砂质,愈下愈有黏性。到了离底四十余厘米处,完全是极细的黄泥,水分又多,粘极。上层的砂还易掘,下层的泥极难掘。下手处是圹的前部,因为破处在此;而且根据我们以前的经验,知道明器必在前部。

掘了一个整天,还未有所发现。到黄昏时,忽然听得锄头下去有碰着硬物的声。笔者当时负责发掘工作,急叫工友停止,自己下去,用竹箆挖看,果然有一件瓷器,挖起时见其形状是一个小瓮,也即古人所谓瓿,当时天色已暗了,不能照未出土的像。这物位置是在圹的前部底层中央,是横卧的,口部向左,周围都是泥,里面也是泥。触锄处破一小孔。挖起这大瓿后,再用竹签探看,在右方还有二件瓷器,一件是中号的瓿,一件是小瓿,幸都完好。在土内也是卧倒的。挖到这里,天已全暗,不得已回丰州在陈鼎铭家过夜。因怕被人偷挖,次早天一亮便急急跑去再挖,果然在坟的右前角的泥土已被挖起,在其中摸出一个破灶模型,幸左前角未动。便将左前角的泥土挖起,再发现有小件瓷制明器一堆,也都是七横八竖的。先摄照未出土的照片,然后挖起。计有四件,是花插、便壶、灯、小壶,也都完整无缺。

墓的前部已挖到底,方知前部比较深,有二级,是用砖砌的,每级便是一方砖的阔。这二级较低的地方是放明器的,其余即中后部都是比较高的,是放棺木之处。圹内只有烂泥不见木料。前面也有砖砌的墙壁,墙壁中央却留一小门,但也塞满泥土。向门里挖入去,不很深,便抵砖墙,方知已经是前端尽头。这小门也是穹形,高1.45米,阔0.85米,深1.2米。底也铺砖。没有明器。大约当时葬毕,工人放好明器于棺前,便从这门走出来,然后用砖封门。

这墓的深度,自穹顶到底2.25米,足可容一个人在圹内站立。圹内四壁的砖都是平叠的,穹顶也是由砖密砌而成,中央高,两边接连于圹墙上面。穹顶的砖向下的一边薄些,向上的厚些。砖的向圹内一边,便是露出的一边,都有花纹,即龙纹、钱纹、草形纹、花形纹,花样不多。在左右墙上层有二种有字的砖，一种标明是开皇十六年等，另一种标明墓中人的姓名是吕犯(犯即古犯字，第2图)。我们只取起有字砖二方，龙纹砖一方，余都不动，因为希望这墓能得保存。

发掘既毕，我们便付清赔偿田主番薯损失的钱，又付清工友四名的工资，并再雇他们将土再填墓内，恢复田的原状，以便耕种，一面也希望得以保存墓砖，等将来请地方政府设法保存这所古迹。

计我们由这所古墓所得的古物是瓷制明器七件，陶制明器一件，砖三方，略记如下：(全部见附二～五)

第一号　大瓿一件：高26厘米。瓷制，原有黄绿色的釉，但已剥落将尽，露出里面瓷质是灰白色。形状大腹小口，有四耳。原是完整的，但腹部触锄处微破一小孔。

第二号　中瓿一件：高20厘米余。瓷制，釉黄色，剥落不多。状同上，但容积只及上一件的一半。完整。

第三号　小瓿一件：高7厘米。瓷制，釉已脱，露出瓷质色白带灰，有双耳，侈口。完整。

第四号　小壶一件：高5.5厘米。瓷制，釉色黄，未脱。完整。

第五号　四管花插一件：完整，高11厘米半，釉全脱落，瓷色白微灰。形极奇异，有四管植立成簇，再加上四莲瓣形，每瓣夹在每二管之间。下有二层的座。这四管必定是插物用的，所插的物品以花为最适合。故猜为花插。以前在1936年我们发掘泉州中山公园唐墓时，曾发现这种物的上部，缺下部的座，不能明了其全角。书上也找不到这种形状的器物。这次发现这件完整的，连带解决了前次的谜。但它的名称和用途，也还不能确定。不知道国内别处有无这种古物，或者书上有无记载，希望知道的人告诉我们。(第4图)

第六号　动物形便壶一件：完整，瓷制，釉脱落，瓷质灰白。自口到尾长9厘米半，高7厘米。形扁圆，上有提梁，有口，明是便壶。但口上有耳目鼻，底有四足，背有鳞纹，又明是动物形，似龟鳖之类。按闽南民俗旧称便壶为"尿鳖"，但却不作鳖形，不晓其语源。由这次的发现，可以证明隋代的便壶作鳖形。又由此可以推测古语也称便壶为"虎子"，或者古时便壶也有作虎形的。(第5图)

第七号　灯一件：瓷制，釉脱落。形如圆盘，直径9厘米，有三短足。是盛油点火的灯。完整。

第八号　灶一件：是粗陶制，已破，存大半。可由1936年发现唐墓的同样物推知其全角。形略如鞋，全长约十余厘米，是灶的小模型。一头广，有灶口，一头尖，是出烟之处。上面应有二个锅，只存一个。

第九号　开皇砖一方：长39厘米，宽16厘米余，厚4厘米。其上的字是凸起的，又是反书体。字是"开皇十六年八月八日葬"，六字和葬字稍模糊，余很清楚。见第 2 图。

  第十号 吕𥛚砖一方：长宽与上件略同，较厚。两头各有车轮形和花朵形纹，中央有"吕𥛚"二字，也是反写的。𥛚字便是犯的古字。人名用犯字却是后代所罕见。见第 2 图。

  第十一号 龙纹砖一方：破，大小同上。

  以上是隋墓的发掘经过，至于这墓及其明器和别处发现的比较研究，已由庄先生另写一文，阅者可以参考看。

三、南安唐以前墓的察勘

  我们在厦门时曾听说南安发现古墓，所以到泉州后即于第二日到该处探看。该墓在南安丰州镇北门外踏斗山斜坡上。于本年旧历四月半间，雨后土陷，发现土内有砖筑的墓，略如泉州中山公园的唐墓。其中并有瓷器四件。墓砖和瓷器已经被园主自耕农傅孙朝搬回家去。墓穴已填土再耕。我们到时只查问了墓的所在位置和范围，摄影一幅，由农民傅孙朝君和吴文良君站立墓两头，以为界限的标识。我们便转到傅君家察看取回的砖和瓷器。砖很多，堆叠在大门外。砖形大，上有花纹，很像晋江城内中山公园的唐初贞观时古墓的砖（第 6 图），有龙纹、钱纹等，但无字。瓷器是大瓿一件，形与上述隋墓的，以及以前晋江中山公园唐墓的都相同（第 7 图）。但釉未脱，色绿带黄。另有一件像是这个瓿的盖，高约 13 厘米，径约 15 厘米。由砖及明器可以推知是唐初或隋代的墓。惜已无法再探该遗址。傅君很慷慨地将那二件瓷器和六方古墓赠送我校，我们请他抱瓿站在砖旁摄影一幅，以为纪念。傅君又说该墓中后来又由农会的人挖得同样的瓷器一件，也连盖，我们不再去看了。

四、宋代青瓷双层碗的发现

  晋江城内到处都有古瓷片，自宋至清，历代都有。我们常注意拾起其比较典型的，预备带回校内，作研究古瓷的标本。中山公园一带这种古瓷片尤多。我们于 10 月 23 日行经公园西北部，见地面的土已被掘起一层，约 30 厘米厚，其下露出来的都是宋代的瓷片，没有以后的瓷片，可知那是宋代的遗址层了。我们便注意探寻，果然由同学陈在正发现一个碗状物的破片，我们便将它挖起，在近处也搜得同样的破片。其后接合起来，尚可得原形的十分之七八。直径约 14 厘米，高约 8 厘米。其质是青瓷，像龙泉瓷一类。形式却很为奇特，形如碗，但有上下二层，上层是密的，下层便是底，下有圆孔。面和里都有青绿色釉，瓷质很细致，瓷色白。碗内和外面都有凹刻的釉里花，很美观（第 8 图）。

可见这件器物在当时也是上等器皿,其用处或者是盛上等饮食物放在开水内的炖物器。时代可以断定是宋代物无疑。不知别处有没有这种古瓷器,或书上有没有记载,希望研究古瓷的专家能给我们指示。[本人后在北京买得这种形状的碗一件,是明代物。据文物店人说:这种瓷器很少见,相传是诸葛亮发明的,故名诸葛碗,用以骗司马懿的使者,以表示诸葛亮食量还不少,不会便死。但这话不很合真相,大约是地主贵族的奢侈品,附会到诸葛亮身上去。作者附注。1954.2.22]

五、汉代(?)仿铜器陶尊和绿釉陶片的发现

在同上中山公园遗址发现宋代双层碗的附近笔者瞥见有一件陶器露出腹部,是无釉的紫色陶,上面有刻或印的花纹,花纹又是雷纹。知道这又是一件奇怪的东西,便和诸同学小心扒开周围的土,露出它的全角,原来是一件尊形器。腹内充满干土,故不致完全压坏;但也已压破,在土内时还合成一件器物,取起后便成为四五十块破片。这件陶器后来接合起来,竟能得原来的十分之九以上,只有口部略缺而已。计自底至现存口部高15厘米余。腹最广处10厘米弱。形圆微扁,状如古铜尊或壶满雕花纹,花纹是雷纹(即回纹)、水波纹和饕餮纹变体。陶质硬,色暗紫。制法是用手按陶土于模内而成,故里面不平匀,是很早的技术。外面的轮廓也不十分圆整,表面也不很平滑(第9图)。

这一件明是仿古铜器的陶尊,但年代很成问题,不像宋以后物,也不像已有瓷器的晋以后物。笔者疑心这是汉代的东西,理由是:

1.这件东西质还是坚陶,不及瓷的优美,但上面的花纹却是极费工极小心作成的,可见在当时也是贵重物,是当时的手工业所能产生的最上等作品。但宋以来,甚至晋以来,已经有了又白又坚又有釉的瓷器了,何必费力制造这种东西。只有汉代,或者更早,在瓷器发生以前,铜器发生以后,方有产生这种东西的可能和需要。

2.据吴仁敬《中国陶瓷史》说:"汉代之陶多仿古代铜器形状而造,其所绘制之花纹,亦与同时代之铜器上花纹相似。"(第16页)这话可以证明这种陶器是以汉代为近。

3.这件陶尊的形式和花纹确实都很像古铜器。其雷纹、饕餮纹都是铜器上常见的。至于水波纹似乎铜器上不常见,但古铜器上也不是没有,如《宁寿鉴古》卷八有一件周代盘云壶第二号的绘图,其壶的表面除云纹之外,便有与此相类的水波纹。

这件陶器发现后在附近还再觅得同类的陶片37片,但不能接合成器。可见这种陶器在这遗址中不只一件,但也不很多。

在这一带地方还发现5块绿色釉的小陶片,其上也有雷纹。质也是很坚硬的薄陶,但色还是灰红,不白,故也不是瓷。其釉是鲜艳的绿色,且闪耀着银色的光泽。这种绿釉据考古学书也说是汉代的东西,如《中国陶瓷史》又说:"汉时之陶瓷器……其附有釉药之器,则质坚硬无伦,不可以刀削。其色则有白有绿与褐红各种。传留至今,多为土化,釉上现有细碎纹,如珍珠点,如乌云斑,光泽如银。"又 Bushell 著《中国美术》中也说:"汉时绿色釉之陶器,其善者质坚硬而为玻化状,然不可遂谓为瓷器。"笔者因此疑心这种绿釉陶片也是汉代物。而且和紫色陶器遗留在同一地方,更可以互相证明。

假使这二种陶器真是汉代物,究竟是怎样会到了泉州来?是在汉代由汉人带来?或是古代土著的越族和北方汉人贸易得来的?或者不是汉时输入,而是后代汉人南渡移居泉州时,将汉代古物随身带来的?或者不是北方所造,而是移居的汉人,或甚至本地土著的越族模仿汉人的技术而在本地制造?总之来源很难断定,不过这二种陶器很有汉代的嫌疑。因发现的数量不多,证据未足,我们也未敢十分确定。希望识者给我们指教。我们曾将陶尊摄照明信片大的像,比本文附图更明。

六、生殖器崇拜大石像的发现

笔者在吴文良先生家寄宿时,吴先生说起我们前年发现城内模范巷的印度生殖器崇拜石刻事,笔者说或者还有这种遗物,不过一般人不晓得其意义。吴先生说那末泉州新门外浮桥头有一座"石笋"的古迹,或者便是生殖器崇拜物了。次日(27日)笔者一早便到浮桥探访,过桥无所见,再回头约数百步的大路左旁,越过一亩田,果然有一大石矗立。高三米余,形如圆柱,确实像男性生殖器状,但下部略广(第18图)。方志有记载,但称为石笋,来历不明,传说是从城北清源山飞来的,是一城风水所系的神秘物。曾于明代被雷击折成数段,邑绅史于光募捐重修。史著《笋江集》,笋江的名称便由石笋而得。这物的形状实在不像笋。笔者再探问附近的人有无其他名称,据说因其形像男性生殖器所以又称为"石乇鸟"。(按乇是土制字,音为阑的阴平,即 Lan。乇鸟便是阳具)。又问有无对它崇拜的事,回说没有。笔者以为这物确实是古时的生殖器崇拜物无疑,不过现在已无这种风俗了。这一种与模范巷的二块生殖器崇拜石刻又大有不同,那二块明是印度式的高一级的生殖器崇拜,因为生殖器形状已经变为用石磨心来作象征,不易看出原意。这一个却是赤裸裸的一根生殖器向天矗立,形状非常的像,所以应当是更原始更素朴的生殖器崇拜物。按生殖器崇拜是原始时代的一种低级宗教,因为不明生殖的原理,故引起迷信;以为崇拜生殖器可以使不孕的妇女会怀孕,又可使家畜繁殖,更推到植物上,以为可以使谷物果实丰收。上古的原始社会多有这种风俗,现存的落后民族中也还有保留的,如印度便是。泉州现在没有这种风俗,但却有这种遗物,很是奇异。不知道究竟是本地古越族的遗物,或者是从印度传来的。这还须待以后附近有其他发现,方可确定。不过由别地考古的经验看来,这很像是巨石纪念物中的"立石"(monolith),而立石常即是生殖器崇拜物。曾摄影一幅颇明,缩印于本刊。张东民著的《性的崇拜》一书内有数图可以证明,为省印刷费故不翻印于此。

七、其他古迹的旁观

除了以上的新发现以外,我们又曾参观了不少原来的古迹,并摄照相片三四十幅。因这些古迹还是很少见于国内的记载,或者未见记载,所以也略述于此:

1. 唐初古墓四座

在晋江中山公园北部墙边。是1936年本校派郑德坤、庄为玑和笔者所发掘。当时掘完取出明器后,曾保留墓砖不挖,并加盖一道矮墙于墓上,以保护它,又立碑于旁,标明是唐初古墓。其后被人将砖偷挖将尽,墙倒墓塌,碑也仆地,现在只存了一个遗址,土内露出些未挖完的砖而已。看了不胜感叹。据前次的经验,这一带如再挖,应还有其他的墓。(参看本刊附载发掘的简单报告,是这次中央文物局令本校补报的)

2. 开元寺

在城内西部。相传起于唐代,但历代都有修建。规模宏大,其建筑形式和石木雕刻多有奇异的特点。如前殿后有四根石柱上雕婆罗门教神像(第19图)和动植物各数种。神像中有三头六臂的,有如欢喜佛状的,有人和一身五头的蛇在一起的,动物中有鳄鱼,植物有如生命树。艺术程度很精,趣味也特殊,与佛教作品不同。或者在佛教之前已有婆罗门教传到这里,当时曾有婆罗门教寺院,后来倒坏,其石柱等物便被取去,凑在佛教建筑上。除这四根石柱之外,如模范巷的二块生殖器崇拜石刻大约也是出自婆罗门教寺院。笔者前年即曾这样推测。近来又闻泉城续有发现婆罗门教神像石刻,如这次便在吴文良先生家见了二块,又看见别块的照片。吴先生且说宋代的宝林寺应当是婆罗门教寺。笔者以为不论宝林寺是否婆罗门教寺,在泉州应当有过婆罗门教寺,将来或者可以发现更多的遗物或遗址来证明这说。

开元寺的前殿前大庭基层旁面,还雕了一列的人面狮身和狮子像的小浮雕(第17图)。人面是女人,便是佛经中所谓天女,有的手里还拿着花。像不大,长约40厘米,高约30厘米。人面狮身像与狮像相间排列,各雕了一二十个。其狮不像中国式的想象的狮,而很像真的狮。这种雕刻无疑是由印度传来,而印度则或者受西亚或埃及影响。

开元寺内还有其他特殊的东西,如木雕飞天像,日本古时送来的将近1米的大铜镜等物。(这次未见铜镜)

3. 东西塔

在开元寺的左右,都是完全用石造,连塔顶的瓦,旁边的榱桷等物,也全是用石雕成的,不用砖瓦木料。各五层,又高又大,巍然矗立。建于宋代,至今还不曾倾斜。据传建造时是掘别处的土来填于周围,每建完一层,便也增加一层土,以便工作。到全部落成,方将土搬移别处,露出塔身。塔的外面周围都雕了很多佛教人物和故事,如历代印度和尚、佛教护法神将、佛一生事迹等。都是浮雕,技术很细。这塔在考古学、建筑史、艺术史、佛教史上,都有很大价值,惜在东南一隅,国人少有见到的,否则不但西湖的雷峰,便是南京的琉璃塔、陕西的雁塔,也未必能胜它。我们曾摄照数幅(第12图)。

4. 印度生殖器崇拜石刻二方

在城北模范巷,现在嵌在一个大字纸炉上。每方各广约七八十厘米,高约五六十厘米。都是浮雕。一方雕一头大象,象前面有一大石磨的下层,磨心特别大,但无上层。象鼻卷花状物放在磨心上(第15图),又一方雕一头母牛,在牛腹下也有一个同上的石磨,磨心抵牛的乳房,牛也回头舐磨心(第16图)。笔者于1948年到泉州考古时,瞥见这二件东西,大为惊异,知道便是印度的生殖器崇拜物。磨心便是男性生殖器的象征,磨盘或者是女性生殖器的象征。象和牛都是印度人所崇拜的神像。所以这物是生殖器崇拜与动物崇拜的结合,更加强了生殖器崇拜的意义。笔者曾到过印度参观古迹,曾见印度神庙中地上有很大的石磨,参拜者将花放在磨心的周围。又见浴池内也有这种石磨,也是被崇拜的。曾摄照相片二幅,至今还在。当时又曾探得市中有小件的石制同样像,供人买去家里供奉,便买得大小及形状不一的六件带回,为人类学标本,至今也还在(现在厦大人类博物馆内)。因此一见便知其意义。笔者当时自以为是第一次发现这物,但不曾发表。后见艾克的《泉州双塔》书中也有其中一方石刻的像,大约是有牛的,且也注明是生殖器崇拜,另一个有象的大约艾克未见过。闻附近居民说:这二石不知来源,原是随便放在地上。有一次一个西洋人过此看见,便要买去。居民方知是有价值的东西,不肯卖给他,以后便把它嵌在大字纸炉上,以免失掉。笔者当时即告诉他们小心保存,不要给人偷去。便拍了二幅照片,都是明信片大,很明。现在缩印在本刊内。关于生殖器崇拜的意义,上面曾在浮桥大石笋一段内说过,不过是一种变体,不像上述石笋那样的素朴,这一种已经受婆罗门教吸收,另有附加的意义,变为较高级较复杂的型式了。

5. 清真寺

在城东部,南宋时回回人所建,元代重修。现已破损不堪,但前面石墙还屹然存在,其上部有阿拉伯式的穹门顶,石墙里面更刻有阿拉伯文,据说是《可兰经》中的语句。我们于前年已有照像(第13图),现存。

6. 灵山"圣墓"即回教传教师墓

在城外东南郊灵山上。元代至治年间(1321—1323年)泉州回教徒共建。墓有二,墓的上部是石雕的,形长圆如棺状。墓后和左右建有弯曲的长廊包围着二墓,以保护它。廊下中央有石碑一道,上刻阿拉伯文(第10图)。其左旁有郑和行香碑一道(第11图),此外尚有更后来的碑。1926年厦大教授张星烺等到此发现,认为有关中外交通的重要史迹,曾将回教碑文拓印,请识阿拉伯古字的人翻译,大意是:"此墓为昔日传教此方二先贤之墓。贤者当发克富在位时即来此,有善行,至今尚为人称道。后卒葬于此山,人民怀其德而思之。墓有灵异,其有遭运不佳,或抱病不起者,皆来此祈祷二贤保佑,有求必应。每届冬季,常有多人,自远方至此墓瞻礼行香,归家无不健康安全,俱叹行千里而不徒劳也。留居此地之回教公会特(捐)资修墓,尚祈上帝慨发鸿恩,使此二墓永远保存,俾此二贤骸骨不致暴露风雨也。时回教纪元七百三十二年勒墨藏月(第九月)也。"又何乔远《闽书》说:"灵山有默德那国二人葬焉,回回之祖也。回回家言默德那国有吗喊以德圣人……门徒有大贤四人,唐武德中来朝,遂传教中国。一贤传教广州,二贤传教扬州,三贤四贤传教泉州,卒葬此山。"按默德那即 Medina,吗喊以德即 Mohamad,今译摩罕麦德。回教也曾由海路入中国,确属事实,但如远溯到唐初武德中,一定是错误的。因为摩罕麦德就教主的位便在武德五年,那年便是回历元年,这一定是讹传。回教虽发生于唐初,但由陆路经中亚入新疆,已在宋代。由海路到南洋也在宋代,再由南洋到中国沿海,大约也在宋代。

在左旁郑和行香碑是明初三保太监郑和于第五次下西洋时途经泉州,曾到灵山回教墓行香所立。其文如下:"钦差总兵太监郑和前往西洋忽鲁谟斯等国公干。永乐十五年五月十六日于此行香,望灵圣庇佑。镇抚蒲和日记立。"张星烺氏发现这碑方知郑和原是回教徒。冯承钧氏更进而考出郑和先世原姓马,曾到过阿拉伯回教圣地麦迦城,故名为哈只,哈只是到过回教圣地的回教徒的荣称,中国史书误作人名。南洋古学家韩槐准氏更推论郑和先世或者是移居中国的阿拉伯人。笔者以前也以为史称郑和体貌特殊,再加以先世原是姓马的回教徒,先世即不是阿拉伯人,也应当是新疆的回族人。最近郑鹤声著《郑和遗事汇编》一书中考得郑和先世是元代回回人瞻思丁之后,意见也相近。碑文中说郑和奉命赴西洋忽鲁谟斯等国,忽鲁谟斯即 Ormuz,是波斯商港。

以上二碑都很重要,在二十余年前张星烺等曾经拓印,并在所撰《泉州访古记》中叙述过。但厦大已无这种拓片或照片,而国内书籍中也罕见这种图。三年前我们到泉时曾用加工方法,搽白粉于字画中,各为拍摄明信片大的一幅,很为分明,现在缩印附于本文。

7. 九日山宋代祈风石刻

泉州于宋初正式开港,设立市舶司以管理海船,征收关税。南渡以后更成为国库收入的大宗来源。当时的海船经南洋群岛可到印度、波斯、阿拉伯、非洲东部等处,中外的船都有,外国人来居留的也多。海船一年中只可乘风来回各一次。去时太守和市舶司邀集全城官吏以及外番船人,祭神祈风,祭毕大开宴会,并刻文于大石上。现在九日山上有很多这种石刻,可以推知会场便在九日山,又可推知当时的晋江(江名与县名同)必较广较深,离山较现在为近,海岸也必近些。现在的江已经因淤而日浅日狭。1948 年我们来泉时由庄为玑先生引导来看,当时曾选字画较明的一幅拍照,其文如下:"太守贰卿颜颐仲祷回舶南风,遵彝典也。提舶寺丞刘克逊俱祷焉,重司存也。礼成饮福,尚羊岩壑,真胜践也。别驾卢同父、左翼权军陈世才、舶幙赵崇盢、邑令尹薛季良,从与祠事也。宗正微猷赵师恕适拜开国命,弗果至也。时淳祐癸卯孟夏乙丑也。书者同父。"(第14图)由这篇文可见当时政府非常重视市舶,每年都要举行隆重的祈风典礼,而且也可看出当时泉州的富庶升平,所以官吏能够那样的尽情作乐。因为除这一幅外还有很多,这次我们再来,便由熊德基、韩振华二先生指导同学抄写其他石刻。韩先生将另写一文。

8. 南安松仔岭上"仙字"

在丰卅埔头村北隋墓工作将毕时,曾听说附近的松仔岭上有石刻的"仙字",是神仙所写的,其字无人能识,如有认识者将有很大福气云。笔者便于 26 日发掘完工时走去探看。向北走约 1 公里半,到一横列的小岭,即所谓松仔岭,岭中央略凹,从凹处发生一条小涧通到岭下,仙字是在涧的东面岭上,与涧西的大树相对。笔者便由涧东岭下攀爬上去,到了将近岭顶,果见有一块大石,上面有横线约十余处,也有纵线斜线。未到时曾听工友说这便是仙字,并画给我们看。到其处详细察看,看出是岩石的裂纹,不是人工做成的,很为怀疑。再往上爬,方见有另一块大石,向南一面略平,上有文字之状,便急爬到近前察看。石高约 3 米,阔也相当。字迹是白色的,但却不凹入也不凸起,无字画处是灰黑色,所以能衬托出字画来。这些笔画又像字,又不像字。字似乎有百以上,但字形多数模糊不明,极难辨认,故不敢断定。如果真的是字,或者是原始文字,闻旧漳州属也有这样的奇字。或因工具不利,刻痕不深,后来日久,石面经过风化剥落,竟致成为平面,不能显出字形。但有字画处因原是凹入的,比较石面少受风雨日光莓苔的影响,所以能保存白色。当时曾拍一张明信片大的照,冲晒后很分明。因恐翻印不能清晰,故不拟附印于本文。

此外我们还参观了其他古迹古物,如宋代建的承天寺有石经幢很多,城隍庙有明代或清初绘于壁上的晋江等三县大地图,玄妙观有石雕最生动的龙柱,又看过吴文良先生所收藏的泉州出土古代外国文石刻和石雕像,清代某大官从广西运来的西南民族的铜鼓,南安九日山下起源于晋代的延福寺及其前的石人像,元代远征爪哇的出发处后渚港。以上多数有照像。

八、结　论

总计我们此行的结果,新发现的古迹古物 6 处,参观原已发现的十余处,带回古物有隋唐瓷制明器 10 件,古砖 9 件,可作标本用的历代瓷片 2 袋,古迹古物照片四十余幅,拓碑十余幅,古物的纸模 8 个(后做成石膏模型 2 个,余寄来时已压坏)。同学又实习发掘、拓碑"制纸模"倒石膏、摄影等技术。收获可以说不算少。但这次是幸而碰了好机会,并且由于同人的协力研究,同学的热心学习,以及外界的好意帮忙,方能有这一点成绩。

这次的收获在学术上的意义可以说有以下几点:

1.隋墓及隋代瓷器的发现在福建是第一次,在国内除二十余年前发掘殷墟时在附近发现隋墓一所外,似乎未有他处。隋墓在福建除史前遗址外,可以算是已发现的最古的遗迹,可以使我们明了汉族南迁的情形。隋代瓷器的发现也供给了罕见的资料于古瓷的研究,并使我们明了当时的手工业技术和艺术程度,以及有关的风俗习惯。

2.仿铜器的紫陶尊和绿釉陶片极似汉代物,如果属实,便可将本区域与中原文化的交通推到了汉代,在历史上的意义是很大的。史书虽说汉武帝平闽越,但当时的闽越似在闽省北部,不是闽南。就陶器本身论也很有助于陶瓷史和美术史的研究。

3.宋代青瓷双层碗形式奇特罕见。这种东西的含义是可以证明宋代手工业的发达,和当时地主官僚的穷奢极侈的生活。

4.生殖器崇拜大石像是很好的人类学标本,发现在泉州也很奇怪,在国内别处似乎也未发现过。这件东西的意义是可以表现原始宗教的荒唐,并可证明人类在科学未发生,生产技术未发达时,由于求生存的愿望,是可以产生许多稀奇古怪的风俗习惯的。

5.参观其他已发现的古迹古物和实习考古技术,也都有教育意义,不需详述。

然而这次工作中也有应当检讨之处,如:(1)未请得华东文物局的批准而先行试掘,虽有特殊的理由,总也是不合法的,以后必须避免。(2)参观原有的古迹和发现新的古迹原是二件不同性质的工作,此次同时并行,颇觉困难。笔者身为领队，但有时为了从事新的发现，便不能顾及队员的兴趣，这也是不很好的。

最后，我们由于研究的结果，认为晋江流域的古泉州，包括现在的晋江、南安、惠安、安溪诸县，地上地下必定还有很多古迹古物，其中有史前越族的遗迹遗物（已发现的如南安的石器），有汉族南迁后的遗迹遗物（已发现的如隋唐的墓和明器，宋代建筑和瓷器），有中外海道交通的史料（已发现的如婆罗门教、回教、佛教的建筑、石碑、雕刻物以及宋代祈风石刻、元代军港等），是很好的考古学处女地。自二十余年前本校张星烺、顾颉刚、陈万里诸先生到地考察，震惊于其古迹古物的丰富和特别，因而开始研究。其后本校同人继续有所发现。但地下甚至地上古迹古物一定还有很多，而且也时时会有偶然的发现。现在我们的政府设立文物局，极注意文物的发现保存与研究，我们要对政府和社会提出以下的建议：

1. 泉州的古迹古物已发现的应注意保存。保存的方法，如属古迹，应加修筑，或加建围墙或亭子，并植立石碑，说明其意义。如属可移动的古物，应搜集陈列于博物馆内，加上研究说明，以供众览。

2. 未发现的古迹古物应严禁一般人的发掘破坏，而应派遣有经验的人作有计划地发掘。每次发掘必须刊行研究报告，以贡献于我国或世界的学术。其古迹及古物的保存法同上。

3. 要做上述二项工作，须有一定机关负责。这个机关以厦大最为适合。但厦大内部如无特定机构负责也不能有成绩。必须在厦大里面设立一所博物馆，派定专员负责，时常到泉州一带探寻发掘及办理保存古迹等事。不易移动的大件古物和重复的小件古物可在泉州保管陈列。厦大办理这事应先请中央及华东的文物局以及本省文教厅核准，然后会同泉州人民政府共同进行。厦大是福建的国立大学，不但对泉州一地，便是对本省附近各地的考古工作，也应当负责，方能尽一所国立大学在文化上所负的责任。而政府也应当将这种工作付托厦大，并给予帮助，方能收得良好的效果。以上的提议希望能得政府和社会的赞同，从速付诸实行，以符合政府的文化政策。

1950 年 12 月 31 日写毕

［按这一篇是 1950 年写的，现在本校已成立人类博物馆，考古工作也是一个重点任务。本省也设立文物管理委员会和省立博物馆，泉州的考古今后便可以进行了。这篇文中所提的古物古迹照片现已移交于本校人类博物馆贴屏陈列。林惠祥附志 1953 年 8 月 20 日］

（《厦门大学学报》1954 年第 1 期）

第 1 图　南安丰州隋墓顶部

第 2 图　南安丰州隋墓的砖

右砖字是「开皇十六年八月八日葬」；左砖字是「吕纪」二字

第 3 图　南安丰州隋墓墓内明器 8 件

第 4 图　隋墓墓内的四管花插

第 5 图　隋墓明器内的瓷制便壶，即尿鳖，上有耳目鼻口及四足

第 6 图　晋江唐墓砖

中央的砖上字是贞观三年闰十二月廿五日葬

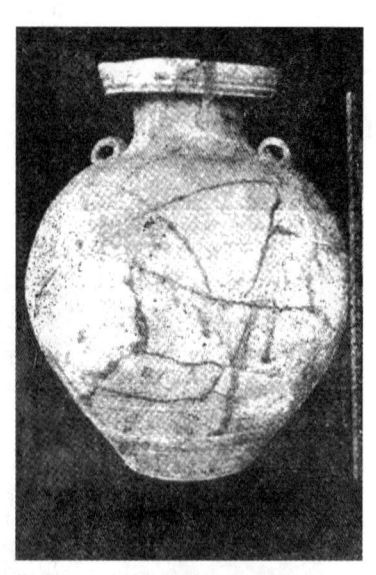

第 7 图　隋墓墓内大瓿

第 8 图　晋江公园内出土双层瓷碗
（似宋代物）

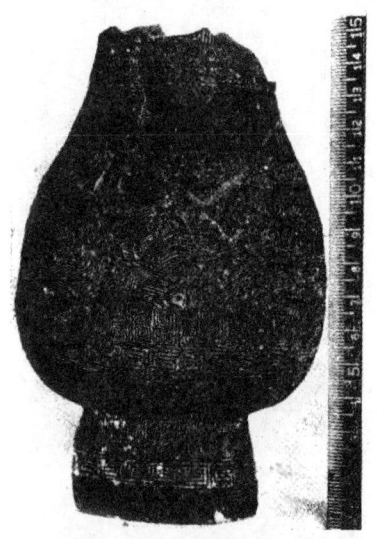

第 9 图　晋江公园内出土陶尊
（似汉代物）

第 10 图　晋江东门外回教传教师
墓阿拉伯文碑

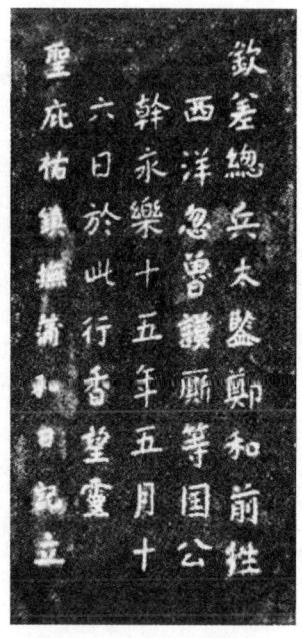

第 11 图　同上，旁边明代
郑和行香牌

第 12 图　晋江城内双塔之一：东塔

第 13 图　晋江城内回教古寺由内看出。穹门上有阿拉伯字

第 14 图　南安县九日山上宋代市舶司祈风石刻

第 15 图　晋江城内印度生殖器崇拜石像之一

第 16 图　晋江城内印度生殖器崇拜石像之二

第 17 图　晋江开元寺前人面狮身石像

第 18 图　晋江新门外浮桥边生殖器崇拜大石像

第 19 图　晋江开元寺石柱上婆罗门教神像

福建闽侯县甘蔗恒心联乡新石器时代遗址考察报告

第一节　发现缘起及工作经过

　　1954年1月间福建省文物管理委员会人员马春卿同志来找我,说闽侯县七区甘蔗恒心乡在筑造防洪堤工程中工人在昙石山掘土,发现古代的石器陶器;文管会工作组人员去看,收集得石器20来件,陶器一件,陶片甚多。问我意见。我请他看本馆以前在武平、龙岩等处所发现的石器陶器,他说很相像。我说这遗址很值得发掘,嘱他回复文管会,又说我愿意去参加工作。其后华东文物工作队派了尹焕章副队长和宋伯胤同志到福州勘察,也认为应当试掘二条探沟,试看蕴藏的情形。文管会来电通知我,叫我去参加。我即于4月7日动身,次日到福州,即参加原已成立的发掘工作组开会。该组是由华东派来的尹副队长兼组长,参加人员12人。我是以代表本校人类博物馆的名义参加,我的工作是从旁协助,不担任发掘中的一部分固定工作。

　　4月10日我随工作组下乡至工地,宿处便在昙石山的对面水利工程办事处的木板屋内。10日、11日工作组布置发掘工作,我便于参加开会之外到遗址探看。12日开始发掘,我在场一同观察。13日巡昙石山一遭探看遗址周围的形势,绘一草图。并与尹队长商议我拟担任巡行察看昙石山遗址全部及其周围地方,在土面上如发现遗物也即拾起,将来带回本馆研究及陈列,至于发掘二探沟所得之物我馆不须分去。尹队长表示赞同。其后到16日为止,我便日日巡行昙石山及其周围,由近而远。昙石山巡毕,便跑到西面的山前山,折回来向东到洽浦山、白头山、连鱼山。再转向东北诸山。计在4日中跑了7座山,每日跑了约10公里。巡行时一面记其形势,一面采寻遗物。计巡行7日,获得石器20件,略破陶器3件,选拾陶片290片。我因所担任工作已毕,而工作组所掘探沟也已将到底,我便先回福州。19日承文化局蔡副局长邀赴工地察看已掘完的遗址和发掘得的古物。20日我便离开福州。我们商定,因我所担任的工作是考察遗扯环境,又在考察中也获得一部分遗物,故也应写一篇考察报告,以配合发掘报告,这便是写这一篇的由来。

事后我曾接到工作组寄来油印的发掘工作总结,未接到发掘报告。我这篇不包括发掘的状况和所得遗物,只就我考察和采集所得而论,自然不是全面的,只可当做这遗址的部分报告。这遗址很大,我只是就地面已出土物考察,我参加的发掘也只是试探工作,所以材料不够多。这篇文只是初步的片面的推测,不过是研究的开端而已。又因赶快要交今年底的本校学报出版,无时间可以将原稿寄去南京和福州,征求共同工作的尹、宋诸同志替我先看一遍,以指正我的错误;所以这篇里面的错处都应由本人负责,不应由全工作组负责。

第二节 遗 址

(一)总论

遗址在闽侯县七区甘蔗恒心联乡,在福州市之西,闽江北岸,距福州市22公里。主要遗址是昙石山,在两乡之间,公路东侧。东是恒心乡,西是甘蔗乡,南是闽江。公路由东来,折而向南,在昙石山的西面断崖下经过,直到闽江岸,然后转向西去。两乡都在闽江北岸,但甘蔗乡之南的江边有一带小树林,树林之南便是公路,紧靠江边。恒心乡之南则有一小江湾,闽江在此处向北侵入陆地,由恒心乡东北方田地起有一条小水流,向南流下绕过恒心乡之南,再向西在甘蔗乡与小树林之间流去。因为两乡这样近水而地又低,闽江有山洪时便会侵入乡内,所以当地政府发动筑堤以防御洪水。这堤便筑在两乡之南小流水的北侧,从甘蔗乡的西方的山前山起,由西而东到公路旁转向北,到昙石山公路侧为一条,这条可保护甘蔗乡。再由昙石山东南角起造一条,也是向东,沿小流水的北侧,达到洽浦山西麓,这一条可保护恒心乡。在这两条防洪堤之北都是人家,人家之北便是大片的田地,在北方远处有一带较高的山,在甘蔗乡四面近处有一小山名山前山。在甘蔗乡北面近处有一不知名小山。在恒心乡东面由北而南有一带小山,以中央的洽浦山为较大,洽浦山的南面有白头山、连鱼山,白头山突入江中成为一个角,连鱼山已在恒心乡的南方,其间便是小江湾。这一个联乡的面积南由江岸到北方的山约有2公里以上,西由山前山到东面洽浦山也约有2公里。白头山、连鱼山是在小湾的东南,由中央的昙石山环绕小湾走到连鱼山约有1公里半(这些里数不是实测的,不很准确)。闽江的南岸除一条狭窄的沙滩外无平地,有一带比较大的山脉和闽江平行,由西向东横亘着。

(二)主要遗址:昙石山(第4图)

昙石山是长形小丘,南北长约500米,阔度则南端狭,向北渐广,最阔处约百余米(不是实测的数字)。高度距平地约 10~20 米,北部稍高。东面缓缓倾斜。西面是断崖,但这断崖是人工开下作公路而成,原来也应是斜的,但也较峭。顶面无一处尖峰,都是平的,北部已辟作山田。站在昙石山顶看,西面断崖下是公路,公路之西是甘蔗乡人家,再远是水田。昙石山东面山下是恒心乡人家,再远处也是水田。更远的西北东三面都是山。南面山下是平地,约二三百米便是闽江,东南方是小湾,隔湾是连鱼山、白头山。

　　整个昙石山都有遗物,但遗址中心是在东南部。可分四部分:其一是最南端,在一个庙后,蛤壳甚多,长约 20 米,有大树多棵。其二在稍北一段,是向东斜坡。这里是最先发现遗物之处,筑堤工人在此掘土,掘处南北长约 18 米,东西阔约 6 米(这是取土后的剩余部,原来应不止)。土内有很多蛤壳和陶片,工人捡拾得石器和陶器,发现后这里便由文管会交涉停工。第三部分在更北相邻处,长约 16 米,阔约 15 米。这次发掘的探沟第一个便在此,正南北向。第四部分在更北,也相连接,更长更阔,长约三十余米,阔是由顶面倾斜到山下,分为三段,各为旱田一片。这次开的第二条探沟骑在第一段和第二段相交处,坐东西,约 2 米在第一段高处,8 米在第二段低处。以上四部分合成遗址中心,合计南北长约 90 米,东西阔约 6~30 米。(以上遗址中心的数字不过是约计的,准确的数字可看发掘报告)

　　这遗址中心地面上便散布蛤壳和陶片,掘下去更多,且夹杂石器,也有少数比较完整的陶器。第二部分工人取土所掘处达 2 米深,蛤壳非常多,陶片也极多,且有比较完整的陶壶 1 个,石器 21 件。其内如再掘必尚有物。第三部分所掘第一探沟(第 6 图),长 10 米,阔 1.5 米,深自 1.7 米至 2.76 米。分三层,第一层为灰黑色耕土层,最深处达 1.5 米,第二层为蛤壳堆积层,最厚处达 1.1 米,第三层为黄黑色土层,最厚处达 0.71 米。出土陶片、石器、骨器等很多,但在 1.5 米深以内尚发现现代瓷片、铁钉等,可见这遗址已被后代人挖掘扰乱。第三部分所掘第二探沟(第 7 图)长阔同上,分高低二区,甲区高,深达 1.8 米,乙区低,深达 1.4 米。地下层次与第一探沟相似,出土物比上一沟略少,但到深 0.84 米处尚有现代瓷片,故可知也是被后代人扰乱过。以上二探沟的情形是根据发掘总结的,这次的试掘可以明了地下的层次,这是很有助于研究的。虽是被扰乱过,但羼入的后代瓷片、铁钉与石陶器截然不同,是可以区别出来的。关于试掘的情形本文不多说,因另有试掘报告。

　　昙石山除了上述的中心遗址之外,北面还有很大部分在耕地土面上散布着陶片甚至石器,虽不是中心,至少也是边缘。我曾巡行山顶和周围数遍,拾起陶片和石器。愈近中心愈多,愈远愈少。

　　昙石山的西面断崖也有二处有蛤壳堆。其较北一处是在山半腰,蛤壳嵌在土内很多,曾拍一照(见第 5 图)。我曾捡得石镞一件,这处逼近公路,应有一部仍于开公路时被掘去。在较南的一处,即在我们所寄宿处水利工程办事处的斜对面,在断崖上部也有蛤壳随土掉落。大约昙石山的西面未开公路时,应有遗物,开公路时已随所掘的土被移去别处,当时应有发现,惜工人不认识。

昙石山东面山脚即人家所在,屋旁小路上或垃圾堆中也常有陶片和石器,我曾捡拾石锛一件和陶片。这一面也应是遗址的边缘。

昙石山上蛤壳堆积很多,在以前附近居民也以为奇,但不晓其原因,相传这种蛤壳可以作药品。陶片、石器虽很多,也不曾引起注意。到了这次方才解决这个谜。

由以上所述推之,昙石山遗址发现的磨光石器陶器很多,此外没有铜器铁器,虽土中夹杂铁钉和后代瓷片,但明是由遗址扰乱而羼入的,没有关系,故这遗址可以断定是新石器时代遗址。至于这遗址中蛤壳堆积非常之多,石陶骨等物掺杂其中,可以断定是属于贝冢,也即是食余遗址一类。史前人类住在这小山上,拾江边的蛤蜊为食物,将壳弃于地上,久之堆积得很厚,日用器物破的也丢在其处,故构成这种遗址。

昙石山及其周围在新石器时代,决不像现在的情形。现在的昙石山是江边平原中的一座小丘,在新石器时代它应当是一个小岛,四面都是水,小丘上也有高有低,大约北部应有尖峰。当时人民便集体住在这小岛上,以拾食贝类或捞鱼为生。现在四面的平地在当时应都是水,其所以成平地,是由东北西三面的山上冲下来的砂土积成的。现在昙石山上有蛤壳堆之处,其底部便是当时的表面,其上的蛤壳沙土不论多少厚,都是堆积上的,其沙土的来源是由小丘上高处冲下来的。因为时间久了,这小丘上高处被剥蚀而平下来,低处则被堆得高起来,因此现在小丘顶面都是平的。由此可知蛤壳层的底部便是当日人类的住居层,距离水面是比较近的。

由此可以断定昙石山原是一个小岛,其遗址是属于贝冢一类,其时代是新石器时代。

(三)其他遗址

昙石山的周围小山也有几处发现史前陶片、石器,虽不如昙石山之多,但也是同样的遗址,分述如下:

1. 连鱼山。这是次于昙石山的遗址。位置在昙石山东南,隔一个小海湾。实是一个小岛屿,背后便是高大的白头山,两者之间只隔一条狭窄的水。我初时听说白头山有遗物,便到白头山上去找,不得,方转到这里。探问本地人,方知道是另一个山,名为连鱼山。在这山的西南面山坡上,便见有陶片,但不很多。又发现有一件石锛,色青绿质细致琢磨光滑,惜缺一边(即石器第三号)。

这一面有遗物处不大,长约一二百步,距水面约五六米以上。其更西在白马王庙右边路旁斜坡也有一处有蛤壳,但露头只约半米。

2. 洽浦山。这山在恒心乡之东,很大,其东面山坡有少许陶片,西面未见。

3. 山前山。在甘蔗乡之西,不大,在其东面发现有回纹陶片数片。

4. 其他的山如东南面的一带小丘,西北近处的小山,都曾踏勘过,无所得。

第三节 石 器

这是以本人在巡行昙石山及其周围诸山从土面捡拾所得的为限,数量虽不多种类也不少,且有些颇为特殊的,故也可以配合工程中发现的及发掘所得的作研究资料。发现的地点有在山上田土内的,有在断崖旁蛤壳堆内的,有在山坡的,有在路旁的,有在人家屋旁的。露出的情形有整个露出的,有一半露出的,有一小角露出的。露出原因有由农人掘土的,有由工人取土的,有被雨水冲现的,有已被人取起移动。陶片在昙石山遗址几乎遍地都是,但大片者比较少,我只选拾花纹好的大片。这些采集所得遗物共有石器20件,可修补复原的陶器2件,陶片290片。这些遗物经与工作组协商,由本人带回研究,并陈列于本馆内。现在应将这一批遗物一一说明,以便配合另外二批遗物作本遗址的参考资料。

(一)石器分论

第一号 有段石锛1件(第8图):长5.6厘米,阔存2.5厘米,厚1.9厘米(以最大处为准,下照此)。由昙石山北部田土内获得。缺处已修补复原。石质硬,色黑,属黑曜岩。缺处是纵长的一小部分,存处约有四分之三,故全角甚明。制工也颇好,琢磨平滑,表面有光泽。刃口一面斜倾,故属锛类。但一面平(即正面),而另一面,即刃口所向之面(即背面下照此)在中间凸起,成一道横脊,分背面为二段,故又属有段石锛之类。背面所以分为二段,原因是为要装柄扎绳之用。这种石锛装柄是横装的,不是直装的。将有横权的树枝拆下来,将权削短,即以石锛的正面长度为准。这根柄一端有短短的横权,权与柄成为锐角。将权的上下部削平,然后置于锛的正面,即平面之下,用绳将锛与权细扎牢固,便成为锄状的东西。其效用是可以增加锛的砍斫力,可以用来砍斫植物以及其他,故是一种生产工具,而不是武器(见第30图)。这种有段石锛在华北以及欧美非洲都没有,以前只有菲律宾、台湾太平洋中很多岛屿发现,中国大陆未有。作者于1929年曾由台湾台北的圆山贝冢采得十余件(见第29图),又于1937年在福建武平县也得到二件(见第30图),1948年在福建南安也发现一件，1953年在福州横屿乡也采得一件，这次又得三件。此外别人所发现的有广东海丰、香港南丫岛、浙江良渚镇诸处。由此可见这种特殊型式的石器是中国东南部的史前文化特征之一，对于中国新石器时代的研究是很有重大意义的。

第二号 原始型有段石锛1件(见第9图)：在恒心乡近昙石山下人家屋旁发现。将近完整，刃口微缺。长9.5厘米，阔4.2厘米，厚2.8厘米。青黑色，质硬，上有分层细纹，属于流云状黑曜岩。长方而扁，但厚度占阔度的一半以上，可算很厚。斜刃故属锛类，背部(即刃所偏的一面)不甚平，有稍为隆起之处，又有一处似有意敲成为凹处。这隆起处和凹处似作装柄扎绳之用。这种锛如装柄便是有段石锛。这一件应是由常型石锛将要变成有段石锛的过渡型，也即是有段石锛的原始型。有段石锛在台湾、菲律宾以至于太平洋中的海岛都有，但其源头究竟在何处尚未有定论。作者曾推测其发生于中国东南部。这种原始型的有段石锛很可以证明这说。

第三号 常型石锛1件：长存6.0厘米，阔存2.5厘米，厚1.6厘米。已补足复原(见第10图)。由连鱼山西南斜坡上发现。色暗绿，硬度中等，质是角页岩。制工精致，表面光滑，石色也美丽，是一件很好看的石器；惜缺去纵长的一小半，刃口也有微缺。

第四号 常型石锛上段1件：长存3.5厘米，厚1.7厘米。缺刃部，已补足(见第10图)。色灰，硬度中，质属沙质页岩。存约二分之一，缺刃部，但可推知必是石锛。昙石山北部田土内获得。

第五号 常型石锛上段1件：长存8.0厘米，阔4.6厘米，厚2.7厘米，长存约四分之三，刃口部缺，可推知必是锛类，已修补复原(第9图)。青黑，硬度中，质属流云状黑曜岩。也属常型石锛，但背部略圆凸，又很厚。在昙石山北部田土内获得。

第六号 常型石锛刃部1件：长存2.5厘米，阔4.5厘米，厚2.0厘米。缺手握的上段，已修补复原(第11图)。色青，硬度中，质属辉绿岩。质很美，制工也很精致，琢磨光滑，棱角很锐，刃口也很利。其原形应是二面都平，而棱角整齐的标准的常型石锛。由这件可以推知这个遗址的史前人类也很精于制造石器，不过这样精致的很少。昙石山东坡出土，儿童拾得交来。

第七号 厚长石锛中段1件：长存4.5厘米，阔4.5厘米，厚4.0厘米。缺上下段，但可以推知应属常型石锛。已修补复原(第11图)。色黑，硬度高，属黑曜岩。厚度非常大，和阔度略相等，几乎成为柱形。这种形比较少见，但别处也有。昙石山北田土内获得。

第八号 扁圆形石锛中段1件：长存5.0厘米，阔5.0厘米，厚2.4厘米。缺上下部，但可以推知是石锛，修补复原(第12图)。色青黑，硬度中，质是黑曜岩。一面平,一面凸,二边无棱角,故称为扁圆形石锛。这种石锛比较横剖面方形有棱角的常型石锛为少。昙石山北部斜坡获得。

第九号　扁圆小石锛上段1件:长存1.5厘米,阔2.4厘米,厚1.2厘米。色灰,质属沙质石英岩。缺约一半,但可推知是石锛类。形与上一种相同,昙石山东北部土内获得。(第13图)

第十号　石锛中心部1件:长5.7厘米,阔存3.5厘米,厚存2.0厘米(第14图)。二边及一面皆缺,但刃有一部分尚明。属辉绿岩,因风化变灰色。

第十一号　背面微损的常型小石锛1件:长4.5厘米,阔2.5厘米,厚存0.9厘米。背面微缺,已修补(第13图)。质是黏板岩。昙石山东面出土,小孩拾得交来。

第十二号　未磨小石斧1件:长5.0厘米,阔2.4厘米,厚1.0厘米(第13图)。色青黑,质属玄武岩。昙石山北部田土内获得。

第十三号　石片所作的小石斧1件:长5.5厘米,阔3.1厘米,厚0.8厘米(第14图)。色灰黄,硬度低,质属沙质页岩。是将一小块石片略加一点子工而已。在昙石山北部田内。

第十四号　石器残块1块:大约是石锛的一小部分,缺很多,但尚有人工特征(第14图)。质属角页岩。

第十五号　有孔石器残部1件:长存3厘米,阔存2.4厘米,厚0.6厘米。有一孔很明显。质属页岩。(第14图)

第十六号　极小有段石锛1件:长2.3厘米,阔1.8厘米,厚0.6厘米(第13图)。形完全,一面平,一面有横脊分为二段,刃也分明。琢磨虽不甚整齐,但可以确断是有段石锛,不过体太小,不像实用物。质是角页岩。在昙石山北部田内获得。

第十七号　石枪1件:长存8.0厘米,阔4.5厘米,厚0.9厘米(第15图)。存大部分,缺枪根,尖锋也微缺,已修补。两边对称且很锐,中脊也明显,且有双倒钩,和后代的铁枪或箭镞极相似。体积较大,应是枪而不是箭镞。石枪极少见,这一件可补足这一类标本,故很有价值。色青黑,硬度中,质是沙质页岩。昙石山北部田土内获得。而不是箭镞。石枪极少见,这一件可补足这一类标本,故很有价值。色青黑,硬度中,质是沙质页岩。昙石山北罄田土内获得。

第十八号　缺尖端石箭镞1件:长存3.3厘米,阔1.3厘米,厚0.5厘米(第15图)。存中段及箭根,只缺尖端,已补足,属于有箭根无倒钩之类。中脊隆起,边刃也薄,制造颇精。用法应是插于竹竿内,竹竿末或稍剖拆,以夹住箭根,然后用细绳扎牢。这种箭用以射人或大动物是不足的,但如用以射小鸟兽或鱼类,却也有效。色黑带一点儿青。属页岩。得自昙石山西面断崖的蛤壳堆中。

第十九号 石镞中段1件：长存2.0厘米，阔1.5厘米，厚0.6厘米（第15图）。与上一种相同，缺尖端及根，已修补。昙石山北部获得。

第二十号 石镞尖端1件：长存4.0厘米，阔1.4厘米，厚0.4厘米（第15图）。缺下半段，原形应较上二件长。出土处同上。

（二）石器总论

这也是就本人所采集的这一部分石器而论。

1. 这些石器都是磨光的，虽有一件未磨的，但也不是旧石器，故都属新石器时代物。

2. 石器的种类以石镞为多，次为石箭镞。此外有石枪尖、小石斧、有孔石器等。石镞有三种：即常型石镞（方格有棱角的）、扁圆石镞和有段石镞。其中最有研究价值的是有段石镞，最为少见的是石枪尖。

3. 石器的体积就原状而言，最大者应推厚石镞，长应达15厘米，最小的是有段小石镞，长只2.3厘米。

4. 石器的色多属黑带微青，硬度多属中等以上，质料多属黑曜岩、辉绿岩、角页岩，箭镞及石枪是页岩。

5. 制工多数不甚讲究，但也有一两件很精致。

6. 用途除极小有段石镞之外，都是实用品，可用于砍斫割刮射刺动植物之用。

7. 保存情形很坏，多属残件，大约是由于遗址破坏很大，常有破成二段的，大约是被铁器如锄或靶所打破。（因为石器多残缺，故先用比较法研究其原状，然后用塑料修补复原，方才陈列及拍照。这法似尚未曾用于石器，这次可以作一种博物馆技术的尝试。）

8. 所表现的生产方法是采集捞鱼射猎，其生产力是很低的。

第四节 陶　器

陶器几乎全部破坏，只余陶片。陶片在遗址中散布很多，无须发掘，可以就地拾取，但小片多，大片较少。我选拾了290片较大的，又取其花纹较明的。此外又获得一个陶器的破片，可以补合起来恢复原状。分述于下：

（一）修补复原的陶器

第一号 印纹圆底陶壶1件：高10.3厘米，腹径11.5厘米。（第16图）

除了口颈部之外,像圆球形,底也是圆的。色灰,质松,无光泽,制法是手捏的,但在颈部有刮磨痕。里不平滑。外面除口颈外全部加以压印的筐篮纹,底部也有,由8片合补而成,所缺很少,只有三四处较小部分,图中白色处便是用石膏补的。这件陶器的用途是当时人用以盛水或食物的,颈部凹处可以系绳子;是当时的实用器物,但又有美术性质。这一件原是去年来筑堤工程中工人掘昙石山南部的土(即中心遗址第二部分)发现,被土地业主黄家小孩取去玩。当时原未破,除底部一点儿外几乎全部完整。小孩要挖去壶里的土,希望获得什么值钱的东西,因土硬挖不出,便把它摔破。后来小孩的父亲知道了,怒骂不息,他的妻生气便把破片捡起来抛在门口的垃圾堆里。这次本人考察中有一天从他们门口过,发现垃圾堆旁斜披上有一大块印纹陶片,片大,印纹又明,我便拾起。因见破痕很新,知是才破不久。第二日再去那边寻觅,遇到黄家主妇,我便问她。她对我说以上的事,便帮我找,果然找得6片。第三日我再去找,她又给我1片。共得8片。我向她借锄头将垃圾和附近一片地都翻遍,不能再得。这8片带回本馆补合起来,所缺无多,全形毕现。福建印纹陶器整个的发现很少,最初是本人于1937年在福建武平县掘得一个,次是在这个遗址于去年末由工人交给文管会一个(今年曾送去北京参加全国出土文物展览会),第三便是这个漏网的,现在已寻到了。至今为止,印纹陶器在全国还是很少。

第二号 素陶盘1件:径13.6厘米,高2.5厘米,厚0.7厘米。(第17图)

边缘微缺,底有很低的圈足,色灰黄,制法不精,是手捏的。全体素面,不光滑,无花纹。完全是实用器,大约是用以盛食物的。出土处在昙石山北部旱田内。

第三号 印花用陶印1件:高8.5厘米,底径7.9厘米。(第18图)

陶印又称陶拍,便是陶制的印子状物,底面刻有花纹。制陶器时趁其未干,将陶印捺压其上,便可显出花纹,以为装饰。这一件底面已不见刻纹,但还粗糙不平,微有细孔。底面平,轮廓近圆形。其上部高起为手握的柄。中腰扁圆,径也较小,最大径5.9厘米,最小径4.7厘米。上部分作二叉,唯一个已折断,二叉展开比腰大。腰间径较小,应是为手握的便利。上面分二叉也是为手掘的便利。故这一件应即是印花纹用的陶印。

第四号 破片复原的光面豆形陶簋1件:原片由器底至圈足底高6.8厘米,圈足径12.6厘米,厚0.6厘米左右,复原的全形高16,器口径23,圈足底径16厘米。(第19图)

原只有一大片破片,但包括圈足的一半和边缘一点子。因是圆器,故已经可以看出原形的大半,只差器的上部。参考1937年浙江良渚镇所发现的一件陶器很相像，又越南南部 Samrong 也有相似之物，因此加以修补复原。这种器应是盛食物用的，故名为簋。其下的圈足很高，又略似古代的豆，故又称为豆形。圈足的壁上有二处开孔，孔径一个 1.5 厘米，一个 1.8 厘米。推测原形应有三个孔。良渚的那一件也有孔。这种孔是为装饰用的。1937 年本人在武平掘得的一件陶器与这次所得的相同，是整个的底部，边缘有四个孔，体积较小。由此推之，这种豆形陶簋在福建、浙江的新石器时代，应是常见的东西，以后可能会再发现。

（二）根据破片推测的陶器的形状

就所带来的 290 片中找出原属于陶器各部分的片，有如下的数量：口颈部 28 片，腹饰部 22 片，底部 5 片，足部 2 片，盖顶部 1 片，腹部 243 片。数量虽不多，约略也可以推出各部的原形。分述如下：

1. 口颈部（第 1 图）

第一式　直立式：即与腹部连成一片，向上直起，惟稍带斜势。

第二式　向外式：即由腹而上，至颈便折向外斜。这是由上一式变成的。

第三式　向外卷的：外向，且其边缘向外卷，是由上一式变成的。

第四式　向外大斜：口颈部向外大斜，致其外成一沟，内成一棱。这一种大约是为系绳子之用。

第五式　向外大斜又竖起的：向外大斜如上，但其上端再加直起的一段。是由上一式变成的。

第六式　向内的：边缘向内，但甚厚。

第七式　向内直转再向外的：向内如上一种，但转折是直的，致外面有棱，再转而向外。

第八式　向内再转向外，微弯式。

第九式　向内转向外，大弯式：这是由上一种变成的，更为美观。

2. 腹饰部

器中部隆凸的腹上有加饰，其饰还有实用，即便于手捧，不易滑脱。其饰由简而繁如下（第 25 图）：

第一式　浑圆无饰的。

第二式　稍为隆起的。

第三式　隆起成一道棱的。

第四式　棱更高成一条带状。

第五式　一道齿形棱：即由上一种变成的。

第六式　一道阔带：即由第四式加阔。

第七式　二条线的：即由第四式再加一条而成。
3. 底足部
底足应合论，由无足的底发展至有足，有以下诸式（第2图）：
第一式　圆底。
第二式　平底。
第三式　加高平底：即底部稍高一点。
第四式　低圈足：即底部加一道低矮的圈以为足，实是由第三种挖空而成。
第五式　高圈足：圈足加高，边有小孔，上述豆形簋便是如此。
第六式　多个高足：在底下加上三个或四个足，其形有的扁圆，有的如圆锥形上大下小，其用处是可以在器的底下烧火煮物。有这种足的器应都是大型器，因为所发现的足都很大，有一小的扁圆形的，径2.8厘米，一件大的圆锥形的上部7厘米。这二件都是破的足部，是由于以前在武平曾发现更多个，可以证明。又华北的陶鼎鬲也可供参考。

以上由第一式至第五式是相继发展的，至于第六式却是另一类，不是由第五式变成的。

（三）陶器的质料色彩

陶器的质料可分下列四种：

1. 粗砂陶。含砂很多，片皆粗大，表面粗糙，应是制大器的。表色赤，但内部也有灰黑色的。大约表面是受火烧赤。这种陶片都无印纹或绘纹。数量少。
2. 松质陶。用指甲可划，可剥，表面多粉，极易吸水。厚度中等，制成的器应在中等以上大。色黄。数量也少。
3. 硬度中等陶。指甲不易划剥，用铁锥才可以。表面少粉，尚能吸水。硬度略如现代的砖。色以灰者为多，也有红色的，还有一种黑色的。这一种最多，约占百分之九十以上。
4. 高硬质陶。铁锥也不易划剥，质很坚密，色紫。数量极少。
5. 概括言之，这个遗址的陶质多属硬度中等陶，色以灰为最多，橙赤色者次之，黄色者松，紫色者硬，极松极硬者都很少。粗砂陶也少。

（四）陶器的制法

1. 手制：极大多数是用手制，表面凹凸不平。印纹陶片都是这样。

2. 轮制：极少数有轮制的痕，尤其是黑色陶，磨痕很明。次是灰色光面无印纹的。又加陶衣无印纹红色陶也是轮制的。

（五）陶器的花纹

这次带来的陶片290片中印有花纹者226片，加花纹模糊者达249片，占86％。这个统计数字不能代表整个遗址，但却可以指出这个遗址的陶器是以印纹陶为主的，正和福建南部所发现的相符合。

Ⅰ. 何谓印纹：所谓印纹意义不甚明显，应加说明。印纹与绘纹不同，绘纹是用软色的笔蘸色料抹于陶器上，故其陶器的面还是平的。印纹是用硬性的物压在未干的器上使它发生凹凸的纹，故其器面是不平的。绘纹可作为实体的物形，也可作几何形即图案形的花样。印纹却都是几何形即图案形纹样。印纹陶的花纹布满陶器的面，连底也有，不像绘纹的少。又印纹陶都是手制的，表面不平滑。

Ⅱ. 花纹是怎样作成的？陶器上的花纹有三种作法：

1. 模造的。最初造陶器时是将陶土按在筐篮等所作的模内，用手捺压而作成，经火烧后便干硬成器。筐篮虽已烧毁，但其纹样却于无意中印在陶器表面。这是最初期的作法。

2. 刻划的。人类进步了，制造陶器也可用手捏，不必用筐篮作模，所作的陶器便无花纹，乃有意用尖器在未干的陶器上刻划为花纹。印纹陶也称为刻纹陶，因为印纹是由刻纹再进一步而成。

3. 捺印的。为省用手刻划的麻烦，其后人类便发明用陶土作成印章形，先在这印章的底面刻划了花纹，把它烧干，作为印花纹时的工具。每次制完陶器，在未干时便把陶印压上，使陶器上发生同样的花纹，然后入火烧干。这是最后期方能发生的办法。在未发明这法时，有花纹的陶器必很少，到这法发生后便可大量制造有花纹的陶器。因此所有发现的新石器时代印纹陶，几乎全是用这法印成的，不再用前二种麻烦的方法了。本遗址的陶器花纹是用这法印成的。

Ⅲ. 花纹的种类。带来的材料不多，单就这一批226片有印纹者而论，有以下诸种：

1. 平行直线纹。9片，有粗细二种，这种纹虽简单，但很整齐，大约是用陶印子印成的，不是手刻的。在武平、龙岩也有。（第20图）

2. 密筐篮纹。57片，占次多数。其纹像紧密砌合的筐篮上的蔑。也是阳纹。这大约是先将陶土贴在筐篮上印成这样的阴纹，后来再印在陶器上便成阳纹。这一种在武平、龙岩也有，广东韩江流域，江西樟树镇也有。（第21图）

3. 疏筐篮纹。10 片。二种筐篮纹合计与方格纹略相等。（第 21 图）

4. 细麻织纹。31 片。似是很细的麻织成的纹。（第 21 图）

5. 方格纹：68 片，占最多数。格子大小不等，小者每 1 厘米有四五格，大者二格。有如网状，但凸起成为阳纹。如直接用网为印，其格纹必为阴纹，这是用陶印压成的，陶印上必是阴纹，故印在陶器上便成为阳纹，这一种在武平、龙岩都有，在龙岩也是最多数，韩江流域、江西樟树、香港（第 22 图）也有。

6. 草之字纹。1 片。这是先在陶印子上刻成这纹，然后印在陶器上，这一种比以上的美观。在武平、龙岩也有，又韩江流域、江西樟树镇、香港也有。（第 23 图）

7. 平行直线相间纹。38 片。这是每三四条平行直线为一组，如方格状，各组又纵横错综配合起来，也很好看。在武平、龙岩也有，又江西樟树镇也有。（第 23 图）

8. 雷纹（又称回纹）。11 片。粗看像是大小两个口字相叠如回字，故称回纹。细看是一条线曲折向内旋转如螺旋状，但又是方形的，在古铜器上常有这种纹，称为雷纹，又称云雷纹，因这种原是由圆形的螺旋纹变成，原是像云状，是很美丽的纹样。这种纹样在武平、龙岩都曾发现过，数量也是很少，樟树、韩江流域、香港也有。（第 24 图）

9. 双钩雷纹。1 片。这不像是用模印的而像是用尖物刻成的。也很好看，但其数极少。在武平、龙岩未见。（第 24 图）

Ⅳ. 花纹总结（仅以我所采得的一小批而论）：

1. 花纹中以雷纹为最美观，表示是发展的最高度。

2. 花纹最常见者是方格纹、筐篮纹。

3. 花纹的种类和武平相同者 9 种中占 6 种，与龙岩相同者 9 种中占 5 种，可见他们之间的关系很密切，是同一系的文化。

4. 本遗址特有的花纹有三种，即双钩雷纹、疏筐篮纹、细麻织纹，此外应还有别种。

5. 花纹都是阳纹，可证明是用陶印子印成的。

6. 只有第九种双钩雷纹是刻的，刻的很少。

Ⅴ. 陶器形式总论：综合以上的材料，可以推知陶器的全形应有圆底壶形、豆形篦、浅盘、钵、缸、盂、三四足的锅等物。其大小也应有多种，有些片很小而且薄，弯度大，其原形应是小的，但大约最小也在六七厘米以上，因为陶片还粗不可能做得太小。有些大片又厚又平，有一片厚至 2 厘米，大约其原形应很大，大器或者有达到腹径四五十厘米的，多数片的厚度是在 0.5～0.8 厘米之间，大约其全形约一二十厘米。和后代的陶瓷器比较，似乎没有方形器，小口长身瓶，极小而薄的杯，有长嘴的器，有提梁的器等。

第五节　特种陶的问题：黑陶彩陶红陶

本遗址的陶器多属印纹陶，但除印纹陶之外，还夹杂着类似黑陶、彩陶和红陶的陶片，不过数量都少，不能代表本遗址的文化。这些特种陶的发现数量虽少，然而问题却很大。因为这些特种陶的形式制法和印纹陶不同。为什么同一地点同一时代的人类同时发展了这样多种的陶器？换言之，这些特种陶器在别地是属于不同时代不同地方的东西，为什么聚集在这个遗址来？以此，对这些少量的特种陶不能不加以注意。这三种特种陶是各异的东西，故应分别叙述。

（一）磨光灰黑陶

本遗址在工程中所收集的陶片中应有这种灰黑陶，又试掘中也有出土，本人也采集得12片。分为二类：

甲种　黑陶：7片，色自黑至灰黑，都是轮制磨光，无印纹。有一大片（第26图）特征很明，色表里都黑，很平滑，有光泽，也很薄，厚度大部分是0.4～0.5厘米。有较厚的。

乙种　磨光无印纹灰陶：5片，也是昙石山所得。无光泽，有些界于灰黑之间的使这二种接近起来，故合在一处研究。

按标准的黑陶曾发现在山东城子崖、河南安阳、辽宁、浙江良渚等处。发源地是华北东部沿海，然后向西、南、及东北传播。向南的一支传到浙江良渚，研究者已无异议，是否再向南传下还未有定论，1937年本人曾在福建武平发现有黑色的陶片，但极少，也不像标准的黑陶。抗战中闻何天行亦曾在武平发现黑陶。解放后饶惠元也在江西樟树镇发现黑陶。日本人也曾在台湾西岸的中南部冈山郡太湖贝冢发现黑陶和无印纹灰色陶，以及无印纹赤色陶。以外还有高雄市桃了园、凤山、台南、彰化、台北等处都有发现，但偏于西南一带。据他们说，其中有很黑而有光泽的，其光泽是磨成的，也有灰黑色的，还有加以刻划的花纹的。

据金关丈夫等人的研究，台湾的黑陶文化应是由中国大陆传去的，其路径应是对岸地方，但福建尚未发现，故不敢确断。这次在本遗址发现这种黑色陶片，也是黑色有光泽，和台湾的相同，和华北的标准黑陶也相类。虽是数量不多，但特征却很明，作者以为可以确断是与华北同类的黑陶，是由华北传播来的，而且这种黑陶还传播到台湾去。不过因为离开发源地远了，难免有些变化。特征明显的标准黑陶比较少，其色渐变为灰黑，或甚至灰色，厚度也渐加，光泽也没有了；然而轮制磨光的特征到了福建都还不变。由此可见本遗址的无印纹磨光灰色陶实在是由黑陶变成的，为黑陶的变种，故也可归于同一类。为要包括灰色的也在内，我以为在本遗址的这一类型的陶不应单称为黑陶，而应称为"磨光灰黑陶"。

印纹陶在中国东南一带最盛，华北很少，应是东南方固有的史前文化。黑陶既是华北发生的，传到福建时间应很迟。来到之后与印纹陶并存，故在同一遗址之中，可以发现这二种陶器。黑陶的传来最初或是浙江的人民移居到福建带了这种技术来，本遗址所以有黑陶，而其数量很少，比不上印纹陶的多，或者不是本遗址的居民所自制，而是由邻居的浙江移民得来的。到了后来，互相模仿，两方都可以学得对方的制陶技术，便都会制造二种陶器，而这二种陶器也曾混合起来发生变型或新型。本遗址的纯黑陶少，其色变为灰黑以至灰色，大约是由此，因为刻纹陶的色原来以灰色为多，黑陶变为灰陶便是受本地土质或技术等条件的影响，不过同时却又保持轮制磨光的特征。以上的推测或可以说明黑陶的来历以及磨光无印纹灰色陶发生的原因。可惜作者所得的材料太少，不能多所推论，希望将来有机会获得更多材料，便可以证实或修正以上的推测。

（二）彩陶

作者所采得的也少，只有17片，可分为二种，如下：

甲种 红地绘暗棕色纹（第27图）：10片，都是手捏的。硬度中等。其中9片是陶器壁，一件形状很特别，像一颗大衣上的扁纽，下有蒂，蒂下端折，不知下接何物。由形推之，或是大陶器的盖顶。这一件的上面绘了数条粗直线相交。其余的片是绘一条或二条平行纹以至数条相错的纹在器的里面，其外面则有印纹，其纹和一般印纹陶相同。绘花纹的色料无光泽，似是用软物蘸色料抹上的。应有绘在表面的片，未得到。

乙种 灰地绘黑纹的（第28图）：7片，有手捏的，也有轮制的，硬度较高些。色彩微见光泽。花纹不像上一种的简单，常是数条平行粗直线和另一排粗直线相错。花纹是绘在表面的，其里面无印纹或绘纹，也有在里面抹上一层黑棕色衣的。这种花纹，比较华北的彩陶简单得多。

按彩陶原是华北新石器时代的主要遗物，中心地点是黄河上中流域即河南、山西、陕西、甘肃，东传至辽宁、朝鲜。标准的彩陶是在红、灰，黄棕色的质地上面加绘黑、棕黑、红或白色的花纹，制法是轮制，表面平均有光泽。其所绘花纹多属几何形，少数是写实体。这种彩陶从来不会在长江以南发现。1940年日本人曾在澎湖良文港发现赤色彩陶破片，上有棕黑色平行带状纹，后又在台湾高雄市桃子园、台中州大肚溪社脚等处发现彩绘陶片。日本人金关丈夫等称之为彩陶，说是由中国大陆传去的，我以前很怀疑，也不注意。1950年福建文教厅廖华同志在福州东门外横屿乡也发现彩绘陶片，曾寄照片及手绘彩色图来给我。我看和华北的不同，故亦不敢肯定福建有彩陶。这次在本遗址果然也获得少数彩绘陶片，和横屿乡所发现的相似，很值得研究，以解决这个谜。

我先将本遗址的彩陶片和华北的比较，觉得不很像，其相似之处只是在红色或灰色的陶器上加黑色绘纹，不同之处很多，华北的花纹复杂美观，这里的极其简单。华北的是轮制，表面磨光，这里的是手捏的。华北的不再加印纹，这里的多数再加印纹。华北的多红色陶质，这里除红的以外还有灰色陶质加黑色纹样。华北的绘纹色泽鲜明，这里的色淡无光。由此可见和华北的不十分相同。再和台湾的比较看，台湾的花纹也是简单，陶质也有赤的灰的，绘料也是黑色，绘纹也不如华北的鲜明，这几点都相同。尤其是所绘花纹也很相类，台湾也多有一排平行直线纹和另一排平行直线纹相错的花纹。由此可知这里与台湾的是比较相类似。

这里和澎湖、台湾的彩陶既很相像，这便说明了这里和台湾之间的彩陶是同出一源的，也就说台澎的彩陶是由这边传播去的。

福建的彩陶既可传去台湾，然则福建的彩陶也应当是由北方传来。证以黑陶的传播，彩陶自然也可由北方传来。为什么福建的彩陶有很多不同于华北之处，那是因为传播的路径太远，经时必久，当然会改变而消失了原来的特点。东南一带是印纹陶盛行的地方，彩陶的末流到此不会受人注意，因而不会发展。这里的彩陶常只是在印纹陶的另一面加绘简单纹样，虽有在正面绘花纹而又不另加印纹的，但为数不多。总括言之，福建的彩陶技术是由华北传来的，但到此已是强弩之末，以后再由福建传去澎湖及台湾。那更是末流了。

至于传播的时代也应研究，彩陶由华北到福建，应是在福建的新石器时代末期，不会太早。至于传到澎湖、台湾也应在福建的史前新石器时代，不曾到有史以后，因为自秦汉以后，华北早已脱离用彩陶的新石器时代，福建虽远僻也已脱离新石器时代，自然也应不再保守那样简单的彩陶技术。

至于传播的途径应是由华北先到江浙，然后再由江浙南下到福建。传播到台湾的路径与黑陶同样，应是先到澎湖，然后传入台湾。这条跨海的路径，由现在来看，好像是不可能的，然而除了这一条路外，没有第二条。由澎湖到台湾的史前交通有比较多的证据，但澎湖与台湾之间有更深的海和更凶恶的波涛。福建与澎湖之间海比较浅，其间又有很多浅滩，不能说前者可以越过，而后者一定不能。我们现在所知道的史前人类的事情还太少，二三千年前地理上也不知是否就像现在一样，所以我们现在以为史前人做不到的事，或者当时是可能的。因论福建彩陶的来源有需要将台湾的彩陶作旁证,故讨论到福建与台湾的史前文化传播,关于这一点拟另写一文详论。

(三)红陶即磨光无印纹红衣陶

本遗址还有一种陶片,与印纹陶不同,与黑陶、彩陶也有异,数量也少,所以也是一种特殊陶。这种陶片质地红,表面上且再加一层红色涂料,可称为红衣。无绘纹也无印纹,又是轮制的。红陶在华北也有,但不是主要的特殊陶器,大约与彩陶比较接近,是彩陶的简单型。台湾也有发现这种红陶,日本人研究者也说它是彩陶的简化物。这种红陶的来源大约也像彩陶一样,由华北传来,然后再传到台湾去。理由同上不赘述。

第六节　其他遗物

本遗址在发掘中还发现骨器、龟甲等物,我所采集的无骨器,故本篇不述及,略述其他如下:

Ⅰ.麻龟甲(第35图):这是一种龟的甲,已破成小片。表面不平坦,有无数密如蜂窝的小孔,有如麻面状,故称麻龟。闻华北殷代遗址有此物,或有特别用途。我于1941年曾在南洋马来半岛北部吉打州史前人类的洞穴内也发现麻龟甲颇多,和贝壳杂在一处,曾拾数片带回来(见第36图)。吉打洞穴内的麻龟甲应是食余的龟甲,因其人类文化很低,尚使用旧石器塑的石器。本遗址所发现的也是和贝壳在一处,而且南方人未必有用龟甲占卜的风俗,或者也是食余的龟甲。闻这种龟已绝种,由福建及南洋材料看,可证当时曾散布自华北至南洋一带。

Ⅱ.贝壳:有三种。(第35图)

1. 蚬,土名蛤蜊(学名 corbicula):这一种最多,贝冢几乎全部由这一种构成,两面壳分开,可证是人剥开吃过的,不是自然形。当时闽江滨必有非常多的这种蛤蜊,故可供给人类生活,现在已没有了,但海边还有。

2. 小螺(学名 semisulcospira):这是旋纹小螺,现在海边也还有。这里的壳缺尾部,必是被人敲去以便吸取其肉。前在南洋洞穴内所见螺壳都是敲尾的。这一种很少。

3. 广口短身的螺:极似学名 Phalium 的一种螺,这是比较大的,也很少。壳在一旁破,或者也是被当时人敲破以便吸食,因为尾部太短,不便敲,故敲旁面。

Ⅲ.人脊椎骨:只一节,色已变黄棕,大小与现代人略等。(第35图)

Ⅳ.炭：在昙石山西面断崖下贝壳堆旁挖得，是木烧的炭。在发掘的坑内也有多处。都是小块夹在土内。因遗址已被扰乱，故无大堆焦炭。

（附记一）掘土工程中发现的一批遗物

在以前工人筑堤掘土的工作中发现石器、陶器，即交文管会，计有石器21件，几乎全属常型石锛，约半数完整，颇厚。又有一个印纹陶壶，陶片也捡拾数千片。这批遗物除半数石器、一个陶壶已送北京外，余皆在福州省立博物馆筹备处内。已送去的我只见过照片，余都曾看过。

（附记二）发掘二条采沟所得的一批遗物

这是这一次试掘所得的，据总结所记如下：

第一沟所得：石箭镞23件，石锛8件，残石斧2件，残石器5件，残石环1件，石片102片，可复原的破陶器1件，陶纺轮8件，陶网坠7件，印花陶拍3件，陶片选拾2831片，残骨箭镞2件，骨器7件，麻龟板3片，此外尚有大量蛤壳及兽骨、鹿角、木炭，红烧土等。

第二沟所得：甲区石镞6件，石锛4件，陶纺轮3.5件，陶网坠1件，陶拍2件，麻龟板2件，陶片选拾349片。乙区得石镞6件，石锛10件，陶纺轮1.5件，麻龟板1件，陶片选拾458片。此外第二沟也有多量蛤壳等。发掘所得遗物我曾见过，但我因华东工作队写研究报告时需要全份，故我声明不必分配与本馆。不过略记于此以供阅者参考。

第七节　初步的推论

推论的根据主要的是如上所述的作者本人巡行考察遗址所见，和所采集的一部分遗物，此外本人也看到在遗址中心试掘的成果，还有以前筑堤工程中所发现的遗物也看到一部分实物和照片。由于这些资料，可以做出几条推论，但这只是作者个人的意见。不论对不对，姑且写出来以配合华东工作队试掘的报告。又因为这遗址未全发掘，到现在所得的还只是一部分资料，所以这种推论，只是初步的推论，还不是结论。现在的推论当然难免会有错误之处，将来当可修正。

关于遗址和遗物都已有过个别的推论，这里不再复述。这里是综合这遗址的各方面而论，分为以下各项。

（一）遗址的性质

主要遗址昙石山，尤其是昙石山遗址中心，是属于贝冢一类的遗址。因为遗物多出现于蛤壳堆的周围和里面，蛤壳堆面积非常广，厚度也很大，这是很典型的贝冢。贝冢在北欧和日本都发现了很多处。在亚洲东南一带则有香港的南丫岛，广东的海丰，台湾台北的圆山，高雄县的太湖等处。福建的发现这还是第一次。次要遗址连鱼山的西南坡也有蛤壳，不过不像昙石山之多，也可算是贝冢。称为贝冢，并不是说没有人类的住所。因为住所的材料早已消灭，不能确指是在哪一点，贝冢却明显的存在，所以只称为贝冢。其实贝冢的旁近也便是人类的住所，人类如不住在那边，哪能堆积得这样多的食余贝冢。所以贝冢的意义便包括人类住所在内。

（二）时代

昙石山贝冢，或说得广一些，甘蔗恒心乡的遗址，究竟是否真的属于新石器时代？先就本遗址而言，贝冢里面夹杂石器、陶器，没有铜铁器，这当然是属于史前的新石器时代。而且印纹陶器的花纹很美丽，制造法已进到用陶印子压印，石器也有琢磨很精致的，虽是不多，也可看出其技术已很高，这可以证明是在新石器时代的后期。还有陶纺轮、陶网坠、石箭镞等可证明一般新石器时代的生产技术如纺织、结网捞鱼、射箭都已发生，当然是已经到了后期。

再就与别地的比较推测而论：在近处则福建南部的龙岩、武平、惠安、南安、厦门等处自十余年前都有发现新石器时代的遗址遗物，经作者研究都是属于新石器时代后期。南方这些遗址所出遗物都和本遗址大同小异，属于同一系统。故本遗址也应属新石器时代后期。再就远地而论，广东海丰的石器陶器也和本遗址很相似，而海丰也已由研究者确断为新石器时代。北方则浙江的良渚镇发现黑陶石器，良渚也属新石器时代。更远的西方则有江西樟树镇也发现印纹陶器和有段石锛等物，和本遗址石、陶器也相类，樟树镇遗址也是属新石器时代。由以上各地的比较，本遗址确应属新石器时代后期。

至于这种新石器时代的绝对年代应在多少年前，则作者以前研究武平、龙岩等处遗址时，即曾推测福建新石器时代的结束应迟于华北，华北约在4000年前（夏代应为石铜并用时代），福建在3000年前亦应告终止。福建南方诸遗址是这样，在福建北方的遗址也应是这样。还有一个反证可以证明3000年以来浙江、福建地方的人民都已无使用石器的风俗。2500年前博学的孔子看见了飞鸟带下来的石砮（即石镞）便说是东北方肃慎氏之物，不说是东南方越人之物。其他春秋战国时代诸子也都无说及越人曾使用石镞者。可见越人的脱离新石器时代至少应在3000年以前,或者更早些。

(三)民族

中国秦以前民族繁多,在史前新石器时代自然便是这样。华北的汉人入福建是在汉代,以前都只有土人,即所谓闽越族,属百越系的一支。所以福建的新石器时代遗址当然是闽越族的遗址。

越族原有许多特殊文化,如使用越语,文身,断发,精于使船,多食海产等事,其中闽越族更有拜蛇的风俗,也即是以蛇为图腾,故汉代人著的《说文》释闽为蛇种。这种特殊情形在新石器时代一定更明显。本遗址有很多贝壳,很合多食海产的风俗,又昙石山是孤岛,可见当时人早已有船。闽越族的体格面貌,现在还未发现头骨,未能知晓;但由现在福建人的体貌推测,也可知大概。现在的福建人应是汉人和越人的混合种,否则福建人的体貌何以虽是和华北人大同小异,但也有些不同之处,如体格较短,眼形较圆而少斜吊,属于马来眼与蒙古眼之间。这些特点应是从古越族遗传下来的。然则新石器时代的福建土人的体貌大约便是照上面所述的样子,还更加强些。

(四)当时人类的生活文化

本遗址的新石器时代居民的生活和文化可以根据遗址的情形和遗物,而推测一个大概。先说他们的环境。昙石山在当时是一个孤岛,东北西三面是闽江的支流。当时应有一条支流从东北来,经昙石山之东入闽江。又一条从西北来在昙石山的西面入闽江。这二条支流在昙石山的北面也相通。昙石山南面便是闽江本流,当时闽江应比现在广,接连到昙石山的山麓。当时的昙石山应有尖峰,有低地,不像现在山上一律平坦。在这种自然环境里面,当时江滨应有非常丰富的鱼贝,附近地方又有很密的原始森林。鸟兽也很多,人类则稀少。

昙石山的居民便住在这个孤岛上度他们的原始生活。他们应是合群而居,其人口不能超过这附近一带的天产物所能养活的人数。大约少则二三十人,多则一百余人。此结合的纽带应是血统关系,即结成氏族;照这样不很高的生产力推之,应还是属于母系氏族,也即是原始社会后期。他们的生产工具便是新石器,即磨光的石器。石器之中多有石锛,石锛是用来砍割植物根茎果实以及鱼贝小鸟兽的,这里多蛤类,可用石锛以撬开蛤谷。有段石锛则加一个弯柄装成小锄状以砍折同上各物,石镞可装在细竹竿上,用弓发射出去,以猎取鸟兽或鱼类。他们除拾取贝类之外，还能用网以捞鱼。他们的生活可以说是以采集天产物和渔猎为生。但他们也应已能懂得种植，因为新石器后期在别处都已有种植。又这里陶器很多，说明食物已不少，而且其食物是需要用陶器来盛贮和烹煮的；只有谷粒是最需要陶器，故也可以推测应已知种植谷物。不过由贝壳之多看来，这里人还是以采集和渔业为主要生产技术，因为他们可说是水边的居民。他们应已有独木舟，可以过水到四面的陆地。他们的食物采自江滨和周围的陆地，不是只限于昙石山，昙石山不过是住所而已。他们所以要来昙石山居住，是因为这里便于采集水产，又四面有水，比较安全，可免大野兽和敌人的攻袭。

他们的文化程度已略有可观。如上所说，他们已能磨制精致的石器，能制印有美丽花纹的陶器，能知纺织，应已有麻质的衣服，能打网，能编筐篮席子，能烹煮食物。所用工具除石器外有骨角贝壳所制器，也应有很多竹木器，但竹木易消灭故无遗物。他们的生产技术除采集天然动植物外，还知道渔猎种植；或者还能饲养家畜，因为别地的新石器时代人多数能知饲养家畜。

住在昙石山的人应是一个氏族，应有氏族长。附近的遗址如连鱼山、山前山等处也都应有一个氏族。这些附近的氏族应有联系而合成一个部落，因为他们如无关系是不能住得如此相逼近的。

他们的意识形态比较无证据可供推测。不过由他们的陶器上花纹的美观，可以知道他们很有审美的观念，也很有艺术技能。他们应已有原始宗教即迷信魔术等，但无遗物可证。龙岩曾发现一件人头动物身的石雕物，似与原始宗教有关，本遗址将来或可望有所发现。将来如发现当时人的葬处便可有这种材料。当时人是无文字的，在遗物中也未见有记号，将来应在陶器上注意有无记号。

附志道谢

1. 这次到福州参加工作，费虽由本校自理，但受本省文物管理委员会及本省博物馆筹备处好意招待，给予种种工作上的便利，合应道谢。
2. 华东文物工作队尹焕章副队长、宋伯胤先生，以及工作组诸位同志，都给作者很多指教和帮助，亦应道谢。
3. 本校地质学教授陈允敦先生代为鉴定石器的质料，也应道谢。

（《厦门大学学报》1954年第5期）

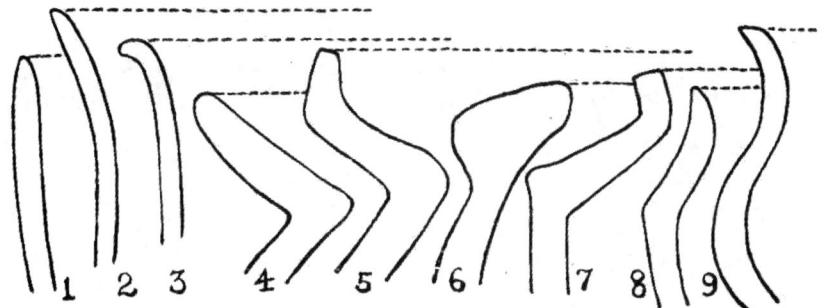

第 1 图　陶器口颈部的各种形状

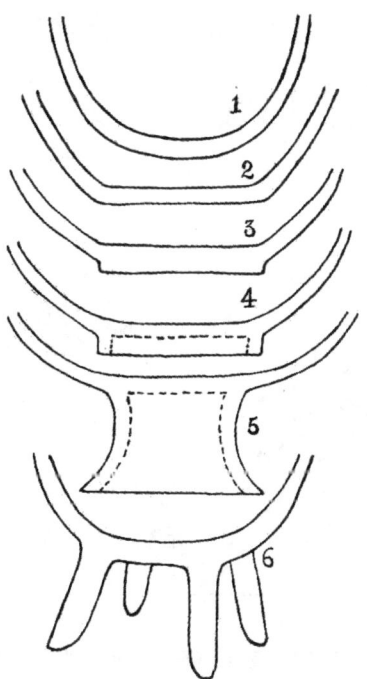

第 2 图　陶器底足部的各种形状

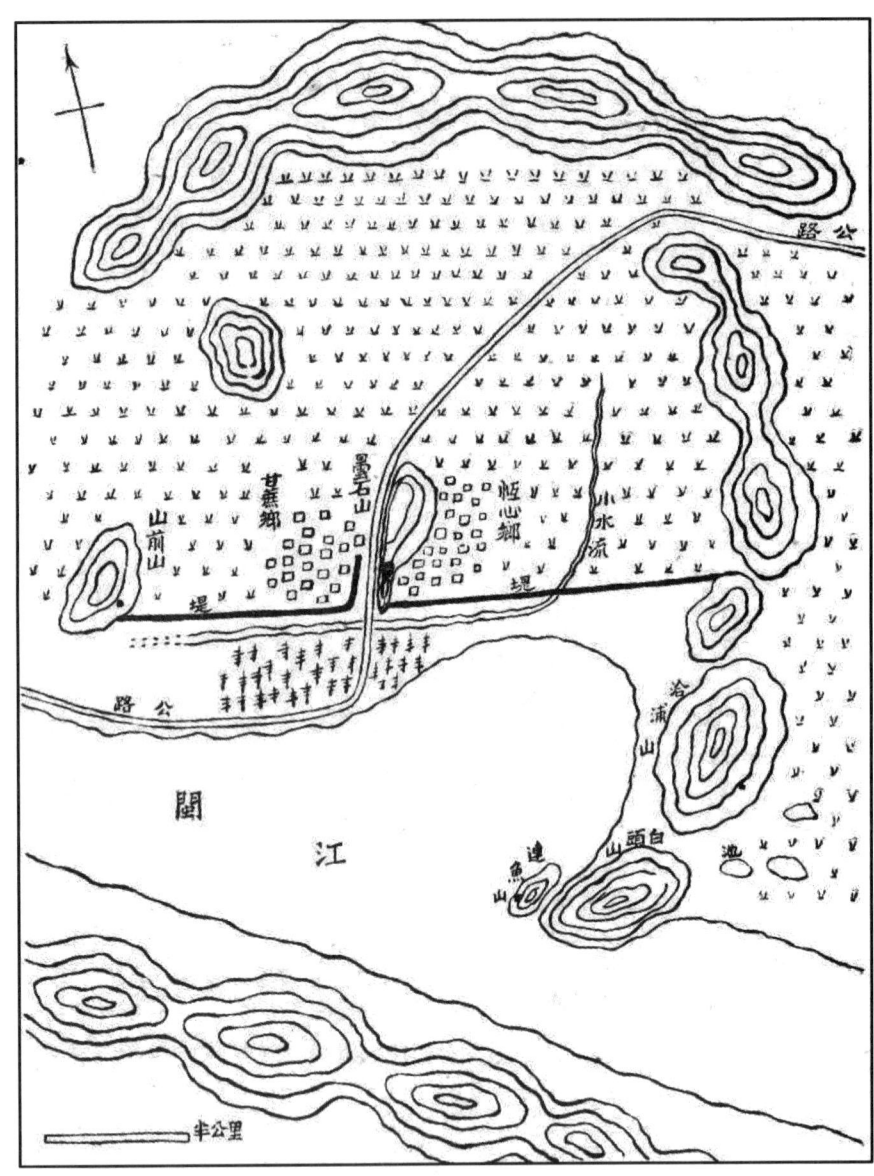

第 3 图　甘蔗恒心联乡新石器时代遗址简图(·是遗址)

第 4 图　昙石山西面南部

第 5 图　昙石山西部断崖中腰的贝壳堆

第 6 图　昙石山上遗址的第一探沟

第 7 图　昙石山上遗址的第二探沟

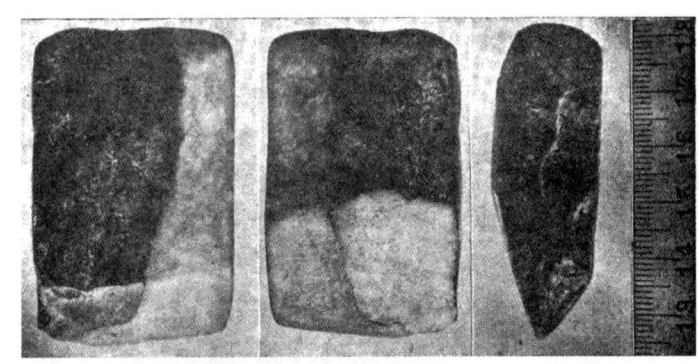

第8图　左:有段石锛正面(右边是复原的)
　　　　中:同上背面(左边是复原的);右:同上侧面(表示其背面成二段)

第10图　左:常型石锛一半(灰色部分是复原的)
　　　　右:常型石锛上段(下段是复原的)

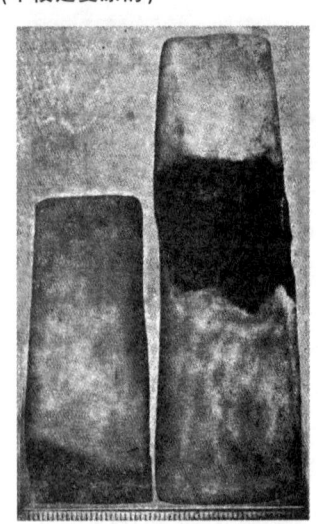

第9图　左:常型石锛上段(刃部灰色是复原的)
　　　　右:原始型有段石锛正面

第11图　左:常型石锛刃部(上段是复原的)
　　　　右:厚长石锛中段(上下部是复原的)

第 12 图　扁圆形石锛中段
　　　　　（上下部是复原的）

第 13 图　左：未磨小石斧
　　　　　中正：背面微损小石锛
　　　　　中右：扁圆小石锛上段，下段是复原的
　　　　　右：极小有段石锛

第 14 图　左：石器破块
　　　　　中左：有孔石器残块
　　　　　中右：石片所作小石斧
　　　　　右：石锛破块中心部

第 15 图
左：石枪头，尖端及根是复原的
右上下：石箭镞二件，尖端皆是复原的
中下：石镞上段

第 16 图　印纹圆形底陶瓷

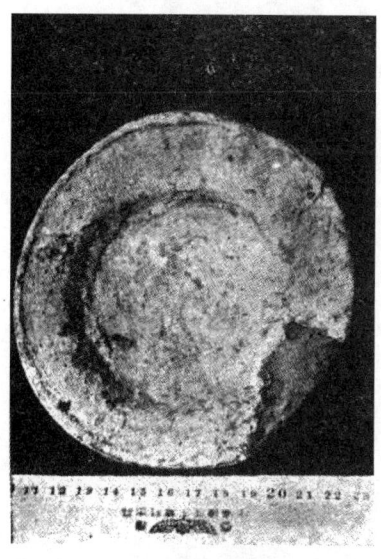

第 17 图　素陶盘

第 18 图　印花用陶印子

第 19 图　复原的豆形陶簋

第 20 图　花纹第一号：平行直线纹

第 21 图　左下：花纹第二号，密筐篮纹
　　　　　右：第三号，疏筐篮纹
　　　　　左上：第四号，细麻织纹

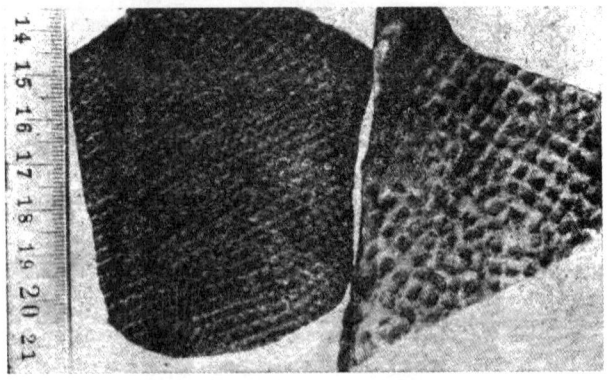

第 22 图　花纹第五号：方格纹粗细二种

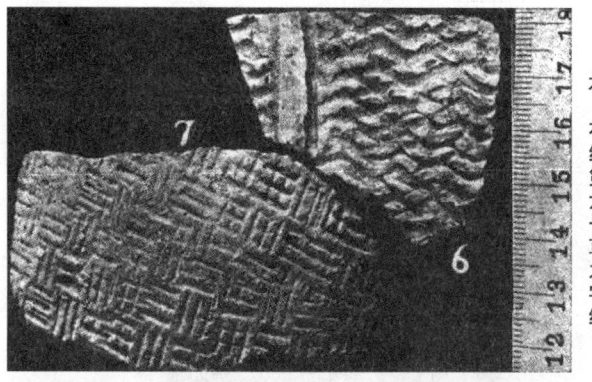

第23图
左：第七号平行直线相间纹
右：花纹第六号草之字纹

第24图
左：第九号双钩雷纹
右：花纹第八号雷纹

第25图 陶器腹饰：自上而下计共七号

第 26 图 黑陶一片

第 27 图 彩陶甲种

第 28 图 彩陶乙种

第 29 图　台湾的有段石锛
　　　　与石器第一号很相像

第 30 图　福建武平县的有段石锛
　　　　（表示装柄法）

第 31 图　浙江良渚的豆形陶簋（第 19 图的豆形簋是仿此的）

第 32 图　华北彩陶花纹（采自阿尔纳《河南新石器时代之着色陶器》）

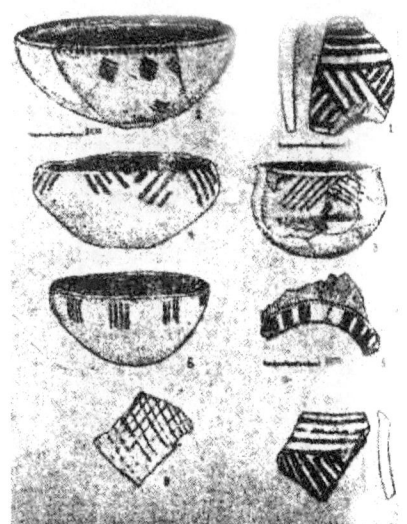

第 33 图　台湾彩陶花纹（采自《台湾文化论丛》中金关丈夫论文）

第 34 图　山东城子崖的黑陶（采自城子崖）

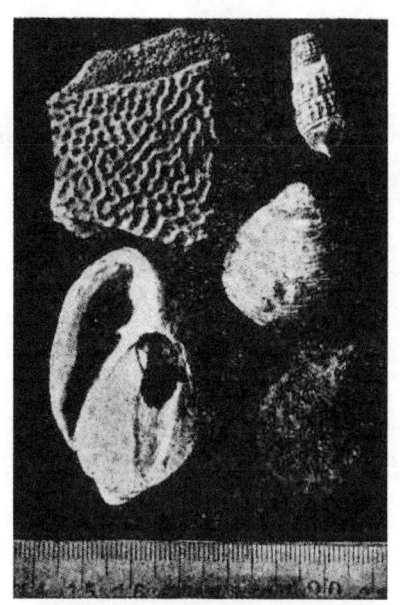

第 35 图　本遗址的其他遗物
　　　　左上:麻龟甲
　　　　右上:小螺丝
　　　　右中:蚬
　　　　左下:广口短尾螺
　　　　右下:人脊椎骨

第 36 图　马来亚吉打洞穴内的遗物
　　　　上:麻龟甲
　　　　下:贝壳二种

台湾石器时代遗物的研究

一、考察采集的经过

由中国史籍记载可以推知，台湾也曾有过石器时代（详见第五节"推论"），其时的土著还只能用石制作生产工具如石锄、石箭镞等；其后因中国大陆上的汉人陆续迁入台湾，土著受了影响，方才进入铁器时代。台湾石器时代的终止是比较迟的，但至少也在一千数百年前。在没有文字的土著民族看来，已是太久远了，故对于石器时代的祖先历史已不能记忆，而石器时代的遗物也不曾保存到现在。因此，台湾的石器时代遗物也像文化早开的地方一样，都须由土内发现。

台湾石器时代遗物的发现始自1897年，其后陆续挖掘不少，所得遗物以石器为最多，此外有陶器、骨器、贝器、人骨等。遗物除送到日本外，多陈列于台湾博物馆和后来设立的台北帝大土俗人种学标本室内。作者久闻台湾有这种遗物，在1929年到台湾调查高山族时，曾到著名的石器时代遗址台北圆山贝冢探看，自己捡得数件，并由附近台湾人（汉人）买得他们在工作时发现而拾起保存的多件，还有在别处所得数件，共得石器大小104件、陶片32片，运回大陆，存于前中央研究院民族学组标本室。现在这批石器不知在何处，但当时我曾发表《台湾番族之原始文化》一书（1930年由该院出版），其中有一段详记这批石器的形状，并有图版，惟无详细推论。其后，我因在厦门大学担任人类学课程，创设私立人类博物馆筹备处，需要这种标本，乃于1935年自费到台湾采集，又在圆山获得石器78件、陶片3片。除与国内外各机关交换外，至今尚保存石器63件，现都在厦门大学人类博物馆内。这些石器种类颇多，又多是完整的，其中有很好的，在台湾博物馆中也少见，很有学术价值。当时虽有论文初稿，但不急于发表，抗战期中更无机会发表，延缓20余年，参考材料渐多，意见也渐成熟，直到现在方另写这一篇。研究台湾石器时代不但可以上溯台湾历史到更早的远古时期，还可以帮助了解大陆东南部以及南洋太平洋的石器时代，尤其是与台湾只隔一衣带水的福建。作者由这种研究推测，台湾和中国大陆在很早的石器时代便有了文化上或甚至人种上的关系。

二、遗址概况

圆山是一个小丘，位于台北市郊西北方，在新店溪之旁，形略圆，最高点30米。新石器时代遗址在其山麓斜坡，属于贝冢之类，是当时人类食余贝壳堆积之处，其中夹杂着石器、陶片等。贝壳层的厚度约自30～80厘米。散布数处，总面积很广（图1）。自1897年由一个日本教员发现后，历经发掘研究，如日本人类学家鸟居龙藏也曾来调查，其后更由台北帝大土俗人种学研究室就近研究，但至第二次世界大战为止，还未彻底调查完毕，故也未有正式报告。该遗址被认为是最重要的石器时代古迹，故曾被日本政府指定保存。作者两次到台都曾踏勘过该遗址，并曾拍照。在斜坡上的遗址很为明显，贝壳无数，石器、陶器便在贝壳堆内。我用锄形登山手杖挖看，有时也可挖得一两件石器、陶片，但都是破缺的，不能获得完整的。我便叫旁近的小孩妇女帮我挖寻，所获也不多。但他们告诉我，附近人家曾于掘土时获得完整的。我即去探问，果然买得不少。因是长时间发现积存的，故其数比较一次正式发掘所得的还多，而且其物也一定是完整美观的，才会被拾起保存。

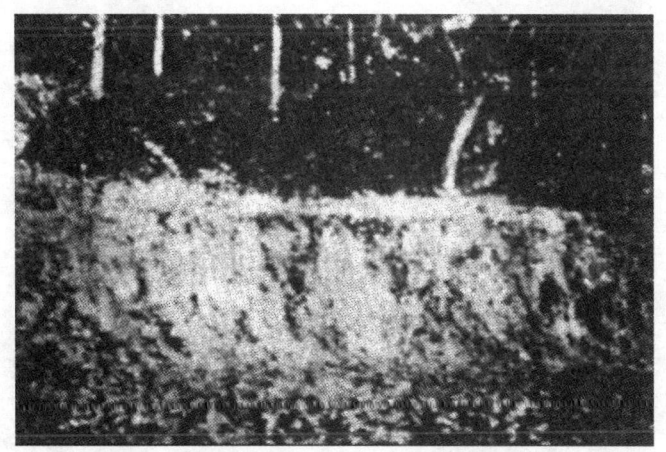

图1　台北圆山贝冢的一部分（白色的是贝壳）
（1929年作者拍摄）

圆山贝冢的贝壳，主要的种类是属于乌蚬之类（学名 Corbicula Maxlma Prime），其物与现在附近淡水河所产的略有不同。据地质调查者说，古时台北盆地应有海水侵入，故圆山有这种贝类。圆山贝冢中的遗物有石器、陶片、骨器、兽骨。石器很多，都是磨制的，故可确断是新石器时代的遗址。陶片不曾发现完整的，只有破片。作者所得石器种类颇多，其中有段石锛不少，又有有肩石斧数件，陶器只有破片3片。圆山附近有巨大的砥石，便是古时人磨制石器所用的大磨石,也被指定为重要古迹,在其上盖一小亭保护它。作者曾看过。

三、遗物分论

因第一次即 1929 年所得遗物已发表于《台湾番族之原始文化》一书中,现在只就第二次即 1935 年所得遗物一一记录于此,并附照片。自第 1 至 61 号都是由台北圆山贝冢出土的,都是磨制的新石器,第 62 至 64 号是圆山的陶片,只有第 65、66 号二块是由台东大马武窟出土的,是打制的石器。

第 1 号 大石斧一件(图 2),长 21,阔 8.7,厚 3.2(厘米)。色灰黑,质很坚硬,不大风化,属变质砂岩。形长而扁,阔度上下一律,左右两边对称,边圆无棱,刃部轮廓圆,刃的双面都斜削,成薄锋,很利。两面都有磨,正面直,背面稍隆凸。这一件形属石斧,但其背稍隆,应是兼作石锄,可用以掘土。《隋书》说流求(即台湾)土人以石插长尺余,阔数寸,为垦土之具。石插应即是这种石锄。

图 2 第 1 号:大石斧

图 3 第 2 号:有段大石锛(正面)

第 2 号 有段大石锛一件(图 3、4、5),长 14,阔 5,厚 3.6(厘米)。表色灰,里色青黑,质是砂岩。形长方,四边平直,棱角整齐。正面(图 3)平直,左

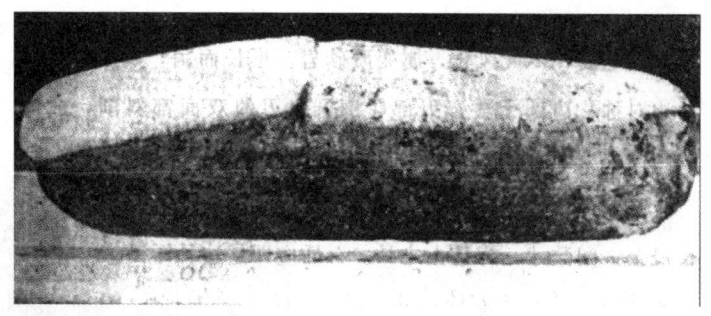

图 4　第 2 号：有段大石锛（背面）

右边略向背面斜削，前面下端斜削成刃口。因只有一面斜削成刃口，故称为锛。背面(图 4)中腰隆起，并有一道横脊和一条浅沟，分背面为二段，故又称为有段石锛。这种石器颇多，故知是一种型式。但采集时还不知其分段的意义，后因见人类学书说，太平洋坡里尼西亚各岛，如夏威夷等处，在数百年前土人也有同样石器，其用法是装在有横叉的木枝上，用绳在中腰分段处横扎，成为小锄状(图 5)，用以砍斫，为工作的工具。其分段的原因，是要使绳不滑落。下段常较上段稍厚，二段之间常成一横脊。这种石锛，英文称为有阶段的石锛(stepped adze)，日人译为有段石斧，其实应称为锛。台湾以外，菲律宾也发现不少，我国大陆东南沿海新石器时代遗物中也多有这种东西（详见第四节"遗物总论"）。

图 5　第 2 号：有段大石锛装柄状

第 3 号　外皮风化变质的有段石锛一件(图 6)，8.0×4.9×2.4（厘米）（次序是长、阔、厚，下同此）。表面一层约 2 毫米，变得和里面完全不同，表层色棕质硬，里面色灰，质反稍松。质是泥板岩，大约由于风化，表层变后，破去一小部分，露出里层，里层后来也已经风化。这一件很可作风化的良好标本。形状也是长方，但长

图 6　第 3～8 号：有段石锛五件

311

比阔只多一半,又比上一件稍圆浑,正面扁平,二边对称,下端斜削成锋口,背面中腰隆起,近刃口的下段稍高,上段稍低,中间也有一横脊和沟,和上件相同。

第4号 赤棕色有段石锛一件(图6、7),5.5×3.6×1.8(厘米)。质近似燧石类,背面光滑,正面沾着泥土结合牢固,致不光滑。形长方,四边及棱角都平直,正面平匀,背面同上二件,但横脊更高。

第5号 青黑色有段石锛一件(图6),5.3×3.5×1.3(厘米)。质属泥板岩,但颇硬。形长方,边平直,棱角很锐,

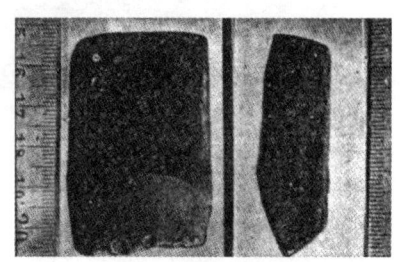

图7 第4号:有段石锛背面及侧面（可参考图9）

正面平匀,背面下段全部隆起,上下段界限分明。磨制精致,这是更发展的型式。

第6号 灰色分段小石锛一件(图6),3.5×2.7×1.2(厘米)。质是泥板岩,磨制平匀,形不很长,背面分段处不很明,这是原始型。

第7号 黑色分段小石锛一件(图6),3.0×2.0×0.7(厘米)。质属玄武岩,很硬。形长方,四边平直,棱角也很锐,正面平匀,背面二段高低分明。磨制精致,光滑美观,已可算为艺术品。大约这样小而美观的石锛实用的意义少,而艺术的意义多,或者可兼作交易的媒介物。

第8号 黑色典型的分段小石锛一件(图6),3.2×1.7×0.9(厘米)。质同上一件。形较长而厚,边及棱也平直匀整,背面二段高低之差更大,使扎绳更容易,可称为典型的有段石锛,是更为高度发展的型式。制工精美也同上一件,作用也相同。

第9号 常型正方大石锛一件(图8),6.0×5.6×2.0(厘米)。色灰带青,质是砂岩,但很硬,不大风化。形近正方,四边平直,棱也明显,左右二边都倾斜,下端更斜,为刃口,二面都平。这种二面都平的石锛,最为常见,故称为常型。

第10号 常型黑色中号石锛一件

图8 [右]第9号;[左]第10号:常型石锛二件

(图8),5.3×4.2×1.7(厘米)。质属玄武岩,很坚硬细致,磨制精美。形长方略阔,边和棱都平直整齐。背上有二处微凹,是要变为有段锛而未成的。

第 11 号　常型棕灰色小号石锛一件(图9),4.0×3.4×1.1(厘米)。色原是棕赤,风化成灰,质是泥板岩。形与上一件相近,但刃较长。

第 12 号　常型正方白色小石锛一件(图9),3.5×3.1×1.2(厘米)。质是石灰石。形近正方,上端似锯断改制。

第 13 号　常型双头刃石锛一件(图9),4.5×3.1×1.3(厘米)。色灰黑,质是泥板岩。双头都斜削成锋口。

图9　第11~14号:常型石锛四件

第 14 号　常型美丽绿色小石锛(图9),4.5×2.8×0.7(厘米)。色绿带红,很美丽,制工也精。形长方,边和棱都平直整齐,属常型石锛。质不十分硬,属滑石片岩。这一件这样美丽,大约实际效用少,而艺术意义多,或者也有作交易媒介物作用。

第 15 号　常型黑色小石锛一件(图10),4.0×3.0×1.2(厘米)。质是玄武岩,很坚硬。锋口很利,确可以割物。

第 16 号　常型黑色略厚小石锛一件(图10),4.0×2.7×1.4(厘米)。质同上。

第 17 号　常型黑色小石锛一件(图10),4.0×2.4×1.0(厘米)。质同上。背微有分段状。

第 18 号　常型细长小石锛一件(图10),4.7×1.7×0.9(厘米),质同上,色略带灰。形特别细长。

图10　第15~25号:常型小石锛十一件

第 19 号　常型似化石制小石锛一件(图10),4.0×1.7×0.6(厘米)。色白带黄,有花斑,似骨化石状。

第 20 号　常型灰白色厚小石锛一件(图10),3.3×1.6×1.1(厘米)。

第 21 号　常型黑色小石锛一件(图10),3.4×1.8×0.6(厘米)。质同第14号。

第 22 号　常型黑色小石锛一件(图10),2.9×2.0×0.7(厘米)。质同上。

第 23 号　常型灰色细长小石锛一件(图10),3.0×1.2×0.4(厘米)。

第 24 号　常型赤色美丽极小石锛一件(图10),2.0×1.6×0.7(厘米)。色是黄地赤斑,质属蛇纹岩,很硬。形将近正方,磨制光滑,棱角整齐,实用少,艺术性多。

第 25 号　常型赤色阔锋小石锛一件(图 10),2.3×1.8×0.6(厘米)。质类燧石,很坚硬,工也好,但不及上一种美丽。

第 26 号　长形有肩石斧一件(图 11),15.0×5.8×1.0(厘米)。表色风化成灰,质是砂岩。上部较小而狭,下部较大而广,故下部突出之处成为肩形,肩成直角。下端双面斜削,合成刃口,刃口形弯凸。磨制精巧,完整无缺。这种有肩石斧在台湾北部出土颇多。其散布地方比有段石锛略广,主要在东南亚洲一带,但还流传到我国大陆的东北和朝鲜、日本。

第 27 号　次长形有肩石斧一件(图 12),13.9×7.9×1.0(厘米)。色质同上件,形比上件稍短。阔度则增加,但还算是长形,完整无缺。

图 11　第 26 号:长形有肩石斧

图 12　第 27 号:次长形有肩石斧

第 28 号　长阔略等的有肩石斧一件(图 13),11.3×9.6×1.4(厘米)。色质同上,形更阔,完整无缺。以上三件,又大又美观,是很好的标本,在台湾博物馆中也少有这样好的。

第 29 号　折扇形有肩石斧一件(图 14),10.0×8.1×1.3(厘米)。色质同上,但表面有铁锈色斑纹。上部更狭。下端斧口部更阔,其形略如折扇展开之状,肩成钝角。制工也好,口部微缺。这一种在发展阶段上,大约比上三种为早。

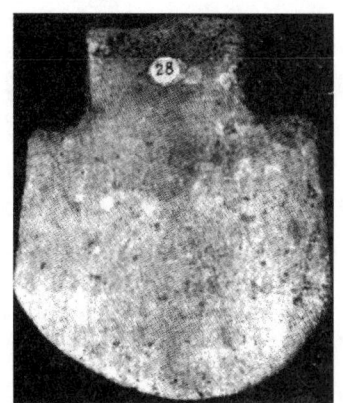

图13 第28号:长阔相等的有肩石斧

图14 第29号:折扇形有肩石斧

第30号 大石斧破块(图略),砂岩制,余刃部。与第1号相类。

第31号 圆柱形小石斧一件(图15),7.4×3.2×2.5(厘米)。色棕,质是泥板岩,外层因风化另成一层,颇坚硬,因有一角破故露出来。这件与第3号同为风化的好例。形长,上段为圆柱,下段双面斜削成刃口,故属斧类。

第32号 绿色小斧一件(图16),4.2×3.5×1.8(厘米)。色暗绿,质是滑石类,很美丽。形将近正方,两面斜削,合成斧刃,二边及四棱都平直。磨制光滑,是一件很好的艺术品。

第33号 三棱形石锛一件(图15),8.2×4.6×2.8(厘米)。表色风化成灰,质是砂质泥板岩。正面中有一道纵脊,分左右二个斜面,使全器的横剖面成为三角形。以前第一批中也有一件是这样的,可见也是一型。

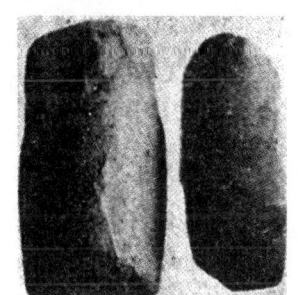

图15 [右]第31号:圆柱形小石斧;[左]第33号:三棱形石锛

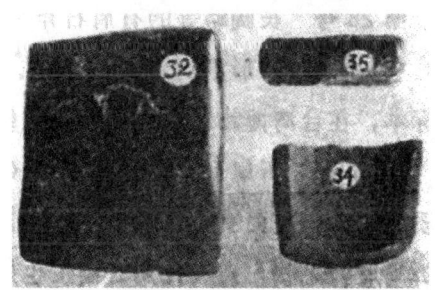

图16 第32号:绿石小斧;
第34号:小石弯凿;
第35号:螺钉凿形小石器

315

第 34 号　小弯凿一件(图 16),长余 2.1,阔 2.6,厚 0.3(厘米)。色绿,质也很美,属滑石。形缺上端一部分,下端是圆弧形。一面有斜锋,二面一凹一凸。磨制光滑,也不像是实用物。

第 35 号　螺钉凿形小石器一件(图 16),2.5×0.85×0.8(厘米)。色绿,质也属滑石。形长,上段如粗箸,下段二面都斜削成螺钉凿状,不知作何用。

第 36～39 号　石枪尖破块四件(图 17),最长者 4.3,最短者 3.4,最阔者 3.8,厚 0.5～0.7(厘米)。色灰黑,质是片岩。三件是下部的残余,一件是中部的残余,全长约在 9.0 厘米以上,中部都有穿孔,为扎绳之处。形比通常箭镞大些,故归于枪尖类,或是用于标枪的。

第 40 号　同上(图略)。

第 41 号　石箭镞残块一件(图略),2.3×2.1×0.5(厘米)。色青黑,也属片岩,是镞的末端。

第 42 号　未完成石箭镞一件(图略),4.5×2.1×0.4(厘米)。色灰白,质是燧石,形成箭镞形。下端有箭根,歪在一边是要装柄的。镞尖也稍歪,未修整,也未磨。

图 17　第 36～39 号:石枪尖

图 18　第 43 号:沉网石;第 61 号:贝壳制镞

第 43 号　沉网石一件(图 18),5.4×3.0×0.7(厘米)。色灰黑,质是砂岩,形椭圆而扁,大约原是砾石。两头双面都锯一道沟,用处是扎连网上,使网沉到水里。

第 44～45 号　扁环残段二件(图略)。3.9×1.4×0.4(厘米)。色灰绿,质也是滑石,但较粗。是环的一段,用处是装饰品,或者是挂在腕上的。

第 46～57 号　圆环残段 12 件(图略),最长者 6.0,最短者 2.2,粗约 0.5(厘米)。色由绿至灰,质是滑石和片岩。用处也是装饰品,或者是挂在耳孔上的。

第 58 号 方形薄片一件(图略),3.8×3.2×0.15(厘米)。二边缺,余二边,全形应是方形。色绿,质属滑石,磨制光滑,很美丽。大约原是一种装饰品。

第 59 号 双钩形雕刻品一件(图略),2.9×2.5×0.3(厘米)。色白,质也是滑石。形很奇特,似二个钩,但形扁,上端连合,大约也是装饰品。

第 60 号 装饰品碎块一件(图略),2.2×1.6×0.7(厘米)。色灰黑,质也属滑石。上有二小孔,全形不明。

第 61 号 贝壳制常型锛一件(图 18),3.7×3.6×1.0(厘米)。色白微黄,质是贝壳,纹理还极明显。形是正方形锛,左右二边薄。

第 62 号 筐篮纹陶片一片(图 19),7.5×5.0×0.8(厘米)。色灰黑,质很松。表里都不平匀,是手捏的,外面有筐篮纹。这片可代表极低级的陶器,并可说明陶器发明的一法是将泥土贴筐篮上烧成。这件和以下二件都是圆山出土,都是新石器时代物。

第 63 号 陶器的盖顶一件(图 19),边余 6.5 厘米阔,顶高 3 厘米。陶色灰,质粗同上一片。

第 64 号 陶制纺锤一件(图 19),径 4.3,高 3.1(厘米)。表色红,里灰黑。形如算盘珠,中有一孔,是穿在竹木枝上纺线用的。

以上自第 1 到 64 号都是台北圆山出土的,都是新石器时代物,其石器都是磨制的。但此外还另从别处得到打制石器,地点是在台湾东部大马武窟社附近。1929 年,作者第一次到台湾考察高山族时,曾到该处番童公学看过该批已出土的古物,该校送我八件,六件交前中央研究院,也已发表在《台湾番族之原始文化》一书中,二件现在厦门大学人类博物馆内。兹就这二件说明如下:

第 65 号 打制石斧一件(图 20),12.1×6.3×1.9(厘米)。色灰黑,质是花岗岩。全体打制未磨,左右两边对称,上端手握处稍狭,下端薄而稍阔,二边也稍薄,人工很明显,是很好的打制石器。形状很像旧石器,但与磨制的新石器物应是同时存在的。

第 66 号 打制石斧一件(图 21),长 11.0,阔 6.4,厚 2.1(厘米)。色和质

图 19 上,[左]第 63 号:陶器盖顶,[右]第 64 号:陶纺锤;下,第 62 号:筐篮纹陶片

同上。一面是原来的砾石面,这种石器的原料大约是大砾石的破片,这样只就一面加工,而保留另一面原状的制法,很像欧洲旧石器中期模斯特利安期尼人的手法。

图20　第65号:台湾台东大马武窟出土的打制石斧

图21　第66号:同上

四、遗物总论

兹就上述遗物,并结合1929年第一次所得遗物,作综合的讨论如下:

(一)新石器

以上所记这些新石器都是台北圆山出土的,虽只一处,但这一处是被公认为台湾最重要、最有代表性的新石器时代遗址,而且所得的数量不少,种类也多,很可以作一个综合的说明,以供研究台湾石器时代的参考。

1. 数量及种类

连带将第一次(1929年)所得的也合计于此,第一次作为第一批,1935年得的作为第二批,列表于下:

种　类	第一批	第二批	小　计
石斧（兼作石锄）	完整1,残段19	完整1,残段1	完整2,残段20,共22
石锛	完整24,破13（有段者少数）	完整24（内有段7,常型17）	完整48,破13,共61
有肩石斧	完整1,破19	完整4	完整5,破19,共24
石枪尖	完整1,破4	破5	完整1,破9,共10
石箭镞	完整3	破2	完整3,破2,共5
三棱形石锛	完整1	完整1	完整2,共2
圆柱形石斧	0	完整1	完整1,共1
美质小石斧	0	完整1	完整1,共1
沉网石	完整1	完整1	完整2,共2
石锥	完整1,破1	0	完整1,破1,共2
弯凿形小石器	0	1	完整1,共1
螺钉凿形小石器	0	1	完整1,共1
石制装饰品	破7	破17	破24,共24
贝壳制锛	0	完整1	完整1,共1
合计	96件	61件	157件

第二批中还有和人交换的十余件未计在内,其种类多属锛类。由上表所示,种类最多者首推石锛,其次是石斧、有肩石斧、石枪、石镞。

2. 制工、石质及大小

制工都是磨制,有制得很精致光滑的。硬度多数中等。石质以砂岩、泥板岩、片岩等为多。表色多由风化变白。大小以石斧兼石锄为最大,长达21厘米。小石锛有小至仅2厘米的。大多数在4—8厘米之间。

3. 用途及用法

占最多数的石锛应是工作用具而不是武器,因为它是偏刃的,又其大小在中度以下,作武器用是无甚效力的。大约是用以预备食物或制造工具,例如斫割鱼肉、果实、根茎,剥刮鸟兽皮肉,撬开贝壳;或用火烧木料,然后用石锛刮去焦炭以制成木器,如制独木舟便用此法。石锛的使用法,在常型石锛应是手握使用。有段石锛则是装柄使用,其状如小镢,加柄可以增加效力。石斧都比较大且重,刃也较利,可用为武器,其中有一面微弯的应是兼作掘土的锄用。石斧也可装柄使用,其柄应是夹在斧的两面;作锄用的装柄法应是与有段石锛相同。有肩石斧的肩也应是装柄用的,其装法也像有段石锛的样,因其物大都很薄,不可作武器和工具,大约是扒土用的,也即是小锄。石枪和石镞形状相似,但其中短小的可称为石镞,长大的以归于枪类为是,大约是标枪上所用的。沉网石用以系网使沉,是很明显的。此外,其他型式的东西都不甚重要,石制的装饰品多作环状,又常有孔,明显是佩带在身上的。

4. 特殊的重要的石器

圆山的石器中有两种石器形态特殊,性质重要,可为台湾的代表石器,为研究东南亚石器时代的关键,这便是有段石锛和有肩石斧。分述于下:

(1)有段石锛:作者所得的圆山石锛中,有段的约有三四分之一,这虽不能代表总的出土数的比例,但至少可以说是不少的。圆山以外台北平原的其他遗址也有发现,但除台北平原以外,台湾的其他地方便没有这物,因为圆山出土的最多,故日本人称之为圆山式片刃石器①。圆山的有段石锛也不是全属一种形态,按其发展的阶段,可以分为三种:第一种是原始型,背上二段分界不很明显,只不过在背上近中部稍隆起,如第6号便是这样;第二种是成熟型,前部隆起更多,界线分明,如第2、3、4号便是这样;第三种是最高型,界线很深,甚至成为一沟,前后段厚薄分明,如第5、7、8号都是。体积最长大者如第2号,长14厘米;最短小者如第8号,长3.2厘米。长者一定是装柄使用的,并且很有工作的效力,小者虽装柄也还嫌太小太轻,或者是手握使用。小者制工常很精致,石质也美丽,实用性不大,或是玩物,或为交换的易中。台湾的以中间型为多,最高型次之。由此可见,台湾的有段石锛在发展的步骤上看,是中间型的。这一点是很重要的,因为这便意味着在传播的路径上台湾是处于中途。(详见本篇第五节第二段)

(2)有肩石斧:有肩石斧也是台湾的特殊石器,发现地也以台北平原为多,而圆山尤为主要的产地,台湾的其他地方虽也有发现,但数量既少而型式也不是典型的。作者采得的有肩石斧二次共得完整的5件,破片19件,在石器总数中也不算少,其质料较为单纯,只有砂岩一种,表色已风化成灰白。制工也很精致。型式按肩的形状可分为三种:第一种是原始型,肩际只有微凹,肩形未明;第二种是钝角肩型,即肩成钝角的,是成熟的阶段;第三种是直角肩型,即肩成直角的,是更为进步的阶段。作者第二次所采集的有一件属钝角型(即第29号),三件属直角型(即第26、27、28号);第一次所采集的有第一、三型各一件。由此可见,台湾的有肩石斧已发展到成熟以至最高型。有肩石斧在地理传播上,也像有段石锛一样有很重大的意义。(详见本篇第五节第二段)

---

① 宫本延人:《台湾先史时代概说》,载《人类学先史学讲座》第十卷。

(二)陶器

圆山也有陶片出土,但不曾有完整的陶器。作者第二次所得的有陶片3块,即上文的遗物第62、63、64号。又第一次所得的有22片。由这两次所得的,可以知道台湾的新石器时代也有陶器。这些陶片质很粗松,制工不精,色灰黑,表面有筐篮纹、绳纹等印成的纹样。其全形不明,但由破片可以推知有壶瓶之类的东西,其器有耳有盖。由其纹样可以推知,台湾新石器时代的陶器也属印纹陶的系统,即与大陆东南的浙闽粤一带是同一系统的。

作者所获得的陶片不多,似未足以确断台湾有印纹陶,但参考日本人的论文,见其陶器陶片的照片,确可以证实台湾有印纹陶。据日人宫本延人的论文[①]中所载圆山陶片纹样图,有筐篮纹、方格纹、圆圈纹、曲尺纹、人字纹、之字纹、波浪纹等,和福建武平、龙岩[②]、闽侯[③]所发现的极为相像(图22、23)。除

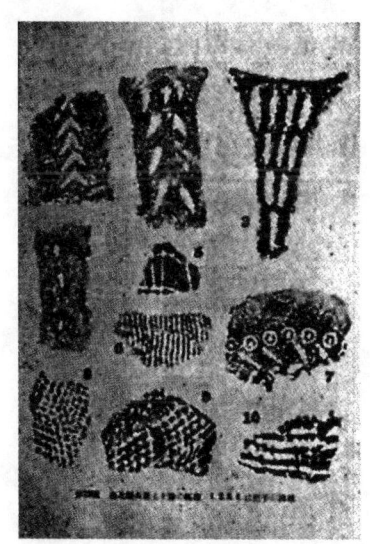

图22 台湾圆山贝冢出土印纹陶片的花纹(见宫本延人著《台湾先史时代概说》)

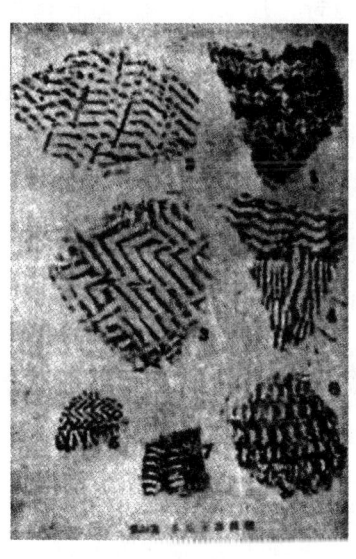

图23 图22续

---

① 宫本延人:《台湾先史时代概说》,载《人类学先史学讲座》第十卷。
② 林惠祥:《福建南部的新石器时代遗址》,载中国科学院考古研究所编《考古学报》第八册。
③ 林惠祥:《福建闽侯县甘蔗恒心乡新石器时代遗址考察报告》,《厦门大学学报》1954年第5期。

台北外,台湾其他地方如宜兰、高雄等处,也都有发现印纹陶片。宜兰出土陶壶上也有印纹,又其形状是大口圆底的壶,与福建闽侯县石山的印纹圆底陶壶极为相似[1]。由此可见,台湾在石器时代曾有印纹陶是无可怀疑的,而且这种印纹陶的纹样又和大陆的浙闽粤相似,这更可以证明台湾和大陆的关系。

(三)打制石器

第65、66号的石器是出自台湾东部大马武窟地方的,其型式与其他的不同。这是1929年所得的,当时还有6件,已发表在《台湾番族之原始文化》一书中,都属同一类型和质料。这种石器都没有磨过,都只是敲打制成的,属于打制石器,其型式属石斧、石刀之类。质料是花岗岩,很粗糙,原是河流中的砾石敲破制成,其一面常保存原来的砾石表面。这种型式这种制法的石器,如发现在大陆,一定怀疑它是旧石器时代物,因为它很像旧石器,但台湾似不应有旧石器时代的人类,故不能断定是旧石器时代物。据日本研究者说,这种石器台湾各地很多,也是新石器时代石器之一种,用途是掘土种地,用法也是扎于有权的木枝上作锄状,日本名为打制石锄[2]。这说也有一部分理由,但作者认为对于台湾出土的这种打制石器,似应做更进一层的研究,不可只当作新石器时代的一种遗物。第一条理由是这种打制石器显然与其他新石器时代的石器不同,其他都是磨制的,而这是打制的,二者的制工差得太远,型式也不同。第二条理由是这种打制石器如只看作是石锄的一种也不够,因为就作者所见便不全是石锄状,有些是像石刀的或其他的,显然在当时也有几种型式,有几种用途。第三条理由是在越南、马来

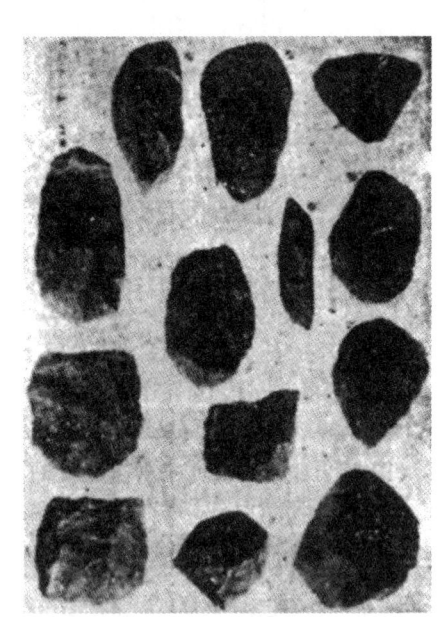

图24 越南和平出土的打制石器(见祢津正志著《印度支那ノ原始文明》)

---

① 宫本延人:《台湾先史时代概说》,载《人类学先史学讲座》第十卷。
② 宫本延人:《台湾先史时代概说》,载《人类学先史学讲座》第十卷。

亚也曾发现这种石器(图24),型式极其相似,越南是发现在和平(地名),故名为和平文化遗物(Hoabinian Culture)①,其后马来亚的吉打等处也有发现,都属同一系统②。作者也曾在吉打发现一处山洞,里面满是这种石器。据一部分研究者的意见,以为这种东西便是旧石器。但有人又指出,使用这种石器的人与使用新石器的人是同时的,故不能算为旧石器时代物。其人种与使用新石器的人种不同,大约是美拉尼西亚人种(按即现在住在大洋洲美拉尼西亚群岛土人)。由以上三点理由看来,作者的意见以为:台湾的这种打制石器固然不可看作旧石器时代遗物,但其型式确属旧石器的型式,而与新石器时代的典型石器即磨制石器有异,不应即断为使用新石器的同一族人类,除了制造和使用磨光的精致石器之外,同时又制造这种另一类型的粗劣石器,一点都不加以磨光。照常识言之,同一工手为什么要制出两样东西来?故我以为这事有两种可能:如不是使用打制石器的人类和使用磨光石器的人类,存在的时间有先后,便是像越南、马来亚的例,同时有两个民族,一族已进到能制造磨光的石器,即典型的新石器,另一族则尚滞留在使用打制的石器,即典型的旧石器。人是同时的,但文化的阶段却不同。我想第二种情形似较有可能,但作者也不敢即行确断,不过以为对于这种打制石器应与对待磨制石器有差别。对于这问题,今后还应再有大量的发现方可断定。(见本篇第五节第三段)

五、推 论

现在更就上述的实物,并参考其他有关资料,试就台湾并涉及东南亚别处,作几条推论如下。

(一)台湾石器时代的年代问题

台湾石器时代的终止,便是由于汉人带了铁器文化进入,因而影响到土著,使土著民族由石器一跃而进到铁器时代。台湾石器时代的终止可以由我国的史籍记载而知道。汉人到台湾的最早的记载是在三国时,当时吴孙权曾派兵航海到海外,要探寻古代传说的夷洲,结果发现了台湾,当时便称它为"夷洲"③。据当时吴国人沈莹著的《临海水土志》说:"夷洲在临海东南,去郡二千

---

① 祢津正志:《印度支那ノ原始文明》。
② Collings、Tweedie 等人论文,载 *Bullectin of Raffles Museum*,1936 年、1937 年。
③ 见《三国志·孙权传》。

里,土地无霜雪,草木不死,四面皆是山溪……惟用鹿格(按应是鹿角)为矛以战斗,磨砺青石以作弓矢。"后来宋代的《太平御览》也说:"磨砺青石以作矢镞、刀斧、镊贯、珠珰。"这段话应当也是采自沈莹的书。这是有关台湾的最早的记载,由位置、气候、土人风俗可以证明确是后来的台湾(作者另有《台湾与祖国》一文详论此事)。由这段记载可以知道,当时即1700年前,台湾已经有土著的人类,其人还在新石器时代,有石箭镞、石刀、石斧、石饰物等。到了隋代,炀帝派兵航海到台湾,这时已不记得是三国时的"夷洲",另称为"流求"。据《隋书·流求国传》载:"流求国……当建安郡东,水行五日而至。……有刀、稍、弓、箭、剑、铍之属。其处少铁,刃皆薄小,多以骨角辅助之。……厥田良沃……持一插,以石为刃,长尺余,阔数寸,而垦之。""流求"是台湾更为明显。由这段记载,可知到了1300余年前的隋代,台湾土著早已进入铁器时代,但铁还少,故仍兼用石器,以石插为垦田的农具。石插便是石锄(见本篇中遗物第1号兼作石锄用的大石斧)。由此可见,台湾的纯粹石器时代应即终止于三国时,因为土人受了汉人的影响,自此便晓得用铁,不过因铁少,故石器中粗大的器如石锄等还应用到了隋。自此以后,宋元明关于台湾的记载都不再提起台湾土人使用石器的事,可见已不再用石器了。

以上只是说明台湾石器时代的结束时间,但台湾石器时代的开始时间,也是一个重要问题。这个问题便等于探究台湾土人是何时进入台湾的问题,故更不容易决定。这个问题所以成为问题,是因为台湾是孤岛,其人类一定是由其他地方移入的,而不是在本地自己从猿变成人的。由上所述,在1700年前台湾已有居民,其石器已是磨光的典型的新石器,而且其石器已很发达并形成地方的特征,可见已在新石器后期,故进入台湾至少应已有数百年之久,约在二千数百年前。至于这种文化和人类究竟由何地移来,须再研究下面一个问题。

(二)台湾石器时代的文化来源问题

台湾新石器时代的文化虽有一点地方特征,但从大体上看,却是属于东南亚一带的系统,这个范围包括大陆东南沿海及台湾、南洋。试将台湾的石器、陶器和各地的关系比较推测如下。

1. 有段石锛

除台湾外,也发现于福建的武平、龙岩、南安、闽侯、光泽,广东的海丰、韩江流域,香港,浙江,江苏,以及菲律宾、西里伯,太平洋中的海岛如夏威夷等处[①]。其中福建出土很多,且和台湾最相似(图25、26),菲律宾也多而且相似。异地事物的相似原有两种原因:其一是各自独立发明,因为发展的路线相同,有同样的需要,有同样的环境,总之有同样的条件,便不约而同的发生同样的事物,这在人类学上称为独立发明论。其二是由一处发生然后流传于别处,这称为传播论。传播论不可以应用太过,但也不是说绝对没有传播的事实。世界上各地方各民族的相同的事物很多是各自发明的,但也有些是由于传播的。大约基本的、一般的、简单的东西常是独立发明,发展的、特殊的、复杂的则常是由于传播。基本型的石斧、石锛等各地都可以独自发明,但如特殊的、复杂的石器如有段石锛,应以由于传播较有可能。加以这种特殊石器只发现在这一带地方,如说是各地独立发明,何以不发现于这一区域即东南亚以外的地方,如我国西北及中西亚、欧美、非洲诸处？由这样看来,有段石锛应是由这一区内的一个地点发生,然后传播于其他地点。到底是由哪一地点发生的呢？这一项可以由各地文化发展时间的先后来推论。中国大陆文化早开,东南沿海如福建一带,至少到了春秋时代的2500年前,应已完全脱离石器时代。台湾则到了1700年前的三国时还在石器时代。菲律宾有史可稽不过始自1000余年前,故其石器时代也应滞留到一千数百年前。至于太平洋诸岛如夏威夷等处,到了三四百年前还在石器时代。文化的传播应是由早

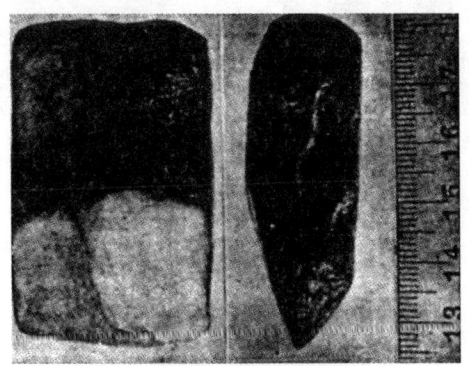

图25 福建闽侯昙石山有段石锛
（背面及侧面）

图26 福建武平有段石锛装柄状

---

① 见[1]Magliioni:Archaelogical Finds in Hoifung;[2]饶宗颐:《韩江流域史前遗址》;[3]Finn:Archaelogical Finds in Lamma Is.;[4]何天行:《杭县良渚镇之石器与黑陶》;[5]吴越史地研究会:《杭州古荡新石器时代遗址报告》;[6]Beyer:*Philippine and East Asian Archaeology*;[7]Bushan 著、松冈静雄译:《太平洋民族志》;[8]British Museum:*Ethnographical Collections*;[9]Proceedings of Third Congress of Far-eastern Prehistorians.

发展的地方发生,然后传到迟发展的地方。所以有段石锛应是发生于大陆东南区,然后传于台湾以及菲律宾,最后传到太平洋各岛。经过的时间是自2000余年前起,到数百年前止。如说是由太平洋各岛传到菲律宾,再由菲律宾到台湾,最后则由台湾到大陆东南区,在时间上看却是倒转的,那便难以想象了。

2. 有肩石斧

有肩石斧除台湾以外,还发现于浙江杭县(图27)、福建光泽(图28)、广东陆地及海南岛。越南也很多,但形作锛状。香港有有肩又兼有段的石器。菲律宾、西里伯、印度都有,还有我国东北,日本、朝鲜也有[①]。其中以台湾、海南岛、越南发现为最多,余都还少,但大陆东南沿海的闽粤今后一定还会发现更多。由散布地点看来,这种有肩石斧也一定是外来的,而不是台湾自己发生的。应当是由大陆东南部传于台湾、南洋。理由同有段石锛一样。

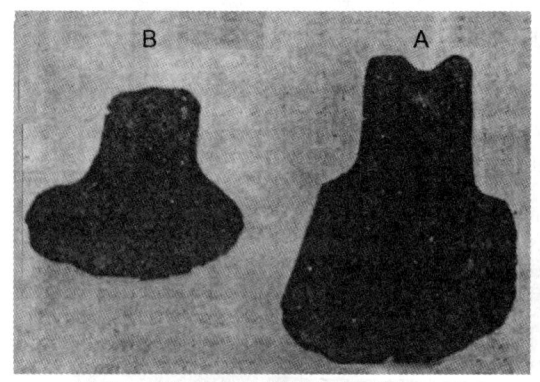
图27　浙江杭县良渚镇有肩石斧
（可与台湾的比较）
（见《浙江杭县良渚镇之石器》）

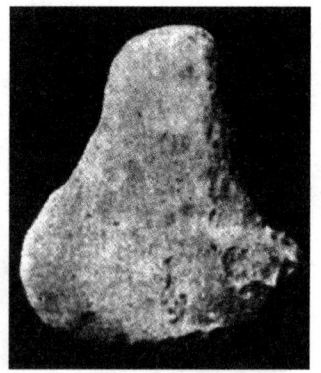
图28　福建光泽的有肩石斧
（可与台湾的比较）
（物在福建省博物馆内）

3. 印纹陶器

印纹陶器是中国大陆东南部新石器时代特征之一,在闽浙粤赣都已发现不少。台湾新石器时代陶器的花纹和大陆东南的相像(见图22、23),明是属于这个系统内。来源自然也应是由大陆传去,而不会由台湾传过来。

---

① 见[1]何天行:《杭县良渚镇之石器与黑陶》;[2]吴越史地研究会:《杭州古荡新石器时代遗址报告》;[3]《海南岛新石器时代遗迹调查》;[4]中岛宗一:《印度支那民族志》;[5]祢津正志:《印度支那ノ原始文明》;[6]Finn: Archaeological Finds in Lamma Is. ;[7]Beyer: *Philippine and East Asian Archaeology*;[8]国分直一:《有肩石斧有段石斧及ビ黑陶文化》。

4. 黑陶、彩陶

这二者在圆山没有发现,但在台湾的西南部曾由日本人发现[①]。彩陶(图29)发现于高雄、台中、澎湖等处,黑陶发现于高雄冈山太湖贝冢台南市郊、台中社脚等处。彩陶、黑陶原是中国大陆北方新石器时代文化的重要遗物,长江以南曾发现黑陶,但也只到浙江杭县而止,至于彩陶在解放前未曾发现。日本人发现台湾的彩陶、黑陶后,追溯其来源说是由中国大陆传过去的,作者因中国大陆东南沿海尚未发现,故初时不敢相信。到了1950年福州鼓山下横屿果然发现彩陶[②],1954年闽侯县七区的昙石山也发现了彩陶(图30),并且有黑陶。作者将台湾的和福建的比较看,确有相同之处,故推测福建的应是由北方传来,然后由福建传去台湾。这意见已发表于《闽侯甘蔗恒心乡新石器时代遗址考察报告》一文中。最近见裴文中先生著的《中国石器时代》,也说台湾的黑陶应是由中国大陆传去的。又科学院历史研究所第三所

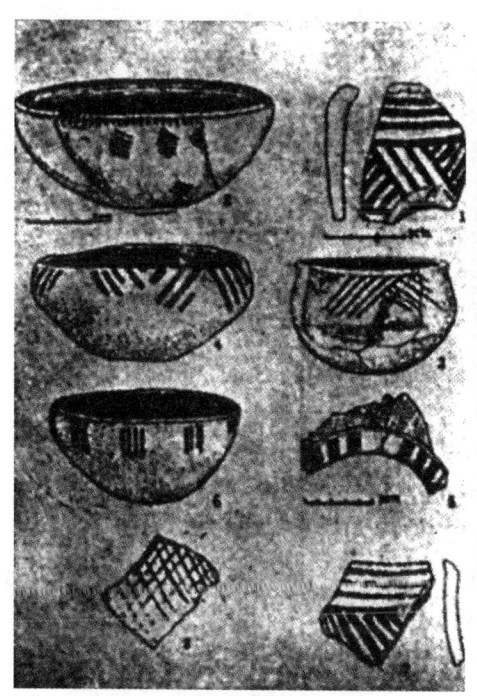

图29　台湾南部出土彩陶片
(见金关丈夫论文,载《台湾文化论丛》中)

图30　福建闽侯昙石山彩陶片
(物在厦门大学人类博物馆)

---

① 见[1]金关丈夫:《台湾先史时代ニ於ケん北方文化ノ影响》;[2]国分直一:《有肩石斧有段石斧及ビ黑陶文化》;[3]宫本延人:《台湾先史时代概说》。

② 廖华:《福州横屿新石器时代遗址的发现手稿及附图》。

《集刊》第二集刘大年先生等著的《台湾历史概述》中,也有同样的意见。①

由于以上几种新石器时代遗物都和大陆东南部的遗物很相类似,这便显示台湾的新石器文化是由大陆东南部传过去的。传过去的时间可由两方面推测:由台湾方面看,在1700年前台湾已有居民,而不知其起源,故其传入应更早数百年,而在2000余年前。由中国大陆方面看,闽粤二省脱离石器时代比较华北最多迟1000年,到春秋时也应已脱离石器时代。所以这种新石器文化的传入台湾,应在春秋以前即约在2500年前。到了战国,闽粤土人已开化进入铁器时代,不应再有石器文化传到台湾去。至于传播的路径,应以福建较有可能,因为闽台相距最近,中间又有澎湖群岛。澎湖曾发现彩陶,澎湖在石器时代便和台湾有交通,故由福建先到澎湖,然后由澎湖进入台湾,是很有可能的事。在我们现代人看来,好像古时的人无法渡海到台湾去,但在2000余年前的新石器时代,人类已有独木舟,有舟便可以过海到海岛。如南洋和太平洋诸岛,人类进去时也是在新石器时代,其距离还有比台湾更远的。至于新石器时代人的发现台湾,一定不是有目的有计划的大规模行动,应是乘独木舟在大陆沿海捞鱼生活中被大风或海流漂去的;漂去的人不一定会死绝,因为台湾天产物多,易于生活,而猛兽稀少,比较无危险。漂到的人如果有男有女便可传种下来,而在故乡所学得的生活技术如制石器、陶器等方法,便也带到新环境去应用了。其后漂去的人渐多,大陆沿海的人也渐知道海外有这样的地方,或者会有计划的移居过去,路径应是先到澎湖,其后方再到台湾。

(三)台湾石器时代的人种问题

上面说台湾新石器时代人类应是由大陆东南部漂去的,这样说来,台湾的新石器时代人究竟是什么人种呢?台湾对岸大陆东南部古时的土著是越族,这种人支派很多,故称为百越②。在浙江北部的一支最先受中原文化的影响而开化,但浙南及闽粤的许多支派都到春秋以后战国时才逐渐开化,到汉代时才有关于他们的记载。他们的语言及风俗习惯到了汉代还和中原的人不同,他们有文身断发、拜蛇为祖、多食海产、善能驶舟等风俗习惯,越语也为中原人为所不懂。他们在秦以前究竟有些什么历史经过,是无可稽考的。自汉代起汉人也大量移居到这一带来,这种土人便也和汉人混合,到了唐代已经几乎完

---

① 见裴文中:《中国石器时代》,科学院历史研究所第三所《集刊》第二集,1955年7月,第57页。

② 参看林惠祥:《中国民族史》"百越系"一章。

全混合在汉人里面。所以由现在看来,他们也是汉族的一支成分,但是古时他们实是少数民族。在二三千年前只有这种人住在大陆东南即台湾的对岸,他们又是处在新石器时代末期,他们又习惯水上生活,多食海产,善能驶舟,他们的石器、陶器又和台湾发现的相同,然则推测这种人会被漂流到澎湖、台湾,似乎不会完全无可能吧。这样讲来,台湾的新石器时代人类便应是古越族的一支了。

但是,台湾的新石器时代,既然有人由西方对岸漂来,台湾南端接近菲律宾,也不能说没有互相漂流来往的人。台湾石器时代的文化也不应全是由大陆对岸传过去的,而应当有些是从南洋传过去的。所以台湾石器时代的人类应当还有从南洋去的人,而当时的台湾居民也应有多种而不止一种。上面所说的台湾还有一种打制石器,与磨制石器不像同一系统,或者就是代表另一种人从菲律宾方面进入台湾的。越南和平文化遗址的人类是海洋系黑种人,这种人在马来人未入南洋时曾散布于很多地方,故他们也有可能由菲律宾漂流到台湾,而和从大陆漂去的人同时居住。不过这种使用打制石器的人数一定很少,因为限于生产工具粗劣的缘故。

还有马来人既散布到南洋各岛,达到菲律宾的也难免会有一些人被漂流到台湾来,就像台湾土人有些被漂过去一样。《宋史·琉求国传》记载台湾的琉求国之旁有毗舍邪国,语言与琉求国人不相通,曾有几百人用竹筏渡海到泉州的海滨,掠夺铁器而去。据连雅堂著《台湾通史》说,约当唐代时曾有菲律宾土人大批移入台湾。由此可见台湾自石器时代以来,便有各种不同的种族进入居住。现在台湾高山族名虽一族,其实是有七八支族,体质、文化都有不同之处。据日本人的研究,高山族在体质上可分为三型:第一是长头狭鼻型,以太么族及朱欧族为代表,住北部;第二是低身广头低鼻型,以蒲嫩族及派宛族为代表,住中南部;第三是高身长头低鼻型,以阿眉族为代表,住东部。[①] 文化、语言还易于混合,体质却不易混合,不同的体质便表示他们以前有不同的来源。所以作者以为台湾土人的来源不止一种,其中的一种出自中国大陆的古越族,其后与来自南方的别族逐渐混合,而成为现在的高山族,这不会是全无可能的事吧。

(四)台湾新石器时代和中国大陆的关系

上文已经谈到这个问题,现在不过特别提出来复述一遍。由上面所说,可

[①] 参看林惠祥:《台湾番族之原始文化》,国立中央研究院社会科学研究所专刊第三号,1930年。

见台湾在新石器时代便曾有一支人类由中国大陆的沿海地方漂流过去,带了新石器的文化即磨制石器和印纹陶、彩陶、黑陶等技术进入台湾,这种从大陆过去的新石器时代人,便成为后来的高山族的一支来源。到了后来,台湾土人的脱离新石器时代,进入铁器时代,也是由于大陆方面于三国时和隋时派人发现台湾,因而传入铁器。台湾不是在近古的元明以来方归入中国版图的,便是在新石器时代,无论人种和文化都大部分是由中国大陆过去的。由此可以推知,台湾是自太古以来,即自二三千年前初有人类以来,便和中国大陆有很密切的关系了。

(《天风海涛室遗稿》,鹭江出版社2001年版)

1956年厦门大学考古实习队报告

林惠祥　庄为玑　陈国强　吕荣芳　执笔

上篇　工作报告

一、总　说（林惠祥执笔）

1. 实习的班级

本校历史系三年级学生今年应作生产实习，系里决定在考古学方面作实习。学生参加者44人，姓名为：陈炳炎、郭在忠、陈元煦、陈存洗、黄景涛、林开明、吴绵吉、林玉山、郑镇峰、陈国龙、林国种、张莲英、蒋文寅、赖承华、吴建华、张国梁、方庆秋、陈日锡、洪子扬、蔡家辉、李家添、吴鈺鈺、庄锦清、张再南、邹日昇、陈秀丽、梁有庆、钟永明、周铁耕、陈长河、范汝森、陈回生、施玉仁、刘家民、王铃铃、刘义泉、孔永松、江季尧、娄曾泉、李昭犹、辛炳尧、张再洪、陈舜卿、陈遂良。

2. 领导人及合作机构

本校人类博物馆人员都兼任本校考古学教师，该馆设备也可应用于考古实习，故即由该馆协助这次实习。该馆馆长林惠祥为总领队，副研究员庄为玑为副领队，秘书陈国强为指导员，技术员三人协助室内实习。另调历史系本届毕业生吕荣芳协助业务及事务工作，速成中学历史教员桂光华协助对外联系工作，人事处另派杨呈今助理事务，厨工佘炳镇司理膳食。

3. 计划

年初原拟的计划包括赴闽侯县昙石山发掘新石器时代遗址和在泉州参观古建筑两项，后因昙石山遗址要保存，乃改拟第二次计划，包括室内技术实习和赴泉州市、晋江、南安、永春作野外实习。

4. 预备工作

自4月20日起便进行预备工作，包括油印实习提纲给学生，复印参考资料，购买技术实习用具原料，预包车辆，接洽食宿地点等事。又嘱学生在实习开始前复习考古学讲义。

5. 实习进行过程

分为四阶段：(1)自 7 月 2—6 日作室内技术实习；(2)7—15 日在泉州市和南安县作野外考察实习；(3)16—19 日在永春县作野外考察实习；(4)20—21 日在泉州作总结，22 日回厦。

6. 结果

检查这次实习的结果如下：

(1)技术实习：在室内学习鉴定古物和摄影拓印制模型等技术，到了野外再将所学技术实际应用，结果学生已能初步掌握这些技术。

(2)参观古迹：在泉州市和南安县参观唐、宋、元、明古建筑、古墓葬、古瓷窑及其他遗址，和平时所读历史相印证，加深对于过去我国历史的认识，尤其是对宋、元时中外海道交通史事更有明确的印象。

(3)发现古迹和采集古物：考古实习原不能包括新发现在内，因发现古迹不是可以在短促的时间预先决定的。这次除了参观原有古迹外更发现了新的古迹，采集到古物，可以说是意外的收获。新发现有五项：第一是永春新石器时代遗址的发现，这在永春是第一次，其中印纹陶器的发现在闽南也是第一次，采集古物数量也多，很为重要。第二是南安溪口新石器时代遗址的发现，采集石器较少。第三是南安六朝墓的发现，这在闽南也是第一次。第四南安晋江边六朝时贝冢的发现，这也是新种类的古迹。第五永春唐墓的发现，这在永春也是第一次。

以上这些发现不但是在教学上，便是在科学研究上也具有重大意义。

7. 思想生活方面

(1)思想情况：事前曾发动学生自行组织起来，以党团员为骨干发挥作用，全体成为有组织的集体，强调纪律性组织性，学生在这一方面表现很好，能遵守纪律，互助合作，尊重领导，学习热情很高，在室外 110 余度的炎日中奔跑工作，不怕困难，因而取得良好成绩，领导方面觉得很满意。

(2)生活方面：交通及食宿卫生等事都在事前计划到，并随时注意改善，故工作虽很剧烈，生活虽很艰苦，但结果未出大事故，全队无一人生病，愉快地完成了任务。

二、室内实习(林惠祥执笔)

1. 项目和目的

分为五项：

(1)鉴定古物的实习：理论与实际联系在考古学上最为重要，读完考古学讲义,如不能鉴定古物,等于未读,以前上考古学通论课时虽也看过古物,但还不足,故这次在实习中还要作正规的鉴定实习。

(2)摄影术的实习:摄影是研究考古学绝对必需的技术,无论在野外考古或室内研究都要用到,因此必须学习。

(3)拓印的实习:古迹古物上的浮雕或阴刻的文字和图像须拓印于纸上,得到原大的拓片,以供研究和陈列。

(4)制造模型的实习:有些古物不能带回的须制造同样大的石膏模型,这也是有用的技术。

(5)修补古物:古物多有破缺的,必须加以修补,方可陈列和研究。

以上2至5四种也可合称为技术实习。

2. 实习场所

本校人类博物馆的设备可以应用,故在该馆进行。

3. 实习过程

共经过五日：

7月2日：上午开动员大会,由卢副教务长、傅系主任讲话,林惠祥宣布实习提纲,庄为玑介绍泉州实习概况,陈国强宣布考古实习的组织及规则。下午作鉴定古物的实习,由林惠祥说明各种古物的特征并实际接触实物。学生作日记,以后每夜皆作日记,次日交庄为玑等先生阅看。

7月3日：上午作拓印实习,由庄为玑指导,馆内技术员协助。

7月4日：上午塑制模型实习,由林惠祥指导,模型有纸模及胶模两种,都曾学习。对象利用博物馆的石刻、玉器、大铜钱、铜镜等。下午一部分学生作自行鉴定古物实习。由庄为玑指导。

7月5日：上午学习摄影,由林惠祥指导。学生初步了解摄影的原理和方法,但未实际用真底片拍摄,留在野外实习。下午自行鉴定古物实习仍由庄为玑指导。

7月6日：上午学习修补古物,如补陶瓷器等。由林惠祥指导,馆内技术员协助。下午续作自行鉴定古物实习,至今日完。

夜间学生作第一阶段室内实习小结报告,交庄为玑阅览。

4. 结果

学生对各项技术已能初步掌握,但未熟练,须在野外工作中再作实际应用。

三、泉州及南安县野外实习（庄为玑执笔）

1. 实习目的

泉州港是中世纪最大国际贸易港口之一,是中国后期封建社会中的工商业城市。在这里遗留下来的古迹很多,可作为我们考古的实习对象,因此,我们选定它作野外实习地点。

2. 经过

泉州实习是自7月8日至15日共八天,8日考察泉州西部和北部的古迹,包括开元寺、东西塔、公园内唐墓、宋文化层、李卓吾宅、吴文良宅内石刻等共计12个地方。因为时间的关系,考察比较不深入。当出发以前,我们先讲清泉州港的历史概况,次述西部北部的古迹概况。到了每一个地方,再按它的特点逐一讲明。9日让同学写《泉州港西部北部古迹的考察报告》。7月10日继续考察东南部和西南部的古迹,东南部是:玄妙观、承天寺、回教寺、莆寿庚宅遗址、津头浦宋代阿拉伯人墓地遗址。11日考察西南古迹即石笋(生殖器崇拜古迹)、浮桥、尚书坊三个地方。7月12日考察泉州市西门外古迹,本来的日程是参观南安古城、丰州古墓、九日山古迹、金鸡桥及郑成功焚青衣处五个地方,但因听到西门外南安县有汉墓,因此就改变计划,要去探寻这个汉墓,那天全体到达溪口乡,分队出去探寻,结果得到石器时代的古迹古物有骨化石、新石器二件,有史时代的古迹古物则有六朝墓、唐墓、明墓、贝冢、瓷瓮等件。13日就让同学学写《南安县溪口乡古迹古物的探检报告》。

7月14日考察泉州市东门外的古迹,只参观宋碗窑乡一处。

15日整日在开元寺实习照相、拓印、制模等技术工作,结束了在泉州方面的考察工作。

3. 结果

综结这个阶段的工作:优点是(1)一天考察配合一天研究,一动一静,生活比较有调节;(2)先学习考察,次学习探寻,顺序而进,正如同学所说的"从胜利奔向胜利";(3)使同学对泉州港的历史认识增加,由感性认识进到理性认识,不但使同学能欣赏我国古代物质文化,而且使同学知道那些古迹的历史意义和现实意义,使同学受到理论联系实际的深刻教育。

缺点是:(1)计划内容不能全照原定,有临时变动;(2)第一天的考察对象太多;(3)有时不能准时回家吃午饭。这都有待以后的改善。

四、永春县野外实习(林惠祥执笔)

1. 目的

永春县不是以古迹著名的地方,解放后六七年来也未闻有所发现,我们所以选择永春作野外实习地点是因为推测永春应有新石器时代古迹,如有发现,意义是很重要的。如无发现也学习了探找古迹的方法。

2. 经过

7月16日：上午七时由泉州乘汽车,十一时半到达永春,寄寓永春第一中学宿舍;下午准备明日工作。晚间由庄为玑作永春考古的动员报告。

7月17日：天亮后同学报告一中校舍后山坡有古墓砖,庄为玑去察看果有唐墓二个已被破坏。上午七时全队出发,先到文教科取来介绍函一件,又到文化馆就该馆古物作实习鉴定。八时由文化馆长林同志陪往桃溪南面魁星岩参观古寺建筑和石佛。下午休息,夜开干部会议,决定今后日程。

7月18日：上午分五小队到城外小山探寻新石器时代古迹。第一队由林惠祥率领越过桃溪到寨坪山,发现印纹陶片数十片,破石器二件。再探西方二小山无所得。下山越过桃溪到卿圆乡由公路回寓所。第二、三队由陈国强率领到五里街后山探寻,山名万春寨山、九兜山等,发现陶片、石器很多。第四、五队由吕荣芳率领到西北方霞陵村后小山名大宗山及许厝山探寻,也获得很多陶片和石器。下午第一、二队由林惠祥率领越桃溪赴东南方小山探寻,也发现陶片和石器,数量不多。第三队由陈国强率领再到九兜山,发现比上午更多。第四、五队由吕荣芳率领再到大宗山也发现比上午更多。

7月19日：第四、五队由林惠祥率领再到大宗山一带采集,和驻军商议请允许进入其演习区内考察,获得允许,今日又获得石器、陶片。第二、三队再由陈国强率领到九兜山一带采集,林惠祥随后也去,本日在这里收获最多,发现完整及可接合的陶器小的四件,大的一件,以外还有石器、陶片等。另有第一队学生到西北方小山探寻也有所得。

下午二时半动身回泉州,六时到,仍寓闽南戏实验剧团宿舍。

3. 结果

(1)发现永春城市西北方的九兜山一带,更西的大宗山一带,南向越桃溪的西南方寨坪山和东南方牛头寨小山,共九个山都有新石器时代遗址。山上散布着石器和陶片,数量多少不等,采集结果得石器59件,成形陶器5件,陶纺轮6件,陶网坠13件,陶印模2件,陶片约1000余片。

(2)发现唐墓8个,在一中校舍后2个,山坡上4个,二中校址内1个,桃溪南岸东南方小山上1个。采集得唐墓有字砖2块,花纹砖10余块,瓷明器可接合的1件,破片10余片,又承一中赠完整的瓷明器2件。

五、思想教育工作和组织(陈国强执笔)

1. 考古实习开始以前的思想情况

在实习以前,同学思想上普遍存在二个问题：

(1)认为考古实习是游山玩水,对实习的艰巨性认识不足,没有把考古实习当作学习计划的一部分,片面认为是考试后的"休息"。

(2)由于实习内容没有发掘,感到实习没有什么内容,没有东西可学,把考古实习当作发掘,把发掘当作整个考古工作内容。

此外个别同学还有怕困难、怕吃不消及怕不能完成实习任务的顾虑,因为一年级读过的考古学通论大多忘掉。

2. 思想工作的组织和内容

(1)成立临时党小组和团支部:本队师生共有党员4人,团员二十几人。在实习期间临时由党支部和团总支指定成立临时党小组和临时团支部,加强对全队的思想工作,并拟有工作计划。

(2)出发前先行组织全体同学为一大队,分为五小队,由同学中选出大队长一人,副大队长二人,小队设小队长正副各一人。各队中都有党员或团员。

(3)组织全队实习动员大会并在各阶段举行小队会议,针对存在问题进行讨论,展开批评,以达到互相教育的目的,最后总结阶段并进行个人总结和小队讨论。

(4)在室内实习及泉州野外实习时由大队长就每阶段实习情况及存在问题提出小结报告,澄清对一些问题的错误认识,明确努力方向。

(5)油印出版《考古实习》队报,内容主要围绕实习过程中的活动和存在问题,出版了7期,共13版。队报的及时出版,不但报导了队的经常活动,更主要的是对同学的一些良好表现给予表扬,对一些错误思想和行为给予批评,帮助同学改进。

(6)通过个人总结及小队讨论,考古实习队根据平时实习成绩及学习态度,在总结大会上,对下列20位同学提出表扬,他们的姓名是:陈存洗、郑镇峰、吴绵吉、林玉山、洪子扬、张国梁、陈炳炎、李家添、陈秀丽、邹日昇、陈元煦、庄锦清、陈回生、范汝森、钟永明、郭在忠、孔永松、赖承华、江季尧、陈舜卿。这些同学在考古实习中,有的用心实习,获得显著成绩,有的积极帮助同学解决困难,有的努力集体工作,热心为大家服务,一致获得大家的好评,成为同学学习的榜样。

3. 几点收获

在整个实习过程中,同学思想在不同程度上有了提高:

(1)认识考古实习是学习计划的一部分,又是学习中"理论联系实际"最重要的一个环节,批判了不重视实习,抱着可有可无的错误态度。

(2)认识到考古实习是一件深入细致的科学技术工作,它不但有理论,还有具体的技术方法,实习的内容很丰富。

(3)认识到考古实习工作是艰巨的,不但需要动脑筋,还得动手和跑腿,脑力和体力并重,培养劳动观点,端正了过去怕动手怕麻烦的想法。

(4)在集体生活中充满着团结友爱的精神,在实习中,在生活中,都能做到互相帮助,互相照顾,认识到集体的可贵。克服了一些自由散漫,不重视组织性纪律性的缺点。

(5)通过实习,大家一般对考古学和考古工作感到更有兴趣,更加热爱。

4. 缺点

(1)由于实习任务繁重,时间较为逼紧,在保证思想工作方面时间照顾不周到,制度也不够严密。

(2)思想工作有一些还停留在表面上,赶着保证完成任务,对帮助同学解决具体困难,有照顾不周的地方。

六、总务工作（吕荣芳执笔）

1. 联系住宿方面

由桂光华专门负责,光华于7月4日提早来泉,本拟借用中学校舍,因适逢高考,考生拥挤,故由中共晋江地委会介绍,借用闽南戏实验剧团宿舍,因剧团往江西省巡回故有空房。大都有单人床,只剩下七个人睡地板,光线空气还好,只是写字桌较少,比较拥挤,晚间电灯还亮,足供写日记之用。

16日往永春时,亦由光华先去商借永春县一中,承借小型房间八间,是原来永一中的学生宿舍,并借一间教室作为同学写日记及开会之用。

总之在此次实习中住宿问题基本上可算解决,这是由于事前做好联系工作,及当地党政部门的协助。

2. 膳食方面

实习队于7日抵泉时,因时间匆促,又只带一名厨工,所以起初膳食暂寄剧团,因为副食品的供应需要证明,采购方面不便,饭菜又不合同学的口味,故由8日起,膳食即脱离剧团自理,并雇临时工一名协助厨工,基本上解决同学对饭菜的口味,并尽量做到多样性,同学基本上感到满意。

到永春时,在鲜鱼肉方面,因供应困难,又没有在事先与专卖公司联系好,所以在菜的质量方面较差,大都用干味代替,但基本上还可以解决。

总之在此次实习中膳宿方面的成绩是较突出,主要的经验有：

(1)事先估计实习地点的情况,做好准备工作；

(2)膳食方面应用工具应事先准备,尽可能用本校厨工,适合同学的口味；

(3)发挥同学的民主管理制度,发挥厨工工作积极性,多动脑筋,及时听取同学意见,及时改进。

3. 交通工具方面

这次实习大都在野外,因天气特别炎热,温度常在华氏110余度,为避免同学中暑,保证工作的完成,在交通工具方面,尽量想出办法解决,在距离市区较远地区,多乘汽车前往。交通工具的解决是保证实习计划完成的主要条件之一。在每次出发前应有专人负责接洽,确定时间,以免临时发生波折。

4. 文娱活动方面

主要目的是为了丰富同学的生活内容,增进同学的身心健康。但这次实习时间较紧张,大部分同学都利用文娱活动时间洗衣服。虽曾组织二次与地委作篮球比赛,但总的说起来,文体工作在这次实习中开展最差。领导方面缺乏计划,工作过程中因受其他客观条件的限制,而不能很好地开展起来。

5. 卫生医药方面

这次实习的客观环境是十分不利的,主要有:

(1)患流感未出院的同学有12位,身体衰弱尚未完全恢复;

(2)来泉州及永春,二地都还流行着乙型脑炎及流感。

(3)天气十分炎热,室内温度在华氏97度以上,室外在110度以上,日间多在野外山顶工作,回寓后又难睡眠。

为解决上述问题,经常由卫生股在各宿舍作经常性的消毒工作,打六六六药水,并规定外出时戴口罩,为避免在炎日下中暑,日日以神曲当作茶水,并在剧团右侧盖临时洗澡处一所。由于领导上的重视及同学的高度注意,以及事先做好医务卫生上的准备工作,所以虽在烈日之下工作十多天,但没有一位病倒。同学们反映"虽然工作紧张,但精神非常愉快",这一工作也是在实习中比较有成绩的。

6. 采购工作方面

这次实习尚属初次,业务用具很多须全都采购,在实习之前便先准备。但因属初次工作,有很多是临时添买应用的。在人手方面特别感到缺乏。

七、经验和体会(林惠祥执笔)

1. 野外考古实习是集体的行动,个人的学习和集体的学习相结合,个人的生活也完全溶化在集体生活中,而且对外又代表了全校,因此组织性和纪律性很为重要,性质可以说是科学的行军。这次队员表现都很好,原因固然是由于各人的思想水平,也由于党团员发挥作用,维持严密的组织所致。

2. 野外考古实习和生活很有关系,如住宿饮食的条件不能适合身体的需要,甚至不合卫生,便会影响身心,妨害学习。又如交通条件不能和学习配合,也会有碍学习,这次对这些事情都曾于事先派人接洽安排,又随时设法补足。因此全队无一人生病,都能愉快地进行学习。

3. 这次实习计划变动二次,这是不好的,原因是由于事前未曾了解外界的情形。今后应当改进办法,事前了解各方面情形才定计划,方免改变。

4.考古实习目的是要学习考古的知识和技术。不能包括发现古迹古物在内。这一次实习期中未发现古迹古物时队员有情绪低落的表现,幸而在南安溪口有六朝墓的发现,永春有新石器时代遗址和唐墓的发现,方使队员都兴奋起来。但这种发现不是一定可以预定的,如无发现也不应波动,方能完成学习的任务。今后每次出发实习应使队员都能明确这一点,方免在无发现时失望。

5.这次实习花了国家多量的钱财,我们应了解学校和政府热心培养人才的苦心,无论学习者和指导者都应加倍努力,以报答我们的祖国。还有在实习过程中得了各地有关机关如党委会、政府、军队、学校、社团等的好意支持协助,使我们能顺完成任务,我们也应向他们表示衷心的感谢。

下篇　考古实习中的新发现

一、永春县新石器时代遗址（林惠祥、陈国强执笔）

（一）遗址所在

这次发现的新石器时代遗址是在五里街周围附近的小山上。南北相距约3公里,东西略相同。分为四个地点,略述如下:

（Ⅰ）北部:九兜山万春寨一带:在五里街后即北方有万春寨九兜山及其支脉等,在这一带发现遗物最多,是主要的遗址。遗物都散布在山上,山下平地不见。兹将各山的发现分述于下:

1.万春寨:紧接在五里街的背后,在这一带小山中是最高的,约有五六十米以上。遗物多散布在东面斜坡。

2.九兜山甲:在万春寨山的东北,高度次于万春寨山,遗物多在山顶,山顶平,不尖峭。

3.九兜山乙:在九兜山甲之西,高度比甲更低,山顶也更平坦。这山发现遗物最多,散布在山顶及山坡。

4.九兜山丙:在九兜山乙西部,很小且低,不过是九兜山乙的支脉而已,但在这里的向南斜坡上却发现了已破的小件陶器四个。

5.九兜山丁:也是九兜山乙的小支脉,在同上的更西。在东南坡也发现遗物。

（Ⅱ）西北部：大宗山、许厝山一带，和九兜山一带隔着一条公路及桃溪的小支流。由那一条公路旁的霞陵村向西走，涉过小支流，便到大宗山。这一带的山比九兜山一带低些。

1.大宗山：在东北面有被驻军除了草木的一大片斜坡，露出石器、陶片，数量相当多。

2.许厝山：在大宗山的西北，有许多小岗，在后面的一岗军队除过草的一片地，也露出石、陶器，数量不多，其他诸岗未见。

（Ⅲ）南部：寨坪山：在五里街之南，过了东西横亘的桃溪，再越过一片田地便到，这一带的小山有魁星岩、寨坪山、虎形山等，都是更南方大山的支脉，魁星岩有古寺，但不见石、陶器。寨坪山的东面有陶片和石器，但不多。再往西有另一小岗，和虎形山都无遗物。由虎形山下来越过桃溪向北走到卿园村，便可循公路回五里街。卿园村距永春县城是6公里。

（Ⅳ）东南部：牛头寨山：由魁星岩向东有几个小山，只有牛头寨山东北坡发现遗物，也不多。

（Ⅴ）补记：大宗山附近的铜鼓山也有石、陶器。考古实习学生张莲英留住永春家中，曾在其处采集得石瑗一段。又永春蓬壶也发现石陶器，考古实习队归来后，再派学生林国种（因家在永春）到蓬壶探寻，获得石器21件，陶印子1个，陶纺锤2个。历史系四年级学生林金枝、林祥瑞也在蓬壶各采得石器1件，回校时交来，故合在一起研究。

（二）遗物一：石器

靠五里街附近遗址采集得石器59件，在蓬壶采集得23件，共82件。分类说明如下：

（Ⅰ）石锛8件：最大的长9厘米，最小的长3.8厘米。都是常型石锛，都略有破缺，多属泥板岩及砂岩制。

（Ⅱ）石锛破块20件：最大的长13厘米，最小的长4厘米。都是常型石锛的残块，有的存刃部，有的存根部，有的存中部。质同上。

（Ⅲ）巨大石锛3件：第一件长28.7，阔8.7，厚7.4厘米。花岗岩制。表面只加半磨，不很平匀，但明是石锛形。第二件是同上石锛的粗胚，已打制未磨，长20厘米，也是花岗岩制。第三件是四方形，也很大，12.6，阔已缺一边，尚余9.4，厚3.8厘米。

（Ⅳ）石镞破块8件：最长的4.8，最短的有2厘米，用页岩制，多属黑色。

（Ⅴ）石瑗残段6件：最大的长4.2，最小的长1.5厘米。制工很精致，但是只是圆环形的一段。有一件在一端有磨痕，便是尽头处，可以证明原来也是由几段合成一个环形的。

（Ⅵ）三尖石戈残段 1 件：长 10.5，阔 6.4，厚 0.7 厘米。色灰。细砂岩制。制工颇精，两面磨得很平匀，两边对称。缺根部一段。尖端两旁多生二个小尖端，故称为三尖。这一种不像是枪头，因枪头常有中脊，这是无中脊的。福建常有石戈出土，这一件也应是石戈之类。这二种三尖形石戈，是从来未见的新种。

（Ⅶ）有段石锛 1 件：长 12.8 阔 6.3 厚 3.7 厘米。刃都已钝，且缺一角，但形状明是石锛，且北部隆起成横脊，明是有段石锛。

（Ⅷ）石斧破块 2 件：一件是根部无刃，长 5.3 厘米。由两面相同，推知其刃是斧状而不是锛状。又一件只余刃部。

（Ⅸ）梯形石器破块 1 件：长余 11.1 厘米，阔一面 4.4 一面 2 厘米，厚 3.1 厘米。两端已缺。

（Ⅹ）三棱形石器 1 件：长 9.6 阔 4.8 厚 2.8 厘米。形完整，人工也明显。用法应是以一边较薄的为刃来切割东西。

（Ⅺ）三角形石斧 2 件：顶小刃大，形略如斧，但二面略圆凸，一面平坦。一件长 8.4 厘米，一件长存 6 厘米。

（Ⅻ）石英制石锛 1 件：石英制石器极少见，因不易制。这一件形如石锛，但刃未完成。是打制的未磨，大约因太硬不能磨。

（ⅩⅢ）三棱形石匕首 1 件：长 17 阔 4.8 中脊厚 2.4 厘米。形细长，一端尖，二边薄，一面有纵贯的中脊，一面平坦。形略似枪，但二面不相同。应是手握的匕首。这一种也是新种。

（ⅩⅣ）长石凿 1 件：长 17.2 阔 2.4 厚 3.4 厘米。刃缺。

（ⅩⅤ）有孔石器破块 3 件：一件形长如小牌，但一端的二边有刃，其尖端已缺，一小孔在上端，长 7.4 阔 2.9 厚 0.5 厘米。余二件皆是破块，原状不明，唯皆有一孔，故知是有孔石器。

（ⅩⅥ）粗制有肩石斧 2 件：一件长 18.9 阔 10.5 厚 4.4 厘米。上端两旁有故意敲凿痕，致成为两肩状。刃已钝缺。形极似有肩石斧，但不工整。又一件长 17.7 阔 8.8 厚 4 厘米。上部两旁也敲去一缺成肩形。刃部也钝。

（ⅩⅦ）粗制未磨尖刃大石器 2 件：一件长 16.8 阔 8.3 厚 5.4 厘米。质粗未磨，但形状对称，很像旧石器中的手握尖刀石斧。又一件长 16.6 阔 7.4 厚 米，形质都和上一件同，制工稍差。这二件虽未磨，但也明是新石器时代物，不是旧石器。

（ⅩⅧ）粗制未磨大石斧 2 件：第一件长 18 阔 10 厚 3.8 厘米，质是花岗岩，形长圆而扁，两边对称，二面相同，属斧状，但刃部钝，打制粗磨，未细磨。第二件长 15 阔 9 厚 3.5 厘米。也是斧状，二边对称，刃部薄，但也略钝，一面圆凸,一面平。也是花岗岩制。同上半磨。第三件缺根部存刃部,长存 8.5 阔 9.7 厚 3.4 厘米。刃部很薄,圆弧形,显是人工敲打成的。全是打制未磨。第四件是完全的,长 9.2 阔 6 厚 3.3 厘米。是溪中石卵所制,只在刃部稍加敲打而成。

（ⅩⅨ）磨石 5 件:第一件长 7.8 阔 5.8 厚 4.1 厘米,如后代小刀石状,但四边不规则,磨面是凹的。第二件更厚,磨面也是凹的。第三条六面都有磨面,都是平的。第四件较小。第五件最小,长 4.9 阔 3.5 厚 2.5 厘米,磨面也是凹的。

（ⅩⅩ）大石坠子 1 件:是一块石中腰成一道凹处,是人工制成的,似是扎绳子系在网上的坠子。

（ⅩⅪ）石丸 1 件:不全圆,径 2.2 至 2.7 厘米。是人工磨成的,不知何用。

（ⅩⅫ）石器破块 5 件:都可看出是人工制的,但不明其原形。

总的特征:概括地说,永春的石器有如下几条特征:

1. 永春石器的种类型式和福建别地如龙岩、长汀、武平、南安、惠安、闽侯、光泽等地的都相同,是属于福建新石器的类型,也即是属于中国东南区的类型。

2. 永春石器中特殊的东西是有肩石斧的发现。有肩石斧在海南岛和台湾最多,在广东大陆也有发现,在福建光泽、浙江也有,故这种石器也是中国东南区的特殊石器之一种。在福建也该有,但除了光泽曾发现一件形状不明显的有肩石斧之外,省内别处还未发现。永春这次的发现有肩石斧正可补足这种空白。

3. 永春石器的制工除了极少数外,多数不精致,因此在鉴别上有时发生困难。

4. 永春石器的数量也不算丰富,在这样大片的遗址中只发现数十件,可说不多。或者遗址已被后来的人类翻动,大部分反被埋在土内。

5. 永春石器也多破坏,原因也应由于遗址已被破坏,故石器也被打破。

（三）遗物二:陶器

永春发现的陶器比石器更为重要,因为除了破陶片之外,还有补接成形的陶器数件,分述于下:

（Ⅰ）成形陶器 5 件:这些都是已经破的,有的小破,有的大破,发现后带回补接成器。第 1 件大瓮是在九兜山乙发现的,第 2 至 5 号是在九兜山丙同一处发现,都已破损,带回接合,所缺部分用石膏补足,但所缺很少。

1. 印纹陶大瓮 1 件:高 51.5,腰最广处 46.5,口 13.5,底 18.5 厘米,厚度

6—12毫米。在九兜山乙发现,已破成无数片,带回补接,由十余人经一个余月方补接成功。补接极严格,不十分准确的便不接合,已复原80%,还有剩余的同类陶片,因四边不能凑合便弃不用。缺处用石膏补足。陶质中等硬,色灰紫,无釉,表面满印小方格纹。口小,底小,腹大,全体很高。瓮壁厚薄不一律,表面凹凸不平匀,里面有手捏和旋刮状,全角也略歪,大约原来便是歪的,不是全由于补接的困难。这样大的陶器在新石器时代如能制得太工整不歪,反是不合理的事。这样大的印纹陶器在国内还是第一次发现,虽是补接复原的也很可贵。而且这件陶器里面壁上还印有粟粒痕和穗痕数次,形状极为明显,曾于未补合时将其痕迹照相并制模型,附于陶器图中。推测这种痕迹的由来,一定是当制造器具时,旁有粟粒稻藁,被粘着在陶土上。陶器烧硬后,粟粒稻藁烧焦。却留了痕迹在陶器内壁上。那些粟粒稻藁和现在的真物还很相像,可以证明当时已能种稻。农业发明在新石器时代原是已知的事实,但可作证据的实物却不多见,这次的发见可以供给这种证据,在人类文化发展史上是很有意义的。

2. 印纹陶有鋬圆底小壶1件:高10.8广11.4厘米,陶质松,色黄灰,表面有筐篮纹。旁有一个鋬即手提处。鋬上有二个小螺旋形是加贴上的。底圆但也能站稳。这种陶器在光泽县也有发现。

3. 同上又1件:高9.3广9.7厘米。形状和上一件同,但略小。

4. 印纹陶有鋬大杯1件:高8.4,口最广处11,底6.2厘米。形便像现在的有耳杯,但腰细,底有圆足。口旁有一个鋬,即手握处,鋬上有二个小螺旋堆花。全体无印花,只在鋬上有手划的斜方格纹。色灰无釉。口部不是正圆,大约由烧时压歪所致。这种杯状印纹陶器似乎也是未曾发现过的新种。

5. 直筒形有耳小罐1件:高9.7广8.4厘米。色灰,质很松。也有筐篮纹。表面有残余的釉点,原来是有釉,但釉不好看,不像后代的釉。这种直筒形有耳罐型式是新发现的。其上有釉。应是较后期之物。

(Ⅱ)其他陶制物:

1 陶纺锤8个:最大的广3.4,厚2.2厘米。最小的广2.2,厚0.7厘米。有两种形式,一种如算盘珠形,有4个。又一种如算盘珠的横剖面一半,也有4个。中央都有一孔,陶质不硬。

2. 陶网坠17个:最大的长4.8,粗2厘米;最小的长3,粗1厘米。形如小圆管,有纵贯的孔,应是系在渔网上的坠子。在别处还少见,这里发现很多,足以证明有这一类遗物。

3. 陶印模6个:已破缺,但可确断是印花纹用的印子。三个是扁方形的,最大的是9.9,阔5.2,厚3.2厘米。一个是圆印子形的,径6.5厘米。花纹有方格纹、斜线纹、草之字纹等。

(Ⅲ)陶器的花纹:陶器和陶片上多有印成的花纹。现在就5件陶器和千余块陶片研究。其花纹的种类如下:

1. 方格纹:数量最多,约占全数有花纹陶片十分之四。格有粗细不等,但以中等者为多。格子正斜都有。

2. 方格包直线相错纹:数量次于上一种。约占十分之二。形是三四条直线为一组构成一个方格,横的组与直的组互相错综。

3. 菱形包直线相错纹:与上一种相似,但直线是斜的故成为菱形。数量少。

4. 筐篮纹:数量次于上一种。

5. 直线纹:多条平行相叠,有粗有细。数量中等。

6. 蕉叶纹:一条直线两旁有多条斜线。数量少。

7. 雷纹:有正体,有变体,又有双线的。数量少。

8. 草之字纹:数少。

9. 曲尺纹:数少。

10. 长方格纹:略如方格纹,但长比阔多二三倍。数量少。

11. 二长纵线夹短横线纹:有如梯级,很少。

(Ⅳ)陶片的质料颜色:就1000余片陶片来看,其质料多属中等硬度,指甲不易刮刻,但竹木是可以刮刻的。颜色多数属灰黄色或灰紫色,前者较松,后者较硬。有少数黄色的,质极松。

(Ⅴ)陶器的其他型式:合成形的5件和破片可以看出器各部的各种型式:

1. 口颈部:有很低的,有很高的。口缘以向外的为多,向内的少。

2. 腹部:第一种是圆凸的,腹际或无饰,或有加一二道弦纹为饰,有在弦纹之外再加圆点为饰的。这种圆凸的最多。第二种是直筒状的,很少。第三种是上大下小的如陶杯便是这样。

3. 底部:有平底、圆底和圈足三种。

4. 附加部:有耳,应是双耳,为系绳之用。如陶瓮便有双耳。有些是有鋬的,是单个,为便于手提之用。如成形陶器三个都有鋬。鋬上常加上小螺旋形堆花为饰。

(Ⅵ)附述:刻纹有釉陶器:在遗址内也采得一种陶片,数量很少,在一千数百片中只有64片,但形状很特别。上面都有花纹,其花纹不是用印模印成的,而是用尖物刻划成的,即所谓刻纹,其花纹也和一般石器时代陶器上的花纹不同,由简而繁,有以下诸种:(1)直线纹;(2)刻划的方格纹;(3)成列的小点;(4)凸起的直线旁加小点;(5)半月形纹;(6)蕉叶纹;(7)叠直线山字纹;(8)圆圈纹;(9)同心双圆圈纹;(10)小圆圈排成山形纹;(11)半月形排成山形纹;(12)小点成串菱形纹;(13)小圆点堆花纹。

这种刻花陶片,硬度中等至硬,色比较印纹的浅些,多属黄色。片上刻纹之内常见残留的釉点,釉色是灰绿棕等混合,不鲜明。这种陶片在质料、花纹、有釉诸点是和一般的印纹陶不同的,似是后来之物,但有一二片上除了刻纹之外也有印成的方格纹,且同在遗址中出现,其时代虽较迟,也应是接在新石器时代之后,相差不太远,或者是已入了铜器或铁器的时代,可能到了汉代。这种陶器在福建别处尚未发现过,只有光泽曾发现有釉陶器,但其花纹也不像这样。

(四)推论

(Ⅰ)年代:据《永春县志》所载,永春地方的沿革如下述:"隋开皇时置桃林场,始有守土之职。尚无自主政权,仍附于南安县。唐隶丰州,又隶泉州……至五代唐长兴四年即闽龙启元年,王延钧升桃林场为桃源县。……晋天福三年闽王昶改桃源县为永春县,仍隶泉州。"由此看来,永春的见于记载是很迟的,只能上溯到1367年前的隋代。隋代以前文献无征,照理推之,应当已有人类居住,但以前未有证据,只可存疑。这次考古队到永春,便是要解决这个疑问。因为福建省南北各地已有多处发现新石器时代遗址。在永春的东方则南安、晋江,南则厦门、华安、龙岩,北则闽侯、罗源都已有发现,永春不应没有。而且新石器时代人常傍河流而居,晋江支流之一便是永春的桃溪,下游的南安、晋江二县如已有人类,则上游的永春也应有人类。由于这二条理由,我们故选择永春为试探的目标。结果发现了大片的新石器时代遗址,可以证明永春也有很古的历史。

永春的新石器时代距今应有若干年,这是可以由别方来推论的。福建发现的各处纯粹新石器时代如武平、长汀、龙岩、闽侯等处的下限,都是在周初,即3000年以前,在易受北方影响之处早些,在不易受北方影响的僻地迟些。永春不是十分边僻之处,其纯粹新石器时代的终止至迟应在将近3000年以前。以后便应有了铜器,进入石铜并用时代。因为铜器稀少,还继续使用石器,直到春秋之末即2500年前方完全废弃了石器。关于起点在作者以前发表的研究报告中已评论过,不再赘述。

(Ⅱ)民族:福建自周至汉代都是古越族的住地,其更早的新石器时代也应是越族。永春在福建中部,其居民当然和福建别处一样,同属古越族。关于这一点也已见于其他论文中,不再赘述。

(Ⅲ)当时人类的生活:由遗址及遗物推论,可以知道当新石器时代永春居民的生活情况。当时人口当然远不及现在的多,因为有遗物之处还少,很多山上都找不到遗物。他们住处应是集中在桃溪南北的小山上,据现在所发现的是北方的多，南方的少。他们的生产工具是磨制的新石器，还有竹木骨角器应已消灭。他们已能制陶器。陶纺锤证明他们已知纺织，陶网坠和陶片上的小方格证明他们已能织麻布和结网。由陶器上的粟粒痕迹证明已有农业。由陶器的大可知食物已不少。由网坠证明能用网捞鱼。由箭镞可知还从事打猎。由陶器花纹的繁什可以证明他们很有审美的观念。当时应已能搭盖茅屋。

（五）结论

（Ⅰ）永春的发现新石器时代遗址，不止是将永春历史上溯到二三千年前，这次发现这样大片的遗址，尤其是大量的陶片与石器并存，在福建东南一带还是第一次，以前在这一区域内如晋江、南安、惠安、厦门、华安等处虽曾发现石器，但数量都少，遗址不明，尤其是印纹陶未曾发现。所以这一次便补足了这一个空白，对于福建和我国东南区的新石器时代研究有很重大的意义。

（Ⅱ）印纹陶大陶瓮的发现也是有全国意义的。小件陶器四件也很有价值，尤其是有鋬陶杯和有鋬陶罐更是新种。

（Ⅲ）陶器上印有粟粒和稻藁痕迹，对农业发明于新石器时代提供了很好的证明。

（Ⅳ）永春石器虽不多，但有几件也很有价值。如有段石锛可证明福建省各地都有这类石器，而这是中国东南区的特征物之一。有肩石斧虽是粗制，但也有同上的意义。又如三尖石戈是未曾发现过的新种，巨大石锛也很罕见。

（Ⅴ）这次发现的遗址遗物都是在山上，遗物都露面，故不须发掘。这种山上遗址和福建其他地方大都相同，如武平、长汀、光泽都是这样，这是和平地遗址不同的。

（Ⅵ）由这次的发现可以推测在永春县内还可以再找到新石器时代遗址，南安还可继续发现，安溪、仙游、莆田，甚至大田、德化都有发现的可能。

（Ⅶ）古迹的发现常是无意中偶然发现，这次的发现却是由于有计划、有目标、有意地探寻而发现，可以证明古迹也可以有意地探得。其方法是由其他地方的发现、本地的地形和历史的推论，而得出一个可能性，然后有意地探寻。探寻时是根据几条线索或条件，不是盲目乱找，这次永春的发现可以使学生学得寻觅古迹古物的方法，是这次考古实习中最重要的收获。

二、南安新发现的六朝古墓（庄为玑执笔）

1956年7月12日我们听到同学吴鉒鉒谈及南安曾发现汉墓，系数十年前他的祖父所述而为他的父亲所记的。这事引起我们的注意，于是我和陈、辛二同学先到南安溪口乡探访。当我们三人到溪口乡时,即找到福水中心小学校,在谈话中,小学教师陈宗算同志云:"该校建筑操场时,曾发掘得许多古砖,附近群众取为猪栏。"并出该校所藏墓砖一方见赠。我一见该砖喜出望外,因为多年来所见的唐砖的体式和这次所见的古砖体式并不相同,质地又为暗灰色,甚是粗糙,就砖而论,或为较古之物,故回队后即将该情况反映给林教授,引起了全队的注意,翌日便都到溪口村再行探检。我们由该小学的报告找到了古砖发现处,便在该村的背后小山坡,果然有一个古墓。我们又在该墓附近详细检查露面的砖角,又发现另一个古墓。我们断定该二古墓是六朝古墓,理由如下:

1. 可从南安的历史来看:根据地方志的记载,知道南安县是闽南最古的县份之一。这里古称丰州,在考古上是很值得注意的地方。溪口乡是靠近古丰州的一个乡村,从前也是属于丰州范围内的,所以在这里很有发现六朝古迹的可能。按唐朝《元和郡县志》上说:"晋江,古名南安江,陈立南安县,因县(有)南安江,取以为名是也。"清朝的《泉州府志》也说:"县名曰晋江,距城一里,晋南渡时,衣冠士族,避地于此,沿江而居,故名晋江。"我们找到古墓的地点,正在这条古称"南安江"的晋江北岸小丘上。志中即称晋人沿江而居,这个古墓很可能是他们这些东晋士族的坟墓。

2. 可以从墓式看出来:闽北的开发,比闽南为早。根据福建省文管会的清理古墓报告中,曾云闽北长乐县在公元1956年5月发现东晋咸和九年(公元334年)古墓;又在福州市中1954年9月亦曾发现南齐永明四年(公元486年)的古墓。该会报告中曾云:"目前在福州所发现的六朝墓,其门道(即墓的前头)都在墓室前端的左边或右边,却没有像这墓(指东晋的墓)的门道是在正当中的。"

这说明六朝和隋唐墓的形式不同,六朝墓有二个形式,一是⊓的,一是⊐的。这两种形式的古墓都在溪口乡找到了。至于唐式的古墓,大体是长方形,前端有一个拱门或三个拱门两种形式,这种三个拱门的唐墓,溪口也发现一个非常完全的,只有墓盖破了一个洞而已。从这个唐墓也可以反证该二个六朝墓,并不是唐墓。

3. 可以从墓砖看出来:六朝隋唐的贵族墓葬,都是用砖来砌成的。但是,六朝的墓砖和隋唐的墓砖大体上是有分别的。因为六朝墓砖比较大,比较松,带灰色;而隋唐墓砖则比较小,比较坚实,带灰黄色。溪口的墓砖属于前一种而不是后一种,是非常明显的。

我们更可从花纹上看到:该砖上的花纹只有看到钱形、轮形和香蕉叶形三种。不像隋唐花纹种类那样多,而花纹的古朴又和福州所发现的六朝古墓砖花纹一样,所以也足以证明必然是六朝的古墓。

我们原来的目的是要探寻传闻的汉墓，结果汉墓未见却发现了六朝墓，究竟在溪口乡有无六朝以前古墓的存在呢？我们从南安的历史地理研究起来，很可能再找到六朝以前的古迹。原因是：福建省的开发虽是比华北晚，但当秦朝帝国在福建设立闽中郡时，福建已正式入于统一的封建王朝的版图之中，可惜留下来的秦迹太少。前汉初，福建省建立汉朝羁縻的闽越王国，后来汉朝把王国消灭，开始设立冶县。后汉又把冶县分为二个都尉，福建北部属于南部都尉，（当时闽北开始设立五县）而福建南部则未入政区范围中。

到了三国吴时，正式把南部都尉改为建安都尉，又改为建安郡；西晋时再分建安郡为二郡，即建安郡和晋安郡；南朝梁时又分晋安郡为二郡，即晋安郡和南安郡。南朝梁时才有南安郡的名称，可知当时闽南开始有了郡治。（距今1454年前）这个古墓是六朝的古墓，可算是福建南部最古的古墓了。要找六朝以前的古迹似乎是比较困难的，但是，我们又不能武断地说闽南没有六朝以前的古墓，因为设郡治以前一定就有汉人来住过。而且方志上还说，晋安郡也曾经管到闽南来。

总结的说：这一次的发现和以前历次的发现有所不同，以前如1935年我们在泉州市发现唐初古墓（这是泉州设立州治以前的古迹），1950年我们在南安县丰州发现隋朝古墓（又是丰州设立州治以前的古迹）。今年所发现的六朝古墓，更证明在1500年前，南安就有汉人的足迹。而且这个古墓，在目前说来又是闽南有史时代的最早的古迹，那不能不说是一件值得纪念的大事，这件大事费了二十多年的时间，才得到最后的解决。

三、南安发现的贝冢（林惠祥执笔）

考古队于7月12日到溪口乡时，听本地人民说：附近数处山顶有贝壳很多。疑是石器时代的贝冢，便分配数小队到附近探寻。有一队到下福乡，发现在山顶果有很多贝壳。次日我再和七位队员由泉州到下福乡考察。下福乡在晋江南岸，由晋江到南安的公路上石砻过江，行一华里便到。下福乡背后有破寨山、五公山、纱帽山等小山，在诸山的山坡果有11处有贝壳成层在山土内，深自一二尺至一丈外，广约自五六尺至二三丈。每处贝壳都非常之多，其贝的种类属蚬类，又名蛤蜊，土名"沙拉"。

这种蛤蜊在当地没有出产，要到泉州才有。这种贝壳在土内久了，虽未达到化石的地步，但也已经很古旧，表面有光泽的一层已剥落。

这种贝壳有在山土内一丈多深的，故一定不是为烧灰而由别处运来的。当地人民不能明了这种贝壳的来源，志书上也不曾记载。据当地人民的传说，以为是由于"沉东京，浮福建"，故山顶有这种贝壳。

"沉东京,浮福建"的传说流传于福建南部沿海一带,其意思是说以前在福建东方海中有一处陆地称为东京,而福建原是在海底,后来东京沉下去,而福建却从海底浮起来。

我们这次考察的结果,认为这种山顶的贝壳不是从海底升起来的,因为这种贝壳还未到化石的地步。我们初时疑是石器时代遗留的贝壳堆,即考古学上所谓贝冢,但探察的结果,这种山顶的贝壳堆内及附近,全无石器或石器时代的陶器破片,却有些后代的陶片,质很坚硬,介于陶与瓷之间,又已有釉,极似六朝时由陶变瓷的东西。而且除了这种陶片之外,绝未见有唐、宋及以后的瓷片,或其他东西。由这种陶瓷片的共存关系,可以推知是六朝时的遗迹。但六朝时何以会有这种贝壳堆呢,据史书记载,晋南渡后大批北方人民移来福建,沿晋江流域居住,因此这条江便称为晋江。贝冢所在地方正在晋江南岸,距江约1华里,但在1600余年前,晋江应比现在为广,逼近山下。六朝时人民移居这里,便住在江边小山,日日取江中所产蛤蜊为食物,将壳丢在平凹处,久之堆积很多,又被山顶冲下的土覆盖,成为现在的形状。

何以知是古人食的,这可以由蛤蜊壳而证明,这些蛤蜊壳都是两个分开的,没有两个相合的,可以知道是人类把它劈开,或煮熟而使它分开的。

东晋南渡后。常有关于食蛤蜊的记载,六朝时人常说:"且食蛤蜊",可见北方人南来后,也学南方土著多吃海产。晋代人民即曾沿晋江而居,然则他们便以江中的蛤蜊为食物,因而留下这种蛤蜊壳堆,是很合情理的。

这种蛤蜊壳堆确实便是贝冢的一种,但不是石器时代的,而是有史时代的古迹,这种古迹的发现,可以使我们对于在晋时北方移民沿晋江而居的事实,得到了证明。

四、永春唐墓和宋石窟（庄为玑执笔）

《永春县志》(卷一,疆域沿革表)说:"自是以后(即六朝以后),草莱稍辟,渐成村落,然未成为行政之区域也。迨隋开皇置桃林场,始有守土之职(或云:唐长庆二年置场)。"则知永春在隋时已有场的设立,当时系附于南安县,自然南安县及其附近的贵族官僚地主商人可能选择"风水"在该场中,所以在永春发现隋唐时代的古墓。不足为奇。而且《名胜志》(卷八)中亦列有唐昭州刺史盛均墓,唐留从效祖母盛氏墓;《职官志》(卷十二)中有唐桃林场长王颙一名;《选举志》(卷十四)中亦有唐进士盛均一名;在《流寓传》中(卷二七)且云有陈后主之子陈镜台挈两弟及宗族,引兵南奔,据桃林场之肥湖(即今蓬壶),后隋帝有旨命释兵为民。传中尚列举威应侯陈易简、郑凝远、留厢使袁昭、庚某、乐济等人。由此观之,永春不但有隋唐古墓发现的可能,并且有六朝古墓发现的可能。

　　在这次考古实习中,由于集体探检的有利条件,更由于同学们积极性的发挥,所以很快找到了好几个唐式古墓。第一二座是在永春第一中学内,已经被破坏,一座剩下半个,一个剩下十分之一,内中有明器若干,于永中开辟操场时掘出,现存二件承赠本队。

　　第三座在永一中附近某中学,前系教会学校,于建筑校舍时亦曾发现。

　　第四座是在永春桃溪南部小山上(东南寨坪山),曾由第一小队发现唐墓砖二方,附近必有唐墓。

　　第五、六、七座则在一中后面小山上三个不同地点找到唐墓砖,其中且有一个露面的砖层,未曾探掘。由此可知,仅仅五里街附近,即有这样多的唐墓遗物的发现;如果能够到蓬壶区去探访,或者可能发现六朝的古墓,可惜限于时间,不能深入考察一下。这次的发现就意义上来说,是永春县区中第一次发现唐墓,所以颇可重视。

　　此外,在永春县五里街西南,在桃溪旁边有魁星山,山上有魁星岩,我队发现岩中有宋代石刻遗像三尊,颇值得注意。据《永春县志·山川志》(卷四)说:"魁星山十一都,在治西南近县之名山也。……有魁星岩,旧名詹岩,后因(宋)陈朴、颜应时(按二人系南宋孝宗时人。其实在孝宗以前,已有宋太宗、仁宗时进士,如陈蕉尹、颜孝初等均见选举志。)登第改焉。"

　　这里所说的"石佛",就是魁星岩记中所说的石刻。石佛在半山林荫中。共有三尊,各依天然岩石刻成,颇为苍古。中尊较大约4米,左右二尊各约3米半。石佛附近岩石奇峭,人罕攀登,故石刻保存完整。这种石刻大佛像在闽南古迹中,尚是第一次发现,所以值得重视。

　　县志《名胜志》中(卷八)云:"魁星岩原名詹岩,岩后有祠,颜廷榘遗像在焉。擅山林泉石之胜,近十里内名刹此为第一矣。"则石佛之下尚有明颜氏遗像,该志艺文志中(卷十七)云:"魁星岭有石刻……下有一碑书文昌台三字,明颜廷榘书。……"按颜氏有传,见县志列传(中),系明嘉靖间人,永人称之曰桃陵先生,其文集由马六甲华侨颜鸿祜翻印,现存永春文化馆中。县志《祠祀志》(卷十六)中亦曾介绍颜氏事迹。但这个遗像是明代遗物,与石佛不是同时的。因为魁星岩在宋以前曰詹岩,可能在宋以前为詹姓所开,但志中无一詹姓人物;到了宋朝始有颜应时魁进士,颜姓居山下,因而就在宋时开山(详见山记)。而石刻苍古,似唐宋物,或采开山时所刻。因此,我们根据所知的材料,只能说明该石佛为宋刻。据称石佛附近,亦不见有文字的记载,所以未能多谈,只好待将来再去详细考察一下。

(《厦门大学学报》1956年第6期)

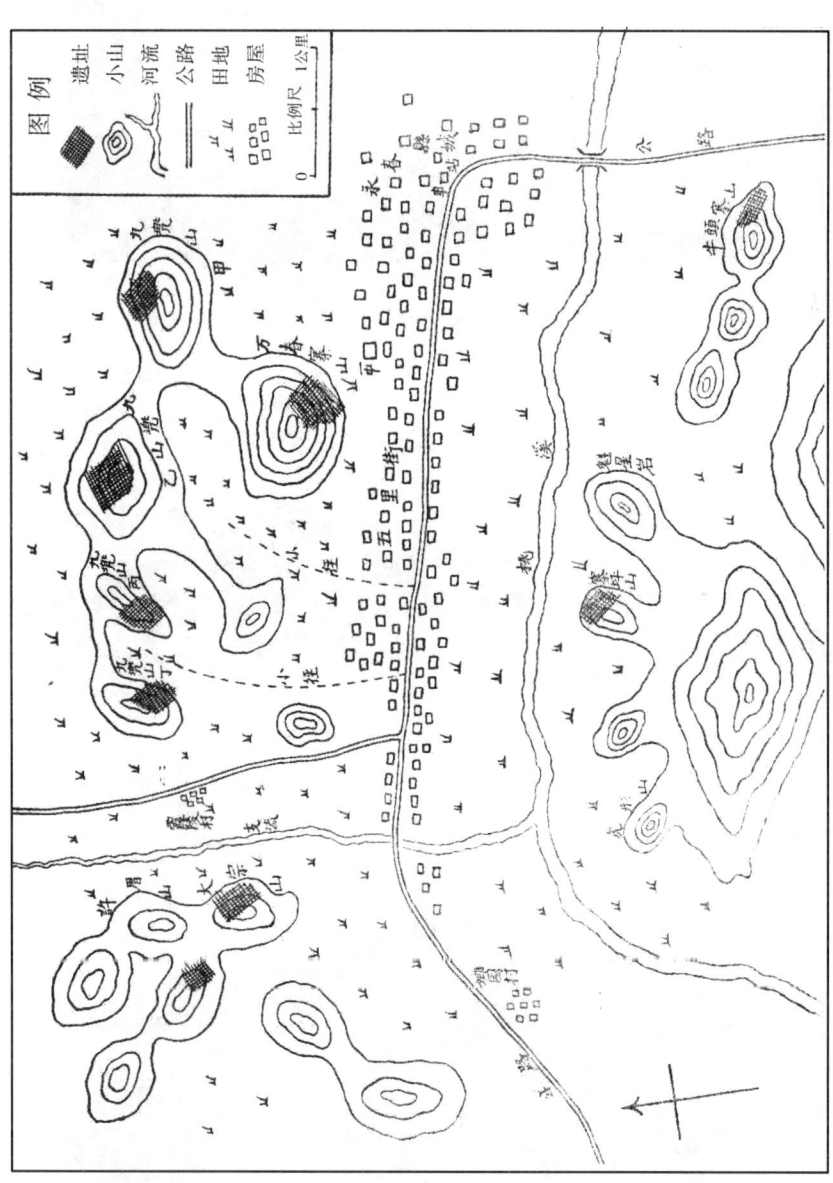

第1图 永春五里街附近小山新石器时代遗址简图

第 2 图　由寨坪山向北照永春县城及五里街（永春在城东，五里街在西，五里街后较高的小山乡即万春寨山，其西便是九兜山。中央东西横亘的即桃溪。）

第 3 图　永春新石器时代主要遗址万春寨九兜山一带（这是南面，右是万春寨山，左是九兜山乙及其支脉）

第 4 图　桃溪南方寨坪山遗址（由五里街西端向南照）（中央小山是寨坪山，左方有丛林之处是魁星岩）

第 5 图　永春新石器时代石锛（最小的一件长 3.8 厘米）（以下至第十八图都是永春新石器时代石器）

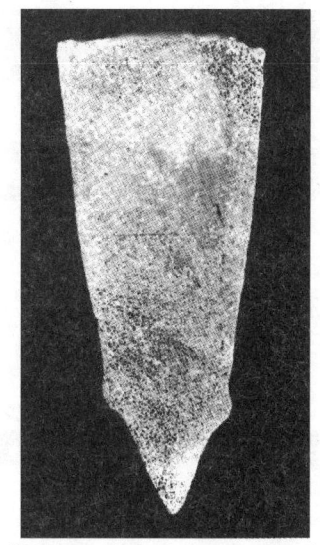

第 8 图　永春蓬壶三尖石断片
（长余 10.5 厘米）

第 6 图　永春石锛

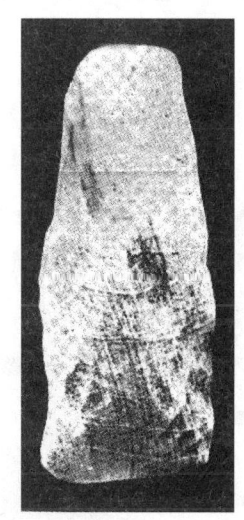

第 9 图　永春石瑗（中央最长的 4.2 厘米）

第 7 图　永春石锛（长 9 厘米）

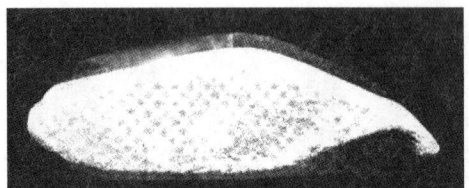

第 10 图　永春有段石锛（右角缺）（长 12.8 厘米）

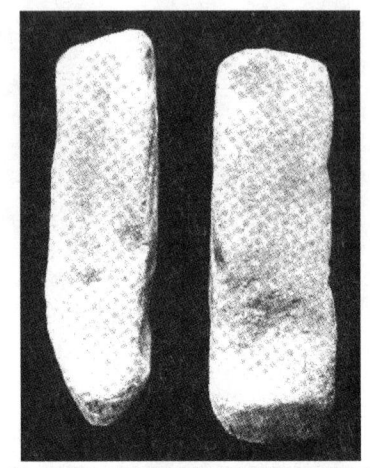

第 11 图　半磨巨石锛（长 25.1 厘米，右是正面，左侧面）

第 12 图　三棱形石器（长 9.6 厘米，下边是刃口）

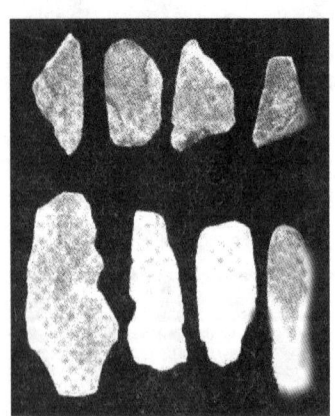

第 13 图　石镞破块（最长的 4.8 厘米）

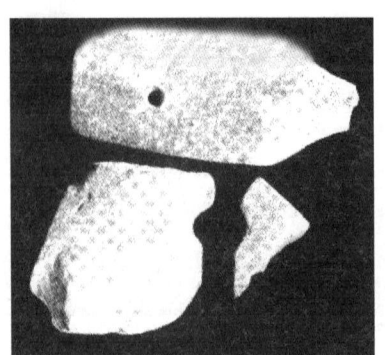

第 14 图　有孔石器破块（最长的 7.4 厘米）

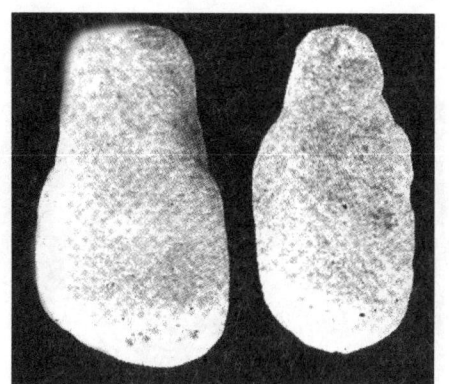

第 16 图　粗制有肩石斧（左一件长 18.9 厘米）

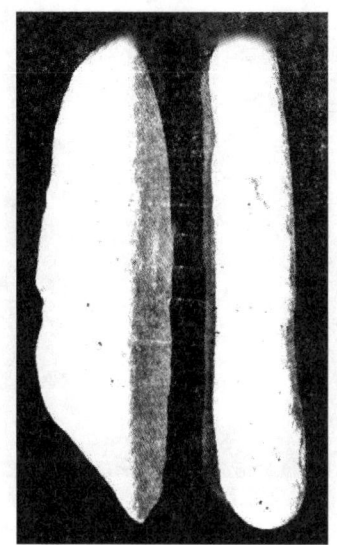

第 15 图　右三棱形石匕首（17 厘米）左石凿（长 17.2 厘米）

第 18 图　磨石（左长 7.8 厘米，面凹，右一件面平）

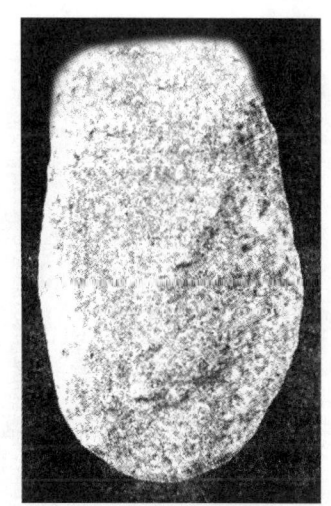

第 17 图　粗制未磨石斧（长 15 厘米）

第 19 图　永春新石器时代陶印模（左长 9.9 厘米）

第20图 永春新石器时代陶器：有鋬圆底陶壶（高10.8厘米）

第22图 同上：有鋬陶杯（高8.4厘米）

第21图 同上（高9.4厘米）

第23图 同上：直筒形有耳小罐（高9.7厘米）

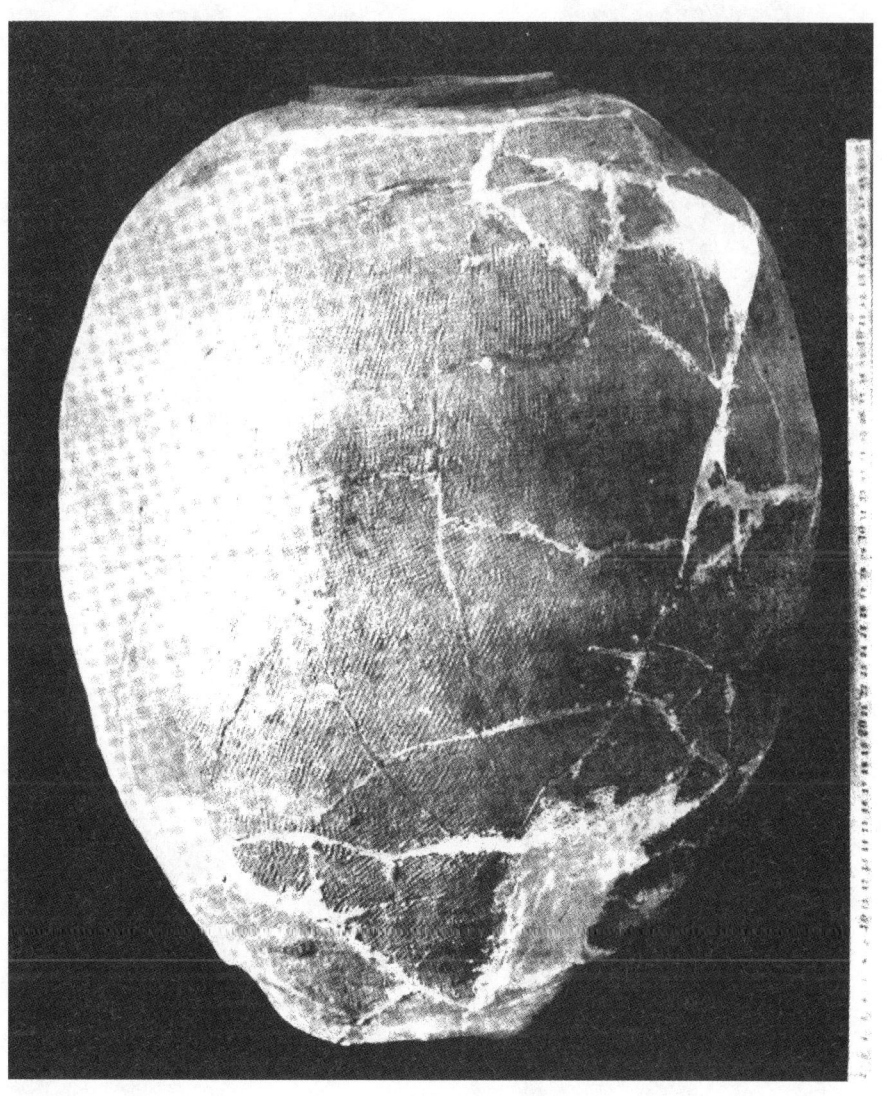

第 24 图　同上：大瓮（高 51.5 厘米）

第 25 图　同上:大瓮内壁的稻穗痕

第 27 图　同上:粟粒痕（每个粟粒痕旁置真的谷粒一枚）（像比实物稍大）

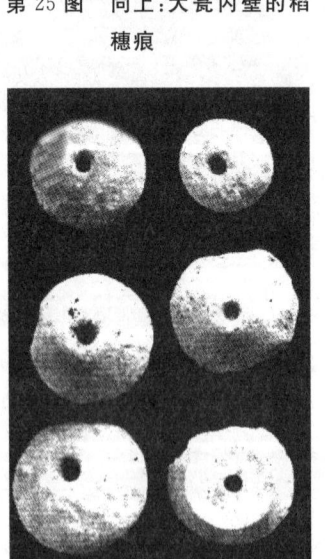

第 26 图　永春新石器时代陶纺锤（左下角最大的径 3.4 厘米）

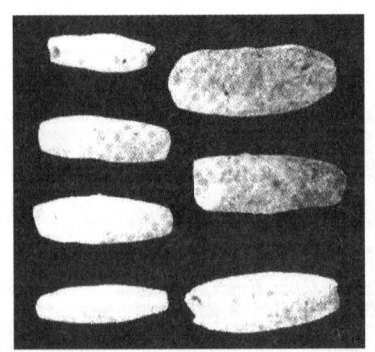

第 28 图　同上:陶网坠（右上角最大的长 4.8 厘米）

第 29 图　永春陶片上的花纹：左直线纹，右筐篮纹，上方格纹，下长方格纹。

第 32 图　划花有釉陶片花纹：左半月形纹，右中间是蕉叶纹，上叠直线山形纹，下凸起的棱旁加小点。

第 30 图　同上：上草之字纹，下二长纵线夹短横线纹，左曲尺纹，右蕉叶纹。

第 33 图　同上：上圆圈纹，左半月形排成山字纹，右同心双圆圈纹。

第 31 图　同上：左上正横直排相错纹，右上斜横直排相错纹，左下双线雷文，右下正体雷文。

第 34 图　同上：左小点成串菱形纹，右小圆圈排成山字纹，中小圆点堆花纹。

第 35 图 南安溪口村石器残段(右)及高山石器残段(左)

第 36 图 南安王公山上贝冢

第 38 图 南安溪口村及晋江

第 37 图 南安贝冢近观

第 40 图 同上:墓砖

第 39 图 南安溪口村六朝墓(原已破坏,露出凸字形的前部)

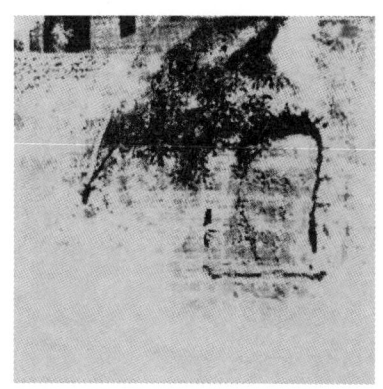

第 41 图　永春一中校舍内唐墓

第 42 图　永春魁星岩后山壁上石刻大佛像（中尊约 4 米）

第 43 图　泉州古回教寺门上古阿拉伯字

第 44 图　泉州津头埔头宋代阿拉伯人墓地遗址

第 45 图　泉州番佛寺遗址

第 46 图　泉州碗窑乡宋代瓷窑遗址

福建长汀县河田区新石器时代遗址

第一节 发现缘起及工作经过

1937年武平县新石器时代遗址发现后，我便推测其邻县长汀应当也有同样的遗址。

1947年我自南洋回国后，便很注意这个地方。1948年我曾间接由长汀县河田区农场得到一件石箭镞，和武平的很相像。听说那边常发现石箭镞，本地人说那是"星的屎"，是天上的星拉下来的屎，又名"鬼箭"，是不祥之物，故不敢拾起。解放后当地政府发动垦荒生产，便在河田设立一所苗圃，将河田区不毛的童山栽种树木，苗圃工人在工作中有时发现石箭镞，也偶然拾起一两件，交苗圃办事处。

1955年12月河田中学胡师熹先生由苗圃办事处取来石箭镞3件，寄送厦门大学历史系同学范汝森，他转交给我鉴定，我便托他请胡先生替我馆搜集，我并决定亲自到该地探看。即于12月16日动身，经漳州龙岩，于20日到河田镇。我到河田中学访胡师熹先生时，蒙该校校长、教师等好意留住该校宿舍，除把已替我采集的31件石箭镞交我以外，又发动师生多人协助此后调查采集的工作。兹将逐日工作记录于下，以供自己和别人今后的参考。

12月21日上午我请胡师熹同志偕我一同到苗圃。苗圃设在河田镇之南，是在低矮的小山中。访办事处陈主任和李技术员，他们说只有前月工友交来3件，已送河田中学胡先生，其后不再拾得。我原以为他们已拾得很多，不意却没有，很觉失望。我便请求技术员李同志领我到苗圃所在的附近小山探寻，果然不曾见有石器，但根据过去经验，凡有石器之处必有印纹陶片，故兼注意陶片，结果发现有些印纹陶片，虽是很小，且数也极少，但也可以断定苗圃所在的诸小山确是新石器时代遗址。

下午，因东南方的苗圃无希望，乃改变方向和胡师熹、黄文浪二位同志及河田中学学生李荣兴同往河田镇北方的洋里村后山顶探寻，果然发现石器、陶片，大喜。他们先回，我继续探觅，由这山向北走了四个山头。据后来查问本地人方知是黄屋山、俞屋山等。石器、陶片都露出地面，俯拾即是，不必发掘。

初时不论石器、陶片，每见必拾，其后所背袋子都满不能容，便将陶片反倾出来，只拾石器。

本日所得石器共有 65 件，陶印模 2 件，陶片选拾 37 片，石器都是磨制的，属于新石器时代物，种类有常型石锛、有段石锛、无棱石锛、弧形刃石锛、常型石镞、三棱石镞、四棱石镞、短阔石镞等，很多是完整的，其中四棱石镞是未发现的新种。还有一件大石锛一半斜露在上面，取起一看竟是完整美观的石器。除了已完成的石器外，还有已打成而未磨光的石器 10 多件，可证石器便是在这里制的。

陶印模便是制陶器时压印在陶器上的印花纹印子，以前在福建发现极少，且还未发现过完整的，这次竟得到 2 件完整的。

这一带的山比苗圃所在的山高，且未开垦种树，山顶树木不多，草也枯焦稀少，露出原来的土面，土黄色质坚硬，石器、陶片都在土面，土内即有也必很少，故无需要发掘。走到最后一山，方下山回河田中学，距离约 4 公里。

22 日上午转移目的地，独自去西北方的诸山探寻，北由公路两行到"江东桥"，过桥后转往南方小山，即五东山乙，无石器，只有陶片少许。回头向北跨过公路，探看北方小山，即砾五东山甲，继到更北的牙背山乙，都无石器、陶片。最后到更北的牙背山甲，在其西坡见有很多石，即卵石，中间夹杂着少许石器，拾得石器 6 件，即厚石斧、无棱锛、常型锛，又陶片 40 余片。又有制造未完成的石器原料也拾起 2 件，知道这些石卵便是制石器的原料，其地便是制造石器之处。在那边又见很多石英块，大小都有，不是石器，也不是石器原料，因见别处也有这种情形，即石器和做原料的石卵常和石英在一堆，推测石英是打制石卵为石器的工具，因为石英很坚硬，我便将这种石英块适于作工具的也选拾数块带回。午回河田中学寓所，距离约 2 公里。

下午再独自出发，到昨日去的东北方最后一座山，走错了路，只走到半路便上山，到了一个叫做分山龙的山，山很大但不见有石、陶器。同时经由一条山路，那一带小山都无石器，只拾得陶片 4 片及未磨石器 1 件。

23 日雇一本地工友名叫俞林水。问了他方才知道前昨二日所到过的山名。偕往东北方洋哩村后竹子山甲，获得石器 6 件，选拾陶片 2 袋。中午回吃午饭，下午再去原处，获得石器 4 件又有一个圆底小陶壶。竹子山乙没有石器、陶片，但在较低地方，忽见有似铁器之物，半埋土内，取起一看竟是三足的小铁鼎 1 件，古式不分双脚的铁剪 1 件，断铁刀 1 件，锈极多质也变松脆，似是汉代物。小瓷瓶 5 个，似泉州等处所发现的唐代明器。陶砚 1 件，还有白色小瓷碟 2 件，似明代物，这种东西和石器时代全无联系，且所在地也较低，应是汉代墓葬之处，墓已破坏，故殉葬物散乱。

这些东西既非新石器时代物，便不应在本篇中详述，应另写一文发表，故本文从略。

24日，今日起有计划地探寻东北方一带诸山。昨日的工人不来，另雇一人名俞恒星，是青年人。上午续昨日工作，到竹子山乙和黄屋山、甲后部。中午回寓，午后再去黄屋山甲前部及黄屋山乙。计得石器完成的42件又石器粗胚（即已打制未磨的）85件，共127件，陶片2袋。石器中以箭镞为最多，今日的工友告诉我俞屋山、郑屋山的山名。

25日，本日是星期日，河田中学教师林洪德、沈君基及学生12人同我出发调查采集，又雇工友俞林水挑担同行。先到苗圃查问前日所说有一个山洞之处，照苗圃工友指示去找，是在北方的郑坑山，原来只是近时被山水冲成的一个小穴，不是石器时代的洞穴。转上分山龙山顶无物。又向北进到更高的乌石崠，这山在这一带最高。沈先生和学生捷足先登，我在后面，忽闻学生高声喊叫，我爬到山顶一看，果然满地都是陶片，石器也很多。我们大家都非常兴奋。中午在山下洋哩村一个学生家吃午饭，下午再上山工作。本日共采得完成的石器186件，石器胚42件，陶印13件，陶纺锤轮4件，陶片选拾大片的一大竹笼，本日所得不但数量极多，意义也很重大，如有段石锛多至10余件，又有石戈1件，石璋1件，石圆器1件，石枪残段8件，印纹陶模也多，还有其他少见或未见的东西。本日的成绩是由于河田中学师生的帮助方有这样好。

26日，偕工友俞恒星去俞屋山甲乙，获得石器2件，陶片1袋。中午回寓，下午再去俞屋山，同时转到牙背山甲，下雨方回。

27日，交涉装箱寄运等事并买木箱绳子等来装箱，承中学赠粟壳。

28日，上午装箱寄运古物回校。下午中学教师沈君基同志令学生20人利用今日社团活动的时间随我往乌石崠工作。获得石器比前日更多，达203件，陶印1件，陶纺轮2件，陶片一大袋。

29日，下雨不上山，装箱寄运古物回校。

30日，到东南方一带小山探看，只有陶片少许。

31日，上午偕工友俞恒星到乌石崠东方有一小庙的高山，无所得，转回乌石崠，再获石器29件而回。午受河田中学招待，会见长汀县钟德标县长，县委会李升亮书记，河田区丘润久同志。曾谈到这次考古事，下午再到俞屋山摄影。

1956年1月1日是星期日。上午偕工友俞恒星转向河田镇西方工作，过江东桥，走到汀江，渡江再向西行，入修坊乡，访乡长告以来意。再向西行走到一列山。上一最先到的一山，无物，再向南到火焰山，果有石器、陶片，获得石器134件，陶片1袋。中午在山上吃自带番薯后续向南行上老人窝山，无所得。再向南行爬上更高的一个山顶，这山似比乌石崠更高，也无所得，这山距河田镇约三四公里。

1月2日小雨,转向东方更远处探寻,偕工友走到太阳坪,转向北,经一列小山,除极少的陶片外未见石器。这一带山都很低,且已开垦种树故无物。雨变大乃回寓。

1月3日偕工友俞恒星到东北方更远的山即由俞屋山向东,爬三四个相连的山,到了最后一个山(不知名,其南是乌石崠),在其东南面发见石陶器,得石器67件。在山上吃冷番薯后续往南行到乌石崠,又采得石器85件。本日共得152件,今日起天气很冷,大约将近零度。

1月4日上午偕俞恒星往西方修坊乡西北的小山无所得,仍到火焰山,续获得石器92件,陶片一袋。下午赴乌山崠摄影。

1月5日,偕工友到乌石崠山顶详察地势及摄影绘图,续采得石器89件,内有完整小石枪很好,曾拍摄其在土面的原来状况。

这山顶有大石堆成的堡垒状物一所,远观如髻状,详细察看,似是后代人所造,不是石器时代物,但该石块应是原在山顶的。仍在山顶吃冷番薯,下午方回。

1月6日,全日小雨,很冷,不能出门工作。

1月7日,全日下雪,冷极,工友不来不出门。

1月8日,雪渐止地上有积雪。偕工友俞恒星到乌石崠摄影,并获得石器90件。又到洋哩村前摄乌石崠、竹仔山、黄屋山、俞屋山等远景。午后到北方更远处,即由俞屋山过溪到郑屋山探看,果获得石器45件,中有数件已打未磨的大石器,又由郑屋山顶向南照河田盆地的像。夜冷至零下四度,闽西气候和沿海地方差得这样多,这是我以前所未曾体验过。

1月9日,上午到乌石崠等处摄影,午向北更进到这盆地北端的卢竹坝村,转回登牙背山甲,由这里观察地势及绘图摄影。河田工作至此完毕。所得古物已陆续寄运回校,共26箱。

1月10日,今日转搭公路汽车到长汀县城,在城西及东南小山上都发现石器、陶片,但极少。16日方回到厦门。

这次在河田遗址工作共经过20日.每日由寓所河田镇的河田中学出发,分日向东南东北西北西方等处山上进行实地探察工作。如发见山顶土面有石器、陶片便拾起。因石器、陶片都是暴露或半暴露在土面,故只需拾起,无需挖掘。这次共爬过大小山共三四十座,发现遗物集中遗址十处。采集石器1310件,又陶器、陶片等也很多。在全国新石器遗址中可算很为少见。这次蒙河田中学校长魏善勋、萧天柱招待给予寄膳宿的便利,又蒙教师林洪德、胡师熹、沈君基等,学生李荣兴、李秀山等二三十人协助探寻古物,很可感念,又这次工作手续也承龙岩专员公署文教科,长汀县长、县委会,河田区长等惠予便利,也应志谢。回校后曾发表新闻并正式报告中央文化部、省文物管理委员会。该批古物除留 21 件在河田中学以作标本外，都带回厦门陈列在厦门大学人类博物馆以供众览。

1956 年 2 月间本人参加北京科学院及文化部召开的全国考古工作会议时，也曾撰简报一份宣读，现在再定这一篇详细的研究报告发表以供学术界参考。

第二节 遗 址

长汀县在福建省西南。由厦门至长汀有公路可达，但极大部分是山路，自龙岩再去山更高，所以长汀是在山岭重叠之中。河田区在县城之东约 20 余公里，是一个盆地，河田镇在其中央，周围都有山，约三四十座环抱着盆地。盆地南北比东西较长。由河田镇到北方的山约 5 公里。由盆地的东面的山到西面的山约 2 公里余。河田镇之南除一列低而小的山现在作为苗圃外，要到很远的南方才有高山。有一条小溪名牙背溪由东北向西南流入汀江。汀江是由西方流来转向南方去。（见第 1、6、7 图）

遗址散布在盆地东北西三面的山上，以东北面为最多，不是每一个山都有遗址。有少数的山顶遗物最集中，也有些山只有零星少数，其余的山则全无遗物。

有遗址的山高度约自数十米以至二三百米。山上遗物集中处常在南面，次为东西面，山麓平地无遗物，自山腰以至山顶都有。遗物最多之处不太斜峭，太斜峭之处常乏遗物，可见遗物集中处也便是人类居住处。那种地方在当时应有草木的屋子，但现在已消灭不见。至于山顶土质也已经没有灰色的杂质的文化层土，而只有黄赤色坚硬的自然土，可见自新石器时代以后长期间被风雨将原来的文化层土冲刷吹散到山下去，石器、陶片因较重故仍留在山上，而且显露于土面。这种遗址和华北平原的石器时代遗址不同，后者遗物都在土内，必须发掘，前者遗物在土上，故不须发掘。

福建山地多平地少，故福建的石器时代遗址常是这样的，如武平、光泽、永春都是这样。但这种山顶遗址如多生草木，遗物被草木盖着，也不易发现。福建气候温暖冬天在山上也有草木，故也不易发现遗物。只有河田的山都是童秃不毛的，虽有些稀疏的小树，也盖不住土壤和遗物，因此石、陶器很明显地露出来。河田的山何以童秃，据有些人说是由于河田盆地有温泉，发出硫黄气味，使草木不易生长。但据我看人民的樵采恐怕也是一个原因，不能完全归咎于温泉。无论由于什么原因，河田的山顶童秃却是事实，这使石器、陶片的发现采集很为容易。这次采集的石陶器数量之巨大便是由此。

遗址之中石器和印纹陶片并存，陶片散布成堆，石器混杂于其中，发现了石器便可发现陶片,反之如发现陶片也可再找到石器。陶器易破故不见完整的而只有破片,一件陶器可破成许多陶片,故陶片数量比器多。石器有完整的,也有破缺的,破缺的比完整的多些。还有已打成石器形状但未磨光的数也不少,石器的向上一面常有黑色霉苔。石器和陶片集中之处应是人类住所,多有未磨的石器胚和石器原料的地方应是制石器的场所。还有不见陶器及其他石器,只有一两件石箭镞的地方,一定不是人类住所,其石箭镞应是古时人类射鸟兽时掉下的。

在这些山上除石器和印纹陶片之外不见有别种古物,如后代的铜铁器、陶瓷器、砖、瓦、石刻等。这些东西在山麓平地方有。

如上文所述竹子山乙曾发现铁器、瓷器,但那个山却无石器、陶片,也只有那一小地点有这几件古物,其他广大地方都不曾再有发现,故不能说和石器及印纹陶片有什么连带关系。

这次研究河田遗址只用考察采集的方法,而不用发掘的方法,在别地方做惯发掘工作的人或者认为不足,但这种山上遗址与平地遗址不同,确实是无需要发掘,即使发掘也不会更有所得,因此本人后来也不想去发掘。考古的方法须看地形,某种地形需要某种方法,原不能一概而论。河田的遗址以及福建其他山地的遗址只可采用这种方法,如因不需发掘,便连已经露出的遗物也弃而不论,便是等于放弃古物放弃研究,岂不可惜。

现在将河田的遗址所在处略述于下:

1. 乌石岽:岽在闽西语言便是山的意义。乌石岽位于河田镇东北方,距河田镇约3公里,是这一带诸山中最高的,也是最广的。最高点在中央约200余米,除中峰外还有向四面伸出的支脉六七个。山顶上有上述用大石叠成的堡垒状物,远看像髻形,石外皮有黑苔,故远观成黑色,称为乌石岽便是由此。这山已是老年的山,故不尖锐高耸,而很低平广阔。只有西北面比较斜峭一点。在东南西三面,自中腰以至山顶都有陶片和石器,尤其是南面有数处更是集中点(见照片)。西北面较斜峭处遗物也极少。在这一山采集得石器、陶片约占河田总数的一半。

乌石岽应是河田的主要遗址,大约当新石器时代应有人类的村落在这山上,分布到其西面较低的诸山即竹子山、黄屋山、俞屋山等。这山曾探察了7次。(这山的南面有一个较低的山,称为分山龙,没有陶石器。)(第2、4、5、11图)

2. 竹子山:在乌石岽的西方,只隔一条小山谷。分为二个峰,甲在西,乙在东,中间有一条较低的小岭相连接如桥。在甲峰南面和西面部有遗物集中处。乙峰只有零星遗物,甲峰南麓便是洋哩村,距河田镇约2公里半。这山曾探察了三次。(第3图)。

3.黄屋山:也在乌石崬之西,竹子山的北方,和竹子山相连。也有二个峰,甲峰西及南面有遗物集中处二所,余有零星的遗物,在甲峰的中部发现大石锛一件。这山曾探察了三次。(第3图)

4.俞屋山:在黄屋山更北,也分为二个峰,甲在南,乙在北。在二峰的西南面都有遗址一处。乙峰的北面隔一条牙背溪支流和更北的郑屋山相对。乙峰距河田镇约4公里。这山曾探察三次。(第3、9图)

5.郑屋山:在牙背溪支流的北,有二峰,甲在西,乙在东。甲峰的南北二面都有遗址一处。在这里发现打制未磨大石斧数件。乙峰无遗物。距河田镇约5公里。(第3图)

6.乌石崬北方一山,不知名。在其南面有遗址一处。这山南与乌石崬相接,西北有二个山,连接到俞屋山。其东便是牙背溪支流。

7.东南二列小山即江浪山、明公山等以至太阳坪等山:只有零星石镞和少许陶片,无遗址。太阳坪距河田镇约2公里。

8.牙背山:在河田镇西北2公里余。有二个峰,甲在北,乙在南。甲峰的西北面和西南面有遗址。乙峰已开垦种树,无遗物。乙峰东面山麓有人家。这山曾探察了三次。(第8图)

9.五东山:在牙背山乙之南,有二峰,甲在北乙在南,汀龙公路穿贯二峰之间。东距河田镇只1公里,由公路可达。甲峰无物。乙峰有零星的陶片。

10.火焰山:在河田镇西南,距离约3公里。由河田镇西行绕过五东山南,渡汀江到修坊乡,再往西行便到。在这一带诸山只有这个山有遗址,石器采得一百数十件,陶片也不少。这山的名称或者是由土色较赤的原因。这山曾探察了二次。

以上诸山都有遗物集中处,即遗址所在。此外在河田镇之南的苗圃诸低山有零星少数的陶片,以前曾由种植的工友拾得石镞,这次却找不到。在新石器时代这也是一所遗址。大约因近河田填,山土早开垦遗物被土掩故致不见。东面的江浪山、明公山,以及其后的一列小山,有极少数的零星石镞,大约是当时人射鸟兽所遗留的,不是遗址。更北的郑坑山和分山龙据闻曾发现石镞,但这次无所得。

第三节 遗物之一:石器

达次所得遗物有石器和陶器两项,无人骨或鸟兽骨及其他骨角器等,大约是因为在山上遗址中,山土年年被冲刷下山,遗物暴露,骨角器易于破坏冲刷下山,故不见。这次所得遗物以石器为最重要,次为陶印模。石器总数达到1310件,不但在本省未曾发现过这样丰富的遗址,便在全国也极少有。这次发现的石器不但数量多,种类也很多,达二三十种,有些重要种类之中还有细别,如石锛、石镞都再分几种。这些种类之中有些是以前未曾发现过的新种,如四棱石镞、有段石锛高级型等。有些种类是研究东南区石器时代的重要物证,如有段石锛发现了 80 多件,这也是全国第一次的大收获。这种石器和南洋太平洋群岛也有关系,故还有国际意义。石器之中有完整的有破缺的,完整的数量不少,有些磨制得非常精致。完整的石器之外还有些已打制而未加工磨光的可称为石器胚,其数也很多,且表现石器的制作过程很为明显。总之这次大批石器的发现对于中国东南区和东南亚的新石器时代的研究,供给了很丰富的资料,而且对于一般的石器时代考古学的理论也提供了些新意见可供参考。

河田发现的石器就种类而论,以石锛为最多,再分为常型的,无棱的,有段的,细长形的,三角形的,弧形刃的等七种。次为石镞再分为有脊的,无脊的,三棱的,四棱的,短阔的五种。其他有石枪尖、石斧、石戈、石刀、石环等数量较少。

河田石器的质料以细砂岩、粗砂岩、页岩为最多,石英制的很少。石器的表皮都已风化成黄色。又有黏着泥沙结合牢固不能洗去的。向上暴露的一面又常生苔,日久变黑。石器的体积最大的为打制未磨的石斧,长达 25 厘米。最小的约二三厘米。多数在 4~10 厘米之间。

河田所得石器 1310 件,除当时拨出 22 件留在河田中学作为教学用参考品之外,余 1288 件带回厦门陈列于厦门大学人类博物馆。现在将石器分类叙述如下:

1. 常型石锛

完整的 106 件,破块 251 件,共 357 件。所谓常型是指形状长方、四边有棱、两面扁平的石锛,这一种是最常见的,数量也最多,在我国东南区闽粤浙都以这一种为主要石器,在南洋也常有,在华北以至欧洲便少见。这种石器的使用方法应是手握而不是装柄,用途大约可以割断砍劈刮削各种植物质或动物质的东西,以预备食物,制造竹木工具,削剥鸟兽皮等。其数量这样多,必是日常生活所必需的。河田所得的这种石锛最大的长达 20.5 厘米,最小的只有 2 厘米,多数在 5~8 厘米之间。石质多属泥板岩、砂岩、页岩等。都已风化,表色灰。兹将较特殊的数件说明于下。其余从略。

第一号　最大号常型石锛。长 20.5 厘米,阔 5.5 厘米,厚 3 厘米。是页岩制成,表面风化成灰白青混合色。很完整,制工也很精致。这一件便是 12 月 21 日在黄屋山发现的,原露出一个斜角在土面。(见第 12 图)

第二号　长 11.7 阔 5.4 厚 2.2 厘米,表色灰,背部平,刃部完整。这一件是第二号大的。砂岩制。

第三号　长9.1阔5.4厚1.1厘米，里色青黑，表色灰。背部平。长阔厚按这种比例的长方形常形锛是最多的。（第13图）

第四号　8.4×4.3×1.5厘米。表色白，刃部很完整。泥板岩制。（第14图）

第五号　8.4×4.9×1.6厘米。里色黑表色风化成黄土色。（第15图）

第六号　7.2×4.9×1.6厘米。表色灰黑，粗砂岩制。双头都有刃，不常见。（第17图）

第七号　6.8×4.4×1.4厘米。表色白，泥板岩制，很完整，制工精致。背部平，是典型的常型锛。（第16图）

第八号　5.9×4.3×1.3厘米。青黑色，粗砂岩制。（第17图）

第九号　5×5×1.7厘米。成正方形。色黑质硬，表面风化带灰色。（第18图）

第十号　5.3×3.6×1.5厘米。表色白。里色青黑，刃部深。（第18图）

第十一号　4.8×3.5×1.1厘米。表色风化成灰白。（第19图）

第十二号　4.0×2.8×1.3厘米。表色灰，这是较厚的小型锛。（第19图）

第十三号　3.3×3.0×1.1厘米。表色灰，泥板岩制，是完整的小锛，上端有穿孔痕。（第19图）

第十四号　3.3×2.6×0.8厘米。表色黄，里色黑。这是一件常型小锛。（第19图）

其余完整的尚有92件不详记。

2. 有段石锛

完整的58件，破缺的23件，共83件。就完整的而言，最大的长10厘米，最小的长5厘米。有段石锛与常型石锛差异之处在乎一面不是平的，而是分为二个斜面，这二斜面一个较高一个略低，如有阶段，英文名 stepped adze，日本名为"有段石斧"，我拟称之为"有段石锛"。这样的石器在南洋菲律宾，苏拉威西，以至太平洋中坡里尼西亚群岛都有，在我国的台湾也有，在福建常发现，广东浙江也有，江苏江西也有，但更少。在华北便未见，中亚欧洲也没有。福建以前虽曾发现，但总合起来的数量也远不及这次发现的多，故这一次的发现可以证明这种有段石锛是福建最多的。而且这次发现的数量既多，便表现出不同的细别形式，可以看出发展的步骤。

（1）第一型式，原始型（第20图）：背面只是圆凸，还未显然分为二个斜面，界线还不明显。但形态已经很像有段，不像常型的了。属于这一种的数量很少，只有6件。这一种的使用法应是和常型石锛一样，只是手握使用。图中的一件即第1号长8.9阔6.1厚2厘米。色灰黑，粗砂岩制（第20图）。余5件从略。

(2)第二型式,成熟型:背面已分为二个斜面,中间的界线隆起成横脊,从侧面看来成为人字形,又像双倒水的屋顶形。这一种最多,达74件,其使用法应当也是手握的,略举数件如下,余从略:

第一号　长9.4阔4.5厚2.3厘米。表色灰青,里青黑。很完整,背上分界很明。(第21图)

第二号　长10.1阔3.5厚1.8厘米。麦色灰白,里色青黑。细长形。(第31图)

第三号　长7.0阔4.0厚1.7厘米,表色灰,里色青黑。最完整,分段界痕很明。(第22图)

第四号　长6.3阔4.9厚1.9厘米,表色灰,里色黑。很完整,分段界痕很明。(第23图)

第五号　长6.0阔5.0厚1.4厘米。表色灰,砂岩制。(第24图)

第六号　长6.5阔3.9厚1.5厘米。色灰青,泥板岩制。也很完整。(第25图)

第七号　长5.6阔3.2厚1.5厘米。表色灰白,里色灰。也完整。(第25图)

第八号　长5.8阔3厚1.3厘米。色青黑,砂岩制。(第26图)

第九号　长4.8阔4厚1.1厘米。色灰。(第27图)

第十号　长4.0阔3.2厚1.1厘米。表色灰,泥板岩制。是完整的有段小锛,分段也明。(第27图)

第十一号　长6.6阔2.3厚1厘米。是细长形的有段小石锛。色青黑。(第28图右)

第十二号　长5.1阔2.3厚1厘米(第28图左)。余62件从略。

(3)第三型式,高级型:背面二个斜面更明,近刃的一个斜面较高。另一个斜面则较低,成为二个阶段,至此乃成为曲型的有段石锛,而且在二斜面之间常有再加一道横沟的,更显得界限分明。到了这个阶段,这种有段石锛便可装在木柄上使用。方法是取一根有曲叉的树枝,放在有段石锛的正面,即平直的一面,曲杈和刃部同一方向,然后将绳子放在有段石锛的后一段上和树枝扎牢,便成为小锄状。因为有段石锛的后段较前段低,而且有一道沟,故使用时绳子被较高的前段挡住,便不会脱落。作者在1929年得到台湾的有段石锛时,不晓其有段的意义和使用法,后来因见人类学书载太平洋坡里尼西亚诸岛土人所保存以前的有段石锛装柄方式,方才知道这种有段石锛是这样装柄使用的。福建最先发现的有段石锛是1937年在武平县的一件,便属于高级型的,可以这样装柄。这次河田发现有二件完整的,是最为典型的高级型,以外还有一件破的。数量很少,不及第二型之多。有段石锛的效用是可以斫断或劈开某种较松脆的东西,也可以和火合作,以截断或刳刻木料;方法是先用火烧焦木上的一部分,然后挥动有段石锛,刳去其焦炭,这法可以伐倒大树,截断木料,刳独木舟,制独木桶、大木臼等。在还没有金属的斧凿锯子的时代,这种有段石锛便执行斧凿锯子的任务,是很有用的工具。有段石锛的发生原因以及其在我国东南区及东南亚考古学上的重要意义待最后二节内详述。

兹将这次发现完整的二件略述于下:

第一号　长9.1阔4.7厚1.8厘米。表色灰黄,里色青黑,砂岩制,完整,背部前段此后段高,身较长,已可以装柄。(第29图)

第二号　长9.7阔3.7厚2厘米。表色灰,里色青黑,质比上一种细,完整。背部后段比前段高很多,身也更狭长,更便于装柄,很像太平洋坡里尼西亚的东西。(第30图)

3. 无棱石锛

完整的59件,破缺的31件,共90件。这一种是二边无棱角,又常很厚,二面常浑圆,横剖面成椭圆形的石锛。这种石锛的使用法和常型石锛应是相同的,也不装柄。为什么不像常型锛有棱角,这是由于制造法不同,不是由用途而致。待下文最后一节细述。这一种比较常型石锛应是较古型的。这一种在德国人类学家海尼格尔顿(Heine Geldern)研究南洋石器时代考古学也另列一种,称为椭圆剖面的石斧。河田发现的这种石器其质又常较粗,常是粗砂岩所制,表面风化较少。

兹将这次所得略举数件于下:

第一号　长10.4阔5.3厚2.7厘米。色棕,砂岩制。二边浑圆无棱,保存石卵原状。上端略磨一点。刃部是敲去一头磨成,背部圆,也是石卵原状。(第33图)

第二号　长10.4阔4.7厚2.7厘米。色灰白,砂岩制。比上一种更厚。

第三号　长12阔5厚2.3厘米。色灰,砂岩制。厚度比上二种减,也还是厚。背也圆。

第四号　长8.2阔4厚2.5厘米。色灰黄,砂岩制。比以上小,很厚,也很圆。

第五号　长6.0阔3.1厚1.1厘米。色灰黄,砂岩制。更小,且薄,但二边也无棱。其余完整的54件及破缺的从略。

4. 三角形石锛

三件是完整的。刃部较阔,顶部很狭,成为近三角形状。这一种无甚特殊意义,但有了三件,可见也成为一种形式。略述如下:

第一号　高4.9阔6.5厚0.7厘米。页岩制,色灰黑。二面都平,二边棱

角分明,质细,制工很好。(第 34 图)

第二号　高 4.6 阔 6.5 厚 1.1 厘米。砂岩制,色灰。二边无棱。质较粗。(第 34 图)

5. 薄边石锛

二边很薄中央厚,和常型的不同,数虽不多,但也是一种型式。有一件,长 8.0 阔 4.8 厚 1.9 厘米。色白微黄,完整,泥板岩制,二面都隆凸,二边薄到和刃部差不多。(第 35 图)

6. 梯形石锛

长 8.4 阔 4.6 厚 2.2 厘米。完整,泥板岩制,色青灰,二边也薄,但正面有二棱,厚度很大,横剖面成梯形。数量也少。(第 36 图)

7. 弧形刃石锛

完整的 5 件。各部像常型石锛,但刃部不像常型锛的平,而是凹陷很深,有如弯凿形。这一种厦门曾发现。南洋苏门答腊也有。河田发现 5 件如下:

第一号　长 10.8 阔 4.2 厚 2.8 厘米。完整,色灰,砂岩制。长形。(第 39 图)

第二号　长 7.5 阔 5.4 厚 2.0 厘米。完整,色灰,砂岩制。近方形。(第 37 图)

第三号　长 6.0 阔 4.8 厚 1.9 厘米。完整,色灰。砂岩制。方形。这一件弧形最深。(第 38 图)

第四号　长 5.7 阔 4.1 厚 1.2 厘米。完整。色灰,砂岩制,近方形。(第 38 图)

第五号　长 8.9 阔 4 厚 1.7 厘米。

8. 石凿

完整的 5 件。实是极狭长的石锛,像现代铁凿形。

第一号　长 15 阔 4.8 厚 2.9 厘米。表色灰黄,露出里色青黑,泥板岩制。正面二边无棱,制工不很精致。(第 40 图)

第二号　长 13.2 阔 3.9 厚 2.0 厘米。色青黑,风化处成灰。泥板岩制,打制未磨。(第 41 图)

第三号　长 11.4 阔 2.3 厚 1.0 厘米。色灰,砂岩制。边有四棱。制工精致。(第 42 图)

第四号　长 8.4 阔 1.0 厚 0.6 厘米。色白。部分风化变黄,泥板岩制。质很细。制工很精。(第 42 图)

第五号　长 6.6 阔 1.2 厚 0.8 厘米。色灰,砂岩制。质如第三号,这是最小的。(第 42 图)

9. 石箭镞

完整的 44 件，破缺的 139 件，共 183 件，在石器中仅次于石锛。石镞除完成的之外，还有已打制未磨光的石镞胚，其数也很多，不计在内。石镞的质料只有页岩一种，制工都很工整。石镞的大小就完整者而论，最大的是 9 厘米，最小的是 3.5 厘米，福建多竹，故其干必是用竹制的。竹不能久存，故现在只存石镞。装柄的方法应是将一头插入竹孔内，竹或劈开，用绳子扎牢。这种箭族大约只可以射小鸟兽，不能伤害大野兽。因发现数量多，故其形式也不一，可以分为四种。

(1) 有脊石镞：完整的 30 件，破缺的 96 件，共 126。形细长，中央高起成一条纵脊，像后代的铜铁箭，这是最常见的。脊最薄的 0.3 厘米。最厚的 0.8 厘米。长度自 4 至 8.6 厘米，阔度自 1.3 至 2.1 厘米。略举完整的数件如下：

第一号　长 8.6 阔 1.5 厚 0.7 厘米。色灰黑，中脊最厚，身也最长。制工精致，保存得最完全，尖端还是尖锐。（第 43 图）

第二号　长 7.3 阔 1.4 厚 0.5 厘米。色灰，制工也精。（第 43 图）

第三号　长 5.8 阔 1.7 厚 0.7 厘米。色灰白，制工很精，保存很完整。（第 43 图）

第四号　长 6.4 阔 1.7，厚 0.8 厘米。色灰白，制工最精，近根部且有一界线，尖微缺。（第 44 图）

第五号　长 5.7 阔 1.7 厚 0.4 厘米。原是灰色，表色变黄，制工也很精。（第 44 图）

第六号　长 4.1 阔 1.2 厚 0.7 厘米。色灰，很精致，尖也保存，这件最小也最厚。（第 44 图）

第七号　长 6.7 阔 2.0 厚 0.3 厘米。色灰青，很完整，工也精。这一件是有脊类中最薄的。（第 45 图）

第八号　长 5.2 阔 1.6 厚 0.3 厘米。色灰，也是薄的。（第 45 图）

第九号　长 5.4 阔 1.4 厚 0.3 厘米。色灰，也是薄的。（第 45 图）

其余尚有完整的 21 件。破缺的 96，不赘述。

(2) 无脊薄镞：完整的 6 件，破缺的 38 件，共 44 件。中部扁平不隆起故无脊，比有脊的薄。长度和有脊的略等。

第一号　长 7.8 阔 2.0 厚 0.3 厘米。色灰，很完整，是这一种中最长的。（第 46 图）

第二号　长 6.3 阔 1.8 厚 0.3 厘米。色灰，尖微缺。（第 46 图）

第三号　长 7.1 阔 1.5 厚 0.5 厘米。中腰有锉入的隙，必是为扎绳之用，尖端微缺。（第 46 图）

余三件从略。

(3)短阔石镞：完整的3件，破缺的3件，长与阔的比例差不远，故显得短阔，而有厚有脊的，也有簿而无脊的。

第一号　长4.8阔2.0厚0.6厘米。色灰有脊而薄。很完整。（第48图）

第二号　长4.4阔2.2厚0.4厘米。色灰有脊而簿。（第48图）

第三号　长3.4阔2.6厚0.2厘米。色灰，根微缺。形近有倒钩镞，与上二种异。（第48图）

第四号　长4.2阔4.4厚0.3厘米。色白。很薄，故仍可作箭头。有双倒钩。尖端缺。（第48图）

(4)三棱石镞：完整的三件，破缺的三件。比以上各种细长，有三个面三个棱。这一种以前发现极少。（第47图）

第一号　长6.1二边阔0.9厘米。色灰，完整，很精致。

第二号　长5.7阔1.0厘米。色灰，也完整。

第三号　长6.4阔1.2厘米。灰色，一棱及尖端微缺。

(5)四棱石镞：完整的一件，有四个面四个棱，长6.3，阔一边0.7厘米。尖完全，根微缺，这一种以前未发现过。（第47图）

10. 石枪头

枪头形与箭镞相似，但形体较大，其种类也有数种。制造的原料也像石箭镞，多数用页岩制，因体较大故更易断折。完整2件，破缺的56件，共58件。分类如下：

(1)标枪头：完整的2件，破缺的17件。形如常见的枪头，但体较小，介于箭头与大枪头之间，如用作箭头嫌太重，用作手提的常式枪还嫌太小，应是用作标枪的。

第一号　长8.5阔3.5厚0.4厘米。很完整无一点破缺。石质是页岩，色灰白，制工精致。发现在乌石岽，全体露出，曾摄照其在土面原状。（第49图）

第二号　长7.1阔3.2厚0.4厘米。形与上同，近根处有一小孔，应是扎绳用的。质同上，色灰根微缺。（第49图）

(2)常型枪头：31件都是破缺的，形都是薄而长，多有中脊，质也是页岩。（第50图）

第一号　残长9.1阔5.0厚0.8厘米。是近尖端的一段，约占原长的一半，是有脊薄枪头，色灰棕。

第二号　残长8.0阔3.0厚0.4厘米。是无脊薄枪的尖端。

第三号　残长8.2阔2.4厚0.6厘米。是有脊细长枪的尖端，下端有孔。

(3)特殊形枪头8件。都是残段，原形也不很长。（第51图）

第一号　残长8.2阔2.6厚1.1厘米。页岩制,尖端及阔微缺,根部反狭,不缺,很厚。色灰。

第二号　残长8.0阔1.1厚0.6厘米。二边厚,尖缺。页岩制色灰。是细长形无边刃的小枪头。

第三号　残长6.5阔2.3厚1.2厘米。尖端微缺,根部缺多。是有脊枪尖但很厚,色黄棕。

第四号　残长8.2阔1.2厘米。是三棱改六棱小枪头,尖和根部缺。页岩制色青灰。

第五号　残长6.3阔1.3厘米。是四棱小枪头,尖尚完整。根缺。

11. 石斧

完整的5件,破缺的不明。斧类在河田很少,在本省别处也都少见。

这次发现了5件完整的石斧如下:

第一号　长形厚石斧:长11.8阔6.1厚2.7厘米。刃部一角微缺。泥板岩制,表色风化成灰白,二边无棱。是典型的石斧状。牙背山发现。(第53图)

第二号　方形斧:长6.9阔6.1厚1.8厘米。形近正方,制工不精。

第三号　方形小石斧:长5.9阔5厚1.7厘米。泥板岩制,表色风化成灰白,形界于斧与锛之间。(第54图)

第四号　方形小斧:长4.8阔4.8厚1.2厘米。砂岩制色棕黑。形是典型的斧。(第54图)

第五号　薄小斧:长4.5阔4.4厚0.8厘米。色黄,质很松。

12. 有孔石斧

一件,上端有一孔,刃部缺,但形状很像浙江、江苏一带常见的有孔石斧。又有斧刃部残块数件,故知有此一种。这种有孔斧在福建不多,应是由浙江传来的。这一件长(缺刃)8.4阔7.2厚1.3厘米。(第55图)

13. 石戈

接合完整的1件(第52图),破缺的63件。这件接合完整的是由二段合成,应是最近方折断的。长23.5阔6.7厚0.8厘米。页岩制,很精致,青灰色。形略似枪,但二边不薄,且不对称,又根部是斜的,近根部又有一孔,与华北的石戈、玉戈相似。石戈应发源于华北,但可能传到东南区。福建发现的已有平和、华安、南安数件,但数量还不多。这次河田发现完整的虽只一件,但破缺的多至数十件,可证这一类在福建也不太少。石戈的使用法,应即像铜戈的样,横装在木柄上。木柄或是劈开,夹住戈的根部,即铜戈上所谓"内"部,将绳子穿过戈孔,作斜十字形的扎缚。使用时举柄横斫,有如使用匕首之状。这种兵器只有华北古代最盛行,石器玉器铜器的戈都有。究竟是石戈先发生或铜戈先发生,还未有定论,但依理而论,石戈应是由石匕首加柄演成,不应等到有铜戈方有石戈。

14. 石璋

完整的一件、破缺的一件。形有如长方形薄石斧缺刃部一大角,但缺处平直且也磨成刃形。中央有孔。这种石璋很像华北的玉璋,在福建未曾发见过。福建的石璋是否仿华北的玉璋也是一个问题。依理而论石璋应是石斧或石锛破缺了一角,因而将那破处磨平为刃而成。将缺刃的石器修改再磨的事,是石器时代常见的事,凡石器比较短的很常是再磨的。河田发现的这一件孔近刃部也可以证明这一件是由石斧或石锛修改磨成的,因为其上的孔接近刃部是不合理的,原来的孔应当在上端或中央,不应接近刃部。所以这件石璋可以证明石璋应是由石斧变成的。这件长 8.6 阔 5.8 厚 0.4 厘米。形完整,质是页岩,色灰。(第 56 图)

15. 小石刀

完整的一件。是小的,长 6.5 阔 2.5 厚 0.5 厘米。质是页岩,色青白,形长,一端尖一端平厚。一边薄便是刃部,一边厚为背部。制工很精致。握在手中很合使用。(第 57 图)

16. 打制未磨石刀

第一号　长 12.4 阔 4.6 厚 1.5 厘米。形长而弯,一边薄为刃,一边厚为背。人工明显。(第 58 图)

第二号　长 13 阔 4.6 厚 1.9 厘米。形状大小如上一件。

17. 石环残段

2 件。石器时代石环原不是整个的圆环,因为当时的制工还未能制圆环,只能制三四段,在每段上穿小孔,将细绳系连成环,悬于腕上或脚上。石环残段常有孔可以为证。这二件大小如下:(第 57 图)

第一号　残长 4.6 阔 2.1 厚 0.5 厘米。质是页岩,色黑一端有孔。

第二号　残长 2.7 阔 1.6 厚 0.4 厘米,质是泥板岩,色青灰。

18. 石镰

完整未磨的一件,长 14 阔 6.5 厚 2.5 厘米。质是砂岩,表色棕。形近长方,一边薄为刃,另一边厚为背、中央较厚。(第 60 图)

19. 石英打制小石器

二件。石英质硬且易裂。难以磨制为石器,故在别处也少见。河田这批石器中也只有这二件。(第 59 图)

第一号　有段小锛状:长 7.0 阔 1.4 厚 2.2 厘米。未磨,因不能磨。

第二号　扁圆凿状:长 8.7 阔 2.5 厚 1.1 厘米。未磨。

20. 厚边扁圆石器

一件,直径 14 厘米厚 3.4 厘米。磨得很整齐,中无孔,又不是轮。在有史时代没有这样器物。这或者是石器时代用以压碎食物如坚果或谷物等。(第 61 图)

21. 打制未磨的小件薄边圆石器

二件,虽未磨但显然是故意打制作圆形石器,边缘薄,应是刃。

第一号　径 6.6 厚 1.3 厘米。色黄赤。

第二号　残一半,径 8.0 厚 1 厘米。色灰。

22. 打制未磨大件石器

11 件。已打制成长条石器形,但究是斧或锛或其他,因刃部未磨不能明。打制的人工很明显,略似旧石器时代物,但因和磨光石器在同一范围内发现,故不可断为旧石器时代物,而只能认为未磨的新石器时代石器。多在郑屋山发现,那处或者是石器制造场所。

第一号　最大号的,长 28 阔 8.5 厚 6 厘米。这一件是这次河田石器中最大的。这是预备磨成石锛或石斧状的。(第 62 图)

第二号　长 14.4 阔 6.8 厚 2.6 厘米。应是未磨的石斧。

第三号　长 12.9 阔 5 厚 3.8 厘米。这是圆柱形尖器。可以手握当作武器。(第 64 图)

第四号　长 13.6 阔 4.3 厚 2.0 厘米。页岩制色青灰。有黑苔。(第 66 图)

第五号　长 14.5 阔 4.2 厚 1.7 厘米。页岩制,色青黑。(第 65 图)

第六号　长 13.1 阔 3.5 厚 2.6 厘米。泥板岩制,色灰黑。很厚近圆柱形。(第 66 图)

第七号　长 8.8 阔 2.5 厚 1.0 厘米。页岩制,色青灰。(第 66 图)

23. 石钻子

二件。(第 67 图)

第一号　长 13.5 阔 5.0 厚 1.8 厘米。形上部大下尖锐,显然是有意制成的石钻。

第二号　长 8.3 阔 3.3 厚 1.5 厘米。形与上一种同,较短,尖端微缺。

24. 特殊形的石器

七件。有小锤状器一件,小臼状器一件,小圆条石器一件,杖头状器一件,扁牛角状器一件,柄保留石子原状锛一件,极小圆形锛一件。

25. 打制未磨的石器胚

410 件,大多数是用青灰色页岩制的,人工明显,其中箭镞的胚最多,其次是长方形的应是作锛的,又有作枪尖的。(第 68 图)

26. 表示石器制造法的石料

12件。

(1)表示常型有棱石锛制法的石块:1件,这是石卵的中段,磨了二边便有四棱,再修上下二头便成石锛。(第69图)

(2)表示无棱石锛制法的石料1件。

(3)穿孔破石器6件,由这些破石器可以知道穿孔是由二面穿的,即所谓对穿法。

(4)有锯痕的石料4块。这种有锯痕的石料可以说明制造石器的一种方法,凡平直的石器是用锯法制成的。(第70图)

第四节　遗物之二:陶器

(一)种类及数量

1. 全形陶器

只有一个圆底小陶壶。是竹子山发现的,径11.2厘米,颈(微缺)至底高10.5厘米。陶质很松,色黄、表面不平匀,原来似有印纹。形状和以前在闽侯甘蔗乡所发现的一个相似,但质松得多。(第76图)

2. 陶印模

20个,这是河田陶器中最有价值的东西。印纹陶的花纹在20余年前初发现时不知是印成的,只认为是刻划的,故当时称为刻纹陶,后来方发现印花的印模,故改称为印纹陶。但这种印模发现还少,在浙江以至江苏发现几个,福建闽侯县石山也发现几个,这次河田发现了20个,数量可算最多,而且河田发现的是方形的,也和别处不同。河田的这些印模都是陶制的,即先将泥土捏成方形块似小砖,三边不等。在印上刻划花纹,或就已有陶器卜印成花纹,然后放在火内烧成硬块。每个印模有一面有花纹的,也有二面以上都有花纹的。应用时便在制成一件陶器后,趁陶土尚软时,将陶印模压印在陶器外表,便有了花纹,然后入火烧成硬质,便成为印纹陶器了。兹将河田发现的这批印模叙述如下:

第一号　长方形,完整,长9.6阔6.6厚2.5厘米。一面有横直排相间纹,另一面有不规则的斜线纹。二边也有纹,不明。(第71图)

第二号　长方形,完整,长9.7阔6.6厚2.6厘米。一面有雷纹,一面有斜线夹圆点纹。(第72图)

第三号　正方形,完整,二边皆6.3厚3.6厘米。一面有斜方格纹。(第

第四号　正方形,完整,长6.3阔6.2厚3.6厘米。二面皆有直线纹,二边各有二孔相通。(第74图)

　　第五号　近正方形,一面微缺。长7.2阔6.1厚3.3厘米。完整的一面有直线纹,但已稍模糊。

　　第六号　近正方形,一角缺,长6.9阔5.7厚3.8厘米。二面及二边都有直线纹,但已模糊。

　　第七号　近正方形,完整,长6.6阔5.6厚2.9厘米。一面有斜线加稀疏的横线纹,一面有斜线纹。(第75图)

　　第八号　长方形,完整。长6.1阔4.2厚4.0厘米。二面有横直排相间纹,一面有斜方格纹,一面有正体雷纹。

　　第九号　缺约一半。一边长6.2厚3.8厘米。一面有双线斜方格纹,一面有直线纹,二边有似曲尺纹。一端有凹处。(第74图)

　　第十号　缺约一半,原状似长方形。残长7.4阔6.5厚2.8厘米。二面二边都有蕉叶纹。(第75图)

　　第十一号　正方形,一角微缺。长5.0阔4.8厚2.6厘米。一面直线纹,一面斜方格纹。

　　第十二号　原应是正方形,缺一半,一边6.8厚2.5厘米。二面皆斜线纹。(第73图)

　　第十三号　缺约一半,残长6.2残阔5.7厚4.0厘米。二面皆直线纹。

　　第十四号　缺大半,原状似正方形。一边长5.7厚2.8厘米。二面皆斜方格纹。

　　第十五号　缺大半,原状似正方形,一边长4.5厚3.0厘米。二面皆斜方格纹。

　　第十六号　缺大半,原状似正方形。一边5.2厘米,一面有斜方格纹,另一面破。

　　第十七号　缺约一半。一边存5.6厚2.3厘米。二面皆斜线纹。

　　第十八号　只余一角。厚2.4厘米。一面有直线纹。

　　第十九号及二十号是重复品已交河田中学。

3. 陶纺锤轮

　　7个。都是陶土制烧硬的。上面中心都有一孔,用处是插在竹木技上,枝上再系连一条绳子,将轮旋转起来便可将苎线缠在竹木枝上。这数件中再分为两种型式如下:(第77图)

　　甲种:扁圆形的纺轮:6件整个纺轮都一样扁平如圆饼状。最大的直径3.6厘米,厚0.5厘米。最小的直径2.4厚0.8厘米。

乙种:半算盘子形的纺轮一种:一面中央凸起,周围薄,另一面平,形如珠算子的一半。最大的直径2.8厘米,中央厚0.9厘米。

4.陶片

遗址中很多,选拾花纹明显且较大的1605片。由这些陶片也可以明了花纹的种类和陶器的形式。(见下文)

5.陶足

即陶器的足,无花纹,且陶质都是粗砂陶,形体也颇大。选拾30个。

(二)陶器的质料

印纹陶常被加上一个硬字,称为印纹硬陶,其实印纹陶不一定是硬的,在福建所发现硬的反是少数,多数是中等的,还有些很松的。所以印纹陶不应加一硬字。这一批可分为数种如下:

1.硬度低的:很松,可以用指甲刮刻。其色常是黄的,数量少,上述圆底陶壶便是这种。

2.硬度中的:指甲不能刮刻,但竹木片还可以刮刻。其色常是灰的,略带黄色。数量最多。

3.硬度高的:竹木片也不能刮刻,其色有灰白的,还有一种紫黑色的。数量都少。

4.粗砂:上三种都是细泥制约,这一种是粗砂土制的,多属大件陶器的破片,如上举陶足便是这一类。

5.带陶衣陶片:这一种极少,其表面上有一层极薄的陶衣,似釉非釉,陶质也比较硬,发现地点也只限于一二处。这种有陶衣的陶片上也印有花纹,但其花纹和无陶衣的不全同。其时代或者较后。

(三)陶器的形状

因缺乏完整的,故未能十分明了,但就陶器各部分较大的破片来推测,也可以明了原来陶器的形状。河田陶器应有以下几种形式:

1.豆状器:大陶片有喇叭状的很像豆状器的高足,其上残部显示还有一个盘碗状的部分,这明是一个豆状器。(第78图)

2.壶状器:陶片多数是壶状器破成的,由各部分的破片可以推知其各部分的形状:

(1)口颈部:有无颈的,矮颈的,长颈的。颈有向外弯的(敞口),有向内弯的(敛口)。(第79图)

(2) 腹部:有浑圆的,有突起一道棱的。

(3) 底部:有圆底的,平底的,底中央向上凹入的,圆足的四种。

3. 盘碗状器:破片有自顶至底很低矮的,可知其状应是盘或碗状而不是壶状。

4. 鼎状器:陶足有很长的,表示其器应是烹煮器,烹煮器三足便可使用,照华北的陶鼎推之,福建的也应是三足的鼎。这种陶足在武平等处也有发现。足大,这种器也应是大器,大则易破故不能找到完整的。(第80图)

5. 小盂状器:陶片有占了原器的一半的、其原形应是小盂状。腹部也不高,颈向内弯。体积小。这是可以补足复原的。

(四)陶器体积

由破片的弧度推之,可以知道陶器的周围和直径。河田陶器最大的直径有达30厘米左右的,最小的是六厘米左右。陶器的腹部破片厚度自0.3至0.7厘米。

(五)制法和加饰

1. 制法:表面不平匀,里面有手按痕,似用手捏。颈部有平行刮磨痕,或是用陶轮刮磨的。

2. 加饰:腹部常满印花纹,底部也有加花的。颈部无花纹。

(六)陶器花纹

合陶片上和陶印上的花纹可以分为如下的种类,依其数量多少列举于下:

1. 方格纹:片上印上都有。数量最多。方格便是很多纵线和横线交错而成,如网状,又分为二种,(甲)正方格纹:其网目成四方形,(乙)斜方格纹:其网目成菱形,每种都有粗的和细的不等。粗的每格最大达1厘米,细的四五格方合1厘米。方格纹或者是源于网或苎麻织物,其陶印便是由网或织物印成的,然后再用来印于未烧的陶器上。(第81及82图)

2. 双线方格纹:片上印上都有,数量此上一种少,但也还常见。这一种在河田发现比别处多。其形便是方格纹,但多加一线,故更美观,也有粗细数种。只见斜方格,不见正方格的,大约因斜方格更好看。(第83图)

3. 横直排相间纹:片上印上都有。形便是一排横线和一排直线相间,一排横线成一个方形,其旁有另一排直线,也成方形,两个方形相接。方形有正的也有斜的二种。数量比第一种少,和第二种差不多。这种花纹散布地方很广,福建其他地方多有,甚至浙江、广东、江苏等省也有。

4. 篮纹:片上有。粗看似一排直线,其实是不平行的,略有交错,像是由篮上印来的。有粗细不等,数量比第一种少,和二三种略等。(第84图)

5. 曲尺纹:片上有。数量比以上各种少,其形如许多个曲尺相叠。其屈曲处的角有锐的,也有直的。(第85图)

6. 鳞形纹:片上有。是许多条弧形线相叠如鱼鳞状,数量同上一种。(第90图)

7. 草之字纹:片上有。数量同上一种。形是一条线向左向右连续曲折如草写之字状。(第86图)

8. 蕉叶纹:片上印上都有,数量同上。其形是在一条或二三条纵线两旁,加上成排的斜线,如蕉叶的纹一样。(第87图)

9. 叠直线纹:片上印上都有。数量同上。其直线是平行的。(第88图)

10. 叠斜线加横线纹:印上有。即一排斜线,加上一二条横线。数量少。(第73图)

11. 成排短直线纹:片上有。多条短直线平行成排,双头各加上一条或二条长横线。数量少。(第89图)

12. 方格包斜线纹:片上有,数量少。(第90图)

13. 雷纹即回纹:印上有正体,片上有变体,数量少。(第72、91图)

14. 叠四方纹:片上有,数量很少。(第91图)

15. 菱形纹:片上有。其形是一个大菱形中有许多直线,数量少。有两种,其一是粗的,纹是刻的,不是印的,常是大片。(第92图)又一种是细的,其纹是印成的。(第93图)

16. 眼形纹:片上有,很少。其形如眼睛,中央且有一点。(第91图)

17. 弦纹:这是加于陶器腹部或颈部的饰纹,常较粗,是刮刻的,不是印的。(第94图)

附表1

采集日程及收获数量表

采集时间	地 点	工作者	石器	陶印模	陶纺轮	陶器	陶片
1955年12.20以前	本区内	河田中学生数人	31件	0件	0件	0件	0件
1955.12.21上午	苗圃	祥、胡	0件	0件	0个	0	10片
12.21下午	黄屋山	祥、胡、黄、李	65件	2件	0个	0	1袋
12.22上午	牙背山甲	祥	8件	0件	0个	0	1袋

续表

采集时间	地点	工作者	石器	陶印模	陶纺轮	陶器	陶片
12.22 下午	明公山一带	祥	1件	0件	0个	0	4袋
12.23 上午	竹子山甲	祥、工友俞林水	10件	0件	0个	1件	2袋
12.23 下午	竹子山乙	祥、工友俞恒星	0件	0件	0个	0	0
12.24 全日	黄屋山	祥、工友俞恒星	127件	0件	0个	0	2袋
12.25 全日	乌石崠	祥、沈、林、俞及学生12人	228件	13件	5个	0	大袋
12.26 全日	俞屋山	群、俞恒星	2件	0件	0个	0	1袋
12.28 下午	乌石崠	祥同学生20人及俞	203件	1件	2个	0	2袋
12.30	东南小山	祥、俞恒星	5件	0件	0个	0	1袋
12.31	乌石崠	祥、俞恒星	29件	0件	0个	0	0
1956.1.1	火焰山	祥、俞恒星	111件	0件	0个	0	1袋
1.2	太阳坪	祥、俞恒星	0件	0件	0个	0	少许
1.3 上午	乌石崠后山	祥、俞恒星	67件	0件	0个	0	1袋
1.3 下午	乌石崠	祥、俞恒星	75件	2件	0个	0	1袋
1.4	火焰山	祥、俞恒星	72件	0件	0个	0	1袋
1.5	乌石崠	祥、俞恒星	89件	0件	0个	0	1袋
1.8 上午	乌石崠	祥、俞恒星	90件	0件	0个	0	1袋
1.8 下午	郑屋山	祥、俞恒星	45件	0件	0个	0	1袋
1.9 上午	乌石崠	祥、俞恒星	52件	2件	0个	0	1袋
合计			1310件	20件	7个	1件	1605片

附表2

石器种类及数量表

石器种类	完整的	破块	总计
常型石锛	106	251	357
有段石锛	58	25	83
无棱石锛	59	31	90
二角形石锛	3	0	3
薄边石锛	1	0	1
梯形石锛	1	0	1
弧形刃石锛	5	0	5
石凿	5	0	5
石箭镞	43	140	183
石枪头	2	56	58

续表

石器种类	完整的	破 块	总 计
石斧	5	0	5
有孔石斧	0	1	1
石戈	1	63	64
石璋	1	0	1
小石刀	1	0	1
打制未磨石刀	2	0	2
石环	0	2	2
石镰	1	0	1
石英制小石器	2	0	2
厚边扁圆大石器	1	0	1
打制未磨小件圆石器	1	1	2
打制未磨大石器	11	0	11
石钻	2	0	2
特殊形石器	7	0	7
石器胚	0	410	410
表示石器制法的石料		12	12
合 计	318	992	1310

附注：存在河田中学的22件，现余1288件

附表3

各遗址发现遗物数量比较表

遗址	石器	陶印	陶纺纶	陶片	采集次数
乌石崬	766	18	7	约一半	7
黄屋山	192	2		3袋	2
火焰山	183			2袋	2
乌石崬后山	67			1袋	1
郑屋山	45			1袋	1
竹子山甲	10			2袋	1
东南小山	8			1袋	1
俞屋山	5			1包	1
明公山	2			1袋	1
未明	1			4片	1
本区范围内	31			未计	零星
共10处	1310	20	7	1605片	

第五节 推 论

（一）遗址的复原和当时人类的生活文化

在新石器时代河田盆地的地形和现在大体上应差不很多,中间有一条牙背溪,由北而南流入从西而来的汀江,然后向南流去。牙背溪两旁有平地,东西有二列弯弧形的山脉包围着这个盆地。河田镇在盆地南部,其南有苗圃诸山。在当时的山,还未被剥蚀到现在的程度,应比现在为高,现在山下平地因未被山上冲刷下来的泥土所冲积,一定比现在低,因此牙背溪及其支流,在当时都应更低更深些,而溪旁平地的面积也会比现在小些。当时人类所以住在山上,不住或少住平地,大约因溪大平地小的缘故。当时的山上及平地应有很茂盛的原始林,温泉的力量想不至于妨碍树木的生长。当时的鸟兽虫鱼应比现在繁多。

我们可以想象当时应有人类的集团住在这个地方。他们已有固定的住所,在这十个遗址的山上。这些集团大体可分三处,第一集团住在东北区以乌石崠为中心,西面散布于竹子山、黄屋山、俞屋山,北至郑屋山、乌石崠北诸山。第二集团在西方的牙背山、五东山等。第三集团在西南方的火焰山等。山上无洞穴,他们的住所应是构筑竹木的屋子,在山顶或山坡稍平的地点。如乌石崠的南坡石器、陶片集中之处应就是当时有屋子之处（见第5图）。在这种住地范围内当然也有垃圾土,但自石器时代过后人类不再住在山上,竹木的屋子朽烂消灭,垃圾土被冲刷到山下,一直剥蚀到露出自然土,故现在看不到建筑遗址,只有石器、陶器留在原处。石器、陶器如不很多的地方不能算是住所的遗址,但如有很多石器、陶片集中的地方便可能是住所的遗址。又如已完成的石器和未完成的石器以及制石器的原料如砾石（石卵）、可做工具的石英等夹杂成堆,却无陶片,其处可能是制石器的工地。

当时人类的生活方法应已有几种。采集天产的草根木实雒卵虫贝当然还是继续着。石镞很多,可证已能用弓箭猎取小鸟兽。由陶器上的方格纹以及陶网坠的存在,可知已能结网,有网便能捞鱼。当时已在新石器时代,应已晓得种植果树菜蔬甚至谷物,因为陶器是食物的容器,食物多方需要陶器,食物之中谷物的烹煮尤其需要陶器,故陶器之多可以证明已有谷物。

他们的生产工具便是磨光的新石器。石器已有很多种类可供各种用途:石锛用于预备食物,制造竹木等器物,有段石锛加了柄可以增加工作效力,为重要的工具,石镞石枪用于打猎。还有其他种类用于别事。制造石器的工艺已经很精,除了撞击剥削等旧石器时代遗留下来的技术之外,还晓得锯断穿孔磨光等法。除了石器之外应还有竹木器骨角器等,但不能保留下来。溪边石卵很多,当时的人必定会拾取以投掷动物,作为一种武器,但这是不必加工的,所以不能算做遗物。

陶片上有小方格纹,很像是由麻布印成,又已有陶制纺轮,故可证已知纺织,即已经有布和绳子带子,也即已有布制的衣服。

他们的生产工具还是石器和竹木器等,故生产力还是比铜器时代低,其生产方法必是集体劳动,故当然是在原始共产社会。但已进到末期,其构成的集团应是氏族。上述的三地点三个集团应即是三个氏族。乌石岽的氏族遗物遗址多,其集团的人数应较多。

他们的意识形态比较难以推知,但由他们制造石器、陶器的技术可知智力已很发达,很能认识自然物的性质和形态。由于石器的形体对称,陶器的花纹复杂美观,可知已有审美的观念。

(二)人种

河田地区介于福建广东江西三省之间,据史书记载这三省在二千数百年前的春秋至汉代是百越族的住地,在福建的人类特别称为闽越。福建开化较北方为迟,在 2000 年前的汉代距离新石器时代应不甚久,故新石器时代的福建人民应即是闽越族,河田居民也便是这一种人。在石器时代文化不同也表示人种的不同。华北西部是彩陶的主要散布范围,也即是古华夏族的主要散布范围,华北东部是黑陶的主要散布范围,也即是东夷族的散布范围。东南区的浙闽粤赣数省是印纹陶的散布范围,也便是百越族的散布范围。所以印纹陶应是和百越族有关系的,再加以石锛多于石斧,以及有段石锛的发现,也都是东南区的特征,更证明了这一地区的民族是和华北不同的。由此可见福建的新石器时代的民族应当便是古越族。而河田的陶器是印纹陶,其花纹和本省其他地方发现的大同小异,石器中多有石锛,且有很多的有段石锛,可以推知河田的新石器时代人民也便是古越族。这一族人自汉以后和北方来的汉人混合同化,到了唐代便没有纯粹的越族,已经完全合于汉族里面,为汉族的一个重要成分了。所以这种新石器时代的古人类也便是现代福建人的祖先的一支。福建的现在少数民族畲民应是由湖南的苗鹞系经粤赣移来的,其移入时间或自东晋南渡后,决不是福建新石器时代的人民。又宋代《舆地记胜》记载长汀有鸟都猪都人都等,似有少数民族的嫌疑,但在当时是认为妖怪,现在看来,实是动物,不是人类。

（三）年代

不但遗物集中成堆的遗址中除了石器、陶片之外没有其他古物，如后代的铜铁器、陶瓷器、砖、瓦等，即在山上其他部分也极少有这些东西，只有山麓比较有后代的砖瓦瓷片。以及后代的坟墓。可以知道这些遗址遗物是属于新石器时代的。上面虽说也有发现汉代铁器、唐代明器、明代德化瓷碗，但那是在另一个地点，不在遗址中，其物和石器印纹陶是没有关系的。还有已经打制未完成的石器胚的大量存在，更可以证明这些石器便是在这些遗址中所制。而其遗址确是新石器时代的遗址。

这些遗址遗物的相对的年代可以断定是新石器时代，但其绝对的年代究是距今多少年前，便比较难说。现在华北的新石器时代的年代已有相当正确结论，但长江流域以南，还未有定论，福建的自然也未确定。要决定福建的必须根据长江以南的一般状况，要决定长江以南的状况，也必须参考华北的情形。现在试提出本人的未成熟的意见以供考古学上的参考。我以为要决定新石器时代的绝对年代应当分别纯粹新石器时代和石铜并用时代，也就是只有石器的时代和已有铜器但还不能完全舍弃石器的时代。这种分别法在华北是必要的，而在长江以南尤其有必要，否则同是新石器时代一个名词，有的人用以指专用石器的时代，有的人用以指已有铜器而还兼用石器的时代，意见便有出入了。我的意见以为纯粹使用新石器的时代方可以称为新石器时代，如已有铜器但还兼用石器的时代，应称为石铜并用时代。这两个时代的名称在考古学上原来已有，但在实际应用于具体的研究时，却常被忽略。例如以前在安阳殷墟中发现石器，也引起人怀疑殷代还在新石器时代。香港曾发现石器和印纹陶器，但同一遗址中也发现铜器，研究者却认为是新石器时代。我认为石铜并用时代这个阶段是应当加以注意和应用的，因为这个阶段是由新石器时代过渡到铜器时代的一个必经的阶段。其理由如下：

第一，在乎自己发明铜器的民族，虽是已经发明了铜器，但铜器的数量还不够充足，冶铸的技术也不能一下便很精，不但红铜器不能代替石器，便是青铜发明了也还不能完全代替石器。既然铜器的数量不足，然则铜器的占有和使用便只能限于贵族奴隶主或较少数的奴隶，因他们为贵族奴隶主从事特别需要使用铜器的工作，故也由贵族奴隶主发给他们使用。至于一般奴隶，甚至自由民都无法得到当时认为贵重品的铜器，而只能照旧使用新石器。殷墟所以会有石器原因便是由此。依此理由，我认为殷代使用石器不足为奇，那时青铜已非常发达，应称为铜器时代而不是石铜并用时代，其石器不过是残余物而已，但也还是不能完全废弃。至于夏代应已发明铜器，但石器一定比商代更占重要地位,这一时期应当称为石铜并用时代。

第二,在乎由外族输入铜器成品或传入铜器制法的民族,其石铜并用时代更为必经阶段。因为既然是由外族传来,第一步必先输入制成品,其数量必少,当然只有少数人方能得到,多数人只能照旧使用石器。即使后来学得了冶铸的技术,也不能一下便生产足够的数量以代替石器,所以石与铜必然并用。香港的铜器很像华北商代的铜器,必是由华北传来,故香港的南丫岛遗址当然是石铜并用时代的遗址,而不是新石器时代遗址。又如抗战前杭州古荡发现的石器,其制工很精致,穿孔不像用石钻而很像是用铜器,且和精美的玉器共存,故其时代也应是石铜并用时代,而不是新石器时代。我个人的意见以为华北的铜器应是自己发明的,长江以南的铜器应是由华北传来的,然则其脱离新石器时代当然会比华北迟些,而且虽已获得了铜器也一定还有一段相当长的时间兼用石器与铜器。

根据以上的理由我认为不但华北应有石铜并用时代,华南更应有石铜并用时代。而且当华北在石铜并用时代,华南应还在新石器时代,即纯粹使用新石器的时代。华北已入青铜器时代,华南应在石铜并用时代。华北进到铁器时代,华南应已完全放弃了石器而进入铜器时代,而且不久即入铁器时代,因为时间愈迟,民族间的文化交流愈频繁,落后民族受先进民族的影响愈容易,其进步也必然快些。落后民族受先进民族的影响,其发展步骤必定不会完全像先进民族。先进民族因是自己发明的,必须经过相当长的时间,方能由一段进到另一段,落后民族是学习别人的,他可以经过比较短的时间便学习得新的文化,进到新的阶段。华北的石铜铁三阶段很有次序地互相递嬗,每段都要经过相当长的时间,华南的石铜铁三个阶段便未必像华北的样子,经过同样长的时间,按次序互相递嬗。华南的石器时代应比华北长些,其铜器时代应比华北短些,不像华北经过时间的长。华南学得华北的铜器以后不久便也学得了铁器,故其铜器时代必很短。华南发现铜器所以很少,大约因此,这种情形尤以距离华北较远的闽粤为然。

现在假定华北的进入石铜并用时代在夏初(约 4000 年前),进入铜器时代在商初(3600 年前),进入铁器时代在春秋之末(约 2500 年前)。长江以南各地依其距离华北中原的远近,进入铜器铁器的时代不能一律,福建的初有铜器应是由华北传来的,其时间应在殷末周初(3000 年前),因为华北的铜器已发生 1000 年了,经过这样长的时间应当已传至福建。但这是说初有铜器,而进入石铜并用时代,不是自此便放弃了石器。虽在 3000 年前脱离纯粹石器时代而进入石铜并用时代,但其石器一定还是大量使用。经过一段相当时间方能进到完全使用铜器的时代。福建的进入铜器时代,应当是在何时呢?我想最早应当是在春秋之末,即约在 2500 年前或迟至战国之末,即 2200 年前。在闽

北交通较便的地方早些,闽西南交通不便的地方迟些。理由有下列几条:

1. 由史书的记载言之

(1)《史记》、《汉书》等重要可靠的史书叙述自周至汉的浙闽粤赣数省人民,都不曾说他们曾使用石器。断发文身且曾入记载,如以石器为生产工具,当然不会忽略不记。

(2)春秋之末《国语》记着"仲尼在陈,有隼集于陈侯之庭而死,楛矢贯之,石砮,其长尺有咫。陈惠公使人以隼如仲尼之馆问之。仲尼曰'隼之来也远矣,此肃慎氏之矢也。昔武王克商……肃慎氏贡楛矢石砮其长尺有咫'"。石砮便是石箭镞,孔子看了楛矢石砮,便说是东北方的肃慎氏(满洲族之祖)之物,绝不疑是越人之物。当时如果越人还在使用石镞,孔子是很博学的,不会全无所闻,而且孔子的弟子子贡便曾到过越国,对越国是熟悉的。春秋战国的诸子百家著书立说,无所不谈,也没有一句提到越人,包括在福建的越人,当时还在使用石器。这一事虽不是正面的证据,但至少可以证明春秋战国时东南的百越族已经不像东北远方的肃慎氏以使用石器著称了。

(3)《越绝书》、《吴越春秋》也不曾说越人在春秋战国时使用石器。相反的却说:"轩辕神农赫胥之时以石为兵。……黄帝之时以玉为兵。……禹穴之时以铜为兵。……当此之时作铁兵。"这便是说石器时代已经过去久了,铜器时代也已过去,现在开始有铁器了。这书虽是汉人写的,但也可以作一个旁证。

(4)春秋之末浙江的越族不但使用铜器,而且以精于制造铁剑著名,如欧冶子便是越人。又楚灭越时浙江的越人南迁福建,必能将金属文化大量带到福建。

(5)秦汉时福建的北部原有冶县冶山的地名,证以江苏吴国冶城之例,和铁器的冶铸很有关系,可见秦汉之际福建北部已入铁器时代,更无论铜器了。

(6)秦末闽越王也率领闽越人起义参加伐秦。如还在石器时代,何能有这种武力。

(7)据史书及方志记载,福建各地的建置自秦汉到晋代,都已完毕。凡有建置的地方当然不是在石器时代,而且脱离石器时代应已相当的久,已有相当发达的生产力,方能值得设立官职去统治镇压和榨取它。

(8)唐宋人的笔记中常说有"雷公斧"、"雷石"等物,实即是石器时代之物,但当时人已完全忘却是祖先用过之物,而认为是雷公所用。当时如非距离石器时代太远,是不会这样忘得一干二净,发生这样的迷信的。

(9)宋人苏东坡曾谪居海南岛,归后在吴城(即江苏吴县)山下江边发现石箭镞,大为惊异,著文说"用石为砮则自春秋以来莫识之矣,可不谓异物乎"?苏东坡是很博学的,且曾经历华南各地偏僻地方,据他所知自春秋以来中国境内是没有使用石器的人民了。

2. 由铜器铁器的出土言之

（1）1934年福建光泽县曾发现铜斧铜凿，应是春秋或战国之物，因为其物是实用的工具，到了汉代这种工具便改为铁制的了。最近浦城县曾发现铜剑，也经别人鉴定为战国之物。福建以南的广东惠阳县也于1956年发现战国的铜鼎。更远的香港曾于抗战前发现石铜并用时代遗址，其铜器是仿华北商周铜器的，故至少也应是战国之物。

（2）福建长汀河田区也曾发现铁器，应是汉初之物，其中铁鼎三足细长，是实用器，即当时应用的东西。在安徽寿县战国遗址内曾发现同样的铁鼎。战国便发生了釜，鼎去了三足放在灶上便成为釜。汉代更盛用釜而不再用鼎为实用器。所以这件长汀的铁鼎即不是战国的，至少也是汉初之物。还有一件铁剪，是两脚不分开的，其式起自汉代。

（3）福建的钢铁器发现较北方为少，大约因金属文化原是北方传来的，时间较北方为迟，初时数量又少，故现在出土也少。加以铜铁器是可以重新冶铸的，不像石器不用了便随便抛弃，因此在土内或土面易于找到石器，却很难发现铜铁器。

（4）数年前未曾发现铜器铁器，而只有石器，故如说福建的石器时代终止于春秋之末，或甚至更迟的秦汉以前，中间都缺了一大段时间，成为古物上的空白。我以前曾这样说过，但当时未发现铜铁器，只预测其可以发现。现在开始有了发现，将来还会发现更多，这段空白便可以补足，而福建的石器时代便不必拉到太迟了。

3. 由国内各地的比较言之

（1）如说华北新石器时代终止于4000年前，福建迟了一千数百年已是很多。南京发现的新石器时代遗址，其中已有很精致的玉器，研究者也定为3000年前，即殷末周初。浙江杭州老和山新石器遗址（前称古荡），其中有更多的精美玉器，也断定是在3000年前。广东惠阳县在1986年发现新石器遗址也断为3000年前。1937年广东海丰发现新石器遗址也说和华北仰韶期一样古远。更远的香港石铜并用时代遗址也断为公元前500—前300年，即距今约二千四五百年。中国西南民族在2000年前已能铸铜鼓，其铜器时代的开始应更早。

（2）和更远地方比较：越南在公元前1000年前便采用青铜器，自公元前5世纪至1世纪更进入青铜器发展期（据苏联科学院著《世界通史》）。印度尼西亚在公元前2世纪至1世纪开始有青铜器（据同上书）。日本民族脱离石器时代在二千数百年前。朝鲜更早，自3000年前殷亡后便输入中国文化。

（3）福建是中国大陆的一部分，和文化中心的华北中原地方是有路可通的，和浙江的较早开化的越族是同一种族，且地更接近，故其开化时间不应差得太远。

由于上述的理由我以为福建的越族在 2500 年前春秋之末,最迟的到了战国之末,应已不再使用石器,而脱离了石铜并用时代。越族自汉代起和北方来的汉人混合同化很快,到了唐代已无越族的名称。春秋战国以后的史书也不曾提到越人使用石器,可见越族早已不用石器了。虽是唐宋人的笔记中偶有一二条说华南某地有人使用石器,但都不是指越族,而且即使是指少数民族,在汉族的影响之下,想也不会到唐宋时还滞留在石器时代,其偶然持有的石器应是古代遗留下来之物,汉人见了便误会他们还在使用石器。

以上是总论福建的新石器时代和石铜并用时代的绝对年代,至于河田这个遗址,因是山上的遗址而不是地下的遗址,山上的遗址因文化层的泥土被冲刷下山,如有不同时代不同层次的遗物,到了现在也会混合在一处,因此河田的遗物表现了先后的差异,如陶器之中由粗至精有几种质料和技术,一定不是同一时期之物,又如有段石锛的三型式一定也要经过相当长时间的发展,这便表示河田遗址不是一个短时间的遗址,而是在相当长的时间中,或者数百年中,先后有过人类相继来居住过。

(四)河田石器、陶器和别地的比较

河田的石器、陶器和武平的最为相类,这是因为地方相近之故。相似之点是:(1)二地石器都以石锛石镞为主,又有有段石锛。(2)陶器的花纹几乎无差异,二地都有方格纹、曲尺纹、筐篮纹、横直排相间纹、草之字纹、鳞形纹、雷纹等。(3)二地的遗址都在山上,不在平地。

不同之处在乎:(1)河田的遗物远为丰富,种类也较多,如石戈、石枪、三棱四棱镞等都是武平所没有。(2)河田有未完成的石器胚很多。

河田和龙岩的石陶器也相类似,不过河田遗址较广,遗物远为丰富而已。河田和闽北的闽侯甘蔗乡也属同一类型,同点是石器同是以石锛、石镞为主要物,又有有段石锛,陶器同是属印纹陶系统,而花纹也多相同,异点是闽侯有由华北传来的变体的彩陶和黑陶。河田和光泽县的比较,同点是和闽侯大略相同,异点是光泽有带釉陶器。总之河田和福建省南北各地所发现的新石器时代遗物遗址是同属一个类型的,概括说来,同点是:(1)福建省各地的石器都是以石锛石镞为最多。(2)福建省各地多有发现有段石锛,尤以河田为最多,光泽次之,武平又次之,其他如闽侯南安惠安永春也有。(3)福建省各地都有印纹陶器,其花纹也大同小异。(4)福建省各地遗址除了一二处在平地之外,多数在山上,如河田、武平、光泽、永春都是这样。

福建省各地的异点是:(1)印纹陶器的花纹有极小数是地方特有的,又相同的种类在各地有多有少不等。(2)闽北如闽侯曾发现由北方传来的变体的彩陶和黑陶,南部还没有发现。(3)石器极少数有地方性。但这种特殊物不是重要的东西。

河田石、陶器和广东如海丰韩江流域的比较,大体上同是属印纹陶系统,花纹有很多相类,石器也同以石锛为主要物,且同有有段石锛。和更远的香港比较,香港也还是有和河田相似的印纹陶,但其花纹虽有些相同的,却也有些差异的,石器也同是以石锛为主,石器形状也有不同的,香港又有铜器为河田所无。

河田和浙江比较,浙江也属印纹陶系统,花纹和河田有些相类同的,也有差异的。浙江的印纹陶质较硬,河田较松。石器在浙江也发现有段石锛,但属高级型的,且数少。浙江多有有孔石斧,河田很少。浙江还有大量黑陶为河田所无。

河田和台湾比较,台湾的石器也以石锛为多,而且有很多有段石锛,也有印纹陶,这是和河田相同的,但台湾有有肩石斧,有变体的彩陶黑陶这是不同的。

由以上看来和河田相类的,也即和福建相类的石器、陶器,是在浙江、广东和台湾都有的,但各省都还有不同之处,可以说是大同小异。合福建、浙江、广东、台湾的石器时代遗物和华北比较,便显得大有不同,可以说小同大异。华北的石器是以石斧为主,不是以石锛为主,华北黄河流域极罕发现有段石锛,华北有彩陶黑陶,没有南方型的印纹陶。这些要点使华北和东南面即闽浙赣粤台的新石器时代文化显然有别,因此在我国新石器时代文化东南应作为一个系统,其名称应为中国东南区文化,其特征是印纹陶(不应称为印纹硬陶)和有段石锛。

但华北和东南区的新石器时代文化也不是绝无关系的。东南区的石器、陶器似乎有些是和华北有关,如石戈、石璋、带釉陶以及陶器上的雷纹等,似乎是由传播而使两地都有这些东西,未必是完全各自发明的。又如彩陶、黑陶确已传到江浙,其后还再传到福建而成为变体,可能再传到台湾去。

(五)河田的发现说明了几种石器的制造法以及其型式发生的原因

考古学上发现了数千年前的石器,但因不曾看见当时的人类怎样制造石器,所以对于石器的制造法是不能了解的。又为什么各种石器会有那种型式,也是不能了解的。因此有几个问题还不曾解决,例如石锛是怎样制造的?为什么东南区多有石锛而华北少?东南区为什么会发生有段石锛?圆形无棱的石锛和方形有棱的石锛,那一种早发生?

这些问题不只是我国考古学上的问题,因为这些东西在南洋和太平洋各岛也有,所以也是国际上未解决的问题。

这次河田的发现可以提供资料解决了以上的几个问题。因为河田遗址中在同一地点除了石器之外还有很多已打制未磨光的石器胚,多属页岩,又有敲打了一点的石卵,和很多自然状的石卵,还有很坚硬的较大块的石英。这种情形不止一处,而是见于很多处,因此使我们理解到这便是石器的制造所,页岩和石卵便是石器的两种主要原料,而石英便是制造工具,由这些证据可了解石器的制法,以及为什么会有某些型式的石器。略述如下:

1. 无棱的石锛和天然的石卵最相近,只要将椭圆形石卵竖起在一头敲击了一下,敲去了一片,然后将它磨薄成为刃口,便成了一件无棱的圆锛了。这种推测是由一件石卵而想到的,那件在一头敲去了一片的石卵,发现在遗址中,很可以作这种说明的证据。这样看来,无棱石锛应当是最原始的石锛,比较方形有棱石锛应较早发生。

2. 方形有棱的石锛是将一块石料敲去六边而制成吗?不是的,这法太笨了。曾见有些石块是由石卵拦腰打破而成的,由此悟到方形有棱石锛的制法。方法是选一个长大石卵,用大石英把它拦腰击破,成为二段,然后再击一下,而获得三段四段等,每段便是一块石片,二面都平,再将每一块石片的二边修削磨平,便成为平直的边有四条棱,再将上端磨一磨,或不磨;下端则敲成为刃,于是便成为一件有二个面、二边、四棱的石锛,最后加以磨平,便成为一件完整的石锛了。一大块石卵可以用这法拦腰劈成为几个石片,便可制成几件石锛,用力少而又不浪费原料,是最好的方法。至于所制的石器为什么是石锛,而不是石斧,那是因为敲成偏刃容易,而要敲成中锋的刃困难,因此制成石锛,而不是石斧。东南区是丘陵地带,多山多谷多石卵,故石器时代人多制石锛,而少制石斧,这也可以说明东南区多有石锛而华北少有石锛的原因。曾拾起一块这样的石片以供参考。(第69图)

3. 有段石锛是怎样制造呢?有段石锛的原料是一面略平、一面较圆凸的石卵,制成的石锛,一面虽平,但一面即背面必隆凸。这便是有段石锛的原始型。其后再将背面磨平,因是隆凸的,故一定磨成二个斜面。而中间有条界线,这便是成熟型了。最后发觉有些细长成熟型有段石锛,可以装一根有曲叉的木枝为柄,为防止所扎绳子的脱落,便将近柄的一段磨得深些,也即是比前一段低些,或在界线之处磨一道凹陷的沟,都可以防止绳子脱落;于是高级型便成功了。由此可见有段石锛原来不是有意制造的,而是一步一步改进造成的。这条道理的悟得,是看了在石器制造处遗址中的很多石卵的形状而想到的。

4. 有些长形整齐石器的制造法不是硬打硬磨的,而是用石锯锯成的,因为曾发现有锯痕的石器或原料而知道。锯法是将原料平放地上,然后将一小块坚硬的石子当作锯子,在原料上来回磨擦,锯成一条沟,然后在其对面相对之处,也同样的锯,到了只余中间一薄层未透,便可将原料扳一扳便折断为二片了。用这种锯法,可以得到平直的长条石器,又可省原料。曾发现了几块这种石料,其上都有两面对锯的锯痕,可以为证。

〔这篇论文曾于1957年4月厦门大学科学讨论会中提出,经到会的来宾和本校同志们讨论指示,并由本人答复,会后再加修改,志此道谢。〕

(《厦门大学学报》1957年第1期)

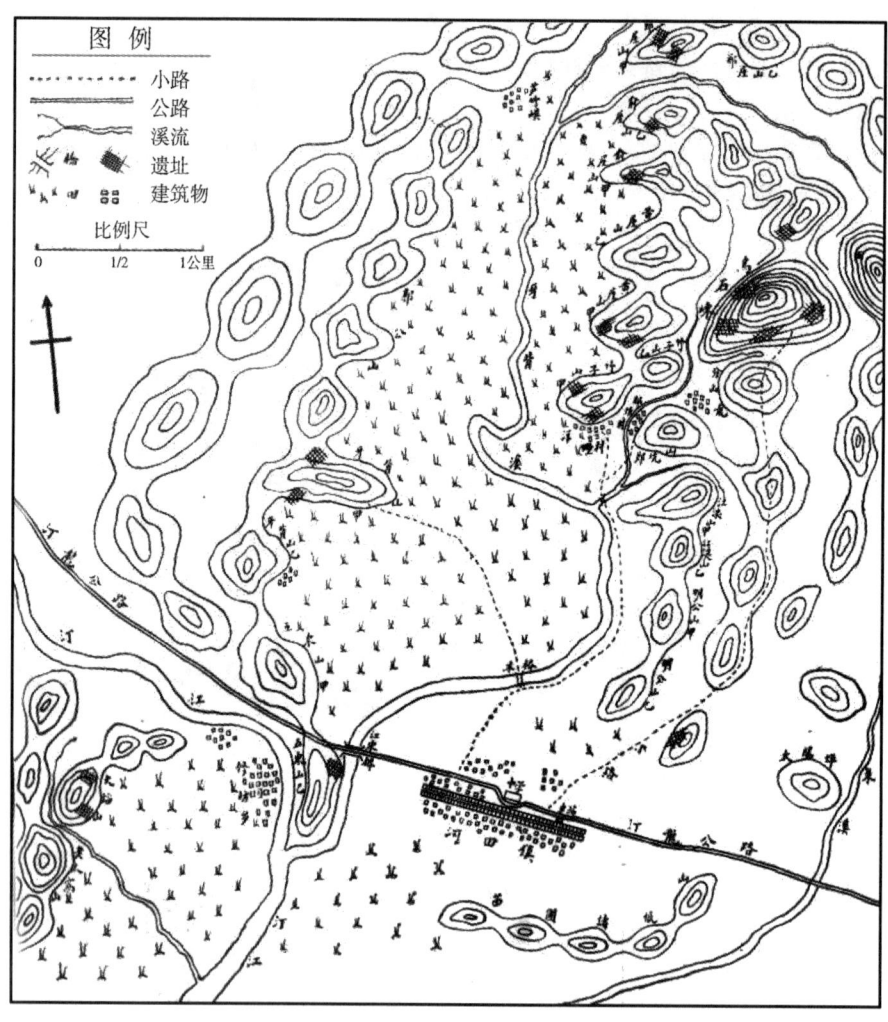

第 1 图　福建省长汀县河田区新石器时代遗址简图
A Map of the Neolithic Sites of Hot'ien.

第 2 图　主要遗址乌石崠上部近照（由南方拍照）
(The Upper Part of the Principal Site Wushitung, Hot'ien.)

第 3 图　由乌石崠至郑屋山遗址远照（由西方拍照）
(1.郑坑山, 2.乌石崠, 3.竹子山, 4.黄屋山, 5.俞屋山, 6.郑屋山)
(A Series of Hill Sites with Wushitung (2) as Its Head.)

福建长汀县河田区新石器时代遗址

第 4 图　乌石崬远照（由南方拍）
The Principal Site Wushitung

第 5 图　乌石崬南坡遗物集中处
(Artifacts Scattered on the Surface of the Site)

福建长汀县河田区新石器时代遗址

第 6 图　由郑屋山南望河田盆地全景
(The Basin of Hot'ien)

第 7 图　由乌石崠俯看河田盆地
(Bird's Eeye-view of Hotien Basin from Wushitung)

第 8 图　牙背山东南面

第 9 图　乌石崠东南坡石器、陶片散布状
（×的旁边便是石器）
(Fig.9–11 Artifacts Appeared on the Surface of the Hill Sites)

 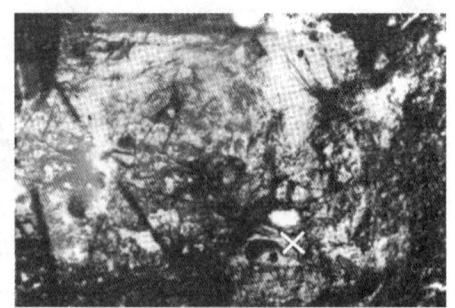

第 10 图　乌石崠东坡石枪发现时的原状　　第 11 图　乌石崠南坡遗物集中处
　　　　　　　　　　　　　　　　　　　　　　　　（×的旁边便是无棱石锛 1 件）

福建长汀县河田区新石器时代遗址

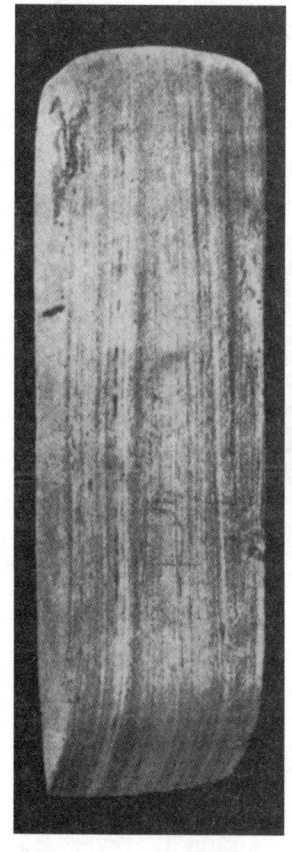

第 12 图　常型石锛第 1 号
(长 20.5 厘米)
(A Large Stone Adze)

第 13 图　常型石锛第 3 号
(长 9.1 厘米)
(Fig:13–19 Stone Adzes of
Common Type)

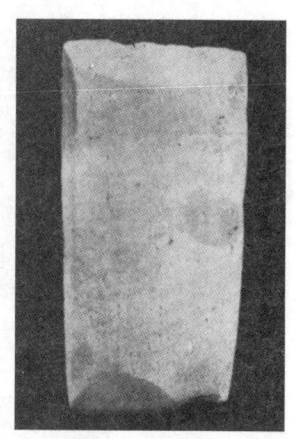

第 14 图　常型石锛第 4 号
(长 8.4 厘米)

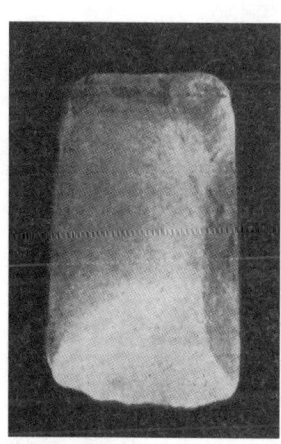

第 15 图　常型石锛第 5 号
(长 8.4 厘米)

第 16 图　常型石锛第 7 号
(长 6.8 厘米)

第 17 图　左常型石锛第 6 号(长 7.2 厘米)
　　　　　右常型石锛第 8 号(长 5 厘米)

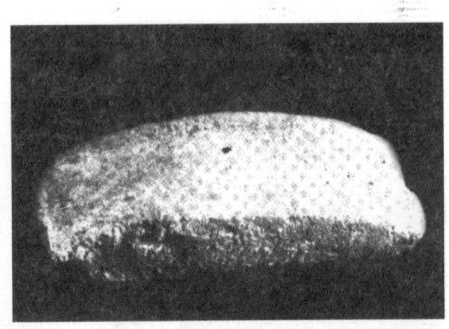

第 20 图　有段石锛原始型
(长 8.9 厘米)
(Stepped Adze：Original Type)

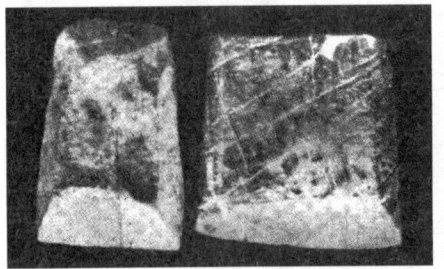

第 18 图　左常型石锛第 10 号(长 5.3 厘米)
　　　　　右常型石锛第 9 号(长 5 厘米)

第 21 图　有段石锛成熟型第 1 号
(长 9.4 厘米)
(Stepped Adze：Matured Type)

第 19 图　常型石锛
　　　　上左第 11 号(长 4.8 厘米)
　　　　上右第 12 号(长 4 厘米)
　　　　下左第 14 号(长 3.3 厘米)
　　　　下右第 13 号(长 3.6 厘米)

第 22 图　有段石锛第 3 号(长 7 厘米)
(Stepped Adze：Matured Type)

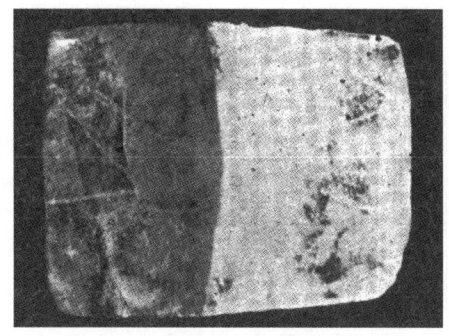

第 23 图　有段石锛成熟型第 4 号
(长 6.3 厘米)
(Fig.23–28 Stepped Adzes of Matured Type)

第 26 图　有段石锛第 8 号
(长 5.8 厘米)

第 24 图　有段石锛成熟型第 5 号
(长 6 厘米)

第 27 图　有段石锛
　　　　左第 9 号(长 4.8 厘米)
　　　　右第 10 号(长 4 厘米)

第 25 图　有段石锛
　　　　左第 7 号(长 5.6 厘米)
　　　　右第 6 号(长 6.5 厘米)

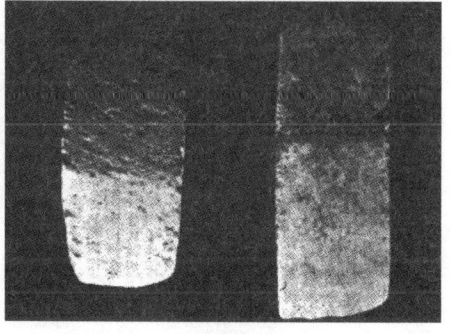

第 28 图　有段石锛
　　　　左第 12 号(长 5.1 厘米)
　　　　右第 11 号(长 6.6 厘米)

福建长汀县河田区新石器时代遗址

第 29 图　有段石锛高级型第 1 号
（长 9.1 厘米）
(Stepped Adze: Higher Type 1)

第 30 图　有段石锛高级型第 2 号
（长 9.7 厘米）
(Stepped Adze: Higher Type 2)

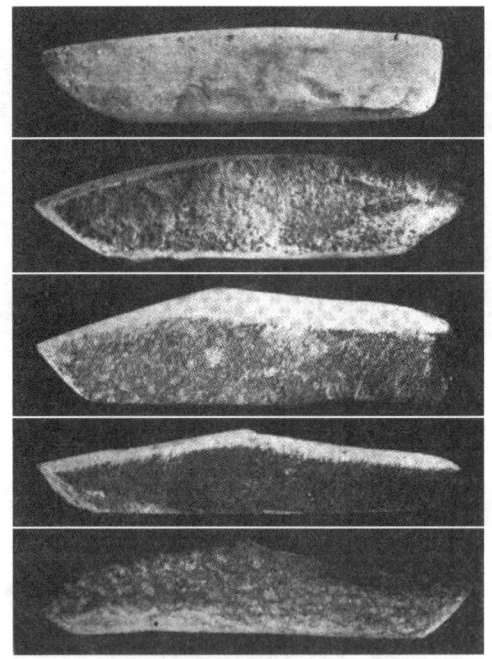
第 32 图　五种石锛侧面形 (Side View of Adzes)
（由上而下：1.常型石锛(即第 7 号的侧面)
　　　　　 2.有段石锛原始型(即第 1 号的侧面)
　　　　　 3.有段石锛成熟型(即第 1 号的侧面)
　　　　　 4.有段石锛高级型甲(即第 1 号的侧面)
　　　　　 5.有段石锛高级型乙(即第 2 号的侧面)
　　　　　（所注的号是指该类的号）

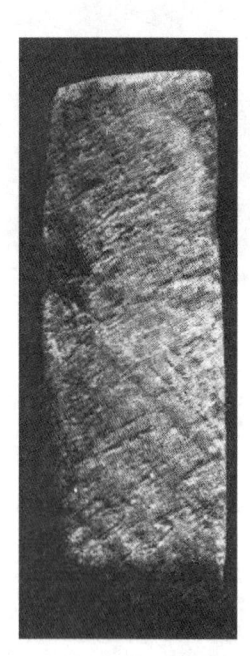
第 31 图　有段石锛成熟型
第 2 号的正面
（长 10.1 厘米）

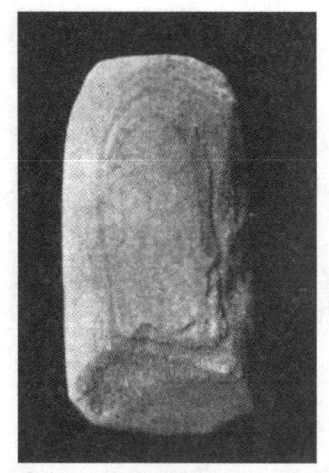

第33图 无棱石锛(长10.4厘米)
(Adze of Oval Cross-section)

第36图 梯形石锛(长8.4厘米)

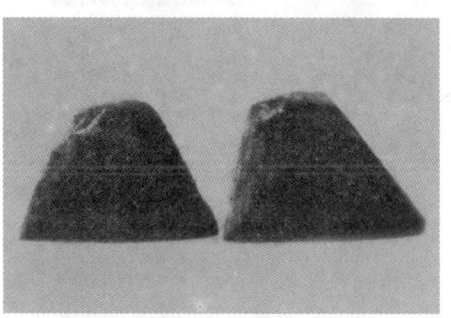

第34图 三角形石锛,右第1号,左第2号

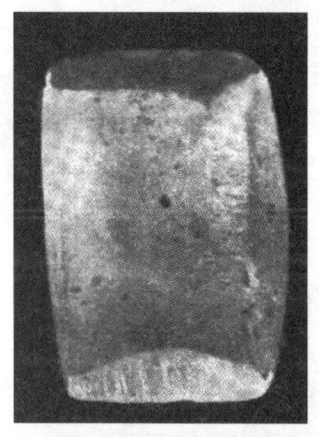

第37图 弧形刃石锛第2号
(长7.5厘米)
(Fig.37-39 Adzes With Inward-Curved Cutting Edge)

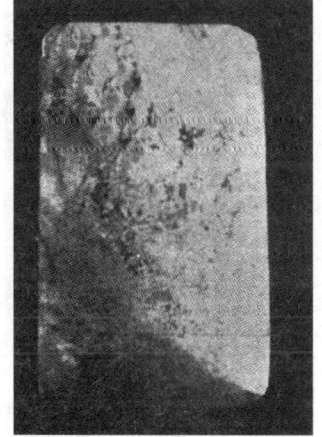

第35图 薄边石锛(长8厘米)

第38图 弧形刃石锛:右第3号(长6厘米)
左第4号(长5.7厘米)

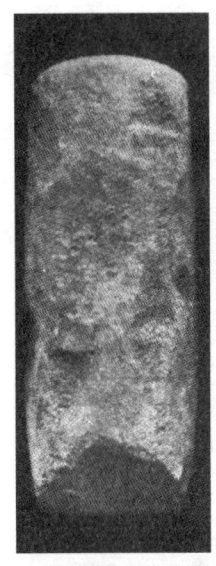

第 39 图　弧形刃石锛第 1 号
（长 10.8 厘米）

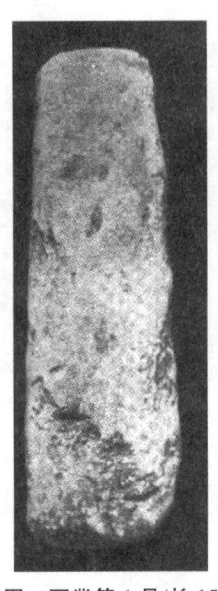

第 40 图　石凿第 1 号（长 15 厘米）
(Fig.40–42 Chisels)

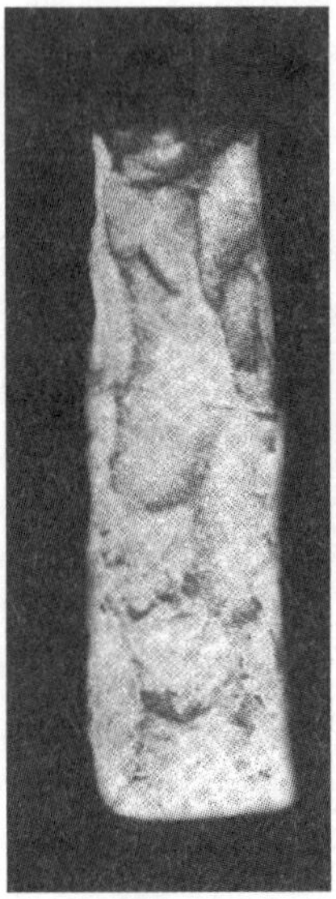

第 41 图　石凿第 2 号
（长 13.2 厘米）

第 42 图　石凿中第 3 号（长 11.4 厘米）
右第 4 号（长 8.4 厘米）
左第 5 号（长 6.6 厘米）

第 43 图　有脊石镞中第 1 号（长 8.6 厘米）
左第 2 号（长 7.3 厘米）
右第 3 号（长 5.8 厘米）
(Fig.43–45 Arrow-heads of 1st Type)

福建长汀县河田区新石器时代遗址

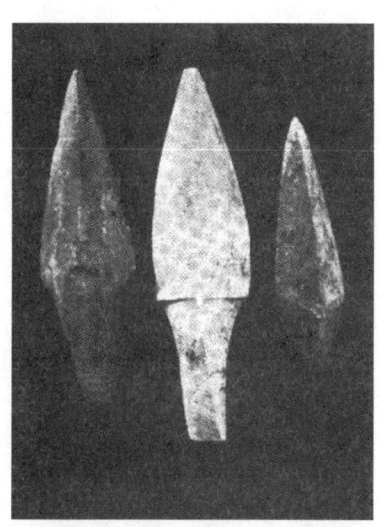

第44图 有脊石镞
中第4号(长6.4厘米)
左第5号(长5.7厘米)
右第6号(长4.1厘米)

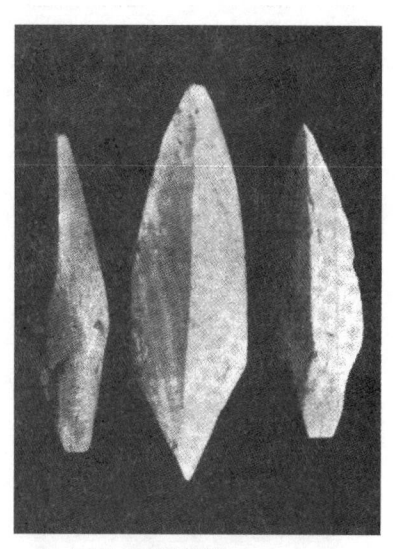

第45图 有脊石镞
中第7号(长6.7厘米)
右第8号(长5.2厘米)
左第9号(长5.4厘米)

第46图 有脊石镞
中第1号(长7.8厘米)
左第2号(长6.3厘米)
右第3号(长7.1厘米)
(Arrow-heads of 2nd Type)

第47图 三棱石镞(右三件,最长的6.1厘米)
四棱石镞(左一件,长6.3厘米)
(Arrow-heads of 4th & 5th Type)

407

第 48 图　短阔石镞
　　右下第 1 号(长 4.8 厘米)
　　左下第 2 号(长 4.4 厘米)
　　左上第 3 号(长 3.4 厘米)
　　右上第 4 号(长 4.2 厘米)
　　(Arrow-heads of 3rd Type)

第 49 图　石标枪头
　　右第 1 号(长 8.5 厘米)
　　左第 2 号(长 7.1 厘米)
　　(Small Spear-heads)

第 50 图　常型石枪头
　　中第 1 号(长 9.1 厘米)
　　左第 2 号(长 8 厘米)
　　右第 3 号(长 8.2 厘米)
　　(Parts of Spear-heads)

第 51 图　特殊形石枪头
　　最右第 1 号(长 8.2 厘米)
　　中右第 2 号(长 8 厘米)
　　中左第 3 号(长 6.5 厘米)
　　最左第 4 号(长 8.2 厘米)
　　(Special Types of Spear-heads)

福建长汀县河田区新石器时代遗址

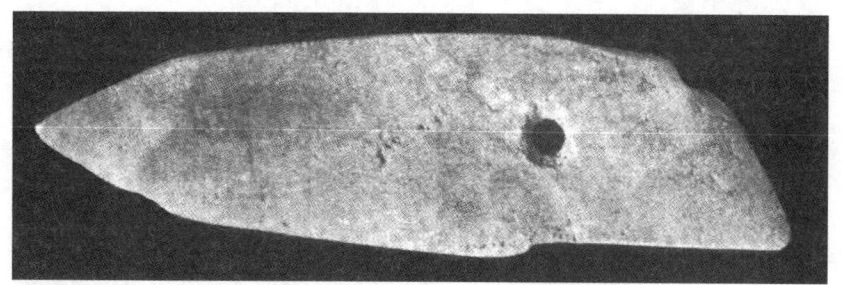

第 52 图　石戈(长 23.5 厘米)
(Stone Kuo)

第 54 图　石斧
右第 3 号(长 5.9 厘米)
左第 4 号(长 4.8 厘米)
(Small Axes)

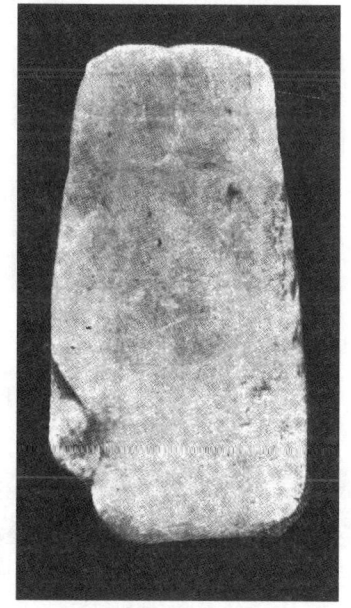

第 53 图　石斧第 1 号(长 11.8 厘米)
(Stone Axe)

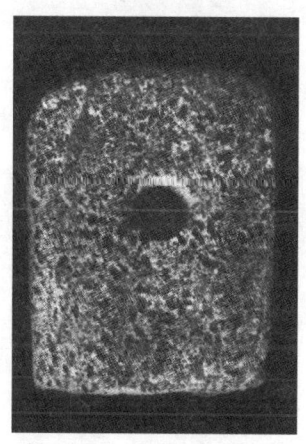

第 55 图　有孔石斧(缺刃)
(长 8.4 厘米)

409

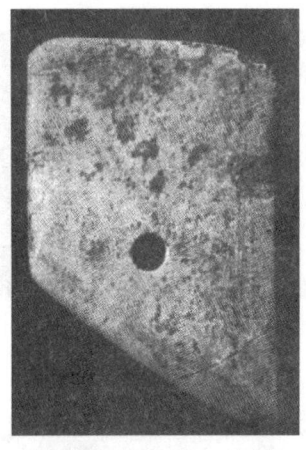

第 56 图　石璋(长 8.5 厘米)
(Stone "Chang")

第 57 图　上小石刀(长 6.5 厘米)
下石环残段 2 件
Knife(Upper)　　Rings(Lower)

第 58 图　未磨石刀
(长度上 12.4 厘米下 13 厘米)
(Knives)

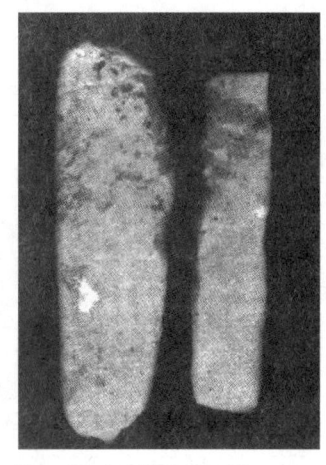

第 59 图　石英打制石器
右第 1 号(长 7 厘米)
左第 2 号(长 8.7 厘米)

第 60 图　石镰(长 14 厘米)
(Sickle)

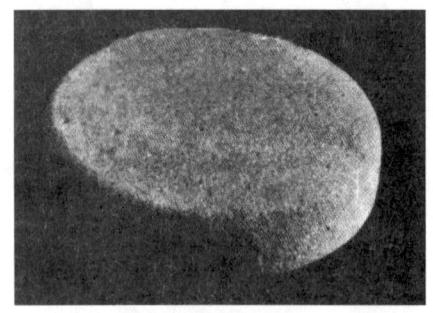

第 61 图　厚边扁圆石器(直径 14 厘米)

福建长汀县河田区新石器时代遗址

第62图　打制未磨大石器
第1号(长28厘米)
(Fig.62–66 Unpolished Stone Implements)

第63图　未磨石斧
(长14.4厘米)

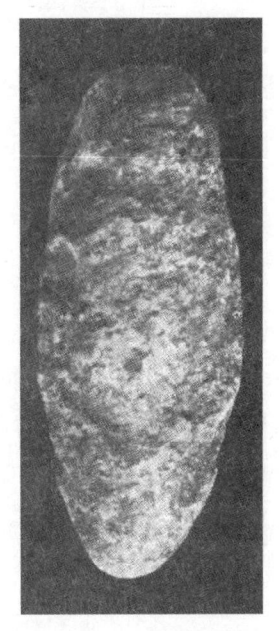

第64图　未磨圆柱形尖器
(长12.9厘米)

第65图　未磨石斧
左(14.5厘米)
右(13.6厘米)

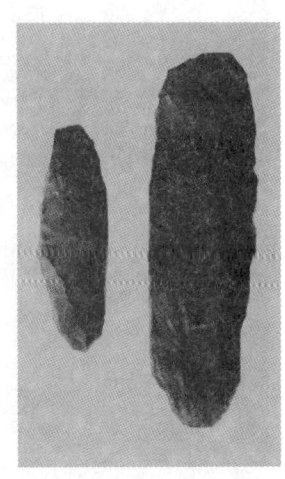

第66图　未磨尖器
右第6号(长13.1厘米)
右第7号(长8.8厘米)

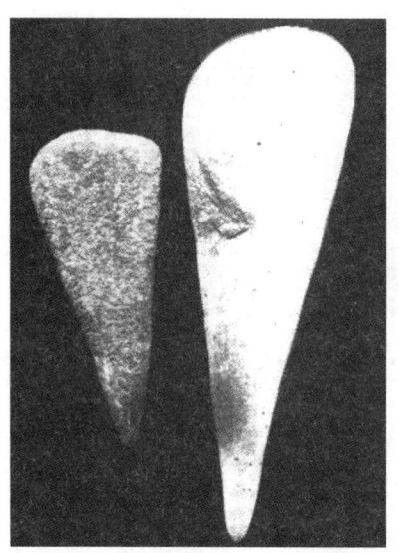

第67图　石钻子(Awls)
右第1号(长13.5厘米)
左第2号(长8.3厘米)

第68图　小石器胚
(右长8.5厘米)
(Material of Arrow-heads)

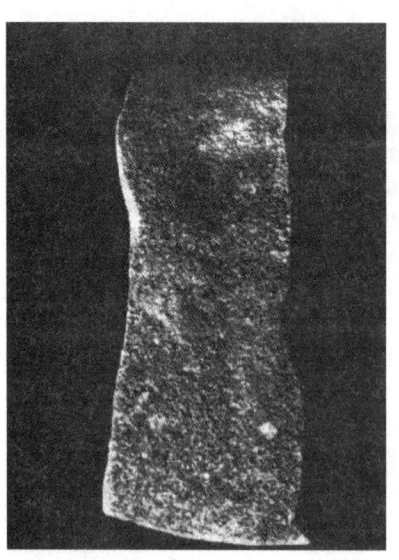

第69图　表示常型有棱石锛制法的
石器原料
(Material Showing Method of Making Stone Adze)

第70图　有锯痕的石器原料
(Material Showing Method of Sawing)

第 71 图　陶印模第 1 号(长 9.6 厘米)
(Fig.71–75 Pottery Prints for Making Geometric Designs)

第 74 图　陶印模
　　　　上第 4 号(长 6.3 厘米)
　　　　下第 9 号(长 6.2 厘米)

第 72 图　陶印模第 2 号(长 9.7 厘米)

第 73 图　陶印模
　　　　右第 3 号(长 6.3 厘米)
　　　　左第 12 号(长 6.8 厘米)

第 75 图　陶印模
　　　　上第 7 号(长 6.6 厘米)
　　　　下第 10 号(长 7.4 厘米)

第 76 图　圆底陶壶
（腹径 11.3 厘米）
(A Small Pot)

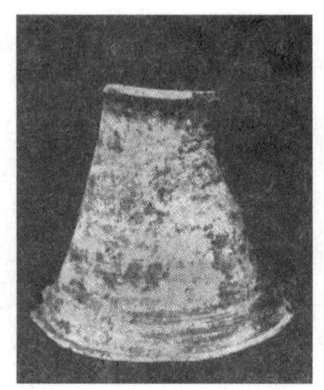

第 78 图　豆状陶器的足部
(Pottery Bottom)

第 79 图　陶壶口颈部残片
(Upper Part of a Pot)

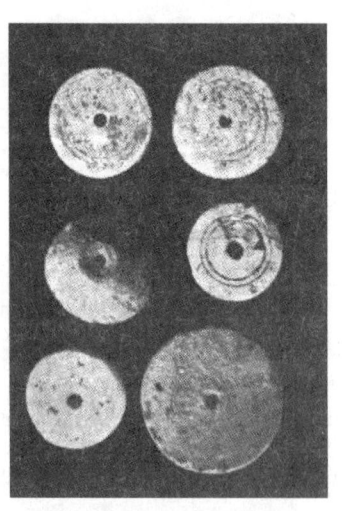

第 77 图　陶纺锤轮
（左中一个是算盘子形。其余是扁
圆形，最大的直径 3.6 厘米）
(Pottery Small Wheels Weaving)

第 80 图　陶器的足
(Feet of Potteries)

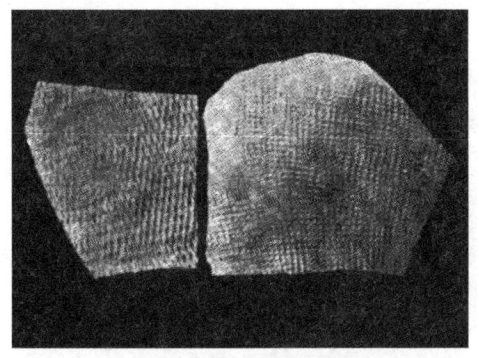

第 81 图　陶器花纹:细方格纹
(右正,左斜)
(Fig.81-94 Printed Designs on Potteries)

第 82 图　陶器花纹:粗方格纹

第 83 图　陶器花纹:双线方格纹

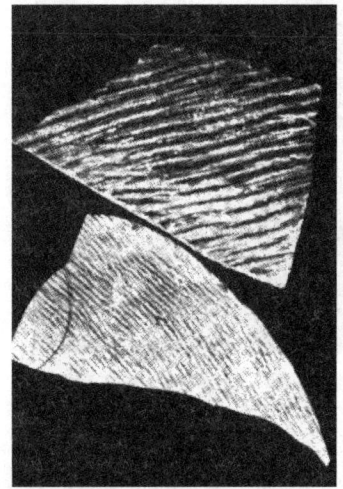

第 84 图　陶器花纹:篮纹

第 85 图　陶器花纹:曲尺纹

福建长汀县河田区新石器时代遗址

第86图 陶器花纹:草之字纹

第87图 陶器花纹:蕉叶纹

第88图 陶器花纹:叠直线纹

第90图 陶器花纹
　　　上方格包斜线纹
　　　下鳞形纹

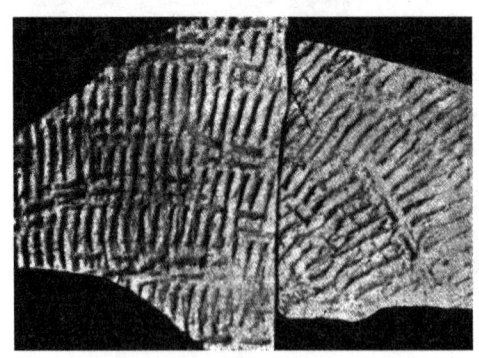

第89图 陶器花纹:成排短直线纹

第 91 图　陶器花纹
　　　　上变体雷纹
　　　　下左眼形纹
　　　　下右叠四方纹

第 92 图　陶器花纹：菱形纹，粗的

第 93 图　陶器花纹：菱形纹，细的

第 94 图　陶器花纹：弦纹

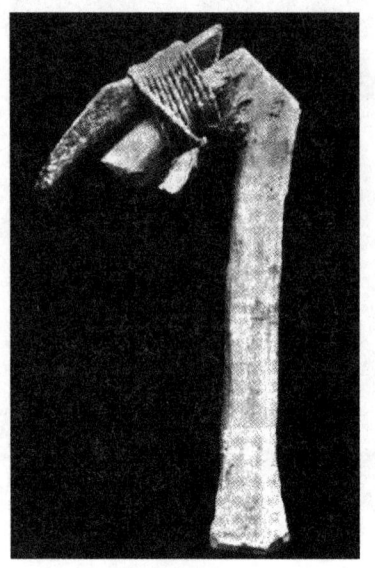

第 95 图　河田有段石锛高级型第 2 件装柄状

第 96 图　武平县有段石锛装柄状

第 97 图　台湾有段石锛装柄状

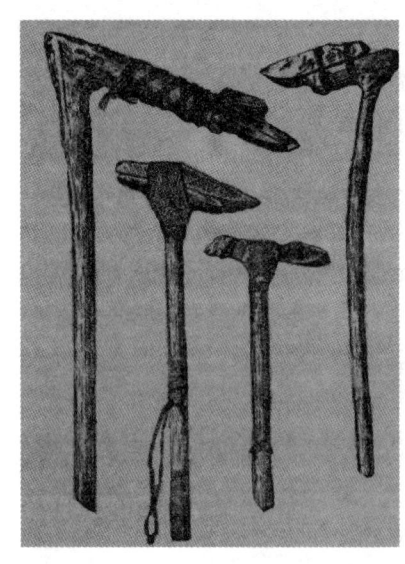

第 98 图　太平洋各岛有段石锛装柄状

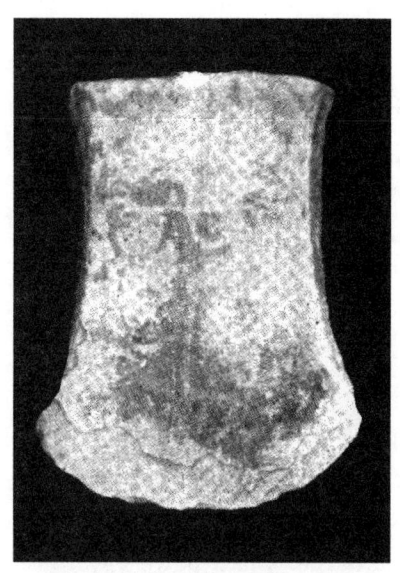

第 99 图　福建光泽县出土铜斧
（物在福建文物管理委员会）

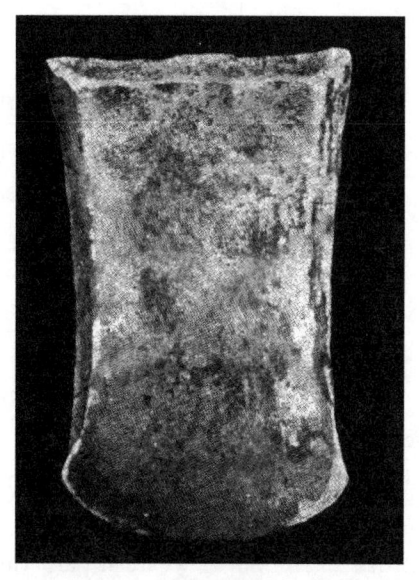

第 100 图　福建光泽县出土铜锛
（物在福建文物管理委员会）

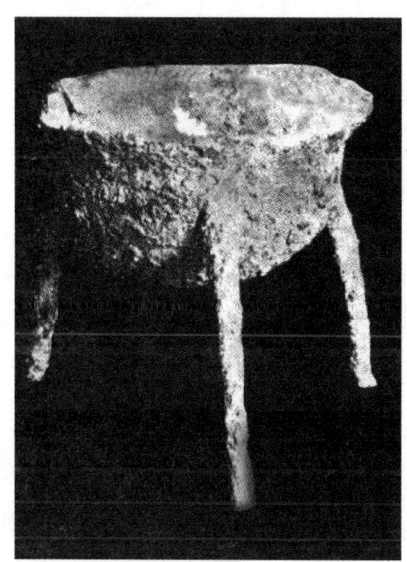

第 101 图　河田出土汉代铁鼎

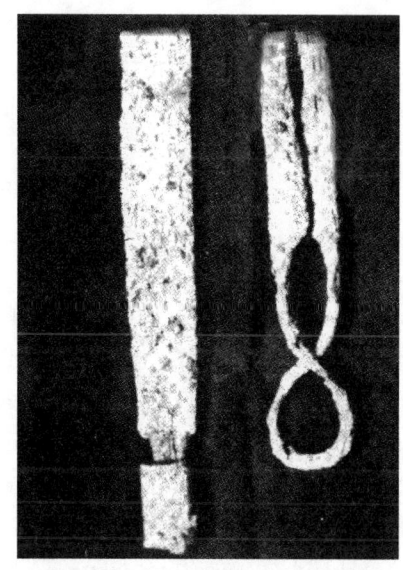

第 102 图　河田出土汉代铁刀、铁剪

福建长汀县河田区新石器时代遗址

NEOLITHIC SITES OF HOT'IEN, SOUTHWEST FUKIEN, CHINA.

by

Prof. Lin Huisiang.

Anthropological Museum of the University of Amoy.

(AN ABSTRACT)

Prehistoric archaeology has progressed a large step since 1949 and many questions were solved after a great number of prehistoric sites had been discovered. It is generally accepted that in the neolithic age of China there existed two types of culture: the 1st is the well-known "Painted-pottery Culture" in the north-western part, the 2nd is the "Black-pottery Culture" in the eastern part of China; while the 3rd one the "Printed Geometric-designed pottery Culture" proposed by other scholars and the writer (In my former papers beginning from "A Neolithic Site in Wuping Fukien" read in the 3rd Congress of Far-eastern Prehistorians held in Singapore Jan. 1938) as that of the south-eastern region of China has not yet been determined until now. The recent discoveries in this region including that of Hot'ien as dealt with in this paper, however, have provided many valuable evidences to this hypothesis.

Hot'ien, a town at the centre of a small basin, is situated in the district of Changting, southwestern Fukien. Taking the hint of three stone arrowheads appeared in a plantation in Hotien, the writer started a work of investigation over 20 days at the end of 1955 and found 10 neolithic sites on parts of the hills around the town. The basin covers an area of 5 kilometres from east to west and the same distance from north to south. The sites form 3 groups: the 1st group lies at the northeastern hills, the 2nd group at the north western hills, while the 3rd group at the further western hills, The artifacts consist of the stone implements and potsherds scattering upon the hill tops and slopes. The centres of the artifacts are probably the sites of human habitation during neolithic age though the materials of buildings have already disappeared and even the surface earth consisting the cultural layer has been washed down away from the tops and slopes of the hills.

The artifacts are so abundant that this site of Hotien may be taken as one of the very rare neolithic sites with large quantity of artifacts ever found in China; and hence the hypothesis of a "printed geometric-designed pottery culture" of the prehistoric south-eastern China may be supported with such a strong evidence.

Among the artifacts, the stone implements consist of adzes, arrow-heads, chisels, axes, knives, awls, spear-heads, stone "kuo" (something like dagger hafted horizontaly), grind stones etc. amounting to a number of 1310 pieces, most of which are polished while the rest are finely chipped though unpolished implements. The adze of common type ranks first in number with a figure of 357 pieces, Stone arrow-head is the second in number, its figure is 183 pieces. The third one is 90 pieces of adzes of oval shape in cross-section, while the fourth one is 83 pieces of stepped adzes. The stepped adze or stufenbeil, a special type of very important meaning, nearly unknown in northern China and unearthed only in the south-eastern provinces, appeared in so large a number in Hotien that exceeds the combined number of this type ever found in other sites.

The other artifact is the pottery which consists of 20 pieces of "pottery prints", 7 weaving wheels and 1605 pieces of potsherds selected from the numerous pieces in the sites: The "pottery prints" are square or oblong blocks with incised geometric designs on one or more surfaces; they were used roy the neolithic potters for pressing geometric designs on the surfaces of the potteries. The pottery-print sheds a light to the study of the method of production of printed geometric-designed pottery. Though Hotien is not the first site giving the pottery prints, it contributes the largest number of it. The prints and the potsherds show 17 kinds of geometric designs which were invented to decorate the potteries; and such decoration made the pottery of south-eastern region different from that of the other two neolithic cultures in China.

The study of the chronology of the neolithic age of Fukien province as well as that of the whole south-eastern region of China becomes easier through the addition of the rich materials from Hotien. Based upon myformer finds in Fukien together with that of Hotien the low or limit of neolithic age is supposed to be 1000 B. C. or later in various localities of

Fukien according to their condition of communication. Though at about 1000 B. C. the bronze culture might come from the north, the stone implements were by no means possible to be forsaken immediately and had to be used continuously until 500—200 B. C. respectively in various parts of Fukien. As compared with that of Northern China, the lower limit of the neolithic age of Fukien might be 1000 years later; such calculation is quite reasonable in my opinion.

As regards to the people who made and used such artifacts I proposed formerly that the neolithic dweller of Fukien was the Yüeh stock, which also occupied the whole south-eastern region of China. Suggested by the resemblances of neolithic culture and present physical characterestics between the people of south-eastern China and that of Malaysia, it is not unreasonable to suspect that the Malayan stock might bear some cultural or even racial relationship with south-eastern Chinese, during neolithic age.

Inferences may be made further regarding the origin and diffusion of such a neolithic culture which Fukien belongs too. In the southeastern region of China, including the present provinces of Fukien, Kwangtung, Chekiang, Kiangsi, existed during neolithic age a specific culture which consists of the printed geometric-designed pottery and the stepped adze (and probably the shouldered stone axe too) as its characteristics. Both the printed geometric-designed pottery and the stepped adze might originate in this region and started to diffuse in all directions. The printed geometric-designed pottery extended northwardly to the north bank of Yangtze river, westwardly to the provinces of Hunan etc. southwardly to Indochina and Malaysia and even eastwardly to the island of Taiwan. While the stepped adzes might make a travel in a more restricted direction and chiefly to Taiwan Is. and therefrom to Philippine, Borneo and Celebes, finally entered many Polynesian islands. Such inferences are drawn from the fact that the Fukien stepped adzes reveal three progressive types: firstly an original type with a protruded back only, secondly a matured type with two steps appeared on the back, and finally a higher type with two steps of different thickness and even a chamfer between the'steps. The first two types are to be used by holding with human hand, while the third one is possible to be hafted with a branch having a horizontal fork on it; the thickness added on the former part of the adze together with the chamfer are made with the object of holding the string binding the adze more strictly. Evidently the stepped adze originated and developed from the original type to the higher one in the south-eastern region of Chinese continent; while that of Taiwan Is. ,Philippine Is. ,Celebes Is. ,Borneo Is. and Polynesian Islands being of higher type, and lacking the specimens of lower type for tracing their origin, might be derived from the South-eastern part of Chinese continent.

中国东南区新石器文化特征之一：有段石锛

一、引言

（一）有段石锛是中国东南区新石器文化的重要特征

中国东南区的新石器时代文化与他地有同有异，其明显的差异之一，是有一种特殊的石器即有段石锛。有段石锛发现在东南区最多，在华北东部还略有少数发现，在华北西部便未曾发现过。因在华北极其罕见，故华北的仰韶文化或龙山文化都不曾涉及这种石器，因此在中国的石器时代考古学中这种石器几乎没有地位；可是在东南一带数省中这种石器却很常见，已经可当作这一带有代表性的石器。这种石器数量虽不像普通石锛之多，但在这一地带却处处都有，普通石锛在东南区虽多，但在华北却也有少数，故不能当作东南新石器时代的特征。其他石器如石镞等也不是东南区特有的，只有有段石锛确有地方性，而可当作这一带的特征物。研究我国的新石器时代文化，如不提东南区是不够的，要提东南区而不知道注意有段石锛也是不能指出要点的。

但是由于这一种石器从来很少受到注意，因此明白提出者还是不多。在解放前发现的是以别种名称出现，或只当做普通的石锛，或更简单地称为石斧。解放后发现很多，著者在论文中早已正式用有段石锛来称它，其后各地同志们也渐渐采用这名，现在这名已有多人知道，但是各地采集和研究古物的人恐怕也还有不甚注意这种石器的。要把它和普通石锛分别开来，方能藉以了解东南区的新石器时代状况，普通石锛在二三十年前也常被误称为石斧，现在大家都知道区别，这是很好的，在研究学问上不能不正名。

（二）有段石锛是国际性的科学问题

有段石锛在华北极为少见，但在南洋太平洋诸岛广大地方却有很多，其形状和中国东南区的很相像，几乎难以区别。南洋、菲律宾、苏拉威西都有这种有段石锛,太平洋中玻里尼西亚诸岛也有这种东西。研究那些地方的考古学家方在推究这种石器的来源,有人也推测到亚洲大陆来,以为这种石器或者和大陆有关。但以前大陆上,尤其是华南地方发现还少,还难和外国发现的这种石器比较,因之这种石器来源问题未能解决。现在我国已发现了不少,正可以提出来和外国的比较研究,以解决东南亚以至太平洋新石器时代文化的来源问题,间接还牵涉到人种迁移的问题。

(三)这种石器的用法用途及其形制的解释

有段石锛是形制奇特的一种石器,它的形状似普通石锛,常是长方的扁形物,刃口斜削似铁锛也即刨刀状,这是和普通石锛相同之处,它的特殊处在于背面,即刃口斜上所向的一面,不像正面的平,而是中部隆起,成一条横脊将背面分为前后二部分,前部较厚,后部较薄,看起来像二个阶段,因此称为有段石锛。一般的石斧都是二面相同,都是平的,只有这种有段石锛两面不同。因其形制特别,故在我国二三十年前初发现时不能了解其使用法及用于何事。1929年著者由台湾圆山贝冢所得的数件,带到南京,当时的考古学家都不晓得其使用法,即一面有分段的意义。其后著者忆及在菲律宾时曾见过很多,又由民族学书中见太平洋诸岛土人有使用一种加柄的石器,取图来对照,果然和台湾的很相像,因此知道这种石器是装柄使用的。其柄是有曲叉的,将有段石锛装于曲叉上用绳扎牢,形如小锹。使用法是知道了,但这种装柄的石器究竟用于何事,当时发现太少,无从推测,还有这种石器是怎样发展成立的也不能理解。这些问题不但在我国,便在外国也还未解决清楚。现在我国既然发现很多,对于这些问题也就可以试行研究。

(四)有段石锛的名称

有段石锛不像石斧普遍于世界各处的人类,而是限于某几所地方,在初时没有世界通用的名称,而只有各地方研究者各自提出的名称,因此其名称很多,到现在也还不能说已经完全一致。这些名称在研究者都应知道,方能搜罗无遗。这些名称中也应选择一个最合适的来共同采用,以免今后继续混乱。这种石器名称有下列几种。1929年著者采集台湾的数件还不晓得其名称,只归于石锛一类中,注明其背面有棱[1]。1936年浙江杭州古荡发现新石器时代遗物中也有数件是有段石锛,但当时的报告也只称为石锛。1937年杭州良渚镇发现新石器遗址中也有这种石器,常时称为石凿、石钺或石戈。1937年作者和朋友在福建武平发现新石器遗址中也有这种石器,当时只在英文报告中称为 chamfered adze，即有沟纹的石锛；又曾在另一文中称为隆脊石锛。1932年发表的香港南丫岛新石器时代遗址报告称这种石器为 stepped axe，即有段石斧。1937 年广东海丰新石器时代遗址报告中称为 unguiform adze，即爪形石锛。台湾发现的在日本人研究者有称为圆山式片刃石器的。菲律宾的称为 Luzon adze 即吕宋石锛，或 Philippinc adze 即菲律宾石锛，又称 ridged adze 即有脊石锛或 stepped adze 即有段石锛。太平洋诸岛发现的据研究者海尼·格尔顿氏（Robert Heine-Geldern）称为 stufenbeil 即 stepped adze 意为有段石锛，但也有人称太平洋的有段石锛为 tanged adze 即有柄石锛。以上许多名称中以海尼·格尔顿氏所定的名称德文 stufenbeil，英文 stepped adze 为最适合。一因他是最早的发现者，二因这个名称可包括各种形态的有段石锛，如有脊的、爪形的都不够，用地名如圆山式片刃石器或菲律宾石锛也不合，称为石锛是无区别，称为石钺根本不同类。但这个德文或英文名称翻为日文或中文时，常被译作有段石斧或有段石凿，日文书中常称有段石斧。著者以为这字原应译为锛，因决定它译为有段石锛。《科学通报》1950 年第 1 卷第 7 期清江石器、陶片报告之末也曾提及。这个名称在我国近年来的考古报告上已渐被采用了。

由上面所说，有段石锛是研究我国东南区新石器时代的重要文物，也是研究东南亚以至太平洋诸岛的国际性重要古物。研究的结果不但可以了解我国东南区的新石器时代文化，也可以帮助了解东南亚以至太平洋诸岛的古代状况。但因其发现较迟，且偏于东南一带，故不很受国人的注意。本篇是作者过去二三十年来的小结，文中所说的话因资料还不很充足，还不敢自以为便是定论，不过写出来可以引起同志们对于这个问题的注意而已。

二、有段石锛在东南海岛及太平洋诸岛的发现

如上所说，有段石锛在大陆的发现比较东南方海岛及太平洋诸岛的发现为迟，因此要研究这种古物不可只限于大陆上的资料，而应当先参考南洋太平洋诸岛发现的东西，以及他们研究的结果。现在先就最远的发现说起。

（一）太平洋中玻里尼西亚诸岛的发现

太平洋诸岛发现有段石锛是最早的，以前西欧初期航海家发现玻里尼西亚诸岛时，见这里的人还在使用石器，到了后来虽已改用铁器，但还晓得石器的使用法。玻里尼西亚诸岛没有生产金属物，故以前的生产工具和武器都是用石、贝、牙、骨、木料做的，其中最重要的是石锛，都是磨光的，即属新石器。

石锛都是装柄使用(图版二,1),故又称为有柄石锛(tanged adze),又因这种有柄石锛在玻里尼西亚诸岛最多,所以又有玻里尼西亚型石锛(Polynesian adze)之称。最初研究玻里尼西亚诸岛有段石锛的海尼·格尔顿氏(Heine Geldern)提出有段石锛的名称,据他说有段石锛散布于玻里尼西亚的很多岛屿上,如夏威夷、马奎萨斯(Marquesas Is.)、社会岛(Society Is.)、库克群岛(Cook Is.)、奥斯突拉尔岛(Austral Is.)、塔希地岛(Tahiti Is.)、查森姆岛(Chatham Is.)、新西兰(图版叁,5)。在三毛亚诸岛比较少见,在以西诸岛未见。太平洋东部的复活节岛(Easter Is.)也有,甚至在南美洲的厄瓜多尔也有。玻里尼西亚诸岛的有段石锛的形状是中脊很高,二段分明,身也比较狭长,便于装柄,可以说是发展很高的有段石锛。锛身有横剖面四角的,有三角的,有圆的。锛头扎柄处有雕刻得很精致的。研究者有人根据其形状还分为数个种类。玻里尼西亚诸岛的有段石锛形状和菲律宾的很为相像,甚至和相隔很远的中国大陆东南区的也有很相似的。本文末附图玻里尼西亚有段石锛的侧面图、有段石锛装柄图,和中国大陆东南区的比较,充分表现是大同小异的东西。玻里尼西亚有段石锛来源问题是考古学上,也是民族学上的一个未决的奇异问题,须和其他有段石锛问题一起研究,待下文第四节里讨论[2]。

(二)菲律宾的发现

菲律宾也是发现多量有段石锛的地方(图版一,Ⅲ.Ⅳ)。发现及研究者拜耶氏(H. O. Beyer),在菲律宾采集了近万件的石锛,据说有40%～50%是有段的。他说因为有段石锛在菲律宾有这样多,所以南洋考古学者荷兰人卡伦费尔氏(S. Calllenfels)和他本人在1928年便替这种石器取了一个名称为"菲律宾石锛"(the Philippine adze)。据拜耶的研究,菲律宾在新石器时代中期最先发生了一种"有脊的石锛"(ridged adze),即在锛的背面有一横脊,其后变成为"有柄的石锛"(tanged adze),即在锛后部斜削减薄可以装柄。到了新石器时代后期,有柄石锛的装柄之处再被雕得深凹,而成为"早期的有段石锛"(early stepped adze),最后则装柄处是被锯成直角形的一个缺口,更便于装柄扎绳,于是便成为发展完满的"菲律宾式有段石锛"了(fully developed Philippine stepped adze)。拜耶氏所称为有段石锛是比较高级的有段石锛(图版二,4),他所谓有脊石锛和有柄石锛自说是有段石锛的祖型,其实也都是可包括在广义的有段石锛之内。菲律宾的有段石锛发现既早,数量又多,初时被认为只限于菲律宾才有,故有吕宋石锛、菲律宾石锛之称。因未曾和别地的比较,故对其源流无从解释。1929年英国人类学家迪克逊氏(R. B. Dixon),经过马尼拉时参观拜耶氏所采集庞大数目的菲律宾石器,发见其中有很像玻里尼西亚的石器(指有段石锛)。海尼·格尔顿氏认为太平洋的有段石锛是得自菲律宾。拜耶氏也肯定的说菲律宾的有段石锛向东传到玻里尼西亚,而更发展其装柄的使用法。到了台湾、香港、海丰、武平的有段石锛发现后,更有很多人都承认菲律宾的有段石锛是和台湾及大陆有关。在下文第四节内详述,这里从略[3]。

(三)苏拉威西及北婆罗洲的发现

苏拉威西(旧称西里伯)的敏那哈萨(Minahasa)地方,曾发现有段石锛(图版二,6),形状很像菲律宾的。两地相近当然是和菲律宾的同一系统。北婆罗洲也曾发现有段石锛。菲律宾、苏拉威西、北婆罗洲是南洋的东部,至于西部便没有有段石锛[4]。

(四)台湾的发现

台湾的石器时代研究,早在四五十年前便由日本人开始,但只是零星的个人的研究,直到第二次世界大战前还不曾有大规模的研究。台湾石器之内也有不少的有段石锛,但主要是在台湾北部,尤以圆山贝冢内最多。初期的研究者不曾给它一个特殊名称,后来才有,如宫本延人把它称为"圆山式片刃石器",国分直一等则称它为有段石斧。片刃的意思便是指其刀口斜削。虽称为石斧其实是锛。作者在1929年曾采集到数件,报告中只称为有棱石锛。1935年又采集有段石锛七件,久未发表。据宫本延人的研究,说圆山式片刃石器是刃形如刨,其背上有脊或山形的隆起以便装柄扎绳。石质多属石板岩及砂岩,大小自2~10厘米以上。形状比较一般石锛较为狭长,也是为装柄的便利起见。第二次世界大战前拜耶氏曾赠送菲律宾的表示三阶段有段石锛于台湾的日本考古学家,后比较起来,认为台湾的有段石锛可合于菲律宾的中期或后期。抗战前在台湾的日本考古学家研究台湾有段石锛的源流,不但认为和菲律宾有关,还推测是由中国大陆传播过去,但因未见大陆的发现,故未能断定。作者因曾到台北圆山采集并参观过台湾博物馆和台北帝国大学的土俗人种学陈列室(1929年,1935年),对台湾的石器时代古迹古物略有所知。发现大陆的有段石锛后,比较起来,觉得台湾的有段石锛确是应起源于大陆,曾著《台湾新石器时代遗物的研究》发表这项意见[5](图版三,1~4)。

远至南美洲也曾发现有段石锛,但为数极少,大约是由太平洋传播过去的,故不是主要产地。在南洋除了上举的菲律宾苏拉威西和北婆罗洲之外,其他如爪哇苏门答腊诸岛都没有,澳洲也没有。所以南洋只限于东部方有有段石锛,其散布范围不大。在太平洋是由夏威夷到新西兰都有,但西北部却没有。菲律宾可说是最盛的地方。

三、有段石锛在大陆上的发现

在大陆上发现最多的地方是东南数省,西南尚少见,华北稀有。现在便就东南区讲起,以次及于少见的地方。

(一)香港的发现

最先发现有段石锛的地方是香港及其附近小岛。香港虽是岛,但因紧接在大陆的旁边,不能作孤立的海岛看,而应当附属于大陆。香港东南方有一个南丫岛,又名舶寮洲,在1932年及以前即由英国考古学者芬氏(D. J. Finn)发现新石器时代遗址,是在海滨的贝冢,里面有石器、陶器甚至铜器等物。芬氏加以研究写成论文13篇,发表于香港大学的学报上(自1932—1936年方毕)。据芬氏的研究,石器中有段石斧(即锛)(图版五,3)在南丫岛采集16件,香港本岛一件,他说很像菲律宾和苏拉威西的。此外香港还有一种"有肩有段石锛"(shouldered and stepped adze),其锛的后部比前部(即刃部)稍为狭窄,有点不像肩,这种特殊形石器除香港外,只见于海丰县,台湾南洋也不见[6]。香港本岛也曾发现新石器时代遗物,英人斯各菲氏(W. Schofield)加以研究,在参加1938年的远东史前学家大会时宣读一篇论文,其石器中也有有段石锛[7]。1937年作者曾到香港参观过芬氏所发现的石器、陶器,并曾到南丫岛考察该贝冢遗址。据作者所见,香港的有段石锛确是和菲律宾玻里尼西亚的相像,但和武平、台湾的似乎更为相像,因为香港、武平、台湾的还没有像菲律宾的最高级的有段石锛,其发展程度比菲律宾、玻里尼西亚的低些。

(二)杭州古荡和杭县良渚镇的发现

香港发现有段石锛时大陆上还未发现,或有发现也未受注意。到1936年浙江西湖博物馆在杭州古荡发现新石器时代遗址,其石器中有二件实是有段石锛,但当时写报告者只称为石锛,大约因当时有段石锛的名词还未被介绍到国内。据当时出版的报告书石器第4件和第34件都是石锛状,但背部都有一道隆起的横脊,将背面分为二段。二件都很厚,第4件较短,照片表现其侧面。第34件较长,照片是正面和一侧,其背部虽不明显,但也可以看出是隆凸的。这二件明是有段石锛,是无可疑的[8]。1937年吴越史地研究会在杭县良渚镇发现新石器时代遗址,据发表的报告图版一图B石凿一件,背上脊很高,实是有段石锛。又图版四A、B、C、D四件石戈(钺)比较扁平,背上都有横脊而分为二段,但因摄影不好不能表现出后段是低于前的,反像是高于前段的。该报告中说:"这次良渚镇所发现石器里面,一种是向所未见的,现据铜器中古铁形式暂名为钺(戈),此类石器因发现极多,因此更使人注意。其形状略与石锛相符。从这类石器上观察,大约是从石锛所演化而加以修饰的。是否戈字即由代表这种石器的产地而来(金文中越字作戉,甲骨中亦屡见戈字),尚不能断而已。"[9]同时吴越史地研究会另出一本《吴越文化论丛》,封面上印了一件"石戈"的侧面图,书中卫聚贤写的一篇《吴越释名》说:"越即钺字,为斧钺之钺。钺在黄河流域新石器时代遗址中尚未发现,在浙江境内,杭州的古荡,杭县的良渚,湖州的钱山漾,均有石钺出现,是钺为浙江古民族所发明"。又附记"封面钺系杭县良渚镇发现的石钺,钺为侧面形"。卫氏在另一篇说:"戈字古字即像钺……是越国当以产钺出名。"按良渚的四件"石钺"实是有段石锛的高级型,其装柄的缺口非常整齐,似是用石锯锯成的,像菲律宾的高级有段石锛一样。这种石器一面平,一面分为二段,后段比前段(有刃的)小,而且也比前段薄,说明是有段石锛。如说是石钺,钺应是两面都一样的平,不应两面不同,而且钺应是活的,这种石器却多是狭长的,故这一种决定不是石钺,而是有段石锛。在上举卫氏的第二篇文中,又说古荡出有石戈,还绘了一个侧面简图,即上述装柄处的一段是锯成深入的直角形缺口,即像菲律宾的高级有段石锛一样。同时又在文末附一件石戈照片,其实那一件便是良渚的四件石钺的第三件,即C件。卫氏说石戈是吴越发明的,后来由殷人带去北方。将有段石锛猜为石戈,在形状上比较石钺像一点,但也不十分像,因为戈也是两面都平,而且用时两面是向左右。古荡良渚发现的这些石器,都是一面平一面隆起有脊且分二段,装起柄来应用时,是背面向天正面向地,所以也不像戈。而且像铜戈形状的石戈在东南区已有发现,故不能以良渚古荡的那些石钺称为石戈,而应称为有段石锛[10]。古荡和良渚发现有段石锛是大陆上最早的发现,原是很重要的,可惜不曾参考香港、台湾、菲律宾等地所发现的,致未能鉴定为有段石锛,却误猜为石钺、石戈,致失去了真相(图版六,1～6)。

(三)福建武平的发现

1937年作者和梁惠溥、雷泽光等发现闽西武平县的新石器遗址中有有段石锛三件,其中大的一件身狭长,便于装柄,中的一件稍扁阔,也可装柄,小的一件形更短阔。当时已知这种形式的石锛和台湾、菲律宾的相像,颇知注意,但当时写报告却称它为隆脊石锛,未能即断为有段石锛。在1938年1月,新加坡召开的远东史学家第三届大会上,作者宣读一篇英文论文说"一种石锛在背上有隆凸的棱,很像香港、台湾、菲律宾、玻里尼西亚发现的,在杭州也曾发现其变体"[11]。这篇论文即发表在该会特刊,但中文的较详细的报告却因在抗战时期无从发表,故国内大都不曾知道,直到1956年才被印出来来[12](图版四,1)。

(四)广东海丰的发现

1938年意大利人麦尼奥尼氏(R. Magnioni)发表他在海丰发现新石器时代遗址的论文于《香港大学校刊》,当时曾和作者在远东史学学会上相遇,曾交换过石器、陶片。据论文所说海丰也有有段石锛和有肩有段石锛(图版五,4),其物很像香港发现的。他也不用有段石锛的名,而另取一个特殊名称,即unguiform adze,意义便是指甲形石锛,他说这是一种石锛,其形状像一个指头上面有指甲。他用这个名称是专就其背面而言,背面分为二段,其装柄而较薄的一段有点像指上的甲。这个英文原名也可译为爪形,因此译为中文时便是爪形石锛[13]。后来翦伯赞著《中国史纲》中便用这名,认为爪形石斧是南太平洋系人种的主要遗物,他能这样注重这种石器是有见识的,只是名称不对而已[14]。

抗战前只有以上四处曾发现有段石锛,发现地少,故遗物也少。各发现者研究者也未曾互相联系,而只各自发挥其个人意见,如杭州的发现者猜为石铖,要藉以说明越人便是发明石铖的民族;海丰的发现被翦伯赞特别采用以说明南太平洋系人种;武平的发现,在作者则用以联系浙、闽、粤和台湾、菲律宾、太平洋,认为可证明这些地方在石器时代曾互相传播(见下文第四节引证),究因数据薄弱未曾发生很大影响。在抗战期及以后无新发现,到了解放以后方有长足的进步。以下便叙述解放后的发现。

(五)长汀的发现

长汀的发现在数量上和性质上都很重要,对于有段石锛的研究是主要关键,故独立一条来说。作者在1937年发现武平的遗址后,即推测长汀应当也有石器时代的遗址。抗战过后于1948年由长汀县河田区的农场间接获得一件石镞,证实我的推测。到了1955年底,再听得那边苗圃又有所获,我便前去考察。在那边工作了二十多天,发现十处遗址,都在小山上,采集得石器1310件及陶印模、陶片等很多。这些石器之中有有段石锛83件,其中完整的58件,破缺的25件(图版肆,2)。有段石锛的发现在这一次可以说非常之多。长汀有段石锛数量之多，可以证明福建以至整个东南区都富于这种石器，而这种石器真可为东南区的特征物。其次长汀的有段石锛数量既多，表现的形式也可分为两种。和国内别地发现的一起研究，更可证明国内的有段石锛是有三种型式，即三个阶段。南洋及玻里尼西亚等地的有段石锛原曾被分为三种，也即三个阶段，其型式也和国内的相类。以前外国考古学家如拜耶氏等说有段石锛的来源或者与中国大陆有关，但未敢断定。抗战前的杭州、武平、海丰、香港等处的发现，已可以肯定海外的有段石锛与大陆有关，惜为数太少，尚未能断定是起源于大陆的，这次长汀发现这样多，便可以证明有段石锛的发源地，便是大陆东南区即闽粤浙赣诸省[15]。

（六）福建其他地方的发现

福建西北部的光泽县也发现有段石锛不少。1954年及1955年由福建省文物管理委员会派员调查，结果采集到大批石器，其中石锛数量很多（图版五，1）。石锛有三种，以有段石锛为最多。有段石锛大的长16，厚2，顶宽4.5，刃宽6.5厘米。最小的长4.5厘米。刃部都成直线[16]。

闽北地方还有1954年在福州市东郊横屿由作者采集得未磨的有段石锛一件。作者又在闽侯11县昙石山采集已磨光的一件（图版四，5），又华东文物工作队发掘得一件。

莆田县于1956年会由福建省文管会、厦大人类博物馆及莆田文化部门调查发现新石器时代遗址，采集的石器之中也有有段石锛数件[17]。仙游县也继之发现新石器时代遗址，其中也有有段石锛。

永春县在1956年厦大考古实习时，也发现新石器时代遗址，其中也有有段石锛。南安县在1956年、1957年也由厦大人类博物馆发现，其中有段石锛也有数件。惠安县在1957年也发现有段石锛。漳浦县也于1957年发现一件有段石锛（图版四，3），是很典型的。这些遗物都在厦大人类博物馆。

以上证明福建凡是发现新石器遗址的地方，其中常有有段石锛。

（七）广东的发现

1956年饶宗颐发表自1941年以来在韩江流域所发现的新石器时代遗址，其中也有有段石锛[18]。1955年冬，广东文物管理委员会在潮阳一带发现新石器时代遗址多处，其中石器28件之中，便有有段石锛6件，报告中说："有段石锛共六件（残一件），磨制，器形与上述石锛相仿，惟器之中部均有一个至数个的段。"[19]韩江流域潮阳等地南和海丰相近，北接福建南部，发现新石器时代遗址,其中且有有段石锛,可以证明闽粤沿海一带都有有段石锛,这是很重要的。

广东南部据以前香港发现的推测,也应有不少有段石锛,但少见发表,惟海南岛石器之中据说有段石锛二件"都是有段偏刃的"[20]。又近讯宝安也发现有段石锛四件。

(八)江西的发现

江西省也发现有段石锛不少,赣江流域很多县份都有石器时代遗物,其中发现最多的是清江县。据发现者饶惠元君 1950 年发表最初所发现遗物之中有石锛四件,其中一件是"方形锛"。文末编者安志敏君注"此器背起横脊,以受曲柄,日人称为有段石斧,形态学上可归入锛类,实用为锄"。可见当时已发现有段石锛。其后于 1956 年发表的清江新石器时代遗址一文中,石锛共发现 185 件,分为三式:第三式是有段石锛 98 件,其中完整的 61 件。器身作长条形,一面平直带偏刃,平口,一面中部隆起成段,柄带圆曲(也有中部隆起,无显著的段的)。图版二,6 的一件是发展很高度的有段石锛,第 10 图的一件前后段的厚薄相差很多,也证明是发展很高的。这都可以证明有段石锛在大陆上已经发展到高级型,不是到海外才发生高级型[21](图版七,1、2)。

(九)浙江的发现

抗战前浙江是大陆上最先发现有段石锛的地方,原已可证浙江也是有段石锛的产地。解放后浙江文物管理委员会调查钱塘江流域五个县,也发现不少新石器时代遗址,其中也有有段石锛。如吴兴钱山漾,据说"石锛是所有石器中保存得最为完整的,中小型特别多,有段"。余姚茅湖,"石器包括有段石锛"[21],该文附图第七便是有段石锛,但因是照正面,背面的段未见。作者曾到浙江省博物馆参观,见有有段石锛数件,曾请该馆代为摄影,后曾寄来。由那些有段石锛观之,几乎都是前后段厚薄差得很多,制工精致的高级型(图版六,5)。

华东文物工作队于 1954 年发表的《四年来华东区的发现》中说,解收后浙江各地也发现了许多处的新石器时代遗址,其中老和山县发掘的(老和山即以前所谓古荡)。据说:"老和山在石器中部分锛的形制最为特别,一头厚,一头稍薄,厚的一头带刃,与稍薄的一头相接处成阶梯的形状。这稍薄的一头大致是安柄的,因此可以揣测这种锛的安柄法,是柄与器成一直线。"这便是指有段石锛,其附图十一有二件石器,其段很明[23]。报告中所说这种石器一头厚一头薄,可见是二段厚薄很明,是高级型的有段石锛。南京博物院中所陈列浙江有段石锛,确是这样的形状。又厦大人类博物馆曾买得浙江出土的有段石锛一件,也属这种形式。由以上所说,可见浙江的有段石锛已进到高级型了。浙南温州最近也发现有段石锛[24]。

(十)江苏的发现

江苏也曾发现有段石锛。据南京博物院工作组报告,1953年在新沂县花厅村发现新石器时代遗址,其遗物中也发现"有段石锛"一件。附图六诸石器中有一件也是二段厚薄分明的有段石锛[25]。江苏省文物管理委员会也于1956年发表在无锡锡山公园中发现新石器时代遗址,中有石凿附图所示一件也是有段石锛[26]。近讯丹徒葛村也发现有段石锛一件,也是高级型[27]。又太湖底,近也有发现[28]。在南京博物院所陈列江苏省的有段石锛,也像浙江的一样,多属前后段厚薄不等的,可见江苏的有段石锛也已进到高级型。江苏的有段石锛数量比浙江的更少。

(十一)安徽的发现

1937年发表的安徽寿县新石器时代遗址报告中,记载在庙旭子发现一件小石锛,说"上有榫"。由附图(第二十七)观之,背面分前后段,厚薄很明,实在便是有段石锛,且属高级型[29](图版七,4)。安徽和江苏、浙江相接,其发现有段石锛也是合理的,但其数也更少了。

(十二)华北的发现

华北各省极罕见有段石锛,但也不是绝对绝迹,不过其数极少,不及华中,更远不及华南。以前1912年西人劳弗尔氏(B. Laufer)著《中国古玉研究》(Jade)一书,书中图版第十一中有数件称为石锤(stone hammers)的照片(图版七,3),其第一件明是有段石锛的背面和侧面的摄影。说明是山东出土的。书中说"这一件最有趣,因为它表现为中国铁制木匠工具的原理,其刃由中部斜向口部"[30]。抗战前河南渑池县的仰韶村遗址发现的石器中,第十五号一件也像是有段石锛。东北地方如旅顺、大连,据日本人说也曾发现。解放后河南据说也曾发现有段石锛。

以上各地方的发现都只是根据已发表的,故材料一定还不完全,还应有许多未发表的,或已发表而作者未见的。由以上各地目前已发现的资料看来,可见这种有段石锛是以福建、广东、江西为最多,浙江次之,江苏又次之,安徽更少,华北东部极稀,华北西部未见。长江流域中部和西南也罕见。由此可见这种有段石锛确是大陆东南区即闽、粤、赣、浙一带的特征物,这是可以决定的。再从不曾发现有段石锛外国地方言之,如印度支那、印度、马来亚、印度尼西亚西部诸岛、澳洲都没有这种石器。朝鲜、日本据说有一种抉入石斧,但和有段石锛颇有差异,故不应合于有段石锛内。由此可见有段石锛的散布是限于上述中国东南区(包括台湾、海南岛、香港等地)、马来西亚东部和玻里尼西亚诸岛。

四、有段石锛的发生地点及散布地方

如上所说,有段石锛散布的地方这样广大,主要的产地有如上述。这些地方发现的这种石器究竟是各自发生,或者是由少数或一处地方发生,然后传播于其他地方?这不但是我国考古学上的一个问题,也是国际考古学上的一个问题。因为玻里尼西亚、菲律宾等海外地方还是先发现的,而且也先经研究的,可以先举外国考古学家的意见来作参考。日本的考古学家祢津正志说:有段石斧和有肩石斧的分布及时代是相同的,其形态究竟是模仿什么,或者由什么发展而成,现在是不明白的。有人说它是从印度、缅甸方面发生,也未可知[31]。英国的南洋历史家温士特(Winstedt)说:菲律宾的有段石锛或者是由东部传入[32]。

1929年英国民族学家迪克逊氏(R. B. Dixon)经过菲律宾参观了拜耶氏采集的庞大数目的菲律宾石器,觉得其中有很像玻里尼西亚的石器的。

研究东南亚考古学民族学最久的德国学者海尼·格尔顿氏,(Robert Heine Geldern),说有段石锛应是由台湾传到菲律宾再到苏拉威西。他又推求玻里尼西亚的有段石锛是由南洋群岛传去,玻里尼西亚的有段石锛的同类物可以在中国中南部、印度支那和吕宋岛期待。他在1937年又发表《中国及东南亚的佛教以前的美术及其对大洋洲的影响》一篇论文,其中又指出中国和玻里尼西亚都有有段石锛的事实,以为大洋洲的古文化有些是起源于中国。海尼·格尔顿氏推究东南亚有史以前的文化和人种的来源,提出北来说,他说在新石器时代便有一种使用澳亚系语言(Austroasiatic speech),而体质上属于蒙古利亚种的民族,由不知哪里迁移到印度支那、华南大陆沿海、台湾、菲律宾和苏拉威西。他又说散布在东南亚太平一带的方角形石斧原是出自华北,而有段石锛宝是方角石斧演变而成的[33]。

日本学者研究太平洋有段石斧很精的鹿野忠雄说:有段石斧(即锛)或者起源于越南东京地方,东进到华南华中,台湾的有段石斧明是和华南华中大陆有关,菲律宾的有段石斧究竟是和华南华中有关或直接由越南东京传来,还待将来研究。他又说:玻里尼西亚的有段石斧或者是由华南华中的民族及文化移动而传到,当时华南仍有土著民族。华南古文化研究的重要性不但对东南亚,甚至对玻里尼西亚都有关系[34]。

菲律宾的人类学考古学家拜耶氏(H. O. Beyer),也赞同太平洋的有段石锛是由菲律宾传去,至于菲律宾的则是由大陆传去。他说:"菲律宾与玻里尼西亚之间的关系已经充分地研究过了,现在的问题是菲律宾与华南的关系。在海丰、香港以及福建南部台湾诸处的发现,都表示与菲律宾是有关系的。"又说:"因为印度支那和马来西亚中南部都不曾发现过有段石锛,菲律宾或者是这种石器传去太平洋的通路。"又说:"当新石器时代中期,有脊石锛的初型或者是由满洲、华北或华中传到海丰香港一带,其后也到了吕宋岛。……最初原始型的有柄的石锛或者真是海丰香港一带的产物,这种有柄石锛再传到吕宋岛,其后再经发展方成为夏威夷和东玻里尼西亚的型式。其通路或者由吕宋到棉兰荖,然后由棉兰荖向东传去。……不论有脊的或有柄的都是由吕宋传去太平洋诸岛,在新石器时代后期达到了夏威夷以至新西兰。……过渡期和早期有段石锛发现在大陆和台湾,虽是数量不多。……过渡期型式和台湾的过渡期和早期有段型式却使我认为有段石锛实是大陆产物,不过大量发展是在菲律宾而已。……到了新石器时代后期华北仰韶文化的穿孔和锯石的技术由华南或印度支那传到吕宋岛的巴坦卡(Batanga),其时约在纪元前800—前250年。有段石锛的制造受了影响,其后段被锯得很深,因此发生高级型的菲律宾式有段石锛。"[35]

以上各人的话有一个相同之处,便是认为这些地方的有段石锛不是各自发生,而是互相传播。究竟有段石锛是各地自己发生,或者从其中一个或少数地方发生,然后传于其他地方?这一点应当先行决定。原来文化人类学上讨论一种文化物质的发生与传播分为二派。第一派主张各民族都会自己发明,不必外面传入,这叫独立发明说。第二派主张世界上每种物质发明、风俗制度常由一个或少数民族发明,然后传于别族,这叫传播论。由历史唯物主义观之,这二派说都是推到极端,如第一派主张世界上的文化物质都是各族自己发明,绝无文化传播的事;又如第二派主张世界上只有一个或极少数民族能够发明,其余的都只能接受传播,这都是不合事实的。要断定一种物质文化是各族自己发生,或由于传播,须看其具体的事实,不能凭一条理论硬性决定。有段石锛究竟是各处自行发明,或由某处最先发明,然后流传开来,也是要看其能否合于具体的事实。由事实看,世界上某种物质文化,若是各处都有,而其性质又是简单的,例如一般常见的石器像石斧、石锤、石切割器等,应当是各地都能自己发明,但如比较复杂的石器,而其散布地方是限于某一片地面的,应当

是由其中某一地点发生,然后流传于别地。有段石锛是属于第二类的,应是由某一地方先发生,然后传播开来,其理由如下:

1. 有段石锛是复杂的东西,不是简单的东西。没有确定形态的石锛是简单的东西,方角石锛便是比较复杂的石锛。有段石锛据海尼·格尔顿氏说:原是由方角石锛演变而成,当然更为复杂。这样复杂的东西应以由一处发生,然后流传开来比较合理。

2. 由散布地方言之。有段石锛主要在大陆东南区以及台湾、菲律宾、苏拉威西、玻里尼西亚等地,此外其他地方便没有,或极少见。如说各地都会自己发生,为什么只限于这一片地方会发生,世界上其他更大片地方都不会发生?可见这种特殊形式的石器只有在这一片地方中某一地点发生然后流传开来。流传的东西常不能普及全世界,而有一个范围,故有段石锛也有一定的范围。

3. 由各地有段石锛的比较言之。各地的都很相像,如大陆上与台湾的菲律宾的甚至玻里尼西亚的都很相像。

4. 在石器时代人类常是移动的,不会长住在一处。由于民族大迁移,人类物质文化也随而传播,这是合于古代社会的事实的,不能以后代人的眼光来看古代。

5. 有段石锛的散布范围中有许多小岛,隔以大洋,似乎很难传播。但是那些小岛既然人类能到,当然石器便能随人类而传去,这是无问题的。

由以上言之,可见有段石锛应是由一大片地方的某一个地方发生,然后流传开来。不过根源虽出自一处,但这种石器传到某一地方,该地便也发生地方色彩,在某一方面特别发展,因之和原来的地方也有些小异。例如菲律宾的多有明显的分段,玻里尼西亚的在装柄上更为发展。

有段石锛究竟由哪一地点发生呢? 以前研究者的意见,最初常只限于发现的一处小范围内,如菲律宾的有段石锛便推为在菲律宾发生,故有菲律宾石锛之称。玻里尼西亚的也被认为玻里尼西亚发生的,故有玻里尼西亚石斧之称。其后各处发现多了,便推测有个共同起源,如太平洋的便被推为由菲律宾传去。台湾发现了也被推测与菲律宾有关,但是谁先谁后还待解决。香港海丰发现后,有人认为是菲律宾的有段石锛的"反激"(back-wash),意思是由菲律宾传播影响。杭州、武平发现后,作者于1938年于远东史前学会第三届大会论文中指出中国大陆发现的有段石锛和台湾、菲律宾甚至玻里尼西亚很相像,又说中国大陆东南部的史前文化与华北有异,而和南方的马来西亚以及玻里尼西亚有关。自抗战前大陆方面发现有段石锛后,研究南洋太平洋的考古学者如上文所举的诸人也都各自提出大陆起源说。如海尼·格尔顿氏说佛教前的中国文化曾传到太平洋诸岛,拜耶氏也说有段石锛的原始型或初期有段型应在中国大陆发生,然后传于菲律宾,在菲律宾再发生了高级型。日本人研究台湾有段石锛的也说是出自大陆。综合了上举外国研究者的说法,多数认为有段石锛是出自大陆。但究竟出自大陆的哪一部分,是华北或华南或印度支那?又有段石锛的某形式或全部是出自大陆或海外各岛?又由大陆经由哪一条路流传于各岛?以上这些细节还未十分明确。作者由于自己的发现并参考国内外别人的研究,提出意见如下:

(一)有段石锛是出自亚洲大陆

然后流传于台湾、菲律宾和玻里尼西亚,其理由如下:

1. 由时间言之。亚洲大陆新石器时代的终止约在三四千年前,台湾在一千余年前,菲律宾约在一二千年前,太平洋玻里尼西亚诸岛更近,约在三四百年前。应由文化久远的地方发生,传于文化落后的地方,不应由文化落后的地方发生,然后传于文化久远的地方。如说由太平洋中的海岛发生然后传到菲律宾,再由菲律宾传到亚洲大陆,那便是犯了时代上的错误。

2. 由地理言之。原始时代的文化常是由大陆上大地方发生,然后传于小海岛,极罕有从小海岛发生后传于大陆的。

3. 由人种的迁移趋势言之。亚洲大陆是古时人类发生地方,人种迁移的摇篮,在亚洲北部发生了蒙古利亚种即黄种,以后一批一批屡次向南迁移,第一批是蒙古利亚种海洋系(Oceanic Mongoloid),由亚洲北部到中国大陆,再南下到南洋群岛,最后再由南洋群岛东部向东迁移到玻里尼西亚各岛去。这一批便成为南洋群岛的马来族(广义),并为玻里尼西亚混合民族的主要成分。民族的迁移既然是由大陆到海岛,当然其文化也是同样的。

4. 由有段石锛的发展阶段言之。有段石锛是有阶段的,初级阶段多的地方应是比高级阶段多的地方为早。大体言之,大陆上的型式是以初级、中级阶段的为多,菲律宾、太平洋的以高级的为多,故应是大陆发生然后传于海岛。

(二)有段石锛究竟是在大陆上哪一地方发生

作者以为应是在中国大陆东南区即闽、粤、浙、赣和苏、皖一带地方发生,然后北向传于华北、东北,东南面传于台湾、菲律宾以至玻里尼西亚诸岛。其理由如下:

1. 由发现地及发现多少言之。最密之处是闽、粤、赣,次为浙江,再次为江苏,安徽更少,山东、河南、东北都很罕见,华北西部未见,长江流域中部及西南也罕见,印度支那也罕见,马来半岛和印度尼西亚西部也没有,印度、西亚、欧洲都没有。这样看来应是在中国东南区发生,然后传于北方和东南方海外。

印度支那是有肩石斧发生的地方，但却没有有段石锛，中国西南也罕有，可见有段石锛不是印度支那发生的，而是中国大陆东南区发生的。

2. 由民族上的联系言之。有段石锛散布的地方如菲律宾和台湾的土著都是马来族，太平洋诸岛的土人也由马来族混合而成。马来族原是由蒙古利亚种海洋系迁到南洋而变成。在中国东南区闽、粤、赣、浙的古民族是百越族，这一族据作者研究或即是蒙古利亚种海洋系留居在中国东南区者[36]。这样看来制造和使用有段石锛的各民族，在种族上也应是互有关系的民族，即同属蒙古利亚种海洋系，但也只是蒙古利亚种海洋系的一部分还不是全部。有段石锛中国东南区发现最多，而有时这一区都是百越族的住地，这不能说是偶然的事，而应该认为是有原因的，所以有段石锛应当是古代百越族的文化物质，也便是发生在中国东南区的。

3. 由有段石锛的发展阶段言之。在大陆上各地发现的有段石锛也有前后的阶段，在闽、粤、赣的多属初级阶段和中级阶段，少有高级阶段，在浙江、江苏等处发现的便有高级阶段。可见有段石锛应是在闽、粤、赣发生，发展到有高级阶段然后向北方及海外发展。

（三）有段石锛是怎样向海外发展的

有段石锛既是大陆发生的，究竟是怎样越过海洋传到台湾岛、菲律宾和玻里尼西亚诸岛，它的路线是怎样的？试为推测如下：

1. 台湾应是由闽粤过去。台湾距离大陆很近，只有100余海里，古书说在福建东面海里晴天还可依稀望见台湾的远山。三国时发见台湾，其时台湾的土人还在石器时代，推测台湾的开始有人类或者约在3000年前，有某种民族如矮黑人或其他民族由菲律宾进入台湾，但由西方大陆方面也可能在同时或稍后，有闽粤土人古越族于海里捞鱼时被大风或海流漂到台湾，因而互相混合成为后来的高山族。闽粤在3000年前还在新石器时代，由时间算来是相当的。闽粤与台湾之间还有澎湖诸岛，此外在澎湖与大陆之间海上又有大海滩，可见在中途还有过渡之处，一段一段引到台湾非无可能。闽粤古时土人既能漂流过去，当然新石器时代的石器、陶器技术也可能带去。现在隔一衣带水的两地都发现相类的石器、陶器，如有段石锛、有肩石斧、印纹陶、变相的彩陶黑陶，这是有其理由的[37]。

2. 菲律宾应是由台湾或由广东往东沙群岛等处移去。研究菲律宾石器时代最久的拜耶氏，也承认菲律宾的新石器文化是由中国大陆传去，他说有段石锛的初期阶段是在中国南方海岸即指香港海丰等处[38]。但大陆与菲律宾相距很远，只有借经台湾或东沙群岛。现在台湾即发现很多有段石锛和有肩石斧，这二者和菲律宾很相类，当然可以推论入菲律宾的路径是经台湾。

3. 苏拉威西和北婆罗洲是由菲律宾传去。这二处发现有段石锛还不如菲律宾之多，但其物也和菲律宾的相类，故应是由菲律宾传去的。

4. 玻里尼西亚诸岛也应是由菲律宾移去。移去玻里尼西亚诸岛的时间应更迟，或者到了1000余年前才由菲律宾移去，因为菲律宾的新石器时代或者迟到1000余年前才完全结束，而太平洋诸岛远隔重洋也需有较进步的造船航海技术才能到，所以也以1000余年前为相当[39]。

五、有段石锛的发明发展及用途

有段石锛不是普遍于全世界的东西，故关于其发明发展及用途等事，还少有论及。现在试说明如下：

（一）有段石锛的发明

有段石锛是怎样发生的？是否由于人类要将石锛装柄才发明有段石锛？我想不是，有段石锛的装柄是后期的事，初期的有段石锛是不装柄的。我由于考察遗址中石器制造场所并观察有段石锛的形状而悟到有段石锛的发明。有段石锛是由一般的即常型石锛演变而成。常型石锛的制造有些是用大石敲破为一块一块的原料而制成的，这一种原料不会发生有段石锛，因为这样制成的石锛是二面都平的。还有一种原料是用溪流中的小石卵加工制为常型石锛，这是会引导到有段石锛的。因为小石卵制石锛常只须敲去一片使其成为平面，这即是正面。至于另一面是不一定须要敲平的，它如不太隆凸，而只是微凸，便可以保留不动而成为石锛的背面。这一种一面平一面微凸的石锛是常有的。到了新石器时代后期，人类喜欢将石器全体磨光，便连背面也磨光，因此微凸的会磨成二个平面，中间成一条脊，于是便成为有段石锛的初型。初时这种初型的有段石锛使用起来和常型石锛无分别，也是手握。其后由于别种有柄器物的暗示，觉得这种有段石锛也可以装柄，于是便选取比较狭长的装在有曲叉的木柄上，用绳将有段石锛的后段和木柄扎连在一起，这才发生了扎柄的有段石锛。为要使绳不易脱落，乃逐渐将后段敲磨得比前段薄些，或将中脊的棱加高些，或者在中脊的棱下锯成一条小沟，这样便可限制绳子的溜脱，到这时有段石锛便成为一种独立的型式，不再附属于常型石锛了[40]。

(二) 有段石锛的发展步骤三阶段

有段石锛是复杂的东西，其发展的步骤当然会成为几个阶段。同是有段石锛，其型式还有细别的差异，这不但在不同地方是这样，便在同一地方也会发现。这些差异便是阶段的不同。如上文所说，有段石锛由无装柄进到有装柄，这便是不同的阶段。作者以前在福建长汀县新石器时代一文中曾提出三阶段之说，但所依据的不是只限于长汀一处的资料，而是根据国内外许多地方的资料，并参考别人的学说才来决定。菲律宾发现有段石锛很多，研究者拜耶氏也将它们分为三型即三阶段，第一是初期物，分段不很明显，第二中期物，段的磨制较深，第三后期物，有极明显的分段，是用石锯锯成的。他认为菲律宾的有脊的石锛（ridged adze）是初期的东西，玻里尼西亚的有柄的石锛（tanged, adze）之祖，又说海丰、香港的有段石锛是过渡型（transitional type）。又说有一种"真正菲律宾的有段石锛"（true Philippine stepped adze），是指一种有段石锛，其段是用石锯锯得很深的，他说这是菲律宾有段石锛中最高级的东西，是在菲律宾发生的，不曾传到别地方去[41]。

有段石锛的形式细别有几种，精细不同，装柄的便利不同，故研究者常会分别为几个阶段，这是在研究上有必要的。作者以前提出了三个阶段，现在也仍是认为有三个阶段，但这三个阶段的内容拟略加修改，说明如下：

第一阶段初级型：以前称为原始型，是指背面圆凸尚未分段的石锛。因为这一种既未分段，它虽是有段石锛之祖，但也不应即算作有段石锛。现在的初级型是指已经有了一个中脊，将背面分为二段，这二段厚薄一样的。这便是最先发生的有段石锛，用处还是和常型石锛一样，手提不装柄。这一种在闽粤或者赣省发现都很多，其他地方如台湾、菲律宾也有，但似比较少。有脊石锛也应属此型。

第二阶段成熟型：以前是指已有分段而言，现在要指更进一步而有明显的分段，有脊或有沟，可以装柄者，国内外各地都有这型，玻里尼西亚的有柄石锛即属此型。

第三阶段高级型：是用石锯将有段石锛的后部装柄处锯成很深凹，使后段（即装柄处）比前段较薄，又棱角很整齐的一种很精致又很便于装柄的有段石锛。这一种在菲律宾最多，在台湾较少，在大陆上闽粤也少见，在浙江、江苏的有段石锛却多属这种型式。浙江在抗战前良渚的发现中所谓石钺的，便是这一型式。又浙江博物馆现在陈列品中也有这样的，曾寄来照片，可看附图。又厦大人类博物馆所藏浙江二件也是这种形状。以前拜耶氏说只有菲律宾方有，现在可知大陆上也有这一型式。

以上三种型式，分属三个阶段，但这三种型式却不一定分属三个时代。当然在第一阶段的时代，还无第二、第三阶段的东西，但在第二阶段应该还有第一阶段的东西，第三阶段发生后也仍应还有第一、第二阶段的东西，因为前期的东西或技术是会遗留到后代，而且第一、第二型式比较简单易制，虽已发生了第三型式，也有时可以制第一、第二型式的东西。发现有段石锛的一个地点，或甚至一个遗址层，会发现不同型式的东西，便是由此；如说只可以发现一种型式，恐不合于事实。

（三）有段石锛的使用法及其用途

有段石锛的初级型还不能装柄，只是像常型石锛一样手握使用。成熟型便可以装柄使用。它的装柄使用法比较难以想到，但如参考太平洋南洋诸岛便易于了解。作者初获得台湾的有段石锛时不晓其使用法，也由参考玻里尼西亚的有段石锛而知晓。这种装柄的使用法到了南洋和太平洋诸岛更为盛行，其柄有的还装得很美观，而有多种样式。凡是这种石器的柄必是由树上取一段树枝，将其枝及所连的干节取一段下来，将干剖去一半，扎上石锛，执枝作柄，枝末加绳使粗便可用了。古人的装柄方法大约也差不多。

有段石锛是很特别的东西，其用途一定是比常型石锛的更进一步。石锛加了柄当然更能增加工作效力和工作便利。按玻里尼西亚诸岛，据说因其地无金属物，其生产工具和武器都是用石器骨角等，而以有段石锛为最重要。其地土人的制造小艇和雕制木器都是用有段石锛[42]。各处石器时代的人类都已有小船，即独木舟，其制法是将一大段的树干在中腰处用火烧焦，然后刳去其焦炭，刳的工具可用石斧或常型石锛，但如将石锛加柄，用起来一定更为便利而有力。又如制造木的容器如木桶、木箱、木臼等，也用同样的火烧石刳的方法，所以有段石锛实是很有用的工具。这种工具在各处都可用，但在沿海地方或岛屿地方，有需要造独木舟之处，尤其需要。太平洋诸岛和南洋所以多有装柄的石锛或者便是由于这种原因。我国大陆上有这种有段石锛的地方也大部分是在沿海或近溪流之处，当时或者也常用这种有段石锛于造独木舟也有可能。这种有段石锛装起柄来，形状有点像石锄，因此也有人疑是农具，其实有段石锛都不很大，且刃部是偏刃的不很薄，用以锄地无甚效力，不及用于手工艺上，故有段石锛应是手工工具而不是农具。

（四）有段石锛在后代的影响

石器时代过去，到了铜器时代或铁器时代，石锛是不必再用了，但人类却用了锛形的铜器或铁器,像有段石锛的样装在柄上应用。其作用也比刳木上的焦炭而进一步而直接刳刻本身。这种工具在南洋很多。我国在铜器时代也有一种铜制的锛,一头有长方形的孔可装柄,锛的一面平一面稍凸,刃口也斜削,这种铜锛应当也是装柄使用的,其柄也应当是像有段石锛的弯曲状。这种铜锛在华北有,在福建光泽也曾出土(图版八,1、2)。古人常以斧斤并称,斤的形状据雪堂所藏古器物图,便是锛状,故这种铜锛在古时可知是称为斤。到了铁器时代,也用铁作锛,装在屈曲的柄上使用,这是很多地方都有的木匠工具,名称各地不同,福建的称为"掘斧"。这种铁制的木工具可以说是有段石锛遗留到现在的影响。现在都已经成为世界通行的东西了。

注释

[1] 林惠祥:《台湾番族之原始文化》。

[2] 鹿野忠雄:《ポリシヤの所谓柄附石斧ど其の起源》。H. O. Beyer: *Philippine and East Asian Archaeology*. Hein-Geldern 原著:日译东南アジヤの民族ど文化。

[3] H. O. Beyer: *Philippine and East Asian Archaeology*. Beyer etc: *History of the Orient*.

[4] Van der Hoop 原著,日译:インドネシヤヤの原始文化。

[5] 宫本延人:《台湾先史时代概说》;国分直一:有肩石斧有段石斧及び黑陶文化;林惠祥:《台湾新石器时代遗物的研究》。

[6] D. J. Finn: Archaeological Finds on Lamma Island near Hong Kong.

[7] *Far East Prehistorians* 内香港一篇。

[8] 《杭州古荡新石器时代遗址之试探报告》。

[9] 何天行:《杭县良渚镇之石器与黑陶》。

[10] 《吴越文化论丛》。

[11] Lin Huihsiang: A "Neolithic Site in Wuping, Fukien" in The Proceedings of the 3rd Congress of Far Eastern Prehistorians.

[12] 林惠祥:《福建武平县新石器时代遗址》。

[13] R. Magnioni: Archaeological Finds in Hoifung.

[14] 翦伯赞:《中国史纲》上册。

[15] 厦门大学人类博物馆林惠祥:《福建长汀河田新石器时代遗址的调查》、《考古学报》1957年第1期;又《福建长汀县河田区新石器时代遗址》,《厦门大学学报》1957年第1期。

[16] 福建省文物管理委员会林钊:《福建光泽新石器时代遗址的调查》,《考古学报》1957年第1期。

[17] 莆田县文化科:《莆田县新石器时代遗址概况》。

[18] 饶宗颐:《韩江流域史前遗址及其文化》。

[19] 广东省文物管理委员会:《广东潮阳县新石器时代遗址调查简报》。

[20] 容观琼:《海南岛黎族区发现的新石器》,《考古通讯》1956年第2期。
[21] 饶惠元:《江西清江樟树镇东南牛头山和大姑山发现的石器和陶片》,《科学通报》第1卷第7期;《江西清江的新石器时代遗址》,《考古学报》1956年第2期。
[22] 浙江省文物管理委员会:《钱塘江流域五个县的几处古遗址初步调查》。
[23] 华东文物工作队:《四年来华东区的文物工作及其重要的发现》,《文物参考资料》1954年第8期。
[24] 《浙江温州附近的新石器时代遗存》,《考古通讯》1956年第6期。
[25] 南京博物院新沂工作组:《新沂花厅村新石器时代遗址概况》。
[26] 江苏省文物管理委员会:《江苏无锡锡山公园古遗址清理简报》。
[27] 《江苏丹徒葛村新石器时代遗址探掘记》,《考古通讯》1957年第5期。
[28] 《江苏太湖底发现石器》,《文物参考资料》1957年第11期。
[29] 王湘:《安徽寿县史前遗址调查报告》,《中国考古学报》第2册。
[30] B. Laufer: *Jade, A Study in Chinese Archaeology and Religion*.
[31] 祢津正志:《印度支那の原始文明》。
[32] R. O. Winstedt: *A History of Malaya*, p. 9.
[33] 鹿野忠雄:《ポリネシヤの所謂柄附石斧と其の起源》。
[34] 同上。
[35] H. O. Beyer: *Philippine and East Asian Archaeology*.
[36] 林惠祥:《中国民族史·百越系》;《南洋马来族与华南古民族的关系》。
[37] 林惠祥:《台湾石器时代遗物的研究》;国分直一,同上文。
[38] Beyer,同上书;国分直一,同上书。
[39] Beyer,同上书;鹿野忠雄:《ポリネシヤの所謂柄附石斧と其の起源》。
[40] 林惠祥:《福建长汀县河田区新石器时代遗址》。
[41] Beyer,同上书;国分直一,同上文。
[42] British Museum: *Handbook on the Ethnographical Collection*, p. 156.

(《考古学报》1958年第3期)

图版一

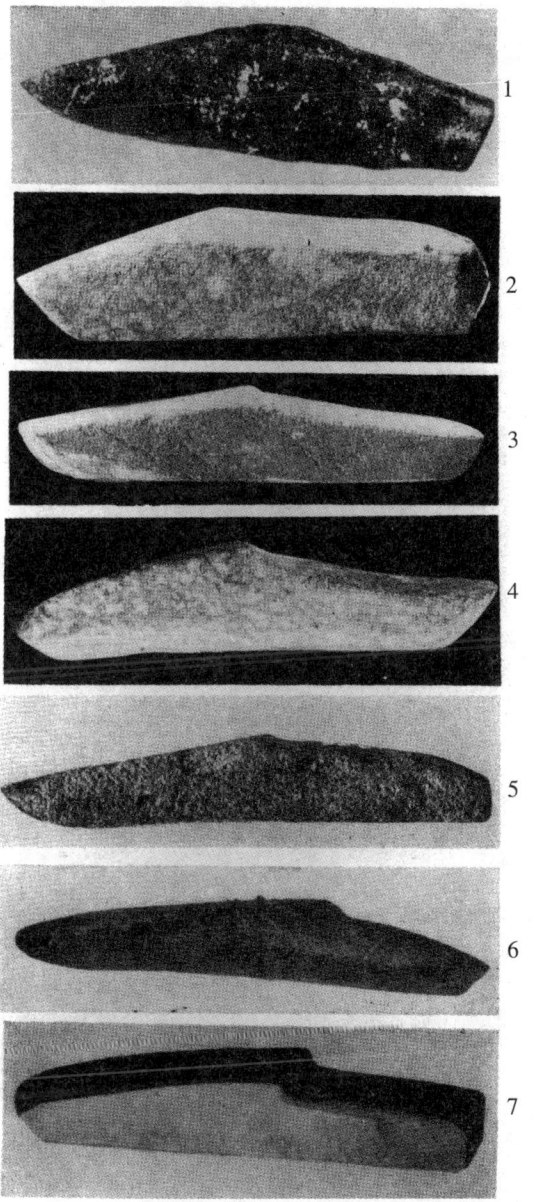

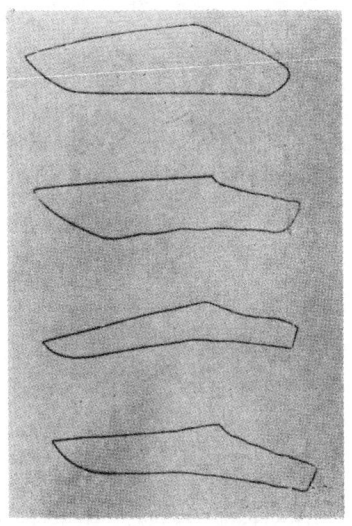

Ⅱ. 夏威夷有段石锛侧面
（由 Beyer: *Philippine and East Asian Archaeology*）

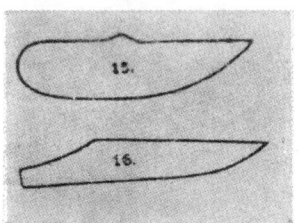

Ⅲ. 菲律宾新石器时代中期的有脊石锛、有柄石锛

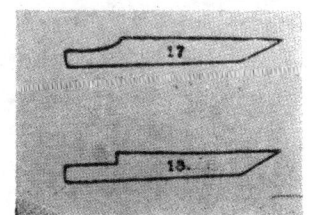

Ⅳ. 菲律宾新石器时代后期的有段石锛（同上书）

Ⅰ. 中国东南区有段石锛的侧面

1、2. 初级型（1.浙江良渚，2.福建长汀），3、4、5、6. 成熟型（3、4.福建长汀，5.江西清江，6.浙江），7. 高级型（浙江）。
说明：所指出土地点，并非表示该地一定属型。

图版二

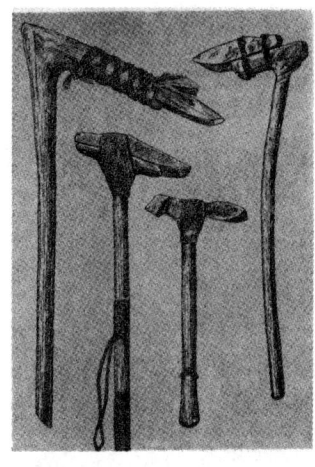

1. 玻里尼西亚有段石锛装柄
（由 Wallis, Introduction to Anthropology）

2. 大赫岛有段石锛装柄
（由 British Museum: Handbook to the Ethnographical Collections）

3. 太平洋有段石锛装柄
（a.夏威夷, b.罗杜玛, c.牛厄, d.奥斯突拉, 由 1 同书）

5. 有段石锛木柄的取法
（由 Hoop 原著:《インドネシヤヤの原始文化》）

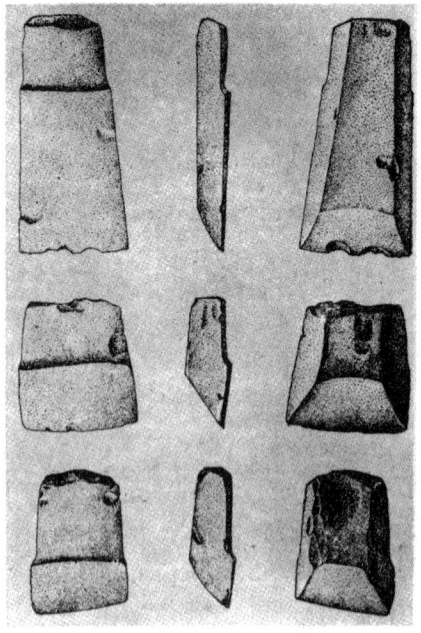

4. 菲律宾的高级有段石锛
（3件，左.背面，中.侧面，右.正同）
（由 Beyer 同上书）

6. 苏拉威西的有段石锛
（1件，左.正面，中.背面，右.侧面）
（由《台湾文化论丛》）

图版三

中国东南区新石器文化特征之一：有段石锛

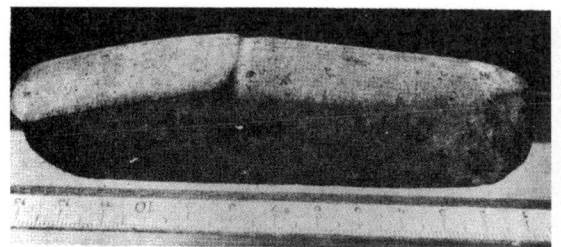

1. 台湾有段石锛（长14厘米，厦大人类博物馆）

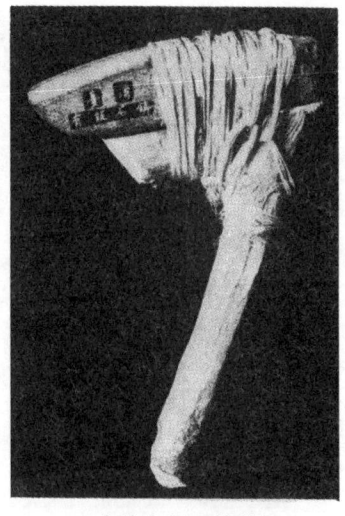

2. 台湾有段石锛装柄
（即1图的锛）

3. 台湾有段石锛（中、小号）（厦大人类博物馆）

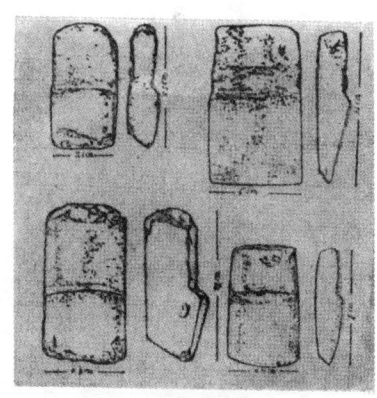

4. 台湾有段石锛
（由《台湾文化论丛》）

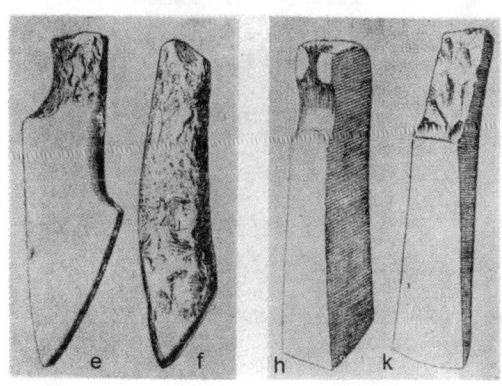

5. 玻里尼西亚诸岛有段石锛
（e.大赫岛, f.新西兰, h.Chatham, k.夏威夷,
由 British Museum 一书）

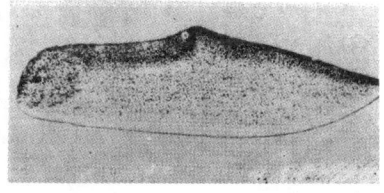

6. 菲律宾的有段石锛（即初期有段石锛，由 Beyer 同上书）

图版四

1.福建武平有段石锛装柄

2.福建长汀有段石锛装柄

3.武平小号有段石锛正、侧面

3.福建漳浦有段石锛正、侧面
（长 12.3 厘米，厦大人类博物馆藏）

5.福建闽侯有段石锛
（长 5.6 厘米，厦大人类博物馆藏）

图版五

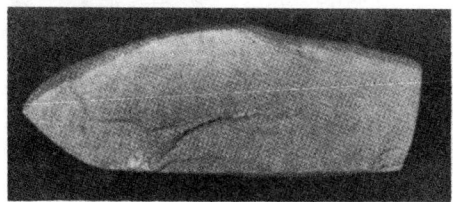

2.福建晋江有段石锛侧面
（厦大人类博物馆藏）

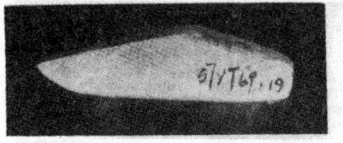

1.福建光泽有段石锛侧面（2件）
（福建文管会藏）

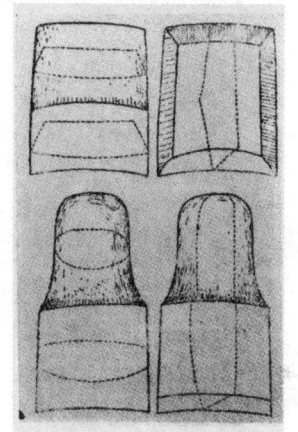

4.广东海丰有段石锛（2件）
（由 Maglioni Archaeological Finds in Hoifung）

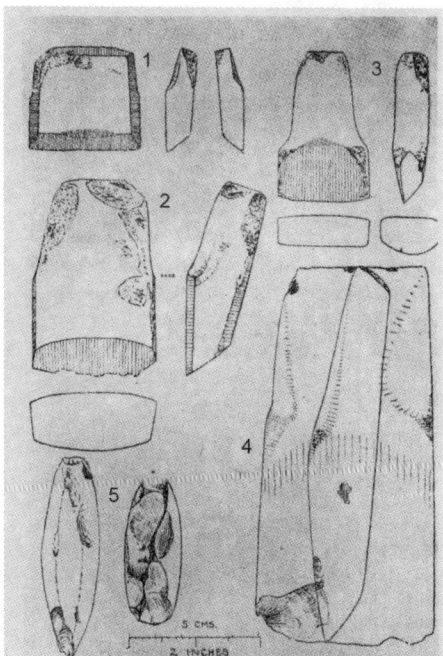

3.香港有段石锛（4件，5不是）
（Finn: Archaeological Finds on Lamma Is. near Hongkong）

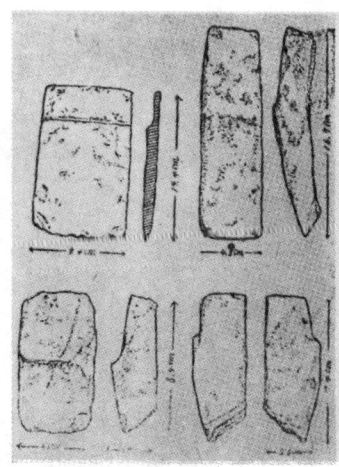

5.浙江有段石锛（4件）
（在西湖博物馆，由松本信广：《江南考古》）

图版六

1. 浙江良渚的高级型有段石锛
（原称石钺，由《良渚之石器与黑陶》）

2. 浙江古荡的初级型有段石锛（原始石锛）
（由《杭州古荡新石器时代遗址之试探报告》）

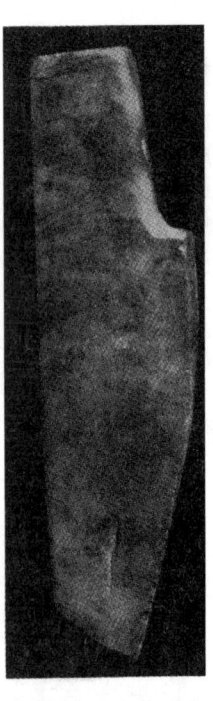

3. 浙江的高级型有段石锛侧面（长10.8厘米，厦大人类博物馆藏）

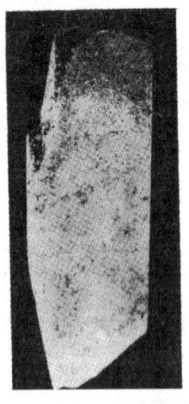

4. 浙江古荡有段石锛侧面（原称石锛，长7.6厘米，由2书）

5. 浙江高级有段石锛
（浙江博物馆藏）

6. 杭州老和山有段石锛
（南京博物院藏，《文参》1954年第8期）

图版七

1. 江西清江有段石锛(1)
（由《考古学报》1956 年第 2 期）

2. 江西清江有段石锛(2)
（由《考古学报》1956 年第 2 期）

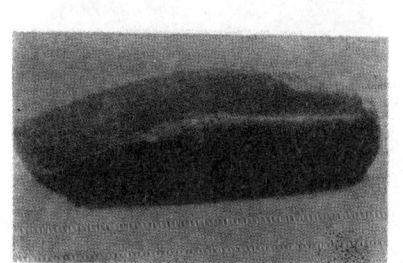

3. 山东有段石锛(原称石锤)
（由 Laufer:Chinese Jades）

4. 安徽寿县有段石锛
（由《中国考古学报》第二册）

图版八

1. 华北出土古铜斤（即有柄铜斧）
（由雪堂所藏《古器物图》）

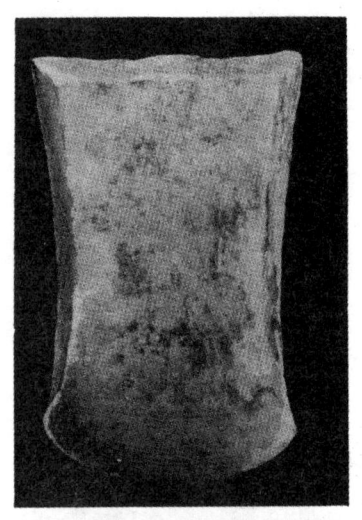

2. 福建光泽出土古铜斤
（福建文管会藏）

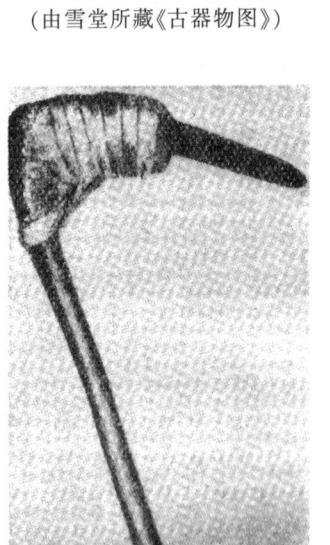

3. 安达曼岛现代用有柄铁锛
（由 Heine-Geldern 原著：《东南アジヤの民族と文化》）

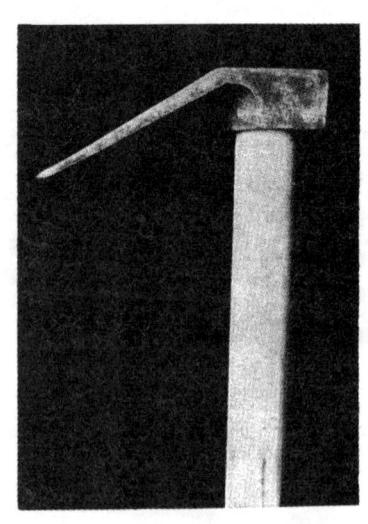

4. 现代用铁制斧（即有段铁斧）

STEPPED ADZE: ONE OF THE CHARACTERISTICS OF THE NEOLITHIC CULTURE IN THE SOUTH-EASTERN REGION OF CHINA

by

LIN Hui HSIANG

The Ethnographical Museum of the University of Amoy

(AN ABSTRACT)

I. The Significance of the Problem

1. The prehistoric archaeology of China has not yet recognized the definite characteriscics of the Neolithic culture in the south-eastern region of China, though some discoveries were made as early as about thirty years ago. With the help of many new materials excavated since after the Liberation in 1949, the author makes the first serious attempt to solve this problem. He advances the theory that the characteristics of the Neolithic culture in the south-eastern region of China may well prove to be the stepped adze and the pottery with printed geometric design. As he endeavors to show, the stepped adze has so far been found chiefly in the south-eastern region of China, including Kwangtung, Fukien, Chekiang, Kiangsu and Kiangsi provinces. It has never appeared in the north-western and only very rarely in the north-eastern regions. And there is yet no definite data in this respect regarding the south-western region. According to him, stone axes of the Yangshao type often appeared in the North but very rarely in the south-east. On the other hand, the stone adze of the ordinary type appeared very often in the south-east but to afar less extent in the North. As the stepped adze is manifestly a localized product of the southeast, it seems not unreasonable to regard it as one of the characteristics of this region.

2. The origin and diffusion of the stepped adze have long been an interesting problem. To begin with, it was found in the Philippines, Sulawesi and some Polynesian islands much earlier than in China. The work of other scholars has already established that the stepped adzes found in all these places were the result of diffusion. Polynesia derived it from the Philippines, but where from did the latter got it had been a knotty question before the

stepped adze was discovered on the Chinese continent. Before the Sino-Japanese War, based upon the discoveries in Hongkong, Hoifung (Kwangtung), and Hangchow some foreign archaeologists had already suggested that the stepped adzes of Polynesia and the Philippines might have some connection with the Chinese continent. In his own article "A Neolithic Site in Wuping, Fukien" published in "The proceedings of the Third Congress of the Far Eastern Prehistorians" in 1938, the author also inferred that the prehistoric culture of south-eastern China might be connected with the Philippines and other islands of the South China Sea, if not also with the Polynesian islands.

The stepped adze has been studied earlier by archaeologists in Philippines and Polynesia but some interesting questions are left unanswered, especially those dealing with their origin, develoment, diffusion and remnants. The materials excavated in China will shed much new light on these points.

II. The Discoveries on the Islands of South China Sea and in Polynesia

1. In Philippines——Stepped adzes were found in great abundance in the Philippines which gave rise to the name "the Philippines adzes". They were classified by H. O. Beyer into four stages: 1. Ridged adze, 2. Tanged adze, 3. Early stepped adze, 4. Fully developed Philippines stepped adze. He assigned, the first two to the middle period of the Neolithic Age and the latter two to the late Neolithic. Actually the first two are the predecessors of the latter two and so all four types may be called "stepped adzes", in a broader sense of the word. Professor Heine-Geldern, Beyer and several others believed that the Polynesian stepped adzes were derived from the Philippines. And the Philippines were in turn suspected to have come from the Asian continent but there was not enough evidence to prove it.

2. In Sulawesi and Northern Borneo (Now Kalimantan)-In Minahasa, Sulawesi stepped adzes were also found and their shape resembles those of the philippines. In Northern Borneo the same finding was reported too. Obviously the Stepped adzes of these two places were diffused from the Philippines.

3. In Taiwan——A large number of stepped adzes was collected from the northern part of Taiwan by Japanese scholars before the Sino-Japanese War. In 1921 and 1935 the author himself obtained from Taiwan some

splendid specimens which have been kept until now. The stepped adzes of Taiwan look like those of the Philippines but bear a greater resemblence to those found on the continent. The author has suggested in his earlier article on the Taiwan finds that the stepped adze, the shouldered axe and the pottery with printed geometric design of Taiwan might have been derived from the Chinese continent.

4. In Polynesia——Stepped adzes were first found in Polynesia. More than three hundred years ago European travellers passing through these islands found that the aborigines were still using stepped adzes with handles as one of their chief implements. The well-known archaeologist Robert Heine-Geldern coined the new term "stufenbeil" in German (or "stepped adze" in English), but it was also called "Polynesian adze". Stepped adzes were widely used on Hawaiian Is. Marguesas Is. , Society Is. , Cook Is. , Austral Is. ,Tahiti Is. ,Chathan Is. ,Easter Is. ,New Zealand, etc.

III. The Discoveries in China

1. In Hongkong——From 1932 to 1936 D. J. Finn published his 13 articles entitled "Archaeological Finds on Lamma Island near Hongkong". Among his finds were 17 pieces of stepped adzes. He pointed out that they were quite like those of the Philippines and Sulawesi. In 1937 the author himself visited Lamma island and found that the stepped adzes there look also like those of Taiwan and Fukien. The discovery of Neolithic artifacts in Hongkong was the first of its kind in south-eastern China but Finn appeared to have exaggerated the influence from the North while paying very little attention to the special local features.

2. In Hangchow,Chekiang——In 1936 a Neolithic site was discovered at Kutan near the West Lake of Hangchow. Among the unearthed objects two stepped adze were found but they were simply called adzes in the report in 1937 another Neolithic site was found in Limgtzu which is also in the vicinity of Hangchow. In that report a socalled stone "chisel" is relly a stepped adze of the primary stage and the four pieces of stone "yüeh" are actually stepped adzes of the higher stage. "Yüeh" means big axe and also the name of an ancient tribe in south-eastern China. It had been suggested that the reason why this tribe was called "Yüeh" was because invented and used the stone "yüeh". But the shape of these four pieces of stone implement is very differet from the "yüeh" a fact which seems to discredit the above-mentioned

inference.

3. In Wuping Fukien——In 1937 a Neolithic site was found by the author and his students in Wuping district of south-western Fukien. Three pieces of stepped adzes were found there. Later on an article entitled "A Neolithic Site in Wuping, Fukien" was published by the author in "The Proceedings of the Third Congress of Far Eastern Prehistorian". In that article he mentions that "Another stone adze with a projecting part on the back, in other words, a chamferred adze bears a close resemblence to that of Hongkong, Taiwan, Philippine Islands and Polynesian Islands. A variant form also occurred in Hangchow." And then he makes the following observation:"1. The prehistoric culture of south-eastern China was different from that of North China, being connected with the southern neighbouring peninsulas and islands viz Malaysia or even Polynesian islands." and "2. The people of Yüeh might bear some relationship to the present peoples in Malaysia; though to which specific stock cannot easily be determined at present".

4. Hoifung, Kwangtung——In 1938 R. Magnioni published his work entitled "Archaeological Finds in Hoifung" in which he pointed out that stepped adzes were also found there but a new term "the unguiform adze" was used. The four places listed above are the prehistoric sites where stepped adzes were found before the Sino-Japanese War.

From 1938 to 1949 no such finds had been reported; but since 1950 numerous discoverise of stepped adzes have been made in the south-eastern provinces. They are listed briefly as follows:

5. In Changting, Fukien-From one month's investigation in 1955 the author found that the hills around the town Hot'ten of Changting district in south-western Fukien was a large site of Neolithic Age. Altogether 1310 pieces of stone implements were found there and among them 83 are stepped adzes. The large quantity of stepped adzes found in Changting seems to indicate that it might be just as abundant in other part of south-eastern China as in Changting. And if so, the stepped adze may well be one of the characteristics of the Neolithic culture in south-eastern China.

6. In other districts of Fukien——In Kwangtse district a large number of stepped adzes was found in 1954—1955. Besides, a few pieces have been obtained from each of the following districts: Minho, Pu'tien, Sienyu,

Yungchun, Nan-an, Hwei-an, Changpu, etc. In fact it is possible to find stepped adzes from almost every known Neolithic site in Fukien and this same condition may be expected to exist in the neighbouring provinces.

7. in Kwangtung province——In the Han River valley of northeastern Kwangtung province, especially Ch'aoyang district, the costal region of Hoifung district and the southern part of Pao-an district etc, there have been reports on the discovery of stepped adzes.

8. In Kiangsi province——A big number of stepped adzes nearly as numerous as the Changting find has been found in the district of Chingkiang. The other districts of this province may also yield large quantity of this object in the future.

9. In Chekiang province——Besides the discoveries made before the Sino-Japanese War, there have been many new finds in Chekiang, especially in the northern part of the province. In the southern part, it has been reported in the district of Wenchou. The number of finds in Chekiang is less than in the southern provinces, but most of the shapes of the stepped adzes of Chekiang belong to the higher stage as compared with those of Fukien and Kwangtung.

10. In Kiangsu province——In the districts of Sin-yi, Wusi and Tantu it was reported that a few pieces of stepped adzes were found. The author himself saw some pieces of stepped adzes in the collection of the Nanking museum. The number of stepped adzes found in Kiangsu is less than in Chekiang, but the shapes are nearly the same as those found in Chekiang.

11. In Anhwei province——In Su district one, piece of stepped adze of the higher stage was found in 1937 but it was simply called "adze" in the report.

12. In North China——In Laufer's book on Chinese jade there is picture of four "stone hammers" from Shantung province among which one is in fact a stepped adze. Another among the stone implements from Yangshao in Honan province looks like a stepped adze too.

The sites and number of stepped adzes listed above are certainly less than the actual ones, but it is already sufficient to indicate that many more new finds would be made in the future. The author further suggests, that, in regard to the possible distribution of stepped adzes finds invarious provinces the largest number of finds will be found in such south-eastern provinces as

Kwangtung, Fukien, Kiangsi and Chekiang and that, the further north one goes the lesser will be the number of finds.

IV. The Cradle and Diffusing Areas of Stepped Adzes

1. How is one to explain the fact that the stepped adze appeared in so many places between which there are not only very far distances but also large expanse of seas or ocean? Was the stepped adze independently in various places or did it originate in one place and was later diffused to other places? The author is in favor of the second interpretation as supported by the following reasons:

(1) the stepped adze is not a simple object but a rather complicated one. An ordinary stone axe or adze might be invented independently in many different places, but a stepped adze was not likely to have appeared in a parallel condition.

(2) The stepped adzes found in various places hear striking resemblence among themselves. The continental ones look like the Philippines, the Philippines like the polynesians, but even the Polynesians look like the continental ones.

(3) The places where the stepped adze is found constitute a definite sphere on the face of the globe stretching from the southern region of China to the islands of the South China Sea and Polynesia. Outside of this sphere no such type has ever appeared. It is, therefore, not unreasonable to regard it as having originated in one place but later being diffused to the neighboring places.

(4) The seas and oceans are not an absolute obstacle to the diffusion of stone age culture.

The author observes, however, that the shape of the stepped adzes found in various places was often localized to some extent.

2. Where was the cradle of the stepped adzes relying on his own studies and the work of other scholars, the author is of the opinion that the stepped adze was first originated' on the Chinese continent but was later diffused to the South China Sea and even Polynesian islands. His reasoning is as follows:

(1) Based on chronology. The Neolithic Age came to an end on the Chinese continent much earlier than on the islands. Hence, a Stone implement could not very well have started from the prehistoric South China

Sea islands and later became adopted by the people of the continent in historic time.

(2) Based on geography. It was usually not the island but, rather, the continent which was the cradle of human culture.

(3). Based on the tendency of ethnical migration. Asia was the cradle of human beings and the ancestors of the South China Sea islanders must have come the Asian continent too.

(4) Based on the stages of the stepped adzes: Most of the stepped adzes of the continent belong to the primary stage while that of the islanders belong to the higher stage.

3. From which part of the Chinese continent did the stepped adze originate? The author thinks that it originated in the south-eastern region of China viz. Kwangtung Fukien, Kiangsi and Chekiang provinces. His reasons are as follows:

(1) Based on the sites and the number of stepped adzes unearthed. Up to the present stepped adzes have been found chiefly in Kwangtung, Fukien and Kiangsi, less frequently in Chekiang, only occasionally in Kiangsu, and very rarely in north-eastern and south-western China. This fact is a strong indication that the stepped adze might have originated in the south-eastern region of China.

(2) Based on the ethnic distribution. The peoples of the Philippines and Sulawesi are Malayans and one of the composite elements of the Polynesians is also malayans. On the Chinese continent the ancient tribe inhibiting the south-eastern region was the Yüeh tribe which, as suggested by the author's study in a previous article, might have ethnic connection with the Malayans. Just as in North China in the Neolithic Age there was the Yangshao culture with its painted pottery and thick stone axe, so in Neolithic south-eastern China we found the Yüeh tribe with is pottery of printed geometric design, the shouldered axe and the stepped adze. This is clearly a case of parallel phenomenon in both ethnical and cultural aspects. Unless the stepped adze was originally the product of Yüeh people, the particular area of distribution of the stepped adze is not easy to explain.

(3) Based on the stages of the stepped adze. On the Chinese continent there are also local differences in the shapes of the stepped adzes. Those found in Kwangtung, Fukien and Kiangsi belong chiefly to the primary or

middle stages while those of Chekiang, Kiangsu and Anhwei are more developed and belong to the higher stage. This may be taken as a good indication that the original one was the product of the south-eastern region of China.

4. How did the stepped adze migrate to the South China Sea islands From the south-eastern region of China the stepped adze migrated both northward and southward. To the north it reached Kiangsu, Anhwei, Honan, Shantung. etc. To the southeast, the islands of the South China Sea and polynesia its southward route might be the following:

(1) To Taiwan: The aborigines of Taiwan are generally regarded as a branch of Malayans who migrated northward from the Philippines, but. as suggested by the author in an earlier article, they had several composite elements one of which might have come from the continent in the Neolithic Age. Not only the stepped adze but also many other Neolithic objects of the continent such as the pottery with printed geometric design, the variant form of painted pottery and the black pottery, as well as the shouldered axe were found in Taiwan. This reveals that some of the Yüeh people in the south-eastern region of the Chinese continent might have reached Taiwan as a result of some natural accidents when they were in their dugouts on the sea during the Neolithic Age.

(2) To Philippines: H. O. Beyer once pointed out that the stepped adze of the primary stage of Philippines might have come from south China. The author endorses this view and suggests further that the way to Philippines might be chiefly through Taiwan.

(3) To Sulawesi and northern Boneo: The stepped adze of these two places were clearly derived from the Philippines.

(4) To Polynesia: it is also obvious that the Polynesian stepped adzes might be diffused from the Philippines but the time was probably much later.

Ⅴ. The invention, Development and Remnants of the Stepped Adzes.

1. The Invention——on the basis of his study of half-completed specimens from known sites. The author has developed a theory regarding the invention of the stepped adze. According to him, the stepped adze was first created without the wooden handle and it was only at a later stage that a handle was added to it. The stepped adze was derived from some ordinary

adze which was made from a small pebble and one face of the adze still kept the original round shape. When this adze was polished naturally on this face there would appear two slopes, transforming it into a stepped adze of the primary stage. Later on the prehistoric man discovered that this implement would become much handier if a handle was attached to it. Thus, the opposite of the cutting edge turned into a tang to which the handle was bound. To prevent the cord which was used for binding from slipping away, the ridge between the two slopes would be made higher or the tang part made deeper and finally two real steps appeared on the back. Moreover, to facilitate binding on the handle, the shape of the stepped adze also became progressively longer and narrower.

2. The Stages of Development——Based on the specimens of various places, the stepped adze may be classified into three groups which at the same time reveal three stages of developments.

(1) The Primary Stage. On the back of stepped adze of this stage there is a cross ridge which divides the back into two parts. This type was still used like the ordinary adze without a handle. It often appeared in the southeastern region of China.

(2) The Mature or Middle Stage. The tang part is specially worked over to make it easier to add a handle by striking and trimming it deeper or making a chamfer at the point between the parts. The shape is also more slender. Such form appears on both the continent and the islands. The ranged adze of Polynesian islands belong to this stage.

(3) The Higher Stage. When the stone sawing method was adopted, the tang part would be sawed much deeper and the margins and corners looked very clear and delicate. Philippines produced many such specimens but this type was not unknown on the Chinese continent. In both Chekiang and Kiangsu most of the stepped adzes are of this type.

Though the stepped adzes are divided into three stages is does not mean that they necessarily exist in three separate periods. During the earlier period, there was. of course, no specimens of the later stages, but in the later period the specimens of earlier stages might be preserved and perhaps still used together with the new types.

3. The Usages of Stepped Adze——In Polynesia it was useful implement employed in hollowing out a dugout and manufacturing wooden utensils. It

might have been used for the same purposes in other places. The ancient Yüeh people of south-eastern China were noted for their skill in boat building and seagoing and it was possible that the stepped adze might have been used by them chiefly in making the dugouts. In addition to this, trees could also be cut down by the stepped adze and their trunk made into many useful domestic objects with the same method.

4. The Remnants of the Stone Stepped Adze——When the Stone Age passed the basic concept of the structure of the stepped adze was preserved and adopted in the making of metal implements. In ancient China there was a bronze tool with the name "chin" which was often mentioned alongside "fu", the axe. The shape of "chin" might resemble the adze except that the former has only a socket but no steps. Hence it may be regarded as a bronze adze and the hafted "chin" might have the same function as the stepped adze. In the Iron Age there has been a carpenter's tool with the name "digging axe" or so which looks just like bronze "chin" and may be regard as another remnant of the stone stepped adze.

香港新石器时代遗物发现追记

（一）南丫岛的踏勘及蛟龙纹陶片的发现

香港南方南丫岛新石器时代遗迹的发现，是在1932年，由考古学者芬氏（D. J. Finn）发掘了很久，曾陆续发表论文多篇在香港大学的《香港自然科学杂志》（*Hong Kong Naturalist*）。我于1937年避日寇之乱到香港暂住时，曾由许地山先生介绍到香港大学参观这批遗物，那时芬氏已死，我想到南丫岛踏勘遗址，便由香港雇了帆船向东南驶去，约经三小时方到。南丫岛又名舶寮洲，实是海中浮起的小洲，很低。该遗址属贝冢（贝丘）之类，是一道沙丘，即在向南的海岸上，距海很近。我和同行的五六人，将沙扒挖看看，果见有贝壳很多，在贝壳堆中找到陶片十余片，当日即回。

这些陶片都属印纹陶，有和福建浙江很相像的。有一片大的，上有芬氏所称为双F字段的花纹，是香港的特殊遗物（第2图），最特别的是另一大片陶片，长5.5厘米，阔5.4厘米，厚0.3～0.6厘米，其上有隆起的纹样，细看是一条长身、长口、有足、有尾的动物形，我拟称之为蛟龙纹。这一种是芬氏的论文中所未曾提到的，也便是未曾发现的。这种蛟龙纹的陶片大约很少，故以前未曾发现。（第1图）

第1图　香港南丫岛发现的蛟龙纹陶片　　第2图　香港南丫岛发现的双F纹陶片

蛟龙是我国人所想象的动物,有许多神话说得非常神奇。其实蛟龙不过是一种爬虫类,长身四足,在远古以前的大爬虫时代曾有不少,后来大爬虫绝了种,只有小的存留,便是鳄和蜥蜴。我国长江以南原有鳄,唐代潮州还有很多。我国浙江至广东一带的越族断发文身,据说原因是要象蛟龙之状以避水中蛟龙之害。我国人很喜欢采用蛟齿的形象,以为装饰艺术之用。这种形象在汉代所绘画或雕刻的还很简单,不过是一条长身四足的爬虫而已,这是离它的实在形状还差不远的。到了南北朝,张僧繇大大发展了画龙的技术,龙更广泛被采用为皇家的装饰纹样,于是龙的形象经艺术家的修饰愈加美化,但离起源也愈远了。后代的龙头、角、眼、鼻、口、项、爪、牙、须、鳞各部,有的发展,有的加添,并附加了珠和云火,以为陪衬,使龙的形象真是头角峥嵘、威仪万状,和初时的一条蜥蜴状的东西,真是天渊之差。然而初时简单的形象,却比较是近真的,因为太古人类的艺术程度,只能那样。

香港是在华南的南端,在新石器时代有鳄是可能的;有了鳄,便采用其形状以为陶器上的装饰纹样,也是合理的;其纹样不十分高明,而使后代人看不十分清楚,也是当然的事。他们当时称鳄为什么,无从知道,不过如照我国人从来的习惯,是称之为蛟龙的。所以这种纹样可以称为蛟龙纹。将来这种纹样或者在我国东南沿海一带的新石器时代陶器上还可能再发现。

至于在香港以及附近一带制造这种蛟龙纹陶器的人民大约不是汉人而是南方沿海的人。到了后代,中国南方沿海还有蜑民,他们是有拜龙也即是以龙为图腾的风俗的。据邝露《赤雅》所记:"蜑人神宫画龙以祭,自云龙种,浮家泛宅,或住水浒,或住水澜。捕鱼而食,不事耕种,不与土人通婚。能辨别水色,知龙所在,自称龙神,籍称龙户。"制造这种蛟龙陶器的人,或者便是蜑人,即蛋民。中国东南方的古代土著号称百越,蜑民或者便是百越的一支,故香港的新石器时代陶器和新石器,也便是越族之物,这一点与福建浙江的发现是相同的。

第 3 图　香港发现的新石器

(二)香港本岛石器残段的发现(第 3 图)

香港本岛也有新石器时代遗物发现,但当我在香港时尚未发表,我不知道。当时我推测,香港必定有新石器时代遗物。有一日,经过香港东北部山地自来水池,即所谓"大潭"的旁边,看见潭内无水的地方,有一块像似石器的东西,便想下去看看,但该潭旁有英政府立了一个木牌,上写"此处不准下去,如下去者罚银不过五元",因急着要看一个究竟,便嘱同行的人替我观风,我急下去拾一看,果然是一件石器的残段。这件石器人工非常之明,是新石器,约存原物的四分之三,长 8.3 厘米,阔 4.2 厘米,厚 1.6 厘米,是扁长形器,二面平而略凸,二边也平匀对称,有棱。一边尚存全长,一边缺一半,上端作圆穹状,是手握处。所缺的是自口部的一角到另一边的中腰,即缺去一个三角形,也即是缺去锋口部及一边的一半。依二面的形状推之,两面同是凸隆,所缺的口部,应当是双面斜削的口,而不是单面斜的口,故这件石器的原状应是石斧,色是黄带灰,质是砂岩。

英国人所发现新石器时代遗物的地方是在别处,不是大潭,故大潭地方的发现新石器时代遗物这还是第一次。

(《厦门大学学报》社会科学版 1959 年第 2 期)

马来亚吉打州石器时代考古追记

第一节 缘起及工作经过

新加坡莱佛士博物馆曾由马来亚北部吉打州（Kedak）等处采得石器颇多，曾发表于该馆刊物中。我早想到该地探访，1941年3月便到该地采访二次，第一次时经三日，第二次二日。踏勘该博物馆已发现过的遗址二处，自己发现二处（又到一个村，由土人访买他们称为"雷石"的新石器七件，共获得石器一百数十件，以及陶片、贝壳、骨片等）。其后因流离转徙，无暇写研究论文。抗战胜利后，带回国内，除照相外也未写论文。现在这些古物都已捐赠厦门大学人类博物馆，应写论文一篇以为说明，并介绍一点南洋的石器时代古物概况于国内学术界，或者可做我国南方石器时代考古的参考材料。因为事隔十余年，当时详情已不能尽记，只凭当时几张币片上的零星记载，故只能述其梗概。

第二节 吉打华玲山东面瓜德卜遗址的踏勘

吉打（Kedak）是马来亚联邦的一邦，位在马来亚西北部，其北和东部与泰国为邻。住民是马来族，早已开化，宋代诸书志中便有"吉陀"的名称，即指此。但因地小，历属大国即三佛齐、满者伯夷、暹罗，近代属英国。其他的石器时代古迹原未有所闻。到了1935年新加坡莱佛士博物馆（Raffles Museum）乃派研究员柯凌士（H. D. Collings）等前往考察。在其东南边华玲镇（Baling）的华玲山（Gunong Baling）（第1图），东南山腰发现瓜德卜（Gua Debu）岩荫遗址。经过正式发掘，获得旧石器三百余件，新石器1件，陶片15片及贝壳、骨片、焦炭等物，他在论文（Bulletin of the Raffles Museum 1936）中解释为这遗址原是使用旧石器的民族所居，但附近另有使用新石器的民族，故也有一两件新石器和陶片被取来这里。那篇论文又说，这山是石灰山，有很多洞穴和岩荫，为古代人类的住所。但这些遗址中的土，被华人掘出当作肥料，所以遗址都被破坏了。他们只发现一处未被破坏，即是上述的瓜德卜岩荫。瓜的意义是洞，其实是岩荫。

1941年3月,我由槟榔屿渡海到对岸威士利省。搭公共汽车到吉打华玲,到地后,寓于华侨办的育智小学校内。当日下午,即开始工作。华玲是一个小镇,在一条小街之北便是华玲山,东西横亘,山势峻峭,有数个山峰,最高的达2000英尺。山下有一条小溪流,名克底溪(Ketil)。我当日便探访该山的东南部山麓,寻到了瓜德卜岩荫遗址的发掘处,在土内拾得一件石器,余无所得。这件石器却出于他们前次发掘所得者之外。不是旧石器,也不是普通新石器,是一种中石器,或原始新石器。形状是石斧,但除了斧锋有磨以外,其他都还是打制未磨的。长10.8厘米,阔3.9厘米,厚2.3厘米(以最多处为准)。形长而扁平,上端厚而平直为手握处,下端薄而略尖,即是斧锋。磨处只有锋口一点儿,两面部有。石色黑,质是泥板岩,很坚硬(第2图)。

这种石器在越南的北山(Bac-son)地方曾有大量出土,时在1906年,研究者柯兰妮氏(Colani)采取苏联考古学家尼科尔斯基之说,称这种只磨锋口的石器为中石器或原始新石器(Proto-neolith),认为系由完全打制不磨的旧石器时代物到完全磨光的新石器时代物的过渡期东西。这一件的发现,可以证明马来亚北部也有这种所谓北山式(Bacsoian)的中石器存在。

第三节 华玲山南麓洞穴的发现

因东面已被发掘过,我便转而向西。在市镇北面过一小桥,向西行约数百步,仍在这山的东南麓,见有一个洞(第3图)。这洞便在山脚,其底与地面平,洞口极低而阔,只一尺半高,大人不能爬进去,阔约有一丈左右,深约丈半。我试探看在洞口里面有些石块,同行者帮助我将它拿出来,得十余件。我看也是石器,因很大,只选三件带回。

这个洞在以前应当比现在大,后来因上面崩落的砂石充积,以致这样小。这些石器和上述中石器不同,和以前莱佛士博物馆发掘瓜德卜遗址所得的也不同,因为这些都很大,为别处石器所少见。别处即有之,也不过是在一批石器中夹杂一两件这样大的,这些却是十余件都很大,又其石质也和上述的不同,其制法也是打制的。已将其带回国内现陈列在厦门大学人类博物馆的三件,分述于下:

第一号有脊大石斧:长19.5厘米,阔12.0厘米,厚5.4厘米。色白风化略带黄,质是石灰石,很硬。形状长而扁,上端厚为手握处,下端薄而尖,但尖端稍偏,中有一道直脊,另一面平无脊。人工不多,只是由大块石料敲打数下而成,无第二步修整,但其边缘薄很合使用。又似由剥蚀致表面稍平匀,却不是由磨光的。

第二号大石刀:长17.0厘米,阔10.0厘米,厚3.7厘米,色和质都同上,形似阔形的刀,背厚,刃口薄,手握处狭而厚,颇便手握,很可作一件石刀用,制法也同上。

第三号石刀:长4.3厘米,阔7.0厘米,厚3.3厘米,色灰风化略带黄,质是泥板岩,硬度中等。形也像刀状,背部中间隆起,双头都狭,更便于把握使用。制法也是打制,刀口平匀,但或者由水流剥蚀所致,不似新石器的磨法。以前我在菲律宾也得到与此相似的石器一件。

由这三件观之,这些东西也应是古代人类制造和使用过的石器,不过制法很粗,故人工不十分明显,由形状论也属旧石器。使用这种石器的人和上述的瓜德卜遗址,以及下文将述及的都卜列第洞的人类似不同种族,文化程度或较低,时间或者较早些。

第四节　都卜列第洞石器时代住所的发现

(一)遗址

我等一行(育智学校的温振祥、朱振英、文明水、林德全和我)沿山脚再向西行,到了这山的最西端一个峰的山下,望见山腰距地约二三丈处,有一洞口,即爬上去。因中央上面有垂下的大石钟乳,故使洞口成凹字形(第4图)。洞口下部也不是敞开,有二三个大岩石在洞口,故须由两石间进入去。既入见洞内地面比洞低约二三尺(第5、6、7图),这洞实也是一个岩荫,因其后的岩壁甚高而前俯,故岩也称为洞。洞内很明亮,不似真的洞穴那样阴暗。洞内很广,东西约七丈,南北约三丈,成为不整齐的椭圆形。还有再凹入去的大小穴四处,里面便很暗。地面高低不等,前部有无数螺壳散在地上,后部小穴内有很多鸟粪,这种鸟粪便是华侨采掘去当作肥料的东西。我见了螺壳,便很怀疑,抬起一看,是长形的螺,但尾部都破缺了。再详细探看,在螺壳堆中的,还夹杂些石片。这些石片,都是人工打成,有的很工整。显然是打制的石器,属旧石器的形式。我知道这是古代人类的洞穴住所。便在土面上捡拾,用小锄状手杖稍加挖掘,采得石器约二三十件。其后连续工作了两三天,还雇一个华人工友,拿了锄头和竹签,帮我挖掘和挑运。挖掘很浅,又只限于小地点,一共获得石器70件。后来我于3月29日再到华玲,工作了二日,又采得石器89件,陶片1片,动物化石骨7块。

以上合计由这洞获得石器159件、陶片1片;又选拾螺壳34个,动物化石7块,小块石钟乳1件。这洞的内部如下图:

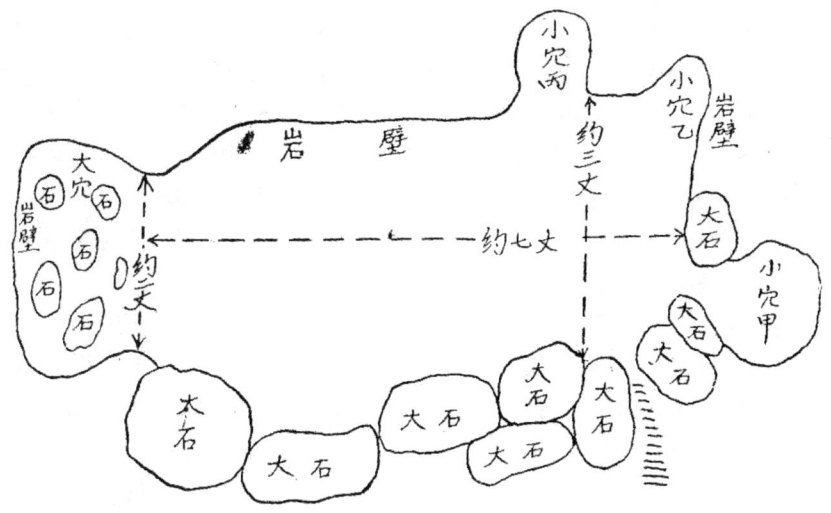

　　三面都是岩壁，后面的高达十余丈，前面上有石钟乳下垂为帘，下有一列大岩石，石高约自三四尺至七八尺。前面右旁二石之间，有一个入口，宽约一二尺，上面有石钟乳下垂。入口的前面有斜峭的小径，距地高约二三丈。洞内很宽广，又明亮，左右约七丈，前后约三丈。左旁有一大穴，地较高，但内多石头，或者是由上面掉落的，又很暗，故未能入去探察。其入口处也有由上面垂下的石钟乳很多。右方有小穴甲，广约一丈。后部近右有小穴乙，更小，内多鸟粪。另一小穴丙很暗。

（二）石器及其他

　　这些石器全属打制的旧石器型式，没有一件磨过的，人工很明显，中有十余件且极为整齐，很像欧洲出土旧石器时代的旧石器，尤其是旧石器前期至中期物，可说是典型的旧石器形式。新加坡莱佛士博物馆所得瓜德卜遗址的石器中，还没有这样好的型式。此外多数也都可看出人工的特征，只有少数不精致，但也可由别件而证明它也是石器。石器的颜色除一两件外，都是黑中带灰青，质是泥板岩，很硬，原是溪中石砾，被古代人类取来敲打成为石器，故有些石器的一面便是石砾的原面。其制法由粗而精，有数种，最粗的是已经第一步敲击而成的，中等的是稍加第二步修整，最好的是修整得很多很整齐，左右对称，边锋很薄，手握处也适合。

　　至于石器形状，是有数种固定型式，也很像欧亚各处的旧石器，现在就将原来所得 195 件中带回国内的 157 件，按其型式分为以下的种类：

Ⅰ石斧类,再分为:A 杏仁形的 8 件,B 长形 26 件,C 方形 20 件,D 上尖下阔的 7 件,E 上阔下尖的 4 件,F 圆形的 5 件,G 石铸状 3 件,共 73 件。Ⅱ石刀类:25 件。Ⅲ石刮刀:6 件。Ⅳ鹰嘴形石器:4 件。Ⅴ石锥:4 件。Ⅵ石尖器:18 件。Ⅶ石片:17 件。Ⅷ无定型的:10 件。以上共计 157 件。

ⅠA 类,杏形石斧:这种制工多精美,形略近椭圆,中腰广而圆,如杏仁状,两边对称。上端手握处稍厚,斧口部薄而微尖,两边也稍薄,多数两面都加工,石质都是以黑青色坚硬的泥板岩的砾石为原料。用法不像可以装柄,应是手握使用,其斧口与两边都可用以砍拆东西。分述如下:

ⅠA1(第 8 图),长 12.1 厘米,阔 7.1 厘米,厚 2.0 厘米。这一件制工很精致,是典型的杏仁状石斧。两边很对称。上端手握处不加第二步修整,下端斧口修整得稍尖而薄,两边都加第二步修整,故也很薄。另一面却只是第一步击破的面,大部分不要修整,但斧口也加修整,可见这件的制法是将大石块击破后,将其石片一面修整而成,这一种制法是欧洲旧石器中期即穆斯特利期的特征,也即属于尼人的作品。时间、地点、人种都不同,但石器的制法和型式却很相同。

ⅠA2(第 9 图),8.6×5.9×2.35 厘米,这件也是典型的杏仁状斧,制法是把一块扁圆砾石敲去边缘,使薄,中央两面都还保留原来砾石的面。

ⅠA3(第 9 图),8.5×5.3×2.8 厘米,这一件形仍是杏仁状,但稍长一点。制法是将大块的砾石打破,将其一块在一面加工修整而成。图上便是现出这一面仍保留原来砾石面。

ⅠA4(第 10 图),8.5×6.4×2.4 厘米,这一件顶部稍平直,两面都加工修整,大约是将大砾石敲破作原料制成,两面都无原来的砾石面。

ⅠA5～ⅠA8(图略),最长的 9.7 厘米,最短的 17.3 厘米,形状不及前四件的精致,但人工也都很明。

ⅠB 类长形石斧 26 件,这一类也都是青黑色砾石制成,形比较长,上端手握处都较厚,下端斧口都较薄,中腰不像杏仁状斧的广。但长形与杏仁形之间,也非截然不同,有些是介于二者之间的。也都是手握使用。

ⅠB1(第 11 图),13.0×6.5×3.6 厘米。是由大石料制成,两面都加工,一面稍凸(见照片的面),第二步修整很多,另一面较平。两边对称,中腰不特别广,上端手握处狭而厚,下端斧口也比中部狭而薄。这一件是这一批中最典型的长石斧。

ⅠB2(图略),14.3×7.7×3.1 厘米。这一件比上件还大,形是下端更尖,中腰以上更广,也是大石料制成。两面都加工,制法和形状很像欧洲旧石器的前期物。

ⅠB3～ⅠB26(图略),最长的 13.7 厘米,最短的 6.6 厘米,其中有破缺剩一段的,多数两面都加工,少数一面仍存砾石面,第三步修整都较少。

ⅠC类方形石斧10件,石质也都同上,形状是有四边,左右两边稍长,但也并不是十分平直,不过大概有点方形而已。

ⅠC1(第12图),13.2×8.5×2.8厘米,这一件是这一类中的标准物,很精致。原由大石片制成,两面都加工,在四边都有第二步修整,故四边都很薄可砍斫,上端稍狭,下端较广,二面中央都留原来石面的一小部分。

ⅠC2～ⅠC10(图略),最长者9.0厘米,最短者7.0厘米,其中有比上一件更为方形的,连上端也平直,但修整不及上一件。

ⅠD类,上尖下阔石斧7件,石质除第一号外都和以上相同,形状是略带三角形,上端手握处稍尖,下端斧较阔,也不是每件都十分明显,有的下端还稍尖些。

ⅠD1(第13图),10.4×8.2×2.9厘米,这一件制工也精,一面稍凸,一面较平(照片是平的一面),上端尖锐,往下渐阔,下端很阔,但也不是直的,而稍带圆形。在各边上第二步修整很多,故各边都薄可作砍斫用。石质很特别,色黄棕,质也是泥板岩,但不是由砾石所制。

ⅠD2～ⅠD6(图略),最长者10.4厘米,最短者8.5厘米,形状都不及上下两件的精致。

ⅠD7(第14图),10.5×9.6×3.5厘米,制工也精致,形状比上一件更是标准的上尖下阔形。一面稍平,一面稍凸(照片是凸的一面)。上端很狭,下端展开很阔,像铜器中的钺一样。第二步修整多在下端斧口,其他的两边不可作砍斫之用。

ⅠE类,上阔下尖石斧4件,质都是青黑色,泥板岩砾石所制,形与上一种相反,以下端尖处为斧口。

ⅠE1(第15图),9.5×7.6×1.8厘米,这一件是典型的,边缘都加第二步修整,很精致。

ⅠE2～ⅠE4(图同上),最长的10.0厘米,最短的8.2厘米。

ⅠF类圆形石斧5件,石质同上,形大休近圆,但边缘也有凹凸不匀。斧口不限于一处,薄处便可用。

ⅠF1(第16图),11.0×9.9厘米,边缘都加修整使薄,两面相同,这一件可算是典型的。

ⅠF2(图同上),10.1×8.8厘米,这一件边缘凹凸处多,不及上一件圆。

ⅠF3～ⅠF5(图略),最大者9.5厘米,最小者7.5厘米。

ⅠG类,锛状石斧3件,质同上,形方略长,锋口一面斜削,像新石器中的石锛状,但全不磨光,打制而成,大约是新石器中石锛的先导。

ⅠG1(第17图),7.7×5.6×2.4厘米,这一件很精致,是典型的,与新石器的石锛最相似。四边平直,正面(即照片的一面)的三边都加第二步修整。左右两边略斜,下边更斜,削成锛口,上端手握处厚。

ⅠG2(图同上),6.7×5.2×2.7厘米,这一件制工也好,比上一件略差。下端锛口很斜,背面也加修整,故很薄。

ⅠG3(图同上),7.5×5.4×2.6厘米,比上两件差,但大体仍属这类。

Ⅱ石刀类25件,石质除第25号外,都是青黑色砾石所制,形状也带长形,但与石斧类相反,是一个长的边较薄为刀口,其相反的另一边较厚为刀背。第二步修整大多只在刀口部分。用处便是手握以砍斫动植物。

Ⅱ1(第18图),12.2×6.6×3.2厘米,这一件是典型的,在刀口第二步修整较多,又很便于手握使用,又刀口前部也比较薄,后部手握处便厚,人工用意非常之明。

Ⅱ2(图略),11.3×5.5×3.6厘米,加工处也明,中央很厚,但刀口却薄,背厚,也很便使用。

Ⅱ3(图略),12.0×6.0×2.9米。不及上两条,但背厚口薄,特征还明显。

Ⅱ4~Ⅱ24(图略),最长者12.5厘米,最短者6.2厘米,质都同上,每件都有薄处作刀口,但制工不及上三件。

Ⅱ25(图略),8.8×6.2×2.7厘米,这一件石质形状都特殊,质色白是砂岩,形是三角形,上端尖,下端阔,阔处便是刀口。制法最简单,是将自然的砾石打了一下使裂开,便利用其裂口为刀口,以外无第二步修整之处。这种石器虽是后来制成,但方法却是很原始的。

Ⅲ石刮刀类6件,石质除第三和第五号外,都是青黑色砾石所制,形体都小,形状也有一个刀口,原可归于石刀类,但因其体甚小,很便刮削而不便砍斫,故另立一类。

Ⅲ1(第19图),8.8×.5.7×2.0厘米,这一件是最典型的,一面平,一面中央稍厚,形也像石刀,但前端尖且上翘,刀口薄,第二步修整处很多,刀背厚,很便把握使用。

Ⅲ2(图略),9.7×4.5×1.2厘米,这件也很像刀形,刀口近尖处修整得很好。

Ⅲ3(图略),长7.5厘米,形如上一件,工较差,石质是石灰岩。

Ⅲ4(图略),7.0×4.5×2.0厘米,形与上不同,作三角形,刀背是平直而厚,刀口作钝状,但也修整很薄。

Ⅲ5(图略),7.6×5.1×2.0厘米,石质特别坚硬美丽,色赤带白像燧石类,形与上一件同。

Ⅲ6(图略),10.6×3.8×2.2厘米,形与第2、3号相似,但更长。

Ⅳ鹰嘴形石器4件,形状很特殊,一端尖而弯,像鹰嘴状,用处或者是作钻凿之用。很像旧石器中的 Rostro-Carinate, 但这些却不是旧石器, 质都是青黄色砾石制的。

Ⅳ1（第20图）, 7.7×5.6×1.9厘米, 这一件是最典型的, 尖嘴之部, 加工很明。

Ⅳ2～4（图略）, 第二号鹰嘴形也很明, 3、4号稍差, 大小与上一件相近。

Ⅴ 石锥4件（第21图）, 形三角, 有一个尖端, 用以钻凿。大小略相等, 都不大, 最长者10.0厘米, 最短者7.5厘米。石质第四号是灰色, 泥板岩, 余是青色砾石。

Ⅵ 石尖器18件（图略）, 形状都细长, 下端尖, 有些已钝, 制工大都只有第一步敲击, 少加第二步修整, 用处大约是作武器或挖土, 用法应是手握, 或有装柄的。石质都是青黑色的大砾石制的。

Ⅵ1（图略）, 15.5×5.6×2.7厘米, 两边不对称, 但下端很尖锐, 或可装柄为枪。

Ⅵ2, 12.9×4.9×3.3厘米, 尖端稍钝, 但形仍是尖器。

Ⅵ3～Ⅵ18最长者16.4厘米, 最短者7.1厘米。

Ⅶ 石片17件（图略）, 形状大小不一律, 但都是砾石上打下来的薄片, 有一边以上很薄, 可以割物, 故用处即为现在的小刀。最大的一片是第二号, 长9.6厘米, 阔3.3厘米, 厚1.0厘米; 最小的是第十七号, 长3.7厘米, 阔2.4厘米, 厚0.4厘米。

Ⅷ 无定型石器10件（图略）, 形都不相同, 也无一定用处, 大约是未成的石器或剩余的原料, 石质也是青黑色砾石。

在这遗址中除了石器之外, 还有满地的螺壳。螺是长形的, 应是属于川蜷科（melanüdae）。在这山的东面上述瓜德卜遗址中也发现螺壳, 大约是同样的。其螺都缺尾部, 想是穴居的人类采来作食物, 将尾敲去, 以便吸出其肉, 我曾拾34个这样的螺壳, 现在还有19个存在这里。

此外还有化石的动物骨7片, 这些骨都是扁薄的片, 表面几乎和陶器无别, 但每片中间, 都有像海绵体细孔无数, 由此才知原是化石的骨。骨片最大的是64×40厘米。这种骨不像哺乳动物的骨, 而像是水产动物如龟鳖类的甲, 比较安阳的龟甲有些相像, 但这种甲的一面平匀, 一面却有皱纹很多, 大约是里面与肉相连接之处, 不知究竟是否龟类。

此外又得一块陶片, 像是陶器的口部破片, 色灰采, 无花纹。瓜德卜遗址中有陶片15片, 据研究者说与新石器一件同是由别人种取来的。这一片大约也是这样; 不是本遗址的使用旧石器的种族所能自己制造, 如能自己制造一定不止这样少。

（三）结论

由上述石器而论，这种石器的制法不很高，多数只能等于欧洲旧石器前期的程度，少数等于旧石器中期，还未能及得旧石器后期，故由技术而论，只达到旧石器中期。

就石器型式种类而论，还未十分分化，只有石斧、石刀、石锥、尖器数种，除少数尖器外，似都用手握，形体也不大，似乎工具的性质多于武器，其用处大约是用以打击小动物，砍斫植物，敲击螺尾、蛤壳，刮削动物的肉，挖掘草木根。由这些工具看来，其生活是以采集天产的动植物为主要，而以渔猎为辅助，由螺壳和化石骨片也都可证明这一点。

就遗址而论，这个兼有岩荫和洞穴的遗址，内部很宽广，又很明亮，是很适合原始人居住的，比较瓜德卜遗址好得多。这洞内又有小洞四所，现在虽不大，但这应是由上面泥土掉落所致，当时应更广些。这个洞可容得数十至100人居住，瓜德卜遗址中的石器存在于土面及地下2尺半深以内，这个洞穴似乎不同，土面有螺壳、石器这样多，大约这便是遗址层。这个洞似乎数千年来未曾被人扰乱破坏，故遗物能够保留得这样多。我曾用锄略掘，土内未有更多遗物，但如作大规模发掘应还有遗物。

这个洞穴的入口，距现在的地面有二三丈高，在当时不应有这样高。这山下的小溪，在古代人类住居时，水面应更高，距洞或在1丈以内。现在的田地当时应都是水，水产动物如螺蛤等才会那样多，若如现在这一点儿小水流，哪会生产这样多的螺。

这个遗址的住民，由其生产工具、生产技术来看，文化是很低的，还不脱蒙昧阶段，还未能有制新石器和陶器，似乎也未有弓箭，火是应当有的。遗址这样大，住的人不少，社会组织是必定有的，大约还在原始氏族社会。

这样的一种人究竟属于什么族呢？在这个洞里没有新石器，但在山东面的瓜德卜遗址中有一个新石器时代的石锛和陶片15片，其研究者柯凌士认为是附近另有新石器的人种，和这种使用旧石器的人同时并存。此说是有理的，但这种使用旧石器的人和使用新石器的人是否同种？我以为不是同种，因为如是同种，文化上不应相差这样远。使用新石器的人应当是印度尼西亚人，或原马来人；至于这种使用旧石器的人，应当是另一种人。

这种旧石器遗址在越南早曾发现，便是所谓和平文化（Hoabinhian Culture）的遗址，发现在越南东京地方，以至于越南中部。据说那边的石器都是用砾石打制，常只在一面加工，还有伴出的人骨，据说是美拉尼西亚型（Melanesian），即与现在新几尼亚等岛相类的人种。所住地方也都是石灰山洞。

高在15米以上,所食物多属淡水贝类,及哺乳动物,生产技术在狩猎及采集阶段云云。

吉打发现的遗址和越南的和平遗址很相像,可以确定属于和平文化,其人种或者也是美拉尼西亚人。这种人在古时似曾散布广大地方,后来方逐渐南徙,移入美拉尼西亚群岛去,一部分留居原地。这种人进步似较慢,他们还滞留在旧石器阶段时,后到的别种人,如印度尼西亚人或原来马来人已进到新石器阶段。他们被逼更退入内地偏僻的山林中,保留其旧石器文化。故就石器性质论,这种人还属于旧石器中期,但就实际的时期而论,他们与进入新石器的别民族曾经并存,故不会太古远,大约还滞留到三四千年前。

至于这种和平文化的旧石器遗址,现在越南北部发现很多,那处和我国广西接壤,我国境内会不会有这种石器呢?闻裴文中先生曾在广西获得旧石器,或者与这种石器相类。我以为在我西南数省,甚至东南数省,也会有发现这种和平式石器的可能性。不过,这是就石器形式而论,如就人种而论,恐未必都是美拉尼西亚人。

第五节　吉打蒙谷村新石器的采购

我由莱佛士博物馆的陈列品知吉打有新石器,故那次到华玲,除探访旧石器遗址外,还曾托华侨介绍土人,请其带路入村落中探访。那一天我雇了一个工人向导,连我和华人朋友颜荣吉、温振祥等,一行约七人,向东南面的蒙谷村(Mongok)进行。所行的都不是路,是在树林中走,走了约二三小时,到了目的地。由该土人介绍数家,问有无"雷石"(马来语 batu lintar),意为我国古昔所谓雷斧,马来人也以为新石器时代的石器是雷神所用,故称雷石,结果买得五件。我托朋友替我再买,后来又寄给我二件,共得七件。现在也都在本馆内。

这七件石器数量虽不多,却表现了几种南洋石器的特征,现在一一说明于下:

第一号:黑色斧状长石锛(第22图),长18.8厘米,阔5.9厘米,厚1.8厘米。石色纯黑,有光泽,很坚硬,质属玄武岩。这件完整无缺,质既细致,制工又精,琢磨光滑,实为最美观的石器,已经到了艺术品的地步。形长方,长比阔多三倍以上,厚度适中,左右对称,二边都笔直平匀,棱也很整齐。上端不磨平,下端斧口竹穹形,两面都平匀。口部一面斜削,另一面也略斜。状仍是锛,但带一点斧状,又有点像有段石锛,但背面无分段。马来亚石器,多有这一种形状。

第二号:黑色厚长石斧(第22图),18.9×45×3.1厘米,色黑,为风化一部分变灰,质同上。形也很长,但特别厚,厚与宽几乎相等。制工次于上一件。

形状属斧,但与欧亚大陆的斧不同,介于斧与锛之间,因为锋口一面较斜削,另一面稍差。这样厚的在南洋以及别处都不常见。

第三号:黑色深锋石锛(第 23 图),13.2×4.6×1.6 厘米,色纯黑,有光泽,质坚硬细致,同上两种光,光滑美观,不输于第一号,也是完整无缺。只一面斜削成锋口,另一面笔直不斜,故为标准的锛,与第一号不同。这一件的特点是斜削的锋口部很深,其长占全面的三分之一,不像普通石锛那样浅。

第四号:常型石斧(第 23 图),9.3×4.9×2.2 厘米,石色绿带灰,质属泥板岩,硬度中等。形状也是长方,两面相同,都作弯形弯斜,末端成为斧口。这样形状的斧在欧美各处都常见。这件制工也精,表面光滑无缺,很美观。

第五号:双斜锋石锛(第 24 图),8.7×3.3×1.8 厘米,色青灰,略风化,质是泥板岩。形状是锛,但其锋再分左右两半,两半的中间有一道脊。这种双斜锋石锛是南洋特有的,别处未见,在苏门答腊、爪哇最多,马来半岛较少。

第六号:有肩厚石锛(第 24 图),7.3×6.5×2.4 厘米,色绿变灰,质似燧石类,形状是上端有双肩,下端单面斜削成锋口,另一面笔直不斜。形短阔,锋口占全面的一半。制工也精,无缺。这种石器属有肩石器之类,但这样厚而短,又是锛状的,缅甸曾出土,别处少见,马来半岛应是由缅甸传来的。

第七号:方阔石锛(图略),4.9×5.7×1.2 厘米,色纯黑,质与第一二三号相同。形是锛,但较常型者阔。制工也好,惜缺上端一角。

第六节　威士利省瓜刻巴贝冢的踏勘

威士利省(Wellesley)在吉打之南,其地有贝冢,曾于 1934 年由莱佛士博物馆派考古学家卡连费氏(P. V. vau stein Callenlels)等人,推第氏(M. W. F. Tweedie)柯凌士氏(H. D. Collings)作大规模发掘,获得石器、陶片赤土绘料等物。石器不多,但型式奇特,形如短斧,未磨或半磨,上端左右有两处凹入成缺,是为扎柄之用的。该馆曾将这种有双凹肩的石斧四件制为模型,曾赠送我,现在也在本馆内。研究者以为这是属于和平文化的,其时代是早期新石器时代,其人类是属于美拉尼西亚种。

我于第二次赴吉打途中,曾顺便到该处踏勘,该处距海四英里,在穆达河(Muda)左岸,其贝冢原高 16 呎,后被华侨取去烧灰,故高度已减低,经过发掘之后更平下来,只比平地稍高而已。泥土都已翻动,土内有贝壳颇多,其贝多属文蛤之类,壳上平滑,又有一种壳上有多条平行的沟纹。

我约略观察一遍,拾得以下的遗物,分述如下:

第一号:凹肩石器一件(图略),12.2×8.2×3.2 厘米。色由灰黑风化赤棕。质是泥板岩,硬度中等,人工颇明,打制未磨,形介于长方与椭圆之间,上端厚略狭,下端薄稍阔,很可以为锋口,上端左右有小缺。缺虽不甚大,但也可看出是凹肩石斧。

第二号:赤色石刀一件(图略),10.6×7.2×4.0厘米。色金赤,质不坚硬,是粗松的泥板岩,形似石刀,背厚,口薄,打制未磨。

第三号:赭石绘料两件(图略),大的5.3×3.1×1.2厘米,小的2.9×0.8×0.7厘米,大的形长而扁圆,一端缺,小的如一细长条,但弯曲。该遗址原出有这种染红色的石料,其质松软,用处是绘染于身体或别物上。

第四号:陶片1块(图略),5.8×3.8×3.2厘米,是陶器的口颈一小段,色赤,质粗松如瓦。

第五号:贝壳(图略),有零散的文蛤6个,与泥土结合凝固成块的三块,凝固的也已经像石一样硬。

第六号:骨化石两件,(图略),都是哺乳动物的。

(《厦门大学学报》社会科学版1959年第2期)

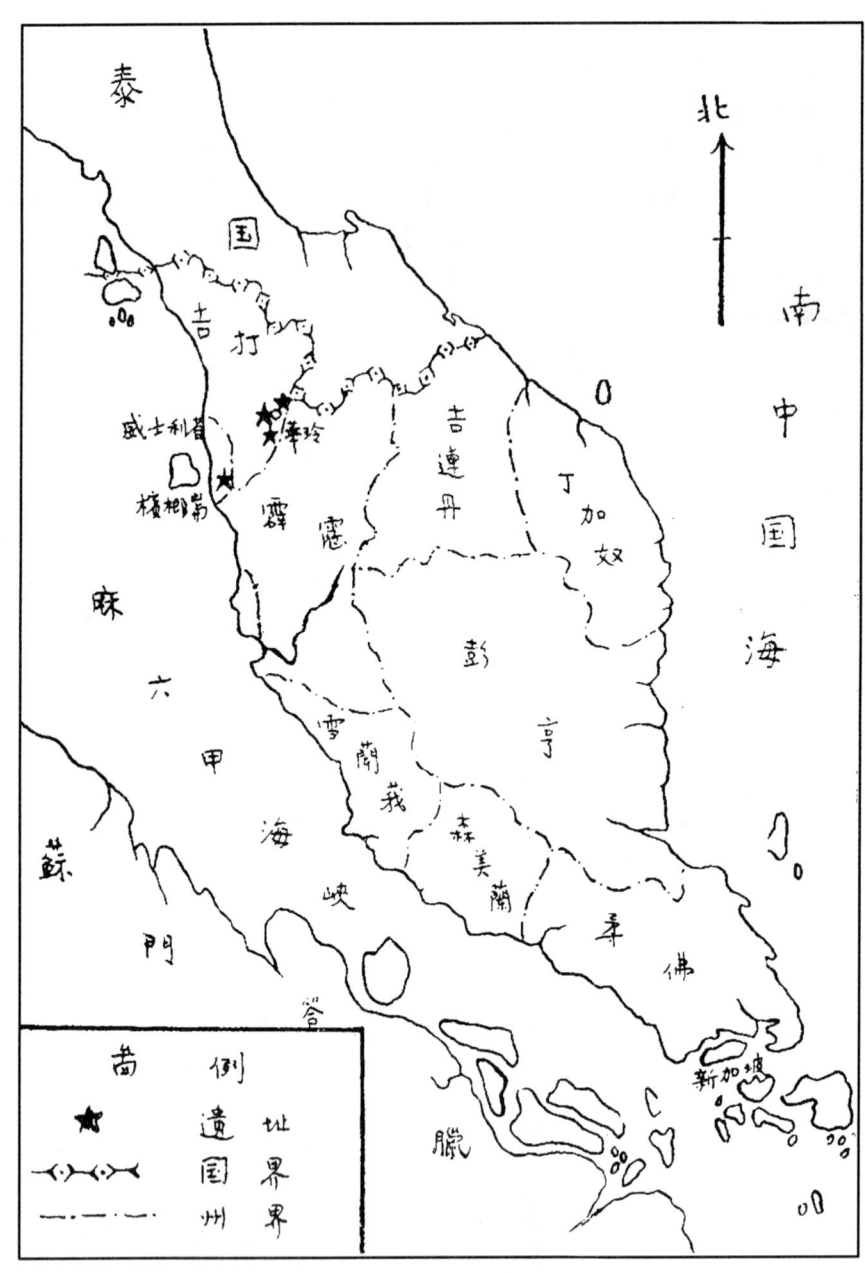

马来亚吉打州石器时代遗址简图

（绘图：杨呈今）

第 1 图　吉打州华玲镇的华玲山

第 2 图　华玲山瓜德卜遗址中石器时代的石斧

第 3 图　华玲山南麓洞穴遗址

第 4 图　华玲山都卜列第洞遗址洞口

第 5 图　都卜列第洞遗址之一

第 6 图　都卜列第洞遗址之二

第 7 图　都卜列第洞遗址之三

第 8 图　都卜列第洞发现的杏仁状石斧

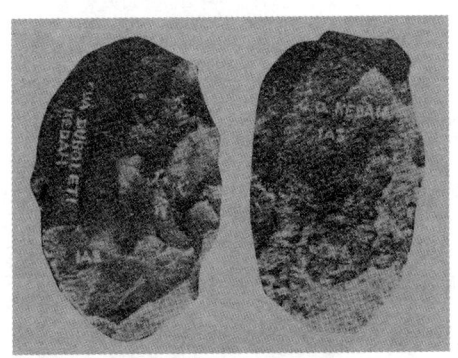

第 9 图　杏仁状石斧

第 10 图　杏仁状石斧

第 11 图　都卜列第洞发现的长形石斧

第 12 图　都卜列第洞发现的方形石斧

第 13 图　都卜列第洞发现的上尖下阔石斧

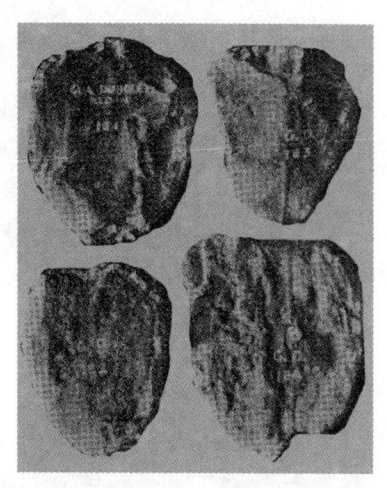

第 15 图　都卜列第洞发现的上阔下尖石斧

第 14 图　上尖下阔石斧

第 16 图　都卜列第洞发现的圆形石斧

第 17 图　都卜列第洞发现的石锛状石斧

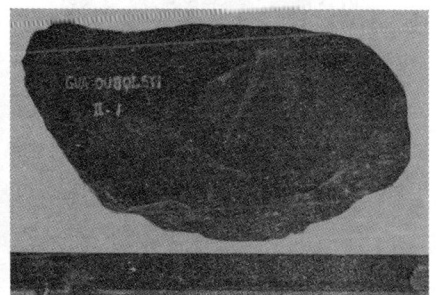

第 18 图　都卜列第洞发现的石刀

第 19 图　都卜列第洞发现的石刮刀

第 20 图　都卜列第洞发现的鹰嘴形石器

第 21 图　都卜列第洞发现的石锥

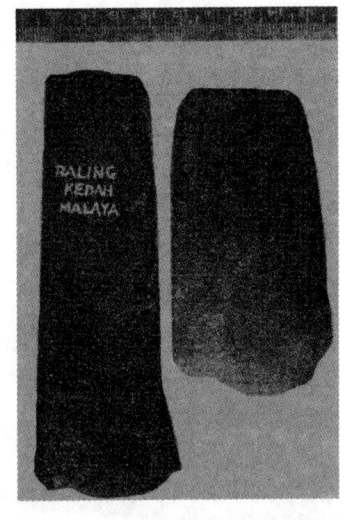

第 22 图　吉打蒙谷村的黑色斧状长石锛(右)
　　　　　黑色厚长石斧(左)

第 23 图　吉打蒙谷村的黑色深锋石锛(左)
　　　　　常型石斧(右)

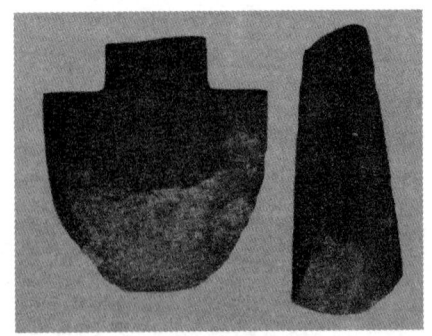

第 24 图　吉打蒙谷村的双斜锋石锛(右)
　　　　　有肩厚石锛(左)

福建龙岩石器时代遗址的发现

第一节 发现经过及遗址

1951年暑期我到龙岩度假,因曾于1937年发掘过闽西武平的新石器时代遗址,又曾发现过闽南的厦门和南安两处的石器,乃推测龙岩应有石器时代遗物,便乘机常到城外四周山间探寻,果然发现有新石器时代的石器和陶器,又有疑似旧石器数件。工作共经过两个月,只作表面探寻,未曾作大规模发掘,该批遗物已送交厦门大学人类博物馆,现在就将那一次的发现作一个初步的报告。

龙岩县位于福建的南部的中间地带,界于沿海平地的闽南与山地的闽西之间,由闽南西向山岭重叠,地势高耸。龙岩县境在万山之中,县城及郊外成一个小盆地。遗址便是在城外南方的一小山,小山与县城之间有两道溪流,名丰溪及龙川,在小山的另一面也有一条小溪(第1图)。除这南方小山有新石器时代遗物之外,其他东北西三面诸山都不见。分述于下:

1.南方小山近者名登高山,远者名天马山。前者小,后者大,中间相连不断,故前者实是后者的余脉。

登高山距城极近,只隔一道溪即丰溪,山形弯曲,东西广不及半公里,其南面绵延到天马山,高约十七八丈,石器时代遗址在登高山西北面半山腰,旧志说:"登高山在城南,形如偃月,俯瞰龙川,树木优美,望之蔚然深秀。"原是名胜的地方,故名登高山。在这山先发见遗物,数量也较天马山多。发见经过是在8月3日,作者在一座公墓前已翻掘的土上,发现有一个石箭镞,以后由这里向左沿山腰,在土面上又发现了新石器9件,陶片139片。这些遗物原来是在土内二三尺深处,因山坡被挖成断层状,故露了出来。我寻觅时,便是只注意有断层的地方。

2.天马山在登高山之南,距城约一公里半,山形略似棱形,尖端在南北,纵长约一公里余,东西横不及一公里,高度约比登高山高一倍,约三四十丈(第2图)。作者于发见登高山遗址后,推测其南方相连的天马山,也应有石器时代遗址。便于8月17日起,沿登高山的西南麓,到天马山的西北麓,在靠山的田岸土里果然找到了印纹陶片和石器,还有在近山麓的田土上面和田径上面,也都有发现。遗址的长,由北到南,约二三百步,再南便没有。山上高峭不能上去。大约古代人类便住在山麓地方,其遗址层也已埋在地内,有断层处方露出遗物,其在山下田土上的,是掉下来的。在这里连觅数日,共得到新石器12件,陶片133片。

3. 在现在县城的南门外近溪地方,曾拾得新石器2件,陶片未见。城北城西都无所得。

4. 因以上登高山、天马山遗址,都是在西面,其后我便特别由登高山北面,沿东面探觅,到天马山的南方,绕一大湾,经西面回来。沿途未发见新石器和陶片,却得到类似旧石器4件。

5. 城东有麒麟山及龙岩洞,我也曾去探觅,未发现新石器和陶片,也得到类似旧石器1件。

第二节　新石器

(尺寸的次序是长阔厚,都以最大限度为准,单位是厘米,每号都是一件)

第一号:石箭镞(第3图),7.3×2.3×0.5厘米,色青黑,质是泥板岩,人工分明,但不精致,两旁不很对称,一面无中脊,一面只尖端微有脊,箭根也不整齐。是一件粗制品,最先发现的便是这一件,地点在登高山。

第二号:未完成的石箭镞(图略),7×2×0.5厘米,色青黑,质是片页岩,形状是长而一端尖,一面有中脊,故可知是箭镞,但两旁不整齐,另一面也不平匀。箭根也不分明,是一件未完成的作品。天马山发现。

第三号:缺口石斧(第4图),10.6×3.4×1.8厘米,色青黑,质是玄武岩,很坚硬,形细长,两边对称,两面平匀,棱角分明,锋口两石斜削,显然是一件制造精致的石斧。但除斧锋之外,尚未十分磨光,又两边近锋处都有缺。登高山东面发现。

第四号:梯形石锛上段(第4图),7.4×3.9×2厘米,色青黑,质是玄武岩,很坚硬,形状是长方形,上部略狭,一面凸起,一面平,横剖面成梯形,上端也磨平,下段破缺,显然是石器的残段,其原形应是石锛,而不是石斧。天马山发现。

第五号:未磨小石锛(第5图),3.8×1.9×0.9厘米,色白带黄,质是沙质石英岩,形长方,下端斜削作锛锋,全形很整齐,但未磨,明是已斫完而未磨光的小石锛,天马山发现。

第六号:方形极小石锛(第8图),1.8×1.2×0.6厘米,风化甚深,色黄带灰,质是泥板岩,很松。形方,很整齐。登高山发现。

第七号：三棱形长石器残段（图略），10×4×3.5，表面风化成灰黄色，里面由破处可看出青黑色，质是粗辉绿岩，形如三棱镜状，一端尖，又一端破缺，大约还有同样长的一段已找不到。这一段显然是人工制成的工具，但缺一段，不知究竟是何种石器，或者原是一种尖形器，可以做武器用的。登高山发现。

第八号：有段石锛（第 6 图），10×3.7×3.2 厘米，表面风化成黄灰色，里面是黑青色，质是砂岩，形长，斜锋分明，两边两面也都属石锛形状，一面有凸起处，分那一面为前后两段，故可推知是有段石锛，惜不十分平匀，大约由后来剥蚀而致。天马山发现。

第九号：剧烈剥蚀的长石锛（图略），11.9×3.9×1.9 厘米，表面风化成灰黄色，里面应是青黑色，质是砂岩，形细长，有两边两面，一端平，一端有斜削的锋，可知是石锛。但表面大约受水力侵蚀太剧烈，松的成分溶去，硬的存留，竟致不平匀，闻海南岛发现也有很多像这样侵蚀过的。

第十号：磨钝的有段石锛（图略），10.3×2.5×1.8 厘米，表色黄白，质是石英岩，里面稍白，形长有两边两面，一端圆钝，一端略扁，有斜削状，又一面中央稍凸起，全角似有段石锛，但锋口和四条棱都已磨钝，大约因久被践踏侵蚀所致。是在赴登高山路面上发现的。

第十一号：有孔石铲残段（第 3 图），4.8×4.5×0.8 厘米，色表里皆黑带青，质是页岩，形是一块薄片，两面都磨光，三边缺，一边平直。残留半圆孔，穿孔痕极明显。因其扁平有孔，由他处遗物类推应是铲类，作扒土之用，似属种植用农具。天马山发现。

第十二号：石铲残段（图略）。6.7×4.3×0.8 厘米，色表里皆黑青，质是页岩，形平，三边破缺不明，一边平直有磨，人工明显，应是石铲的残段。天马山发现。

第十三号：石铲残段（图略），3.4×3×0.5 厘米，色表里皆青黑，质是页岩，形扁平，三边残缺不明，一边磨得很平直，人工明显，应是石铲残段。登高山发现。

第十四号：方柱形石器残段（图略），9×2.8×2.7 厘米，表色风化成黄红，里色稍灰，质是红砂岩，形如方杜，一端稍粗，四面磨平，四条棱也整齐，明是人工制成，一端两面斜削，但未磨，一端残破，不知究是何种石器。登高山发现。

第十五号：石牙状物（第 7 图），7×3.7×2.2 厘米，表色灰黄，里色应是青黑，质是砂岩，形长而弯，一端粗，一端尖，很像兽牙状，有磨光，人工明显，似是一种雕刻品。登高山下发现。

第十六号：石雕怪物（第 8 图），4.2×4×1.15 厘米，表面色皆白带灰，质是砂岩。形似蹲兽状，顶有头有大口，前部有胸有足，后部有两条斜形纹，但鸟尾状。全形人工明显，形状似兽有鸟尾，可以说是怪物，但原始时代的思想原是这样的,他们的神常是鸟兽形混合的,这一件或者是有原始宗教意义的雕刻品。石器时代遗址中发现的石雕艺术品还很少见,在我国或者是第一次发现。天马山发现。

第十七号:扁石环一段(第 4 图),2.8×1.3×0.2 厘米,色表里都是青黑,质是页岩。形是环的一段,约四分之一。一端有两个小孔,另一端缺,琢磨匀整,制工很精。石环是石器时代的装饰品,也即是艺术品。其原形也不一定是整个圆环,初期的作品,常只是一段,在两端开小孔,用细绳结连成环,这一件大约便是这样的一段。这一件很薄,故属扁环。登高山发现。

第十八号:厚石环残段(第 3 图),4×1.1×1 厘米,色表里皆青黑,质是玄武岩。形也是环的一段,约一半。很厚,制工粗,环内面未磨,大约是未完成的作品。登高山发现。

第十九号:长方小石牌(第 9 图),5.8×1.8×0.25 厘米,色表里皆青黑,质是页岩,形薄如牌状,两面四边都磨得很平匀。一角有小缺,未磨,不知是原要开一缺,或要穿一孔。大约是一种佩带的装饰品或玩物。天马山发现。

第二十号:两面凹双角石器(第 10 图),8.1×4×2.8 厘米,表色风化成黄,质是泥板岩,形是一块三角形石,两面磨光致凹陷,一端成为两个角。大约不是要雕成双角状,原只是因两面磨深致成两个角。这或者是一件磨制骨角器的工具,因为磨骨角的必然是石器。

第二十一号:有沟石器残段(第 5 图),4.7×3.9×1.8 厘米,表色风化成黄褐,质是砂岩,形如人臂骨的一段,有磨过,一面的中间有一条深磨的沟,显然是人工物,但因残缺不能知其全形及用处,或者也是磨制别物的工具,因为这一件石很坚硬可磨石器或骨角器。越南北山原新石器时代遗址中,也发现有沟的石器,研究者称之为骨砥石。又,我国台湾也有。

第二十二号:砺石(第 11 图),9.7×6.3×4.6 厘米,表色风化成黄赤,质是砂岩,形是不规则的五面状,每面都有磨过。有两面且磨得凹陷下去,显然是磨制石器或石饰物、石雕艺术品等的砺石。登高山发现。

第二十三号:小石臼(第 12 图),7×2.4×2.5 厘米,色青黑,但中央洼陷处风化成黄,质是玄武岩,形是臼状,但底部无座,只不过圆凸如锅底。另一面洼陷处,明是人工敲打而成,但不光滑。后代人决不使用这种粗劣的用具,大约是新石器时代人用以舂槌硬壳的植物子实的东西,或者是盛油的灯。马来半岛霹雳州 Sungei Siout 地方曾发现相类的东西,研究者卡连费氏(Callenfels)也说是小石臼(见 Proceedings of the Third Congress of Prehistorian of the Far East Pl. XXXIX)。又越南和平石器时代遗址中有这种小臼,大小与这件略等(见祢津正志著《印度支那的原始文明》)。

石器总结:根据以上各件,可推知以下诸点:

1.石器种类颇多,有常型石锛、有段石锛、石斧、石箭镞、石铲、三棱石器、石环、小石牌、砺石、小石臼、两面凹双角石等。

2.其中石雕怪物:有沟石器、石牙状物、方杜形石器、小石臼、两面凹双角石器,都很罕见,尤以石雕怪物最为特别。

3.石器的数量也不少,只由两个遗址发现,已有二十余件,土内埋藏应有更多。

4.制造石器的技术也不坏,但有数件不曾磨得完全。

5.石器的质料皆已风化,有几件风化极深,致改变了表色,石质以砂岩、页岩、玄武岩为多。

6.石器中多有石锛、石铲,尤其是有段石锛与武平等处相类,表现出中国东南区的新石器文化特征。

第三节 陶 器

陶器都是破片,最大的15.3厘米,最小的2厘米,发现地点与新石器同,登高山、天马山两处数量大略相等,共得310片。棍据这些陶片可以明了其质料、颜色、花纹,并推测其形状的大概。兹分述如下:

(一)质料及颜色

1.最粗松者:片厚大,含沙多,火候浅,如粗瓦质一样,这一种很少,色多赤。

2.松而细者:片比上一种稍薄,无粗沙,是泥烧成,但火候浅,故仍松脆,如较细的瓦,表面常浮起一层粉末,用指甲容易划纹,色有黄赤的,也有灰的,数量比上一种稍多。

3.硬度中等者:片比前一种更薄,是细泥烧成,硬度比上一种高,表面不再浮起粉末,不能用指甲划纹,但盛水还会浸透。色以灰黄、灰赤、灰色为多,次是灰紫、灰黑、灰白的,总之是以灰为主要色调,这一种数量最多,约占大半。

4.硬度高的:不能用竹木划纹,盛水不易浸透,色灰白,这一种最少,不及十分之一。

(二)花纹

陶片之中除颈部底部原不应有花纹,以及极粗陶也不应有花纹之外,余272片内只48片无花纹,224片有花纹,计有花纹者占82%。

兹将花纹分类如下。

1. 雷纹：6片（第13图），最典型的很整齐，又有不很清楚互相错综的，方法应是由模印而成。这一种数量少，应是发展到最高度的作品，大约是后期的东西。

2. 菱形纹：11片（第14图），由横斜数条纹合成略如菱形，但未甚分明，数量不多，也不是此地的标准型。

3. 曲尺纹：13片（第13图），是每个直角形线条如曲尺相叠成，别处发现的又称山形。数量不算多，故也不是此地的代表型。

4. 人字纹：7片（第13图），与曲尺纹相类，但不成直角而是钝角，像人字状。

5. 鱼鳞纹：4片（第13图），由多条曲线相叠而成。

6. 米字纹：2片（第13图），即两个十字相交，成米字状。应是压印而成，数量也极少。

7. 叠横直线相错纹：1片（第16图），由三四条横线相叠成一个方形，和由直线相叠而成的另一个方形相错。

8. 之字纹：5片（第13图），如草写的之字，与曲尺纹相似，但两个曲尺纹不相连接，之字纹是连接多个曲尺纹为一条蜿蜒曲折的线。

9. 方格纹：107片（第15图），由横直线相错成一个一个小四方格，其格有小有中有大，以中的为多，大约是由编织物压印而成。这一种数量最多，是此地的代表型。

10. 粗网纹：7片（第15图），与方格纹相似，但其格不很四方，大约由粗网压印而成。其陶片也特别厚，浙江古荡遗物中也有这种陶片。

11. 筐篮纹：22片（第14图），数条直线微相交错，可看出是由筐篮压印而成。制法或者是将陶泥贴于筐篮内，压成花纹；或者是将筐篮的一部分压在陶器表面。有粗细两种，数量是次多的，故也可算是此地的次要代表型。

12. 直线纹：6片（第14图），由数条直线平行相叠而成，有粗细两种。

13. 草形纹：1片（图略），由竹木枝尖刻划而成，头粗尾细如草状。很少见。

14. 布纹：18片（第17图），将布压印而成，数量也不少，是更次要的代表型。

15. 素面及其他：59片，遗址中素面的有48片（第17图），此外花纹不明的11片。

花纹总结：

(1) 以上陶片310片中有花纹者262片，占84%，可见陶片几乎全部加上花纹。

（2）每件陶器大约只有一种花纹，把这种花纹重叠作了无数个，布满了陶器的表面；故上面所举的花纹，都只是花纹的一个单位，每个单位都是重叠的，如曲尺纹是无数个曲尺重叠的，米字纹是无数个米字重叠的，原应称为叠曲尺纹、叠米字纹，因每种花纹都是重叠的，故省去叠字。

（3）各种花纹之中以雷纹为最复杂，便是发展最高度的，直线纹、筐篮纹最简单。

（4）龙岩陶器花纹的代表型是方格纹，次是筐篮纹。

（5）制法应是范印的最多，个别是刻划的。

（三）形状

龙岩未发现完整的陶器，故不能明了整个陶器的形状，但由破片的形状也可推得一个大概，器必是圆的，口颈和底各有数种形式。

Ⅰ.口颈部：口颈部的破片有 20 片，可看出有数种形式出口颈。

（1）敞口：即边缘向外弯的，有七式（附图1～7）。

（2）敛口：即边缘向内弯的，有二式（附图8、9）。附简单纵剖面图如下（只绘一边，另一边从略）：

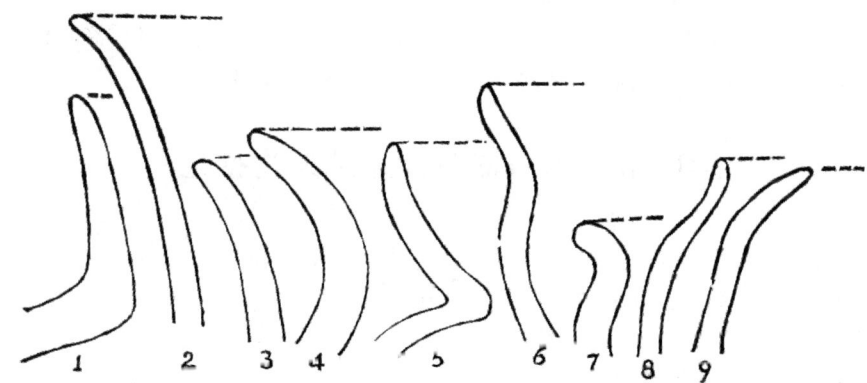

Ⅱ.底部：有四种，由简单而复杂，附纵剖面简图如下：

（1）平底：底全平的。

（2）凸底：即底稍高的。

（3）凹底：即底的中央凹缩的。

（4）圈足：即是底凸起很高，其中又挖空如虚线所示，致其底成为一圜；如现代的瓷碗底。

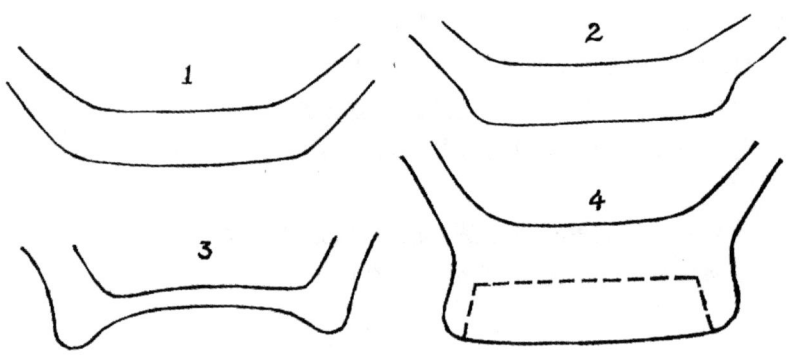

Ⅲ. 器的大小：大小由现有陶片推算，大约如下：

(1) 最大的：有一件口颈都 26 厘米，又是广腹的器，其腹最小可达 49 厘米，但这一件陶片很厚，陶质也粗。大约大的东西陶质比较粗厚。

(2) 最小的：大约是 10 厘米以上。

（四）陶制锛

陶片之中有一片形状很像小石锛。长 4.2 厘米，阔 2.8 厘米，厚 1.2 厘米。一边很像锛口，但未磨，质很坚硬。陶瓷坚硬的原可割物。在石器时代也可能将陶片打成为石器状以割砍动植物，因未磨不十分明显。

第四节　新石器时代遗址遗物推论

（一）与别处遗址遗物的同异

Ⅰ. 相同或类似之处

(1) 石器中有常型石锛、有段石锛、石镞、石环、有孔石铲、石斧，与本省武平、浙江古荡良渚、广东海丰、香港、江西樟树镇等处的遗物都相类似，可说同一系统。

(2) 陶器都是印纹陶，也和上述各处属同一类型，花纹 15 种之中有 9 种和武平相同，有 4 种同于香港，3 种同于江西，4 种同于浙江古荡。和武平最为相类，很难分别。

Ⅱ. 龙岩特殊之处

(1)石器中有石雕怪物一种,不但我国东南诸地未有发现,似乎全国都未有。此外有双角形石器、三棱形石器、有沟石器等都很特别。还有凹陷的磨石,也是很好的标本。

(2)陶器花纹中有雷纹比武平的清楚,片也更大更多。又有粗网纹一种,是武平、海丰所未见,反与浙江古荡的极相似,但以上两种还不是主要花纹,主要的花纹是方格纹,这一点与武平等处不同。

(3)遗址在山麓斜坡,距土面2～4尺处,不像武平的是在小山顶上发现。更与海丰、香港在海边的不同。

(二)年代的推测

由以上与别处遗物的比较,龙岩遗物与武平遗物最相类,南与韩江流域、海丰、香港,北与浙江古荡,西与江西樟树也有相似之处。可见龙岩遗址的年代与武平大略相同,与韩江、海丰、浙江古荡、江西樟树也相差不远。

再查以上各处遗址年代。武平的是三四千年前,韩江流域据饶宗颐研究"远推至秦汉以前的当有可能"。海丰的未提,据研究者芬氏(D. J. Finn)说明,铜器是在纪元前500年受中国北方民族影响的,然则其新石器时代便是终于纪元前500年顷。浙江古荡的遗物,据其报告说是3000年前江南的文化,江西樟树镇东南牛头山、大姑山的遗物,报告中未说明年代,但确定是石器时代物。

参考以上他处遗址的年代,龙岩与武平相近,应是同时,即3000年前左右,比较华北的新石器时代应迟些,但不应超过1000年。

(三)当时人类生活、工作和文化的推测

由遗址推之,当时人类的住所应在小山顶及山腰,当时的山,应较高峭,经过3000年来的剥蚀,乃变得圆钝,而山腰的遗址层被山顶冲下来的泥土掩盖,故今日深埋在数尺深处,如非掘土成断层,已看不见,当时登高山、天马山的东西两面,应都有较大较深的河流。城中除北面、西面小丘而外,或者也是沼泽之地,其中应还有小河。其后这一带河流被南面的登高山,西和北的小山,以及东面的翠屏山、麒麟山等冲刷下来的泥土淤积,致城中逐渐高起,龙川丰溪小溪变成狭而且浅。在当时人类应当是住在登高山、天马山的山腰、山顶,或者还住在翠屏山、麒麟山,山上多有草木天产,山下有河流沼泽,水产也不少。

他们的生活,是采集天产,猎取禽兽,网捞鱼虾,或者在平地种植一些植物,或畜养一些动物。证据是有石箭镞可知能用弓箭打猎;有粗网纹陶片,可证明已

有网;石器中有石锛,似为扒土之用器,小石臼似为捶打植物子实之用,由陶器之多,可知他们的食物已很不少,且其食物中应有谷物。

当时人类应已有纺织成的布,缝为衣服,因为陶片有布纹的,其布或只是苎麻一类。他们身上常挂饰物,有穿孔石环、长方小石牌可以为证。他们的艺术观念相当发达,因为陶器上的花纹很多,有很美丽的如雷纹、曲尺纹、之字纹、米字纹等。又有石雕怪物,这一件不但表示其艺术程度,还表示其宗教魔术的思想。因为原始艺术品常不是单为玩赏而作成,常带有宗教魔术的意义,以用于经济生活上。这件兽形雕刻物,或者是打猎所用的禁魇物,用以制野兽,或崇拜野兽,也未可知。

(四)人种及其散布地点的推测

武平的人类我以前推测是古代越族,香港的据研究者芬氏也说是越族,浙江的据报告也说是越族,龙岩的与武平相近也应即是越族。这种民族的文化特征,是制造印纹陶器,多用石锛,尤其是有段石锛,这是考古学上所推得的。这种越族开化似比华北为迟,大约到了3000年前,方才进入铜器时代,恐怕还兼用石器,到两千数百年前。

这种民族的散布地方,由以上发现推之,北自浙江北部,中经福建、江西,南到广东、香港,即东南一带数省地方。在这一带地方的沿海以至山地,尚未发现的,也有发现这种新石器时代遗址遗物的可能。

第五节 疑似旧石器

龙岩除了上述的新石器时代遗物以外,还发现有些极似旧石器时代的遗物。就本身而论,都是打制的,无磨痕,很有旧石器的特征;和别处的旧石器比较,不但很像,而且特征更明显,惜数量不多,遗址不能确定,故为审慎起见,暂称为疑似旧石器。又这里所说的旧石器,只是指其形状而言,不是确指地质上的旧石器时代,发现地与新石器时代遗址不同,是在登高山东面,天马山东南面,城东的麒麟山西面,数量共只五件。

第一号:杏仁形阔锋石斧(第18图):长12厘米,阔2.5厘米,厚3.6厘米。表色风化成棕灰,里是青灰,质是含沙的片岩,硬度中等,竹签不能伤,铁锥可以刮。形上端狭下端阔,中腰更阔,成杏仁状。上端窄而厚,为手握处。下端阔而薄,即为锋口。两边相对称,很整齐。一面在中央稍凸,一面平,这种形状极似欧洲旧石器的杏仁形石斧。制法是打制的,未磨。在天马山东面山坡土面发现。

第二号：杏仁形尖锋石斧（第 19 图）：长 6.6 厘米，阔 5 厘米，厚 2.8 厘米。表色风化成黄棕色。质比上一种硬，是砂岩。形状是椭圆形，一端圆，一端尖。两边极对称整齐。一面稍平而圆，似原由砾石打成，有一处削剥痕。另一面人工更明显，全面分三部分，是由三次的"第一步敲击"而成，每一次打成一个斜面。上部的斜面比较小，有敲击所致的波浪痕，极明显，其余两个斜面在左右，中间成一条脊棱。这件石器的人工很明，有第一步敲击数下，第二步修整的工很少，但形状却很精致。很像旧石器时代的杏仁状手斧。在城东麒麟山麓发现。

第三号：双头尖石器（第 20 图）：长 13.1 厘米，阔 9.3 厘米，厚 3.5 厘米。色风化成污黄，质像是含沙的片岩，硬度中，与第一号同。形状是长形，两端都尖，两边对称，两面都平，两尖端的人工最明显，两边也有人工痕。这种形状的石器很少见，但别处也有，如巴布亚石器中，有一件也是双头尖的，形状很相像，也是打制未磨的，在中腰装木柄（见日译本 Van der Hoop 原著《印度尼西亚的原始文化》第 67 页）。又欧洲旧石器时代后期，也有双头尖石器，是用以钻凿的（见 G. de Morgan：L'humanité préhistorique，p. 64，又中译本鸟居龙藏著《化石人类学》第 424 页）。在天马山东面发现。

第四号：凸锋石刀（第 21 图）：长 11.7 厘米，阔 8 厘米，厚 3.9 厘米。色风化成黄棕，质与第二号相近，是砂岩，形状像半个圆形，但稍阔一点，弓形而凸的一边薄，成为刀锋，弦形的一边直而厚，可作手拿处。制法是第一步敲击后，还作第二步修整以为锋口。打制不磨，但表面似经剥蚀风化稍平坦。就形状看像打制的石刀，在天马山东南发现。

第五号：阔锋石刀（第 22 图）：长 11.6 厘米，阔 7 厘米，厚 3.9 厘米。色风化成污黄带白，质似是花岗岩，很硬。形状像扁的橄榄形。左右两头尖，一面是在两头之间有一条隆起的横脊，分这一面为上下两个斜面，下斜面便作锋口颇阔。上斜面稍厚即为手握处。另一面如球面状，即是原来圆石卵的石，可见这件石器原是由大块的圆石卵打破，将一面加工而成，石器中也常有这样的，在天马山东南发现。

（《厦门大学学报》社会科学版 1960 年第 2 期）

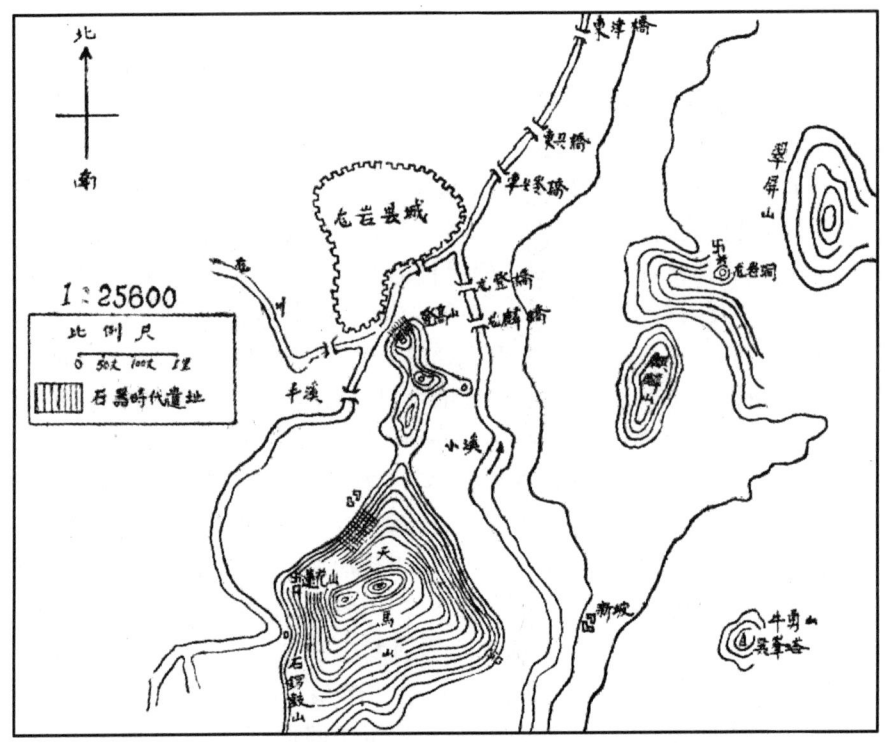

第 1 图　龙岩石器时代遗址简图

第 2 图　龙岩天马山遗址远景

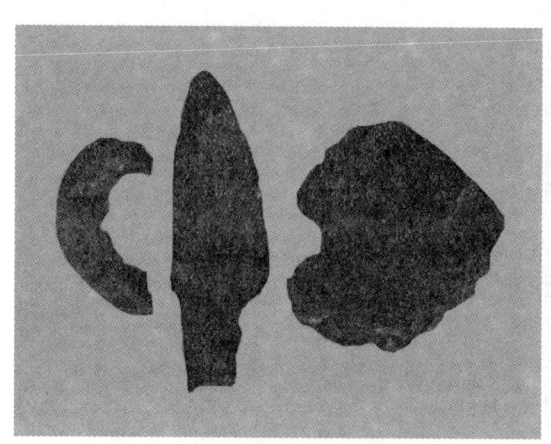

第3图 石箭镞(中),厚石环残段(左)
有孔石铲残段(右)

第4图 缺口石斧(左)
梯形石锛上段(右下)
扁石环一段(右上)

第5图 未磨小石锛(右),有沟石器残段(左)

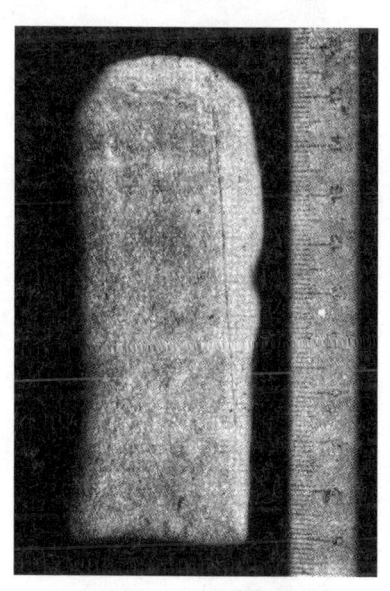

第6图 残缺的有段石锛

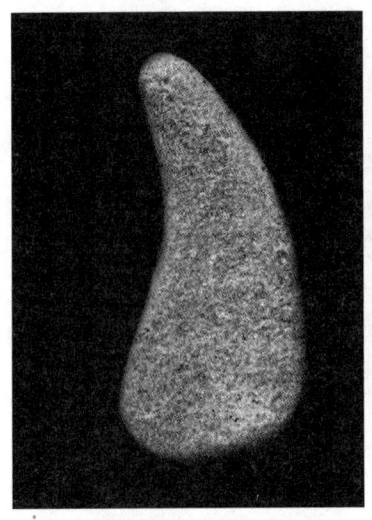

第7图 石牙状物

第8图 石雕怪物(左),方形极小石锛(右)

第9图 长方小石牌

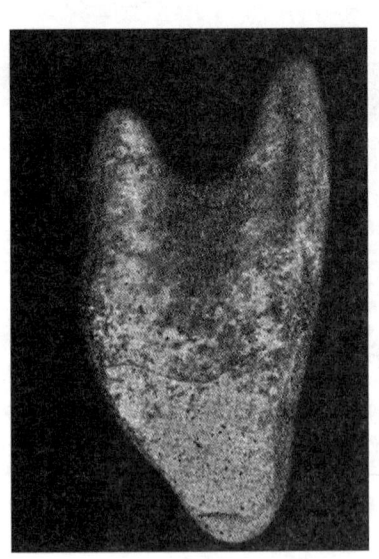

第10图 两面凹双角石器

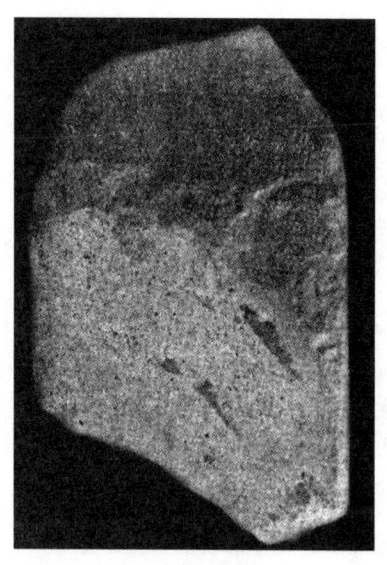

第 11 图　砺石

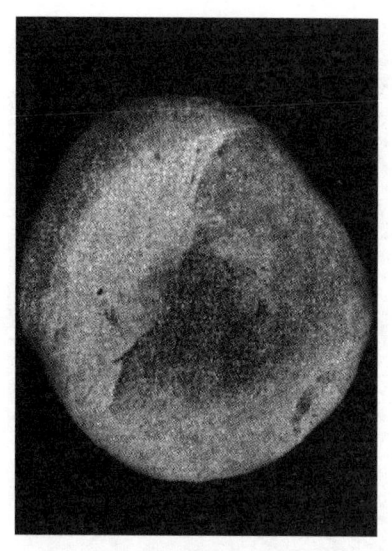

第 12 图　小石臼

第 13 图　陶片花纹：雷纹(左上)
　　　　　曲尺纹(左中)，之字纹(左下)
　　　　　鱼鳞纹(右上)，米字纹(右中)
　　　　　人字纹(右下)

第 14 图　陶片花纹：菱形纹(左上，右下)
　　　　　筐篮纹(左下)，直线纹(右上)

第 15 图　陶片花纹：方格纹（上）粗网纹（下）

第 16 图　陶片花纹：叠横直线相错纹

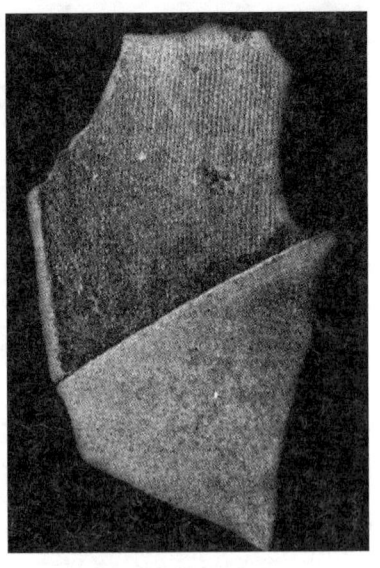

第 17 图　陶片花纹：布纹（上）素面（下）

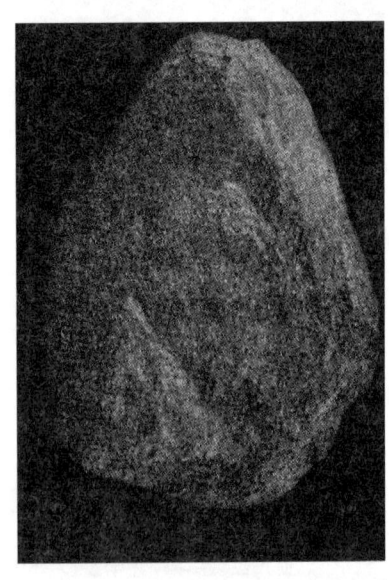

第 18 图　疑似旧石器：杏仁形阔锋石斧

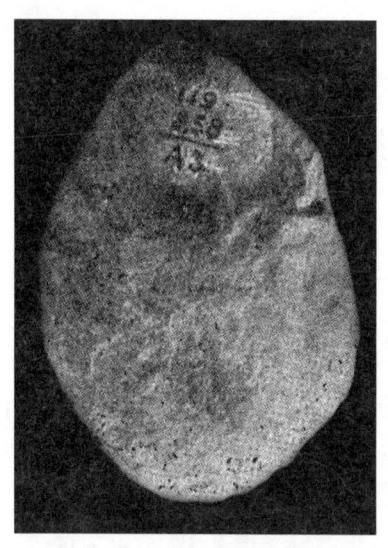

第 19 图　疑似旧石器:杏仁形尖锋石斧

第 20 图　疑似旧石器:双头尖石器

第 21 图　疑似旧石器:凸锋石刀

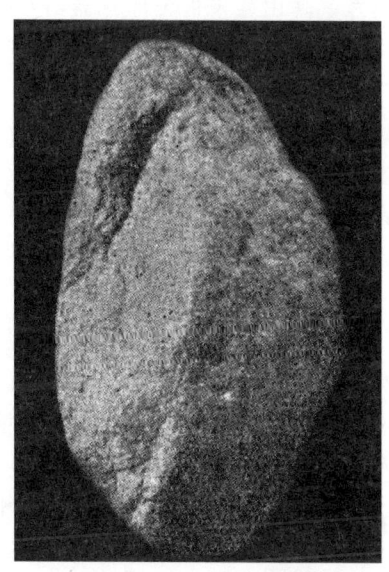

第 22 图　疑似旧石器:阔锋石刀

福建厦门史前遗物发现追记

厦门见于记载很迟。《厦门志》说厦门自宋以前无可考。宋代始有嘉禾屿之称。郑成功据金厦二岛以抗清复明,故改厦门为思明。入清后又改称厦门,沿用至今。据此,厦门的见于记载不过自宋开始而已。但民间传说更早些,传说唐末陈黯曾来住厦门,又南普陀寺也传是始建于唐代。

其实厦门有人类居住,也是很早的事,文献虽无征,地下的古物都可以证明这事。厦门不但在宋以前已有居民,甚至在3000年前的史前时代,也已有人类。而且厦门史前古物的发现在我国长江以南似乎还是最早的事。发现时因为古物太少,故久未发表,并且也因在十余年的战争混乱中,无心发表,经过二十余年到现在,方才追写这一篇补行发表,以供学术界参考。

1930年我重回厦门大学,担任人类学课程,因教书时常需要实物如史前石器等供学生参考。因以前在菲律宾时曾探访过史前遗迹,又因前一年曾赴台湾考察高山族采得史前石器,乃想在附近一带探访。但因当时华南尚未有发现过史前遗物,故信心不很高。在那年冬,厦门蜂巢山与南普陀山西坡之间开马路通厦市,我常去探看。有一天果在该岭向厦港的斜坡上发现一件石锛。石锛不是欧美的史前考古书中所常说的,因为欧洲似未有这种物。但我曾在菲律宾和台湾看见过,并曾采得几件,所以一看便能认识。

这件石锛(见图1)长5.5厘米,阔3.2厘米,厚1.0厘米,质是泥板岩,色已因风化成黄灰,还有红棕色的斑,硬度中。人工明显,全体有磨,完整无缺。形状是长方形,双面平扁,左右对称,四边都平直,一面全平,一面在左右边都有轻微斜削,在锋口处斜削更大成薄锋。上端手握处厚,其边也平。这样的石锛可称是薄边的石锛,边是指左右两边,是在

图1 厦门峰巢山发现石锛

发展中途的石锛,发展更高者其边也高而有棱,更美观。

次年我在离此不远的南普陀山东面东边社斜坡上又发现另一件石锛(见图2),形与上同,但略缺,不过人工还是很明。质也相同,色因风化成灰色。比上一件略大,长7.6厘米,阔4.1厘米,厚1.7厘米。人工特征是在全体都像锛形,有四边,左右对称,两面都扁平,有一边磨得很平。下端倾于薄,可惜口部破缺不全。

这两件相继发现后,我当时嫌材料太少,且不曾寻得遗址,不即发表。到了1934年厦大同事考古学家郑德坤作校址考,说及这事,并将照片也刊出,载于厦大校刊内,但该文未详细叙述。到了1938年春我在南洋参加东方史前学第三届大会,提出武平史前遗址论文

图2 厦门大学东边社斜坡上发现的石斧

时连带举这两件作比较,并陈列供众鉴定。这两件厦门石器的发现因不曾正式发表,故国内学术界都未曾知道,若就发现时间论,比长江以南别处的发现都早。

到了1952年以来,陈嘉庚先生为厦大添建校舍,工人翻动土面,我在新礼堂地基后斜坡上连续拾得陶片三件,很像是史前的陶器,分述如下:(图3)

第一块:4.5×3.3×0.4厘米,色黄,质松,无釉,表面有隆起的几何纹样作 VVV 状,制法是手捏的,表面不平均,且有指痕。所以疑它是史前物,是因其质甚松,无釉,其纹样是手工所制不是印模的,且又是手捏的,不用陶轮。有史以后的陶器不应是这样的。

第二块:4.7×3.5×0.8厘米,色灰,质也松,无釉。表面有印成的雷文。也是手捏未经陶轮。且用模印,时间应较后。

第三块:似是陶器的耳,色灰,无釉,质松,是手捏的,指纹还印在上面。

到了今年(1953年)三月本校学生桂光华在建筑中的新礼堂前土面上发现一件石器状物,外面被土包起来,他取起洗看,果是一件石斧。这件石斧,人

工非常明显,而且完整无缺。长 9.8 厘米,阔 5.7 厘米,厚 2.0 厘米。色因风化成灰,质是泥板岩,形长而扁,上端略狭而厚,下端薄而阔。两面都平匀,而且在下端两面都渐斜削成斧口。边无棱角,是浑圆的,横剖面是很长的椭圆形,故应属圆筒状斧,但略扁。这一件石斧的发现更证实了二十余年前的二件石锛,并证明了上述在近处发现的陶片。

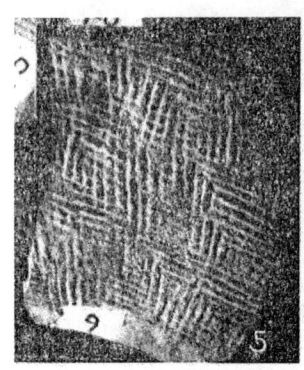

图 3　厦门大学新礼堂遗址陶片

　　由以上的发现可见厦门在史前新石器时代,便已有人类来住过,或从大陆来游过。当时厦门或者和大陆还有连接,如高崎与集美之间海非常浅,当时或尚未沉下。至于这种史前人类是哪一种族,我以为和武平一样,应即是闽越族。

　　以上三件石器和三件陶片,都陈列在厦门大学人类学博物馆内,可供近处人参观,但对远处的学术界不能不发表一篇短篇的报告以为参考资料。

(林惠祥《史前考古论文集》手稿第二篇)

福建南安新石器发现追记

（一）八尺岭石锛的发现

1947年我回国后，厦大同事庄为玑先生对我说抗战中某年走路经过南安县八尺岭时，见山上滚下小石块三个，拾起一看，似是石器，便交我赠送我所私立的人类博物馆筹备处。这三个石块之中有一个可断定是新石器时代的石锛（图1）。长7.8厘米，阔5.9厘米，厚1.6厘米。色里面是青黑，表面风化成灰。质是泥板岩。形状是长方形，但横直差不很多。左右两边平直且对称，都稍薄，上端也平直，厚与中央平，下端锛口稍狭，一面斜削，另一面直，明是锛状。口的一角新破一小缺，露出里面的青黑色。福建的新石器以锛为多，厦门武平都如此，南安有石

图1 南安八尺岭发现的石锛

锛是很合理的事。南安以前尚未发现过史前遗物，这尚是第一次发现。

（二）溪埯山有段石锛的发现（图2）

我由八尺岭石器的发现推测晋江流域应当有更多史前古迹。因为这条江自安溪和永春发源，流过南安和晋江两县入海，现在虽淤浅狭窄，但下游两边的山都达老年，山必有剥蚀，江必有冲积，在史前这条江应当更宽，而山应较高，当时人类应居住游行在这江的两岸，即现在离江远隔了一片田地的小山上。所以现在如在这些小山上去找，应当有史前遗物。1948年，我和罗志甫、庄为玑两位先生自费到晋江南安一带考古。先到八尺岭考察，无所得，次又沿

晋江北岸行去,到了南安溪墘山前面,在左面路旁拾得一块石器,这块石器长10.9厘米,阔3.6厘米,厚2.3厘米,风化很深,表色变黄,质是砂岩。形状长方,虽因剥蚀深,表面不光滑,口部也稍钝缺,但石器的特征很明。因为表面还可看出是磨过的,左右两边也平直,四条棱也还明显,上端手握处虽不平匀,但石器常有这样的。下端虽钝缺,但还是薄的,明是锋口。这件石器还可看出是有段石锛,因为从旁面观之,背部有一道脊分背面为两段,而正面的锋口斜削更多,如和武平、台湾的有段石锛比较,可以看出是同类的东西,不过这一件的脊是比较近前部而已。武平有段石锛,浙江也有,广东也有,福建的东部沿海平原也应当是会有,这一件的发现,可以补这一片空白,更可证明晋江流域在新石器时代也有人类。

图2　南安八尺岭发现的石锛

（林惠祥《史前考古论文集》手稿第三篇）

福建惠安史前遗物的发现

1951年冬,厦门大学文法学院师生参加惠安及安溪土改,我被派在惠安第二区工作。在11月间偕区干部王水枝同志行经瑞东乡路墘村外旱田旁小径,我忽瞥见田土上有一件似石器的东西,拾起一看,果是新石器时代的石锛,后在涂寨南方小溪岸的断层距地面的半米深处也拾得一块方格纹的陶片。12月我们被调到狮山乡,我被派到庄林柄村工作,便住宿在村里。有一天,在村南小丘上看见一石器,虽未磨光,但形状显然是石箭镞。其旁还有类似石器的石块很多,形不整齐,但每块都有一个边似经磨过。又得一块筐篮纹的陶片。我知道这村也有史前遗物。有一天在寄食的农民苏马恭家中午餐时,忽见地上大刀石的上面有一个小石器,取起一看,果是石锛,更证实了我的推测。其后,我更在所寄宿的另一苏家北面地上,拾到一件很小的石器半段,又在其西拾得一件很大的三角形石锛。

兹将以上的石陶器分述于下:

第一号 路墘村缺口石锛一件,长5.0厘米,阔4.7厘米,厚1.7厘米。表色风化成黄,新破处露出原色是青绿。质是泥板岩,形方而扁,虽有破缺,但人工非常明显,可以断定是石锛。两面都磨得很平匀,一边完整的也很平直有棱,另一边虽有缺,但余部也平直,上端手握处也磨得匀整,口缺但还留一点儿,可看见单面斜的锋口,破缺的痕很新,想是最近方被人掘破。

第二号 庄林柄村完整常型石锛一件,长6.1厘米,阔3.8厘米,厚1.9厘米。色黑,风化处成灰,质属燧石类,形状长方而扁。全体磨得很光滑。有四边都平直且对称。一面平直,一面在左右两边都斜削,在锋口部更斜削。几条棱都很明。全体完整无缺,是一件很精致的典型的石锛。询问苏马恭君一家都不知哪里来,大约是小孩从附近拾来玩耍的,这件石器便由苏君赠送厦门大学筹备中的人类博物馆。

第三号 同村的未磨石箭镞一件,长7.1厘米,阔2.9厘米,厚1.0厘米,色黑,风化成灰,质是玄武岩,形状即如常见石镞形但中无棱,也未磨,大约是未完成的作品。

第四号 同村小石器半段一件,长2.4厘米,阔2.2厘米,厚0.8厘米,色青灰,质是页岩。形方,三边平匀,一边缺,两面都磨光,一面稍斜成锋口,所缺的大约尚有一半以上。这件石器的原状大约是极阔形的石器,但口部又不似锛状,人工很明显。

第五号 同村三角形大石锛一件,长14.2厘米,阔10.5厘米,厚5.3厘米。色风化甚深成灰,口部有新破处,露出青黑色,质是泥板岩,形上端尖,下端阔,故成三角形。两边对称,一面平,一面微成穹形,下端一间倾斜成锋口,似略经磨过。这样的形状和大小的石锛,还未见过,但人工也很明,可以断定是石器。

第六号 同村未完成石器5件,最长者7.5厘米,最短者6.8厘米。形都属长方而扁,只有一部分平直有磨,余不很规则。但人工还明,且与石锛同在一处,故可断定是破缺的或未完成的石器。

第七号 涂寨方格纹陶片1片,长6.5厘米,阔6.9厘米,厚0.5厘米,色黄稍风化,因发现在距地面半米深的断层,且质松无釉,里不平似手捏,又有别处史前陶器所常有的方格纹,故可推为史前陶片。

第八号 庄林柄村筐蓝纹陶片1片,长5.1厘米,阔5.0厘米,厚0.9厘米,色红棕,因其筐篮纹很明,无釉,里不平,且与石器在一处,故推为史前陶片。

由以上的发现可知惠安全县也都有史前新石器时代的遗物。我当时在参加土改工作繁忙中,原无心考察古迹,却在意外发现了这些遗物,可证明这种东西在惠安很多,而我住过的庄林柄村便是一处新石器时代遗址。

以上的发现曾报告福建文物管理委员会,并送去照片一份,其古物都交与厦门大学人类博物馆陈列。

(林惠祥《史前考古论文集》手稿第五篇)

雷公石考

　　1947年9月我从南洋回国,船泊香港,上岸一游,在一处旧货摊上瞥见一件似石器的东西,取起一看,果然是一件石斧。我故意问摊贩这是什么东西,他说是古玉,是广东乡人拿来卖的,原是挂在身上可以辟邪的东西。我看这件上端果真有一孔,系了一条丝带。我知道这便是石器时代的石斧,为以前乡人所发现,但不知是古物,却照一般的旧习惯,当作是雷斧之类,悬挂在身上以作厌胜物。我所采集的我国石器都是地下挖出的,正缺乏一件以前出土而被人民信为"雷斧"的东西;见了这件心里非常快乐,不输于发现了一处古迹,便把它买来。现在这件东西已送厦门大学人类博物馆陈列以供众览。

　　这件石器长10.5厘米,最阔处5.1厘米,最厚处2.3厘米,色深青,质似是很细的泥板岩,但相当硬。色美质细,磨制精致,也可算是一件很好的艺术品,所以卖者称之为古玉。形状便是斧形,但颇厚,一面平,一面隆凸,两边稍薄。近上端处有一大圆孔,径约0.7厘米。全体无棱角。由横剖面看,是椭圆形的。这种形式的石斧,名为圆筒状石斧,在我国比横剖面四角形的石斧为少,年代似乎早些。南洋新几尼亚便有这种圆筒石斧,研究者也以为年代比马来亚一带的方角石斧早。

　　我所以一见即断定它是原始时代的石器,又即雷公斧,一是因为这件东西型式制工质料十足是石器。二是因为这是广东地方所出的,广东的雷州原以出产雷斧著名(见下文引《梦溪笔谈》)。三因我知道广东民间旧俗喜欢佩古玉于身上,以辟除邪祟。我于1937年曾小住港,买过些玉器。玉器中的小圭,便是被佩带在身上的东西,而圭的形状,便像石斧。这一件有孔,且系丝带,其曾被佩带当是事实,所以可推知它便是所谓"雷公斧"。

　　上述的一件雷斧不知其来源,又未知已有什么传说或神话,最近厦门大学人类博物馆获得一件"雷石",便知道其来源,并且知道关于它的民间传说。本文写后久未发表,现在将这一件补述于此,可以当作关于雷石的最好资料。这一件"雷石"是福建泉州市东街郭家所捐赠,原是郭家的传家宝,自明代珍藏至今。关于这件"雷石"曾发生许多传说,流行于民间,曾被采入记载,如《泉州府志》、《晋江县志》和泉州人吴藻汀编写的《泉州民间传说》中。泉州一带民间有"董仙卖雷"的传说,便是关于这件雷石的事。《泉州府志·方外部·仙道篇》

明代有董伯华一则,董伯华便是"董仙",其文如下:"董伯华,晋江人,性至孝,母嗜膏豚,因习屠,后得道术于吴云靖,遂弃去。谈征应,辄验。儿童与一钱,为画雷掌中,拳而伸之,其声霹雳;日得钱自给,以其余施之贫人。有郭姓者,为郡小吏,与华善。太守熊尚初五陵坡之役,吏当行。伯华告其父,曰:'无往也,昨见太守送宾府门,丧其元矣。'父曰:'吏役于官焉避害。'伯华授之药,得暴疾,因获免。华后尸解北山紫极宫,人即其真身塑像祀焉,祈雨辄应,伯华尝书勤俭二字,匾其宅。赠所善郭姓风雷云雨诸画像,及雷石一块,磨水可以愈疾,今皆存。"

文中所说画雷于掌,便是用这块雷石画的。又说这块雷石磨水可以愈疾,便是用这块雷石的上端手握部在碗中磨,所以现在这块雷石的上端有磨迹。又说赠其好友郭姓,这郭姓便是现在郭家之祖,风雷云雨四画像今不知所在,唯雷石保存至今。民间传说更多,据说董仙曾从李铁拐学道,李铁拐送他一块雷石。他便在途中"卖雷",卖法是在儿童手掌中用雷石画一下,叫儿童握拳,然后放开,便会发出霹雳的声,每画一个雷取费一个铜钱。他以后便常以此为生活费。有一次董仙进入衙门内在人群中看知府或知县老爷审案,感觉不平,乃在别人手中都画上一个雷,然后叫他们都放,一时雷声四起,吓得大老爷立即停止审讯。这一段更显出古时封建社会的人民对官吏的不满,虽是迷信,却是很有意义的。由此可见这件"雷石"已经富有民间传说的性质,是鼎鼎有名的奇物。我馆接受这物后,将它归入于石器时代古物内,也兼用为民俗学的资料,所以它是兼有古物和民俗资料两项性质的。现在就其为石器的一方面描述于下:

这件雷石实是石锛,形长方而扁平,长14.3厘米,最阔处6.3厘米,最厚处2.2厘米。一端有片面斜削的刃口,另一端原应是平的,已被磨得变成浑圆了。石质是坚致的泥板岩,表色因风化变为灰色,但由磨处可看出原来是青色的。这件石锛刃口微凹,可归入弧形刃石锛之类。这种石锛在我国东南一带如厦门、长汀的河田都曾发现,北方却未有,故这件石器原来应是在福建发现。因明代的人不晓得这是原始时代人类所用,故误认作雷公的石,因而生出许多神话。至于这一件何以不称为雷斧,是因它的形状不像斧,但又不晓得应称为什么,所以他们只称为"雷石"。由唐至明代古书所记别地方的例推之,这一件在古时应称为"雷楔"(见下文引《梦溪笔谈》)。这件石器发现于明代,至今已约四百年,可以说是福建最早发现的石器,可惜当时人不晓得它的真相,只当作神秘的东西,到现在方回复它的真面目。至于何以这种石器会和雷公发生关系,便是本文所要说明的。

考人类生产工具的正常发展必定经过石器、铜器、铁器三时代,文明古国约自5000年前已脱离石器时代而用铜器,至3000年前又脱离铜器时代而用铁器。3000年来，人类使用铁器惯了，不能想象可以单用铜器来做生产工具，至于使用石器更是做梦也想不到是可能的事。不但现在的一般人是这样想的，便是1000年前的人，离开石器时代已有三四千年之久，也早已忘记石器时代的事，因此如从土内发现了太古的石器，必定大惊小怪，猜想到这物是雷公的东西，因为他们以为这物一定不是土内产生，必是从上面钻入土内，人间没有这物，必定是从天上掉下来。这物的出现，常在雨后，雨时又常有雷。我国民间自早便有雷公的传说，以为雷公一手拿斧，会从天上打下来（汉代武氏刻便有雷公像）（见金石索），于是便由联想而将石斧推到雷公身上去。他们不知道古物多埋土内，祠石每逢大雨常将泥土冲洗去，而使古物暴露出来。他们不这样想，却想到歧途上去，便发生了错误。（见作者著《文化人类学》石器章）

我国人在上古时还没有这种错误，如春秋时孔子见了楛矢石砮（楛本为箭干，石为箭镞），便说是肃慎氏的东西，不说是雷神的。东汉袁康著《越绝书》中说"轩辕神农赫胥之时以石为兵，断树木为宫室，死而龙藏，夫神圣主使然"。他还说黄帝时以玉为兵，禹时以铜为兵，当时以铁为兵。在他当时或以前应曾发见石器，却不曾迷乱了他的头脑，反使他发生了工具发展诸阶段的想法，这大约是因为当时"去古未远"，又当时的"外国人"如东北落后种族还有使用石器的，故他还知道石器是古人所使用的东西。

到了唐宋以后"去古"更远，使用石器的外族也已开化不再使用石器，因之对于出土的石器便不能理解，而猜为雷公的东西了，关于雷公斧的记载都是起自唐以后。如唐刘恂著《岭表录异》说："雷州雨起，人多于田野中获石，状如黳，谓之雷公墨。"据注释琥珀之黑者曰黳。又李石著《续博物志》说："人间往往见细石，形如小斧，谓之霹雳斧，或云霹雳楔。"《旧唐书·五行志》说："上元三年楚州刺史崔侁献定国宝玉十三，其一为雷公斧，无孔。"又《旧唐书·高宗纪》说："楚州刺史崔侁献定国宝玉十三枚，十二曰雷公斧，长四寸，阔二寸，无孔，细致如青玉。"宋沈括《梦溪笔谈》说："世人有得雷斧雷楔者，云雷神所坠，多于震雷之下得之。元丰中，予居随州，夏月大雷震，一木折，其下乃得一楔，乃石耳，似斧而无孔。"

雷公斧之说既成立，便发生了实际上的迷信，要利用雷神的威力来辟邪治病。这种迷信自唐代已有。唐陈藏器著《本草拾遗》说："此物伺候震处掘地三尺得之，其形非一，有似斧刀者、剉刀者、有穴二孔者，一云出雷州并河东山泽间，因雷震后得者。多似斧，色青黑斑文，至硬如玉。或言是人间石造纳与天曹，不知事实。"他又注说"刮末服，主疗疾，杀劳虫，下蛊毒，止洩泄，置箱柜间不生蛀虫。诸雷物佩之安神定志，治惊邪之疾"。宋曹孝忠修改《本草》称之为霹雳碱，说"霹雳碱无毒，主大惊失心，恍惚不识人，并下淋。磨服亦煮服"。元代杨瑀《山居新语》云："余家人病疟，邻家有藏雷斧者，借授病人禳之。其斧如石,若斧状,脑差薄而无孔,恐是楔耳。"到了明代李时珍所著《本草纲目》也列入为药物之一种,叙述很详,在石类中有一条霹雳碪,释为雷楔,他说:"按雷书云雷斧如斧,铜铁为之,雷碪似碪,乃石也,紫黑色……气味无毒,主大惊失心,恍惚不识人,并石淋。磨汁服,亦煮服。作枕除魔梦不祥。"明代屈大均著《广东新语》也说:"雷屑或霹雳碪则以辟婴儿惊,以催产,霹雳碪一名雷公石。"这种风俗到现在还有存留。如南洋考古学家韩槐准说:其故乡海南岛的人,常拾到这种雷公斧雷公凿,以前乡人习惯用这种物品为初生婴儿压惊之物。

  以上所举名称颇多,应当分别考定。雷斧或霹雳斧自然便是指石斧,雷楔或霹雳楔,应是指石锛,因为石锛也很常见,在华南还比斧更多,其形是一面斜削成刃口,与楔略相像。陈藏器文中说:"其形非一,有似斧刀者,有似锉刀者",似斧刀者即石斧,似锉刀者应即是石锛。雷公凿也便是石锛,因为锛的刃,口便像凿。李时珍的《本草纲目》另有霹雳碪之称,碪即砧字,不是斧或锛,而是可以承物以受打击砍斫的砧。但他又称作雷楔,意思便是指雷楔为砧,所以他是不承认雷楔为利器又不信雷斧是石制,他说雷斧是铁制的,雷楔则认为砧类的东西。李时珍不信有石制的利器为雷神所用,但他也还认为雷碪这样石块是可以磨服或煮服以医病,又可作枕以辟除恶梦。还有雷碱的名称是宋曹孝忠所起的,未述其形状。再看李时珍《本草纲目》内有砭石一条说:"砭石释名鍼石……砭石如玉,可以为鍼。盖古者以石为鍼,季世以鍼代石,今人又以瓷鍼刺病,亦砭之遗意也。但砭石无识者,岂即石砮之属为之欤。"此条之末又附述石砮一段,李时珍说:"石砮出肃慎,国人以楛木为矢,青石为镞,施毒中人即死。石生山中,《禹贡》荆州梁州皆贡砮,即此石也。又南方藤州以青石为刀剑,如铜铁,妇人用作环玦琉璃,国人垦田,以石为刀,长尺余,皆此类也。主治刺百病痈肿。"由此看来,曹孝忠所谓碱,或者便是鍼。鍼即现在的针字,原是尖锐的东西。古时有针灸之法,以针刺病者经脉,现在也还有人懂得。据李时珍说:古时的针是用石制的,后来方用金属制的,他疑心石制的针,即所谓砭石者,或即是石砮,砮便是石箭镞。还说是很有理的。石斧、石锛既然可以辟邪治病,石箭镞是更尖利的东西,为什么不可以辟邪治病,石斧、石锛既有雷斧、雷楔之称,石箭镞之称为雷针,当然也是可能的。

  石斧、石锛的发现据以上所取历史上是很多的,至于石箭镞是否也曾经发现过?这里我们可举一段苏东坡的文章。《东坡全集》中有《顺济王朝新获石砮记》一篇,略云:"建中靖国元年四月甲子,轼自儋耳北归,舣舟吴城山顺济龙王祠下,既进谒而还,逍遥江上,得古箭镞,棱锋而剑脊,其廉可列,而其质则石也。曰异哉,此孔子所谓楛矢石砮,肃慎氏之物也,何为而至此哉?……谨按《禹贡》荆州贡砺砮丹,惟箘簵楛;梁贡璆铁银镂砮磬。则楛矢石砮,自禹以来贡之矣。……用楛为矢,至唐犹然,而用石为砮,则自春秋以来莫识之矣,可不谓异物乎？"由这篇文可见石镞也如石斧、石锛，曾经在宋代或其前后时代出土。东坡见之，因他是能文的人，所以记载下来，如在一般人发现石镞，也不会写文记载，流传至今。而且东坡是有些学问的人，他发现了，知道是古人的遗物，如在一般人，恐怕也像石斧、石锛同样，推测到雷神身上去了。

这样的例不但我国有，便是西洋人号称科学发达，其实在百余年前，对于石器时代遗物的看法，也同我国人一样。以前欧洲人偶然从土内翻出石斧，常以为是雷霆的东西，由天上降下的，而获得并保存这种物的人，便可受其保佑，例如德国的农人叫石斧做雷凿，以为藏在家里可避雷击，且可荫及全村，暴风雨到时它会流汗，而获得时必在落地后的第九日。俄罗斯（按指帝俄时），农人也这样，他们造屋时将石斧埋于门限之下，以为可避暴风。如屋已先造，便收藏起来，每遇暴风雷雨将至，便拿出来放在棹上，以辟除灾害。英国康瓦尔（Cornwall）的人民把石斧放在水中，将水烧沸，以为可以治风湿症。勃里坦尼（Brittany）的人民则把石斧置井中，以为可使水清而泉不竭，德意志的人民以为石斧可治人畜的病，增加牛乳的产量，助妇女的分娩。石箭镞也常被视为有神秘的魔力。在苏格兰等地的人，叫石箭镞为妖箭（elf darte），以为是妖怪的兵器。他们以为这种东西要寻时是寻不到的，所以可异。他们常加以银饰，佩在身上，以为可以抵抗妖怪的袭击。牛如生病，便以为是被妖箭所伤，须请一位神巫来吸出妖箭。日本也有这样的事。公元1801年日本光格天皇享和元年出版的木内小繁著的《云根志》内说："阿波国津山有从天上降落的奇形的石，一件长三四寸，状如三弦的拨子，色似印部的瓷，质似石但比石硬，即《本草》所谓雷斧。又一是二寸径的圆形物，如和尚袈裟上所挂的环，是即《雷书》所谓雷环。又一长四五寸，状如牛角，是名雷钻……予蓄数百枚，色形大小不等。"日本人民也都重视雷斧等物，奉以为神，建立雷电神社以祀之。例如东京新宿之东便有一所，现在只余石碑，以前便有雷斧、雷槌在内。在南洋也有雷公石传说，著者本人于1941年到马来半岛吉打州马来人村落中访问有无古人所使用过的石斧，他们说没有。我改问有无雷公的石斧，他们说有，他们也称为"雷石"（马来语 batu lintar）。他们发现时便收藏下来。我当时便向他们买得七件，现在也交给厦门大学人类博物馆，另有论文说明。我当时不但高兴买得这种东西，还高兴探得了他们也有这种传说。

以上所举的外国的例，是不是正和我国人以前的情形一模一样，可见各处人类对于石器的看法，真可说是有同感了。这一事可以证明马列主义的社会发展规律，凡处在同样的社会发展阶段的人类，由于下层基础即物质生活的相同，也会产生同样的意识形态。

（《厦门大学学报》社会科学版1956年第1期）

第 1 图　福建泉州郭氏家传的明代董仙的雷石（现在本馆）

第 2 图　广东的雷斧（在本馆）

第 3 图　南洋马来亚吉打的雷石（在本馆）

第 4 图　日本的雷斧
（据日文云根志）

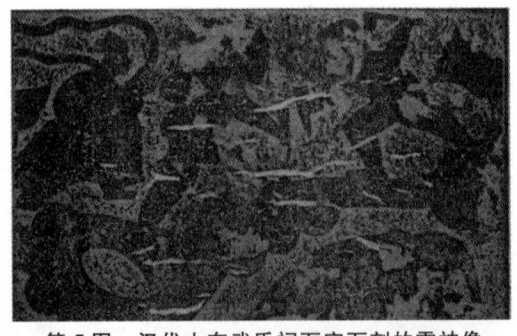

第 5 图　汉代山东武氏祠石室石刻的雷神像

论长住娘家风俗的起源及母系制到父系制的过渡

一、研究的缘起

1951年冬厦门大学师生参加土改工作,我被派到惠安县第二区瑞东乡。土改之外兼作推行新婚姻法运动的工作;在工作中,听干部们讲起惠安有长住娘家风俗,妇女因此而自杀者甚多,甚至解放后还有。我便查问当地干部和一般妇女们,将所闻的事实记录在土改时笔记簿里。我发觉这种风俗的起源可以用民俗学来说明,并可将这种说明宣传开去,以帮助行政上消灭这种不合理的风俗,使许多妇女和男人们解除这种痛苦,获得人生幸福。我便对土改队长刘淑明(女)同志说我愿意对乡村女干部们作一次讲话。她很赞同,便召集女干部们听我讲。我由人类婚姻家族发展史上来说明这种风俗是由母系氏族社会到父系氏族社会的过渡期所发生的风俗,再加以后来的封建社会的影响,因而使它长期残留下来,并改变和恶化了原来内容,我指出这种风俗在现在社会已绝无意义,其残留不过由于习惯而已,应当在思想上要有新的觉悟,并在实际生活上实行改革,便可消灭这种不合理的风俗了。她们听了都很赞同,并告诉我更多的事实。我回校后想要加以研究写成一篇论文,曾陆续搜集了些参考资料,但因无暇致延搁了数年。现在我想不应再延搁了,应就现有资料先写一篇,以后如有新的资料,可以再写续篇。

二、福建惠安县长住娘家风俗的事实

这篇论文的资料是由我在土改中所查得,以及后来陆续询问在厦门的惠安朋友所得,又见1952年5月13日《福建日报》有一篇记载,最近再加上由本校历史系惠安籍学生吴绵吉根据《一九五二年十月惠安县贯彻新婚姻法工作总结》和《一九五一年十二月晋江专区婚姻法执行情况检查组的报告》所抄得的资料。现在将这些资料据实叙述或转载于下。这些资料所说的多有重复处,但其重复更可证明其确实性。其中所提的人名和事实都据实指明,不便从略,因为如不指明,便缺乏真实性。为帮助彻底消灭这种不良的风俗,不能不写得这样真实,作者对所指出的个人是抱着十二分同情心的,请勿误会为有讥笑之意。

作者在瑞东乡时由女干部们所查得的资料如下:妇女嫁后三日即回娘家长住,只有逢年过节方到夫家暂住。以后如有怀孕方可长住夫家。俗称长住娘家的媳妇为"不欠债的",住夫家为"欠债的"。住娘家的时间,至少二三年,五六年的非常之多,七八年的也不少,有到一二十年的。实例如下:北坑廖晚生娶妻至今有5年(指1951年),每年来夫家不上十次,每次不上三日。妻姓卢,是许山人,这是其叔母说的。廖厝何耀堂之兄耀祖自十三岁娶妻,妻也是十三岁,是乘祖父丧娶的,今年(1951年)二十三岁,妻极罕来夫家,因母家田多需工,至今未生育,逢时季方来夫家。廖厝廖珍生娶妻五六年不来夫家,珍生另找兴化女子,被其妻家人来问罪,打伤其母的头。其后珍生参军(应是解放军),政府使人送离婚书给他家,其妻乃悔悟,遂来夫家。这是其母说的。此外长住娘家过十年的不少,如南埔人陈成金娶妻十二年,极罕来夫家。南埔陈乌绢嫁后十余年不到夫家。下乡人许绸嫁后住娘家十余年,赤埕下人庄衬十三年。下乡人卢焕文之妻十二年。下乡卢怜二十二岁嫁,今年三十七岁,尚未到夫家。祠堂妇女卢甜十余年。前坑妇女李算十二年(是妇女代表)。和弄村妇女黄秀十余年。还有达到二十年以上的,如坑尾许猫窦二十余年,湖边妇女柳呵,嫁后二十余年,到三十九岁,方才"欠债"。长住娘家的妇女,如有时到夫家都很短促,常于傍晚才到,次早即速离开夫家,因此怀孕极难。偶然有幸而怀孕生子的,又不得生在娘家,必须连夜赶到夫家,因此有生于路中的。妇女因罕到夫家,又到夫家时只是夜间相会,故常不相认识。曾有某人夫妇结婚后多年,有一次都到涂寨乡做买卖,不能相识,由别人告知,方才知道。有些地方妇女偶然到夫家时也不得和丈夫同睡。如有和丈夫同睡的,便会引起娘家的女伴讥笑,这种风俗在古山和父凰二村最盛。以前曾有一妇女与丈夫亲爱,回娘家后在上山割草时,被女伴编一支歌来讥笑她,她便自杀。这支歌如下:

　　头壳(头)倚遮风(床边木板),烂头鬃(头髻)。巴脊(背)倚铺枋(床板),烂三空(孔)。脚川(屁股)坐床墘(床缘),烂三年。

妇女又有编成保甲来互相监督,不准和丈夫亲爱的。又有选连长的,有一位连长曾自杀。

　　以上所调查的是第二区即涂寨一带各乡村的实例。东部沿海也有这种风俗,崇武一带已婚妇女一年到夫家只有三日,近崇武的港墘乡有一妇女结婚十四年,到夫家只四次。妇女因为长住娘家成为惯例,虽有些夫妻感情不坏的也不敢住夫家,而长住娘家,终身无靠,又不是结局,因此感觉人生痛苦,悲观消极,至于轻生自杀者很多,甚至于互相招引,集体自杀。这种不良风俗在解放前旧社会里非常流行,到解放后还有存在,甚至女干部也不能避免。1951年新婚姻法颁布后,党和政府曾提倡反对长住娘家的风俗,比前有了改变,但还未能绝迹,曾有新编反对长住娘家的民歌及其歌谱如下:

```
5 5 3 3 | 2 3 2 1 6̣ | 1· 2 5· 3 | 2· 3 1 — |
当 地 婚 姻   真 无 体,   结 婚 了 后   在 外 家,
惠 安 妇 女   不 是 态,   长 住 娘 家   真 无 通,
6 6 1 5 | 1· 2 3 1 | 6 6 1 6 5 ‖
唉 哟 唉 哟   无 梳 头,   编 髻 尾!
唉 哟 唉 哟   旧 社 会,   须 着 解 放!
```

厦门大学人类博物馆技术员、惠安县人曾其昌说:"惠安妇女年节到夫家时,白日只访女伴,天黑方入房,天未明即出。妇女头戴黑巾,下垂至面,男人不能见其面,故有夫妇数年尚未能相识的。有一次某人结婚已八年,有一日在涂寨坡晒谷物,遇其妻不相识,经别人告知方相识。"厦门大学图书馆馆员、惠安人蔡振华的妻也受这种风俗的妨害,结婚后未得同居。有一次妻来家时晚间到房中,房外即有人偷听喧哗,妻急出门回母家去。其后蔡到厦门大学任职,岳母特别送其妻到厦门来与蔡同居,妻名王有。蔡振华说:"惠安有缠足的乡多无长住娘家俗,天足的乡方有。这种风俗流行在惠安东部一带。"

1952年6月13日《福建日报》有一篇叙述惠安妇女长住娘家风俗的报道:"结婚后,只有结婚的头三天可在丈夫家里住,以后只有逢年过节才许回到夫家住一天。这样,一直要到怀孕临产时,才能长住夫家。个别地区的妇女回夫家时,还得用块布遮着脸,到晚上熄灯后才能去掉。第二天天亮又得跑回娘家。""一到农忙季节,娘家的田要种,同时还要到夫家去打短工或帮工。在夫家工作时,白天去,晚上回,劳动像牛马,吃的是地瓜渣。"妇女们常常相约自杀。惠安女劳动模范王淑鸾就曾因此想自杀过三次,她说:"农忙时要到夫家做工,但晚上又不能住在夫家,路远的只有坐在门槛上等待天亮。一天辛苦得不到休息。为了悲叹命苦,姊妹们往往成群相聚大哭,共同宣誓去自杀。""妇女集体自杀事件在解放后仍然存在。1949年10月到1950年8月的不完全统计,全县妇女自杀的还有122人。"集体自杀的风俗开始于清朝末年,自杀的妇女成群跳潭跳海。最严重的是三区,在解放前曾严重到平均每日一人自杀。她们自杀的主要原因是封建制度对妇女的严重迫害,现因实行新婚姻法,自杀已得到有效的制止。

厦门大学历史系四年级学生吴绵吉于1956年寒假回惠安故乡时,根据《一九五二年十月惠安县贯彻婚姻法工作总结》和《一九五一年十二月晋江专

区婚姻法执行情况检查组的报告》，摘记关于长住娘家的资料如下：

婚姻不自由，妇女便消极抵抗而长住娘家。常在结婚后三两天就回娘家，在年节或农忙时即勉强到夫家去一下，有的早去晚回，有的今晚去明早回。去时面上盖上乌巾（黑布），熄灯后即放下，因此有夫妻结婚后数年尚不互相认识的奇事，如第三区延寿乡小坑黄村张王水，结婚七年了，而不识其妻。甚至有的妇女回夫家时与他人睡，不愿与丈夫同床，天稍亮就赶回娘家，向同伴们诉苦。如三区南尾村王右与其丈夫结婚十二年，从未与其丈夫同睡过。因此相沿成俗，变为一种恶习，如果谁与丈夫同床，其女伴就孤立她，称她"臭人"。致使有个别夫妻感情并不坏，也受其影响，而不敢常住夫家，怕人笑，更甚者是在1954年（应为1944年之误——引者）前，三区大坑黄村有一妇女追姑与丈夫感情不好，而回娘家组织"长住娘家妇女会"，每一入会者，须缴白银伍元及鳗鱼十斤，作为会费，晚上集中睡，谁欲回夫家，须经批准，同时回去要保证不与丈夫同床，回来时尚须汇报。因此许多妇女结婚数年尚是处女，生活苦闷而宣誓去自杀。有妇女张妹、林镜、张梅等三人，就因对婚姻不满而加入该会，结果集体投潭而死。（该会解放前因追姑死而解散）

五区港墘乡张跳宝结婚已六年，其老婆到其家只有九天，彼此互不认识。有一次张跳宝上街买葡萄，而卖的正是其老婆，然而互不认识。据四区前内乡调查结果：七百五十七人的已婚妇女都住过娘家，其中长住娘家过二十年以上有五人，十年以上有四十一人，六年以上有二百一十六人，五年以上有三百五十一人。

长住娘家造成了不良后果：（1）男女关系不正常——双方关系不正常，因此婚姻问题特别严重，解放后到现在（1952年）提出解决婚姻问题、家庭纠纷问题就有五千多条。（2）造成男子狂嫖滥赌，弄得家破人亡，如崇武及小岞四区等地渔民有百分八十以上因老婆长住娘家而不能过着幸福生活，思妻苦闷，狂嫖一场，因而染上梅毒，严重影响到本人及后代的健康。（3）减少后一代的繁殖，如四区前内村三十八名民兵结婚一般都在五年以上，但只生五个孩子。（4）由于长住娘家，夫妇感情不正常，加上夫权统治思想严重，妇女在家中都没有地位，她们在生活上精神上都不能得到安慰，加上其他原因，便感到生不如死，解放前妇女三五成群地集体自杀，造成妇女大量死亡。（5）许多男子因婚后妻长住娘家而生活消沉，如三区小坑黄村张玉成本系勤劳农民，人人称赞，1940年婚后，老婆八年不到其家，感到没有前途，乃尽将财产卖光，喝、嫖、吸鸦片，到现在非常穷苦。

封建婚姻迫死人，妇女婚姻不能自主，婚后夫妇感情不好而长住娘家，加以受封建思想影响，对婚姻问题不满而不敢向人家讲，更不敢提出离婚,终日自己苦闷,有时聚集同伴互相诉出自己的苦水,就相引自杀。常有三、五、七人集体自杀,如十一区的王孙乡、六区的屿头乡及三区的彭城、延寿等四乡,在解放后至新婚姻法颁布时,自杀者有四十二人。她们除对婚姻问题不满外,更存在着封建迷信思想,认为死是光荣的。三区有流行如此歌谣:"在生时,多人看,较好大福送上山。"意思说自杀了有很多人去看,比较年纪五十多岁以上的老人死后子孙送葬还热闹。

一般企图自杀的妇女不论生活和行动都显出反常,其自杀前后主要特征:(1)忧头苦面,态度颓丧。(2)伪装欢乐,喜笑不自然。(3)行动诡秘,几个姊妹伴经常在一起,与他人不相往来,不参加任何社会活动。(4)大吃大喝。(5)买镜子、梳子等装饰工具。(6)自杀集团都要照相留作纪念。

由以上的资料概括来说,惠安县一部分地方有长住娘家风俗。长住娘家风俗便是妇女结婚后三天回娘家长住,只有逢年过节及农忙时到夫家一两天,必须怀孕生产方到夫家长住。即使夫妻感情不坏的也不能亲密,和丈夫亲密的反被娘家的女伴讥笑。住娘家的时间自两三年以至于十年二十年以上,妇女因悲观厌世,自杀或集体自杀的很多。解放后这种风俗有了改变,但尚未完全绝迹。

三、各地的同类风俗

以上所说惠安县的一部分地方的长住娘家风俗在福建其他地方未曾听到,但在别省却是有的,大都是在南方及西南边疆地方,其名称虽不一律,但其情形却和上述一样,略举如下:

1. 广东的"不落家"风俗——《中华全国风俗志》有一段说:"不落家者,即云女子已嫁,不愿归男家也。金兰契之风(见下述),以顺德为最盛,故不落家之风,亦以顺德为独多。女子嫁期有日,必召集一群女子,作秦庭七日之哭,如丧考妣,其金兰友亦在焉,临过门之夕,嫁者必被带束缚,其状若死尸之将入殓,复饱喂以白果等物,使小便非常收缩。及归宁后,其兰友必亲自相验。若其束缚之物稍有移动,是为失节,群皆耻之,其女必受辱不堪。故顺邑常有娶妻数年,而不认其妻之面者。每岁翁姑寿辰,或度岁度节,非遣仆役至女家恭接数次,不能望其妇一来。即来亦数日即返。见其夫婿,若遇仇雠,夫妇之道苦矣。"(第四册,35页)又说:"(番禺)乡中女子,习染归宁不返之风。回软即返母家……自是除过年过节外,以在母家之日为多。必俟有子,始肯乐家。否则迟至十年八年者有之。若逼之太甚,则往往轻生服毒死。故为翁姑者每托词姑病,接妇回家,留三两日。妇又常托词送嫁,仍返母家。谚曰:'家婆多病

痛,新妇多嫁送。'所谓多者非真多也,皆托词耳。"(第四册,28页)

张心泰《粤游小志》说:"广州女子多以拜盟结姊妹,名'金兰会'。女出嫁后归宁恒不返夫家,至有未成夫妇礼,必俟同盟姊妹嫁毕,然后返夫家。若促之过甚,则众姊妹相约而自禁。"向南等著《西南旅行杂写》说:"不落家是嫁了人不肯与丈夫同居,大多嫁后一二天即藉故跑回娘家去,这一去就老死不肯回婆家。婆家丈夫如要人,妻家竟宁可出钱帮丈夫再讨一个女人。此辈妇女常与自梳妹通声气,甚至加入自梳妹的小组织。"1936年某报载:"不落家之女子顺德极多……嫁后三天即归宁不返,婿家如贫则出私蓄为之娶妾……去乐就苦,外出佣工。……每逢佳节则车轿往迎,一宿而返,或又谓照例不许一宿,特半宿耳,盖例于夜半须易卧姑榻也。……须至老病垂危,始归婿家就死。"(厦大资料:《中外婚俗》)又解放前某报记载:"顺德风俗,女子嫁了丈夫,三朝回门之后,即归住外家,不返男家与丈夫同住,叫做'唔落家'。有些嫁了丈夫还是守身如玉,永远不返夫家,做一世挂名的夫妻。临死时候才送到男家开丧安葬。有些迟则十年八年,最快也要二三年才落家。只有婚后怀了孕,要生育儿女,那时想唔落亦不可能了。"(厦大资料:《中外婚俗·关于唔落家》)

2. 广西少数民族——清代赵翼《檐曝杂记》说:"初婚时夫妻例不同宿,婚夕女郎拜一邻妪为干娘,与之同寝。三日内为翁姑挑水数担,即归母家。其后虽亦时至夫家,亦不同寝。"1949年《民声报》记载邕宁乡村人民还有不落家的遗俗:"结婚后新娘可以随时返回外家,中间偶逢节日,则回来一趟,天亮后也就回娘家去了。等到有孕了才由男家接回居住。"又:"娶妻是在夜间举行,几个轿夫抬一只空轿,无灯无烛,来到女家,而女家是闭门的。等到递上'利市'三个,女家才开门接人。娶妻的第二天新郎要到岳家去请罪,岳父坐在厅中,新郎低声忍气,受岳父痛骂一顿说:'你竟将我的女儿夺去,蹂躏她的身体,我和你不共戴天!'要新郎认罪,送还他的女儿。新郎惶恐万分,叩首请罪,答应新娘仍回外家服侍父母。等到生育子女后方正式结为夫妇。这习俗相沿下来,故邕宁乡下妇人一向出嫁后都是不落家的。"(厦大资料:《中外婚俗》)

3. 仲家(现称布依族,下同)的坐家俗——贵州和广西的仲家也有不落家的风俗。《贵州通志》说:"婚姻间用媒妁,然必抱子乃归。近经禁诫,渐循礼法。"(卷七,苗蛮项)《独山州志》说:"嫁时……新妇不与亲夫会合,明早携瓮出汲,登梯上楼,即随送亲群妇,一路回归,此后遇插秧日收禾方往夫家,夜则与小姑同宿,不一二日即归,约三五年始相交合,生育后同室偕老。"《都匀志稿》说:"(仲家婚礼)三日,新妇及送亲并归,是为回门,逾年或数月始返婿家。"现代岑家梧著《西南民族文化论丛》说:"仲家不落家的习俗,尚有部分的遗存,婚后住夫家三日即返娘家,以后只有农忙或年节到夫家一二日,直至数年,或十余年怀孕后,始回夫家落家。苟婚后不久,便怀孕而至于落家,则必受同辈的讥笑,所以女子必坚持不与丈夫交合,而使其不落家的期间延长,不落家的时间愈长,女性愈受人尊重。"

费孝通著《兄弟民族在贵州》(1951年出版)有一段说:"现在仲家男女的婚姻都是由父母包办的。儿女还没有成年时,经过媒妁之言,履行订婚、纳八字那一套汉族在封建时代所熟习的手续。但是结婚之后,女的却不住到男家去,还是留在女家。叫做'坐家'。经过一个时期,男家请人设法乘女方不备,用一个'甲壳'带在她的头上。带上了'甲壳',女的才住到男家去,夫妇才同居。女的一般总是想尽方法逃避或抵抗这个'甲壳',所以多少要经过强制作用才带得上去。有些不愿意的,甚至闹到自杀的程度。"(46页)何愈《西南少数民族及其神话》也说:"(贵州)仲家亦有'坐家'的习俗。在'坐家'(即结婚后仍住娘家)时期他们因为'赶表'(在赶场时青年男女的恋爱风俗)而自选对象,以致引起婚姻纠纷,甚至演为流血的斗争。"(75页)

4.苗族——苗族也有长住娘家的风俗:近人刘介著《苗荒小纪》有一段说贵州的苗族"(女子)嫁后,有住夫家者,亦有归宁二三年,而后始回夫家者。前者与汉人同,后者则异是。婚夕,妇与女伴偕宿,次晨偕归。直至次年插秧时,夫家使亲属迎之,至,亦信宿去。夫与之宿,或拒或纳,其夫不能强也。迨九月收获,夫家再迎再至,此时必纳夫入室,否则夫可提出严重交涉矣。其所以如此者,殆谓青春时期须及时行乐,未可操心家政,而为夫权限制也。苗人称此时期为'做后生'。期满,或已生子女,则尽携所有以至夫家。夫妇唱随,循规蹈矩,无复从前自由矣"(10页)。抗战中某报记载贵州苗胞婚俗:"新夫妇不同房,新娘与小姑同睡。翌日清晨,新娘仍和回来者返母家,住三日后再由叔伯兄弟陪至夫家,住数日又返。一直要等到怀孕后,才正式和丈夫持久的夫妇生活。"又1946年某报记载苗族婚俗:"结婚时过了一晚或三天,新妇又回娘家,仍继续'打私交'的生活。以后就是女婿到丈母娘家去。一直到生了孩子不愿再'打私交',才与夫同居,这才带着孩子回到夫家,夫家又重新燃烛,备酒欢迎。如此夫妻的正确名分才算确定。"(这二条都见厦大资料:《苗瑶生活》)又1951年某报也记载苗族婚俗:"新娘在男家过了三天,便要归宁。归宁后半个月,新郎再一个人去唤新娘回来。新郎到女家住三两天,便和新娘回家。新娘在男家住上半个月后,仍由丈夫送回母家,叫做回门。回门后除栽种收获时,新妇可回男家暂住短时间外,仍然住在母家。直到怀孕临产时,才由丈夫迎归,此后始永久住在男家。"

5.藏族——藏族也有长住娘家风俗。据清代李心衡著《金川琐记》说:"(吉日)相率跳锅装舞,跳毕,各侈饮啖,既醉既饱,忽如鸟兽散,而新妇亦飘然逝矣。自此往来不常,食宿无定所。迨生有子女,然后依栖夫家。"(卷三,婚配条)

四、这种风俗起源的推测：
母系社会到父系社会过渡期的遗俗

由以上的资料可以知道惠安的"长住娘家"便是广东的"不落家"，也便是贵州仲家(布依族)的"坐家"风俗，三者是同一件事，同是指妇女结婚二三日后便回娘家长住，只有年节或农忙时方到夫家几天，以后要到怀孕生产方到夫家长住。这种风俗散布地方很广，福建惠安的一部分地方，广东的顺德等县，广西邕宁，西南民族的仲家、苗族，金川藏族等都有这种风俗。

这种风俗在现代看来是造成家庭不幸的原因，例如在惠安或顺德都被认为是不好的风俗，是应当彻底取消的。既然要叫人们停止实行这种风俗，便应当明了这种风俗的来源，方可对症下药，取得功效。这种风俗的起源或者有人会认为是不久以前的事，例如上举的惠安妇女因这种风俗而自杀，据说是起于清末。其实自杀风俗的盛行或者是起于清末，至于这种风俗的起源不应发生在这样近。还有一般的意见会认为这种风俗只是由于封建制度对妇女的压迫。当然封建制度会加深这种风俗的恶化，但这种风俗的起源却未必是封建制度所引起的。如果说妇女因夫妇无感情，害怕丈夫的压迫，因而不敢住夫家，但也有些妇女是和丈夫亲爱的，为什么也不敢住夫家？又如仲家等少数民族，不像汉族生活在浓厚的封建社会中，为什么也不敢住在夫家？由此看来，长住娘家的风俗必是发生于很特殊的原因，那种原因不是现在或近代社会所会有的，故我们以现代人的眼光看来，觉得很不合理，不可理解。据我看来，这种风俗的发生应当求之于人类社会制度发展史上，或可以获得答复。我的意见，也即假说，是以为长住娘家，或不落家，或坐家风俗，是起于原始社会末期，由母系社会向父系社会的过渡期，其后这种风俗渐渐消灭了，只有在少数地方或人民中残存着，其残存的原因是另有些特殊的因素，如经济原因、夫家虐待等。

人类社会发展史上在原始社会普遍实行母系母权氏族组织，后来由于生产力发展，男子在生产上占了优势，便影响到社会组织，而改变母系氏族为父系氏族。恩格斯在《家庭、私有制和国家的起源》一书中说："根据母权制，即是说，当血统只按女系计算的时候，并依照氏族内最初的继承制度，氏族的死者原来是由他的同族人继承的，财产必须留在氏族以内。因为最初构成财产的物品数量不多，它在实践上大概老早就落在最亲近的同族人的手里了，即是说，落在母方的血缘亲族的手里了。但是死亡的男子的子女，并不属于他的氏族，而是属于他们的母亲的氏族；他们最初是跟母亲的其余血缘亲族共同继承母亲，后来，可能是首先继承了；不过，他们不能继承自己的父亲，因为他们不属于父的氏族,而父的财产仍须留在他自己的氏族以内。这样,在畜群的所有者死亡以后,他的畜群,首先应归于他的兄弟姊妹及他的姊妹的子女,或者他的母亲的姊妹的子孙所有。他自己的子女是没有继承权的。这样,随着财富的增加,一方面给了丈夫在家庭中比妻更有权势的地位,另一方面,又产生了利用这个增强了的地位来为了他的子女的利益而改变传统的继承制度的意图。不过,当血统按母权制度确定的时候,这是不可能的。因此,就得废止母权制,而它也毕竟被废止了。"(53 页)

母系氏族社会在世界各民族都是必经的阶段,在我国上古的传说中还有很多证据,如所谓三皇五帝都不是父生的,而是母生的,古人说:"圣人无父,感天而生。""华胥履人迹而生伏牺,安登感神龙而生神农,女节感流星而生少昊,庆都感赤龙而生尧,女嬉吞薏苡而生禹。"这都可以证明当时还在母系时代,故"知有母而不知有父"。又姓的起源是合女生二字而成,古姓很多是从女旁的,如姚、姒、姬、姜、妫、嬴等,也都证明姓的起源是在母系时代发生。汉族脱离母系时代较早,但国内兄弟民族较迟,有些到了近代还在母系末期或脱离尚未久。例如云南南部的傣族(又称摆彝)在解放前还有母系制度。1948 年某报记载:"男女结婚后男子总是赘在女子家中,女婿可以终身住在岳家,也可以另立小家庭,或者把妻子带到自己家里,但无论如何总得先在岳家住三年或一年,最少也得住三天。母亲依靠女儿和女婿的孝养,女子以母家为永久的归宿。家庭的中心不是父亲而是妻子的外祖母、母亲、姨母。母亲在家务和经济上有着比父亲更大的权力。女婿在岳家永远处在宾位。妇女在经济上能够独立,地位上也和男子平等。"又如粤北的瑶族也有母系制度,据 1948 年某报说:"粤北大部山地的瑶民仍然是以母系为中心。做父母的都希望养女儿,男子大都入赘。生出来的子女也是跟母姓的。但也有是男子娶女子的。"1929 年出版的《民俗》第 80 期中说湖南东南角与江西毗连处的郴县还有母系制度残留着。据说:"郴县分土籍客籍,客籍者多广东福建方面流去。这种女权中心的婚姻大半在客籍。客籍的女人不会出嫁,只是招男上门。产生出来的孩儿属于女人,家产只有女儿有继承权,生下的男子同样的被招于别人。"

母系与父系的不同有四点:(1)世系。在母系社会子女的世系是按母方计算的,子女姓母亲的姓而不姓父亲的姓,认母方的人为同族亲人,而不认父方的人为亲人。(2)财产继承。在母系氏族子女继承母亲和舅父的财产,而不继承父亲的遗产。换言之,男人只能将财产传给外甥;却不能传给自己的子女,因为子女是妻家的人。(3)家长族长的地位。在母系氏族以女人为家长族长,舅父掌握实权,父亲却是寄居的别族人,全无权力。(4)居住。在母系制是妇女居住母家,男人要入赘妻家,这称为女方居住。在父系制妇女要离开母家出嫁到男家,这称为男方居住。

男子因要将自己劳动所得的财产留给自己的子女,而不愿留给姊妹的子女(外甥),必须改变母系的计算法,即改变母系为父系,使子女从父的姓,不从母的姓,连带着便改变继承为承父而不承母。从男人方面言之,也便是传子而不传甥。但要改世系和继承法,同时必须改为男家长和男族长,方能掌握实权,排挤妻的兄弟(舅)于家庭和氏族之外,更有必要的是改变居住制度,由女方居住改为男方居住,方能确实将妻家的人排斥于外面。这四者之中世系、继承、家长地位三项都是观念上的事,形迹不很明,只有居住一项最为具体现实,如无居住一项,凡世系、继承和家长地位三者都不能实现。男子独自一个人居住妻家,不过是一个赘婿,最无势力和地位,何能实现世系继承和家长地位的改变。如改为男方居住,妻须嫁入夫家,脱离母族,则妻也变成笼中之鸟,一切世系继承家长地位自然都可从男人的意愿而改变了。所以改变居住实力最重要的条件,为母系改成父系的关键。

母系制要改为父系制是原始社会时代一件极为重大的事,当时男方应是主动的方面,而女方则是被动的,也可说是被逼的。是否在女方也会发生挣扎抗拒以避免这种不利的大变革?在男方会不会想出些办法以加紧这种变革的实现?在我们脱离原始社会已久的民族是已经忘得一干二净了,但我们的古代史书以及现存的民间旧俗,似乎也还有些蛛丝马迹可以推究,而在离开原始社会未久的民族,距离母系氏族还不远的,也表现了有些风俗习惯可以帮助推测这个问题。根据这些资料我们可以答复这个问题说当时应是有过这种事实,即女的挣扎不愿实行改变母系为父系,男的则设法加紧实现这种改变。这种挣扎抗拒所以不会引起太大的社会影响,是因为社会组织只能服从生产方面的经济基础,男方有经济基础的支持,女方虽挣扎也是无效,因此不能引起太大的社会骚乱来阻止这种变革的进行,这也可以证明唯物主义的正确。

五、母系到父系过渡期男方主动发生的风俗

1. "产公"或"产翁"风俗(Couvade),又称"坐月",也可称为"男人坐蓐"——女人生产后丈夫代为坐蓐,伪装是由父亲生子,不是由母亲生子。这种风俗在世界上很多地方都有。我国的少数民族在不久以前还有这种风俗。如清代中叶袁子才著《子不语》中曾记一段:"广西太平府僚妇生子,经三日便澡身于溪河,其夫乃拥衾抱子,坐于寝榻,卧起饮食,皆须其妇扶持之。稍不卫护,生疾如孕妇,名曰产公,而妻反无所苦。"这种风俗从来被视为由母系过渡到父系的遗俗。因为男子企图改变子女的世系,故要用这种举动以象征子女是由父亲生产的,也可说是一种法卫,用以帮助改变母系而确定父与子女的关系。据费孝通著《兄弟民族在贵州》也说:"在研究僚佬(西南民族的一种)早年

的社会形态时,坐月的风俗也是值得注意的。坐月也称产公,在人类学里称为Couvade……据一部分人类学家的意见,这是母系社会改变为父系社会过渡期间发生的风俗。"(88页)由此可见这种风俗便是男子加紧改母系为父系的方法之一,理由很明。

2. 抢夺婚姻和佯战结婚——男子既不喜入赘妻家为一个无势力无地位、不能占有自己子女的人,当然便想到用暴力抢来一个女人为自己的妻子,抢来的妻子当然是住在夫家,身份和奴隶一样,所生子女也是从父姓而不从母姓。抢夺婚姻在母系时代晚期以前是不必要的,且也是不可能的,因为原始时代男女结婚容易,男子不怕没有妻,而且自己也无能力建立家庭,但到了母系时代末期,男子有了自己的财产,便会有野心且有能力,可以自建家庭,因此便会想到抢婚的方法,以确立男系制度。抢夺婚姻的古记载和遗俗在世界各地方各民族都常见到,女家被抢在初时一定极忿怒,发生武力斗争,但到了后来抢婚太多了,便也因见惯而视为平常,武力斗争的气氛渐减,真的斗争变为半真半假,后来便变为完全假装的"佯战",成为一种虚应故事的仪式。这种佯战结婚的风俗也是很常的事。试举实例如下:我国古书《易经》内有几句说:"乘马斑如,匪寇婚媾。"(屯六二)据梁任公解释为描写抢夺婚姻的状况,他说:"夫寇与昏媾截然二事,何至相混?得毋古代婚媾所取之手段与寇无大异耶?故闻马蹄蹴踏,有女啜泣,谓是遇寇,细审乃知其为婚媾也。"这一段应是指抢夺婚姻已经成为惯俗,在女家也已经默许,即有抵抗也应是佯战了。古书又说:"嫁女之家三日不举火",虽是惜别所致,但何至三日不举火饮食,这应是抢夺婚的遗俗。后代汉族风俗,嫁女时新娘和外家亲人还是相对大哭,这也是由于抢夺婚的遗俗。清代张庆长《黎歧纪闻》说:"女嫁之日亲属送至外,痛哭而别,女亦痛哭如亲属,盖海南俗类然,黎亦尚焉。"(见《中国妇女生活史》)清代田雯《黔书》说:"(宋家)妇人将嫁,男家往迎,女家率亲戚篝击之,谓之夺亲。"(卷上)1935年某报载一种现代尚存的典型的抢夺婚遗俗:"端江女子临出闺时,姊妹辈大演其阻嫁怪剧,空气紧张,如临大敌。或持竹站立门后,或携石块埋伏闺内,齐心协力,紧护新娘。当媒人到宅入内催妆,暗号一声,则砖石迎头痛击,密如流星,偶一闪避不及,必至头破额裂,虽女家极力制止亦无济于事。必候投掷完毕,始由新娘之父兄戚友燃炮掷进房内,媒乃得乘虚而入,背新娘而出。追新娘到男家时必须由新郎插花挂红,踢轿门三下,新娘始出。追出轿时,新郎之兄弟则纷燃串炮向新娘投掷,有甚于女家掷砖石者。"女家对男家的假装敌意,以及男家的对新娘的假装敌意,都是抢夺婚的遗留。新郎踢轿门是要恐吓新娘之意,这种时俗也盛行于闽南,踢时必须用力,意义很明显。抗战中某报载《西南边胞习俗》一篇说:"在西南边区社会中尚有一种抢夺结婚,婚夕由男家相约年轻力壮的小伙子们持木棒往新妇家迎来,将新妇劫走。新妇家则率亲友多人伪为追赶,如迎亲者往东,则追赶者必往西,反正不要碰头,摇旗呐喊,喧闹一时。待米煮成饭时,新郎央地方绅老或亲友,携礼物至新妇家道歉,表示不应抢夺,而新妇家则仍伪装不允,并佯咒伪骂,如此数次方才作罢。"(见厦大资料:《中外婚俗》)蒙族旧时也有抢亲佯战的风俗,《中华全国风俗志》载:"蒙俗新婚到女家,迨新妇置之马上奔回,谓之抢亲。女家备多人,故作争夺追赶。某君诗云:'新郎一马着鞭先,舅氏昂然奋老拳,劫得美人归去后,笙歌华灼盛开筵。'"(第四册 55 页)彝族也有佯战的风俗,《中华全国风俗志》说:"新郎之兄弟亲戚等来迎新妇,新郎负新妇于背,使之乘马,疾驰至家,最贵神速。自旁人观之,殊形粗暴,然为之不如此,终不能迎娶。盖是日妇家亲族侍婢等悉持棍棒,以拒迎娶者。男家亲族等亦防之,至于撒面粉木灰,所以表亲迎者敢于前进之意。虽拥新妇,一有疏虞,辄被殴击,此其习俗之不可索解者也。"(第四册 34~35 页)贵州的青苗迎亲时,新郎偕男子数人到女家,被新娘的女伴嘲骂,领新娘出门时,又被女方阻止,以煤烟涂新郎的面。新郎应即抛下铜元若干,女方诸人乃捡拾铜元,故意让新郎和新娘进去。荔波水家结婚时,男方派人持武器,骑马迎接新娘,经过一番佯战,然后于黄昏时携新娘回家。贵州花苗结婚时男家挑选壮健男子数人,抬猪一只及聘金到女家迎娶,女家预先贮水等待,到时以水瓢取水浇泼迎亲者的头,用辣椒锅煤抹其面,又有挥拳痛击迎亲者的。外国也常有这种抢夺婚的遗俗。如匈牙利的婚俗:"结婚时新娘在家和亲友跳舞,新郎穿着新的骑装,骑着高头大马,手里拿着一面绣旗,跑到跳舞的地方,把新娘抱到马上,往回路上跑。亲友们跟着鼓噪高呼,婚礼就完成了。"(厦大资料:《中外婚俗》)由以上这些抢夺婚的遗迹可以看出抢夺婚在古时必是曾经实行过的事实。由这些遗俗中也可看出古时真正实行抢夺婚的,男家要用武力强抢,女家也用武力抵抗,到了被抢去后女家很觉伤心,故女家和被抢去的女子都会痛哭,至于男家则是如愿以偿,从此这被抢的妻子便只好长住夫家了。

  3. 买卖婚——男子既因生产力发展而有了自己的财产,他便也可以用财产来买得女人为妻,这法比抢夺婚为和平,女家容易接受,故成为正常的结婚手续,而抢夺婚则为特殊的手续。苏联学者柯斯文著《原始文化史纲》说:"妇女是劳动力,当她的家族打发她出嫁的时候,照例向男方索取一定的补偿。最初,男方以送礼作为补偿,未婚夫靠自己的家族的协助备办礼物,亲自送到未婚妻家中,首先给她的母亲,以后送给她的兄弟舅父,等等。"(142 页)男人买妻的代价便是自己劳动的产物,如狩猎所得的野兽,所养的家畜,所收的农产。我们古时聘礼以俪皮,即二张野兽皮,便是这种遗俗。清魏祝亭《荆南苗俗记》说:"其聘赀以妍媸为赢缩,凡三等,均有定额,贫亦必取盈焉。"现在伊里安岛巴布亚人的凯族(Kai)男子致送一个野猪牙,一个猪及别种珍物为买妻的代价于妻的舅父及兄弟,对于妻则供给某种工作,买得后,妻全为夫的所有物,如与人私奔则夫得对妻家索还买价,以赔偿损失。这种买卖婚在世界各民族都曾通行,直到近代还有许多早已开化的民族还行着这种风俗。这种风俗当然是男人变母系为男系的一种重要手段。

4. 服务婚——意义和买卖婚相差不远,两者都是有补偿的结婚法。如男人没有足够的财产可以买妻,他可以自己的劳动力为妻家服役,到了若干年后,其代价足以补偿妻家失女的损失后,便可以领妻出门,到自己家里。这样所得的妻当然也是无地位的,而男权男系的家庭也成立了。古代希伯来传说中常有这种风俗,我国汉代乌桓族也有这俗,《汉书》说:"婿随妻还家,为妻家仆役,一二年间,妻家乃厚遗送女。"现代如印第安人、印度支那人、印度原住民、马来群岛土人都还有这种风俗。

5. 轻视和禁止赘婿——母系社会男子必须嫁于女子,入赘妻家,赘婿在妻家的地位是寄居的客人,没有权力。到了男子经济力强大,不愿为赘婿,脱离妻家建立男系家庭以后,便渐渐发生鄙视赘婿的风俗,甚至加以禁止。我国周代也还贱视赘婿,秦代赘婿竟被征服兵役及劳役。秦始皇统一天下后到越国巡视,在会稽山上刻石说:"饰省宣义,有子而嫁,倍(即背)死不贞。防隔内外,禁止淫佚,男女吉(即洁)诚。天为寄豭(即赘婿),杀之无罪。男秉义程,妻为逃嫁,子不得母,咸化廉清。"意思是禁止寡妇再嫁,男女淫乱,男子不得为赘婿,赘婿如公猪,可以把他杀死,妻子不得离婚另嫁。赘婿竟到了可杀的地步,这在现代人看来是不可理解的,只怪秦始皇的暴虐而已,其实当时距离母系社会还不太远,父系父权制度还建立未久,故还有排斥赘婿的风俗。尤其是当时的少数民族一定还有很多在母系社会,浙江的越族开化比中原为迟,应当还是距离母系社会更近,或者还在母系与父系的过渡期中,所以秦始皇以父系父权社会的华夏族的眼光看了母系社会的越人,觉得很不顺眼,因此特别在越人的地方会稽刻石严禁女人的婚姻自由和男子入赘妻家的母系制度。

6. 抑制舅权和禁止中表结婚——在母系社会里面,舅父是重要的人物,世系虽照母系计算,但家庭中的重要工作是不能缺少男性的成员,便是本家出生的男子。至于女人的丈夫原是外族人寄居本家,其可靠性是不及本家男子的,本家的男子是本家同辈女人的兄弟,也便是下一辈本家子女的舅父。本家女人所生的子女对其生身的父亲是无甚关系的,而且在母系社会里实行自由恋爱,夫妻关系并不固定,女人生子女究竟是和哪一个男人养的,也弄不明白,所以子女当然对其母亲的名义上丈夫没有多大关系。至于舅父却是很确实的亲人,除母亲以外最能教养子女的男人就只有舅父。在舅父看来,他自己的名义上的子女究竟是哪一个男人养的是无可稽考的,只有甥女甥儿们才是最确实的同血统的亲人。由于这样的看法,所以舅父和甥儿甥女之间关系非常密切,等于父系社会的父亲与子女。舅父有教养甥儿女和传给他们财产的义务,甥儿女有尊敬奉养舅父的义务,于是舅父的权力便很大,非母亲名义上的丈夫,也即自己的名义上父亲所可比拟。柯斯文说:"舅父权是舅父与外甥间若干特殊关系的总称,这些特殊关系是:舅父是外甥的最近的保护人,外甥是舅父在工作中的助手,外甥有权享用并继承舅父的财产,舅父有权过问外甥及外甥女的婚事,以及其他。"(《原始文化史纲》141页)舅权是母系社会的特征,到了母系制度改为父系制度时,舅权便和父权发生矛盾。一个男人对于所生下来的子女如再像以前只尊重舅父,而不尊重自己的父亲,他是不能容忍的。但初改父系制的社会还是承着母系制的风俗,未曾一一改变,初时舅父的权还是很大。因此父权与舅权一定竞争过一番,其后对舅权加以抑制,舅权方渐渐退让给父权。但因积重难返,原始社会的舅权到了封建社会也还有一部分残留,尤其是封建社会初期一定还要大些。父系社会抑制舅权的企图,到了封建社会初期还是继续施行。如我国封建社会初期的周末以至汉代还有抑制舅权的记载。潘光旦著《论父权封建社会对于舅权的抑制》一文说:"父权成立而尚未确立的初期,舅父的恩情与权力是特别受到抑制的,否则父权的确立就成问题,就要延缓,这一点从丧服的沿革上就可以看出来。父权成立后丧服对于父党与母党妻党之分甚严,父党的服比母妻党的服要重得多,服的对象要多得多。"这话是很有理由的。舅权的残迹至今也还留于汉人中,如过去女子嫁时由舅父背上轿,分家时必须舅父到场。福建人说:"天上天公大,地上母舅公大。"有大事宴会,舅父须坐首席,都可证明古时舅权之大。如不抑制舅权,父系是不能确定的,所以抑制舅权当然为母系到父系过渡期男方主动发生的一种手段。

还有禁止中表结婚也有打击母系扶植父系的意思。在母系社会表兄弟姊妹最常有恋爱关系,到了母系要转为父系时,女方更选择了姑表舅表兄弟姊妹结婚为主要形式,或甚至定为唯一合法的形式,目的是要延长母系的寿命。男方当时应不大反对,但到了父权渐渐确定以后,一定要肃清母系的残余势力,以建立完全彻底的父系父权,便连中表结婚也加以禁止,这事到了封建社会还有人竭力提倡,因为封建社会是彻底男权的社会,所以还有这种企图。

六、过渡期女方主动发生的风俗

1.长住娘家风俗——由母系制度改变为父系制度是很重大的变革,对于妇女及其家族是很大的打击,妇女本身出嫁男家以后,比较招夫入赘,大大减少了自由和幸福,降落到很低的地位,当然是不会愿意的。而其母家因为减少了一个劳动力,也当然是不会很愿意的。由于这种思想,虽是勉强接受大势所趋的改革运动,也还想极力挣扎,拖延这种改革的完成。还有一个条件也使父系制度不能一下便完成,而须经过一个过渡期,便是因初时女人虽嫁于夫家,改变了居住,但世系的变革慢一点,还未改为父系,而仍旧照母系计算,因此男人至少在名义上还不是一家的中心,而女人才是中心,还是母系,因此嫁出的女子还是和母家有直接的关系,女家便可以借口而拖延男系的完成。柯斯文说:"由本家族出嫁的女子也决不是和自己的家族、氏族一下子或永久断绝了关系的,相反的,她仍和自己的氏族保持着相当密切的联系,特别是在刚出嫁以后的若干年间。这很明显地表现在这一点上:已嫁的女子常要返回自己的家族小住一个时期。也常有这样的情形:已嫁的女子应该回到母家分娩,并在分娩时和分娩后留住一些时候。即便在夫家居住期间,妻也还保持着一定的独立及孤立地位,例如有她自己的住家等等。"(《原始文化史纲》141页)

由于上述的原因便发生了长住娘家的风俗。女人嫁后如果像后代已完成的父系父权社会立即和母家一刀两断,实是太大的变动,女子及母家固然不大愿意,即在男人也不敢立即便严禁妻子不再回外家居住,而容许妻子于嫁后一段时期仍回母家居住。男人入赘妻家的风俗早已成为惯例,男子虽娶妻回家,但当妻回娘家居住时,他也仍可有时到妻家同居。由母系制度变为父系制度的中间有了这种长住娘家的风俗,便可缓和得多。当时所以不致发生太大的社会骚动,或者是由于这种长住娘家风俗起了缓和的作用。

长住娘家风俗应有二期之分,第一期是母系与父系的过渡期。这时的长住娘家是适合当时社会的情形,也即适合需要的一种制度,是正常的,可以理解的。很多民族只有经过这一期,后来父系制度确立后,长住娘家的风俗便消灭了。但有些民族到了父系制度早已确定之后,还有长住娘家风俗的存留,这是非正常的,很难使人理解。现在先说第一种即正常的长住娘家风俗。

正常的长住娘家风俗,在开化已久的民族早已消灭,但在开化较迟的民族还有至今还行着这种风俗,或者还有很明显的残余风俗。如上举的少数民族的长住娘家风俗便属这一类。这一种在不同的社会制度的人看来虽是很为奇异,但如设身处地,以母系变父系的过渡时期人的眼光来看,却是很有其理由的。这种风俗是很复杂的,其中还会包含几项特殊风俗在内,这些风俗都和长住娘家风俗结合在一起,有连带关系。以下所说的便是这些和长住娘家有关系的风俗。它们也都是由母系到父系的过渡期发生的风俗。

2."赶表"、"拜同年"、"做后生"、"打私交"——在离开母系不久的民族,长住娘家和赶表一类风俗联结在一起(在离开母系已久的民族如惠安和广东顺德等处人民便没有赶表的风俗,待下文评论)。"赶表"的风俗便是长住娘家的妇女解决性欲的办法,同样也是未得和未婚妻同居的男子解决性欲的办法,在各民族有不同的名称。在贵州的仲家族称为"赶表"。赶表便是在赶场(即赶集)时男女自由恋爱。据费孝通著《兄弟民族在贵州》说:"在赶场时青年男女

(不论已否订婚,以及'坐家'中的姑娘),排着一小队一小队的互相找对象。……双方同意后,就溜出场坝,到山坡田间去唱歌谈情。仲家的'赶表'没有苗家的'摇马郎'的那样公开。……(赶表的)青年男女很早都是已订了婚的,而'赶表'的对象又不是未婚的夫妻,如果因'赶表'而发生了爱情就会引起婚姻的纠纷。所以女方的父兄丈夫都不准妇女去'赶表',但是青年人都不肯放弃这自由恋爱的机会。女的结了婚,千方百计设法延长'坐家'。"(46~47页)

在广西少数民族称为"拜同年",清代赵翼《檐曝杂记》说:"粤西土民及滇黔苗傜……凡男女私相结合谓之拜同年,又谓之做后生,多在未嫁娶以前,谓婚娶生子,则须作苦成家,不复可作游戏。是以其俗成婚虽早,然初婚时夫妻例不同宿。婚夕女即拜一邻妪为干娘,与之同寝。三日为翁姑挑水数担,即归母家。其后虽亦时至夫家,也不同寝,恐生子则不能做后生也。男亦出拜女同年。至廿四五以后,则嬉游之性已退,愿成家室,于是夫妻始同处。"

西康的彝族(旧名罗罗)也有此俗,据说:"女子婚后,即返娘家与表兄弟交游,直至怀孕,始返夫家。"(据岑家梧《西南民族文化论丛》37页)1949年某报载邕宁的奇异风俗说:"邕宁乡村有不落家风俗,妻子在外家时极为自由,父母不能干涉。等到有孕了,才能由男家接回居住。青年丈夫不能鳏居独眠,于是别开生面,寻求性的解决,而对象也就是不落家的妇女。年代既久遂成为神秘的风流馆。馆的地点多是在村的外边。"

苗族也有同样风俗名为"打私交"。据1946年某报载:"男女恋爱叫做打私交。男女初次相好多是赶场时,或迎神赛会之际,尤其是仲春跳花灯,八月半跳月的时期。……结婚过了一晚或三天,新妇又回娘家,仍继续打私交的生活。一直到生了孩子,不愿再打私交,才与丈夫同居,才带着孩子回到夫家。"

由以上资料看来,可见长住娘家时妇女是过着自由恋爱的生活,其所以不愿到夫家便是由此。因要延长这种生活,故不愿和丈夫同睡,恐怕生子便须和丈夫同住。男子因有同样的自由恋爱的生活,故也不急急于要求妻子回来同居,长住娘家同时必须有自由恋爱的风俗方能解决性的问题,而自由恋爱也必须同时有长住娘家的风俗,方能持续到更长的时间。这两种风俗是互相密切结合,互为条件的。由于这两种风俗便可将母系社会的自由恋爱和女方居住两种要素延长下来。这种自由恋爱的风俗在行着封建制度的汉族便没有了,故长住娘家的妇女便没有这种自由。

3. "自梳妹"、"金兰会"、"十姊妹"等妇女组织——已婚妇女要长住娘家恐怕个人势弱,难以抵抗男家催促回去的要求,必须互相结合成为一个集体,便可以集体的力量对付男家,而且长住娘家妇女名义上已经结婚,是男家的人了,已经变为父系的母家里,也已没有以前母系时代的地位,也便是在经济上已经没有基础了。夫家她不愿去,母家也不是她终身所能倚靠的,因此她必须能自找经济上的出路。但个人力量小,必须结成集体,方有更大力量,以求得经济上的独立。由于这两条原因,长住娘家的妇女常结成集体,其名称各地不同,但性质目的都是一样的,这便是所谓"自梳妹"或"金兰会"等妇女组织了。有了这种组织,自然可以加强长住娘家风俗,也便是延长母系社会的一部分。

这种风俗在广东称为"十姊妹",据1936年某报载:"十姊妹类似不落家。组织相知女友十人结为十姊妹。如其中一人于归,余九人于其出嫁之前夕为之装饰,以帛严裹之,用线密缝,处处识以暗记,然后外加彩服,嘱之曰不归宁勿解也。于是三日而返,诸姊妹乃为之缓衣,加以检查。如有察觉丝毫偷解痕迹,则为诸姊妹所齿冷,甚或指斥万端,谓不知人间有羞耻事,结果必割席绝交,屏不与见。故十姊妹中人于洞房时,并剪蛮刀,在所必备,孰敢膺其锋哉。嫁后暂不落家,必待诸姊妹各得所夫,然后齐返婿家,守其妇道。如十人中一人不嫁,则九人均无落家之望矣。"

清代张心泰著《粤游小志》说:"广州女子多以拜盟结姊妹,名'金兰会'。女出嫁后,归宁恒不返夫家,至有未成夫妇礼,必候同盟姊妹嫁毕,然后返夫家。若促之过甚,则众姊妹相约自禁……此风起自顺德村落,后传染至番禺、沙芝一带,效之更甚,即省会中亦不能免。又谓之拜相知。凡妇女订交后,情好绸缪,逾于琴瑟,竟可终身不嫁。"

广州妇女的组织,又称"自梳妹",到解放后还有这种风俗,向南著《西南旅行杂写》说:"自梳妹的意义就是终身不嫁人,一辈子老处女,但究竟有没有情人还是一个谜。……组织很严,死后也同样有组织。生前的组织叫做'姑婆屋',死后的组织叫做'姑婆山'。前者是自梳妹与自梳妹聚集在一起,不论人数有多少,一百两百,一十二十都可以。大都住在一间大屋里,这里轻易不放生人进去,尤其是男子汉。平日由年长者做管事,发言施令都由她,后进必须听她的号令和指使,生活起居都由她设计并分配。简言之,她们也带有领袖,领袖也有大权力。……后者是死后必葬在一座山,不论远处和近处,死前必定赶到姑婆山看好葬地,同已葬的姊妹在一起。未死者对于已死者逢年过节都前往致祭或省视,故自梳妹不以无子为可虑,反以丈夫子女为拖累。此辈女人在台山新会顺德为最多,大多不依赖家庭,一到十七八岁即出门自己谋衣食,或帮人,或做工,每年也可赚一笔钱。赚得的钱除自身一切生活所必须开支外,余则帮助姊妹或充公。因而自梳妹虽一时无钱用,也竟可由姊妹维持其生活。……大多是失意和已嫁而不讨好于丈夫的,真是处女只不过十分之二三。其标帜只将头发复在耳朵上,不施脂粉,表示毁容即了事。"

福建惠安长住娘家的妇女也是有组织的,上文资料中曾说妇女如和丈夫亲密的,会被女伴讥笑,甚至自杀。这种女伴也有编成保甲选举甲长来互相监视的,但同时也必能互相帮助。这也便是与"金兰会"相同,不过不及"自梳妹"

那样严密而已。

自梳妹的严密组织应是近代的事,其起源应是金兰会等较松的组织,金兰会不过是要延长不落家的时期,自梳妹却是终身不落家的组织,又是在封建社会提倡妇女贞节的环境中,所以自梳妹也提倡贞节,妇女毁容,不让男子到公婆屋内。这是和原始社会末期初由母系转为父系时的妇女组织不同的。在初期的长住娘家,妇女组织一定不严禁男女的自由恋爱,却正相反的是帮助妇女自由恋爱的。但到了后代的自梳妹性质大大改变,竟严禁妇女搞恋爱,其清规戒律有如尼姑庵一样。这一种转变在下文中当再详论。

4. 怀孕后结婚或二度结婚礼——为延缓脱离母家,妇女虽已有了恋爱的对象,但尽管发生性的关系,却不即行结婚礼,仍旧住在娘家,一直到了有孕,方才行结婚礼,到丈夫家去。有的则虽行了一次结婚礼,但仍住娘家,等到有了子女,不再过自由恋爱的生活了,方才率领着子女,到丈夫家去住,这时又再行婚礼一次,从这时起方是正式的夫妻。这两法都可延长女方居住的生活,也便是延缓母系社会的改为父系社会。到了最近这种事实也还存在。如海南岛黎族便有怀孕才结婚的风俗,据 1947 年某报载:"黎女在青春时期,她的父母特地代她另盖一座茅寮,她可以随意引男子进来同宿,父母不加干涉,恋爱是绝对自由的。直至她有孕后便选择了其中的一个男子和她结婚。结婚后三日回来娘家,及生了儿女再回男家去。"还有举行二次婚礼的如苗族某支的风俗,据 1936 年某报记载:"一直到生了孩子,不愿再打私交,才与夫同居,这才带着孩子回夫家。夫家又重新燃烛,备酒欢迎。如此夫妻的正式名分才算确定。"

5. 姑舅表婚——母系制度争不过父系制度时,女人不能不嫁出到夫家,也还是挣扎着选择和母家比较有联系的男子才嫁他,方不致一下便和母家断绝关系,且新娘的命运也比较嫁给无关系的男人好些。由于这样打算,发生了姑舅表婚,便是中表结婚,但只限于姑表和舅表结婚,不包含姨表在内。一个女子如果必须嫁出外族,她自然会想到她的母亲的兄弟(即舅父)的儿子,也即是她的舅表兄弟,舅表姓他母亲的姓,当然是外族,但表兄妹自少常见面,青梅竹马,一起玩耍到长大,是外族中最熟识最亲近的人。嫁到舅表家中虽是脱离母家,但总比其他外族好得多。就母家言之,一个女儿嫁到她的舅表家中,因她的舅还是本家的人,还算保存了一半的关系,还未和母家完全割断,即在经济上还是有通财的关系。而且嫁到舅表的家中,要来娘家也容易,即住得久些也无妨,和长住娘家也差不多。由男家方面言之,一个男子如娶他的父亲的姊妹即姑母的女儿,也是外族中最亲近的女子,感情上较易亲密,事实上由于赶表的风俗,表兄妹常已早有性的关系,所以也是赞同的。至于姨母的子女是和母亲同姓的,原是一家人不可以结婚,所以不包含姨表在内。由于这样的想法在母系到父系的过程期,姑舅表结婚成为最适当的办法,可以作为一种过渡的桥梁,使女方容易接受,而逐渐转变为父系制度。因此姑舅表结婚(cross-couson)无论古今中外都曾有过,成为人类婚姻史上一种常见形式。柯斯文著《原始文化史纲》说:"姑舅表婚姻乃是在很多部落和部族中间传布最广、沿袭最久的习见婚姻形态。即如在印第安人穆里亚部落中间被调查的2000件婚姻当中,姑舅表成婚的就有1799件。又在比较发展的若干族人民中间,姑舅表兄弟姊妹好像注定要成为夫妻。"(132页)行姑舅表婚的民族,有宽有严,有的定为法定的婚制,除姑舅表外不得和别人结婚,如无近亲,可与更远的姑舅表结婚,年龄也不计。由这种风俗便发生了亲属称谓的双重意义。女人嫁给舅表,则其表兄弟便是丈夫,舅父便是家翁,舅母便是家姑,二者便用同一名称。称丈夫便叫他表兄弟,称家翁便叫他舅父,称家姑便叫她舅母。又从男人方面言之,其表姊妹就是妻,舅父便是岳父,舅母便是岳母,二者也用同一名词,称妻子便叫她表姊妹,称岳父便叫他舅父,称岳母便叫她舅母。例如我国的亲属名称便是这样。我国古时便称表兄弟为甥,《尔雅》说:"姑之子为甥,舅之子为甥,妻之晜弟(兄弟)为甥,姊妹之夫为甥。"女人称夫的父为舅,夫的母为姑,合称姑舅。男人称妻的父为外舅,妻的母为外姑。清代学者汪尧峰说:"男子谓妻父曰外舅,母曰外姑。盖彼以我父为舅,我亦从而舅之,惧其同于母党也,故别曰外舅。彼以我母为姑,我亦从而姑之,惧其同于父党也,故别曰外姑。"其实外字是父系制度确立才加上的,在母系父系过渡期,两方都应是同称为姑舅,不加外字。汪尧峰是封建时代的人,故不能明了这两字的真正起源。这些称呼是很可证明我国上古时曾经行过姑舅表婚,这是无疑的。潘光旦也说:"父系氏族成立之初实行两氏族间的对换结婚,姑舅变岳父,外甥变女婿,更成通例,甚至于不可避免。"(见《新建设》三卷五期,《论中国父权社会对舅权的抑制》)这种称呼沿用到了近代。国内少数民族则至今还有实行这俗的。如清振棫著《黔语》说:"黑苗必以姑之女为舅妇(媳妇)。若舅无子,必重献于舅,谓之外甥钱,又曰还种,否则终身不得嫁。"岑家梧著《西南民族文化论丛》说:"现在贵州炉山黑苗,虽已无交错婚制度(即姑舅表婚),然仍有外甥钱的习俗,据1942年的调查,外甥钱为3元6角,于订婚时由男方馈送。"又据徐益棠调查凉山彝族婚嫁必先征求姑舅的意见,如对方无意聘娶则另嫁别娶,如不曾征求意见,后日须负责赔礼,或解除婚约再与表兄弟姊妹结婚。又"西康的彝族虽已不行交错婚,可是女子婚后即返娘家与表兄弟交游,直至怀孕始返夫家"。由以上这些事实看来,可以推测这种姑舅表婚在母系到父系的过渡期应是很通行的风俗,其所以通行便是由于母家的人希望延长母系亲族关系。到了后来父系制度已经确立,母系完全消灭了,于是这种姑舅表婚便也成为不必要的,甚至为了巩固父系制度起见,还发生了反对中表结婚的思想,如我国历史上便有这事。

七、残余的长住娘家风俗

1. 如上所述在母系制度要过渡到父系制度的时期,拥护父系的男方用上举六种方法加紧促进父系的完成,拥护母系的女方则用五种方法来挽救母系的没落。两方斗争的结果,父系得了经济发展的基础,力量日日加强,母系终于拗不过历史的巨轮,挣扎终归无用,最后父系制便代替了母系制,从此妇女的地位便跌落下来,在奴隶社会封建社会更受尽了作践,在资本主义社会也不能翻身,受着另一种的糟蹋。妇女抵抗父系制的努力自发生以后虽曾实行,或者盛行过一时,成为风俗,其后父系确立,事过境迁,那些风俗也渐归放弃,有的忘得一干二净,有的到了封建社会还留着残迹。例如长住娘家风俗在汉族来说便是这种起源于原始社会末期,而残留到封建社会,甚至到现在还拖着一点子尾巴的残余风俗。如在国内少数民族以及世界上离开母系社会不久的民族,这种风俗的发生和存在时间应是不久的事。在这种风俗发生和存留太久的民族,其长住娘家风俗因已曾经过变迁,其起源和原意已经忘却,故显得不可理解,在这种风俗发生未久的民族,其原意还是很为明显,而容易理解。所以要了解这种风俗的起源应当根据后者的事实,方易于解决这个问题。至于前一种的事实已经和后者有所不同,只能说其起源是相同的,但现在的细节却未必全同,而应另加分析。具体说来汉族的长住娘家风俗如惠安和广东所存留的,应当和西南少数民族如仲家、苗族等有同样的起源,但汉人的这种风俗因为经时已久,受了封建社会的影响,其内容已经有所改变,和西南民族便有不同之处了。

现在专就发生已久而存留到现在的汉族长住娘家风俗而论。这便是指福建惠安和顺德等处的长住娘家或不落家或坐家等名称的风俗。这些地方的长住娘家风俗发生的时期一定和西南民族一样,也是在原始社会末期要由母系过渡到父系制度的时候,但后来进入了以后的社会阶段,尤其是封建社会阶段,这种风俗的内容便受了影响而改变了。

2. 何以知道惠安、顺德等处的长住娘家风俗是和西南民族有同样的起源呢?这可以由以下三条理由而推得:

(1)长住娘家风俗几项要点在惠安、顺德等处都有,如:结婚后二三日便回娘家,以后只有年节或农忙才到夫家,每年只有很少的几次,每次时间极短,到夫家时常避免同睡,女伴互相鼓励长住娘家不与丈夫亲密,甚至成立组织,到有孕生产时方到夫家居住。这几点都是最重要的,在西南的少数民族都有,在惠安、顺德等地也都有,如何可以说不是同一起源?

(2)有人说长住娘家是受封建制度压迫而发生,这是错的。惠安、顺德的人民不是全有这种风俗的,而惠安、顺德以外地方的汉人也极少有这种风俗。同是在封建社会中,为什么别地方不会发生这种风俗。还有一点,西南少数民族的社会,封建色彩很淡薄,没有所谓夫权等礼教,为什么也有长住娘家的风俗?由此可见长住娘家风俗是起于封建社会以前,而不是封建社会的产物。反因封建社会的影响而改变其原来的内容,发生了畸形的长住娘家风俗。

(3) 福建和广东的人民现在都是汉族,但汉族是混合的民族,在古时闽粤的土著是少数民族,其开化比北方的华夏族为迟,所以闽粤地方保存较多古风俗。长住娘家风俗也应是这种由古时遗留下来的古风俗。

3. 这种风俗既然是各地人民都曾行过,何以现在全国的汉人地区都少听到,而惠安、顺德等处却突出地存留着。其理由或者如下所述:

(1) 惠安长住娘家风俗的乡村必是天足的乡(是在清末以前盛行缠足的时代还是天足的人民),至于缠足的乡村便无长住娘家的风俗。而且天足的妇女妆束也和缠足的妇女不同。这一点也可证明长住娘家的人民是一支保存较多古风俗的人民,广东顺德等处不落家风俗的人民或者也是一支保存特殊风俗较多的人民。

(2) 经济方面的原因很为重要。妇女如能劳动的,其脱离母家对于母家是一种很大的损失,如不能劳动的,其脱离母家在母家并不觉得有经济上的损失。如有一种人民,其妇女是很会劳动的,其母系制度的改变应当较为缓慢。惠安的长住娘家风俗的妇女是天足的,并且比男人更会劳动,男人在家,女人反到外面种田。这种妇女如脱离母家,母家当然十分惋惜,而希望多留她们几年。由于这种原因,周围的妇女都早已脱离母家长住夫家,这些天足的妇女都还停留在母家。

4. 这种风俗由原始社会末期发生后存留到封建社会时代,必定受封建社会的影响而改变了原来的内容,其改变之点应是如下所述:

(1) 最大的一点是恋爱生活的方面。在原始社会末期由母系制要过渡到父系制时,长住娘家可以使妇女们延长自由恋爱的生活,如上所说的赶表等风俗。赶表可以使长住娘家的妇女解决性的问题,所以妇女便长住娘家很久也不觉得苦。到了封建社会,男权更为高涨,提倡片面的贞操,却要求妇女守贞操,而男子不必守贞操。在封建礼教的高压下,长住娘家的妇女便不再能享受以前的自由恋爱的生活,只能过着独身的生活。男子还可以用别种方法满足性欲,妇女却变成和尼姑一样。如顺德的姑婆屋不准男子入内,姊妹们互相约束,不准和男人搞恋爱。这种片面守贞的行为在西南少数民族是没有的,因为他们还未受封建礼教的约束。

(2) 封建社会男权太大,做丈夫的可以打骂妻子,加以翁姑小姑小叔常虐待娶来的媳妇,因此使妇女更加害怕而不敢到夫家居住,这也会延长长住娘家风俗。

（3）在刚由母系到父系的过渡时期，妇女长住娘家是还有地位的，生活还不苦，到了封建社会母系制度早已消灭，长住娘家的妇女在娘家是无地位的，父母在堂时还可过日，父母死后要依靠兄弟兄嫂弟妇侄儿是不容易的，因此前途很为黯淡，很可悲观。比较由母系到父系的过渡期，社会已经不同，情形已经两样了。

（4）悲观自杀是封建制度所促成的，如惠安的长住娘家妇女便常自杀，且竟和姊妹伴相约集体自杀。其原因便是由于上述三条：一是觉得人生无乐趣，二是觉得到夫家也是痛苦，三是觉得在母家也无前途，因此只有走上自杀的路。这确是封建社会所造成的，如在未受封建礼教拘束的西南少数民族，长住娘家的妇女很为快乐，何至于自杀。

（5）妇女如不自杀必须解决生活独立的问题，不能永久靠着娘家，因此发生加强女伴的组织，如广东的自梳妹便是发展到最高度的不落家妇女的组织。妇女们靠了这种组织，可以解决生活问题，不必依赖娘家，同时又不必投到夫家去，甚至连死后的葬身之处，年节的祭祀，都可以解决，不怕无子女。这种风俗可以救长住娘家妇女的命，使他们不必如惠安妇女的自杀。但是这种风俗也是起于后来，不是初由母系改为父系的过渡期所需要的。

5. 最后的结论。由于以上的分析可以得到一条结论，便是说：长住娘家或不落家或坐家等名称的风俗都是同样的风俗，其起源是原始社会时代末期由母系制度到父系制度的过渡期所发生，以延缓那种变革，延长母系制度的寿命。到了父系制度确立以后，这种风俗便归消灭，只有少数地方，由于特殊原因，还残存到封建社会。但因时移世换，已经失掉了原来的意义，且受封建社会的影响，也改变了内容和性质，以致这种残存的古俗变成不合时代而且对妇女不但无利而且有害。现在解放后这一种风俗已渐改变，不过还有一点子残余而已。为要促使这种不良风俗根本消灭，可以采取以下的方法：

（1）由经济上的措施促使夫妻必须同居，例如土改时将妇女所得的田地和丈夫的合在一起。这事已实行过，结果不少妇女果然走来和丈夫同居。

（2）加强贯彻新婚姻法的宣传和实施，使妇女们了解夫妻生活的真意义，自然不会再像以前对丈夫冷淡或敌视。同时又使男家的人放弃封建礼教压逼妻子媳妇的思想，使妇女们不会再视夫家为畏途。

（3）宣传长住娘家风俗的起源及其不合时代的道理，像这篇论文所说的，使妇女们从思想上有了彻底的觉悟，而自愿放弃长住娘家的习惯，勇敢地打破旧俗，和丈夫同居以过着美满的幸福生活。

（《厦门大学学报》社会科学版 1962 年第 4 期）

晋江南安惠安所发现的新石器

　　晋江发源永春，东流经南安晋江而入海，流域虽不大，却是很适于人类居住的地方，有史以来是这样，有史以前也应是这样。而且就其他地方比较推测之，远如闽西的武平、闽北的闽侯，近如厦门，都有发现史前遗物，晋江流域当然也有丰富的史前遗址和遗物。不过有一个不好的条件，便是这一带自东晋以后汉人大批南来，遍地都在开垦，原来的史前遗址都已破坏，遗物被铁制的农具打破而且四散，不易发现完整的遗址。虽是如此，也还可以觅得零星的遗物。

　　晋江流域的发现史前遗物已有数次，按先后记之如下：

　　1. 南安八尺岭的阔石锛一件：抗战中约在1940年庄为玑行经其地，忽见上面滚下数石，注意一看，颇似石器，便拾起带回。到了1947年给林惠祥看，林断定其中一件确是新石器时代的石锛，形将近四方，长7.8厘米，阔5.9厘米，厚1.6厘米，质属泥板岩，表色风化成灰白。现在厦门大学人类博物馆。

　　2. 南安溪墘山的有段石锛：1948年厦门大学历史系师生数人来泉州考古，行经溪墘山，由林惠祥在大路旁拾得一件石器。口已钝。长10.9厘米，阔3.6厘米，厚2.3厘米，质呈砂岩，风化甚深，表色变灰黄。这件现在厦大人类博物馆。

　　3. 泉州市北城墙附近的石枪、石锛：1953年泉州市师范学校教师周衡生发现。初时得石枪残段一件，寄夫林惠祥鉴定，立即赠厦大人类博物馆。该件是枪的中段，长1.5厘米，阔1.4厘米，厚0.3厘米，色因风化略变灰，质属页岩。特征明显。其后周衡生又获得石锛一件，长5.5厘米，阔4.5厘米，厚1.8厘米，完整，属常型石锛。现存本省文物管理委员会晋江办事处。

　　4. 南安霞苏乡的石戈、石锛：1952年该乡玲苏中心小学开阔运动场，掘土时发现石器二件，该校即报告南安文化馆，后由文化馆送交省文管会晋江办事处保管。一件是石戈，长23厘米，阔7厘米，厚1.4厘米，惜已被打破成三段。又一件是石锛，完整，长10.5厘米，阔5厘米，厚1.7厘米。

　　5. 惠安第二区的石器：惠安不是晋江流过的地方，但地很相近，也可属于广义的晋江流域内。1951年冬林惠祥在参加惠安土改时，无意中在瑞泉乡路墘村旱田内发现石器一件，人工明显，是石锛。但双部微缺，质是泥板岩，色本青绿，因风化变灰。长5厘米，阔2.7厘米，厚1.7厘米。其后又在狮山乡庄林炳村发现石锛一件，完整无缺，长6.1厘米，阔3.8厘米，厚3.9厘米。色因风化变灰黑，质属燧石类。又三角形大石锛一件，长14.2厘米，阔10.5厘米，厚5.3厘米。此外有破缺石器八件。有方格纹陶片及筐篮纹陶片各一。

综合以上各处的发现，遗址都不大，遗物都很少，又缺少同时代的陶片。似乎这一带原少有石器时代遗物，其实这一带不应这样，在史前新石器时代晋江流域一带，应有不少的人类居住。其所以少有发现，大约便是如上所说，遗址已被有史时代的人破坏了。原有的古物现在已散失各处，埋在土内。但就上举已发现者而言，也可推知这一带在新石器时代也有常型石锛、有段石锛、石戈、石镞等物，制工也很精致，此外还有印纹陶器。这些石器陶器和闽西闽北所发现的都相类，属同一类型。故可推知其时代也约在三四千年前，而其人类也即是古代的闽越族，不是汉族。其社会发展阶段应属于原始共产社会的后期，其社会组织是氏族社会，或即是母系氏族社会。

(《厦门大学人类博物馆论文集》1963年第1辑)

时 尚

此篇出自美国社会学家 Ross E. A. 所著的社会心理（Social Psychology）。社会心理学书极多，惟有此书最为纯正。其抉摘社会心理，解释社会现象，真是"燃犀烛怪，无有遁形"。译者爱读不释，妄为选译数章，以代诵读。

时尚不是进步的——时尚（fashion），是指一群人民的选择（Choices）之循环不绝的变换（Changes），此等变换虽或带有实利，然却非取决于是。新花样的发生未必就是因为他更佳于前者，此可以证明构成进步的变换与构成时尚的变换两者之有别了。时尚的特征是模仿与革新相递，统一和变换更迭，但这些情状，都不是以实利为标准。自来水笔和闹钟的风行是由实利，所以不是时尚。德律风和现款流水簿亦甚普遍，但也不是时尚。装饰火炉的砖是时尚，但浴室地板的砖就不是了。进步（progress）是循便益的路线，常拣较好的来替代旧，从来不退还原位；不以鱼油代替煤油，或以马车代滑车。时尚则不然，是作循环状而运动的，我们若能由影戏机研究一时代妇人的冠、衣袖，或裙子的时尚，必定像着心涨和心缩一样，其更迭的扩大与缩小，有似乎某种奇异动物的哮喘！

外表的服从常附以内心的服从——一体式（styles）就是实行的一致，但未必全含有心理的一致；心理的一致即是信仰及感情的谐合，要是箍裙被承认为最适宜的衣服，或以为是优雅合于妇女，那末它的流行便关于社会心理学了。但若是妇女们无这样意思，她们着这样的裙，不过是要与人和同，或只要猎取时髦的名誉，并不以为这种式样是优美的；这样却亦不能引起社会心理学家的注意。佛不连（Veblen）说得很对，他道："凡是新奇的式样，人们大抵都为其吸引，流行的式样人们都觉得是优美的。这是一半由于其新异可喜，一半由于其声誉之佳……以其声誉之佳，即我们的嗜好亦为其所左右。所以在声誉之下，无论任何事物，皆能得优美的名；直至于其新奇的度渐消减，或这声誉的保障转而移向别的新异事物时候方止。一时流行的式样，其优美可爱，都不过为暂时的，虚伪的；试看从来许多时尚并无有一种能忍受时间之试验的，便可证明此说的不错。现在认为最好的时尚，数年以后即不致被目为鄙恶，也必被视为过于怪异。""今年流行的一种好帽子，总比去年流行的同等好的帽子较会合我们的脾气,这是无可疑的……一个绅士的帽子或漆皮靴,其内部原质亦未必胜过一个破坏的袖子;然而高等的人士(西洋文明社会中人)则喜欢前者以为是优美的东西,拒斥后者以为是秽恶不可向迩。"

时尚起于自别的感情——不论其所引起的幻想如何,时尚本身所以发生的理由,不外是由于自别的感情(self-differentiation),喜欢和同伴立异以自别于人的感情,使野蛮人也会喜爱装饰。这个道理就是和天真未凿的人民交易获利的秘诀。当他们的虚荣心被人狡猾地操纵的时候,他们不尽罄其所有以换得少许的明珠,有光的物,华丽的钮和印章;因为这些东西能为他们自别于人之用。早时的旅行家在数个南洋岛上曾见该处人民没有肯将少许物串交换新种的家禽家畜或有用的器物的;然而"数枝红色鸟羽便足以买得全岛"。最初所喜用为自炫的符号的东西,是狩猎或战斗的胜利纪念品——鹰羽头饰,熊齿或爪的项圈,头皮所作的腰带,敌人的额骨或肩胛骨所做的臂饰。这些东西的用处是要证明这佩者的武勇。此等战利品须是真的,确能表明本人的武勇而非他人的武勇。所以战利品若是借来的或是传的便无足称。后来装饰的观念发生,才有数种非战利品亦为人佩带。此等人工的装饰品起初是贴附于肉体上,佩带者不知要忍受多少的苦痛。唇饰(穿唇成孔,以木片、小石、贝壳饰之)和鼻环(穿鼻为孔以带环,犹如德国学生决斗者的面瘢,以为足以表现其人的坚忍。衣服发明以后,装饰品之贴附人体渐变为贴附衣服,残毁肢体以佩戴饰品的事其中苦痛最深的便因之而废)这事可以证明人类到底不是完全无理性的动物,有时亦能发露一点情理的火光。妇女们因为有更大的保守性,所以牢守装饰,甚至毁伤肢体也不顾(穿耳束腕),若男子们则早已忘却、废弃此等蠢事了,但是在保守的关系之中的,如战士、官吏等,尚不能脱去饰物。斯塔仑(Starr)以为"装饰的衰替与文明的进步同一步骤",所以"在真德谟克拉西中无装饰物的地位","装饰物的复盛可以表明德谟克拉西的观念之停滞"。

自别的冲动尚有势力——不喜平等的感情深踞于人类天性中,我们美国人也是这样。勃律(Brooks)说:"普通人对于维持平等的公正举动之缺乏同情心,可以证明,他们是不喜平等,是否此世界的中心只有一个固定的无意识的憎恨平等的心,这也无从索解了。"

德谟克拉西也承认不平等——壮健的德谟克拉西的精神不反对人民之有等差,也不蹩额于喜欢立异自别于人的感情。惟谓社会所承认的价值须以智识、品格和事业为断;而不当视衣服车马为标准。所取以为社会区别的标准的品质须深沉的而非浮泛的,重大的而非浅小的。

风尚的程序有两种运动——风尚包含(一)模仿(imitation)、(二)变异(differentiation)。模仿谓下者求与上者平等,而仿效上者的外表。然而此事却不见许于上者,下者力求向上而同化自己,上者却故意求异于下者而改变其式样。下者的模仿越敏捷,新风尚的发生越急速。太太们见女奴们也有一架自转车,她们便排斥自转车。先生(gentleman)太太(lady)的名称被人用滥了便废弃不用,于是乎反想起古称呼"男子"(man)"女人"(woman)是何等的尊贵啊!理发匠和算命的自称"Professor"(大学教授的尊称),大学校的先生们就发现(Mr.)(普通人的称呼)的简单的尊严了,变异的冲动激于阶级制服(class costume)的废除,及德谟克拉西的竞争的兴起,久郁的深泉一朝冲决奔涌而出;于是乎工人的老婆站在文明的边境也紧跟着巴黎风尚了。勃来士(Bryce)亲察得一事道:"我记得有一回在Orcgow一个小镇的书店内,看见一个妇人进去问一种月刊杂志到未,那种杂志名我却未曾闻过。当她去后我问书肆中人:她是谁?她所要的杂志是什么样?他道:她是一个铁道工人的妻子,那个杂志是时髦的杂志,购买这等杂志是这镇上营生阶级的妇女们的常事。这事使我更注意考察妇女的衣饰,后来查得这些小镇的妇女果然紧跟着巴黎的风尚,较之英国职业界商界的太太们更有过之无不及。"

竞胜的消费之禁制——有种社会其中下级者不得繁费以与上级争胜。黑恩(Hearn)说:"在古日本'消费律'(consumptive laws)的繁复琐细远出于西洋法律史所载之外","日本社会的各种阶级均在消费律规定之下","其性质以约束农民的规条发挥最为详尽。农人的居室皆由法律详为规定——自体积、形状、建筑费,以至于屑碎的事,如餐时碟子的数目和品质,也妥为酌定"。"农人的财产估值在20石米以内者,筑室不得过36呎长,或用佳材如榉桧等木。屋顶须用竹或藁茸盖,又不得享受铺地板席的安适。嫁女儿的宴席不得用鱼或烧炒的食物,农家的妇女不得着皮屦,只能着草履或木屐,草履或木屐的带只能用绵料做的,妇女又不得用丝束发,或插玳瑁做的发饰,只可带木梳或角梳,不得用象牙梳。男人不得着袜。其履须用竹制的。不准用天慢或纸伞。""在イヅモ的地方,当明治维新以前,其消费律不但规定各阶级所着衣服的原料,连衣服的颜色和样式也不能免。房间的大小,以及屋子的大小,也为法律所限定,以至于屋的高、围墙的高、窗的数、建筑的材料等,都有一定。"

消费律之废除——欧洲在中世纪之末,也有许多限制下级人民的消费律。但此等维持上流阶级的骄傲的保障久已消灭;今日已无复有一种一定不可逾越的地位,以限制下级人民,使他们不得与上级的人相类似了。

阶级禁止争胜的消费——在不动的阶级(coste)社会之中,下级不模仿上级,故上级亦不必发明新式样。弗不连(Veblen)说:"世界上有数处如日本、中国,及其他亚洲诸国,又如在希腊、罗马和其他古时东部民族,以及后世欧洲各国的农民,都有某种固定的服式。这些"民族的"或普遍的衣服,都被评为较今日时常变换的文明的衣服更优美更工巧,并且较少明显的奢费……着此等衣的国、地方和时代,其人民或阶级比较的为同种的,固定的,不动的。这是说固定的经久的衣服,系发生于一种情形,在此种情形之中,显著的奢费的体式不能通行如在今日文明的都市之盛;盖都市中其活动的,富裕的居民,方踊跃于时尚的进行,和古时朴实的人民自然有异。

时尚的程序在商业化的平民政治中之增加速力——在我们的社会中获得的社会价值（acpuired social value）较遗传的社会价值（hereditary social value）为胜,俗语说"in the swim"（潮流之中）,可见人生在不定的境状之中,不能不谋自存之道。生活的形式能急切影响于社会上的地位,所以我们不能诧异于对于此事的争奇斗异之多。在封建的社会,人之欲得好名誉者,与其挥霍豪侈,不如清高自持不事生产反可以坐得美誉,弗不连名之为"闲暇之履行"（the performance of leisure）（意即享受清福）。至于都市兴盛以后入款来自都市的商业者远过于乡村的采地之收获,于是社会上等差的标准,一变而为"显著的消费"（conspicuous consumption）,非复为"显著的闲暇"（conspicuous leisure）。因为大商人银行家须注意于事务,又不能将事务委托他人,不像田主可以燕居室内。所以商业的贵族——如威尼斯（Venice）,热内亚（Genoa）、佛罗连斯（Florence）和安德而伯（Antwerp）等地——都以奢侈著名,自奉之厚远过于封建的贵族。封建的贵族后来裁去其无用的侍者,而生活于佟乐之中,实是这班商人所教的。现在我们是拥挤的文明,虚夸的懒惰在今日已不为社会所羡慕。为名望的拼命的竞争,已集中于生活的形式了。社会的类别（social racing）,即下级之模仿上级,以及上级之旁逸突进以趋避下级,此两种人的努力,较前者且更为狂热和繁费。

何故时尚变为不固定——时尚之固定的性质越变越少。昔时时尚的变迁是缓缓的。颜饰（pathing）上妇女以黑绸贴面谓能增妍,百年才绝,理查第二时的尖靴也有这样久。但是因为织造原料的充斥与低廉,于是下级人民之模仿的能力便大大增进。社会的财富之多,足以供时尚的消耗。财源中的较大部分,尚可以供人竞争名望的浪费。前此父母的衣服都传给儿子,若遵照时尚而弃置父母的故衣,必是极端浪费的才如此,今日就不然了。又今日模仿的技术也有进步。孙巴特（Sombart）曾说:"制造器物,能使他和上级社会所用的具同样形色,也是制造家的一种技艺。书记若能着一领和资本家同样的衬衣,或女奴着一领和太太同样的短衫,他们将自以为体面无比。这样的事与社会区别同其古,但尚不如今日这样容易使人满足这个愿望。因为工巧的模仿是无限制了,不论何种物品的资料如何昂贵,形式如何精美,不一刻赝鼎就出现于市上,价格却止原价十分之一。""新奇的东西既然这样易于粗俗化（unlgarigation）,于是自视高贵的人,便时常筹想新式了。这样,争奇斗异的范围,便跟着生产分配的技能之进步而渐变广阔。"

现今时尚的特征——现今时尚的特征所与前相异者为:

1.时尚扩张所及事物数量之多——如领带、伞、行杖、卡片、记事册、妆饰品、截短马尾、高勒马缰,小动物、巨獒、德国哈巴狗儿等,不胜枚举。

2.时尚之整齐一致——文艺复兴时代的时尚只囿于一城或一阶级。现在已无复地域或阶级的限制了。一时只有一种风尚。妇女们看巴黎,男人们看伦敦,若是威尔士亲王(即英太子)忘记携表,又在戏园包厢内露出不带表链,只要头出一完,全国的表链便都会不见。

3.时尚变迁之发狂的速度——一度时尚的波浪,自上而下及于各种阶级,自内而外至于西洋各邦的边界,速力愈变而愈大。所以若是上级的变化顺利,波浪必定加多,脉搏亦必加快,妇女的时尚一季常变四五次。

时尚的革命——但是还有许多势力能折服这个魔王的。因为人们的跟从时尚,有的要变化自己以同于上级,有的却是冀免为人指目故亦与人和光同尘。后一派的人模仿极其濡缓,而且尽力减少所仿的量。他们的影响足以抵抗体式的过奇,及变化的频繁,他们常殿于波浪之后,而拖它后退。这些能独立判断,能审美,重卫生的人数日渐增加,将来必定有一日多于随波逐流迎合时尚的时髦人。我们固已曾废去数种无理性的风尚,如束足、鼻环、穿唇、裂颊、扁头,及别种伤残肢体的装饰。扼喉的领,高跟鞋,拖地的裙,涂花面等也要去了。有理智和有审美力的社会心理现方渐渐升起。我们不是要使社会的竞争立刻就停止;不过希望这班日渐加多的独立不屈的人们,灭杀时尚的无恒、专制、过度、丑恶和无理性诸性质;而且使社会上的显耀可用别种法子获得就是了。现在渐有不喜以外表取人而尊重人的事业及内德的趋势,此等趋势可以摧服专务外表的竞争。19世纪以前,男子之为时尚的奴隶,较妇人为尤甚。但已为德谟克拉西运动所解放,其破坏男子时尚的法,就是诱导上流的人穿着中等社会朴素的衣服。

社交的作用很可以改良衣服,急进的改革家若能多人协力,必能从容自如,饶有精神,妇女喜欢运动的渐多,于是也惯于穿着安适而不合风俗的各种运动衣服——体操、网球、划船、跑自转车、洗澡——于是就减少时尚的势力。职业的妇女之与男人角逐,也能逼衣服为理性化。总之改良或者要到,但不是仅仅公用数种只和风俗反对的衣服就算了,必定还要增多机会,将所有合于理性的衣服实行穿着起来,才对的。

(《厦大周刊》1925年2月16日)

南洋华侨应发展文化事业

现代为民族竞争之时代,竞争之形式不止武力的竞争一种,此外尚有政治竞争、经济竞争、文化竞争等诸种形式。武力竞争须以政治经济文化为基础;而政治经济之竞争,尤有赖乎文化之推进。近之列强于平时对此四者莫不兼筹并顾,以冀万一与他国开战时可以必操胜券。彼等于常时除夸耀武力外,且恒以文化上之贡献宣传于世界,表示其为文明民族;对于所欲攻击之民族则斥其为"野蛮"、"无文化",以证其侵略之合理。

今之中日战争即为民族竞争,我与寇各倾全力相拼,其形式固不止武力竞争一项而已。我南洋华侨寄居国外,在武力与政治上固不便在他人领土内活动,然在经济上及文化上则原为和平事业,无害于当地政权;且地方安定,不受战争影响,尤应较平时为努力,以补救国内战区经济文化事业之停顿。我侨在经济上已有甚大成功,故此次能以巨大财力贡献我国。唯于文化一项惜尚还不及经济事业之发达。南洋侨界自清末以来惨淡经营之结果,固已有不少之中小学校及报馆,然以南洋地方之大、华侨人数之众,在数量上得谓为已足,即在性质上似亦非无发展之需要。何况文化事业亦不止学校报纸二者,此外如图书馆、博物馆、各种学会、艺术团体等,或则尚付缺如,或则有而未盛。兹试分析言之。

一、学校

近世各国人民侨居外国或殖民地者大都自建学校,教导儿童以本国文字及国民应有之智识观念等,以使其儿童长成以后虽足未尝一履祖国,然仍不失为祖国之良好国民。南洋华侨兴办学校之结果,已有多数侨生青年能操国语,写国文,熟谙国情,且富于国家观念,不输于国内之学生。而其人实未尝入国门一步,此诚为华侨兴学之伟大功绩。然而以往之成绩既佳,将来之希望自应更大。为求更进一步,下列数条似应加以注意。

第一,学校之数量尚应增加。侨校之数应能容纳所有华侨子弟。盖华侨子弟尚有甚多不在侨校肄业者,且国难期间国人南来者颇众,故学龄儿童亦必增多。

第二,学校之设备应添置。教学之工具不止教科书而已,为教员参考及学生课外读物之图书、实验之仪器,均为不可少之工具。侨校设备完善者固有之,然而限于财力不能齐备者亦多,此事亦应顾及也。

第三,学校之种类应广设。南洋侨校多属中小学校,其他学校如职业学校、艺术学校皆甚少。学校程度较深者如高中亦且寥寥,高等教育则全南洋无一校。

第四,学费应减少。南洋侨校之学费较国内为高,为教育之普及计应酌以减少,方能惠及贫寒之子弟。

第五,教职员之待遇应提高。侨校教职员之待遇大都甚为清苦,为使其能安心供职不能不酌以提高。

二、出版事业

1. 新闻

南洋华侨之新闻业颇称发达,然销数与华侨人口相较,亦非已达饱和之度,将来如阅者增加,新闻业本身亦加发展,犹可望胜于今日。如偏僻地方亦有小规模之华侨报纸,于华侨消息之互通当更灵便,而有助于华侨之团结。

2. 图书杂志

除新闻之外南洋华侨出版图书杂志,刊载关于当地之历史、地理、政治、法律、经济、社会各种情形,以便侨胞能熟谙便于应付。华侨本身之事迹亦应记载以便后来之参考。且以上二者亦均可供国内政府及各机关之用,使其得悉南洋华侨之状况。日敌关于此类之书籍,出版甚多,其南进政策即以此为南针也。此类图书我国至今出版甚少,且大都为国内出版者,其实此类图书之出版正为华侨之责任,其需要亦以华侨本身为最切也。除上述两项之外,尚有侨校所用之教科书,因地理环境之异,国内通常之教科书不能适用,华侨亦宜就地自行出版,庶能适合当地情形也。

三、图书馆

我国旧时之观念以读书为读书人之专职,然在今日文化进步之世界,读书已为人人之分内事,人人皆应读书,人人皆得读书,而读书人之名词亦应取消矣。西人每到一处常有图书馆之设,人多则规模大,人少则规模小,无论大小其为必需品一也。西人教育既普及,且多喜阅书,故于学校之外必须有图书馆以供社会上一般人士之用,盖图书馆即为一般人士之顾问与师资,换言之亦即社会教育之利器也。南洋各地政府皆设有图书馆,此正表现西人之文化。我侨胞亦可享受此种图书馆之利便,然其中皆西文而无中文书籍。我侨胞在南洋如此之众,而罕见有华侨公立图书馆之设立,不但不能得图书馆之列,而由外人观之,彼即不以我为不需要图书馆之民族,我亦自觉歉然也。图书馆规模固可大可小,大约在一大都会应有一大规模者,小都会只需一小规模者,即甚小之市镇亦应有一阅报所,其中除报纸外应并备杂志及少数通俗图书。

四、博物馆

博物馆非藏古董之特殊机关,而实系执行社会教育之最良场所。盖书籍报纸之阅读均须以识字为先,博物馆则只需有眼者皆可参观而获得智识,故于教育不甚发达之民族最为有用。博物馆用诉诸视觉之直接教学法,不用文字,间接叙述,各种智识皆以实物(即标本)模型,图书或电影表现之,令参观者一目了然,其效与读书相等。在社会上一般民众因可由此获得智识,即学校之学生亦可由此以证明教科书上之理论,而收所谓百闻不如一见之效。博物馆有人类及自然二大类,可各自独立,亦可合为一机关。人类博物馆陈列关于古今世界人类文化之各项标本或模型图书等,以说明历史、地理、宗教、艺术、政治、经济、伦理、法律等文化科学方面之学理。自然博物馆则陈列关于自然现象之标本模型图书等,所说明者为动物、植物、矿、理化、天文、地质等自然科学之学理。博物馆尤须有按时变换之新设计以应付社会之需要,而说明成为时事且为大众所欲知晓之事物。博物馆之裨益于社会教育,实非浅少,且有一博物馆,则其地之学校可以共用,而不需自行设备上述各种标本模型等矣。试观南洋各大都会常有政府设立之大博物馆,小都会亦有小规模者,可见西人之注意于此,不输于学校也。我侨在南洋虽属居留性质,然实系久居,而非流动性者。在我侨众多之各大都会实应设一中国博物馆,以为我华侨社会教育之机关并以辅助侨校之教育。且正因在国外,故上述两种功用外,尤可使不识中国文之外国人士见馆内之我国古今文物而发生敬重我国文化之心理,此为最良好之国际宣传方法,且于我侨之国际上地位尤可赖以提高也。

五、各种学会

教育不过传授智识而已,各种学术技艺之进步尤须赖社会各界人士作专门之研究。唯个人难得有完满之工具,而学问以切磋而益精,故文明国人常有学会之设以促进学术。学会之种类甚多,无论哲学、文学、社会科学、自然科学、应用科学、艺术等门类内之一科目,均可联合同好,成立一学会。会员之资格亦未必须有高深之根底者,即凡有志之初学者亦可加入。学会之大者,对于该种学术之贡献及提倡成功常甚大。我南洋侨界亦非无各种学术之专家以及有志研究之士人,然独罕见有此种学会。如各界人士能广设种种学会,不特可获有上述之功效,即令外人见之亦可显示我华侨文化之高也。

六、戏剧音乐

艺术之用非只在平时,即在战时亦有鼓舞民族精神,灌输爱国观念之功力。我侨于此方面亦须顾及,试略述之。

1. 戏剧

各种旧剧如京剧及闽粤地方剧,久为我侨之娱乐工具,无形中受其影响甚大,然其中情节技术实不无应加改进之处。又如新剧则正在发展之际,亦须多以表演之机会。至于电影更可利用为社会教育之工具,电影院应选择有益社会之片而映演之。最好有不以营利为目的之教育电影院,专择有社会教育之价值者以甚低之券资公开于大众,且为学校教育之助。

2. 音乐

除现代西乐及中国北方之国乐外,闽粤各地亦有地方音乐,如泉音、潮音、粤乐等,均有其特长,而亦有应加改良之处,其歌词颇不合时代,如改换其歌词而仍以其美妙之音调演奏之,既可收保存国乐之功,又可得影响社会之效,此亦音乐家之责也。又如吉凶事所伴奏之音乐,我侨与国内皆极不讲究,佳者故有,然极其简单者,不能表现悲喜之声调,而辅助仪式之进行。我侨身在外国,观瞻所系,而此等事常游行于大道上,最为人听闻,若加以改良,使伴丧事者哀戚之调感动路人,伴喜事者愉快之音影响观众,则音乐之功见矣。

七、体育机关

南洋华侨对于体育甚为热心,关于运动之新闻日载不穷,成绩殊有可观。唯体育之中,尚有国术一种,似有更加发展之必要;而新式运动如飞行术,不但有体育之价值,且有实用上之价值,南洋华侨青年之有财力者习此最为适宜。

以上所述未能包括一切之文化事业。唯概括言之,文化事业实为华侨今后应注意之举。我侨在国外担任经济与文化两项竞争,经济既已成功,文化不能不并进。若能使外国人重视我侨之文化程度,如其震惊于我侨之经济力量,则不特我侨之地位更为提高,即我国家之名誉亦受其影响也。或谓于战争之际,不需急急于此项无关紧要之文化事业。其实文化事业亦即民族竞争之一种,文化事业不但为经济、政治、武力之基础;即在中立外人观之,彼若见我文化优秀,亦必更引起其同情心。即如国内之文化机关虽难被敌所毁,然反引起国际上之义愤,而为我不平。况南洋非国内之战区,正可以于此多作文化事业以补救国内一部分之停顿也。

至于如何促进,则南洋侨界不乏急功好义之君子与各种文化事业之专家,各自认定一部分之事业,分途并进,努力从事,不久之后,行见南海各岛齐开中华文化之灿烂之花,其与敌人竞争之效力,不殊于战场上大炮之开花也。

(《星洲日报·半月刊》1938年第2期)

悼蔡孑民先生

呜呼！孑民先生长埋地下矣，我心目中唯一完善之学人模范已不在此世矣。先生之死，举国震悼，挽祭之文，追悼之会，遍于全国，及于海外。无他，功泽广被，遗爱在人，自然而致，非由势利也。先生之道德文章一世同钦，赞述已多，无待赘论。惟尚有不能已于言者，则以个人曾亲炙先生之德行，深觉先生人格之完美，已入于理想之地步。先生之学问固高，然而时人亦非绝无其匹，惟先生之道德，真如泰山北斗，当世实罕其俦，先圣孔子距今太远，嘉言善行，只存于书本之中，后生小子欲求修业进德，必需有当代贤人以为模范，人近事确，庶易于引起信仰。近30年来我国幸而有孑民先生司全国之木铎。教化之影响，不亚于孔子之在当时。此非过论，试申述之。

就先生行为之性质而言，纯为道德的，理想的，人道的，真美善的，完全脱离世俗秽恶之轨辙。古今来唯有极少数特立独行之士敢于无视世俗之陋习，不惜个人之牺牲，砥柱中流—依道德之轨律而行事。道德之赖以不堕，人类之赖以进步，端属此种贤士之力。我国清代因受异族统治，道德最称堕落。民国之初，余秽犹未扫净。国家之衰弱此实一大原因。孑民先生生当清季，奋出于官僚之列，参加民族革命。功成以后，不求安享，更进而从事教育人才，改进本国文化，自安于寒酸之事业。先生一生不求富贵权势，只以国家社会为己任，所作所为全合于道德之轨则，而一变末俗之行为。先生律己之谨严，想与规矩同其整，冰雪同其清，先生待人之厚道，又全反刻薄之存心诡诈之恶习。吴稚晖先生赞先生为"有所不为，无所不容"，上句指其律己，下句指其待人，诚为中肯之语。个人谓先生即是道德之化身。读先生之言论，可信其句句皆实，观先生之行事可信其事事皆诚。人即善怀疑者，虽疑尽一世人，亦不应疑及先生。先生以如此厚德，领袖教育界数十年，一生奖掖感化者不知凡几。昔孔子墨子门徒各数千，以先生影响之大，岂止数千之数。我国今日之抗战，物质上远不如人，全赖精神上思想进步，用能奋发抵抗，力争国族人格。精神上之进步，实为教育之结果，而我国近30年来之教育，实先生所领导。由此观之，今日之抗战，将来之复兴，实皆出先生之赐。他日作史者数民国伟人，当举先生与孙国父、蒋委员长相提并论，如今日之尊孔子，此可断言也。先生虽逝，先生之精神不死，虽死固犹如生。惟后生小子素以先生为世途之明灯、信仰之对象，追怀昔日之知遇,缅想人生之渺茫,不禁热泪夺眶而出。呜呼!先生逝世独嫌太早也。

(《钟灵月刊》1940年第1卷第7期)

悼叶君遂安

予初抵本校，即闻本校前此有体育健将二人，著称于国内外，其一即为叶君遂安，初亦只钦羡而已。继闻君且考入航空学校，蓄志报国，予乃益深敬仰。迨此次噩耗传来，惊悉君果已成仁。予虽无一面之雅，然亦感悼不能自已。无他，"闻鼓声而思良将"，丁此强虏侵凌、国难严重之际，举国同胞，备当惨痛；对于卫国之壮士，寄托无穷之希望。闻壮士之杀敌致果，则众口腾欢；闻壮士之舍身成仁，则万人齐痛；固不问识与不识也。且叶君为本校之校友，叶君之光荣，亦即为本校之光荣，本校何幸而有此种校友！所望本校同学咸能继承叶君爱国之精神，各尽所能，以报效国家；则叶君虽死，精神固犹长存也。

(《钟灵月刊》1940年第1卷第9期)

教师之自觉

教师一业为文明社会之产物，野蛮时代决不能有，而亦不能觉其需要也。野蛮时代人类狩其他动物，然生活技术简单，无需乎特别手续之教与学。迨夫文化进步，生活技术发展繁复，个人必须在青年时期从而学习，方足以为生活之资，为应付此等需要，于是在直接生产之渔猎农工等以外，乃有间接生产之教师一种职业，此教师发生之一原因也。野蛮时代人众甚少，除个人之活动外鲜有他事。其后因生存竞争有需与社会组织之扩大，而社会组织既扩大，更有需乎个人之训练，使能利众而不专利己，于是社会众需有一种人专司此项训练青年之事，此乃教师发生之一原因也。

综此二者观之，教师一业实为他人而非为自身，为自身计实不合算。盖为自身计自当以从事直接生产，利益较大。至于间接生产乃为社会训练青年之作用，常非一班人所能了解。以此原因，教师在社会上颇不能获得相应之地位。而为教师者或有意志较为薄弱，受社会一般眼光之影响，因而亦藐视自身，轻视所业，此则殊非所以自处之道矣。

教师职业既非间接从事生产，其贫贱也固宜。在教师本身既择此业，自当专心所事，尽其在我。青衫冷凳不视为个人谋生之法而自视为对国家社会宣力之道。求仁得仁，尚有何怨。至于社会对教师之待遇当视社会之程度。若社会能了解教育之真义，知教育为间接生产之事业，且为国家社会之所必需，因而尊师重道，视之与其他职业同其重要，而且使之与其他职业同有发展之机会，则教育事业当一日千里，而国家社会亦将因之而迅速进步矣。

（槟榔屿《光华日报》1940年8月28日）

办理本校（钟灵中学）之计划及其实施

本校自民国六年肇创小学，民国十二年增办初中。十余年来经历届校董及教务长之努力，成绩斐然，蔚为南洋有名中学之一，而学生人数之多尤为马来亚华校之最，前人之功诚有足多者。去年9月间前任陈教务充恩先生辞职回国，校董聘祥继任。就职以来，倏经四月，所拟计划略见施行。唯祥素主实事求是，日唯埋头于校内之工作，未尝向外活动及宣传。唯社会上不少热心教育关心本校者，以及本校校董及学生家长，想皆甚愿洞悉本校近来之设施。爰藉校刊出版之便，将祥初就任时所拟及后来所补充之计划，略述于下，并将四个月来所曾实施者附述于后，以就正于诸位校董家长以及外界诸热心家之前。

一、办学之宗旨

办学之宗旨一公字足以盖之。盖于公众有益，则私人之益亦在其中矣。培养青年使成为良好之社会分子，则其人亦即为良好之人矣。换言之，办学之宗旨盖即公私兼顾。一面教学生以生活之知识及技能，使成为能干之个人；一面并教以对他人及社会所应守之品德，使成为良善之社会分子。智体二育所以造就能干之个人，德育则所以造就良善之社会分子也。故学校内所教之课程，一部分对于个人之利益甚为明确，如书算自然科学等，使个人容易谋生；尚有一部分如公民、历史等，其实用价值虽不甚明显，然此正所以使之明了其对他人及社会之义务，使成为良善之社会分子。学生父兄若有不其明了各项课程之意义者，请以此意衡之，自能知悉学校种种课程皆于学生有益也。

二、办学之根本方法

宗旨既定，当用何种方法以求达乎？祥以为有二大原则，可以遵行：
1. 诚以待人

人众之中无绝对愚者，亦无绝对智者。虽在青年学子，亦非可以欺骗者。故一校之中，无论教职员之间，或师生之际，最好方法应为诚意相待，否则欺诈有时而穷，决无合作成事之望。祥素抱此意，自入本校见诸同事学生间亦多诚信之风,甚觉满意。祥就任之日即声言凡事必坦白直述决不出以讥讽暗刺之刻薄语调,如有之,不论所言者为何,此种态度即为祥之过失。盖讥讽暗刺之语即不诚之表现,种种误会冲突皆以此为肇端也。至今数月,自问未曾有此。此后当更以自勉也。

2. 敬以对事

诚所以对人,敬则指对事。敬事意谓尊重所做之事。如教职员之办事教书,学生之学习功课。事无大小,皆应视为十分重大,认真从事,方能成功也。世间之事,无大小高下可别,能尽其职责即为荣为高,否则为耻为下。故办事必以敬字为第一要义也。人与人之间难以存心忠厚,然对事则应认真严刻,否则荒废职务,非立身之道也。

三、所希望养成之学生

上述宗旨曾言教育应养成能干之个人及善良之社会分子。兹在分析言之。

1. 知识上应博学多能

今日文化进步,社会复杂,学生应有多种学问及技能,方足以应世。故在学时应手脑并用、粗细皆知,学校尽量多教,学生尽量多学。小则为个人谋生,大则为社会办事,皆以多能为贵也。

2. 心理上应志趣高尚

学生入学之目的,立身之志愿,若仅为求个人谋生,未免太小。谋生非难事,人之一生应求对社会国家有所贡献,否则未免辜负一生矣。愚甚望我校学生皆能昂昂然有高尚远大之志趣,以将来之人物自许,不图戚戚于个人谋生之一事也。

3. 行为上谨严整肃

志趣之高还在青年尚非难事,青年之难在于行为。盖血气方刚之际,志气不患不盛,然其弊常流于狂妄越轨。视学校之规则为剥夺自由,视师长之训诫为老生常谈。如此行为反为上进之阻碍。故学生虽贵志趣高尚,然亦贵能敛才就范,行为谨严,方为真正大器也。以上之学生如多,则其所合成之学校即有此种学风,愚甚望我校能养成此种学风也。

四、课程上之计划及实施

1. 已完成中英两种中学之程度为标准,补充必要课程

本校初中部课程所缺尚少。高中部则系专应剑桥考试,且只有二年,按之

国内部章多有不和。自今年以后，高中改为三年毕业。一面仍照旧开设应付剑桥九号位考试之课程。一面按照部章，添设应开之课程，如史地、公民、生物学、高等数学、伦理学、文学史，增加理化实验钟点。高中仍多采用英文本，使学生在本校高中毕业时即应能兼应剑桥九号考试。初中部则增加劳作一科以练习用手之技能，增加动物植物钟点以增加科学智识，并为从事实业之基础。改换算术代数几何为中文本，使得提高其程度，并得于初中毕业时修毕此三项数学之概要，且可易于应付会考。改换正式之公民课本，使有正确之社会法律伦理之常识，以养成为良善之社会分子（改定之新课程详见刊末所附招生简章）。

2. 开设实用技术课程或课外研究会

今年已于高中一年增加英文簿记钟点，又劳作已开土工及小件木工二科。将来拟增开正式木工及金属工、汽车工、园艺等课。又采制动植物标本及制皮亦将于本学期成立课外研究会。

开设更高等课程以供升学或进修：他日如有需要时例如投考国内外大学，或中学毕业后欲进修高级学问，本校亦可供给数项课程。

五、教务上之计划及实施

1. 采用教室日志

教室日志记载每一班每日各时所授之课程，以及学生缺席、课室大事等。本校前未尝用，今年初始采用之。师生皆能照记不辍，实为良好现象。

2. 采用教师点名法

学生出席簿向由级长点名，与上课之教师无涉，今年改由教师于各节点名。

3. 着重功课

本年开学时祥即宣布将着重功课，教导会议各科会议中再捃出其办法如下：

(1)课本以教完为原则，并即规定各科每年每学期所应教之额。

(2)考试时不删节。

(3)每种课程皆须有练习问答作简表之笔记簿。

(4)教师多发问以考查学生勤否。

(5)公布学生之考试成绩。

(6)举行竞赛，各科各班时时举行之。

4. 奖励学业优胜者

(1)每次考试各班前五名将特别表扬之。

(2)年考各班前五名除发给奖状外并给予奖品。
(3)发贴优良之成绩以供众览。
(4)发表优良作品于校刊。

5. 设置学籍簿

本校向来未有学籍簿。凡学生之记载只有零碎之成绩单及简单之总名册。兹拟添设学籍簿,自现在学生记起。查检其以前各年之成绩,记入一处,并留空格以便以后记入。此外其姓名、年龄、籍贯、住所、家属、以前学历等皆记入之,且留空格以便记载其以后住址之更改及毕业之状况等。其上并贴相片,现方在计划中。为本校学生多兹事甚烦,颇费力也。

6. 体育课程之发展

本校素以体育著名,今后将更发展之。本年改变如下:
(1)体育教师三人,专任体育,不再兼教别种课程。
(2)体育正课与课外运动相结合,在每日下午举行,每生一周上课二次。
(3)体育普遍化,每一生须兼习体操、国术及各项运动。

六、训育上之计划及设施

本校今年起添设训育主任,并组织训育委员会,对于训育设施积极进行,略将已所实行者列述如下:

1. 重订及公布训育规则:以前本校训育规则颇详,祥继任后仍旧遵行,兹请训育主任再定一简括之规则公布之,而以旧规则为辅。新规则有赏有罚,积极与消极并行。此后本校学生即以规则为行为之标准,有功则赏,有过则罚。有过扣分,有功增分。不以办学者之好恶行赏罚,而以明确之规则管束学生,该即在学校之内行法治之道,学生少而习之,且可养成法治精神也。

2. 实行教员皆导师制,发交学生行为报告单:本年印制一种行为报告单,发交各位教师,使得随时报告学生之功过于训育主任。

3. 实行功过登记:本年用一种表册登记学生功过,大小必录。小者积多而成大,学期终结算。大者立即处分。

4. 调查校外学生寓所:校外学生无论住教员处或自行租屋皆须报知学校。

5. 印通知家长函,以便时时将学生消息通知家长。

6. 系挂训育标语:利用礼堂之柱系挂木牌,上书中外名人格言,以为训育标语,使学生时时见之,而感印于不自觉中。

七、设备上之计划及实施

本校校舍颇足,惜设备未周,此后将特别注意补足之,略述于下:

1. 调整课室

新课室于去年底完成后,计 26 课室,本年即以此为度,开 26 班。课室次序即经改变,自前列东端起,经前列、西列、东列,自最高班以至最低班成一周。门上皆钉二牌,一为室号一为班名,桌椅本不整齐,兹皆已于年假中另排一律。

2. 发展图书馆

图书原在礼堂,已于假中迁入图书馆。上层为藏书室,下层一小半为杂志室。图书约万册今在分类编目中,由图书馆主任与祥商订新分类法。拟油印书目一二百本,分发各办公室、各课室、各教师,以便应用。学生个人亦可购买,本年所收学生图书费约 2000 元,皆将用以购书。今已订购《万有文库》第二集、《四部丛刊》、《大学丛书》、《中国文化史》、《大英百科全书》等大部丛书,其他零星之中英文书亦将陆续采购。中英文杂志亦赠订数种。此后购书全由教务长负责,通盘计划,务期以廉宜之书价购得多数有用之图书。在本年之末便可充实书库,使成为颇完美之中等学校图书馆也。

3. 发展科学馆

科学馆本年起不再兼做课室,以下层为理化室,上层为生物室,理化室设备原颇充实,生物室则全付缺如标本。今年乃购买动物标本 300 种,植物标本 1000 种,人体模型一套,各项挂图数种,并请生物教员及科学馆员组织采集队。采集南洋标本,陈列标本之橱柜除原有 8 橱外,再制高 9 呎半宽 7 呎之大橱柜 8 个。一二月后标本可以运到陈列矣。

4. 筹办史地馆

今日史地科亦在科学之内,应采用自然科学教法以实物模型图表等辅佐书本。兹拟陈列历史上古物及各地方表现风俗生活之事物,视学生以实证,其不能有实物者则以人工制之模型代之,更以大幅图画表示地图系挂壁上以说明。地图除平常纸图外,拟用石膏像山川之形势成凹凸之地图,置于桌上,使学生更能一目了然。历史上古物及风俗品可暂由祥借用,以后逐渐采集。其他皆不难,现已在进行中。为陈列上述诸物,现尚无适当空室,只能借用图书馆下层之一部分。已定制陈列柜待用,不久可成。

5. 美术设备

本年美术课程各班皆有。设备方面另制图书架 40 个,塑像架 1 个,作图用木柜 4 个。惜只有一小室在礼堂边,为置美术品之处,如以为美术室尚不足也。

6. 劳作设备

劳作课室设于膳厅旁。设置土工器具40套，木工器具15套，劳作教师发现本校范围内有一种黏土其量甚多，足可应用，否则每年所买黏土亦不赀也。自开设劳作课学生颇感兴趣，且各班皆习之，此事对于养成学生技能颇有益也。

7. 体育设备

本年体育重点增加，且普遍化。乃增置设备数种，如各项球类、竞赛评判用高椅、国术用器械等，比前更为完备。

8. 音乐设备

本校铜乐队本年更增买乐器如大鼓等物，又音乐架十余个，师生加入练习者更多，拟买优美之留声机、乐片，用扩音机放大之以供音乐课之参考。将来或拟购一简单小亭于校园内以为教授音乐之用。

9. 建设校园布置校景

本校西面隙地甚大，本年辟为校园。分为两部，前一部以木为栏，内拟种各项植物，以供习植物学之参考及实验。其后一部开成图案形花坛专栽美观花草，以供学生游憩。其后近小溪之空隙拟填平之扩大校园之空处。以上工作方在进行中。校园以外各课室宿舍之前后及礼堂之旁、人行道侧，均拟种植花木，使能成荫，且可使校景美观。

10. 围隔教员预备室

教员预备室原甚简陋，已于年假中置木屏围成室状，并另排桌椅较前利便。

11. 设置收发处

本校校舍范围甚大，而无一定之收发邮件新闻之处，甚觉紊乱。兹已增设一收发处于礼堂前一旁，以木屏围成，有一事务员管理之。此后凡全校之邮件新闻均经由此处收入，然后分发各部门及各学生。

八、其他计划

1. 改订周会时间

周会今改于星期一第二节，继升旗礼举行，并拟定秩序永远照行。

2. 举行演讲

周会每次请一教师演讲。或专讲学术，或训勖学生，皆甚有意义。又如有名人经过，亦请其来校演讲，一行过数次。

3. 出版校刊

校刊之用在于记载校内情形，已告知外界系心之人，并留后日之参考，且可借以发表教师学生之作品,此实为正式学校所必需。本校本年起决定先出版月刊,每年十期,事虽甚紧,然同事皆甚踊跃,料此后将继续不断也。

4. 对于祖国之贡献

本校为热心华侨所创立,从来对于祖国之事皆甚热心。此次抗战发生以来,本校购买救国公债甚多,全校师生且认捐长期月捐至今不辍。此外且常贡献特别捐,其数亦多。祥接任以来,本校贡献之特别捐有寒衣捐及武汉合唱团金,二次皆颇巨,且皆完全出自本校师生,非向外界募捐得者。前者因特请我国大画家徐悲鸿、翁占秋、张丹农诸先生赠画与捐额多之学生,成绩尤佳,叻币将近4000元,中国币两万数千元,为马来亚华校之最。后者亦获叻币1500元。每月月捐亦约三四百元。此皆出于全校师生之热心自愿,全无丝毫勉强,故弥觉难能可贵也。至于贡献人才一方面,则本校所造就者因有中英两种学校之程度,故在当地谋生故宜,如回国服务亦不输于祖国学校毕业之人才,是本校亦兼为祖国储材也。

以上种种计划皆为妥善可行者,且皆已开始实施,将来更当积极进行以达完成之地步。祥就任以来只阅四五个月,所实施者颇为不少,埋头辛苦之余亦窃以为自慰。然此非一人之力,实赖诸同事戮力同心,方能有此成就,且亦赖校董部诸公能与信任,故所谋皆能实现无阻,祥此后当继续遵照校董之指示,微求同事协力,按此计划更求进步,使我校于百尺竿头更进一步也。

(《钟灵月刊》1940年第1卷第1期)

(钟灵中学)小规模图书馆分类编目简法

分类编目为图书馆之重要工作,然分类编目执法至今尚无一定标准。最常用之分类系统亦有数种,图书馆可就其便利采用一种。然而此项分类编目法皆只以大规模图书馆为标准,而不适用于小规模图书馆,如中小学图书馆或通俗图书馆等。此种情形非亲身经历不能知。著者本非图书馆专家,惟近以整理钟灵中学图书馆之经验,乃发觉此点参考诸家之分类编目方法,别创一简单适用之方法,发表于此以供本校师生借书时之参考。且愚意小规模图书馆如采取此法,必觉其便利胜于他法也。

诸先言分类编目之供用。图书馆之目的在于收藏图书及供人借阅。图书若不加以分类编目,殊不便借阅且不便收藏,略述其故如下:

1.编目。图书之进出均需登记,方免遗失,然只登记书名必仍觉混乱。必须使每书有一号码,凭号码收藏及出纳。馆员只需按号码寻书,并按号码归还原位。号码之数目字较书名及作者名简单,且有系统,故整齐而易记。

2.分类。图书之种类甚多,若不论种类,只随便各予以一号码,则藏书室内仍甚混乱。且不能知各种类究有何书,每类究有若干书籍,使借书者无从问津。以此,图书仍须有先经分类,然后将各类分别先后,予以号码。如此方能使借书者一见图书目录,或入藏书室,而一目了然,可以借类觅得其所欲借之书。

图书馆专家所订之分类编目法即应为上举两项目的。然诸家之方法应用于大图书馆确甚完备而整齐,唯若应用于小图书馆,却未能十分便利。略述其弊如下:

1.分类太繁。诸家分类系统常将图书馆分为十大类,再分百种类,再分为一千小类,再分为一万更小类,再分为十万更更小类,甚至再分为百万更更更小类。在理论上图书固应如此分析,然亦未免太繁且亦太机械。以此种系统用于藏书不过三数万或少至数千之小图书馆,藏书册书尚不及分类号目之多,不但无需反觉其烦。

2.号码字数太多。由于分类之繁,故号码亦随之而多。分类千种即须用3字之号码。再加分析,则3字以下须更增小数点下1位至3位。如此,则一书之号码少则3字,多者至6字,且须记1小数点。较之书名简单者,恐反不及记书名之便利也。且种类号码外,欲记每书在其类中之地位,须再加一号码。通常用著者姓名换做数字,1至3字,此在大图书馆固适合,然在小图书馆不必如此。

著者因欲将万余册图书分类编目乃觉繁缛之分类编目法不适合于小规模之图书馆,因综合诸家之长处而加以修改,别成一种简单之分类编目法如下:

一、分类

此法只将图书分为十大类,每一大类再分为十中类,每一中类或不分,或之再分为二小类以上不等。其理由为:(1)小图书馆书少分类不必多,分类多则常致有种无书,只于空隙。(2)各种学问之内容未必皆适可以分为十科,必欲执定为十科,未免太机械,故中类无须再各分为十小类。(3)分类多则号码字数亦多,不但难记,而且再狭窄之书背上亦难写。

二、编目

分类既少,号码数字亦随之而少。分类只有一百中类,故只用二个数字为号码,即自〇〇至九九。中类再分之小类用 ABC 表示之,可另书于书码签之下一格。至于每一书类中之地位,即以先后到为次序便可。第一册用1字,次到者用2字,书于 ABC 之下,依次则书上号码签之写法应如下:

| 95 | 8 |

意谓九五类之第八部书。

| 96 | A7 |

或

| 96 | A | 32 |

意谓九六中类 A 小类之第七部或第三十二部书。卡片上或书目上可作:95－8 96A7。所以如此编写之理由,盖为:

1. 字数不出二字,故易记易写。

2. 用 ABC 表示小类,不用数目字。因每一中类或再分或不再分,再分亦常只分为二三小类不至十小类故以用 ABC 为整齐。且 ABC 字书写可变动,不必随中类号码之后,在狭薄之书背上易写。

3. 以书籍到馆之次序为在该类中之号数,可使每类之书皆自一号起,中无空隙,书籍易排列,且易于发觉其遗失。每类书籍之多少亦一目了然。

依上述原则,分图书为十大类,一百中类,每中类再分数类(分类系统参酌

王云五及杜定友诸先生等之专著)。兹将所定分类表及各类号码罗列于下,并一一说明其理由:

第一大类　00－09　总类

图书分类之首必有包括一切之总类,此为不易之理,为其内容拟分类为:

00　图书馆学:此为图书馆之指南针,故依杜例置首。

01　目录学:包含各种书目及讨论目录学之书籍。

02　读书法:读书法范围出于图书馆之外,故应另立一类。

03　各科大纲:此为分述各科之书,中小学多有此类书。

04　学术总论:与上异。此类总论某时代或某国之全部学术,例如《清代学术概论》、《五十年来德国的学术》。

05　国学总论:中国四部书应分划入现代分类法之各类。但总论之书不便归于一类,故应自立一门,例如《经学通论》、《国学概论》等书。

06　个人专著:我国多此类书,常名为文集文存等。其总论各科不限一门者,可置于此。例如《饮冰室文集》、《胡适文存》。

07　字书类书:凡释字释辞类之书以及按字排列之百科全书皆属之,应分为:A 中文。B 英文:凡用中文解释之英文字书可归于此。C 其他:如德、法、日文等,其书如多亦可增加 D、E 等。

08　统计年鉴:A 统计学:统计学或列入社会科学类。然统计学实可应用于各种学问,应列入总论,且可与统计年鉴在一处。B 统计表及年鉴:年鉴亦即合统计表而成。

09　新闻杂志:A 新闻学:此指理论之书。B 各种新闻杂志:新旧新闻杂志亦可编目入此。

第二大类　10－19　哲学宗教类

哲学与宗教实可合为一大类,因两者性质上有关系,且宗教书在普通图书馆决不多,无需独立也。名称宜即名为哲学宗教,或用哲理科学之名亦妥。

10　哲学总论:凡总论哲学之书均可归此。

11　中国哲学:中国哲学之书可自成一类,应分为:A 总论:此指总论中国哲学者,如中国哲学史。B 古代哲学:周秦诸子及一部分经书可入此。C 近代哲学:宋以后之理学可入此。

12　西洋哲学:指专论西洋哲学者。A 总论:如《西洋哲学史》。B 各论:分论一派或一人或一种主义者,如《柏拉图》(印度哲学可入宗教类,书亦少无需另立一门)。

13　心理学:可分为 A 总论:凡总论之书指一书总论全体者,如心理学。B 各论:指专论一部分者,如儿童心理学、梦、思维术、催眠术等。

14　逻辑学:凡西洋逻辑、中国名学、印度因明均入此类,书少无需再分。

15　伦理学:A 总论:如伦理学概论。B 各论:修养之书亦归此类,如古今格言。

16　神秘学:指迷信一类之信仰习惯。A 总论:用科学方法说明各种迷信之心理习惯者如迷信论。B 各论:叙述一种神秘方术者,如我国之星象占卜、风水符咒等书,如子平渊海柳庄相法等。

17　神话学:指未开化人民,用幻想说明宇宙万物、神怪、人类来源之故事。A 理论:指讨论神话之书,如《神话学概论》。B 神话记载:即神话本身。

18　宗教:A 总论:如宗教学、世界宗教史等书。B 佛教:佛学书及佛经入此。C 道教。D 基督教:如新旧约《圣经》可入此。E 其他:如回教等书可入此。

19　哲学类杂著:如杂志等可入此。

第三大类　20—29　教育类

教育学书原可入社会科学类内。然在学校图书馆教育学书类颇多,且小学教科书如归入教育类则其书更多矣,故以独立一类为便。

20　教育学总论:例如《教育原理》、《教育大辞书》等。

21　教育史及现状:指叙述或记载古今教育事实者。A 中国:如《中国教育史》、《全国中等教育概况》。B 外国:如《西洋教育史》、《英国教育要览》等书。

22　教育心理学:如《教育心理学》、《智力测验》。

23　教学法:如《教育法概要》、《道尔顿制》等书。

24　教育行政:自政府之教育行政以至学校内之行政皆属此类,如《中国教育行政》、《中学行政》、《学校管理法》等皆是。

25　课程:凡课程标准及各科内容皆属之,如《现行中小学课程标准》、《小学国语科之教材》等书入此类。

26　训育:凡学校训育及青年修养之书可入此,例如《中学训育问题》、《三民主义教育法》、《中学生的切身问题》、《告青年》等书便是。

27　社会教育:以上皆属学校教育,此处指学校外之教育,例如社会教育、公民教育、职业指导、残废及低能教育、民众学校等书皆入此。

28　教育杂著:凡不属于上数类,而其数不多,不足以自立一类者归此。例如《性教育》、《晓庄一年计划》、《中国的教育改造》、《战时教育》等书。

29　教育法令及刊物:如《教育法令大全》、《上海教育统计》、《中央大学一览》等书属此。

第四大类　30—39　社会科学类

30　社会科学总论,凡讨论范围涉及各种社会科学者入此,又如公民之书亦即属此类,例如《社会科学研究法》、《社会思想史》等。

31　社会学：社会学常不受注意，其实社会学已成一种特殊学问，故应另立一类。A 总论：凡《社会学原理》、《社会学思想史》、《社会学方法》等书皆属此。B 各论：专论社会学中一题者，如《互助论》、《华众》、《单己权界论》等。C 社会进化史：社会进化史颇多，性质不属于上二类故应另立一类，例如《社会进化史》、《社会组织的演进》、《社会形式发展史》等书。

32　社会问题：社会问题应用社会学以讨论实际问题，故列于社会学之次。A 总论：如《社会问题概论》、《中国社会问题》等书。B 人口问题。C 农村问题。D 妇女及家庭问题。E 犯罪及不良风俗问题：如《犯罪学》、《禁烟之研究》。

33　社会主义：有以社会主义误为社会学者，以其书颇多，兹为另立一类，例如《社会主义史》等书。

34　政治学：A 总论：凡讨论政治制度及行政方法之书皆入此。B 中国内政：凡讨论中国政制以及各党主义皆属此。C 中国外交：例如《中外条约大全》等书。D 外国政治：例如《英国选举制度》等书。

35　国际问题：例如《国际联盟》、《欧洲国际问题》、《殖民政策》等书。

36　法律学：A 总论：例如《法学概论》。B 各论：例如《公司法研究》、《中国刑法溯源》。C 法典：例如《中华民国六法全书》。

37　经济学：A 总论：例如《现代经济学》、《经济学史》。B 各论：例如《分配论》、《原富》、《银行要义》、《信用合作》等书。C 中国经济状况：例如《中国经济史》、《中国进口贸易》。D 外国经济状况：例如《美国工商发展史》等书。

38　军事学：军事在组织一方面属社会科学范围，在军械一方面属应用科学，然在小图书馆合为一类亦无妨。

39　民俗学：民俗学为新兴学问，记载民俗之书则由来甚古。兹合一处而改用此名。A 理论：凡讨论民俗原理之书置此。B 记载：凡记载风俗习惯之书置此，《礼记》可入此。

第五大类　40－49　自然科学

40　自然科学总论：例如《科学大纲》、《发明与文明》、《科学方法》等书属之。

41　数学：再分如下：A 总论：如《算学史》、《数学趣味》等书。B 算术。C 几何三角：此两项性质相近，故合一类。D 代数及其他：代数及微积分等置此。

42　天文气象学：分为 A 天文学。B 气象学。

43　物理学：分为 A 总论：如《物理学原理》、《物理学史》等。B 各论：如力学、电子论、留声机等书。

44　化学：分为 A 总论。B 各论：如《有机化学》、《化学与量子》。

45　地质矿物学：A 地质地文学：地质地文性质相去不远，故合为一类，

B 矿物学。

46　生物学：分为 A 总论：例如《生物学》、《自然现象》。B 各论：例如《进化论》、《生与死》、《遗传》等书。

47　动物学：分为 A 总论：例如《动物学》、《动物漫画》。B 各论：例如《鸟类图谱》、《蜜蜂》。

48　植物学：分为 A 总论。B 各论。

49　人体学：此名亦为新创者，指研究人类肉体之科学，分为：A 生理学。B 人类发生论：例如《人类原始及类择》。C：优生学。

第六大类　50－59　实用技术类

此类因系自然科学之应用，故以置于自然科学之后为宜。

50　实用技术总论：例如《常见事务》、《劳作》、《近代发明》等书。

51　医药学：应分为二：A 医学：卫生学内外科各医书皆入此类。B 药学：各种中西药之说明医方属此。

52　农业：应分为二：A 种植：例如《农政全书》、《肥料学》、《种果树法》等书入此。B 畜牧：畜牧多为农人副业，且书不多，故不需独立一中类。如《养牛法》、《养鸡学》等书属此。

53　工程：分为下列数类已足：A 机械工程：如《机械学蒸汽机》等书入此。B 电气工程：如电力、电报、电话、无线电均属此。C 土木工程：如测量学，房屋桥梁之建筑均属此。D 交通工程：如公路、铁路、汽车、飞机、船舶等属此。E 市政工程：如城市建设、街道、自来水、公共卫生设备等书属此。F 探矿工程：如探矿、冶金等可入此。

54　制造业：如化学工业、金属工业皆属此。可再分为：A 总论：一书中总论各种制造业者，如《化学工业总论》、《天工开物》、《衣食住行》等书。B 各论：专论一种制造者，如《制糖》、《陶说》、《金工》等书。

55　交通管理：各项交通事业如邮电、铁路、航海、航空等之组织行政属此，可分为：A 邮电。B 路运。C 海运。D 航空。

56　商业：应分为 A 总论：如《商业学》、《商业史》等书属此。B 各论：如《银行学》、《商业法律》、《会计学》、《簿记》、《售贷术》、《商业文件》等书属此。

57　家事学：如《家庭簿记》、《卫生》、《育儿法》、《家庭工艺》等属此。

58　体育：在各家分类表中，体育常无独立地位。唯体育之书籍颇不少，且其性质亦即为实用技术之一，故应立一门于此。可分为：A 总论：例如《体育原理》、《体育教材》等书可入此。B 各论：例如《体操》、《球类运动》、《田径运动》、《拳术》、《童子军》等书入此。

59　其他实用技术：凡不属于上列诸类者，可合置于此，例如《人事管理》、《人事行政》等书。

第七大类　60—69　艺术类

艺术亦即审美的技术,故置于实用技术之后。应分为以下诸中类。

60　艺术总论:例如《美学原理》、《艺术论》、《艺术史》等属此。

61　图书:应分为二小类:A 理论:如《色彩学》、《绘学概说》、《水彩画》、《油画》、《铅笔画》、《国画》等之理论方法及历史等。B 书册:即绘画作品。

62　雕塑:应分为 A 雕刻:如木雕、石雕、象牙、骨角、贝壳等之雕刻。B 塑造:如黏土石膏之塑造制模等。

63　书法:书法为中国特有之艺术,中国图书馆自然须添加此类。可分为:A 理论:如《书法指南》、《艺舟双楫》等书。B 碑帖:如《三希堂法帖》、《颜鲁公告身》等。

64　建筑艺术:此指讨论建筑物之美的方面者。

65　摄影电影:可分为 A 摄影。B 电影:凡讨论电影拍摄制造法之书入此。至于剧本则属文学类。

66　装饰术:凡用于装饰人体、器物、建筑之技术,皆属此类。例如图案、刺绣等皆是。

67　音乐:分为 A 理论:凡讲求乐理及乐器奏法等之书属此类。B 乐谱。

68　戏剧:戏剧为高等复杂之艺术,应另立一门。凡讨论戏剧之演出舞台之布置等书入此,至于剧本则属文学类。

69　游戏娱乐:包括中西各种游戏,如智力的游戏机、会的游戏等。

第八大类　70—79　语文学类

70　语文学总论:如《语言学》、《文字学》之书,均属之。

71　文字训诂:如《尔雅》、《说文》、《经传释词》等书属之。

72　国语方言:讨论国语及国内各地土话之书属此。

73　语文改良:讨论国音字母、新式标点、汉字排列检字法、国语拉丁化、手头字等问题之书属此,

74　速记及其他号码:如速记术电码等。

75　文法:如《马氏文通》、《章句论》等书属此。

76　作文:如《修辞学》、《文章法则》、《写作指导》等书属此。

77　文件程式:如公文尺牍及其他各种应用文等书属此。

78　模范文选:学校图书馆多有此类书,故应成一门。如《新文库》、《中学作文精华》、《论说文读本》等书属此。

79　外国语文:凡用中文说明外国文之书属此。其专用外国文者应入外国文书籍内。

第九大类　80—89　文学类

文学随语文学而发达,故置于语文学之后。

80　文学总论:应再分为:A 理论:凡讨论文学原理、研究法、文学批评之书属此。B 中国文学史:文学史书多,故分中外。自总论中国文学史之书以至于一个文学家之评论均属此类。C 外国文学史:包括西洋及印度、日本。

81　中国文集:中国文集书多,故须自成一类,可分为:A 总集:包括多数作家之文集,如《涵芬楼古今文钞》、《古文辞类纂》、《中国新文学大系》等。B 旧文学别集:如《韩昌黎集》、《曾文正公文集》等。C 新文学别集:如《鲁迅文集》、《沫若近著》、《冰心选集》等书。

82　外国文集:此指外国文之译成中文者,可分为 A 总集:如《欧美名著节本》、《苏联作家七人集》。B 别集:如荷马之《奥特赛》、但丁之《神曲》、歌德之《浮士德》等书。

83　诗歌词曲等:可分为 A 诗:专指中国旧体诗,自诗学原理以至诗集等皆属此。B 词:指中国之词。C 辞赋:如《楚辞》及后来之赋。D 曲:专指中国式之曲本。E 联语及其他。F 新体诗歌:如《尝试集》等。

84　民间文学及儿童文学:此二者性质略有相类之处,故合为一类,仍可分为二小类。A 民间文学:如歌谣、谚语、故事等属此。B 儿童文学:如童话、儿歌等。

85　剧本:可分为 A 中国剧本。B 外国剧本。

86　演说辩论函牍:此三者皆系对人而发,故合为一类。A 演说:演说学及演说稿皆属此。B 辩论:辩论术及辩论纪录属此。C 函牍:名人函牍或通常函牍皆入此。

87　日记小品文:此二者皆自行纪录,非对人发者,故合为一类。仍可分为:A 日记:如《曾文正公日记》等。B 小品文或笔记随笔:小品文旧名随笔或笔记,中国旧时甚多。如《藏晖宝塔记》、《历史小品》、《浮生六记》等属此。

88　小说:因其书多可分为:A 总论:如小说理论、考证等。B 中国旧小说:如汉魏六朝小说,《三国志演义》等。C 中国新小说:指国人自撰之新小说,如赵子曰《漂流三部曲》等。D 外国小说:译成中文之外国小说亦多,如《世界杰作小说集》等。

89　文学杂著刊物等:不能归入以上诸类之文学著作可入此类如文学杂志等。

第十类　90－99　史地类

史地类包罗一切文化之记载,诸家多予以殿军之地位,确甚合理。兹分为 10 中类如下:

90　史地总论:凡总论史地之书皆属此。可分为:A 史学总论:凡史学原理、史学方法之书属此。B 地学总论:如地学原理方法之书属此。C 图表:凡地图、表格、图像等属此。

91　人类学考古学：此二类略相近，故亦合为一类。A 人类学：凡讨论人类之起源发迹、人种之分类、人类文化之发生演变之书籍皆属此类。B 考古学：凡讨论古人遗留之古迹古物，用以证明史实之书籍皆属此类。

92　世界通史：此系通论全世界之历史者。可分为：A 通史：如世界史纲、世界文化史。B 世界文化理论：如东西文化批评、将来的文化等书。

93　中国史：可分为 A 中国通史：通论中国古今史实者如《中国史》、《中国文化史》、《中国社会史》等书。B 古代史：自上古至六朝终属之，如《书经》、《史记》、《汉代学术史略》等书入此。C 中古史：自隋唐至明末通史等入此。D 近代史：自明清之际至今日。如《清史》、《中国近百年史》、《十年来的中国》等书入此。

94　外国史：A 东洋史：如日本、朝鲜、印度、安南暹罗、缅甸、南洋等国历史属之。B 西洋史：欧美等国史属之。

95　世界地理通论：总论世界各处之地理，如《中外地理大全》、《世界经济地理》等书入此。

96　中国地理：可分为 A 总论：如《中国地理大纲》、《水经注》、《中国地名辞典》等书。B 各论：分述各地者如《江苏省》、《四川之行》、《云南游记》等书。

97　外国地理：可分为 A 总论：如《外国地理发表》、《世界大都市》等书。B 亚洲：凡叙述日本、南洋、印度、阿拉伯之书属此。C 欧洲。D 美洲。

98　传记：可分为 A 中国传记：如《中国民族英雄》、《章实斋先生年谱》等书。B 外国传记：如《世界名人传》、《富兰克林自传》等书。

99　现代史料：盖即时事书报，此种书籍常甚多，如列入近代史内殊嫌其新，故须别立一门，可分为 A 中国：如《今日之华南》、《中国的新生》、《抗战第三年》等书属之。B 东亚：包括日本、南洋、印度支那等处之时事，尤以关于日本者为多。C 西洋：包括欧美，如《第二次世界大战》、《美国远东政策》等书属之。

至于图书馆中之英文书，或主中英混合，或主分别陈列。鄙意中英文根本不同，以分别陈列为便。唯英文书之分类最好当与中文同。若不能全同，亦当相差不远。兹即以上述分类系统应用于英文书，大都可用，只有一二处因文字上及国别上根本不能相同，须加改变而已。又此表系为中国图书馆所贮藏英文书而设，其书常不及中文书之多，故只需分别至中类便足，小类可以从略。此表系从中国人之观点而定，故与西人之图书馆分类法不同，却甚适合于国人也，兹列其中类以上之英文类名于下：

00－09　General Works

00　Library Science
01　Bibliography

02	Guide to Study
03	Sketches of Various Branches of Knowledges
04	General Treatises of Knowledges
05	Sinology
06	Comprehensive Works by Individuals
07	Dictionaries and Encyclopaedias
08	Statistics and Year Books
09	Newspapers and Magazines

10—19   Philosophy and Religion.

10	General Works on Philosophy
11	Chinese Philosophy
12	Western Philosophy
13	Psychology
14	Logic
15	Ethics
16	Occultism
17	Mythology
18	Religion
A	General Works
B	Buddhism
C	Taoism
D	Christianity
E	Others
19	Miscellaneous Philosophical Writings

20—29   Education

20	General Works on Education
21	History of Education
22	Educational of Administration
23	Methods of Instruction
24	Educational Psychology
25	Curriculum
26	Discipline
27	Education Outside of Schools
28	Miscellaneous Works on Education
29	Educational Code and Publications

30—39 Social Sciences

30 General Works on Social Sciences

31 Sociology

32 Social Problems

33 Socialism

34 Political Sciences

35 International Problems

36 Jurisprudence

37 Economics

38 Military Sciences

39 Folklore

40—49 Natural Sciences

40 General Works on Natural Sciences

41 Mathematics

42 Astronomy and Meteorology

43 Physics

44 Chemistry

45 Geology and Mineralogy

46 Biology

47 Zoology

48 Botany

49 Somatology

50—59 Useful Arts

50 General Works on Useful Arts

51 Medicine

52 Agriculture

53 Engineering

54 Manufactures

55 Administration of Communication

56 Commerce

57 Domestic Economy

58 Physical Culture

59 Other Useful Arts

60—69 Fine Arts

60 General Works on Fine Arts

61　Painting
62　Sculpture and Modelling
63　Calligraphy
64　Building Arts
65　Photograph and Moving Pictures
66　Ornament and Decoration
67　Music
68　Theatrical Arts
69　Amusements

70－79　Philology

70　General Works on Philology
71　Etymology
72　Study of English
73　New Plan for Language Improving
74　Shorthand and Other Symbols
75　Grammar
76　Composition
77　Practical Writing
78　Readers
79　Languages Other Than English

80－89　Literature

80　General Works on Literature
81　English Essays
82　Translated Essays
83　Poems
84　Flok-Songs and Legends
85　Dramatics
86　Oratory, Debation and Letters
87　Diaries and Private Notes
88　Fictions
89　Miscellaneous

90—99　History and Geography

90　General Works on History and Geography
91　Anthropology
92　Universal History

93 History of Asia
94 History of Other Continents
95 Geography of The World
96 Geography of Asia
97 Geography of Other Continents
98 Biographies
99 Current Events

(1940年《槟榔屿钟灵中学校刊》)

(新加坡)新民学校周年纪念刊序

教育本来是政府的责任,南洋因属海外,侨胞要读中国书,自然不能不自己负起兴学的协助责任。数十年来南洋华侨教育,其实是小学方面,很见发达,侨胞爱国心的养成,华侨文化的进步,都应当归功于此。可是兴学的效果各校相同,办学的难易,却大有差异。有些学校原是大社团所办的,经费充足,长袖善舞,自然易于见长。但华校之中,这样的不过一部分。其他便都是穷教师们,怀着服务社会的热诚,纠集几个同志。硬做起无米之炊,教务以外兼负维持学校的重任,工作异常劳苦,生活更觉困难。然而他们还是很尽责地苦干下去,而一批一批的下一代国民,也同基础稳固的学校一样,被培养了出来。

鄙人常说××拜金主义的社会中,百业都可做,只有文化人,尤其是教师不可做。你说你是为要服务社会,培养人才;我说你没有本事赚钱,只能走这条"末路"。"住宫和尚,守寡诸娘,教学先生"这是唐山三家村的天经地表。阿伯们都是唐山来的,这条天经地表也带了来,在这里至今还是天经地表。嗟哉惜乎!在这黄金遍地的南洋,一个人不想发财,却想教学,其穷也必矣!咎由自取,罪无可逭,还有什么话说?南洋侨教中人,有同样感想的,想必很多;不过大家都是尽其在我,我自信对社会国家有贡献,我便只管干下去,管他社会同情,报酬不报酬。这便是牺牲的精神,殉道的见解。一个民族的生存于世界,不能没有这种傻人,如果个个人只知赚钱,还成什么民族?

星洲光复后,华校如雨后春笋,依然发现甚多,可见傻人不绝,傻气依然,这是中华民族复兴的好征象。后港六条石地虽较僻,然也很快便发生一所簇新的华校,负起这一方面初等教育之责。敝人有一天,在路过时,忽然看见一面堂堂的招牌挂出来,虽不知是谁办的,但这一点无关系,总是热心教育的同胞办的。心里不觉十分高兴,这便是这所新民学校了。敝人有千金同令郎,每种一个,都在该校肄业,敝人看他们都有进步,深以为慰。现在该校已经办满一年,要出纪念刊,嘱敝人写一篇序文;敝人不写便罢,一写,不觉引起这些不胜感慨系之的其诸异乎人的话?姑妄抄呈叶校长暨诸位教师郢政,如不需要填贵纪念刊的空白,也务请填贵字纸篓的空白,请了。

(《公立新民学校创办周年纪念特刊》1946年11月1日)

林惠祥《告社会书》

华侨各界父老人士公鉴：

祥不敏，滥竽钟灵中学一年有半，平日以专心校务，未尝向外活动，兹当离校之际，理应向热心教育爱护本校之父老人士略陈一二，以作报告。

祥初以本校为最后理想之教育机关，就任以来，不计工作，不论时间，异常劳碌，未曾宁息。为期虽不久，然自问对于本校之贡献已颇不少，除于维持日常训教之工作外，曾完成数项特别目的，略举如下。一、学潮平息，学生安定。祥就任之前，本校学生有参加某种活动之嫌疑，致当地政府对本校董事会提出警告。祥未到任时，副提学司曾告祥此责甚为重大，如有事校长亦须受累，问祥有无办法。祥答以自有办法，到校以后以合理之训育方法诱导诸生，诸生果能遵守教训，安然无事。二、提高程度，改变学制。钟灵之高中原只有二年，专办英文学校之八九号位课程，实非正式高中，而其参加九号位之考试，四人中只有一人及格，远不及英校。至不及格之学生则既无英文文凭，高中复不完备，无论升学就业，均有困难。祥为顾虑学生前途，乃提议增办高中第三年，除英文九号位考试之课程外，并添开部定高中课程，使学生于第三年毕业时，除可应九号考试外，复得有正式高中毕业之程度，此案前年底提出，去年实行，虽本年又被改变，然在祥亦为一种贡献也。三、添置设备。祥就任时因见本校设备，尚未充实，而所收图书实验各费皆甚巨，乃不顾利害竭力进行，一年之内添置甚多，可抵前此数年之额，例如图书馆添置中英文书一千数百册，且由祥将全校图书分类编目，至此始有书目可稽。生物室去年始创设，数月即完成开放。又如植物园亦于去年开放，时间极少而成立极速。劳作器具全年新置。此外如理化、美术体育用品，亦皆添置不少。四、努力义捐。义捐非是强迫，祥唯以身作则，以为倡率（就任后即献首月之薪交筹赈会，以后并认月捐百分之十），故本校师生自动义捐颇不少，如前年寒衣捐达3900余圆，或可破华校纪录，此非祥个人之功，然祥亦颇竭绵薄也。五、发行月刊。月刊去年所创设，已完成一年十期，人少工繁，忙碌殊甚，然于学校名誉颇有关系。六、维持漂校。[编者按：林出任钟中教务长，正值太平洋战争爆发前夕，局势紧张，人心惶惶。由于英国殖民政府屡次征用甘光荅汝校舍，供英军驻扎之用，结果造成钟中接连迁校三次，都发生在他任内的一年半时间。]初漂时人心惶惶，甚至影响学生人数,故漂移时务求迅速,恢复常态,维持平时设备,使学生无不满不适之感,结果漂居6个月,学生甚安定,不减而反增。七、学生数突增,往年学生数增加常为一二班,今年春则突增5班200人,现学生数中学达800余人,高小30余人,全校1100余人,为以前所未有。

总之,祥在本校之职务为办教育,而教育之对象则在学生,种种设施均不外乎此。如置学生之训练等事于度外,而奔走应酬,蝇营狗苟,以保全禄位,则非祥所敢知。鄙见以为世俗办公事者或不注意办事,而注意对人,盖以办事成绩之好坏在人口中,原无定评。对人不能巴结讨好,则办事之成绩虽好亦坏矣。以此,凡世故太深者莫不请求对人,而忽略办事,相习成风,实事求是,以此为立身处事之道,而公事不可问矣。窃以为我国正当民族复兴之机,除旧布新之会,欲求社会之有进步,必须戒除此种陋习。随波逐流,非大丈夫所为,虽明知逆流之溺,然亦不能不见义勇为,作中流之砥柱。忠而见谤,言而见疑,世态之常,固无足异也。

祥任职以来,不顾本身之利害,毅然以促进本校为己任,凡有利于学校及学生者,莫不放胆执行,毁誉在所不计。不意今年来本校大有变更,种种措施,为祥所不能苟同。祥只知学校为办教育之地,而不知其他。殊自惭其见识之固陋,今者祥为本校已身心交瘁,幸蒙当局惠予休息,诚不胜其欣幸。顾念我一年余尽力整顿之学校,千余良善优秀之学生,甚望本校将来仍能以教育为重,以人事为轻,遵照教育之原理,顾及学生之利益,有所措施,慎重考虑,有所未合,勿吝更改,使钟灵成为完善之学府,以造就人格高尚、学问充实之人才,则钟灵幸甚,侨界甚幸。连日蒙各界人士、本校同事、全体学生召开欢送之会,甚感且惭,特此道谢。

(新加坡《南洋商报》1941年4月19日)

林惠祥对钟灵中学董事会"告侨胞书"之解答

槟城钟灵中学董事部，日前曾发告侨胞书，声明辞退教员林惠祥之经过，已志前报，昨林君投函本报，声述阅钟灵中学校董事告侨胞书后解答，原文如左：

近闻报载钟灵中学董事部告侨胞书，申述其辞退鄙人之理由，鄙人本已刊登启事，声明此事已成过去，不愿再生纠纷。兹为洗清诬蔑起见，不能不铺陈一二，以告社会。

该书中所举祥之罪状，"或则全非事实，或则过甚其词"。兹特申述真相如下：

1. 去年3月29日，革命先烈纪念日，祥发布告，称为黄花节国庆，诚有其事，盖因是日放假与否，须请示于校董部。迨至决定，时已过迟，乃匆促发出布告，未及细阅，致有疏忽，亦以黄花节为双十节之前驱，含有国庆之意义，故加此一语耳。以此为祥之小咎，祥不敢辞。若视为大罪，列于状首，科以巨罚，未免太过。

2. 图书仪器之添置，确由祥坚决主张，若不如是，添置殊不容易，然祥并未"包办一切"，祥因义务兼图书馆主任，故图书多由祥选购，至生物标本系由生物室主任计划，理化仪器药品，则由理化科主任选购，若谓不适用，则所买者均系以中小学校应用为标准，若为价格高，则祥有一反证，去年1月，托南洋书局向商务印书馆定购植矿物及人体模型一批，其价叻币340元，半年后货到，该馆按新定价格，开出发票为680元，祥与之交涉，终照旧价计算，所省不少，现有来往函件及事务处帐单可为证明。

3. 售卖影片事之加诬，更可令人捧腹。祥为使学生爱校起见，摄照校景十余帧以示学生，学生欲加印者乃签名托教导处职员代向东方照相馆定印，印毕乃分发于学生，此事可查之学生及该照相馆。此中如有"业"可营，有"售卖处"可设，殊为祥意想所不到。

4. 举行周会时，礼堂无椅可坐，千余学生拥挤林立，其厌烦之心理，容或有之。至祥之演讲报告，十数年来颇以条理明晰见称，唯因身份关系，不能效马戏班小丑装腔作态，博取学生怪声哗笑耳。

5. 视学官查问学生出生地,因事烦,尚未登记完毕,故未能即日答复,然第二日即以补查清楚,教育当局对祥办事及其苦衷,颇能相谅。据祥所知,并未有啧啧之繁言,反之,此次视学官且曾为祥事表示解约需迟至年底,至少亦需待学期终,惜未见听云云。

6. 迁居临时校舍时,卫生官曾嘱学校须注意此事,如补葺屋漏,添置小便桶等,按之钟校组织,此等事实非教务长之职务,且职权所限,虽甚注意亦无能为力。祥无校长之权力,而需负校长之责任,其"肆意无方"也固宜。

7. 本年应开办班数及新聘教员,皆须待校董部开会方能决定,该会迟至1月11日方开,迨议决后,始分配教员担任课程与钟点,又须待决于新成立之教务委员会(13日开会),缺额之教员须待呈请董事部添聘,时距开学仅仅3日,且办事上又极感困难,然终能准时公布课程表,未能延缓。所谓迟至兼旬,全无实据。

8. 教育局召集各校校长会议防空事宜,祥于散会后立即谒见校董会总务详细报告,复写一字条呈交,翌日又以电话通知校董会秘书,当承秘书见告,此事由彼负责。且防空设备非祥职权所能及,以次诬祥不遵照办理,不报告校董,抹杀事实,何以服人。以上八端,有种种不实之处,祥不过据实申明,若能平心静气,当知祥非好办也。

若谓祥之自陈劳绩为失实,则祥去年之工作有月刊十期之记载可查,有种种实物及文件为证明。其所谓不能以于言之三事,亦谨为答复如下:一、钟校于民二十八年之学潮,事曾见于当时之报章及教导处日志,何得云无,学校曾受警告,亦众所共知。祥在任期间,学生颇能听从教训,此固非祥之功,然亦学生之进步也。二、去年学生升级者为百分之七十,绝无全校升级之荒唐事件,教导处存有去年学生成绩簿可查,校刊中亦有三季统计,何得不顾事实,只逞□□,又今年新生投考中学部,不及格者有数十名,何尝全收。至此等学生情愿降入高小部补习者,则由高小部主任去取之,如此不知辨别,诚则"阘茸糊涂"。三、祥前文所谓不曾奔走应酬云云,不过表明本身态度,未曾攻讦他人,与历任教务长更绝无干涉,何得索强周内如此,末段全属无聊漫骂,祥不愿效尤回报。

(新加坡《南洋商报》1941年4月19日)

徐悲鸿教授作品之另一看法

十余年前在国内参观悲鸿先生画展一次。当时低头欣赏。真有观止之叹。不料此时复得在星洲畅览先生近作,眼福可谓不浅。真正伟大之美术作品对于一般人皆应有感动之力,想一般观众与愚之倾倒者必大有人也。愚以为先生作品之优美系多方面的,故赏者应各抒其见,合之方足以见先生之全豹。愚于欢喜赞叹之余,不揣浅陋,仅就鄙见所及,略述数项于下。

一、写实技术之精到

先生以写实派著称。写实之原则为逼真。若由摄影术观之,先生作品无论中西画皆能逼真,譬如摄影,盖先生之手眼,不殊一具摄影机也。先生之书画传作极其神似,其人像尤觉栩栩欲活,呼之欲出。中画原与写实无关,然经先生加以变化,亦已能尽写实之责。先生之中画讲究远近浓淡等透视之原理,与西画同,故亦甚能逼真。诸作品中如"巴人汲水"表境此点最为明显。画中无论人像、阶石、水桶,皆渐远渐小,极合实景。尤有近者,先生写实之技术有时且似出乎常理之外,而不合于人眼。其实此正其精到之极致。若以摄影术说明之,便可了然。例如上述巴人汲水一幅中,各物近大远小,固甚合常理;然其最前一人所提之桶,前桶绝大,后桶虽只露一部,然可知其全物较前桶相差甚巨。以常理论之,此二桶不应相差如此,然若由摄影术视之,此正极合写实之原理。盖如摄影一人汲水之相片,则在前之一桶必数倍大于在后之一桶也。又如"九方皋"一幅中,九方皋身甚高大,其旁之一从人似太小。由人眼观之,此二从人既随九方。在场相马,其身小相差如此之巨。然若由摄影观之,则此二从人,只需所立处略后于九方二三呎,其像相差便甚大矣。又如先生之画马亦极有名,而所绘之马脚有时似前后不相称。然此亦正合写实之原理。盖近像之马,其马脚近前者固必大,在后者必较小也。又如阴阳面之表现,在先生画中甚明显。有时由人眼观之,似觉其相差太大。然若由摄影观之乃知确须如此也。先生写实之神技固不止此,以上不过就摄影之眼光所见而论矣。

二、情感表现之尽致

艺术之最高目的在于表现情感。其在绘画,系以形色之美表现人类之优良的情感。以使观者受其影响,油然而生此种良好情感而已。情感之表现不但在于人像及人事画,即动物、静物、风景亦皆可以表现各种情感,画物虽与人异,然由人观之亦能发生情感也。画家作品若能迫似真物,可谓有大成就,若进而表现情感,则更达到艺术之最高峰矣。徐先生作品之成功,愚以为尤在表现情感一端。盖先生之作人像,不但酷肖而已,每一人像皆有一种情感,观画者初视只惊其神似,然若凝视久之,必为其像之情感所引而不自知也。例如"田横五百士"一幅中,田横之慷慨就道,其家属之泫然凄绝,五百士之或激昂,或沉郁,或惊讶,或愤怒,一人有一人之面貌,一人有一人之情感。种种情感横溢画外,印入脑中。此真艺术之极致矣。他幅人像亦皆有一种情感,未曰木然无神情者,又如动物亦皆作有情感之态,如画(原文空缺)一幅作雄鸡睥睨之状,猫作嬉戏之容,均甚生动。即如山水花木,或艳丽,或雄浑,或恬静,或活泼,或肃穆,皆能动人心弦。

三、历史画考据之正确

画家似无须言考据,然若作历史画,则其人物之容貌、衣饰、所携器物、所在背景,均须合乎历史上之事实,否则必失败。容貌须知其年龄、种族、身体上之个人特征。衣饰器物须考其时代之形式为如何。所在背景如建筑物地理环境,亦均有时间空间之分别。以上种种甚繁杂,然又甚重要。在欧美史学发达,画家可参考史书及博物馆之古物,故作历史画尚不甚难,即如影戏之历史剧亦颇能讲究此道。我国史料于此方面尚未发达,且甚少有博物馆可供参考,故画家欲作历史画必甚困难。曾见有绘历代帝王之像册,徒凭想象,多不正确。历史画对于国家观念甚有关系。我国甚缺此种图画,应有多量之产生,或为大幅之壁画藏于博物馆及其他公共建筑物之壁上,或为小幅画以附于书籍内。惜也以参考材料之少,致我国画家亦甚少有此项作品。徐先生不避艰难,喜作此种画,且多属大幅者,此实为极可喜之事,而我侪研究史学才尤引以为幸也。徐先生之历史画中人物、服饰、背景等均考核甚精,不同凡笔。例如田横五百士中之人貌确为华人之貌,衣服、饰物、兵器等亦作汉时形式,背景为深蓝色,表明其为海,尤切于海岛之状。九方皋一幅之马夫,卷发胡须表明其为胡人,即西域人。盖古来良马原出西域。天方大宛之良马均曾输入中国。故画良马必须作西域种。欲表其为西域马,必须有西域之马夫,而西域之人自古即为高加索种人。例如新疆 26 国中,除东部少数国家为羌人外,余皆为高鼻深目卷发胡须之高加索种人。大宛波斯天方更无论矣,汉唐明器中马夫即常为胡人状,徐先生以此马夫作胡人,确甚有根据,而甚合史实也。

  愚论述至此深有感触焉。闻之欧美有美术馆、博物馆等,常请大手笔之画家作大幅历史画之壁画。若如徐先生之历史画,亦可谓大手笔矣。然而未尝有机会以尽量之挥此大手笔。将来国难过后从事文化建设时,若由政府聘请徐先生作发扬民族精神、鼓励人类美德之大幅壁画于大建筑物中,对于社会教育之功效必甚大也。

  徐先生画学之优点固不止上述之三端,他如设色之神妙,立意之高超,布局之匀整,个性之区别等,不能尽述。愚非内行,赞亦不胜赞,唯觉其为尽善尽美之大手笔而已,所希望于先生者无他,唯愿先生以此大手笔常作大幅之历史画及风俗画以发扬国家民族过去之光荣,并为社会教育之助力,此艺术家之大业,先生既有此能力,应引以自任也。

(新加坡《星洲日报》1939 年 3 月 19 日)

忆厦门

厦门位于鹭江之口,不特在军事上、经济上有极重大之地位;即就山水气候而论,亦允推全国之秀。其山怪石嶙峋,千状万态:或则孤岩矗立,远望有若巨人(如镇南关之石和尚);或则数石相合,成为天然洞窟(如白鹿洞、虎溪岩)。其水则一片碧绿,澄明如镜,天光水色,交相辉映。合而观之,山明水秀,不殊书画。此犹仅就近景而言之,若试登五老峰头或白石城外,举目东望,则海天苍茫,漫无边际,岛屿三五,蹲踞其间。鸥鹭成群,穿梭飞舞。片帆如叶,随波起落。时或孤烟一道,起于水平线上,渐移渐近,渐近渐明,则艨艟巨舶方自海外来,排浪而前,声容并壮。若此远景可以在山头偃卧而睥睨之,以其气象之宏伟阔大。加以前朝史迹之可泣可歌,常使登临者不禁发思古之幽情,而不胜其感慨激昂焉。要之,厦门之山水可谓近则清秀,远则雄壮。一尚匪易,此则两难并集,此种天然杰作,实不多观也。何况气候终岁温和,天空常成晴朗,时时花红草绿,处处鸟语蝶飞。世间如有仙境,想亦不过如此。嗟乎!如此锦绣江山,今竟沦于夷狄。所望抗战胜利,补我金瓯,他日重登五老之峰,再入白鹿之洞。沧桑之感,悲喜之情,将使劫后令戚不自觉其涕泪之满衣裳也。

(《星洲日报·半月刊》1938年第4期)

新加坡大检举逃生记

自 1941 年 12 月 8 日日寇发动南侵,至越年 2 月 15 日,新加坡遂沦陷。其晨余举家乃出国泰大厦难民窟,赁小坡尼文律一车房为临时住所。至十七八日见有日寇宪兵布告现于街头壁上略云:"凡小坡支那人均须携数日粮及炊具,集中于爪哇街一带。"18 日晨日宪兵挨户驱出,男女老幼均不得免,家屋放弃,余家合弟家属共 14 人随众步行赴爪哇街,因烹饪不易,故不曾携米及炊

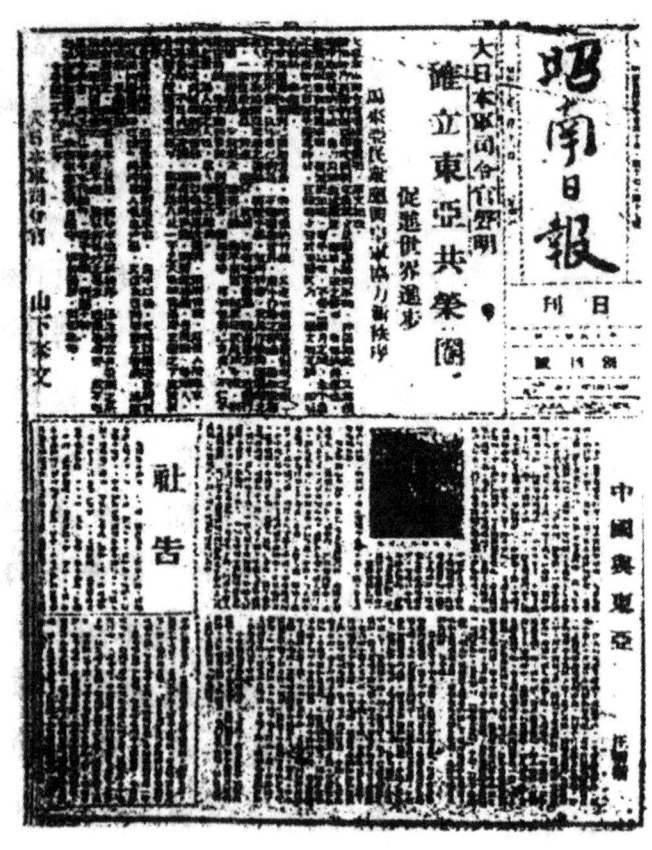

尽荒唐能事之《昭南报》

具,只携一二罐头及破席薄毡而已。既抵集中处,人众纷纷,充塞于屋前"五脚架"(即屋前骑楼辖人行道)及路中。众人各将席铺于五脚架或相识者之屋内,余等亦铺于五脚架,后随众移入一屋内,该街即著名酱油厂广泰兴所在之惹兰苏丹街,此集中处之范围包括爪哇街以东纵横各约四五道街,北抵梧槽河,南达美芝路。四面界限之路中均有铁丝网、军车、小型坦克阻拦,由日兵看守。其晚余等就地枕藉略睡片刻。

次早闻日宪兵宣布老幼及妇女得放出,余家除余及余弟、余长子不得出外,余老小11人随众同出。女人老小拥挤前进,男人在旁围观,不意忽见日宪兵竟将少女留下,拘于其旁一铁网内,其众甚多。少女惊哭,男人亦发不平声。忽见铁门开,少女被释出,闻日寇曾传来命令云。当拘留少女时,余女亦被宪兵指令立于被举拘之一列中。余弟见之从远处呼令走避,余女不知曾否闻之,果乘宪兵不见,从旁逸走,竟得免。此事余当时在后未之见,其后余弟告余方知之。

老幼妇女既出,唯余少壮及中年男人不得出,余及余弟惠平、余子亚品是夜移宿于对面一屋之楼上,系由余子之友介绍,当时该区华人住屋大都自愿容纳难胞,不甚计较也。余等第一日不觉饥,第二日乃觉饥,略食罐头,不足,饥肠辘辘,幸该区华人有数处仗义施粥,以大锅大灶在路上煮粥无数桶。难胞各持一器皿承粥,余三人亦赖以聊生,以后数日皆如是。当时因坐卧地上,且无洗浴,全身及衣服皆污秽。手一齿杯讨粥,其状宛如乞丐。

第三日(20日)起开始检查放出,其出口系在西面,于是晨起难胞成队拥挤而前,但因人多,在后者离前面太远,亦不知前面受检情形如何,唯前面如有检毕者,则后面之人亦前进一二步而已。余三人在后,自晨至下午约三四时,待挨至稍近检查处时,日宪兵即宣布停止,须待明日。次日又如复是,日日列队不得出,余等因顾虑家人,心甚焦灼,而拘留中日夜生活又甚苦,极不耐。

余等自人集中处即见日宪兵对难胞发号施令,难胞不晓日语,日宪兵亦焦躁着急。余及余弟皆素能日语,明知此时正当彼等须用舌人之际,若出而表示愿为翻译,必可免祸,然亦恐被留用,从此落水矣。余等宁愿与同胞共患难,不愿做此违心事也。

日复一日,待至22日,由晨列队至中午,余等已挨近检查处,余在前,余弟及余子在略后。此时乃见日宪兵坐椅上,旁有数人助之,其中有华人。日宪兵命被检者各呈一小纸,上书姓名、年龄、原籍、职业、住址五项。余自忖如改姓名,恐被助检之华人或有认出者,乃照实写明"林惠祥42岁,原籍福建晋江,职业教师"。余又见他人有将身上文件如护照、登记证等毁弃者,余亦将小册子销毁。迨行至日寇前,余交去小纸片,不发言。日寇瞠目以日语问云:"学校的教师吗?"余不以日语答之,彼即挥手向右,指数步外蹲于地上之一列,余即蹲

尽荒唐能事之《昭南报》

于其末。前一人忽回头对余言："我等自晨至今已蹲半日,尚不得出。彼命你出,你何不速去。"其人约二三十岁,状似工人,容惨声厉。余思日宪兵固指向此方,此人何以言令我出。但余又思既蹲此便难放出,不如依此人语冒险偷走。余乃起缓行约二三十步,幸未被发觉,至第二关,其处有一桌,旁有数人,似多属华人,中且有一女人,皆不相识。此处不再查问,只发给每人一小纸片,上印一紫色之"检"字。余得纸后,复行至第三关,即出口,一日寇见有检字之纸即放行。余既出,在附近候约半小时方看见余弟出,再良久,余子亦出,于是乃均庆得脱虎口。

当时只知被扣留者必有不幸,然亦不知究将遭何命运。其后乃潮闻被扣留者不复回家,或言被杀,或言拘役远处。直至三年半后战事既终,乃知真相,盖当时被拘者已尽被屠杀矣。据战后英政府咨询局登记全新加坡约6000至8000之众,其实此数仅有登记者而已,其未登记者恐尚有不少,总数至少应达10000余人。集中拘留之处有十余,被集中于爪哇街之侨胞都来自小坡一带。

当时被拘留者之人数,据战后咨询局登记初次发表已有 276 人。于其年 2 月 22 日押至且那迷胜勿杀①海岸加以屠杀。

由此可见余当时已入死境,幸被拘蹲地之前一人警告,余方逃逸幸免于难。当时若无此无名恩人,余死已过五年矣,危哉!沦陷期间不敢言,亦不敢记载。今特补记之,其事犹历历如昨也。余当时之"检"字小纸片今犹保存。其纸长四吋八分三,宽二吋八分六,上有原印蓝黑色英字 YMCA 二处,一正体,一花体,又 TELEPHONE6878 诸字。此盖原为青年会信笺分割为小张者。于此纸之中加盖紫色"检"字,字左右最宽处一吋八分六,上下最长一吋八分一。系日本体之汉字。旁另有一小图印一颗,中有二字,不甚明。

(新加坡《快活周刊》1947 年 2 月 15 日)

---

① 此为当时华人普遍使用的对本地地名的音译方法。

述　检

　　日人之暴行,久已耳熟能详,惟悬忖其暴虐之程度,亦不过如扬州十日、嘉定三屠。于战胜攻取之际,下令屠杀若干日,亦足以快意矣。乃更有昭南大检,实出人意想之外,诱致非战斗员而潜戮之,其罪浮于杀降万万,其意以为若下令盲目屠杀,则年富力强,高材捷足,辄能走免。故悬良民证以为饵,则智愚贤不肖,皆入圈套,然后从而陷害之。此俎上肉,可施而不可,其用心之凶狡,一至于此。余虽侥幸漏脱,而至今思之,犹有余悸也。

　　当日军进入星市时,余蛰居牛车水区不敢动。惟闻交通要道及桥梁,悉置兵守,交通隔绝,此军事之常耳。三数日讫无异动,以为系爱于人民也,意稍安。未几即榜示民众,"自携爨具、卧具,及五日粮食,至所指定地点,待领良民证"。即以铁丝网,起比其舞街,讫水车街,作一大圆形之围绕,驱欲领良民证者悉入其中。其出入之缺口,则以机关枪控制,其四周之监守者严密巡视,咸上刺刀,如临大敌。余亦随众人,幸其中不少旧识,虽不免东家食而西家宿,然较之露宿街头,炊爨便溺,不过咫尺地者有间矣。其时一般人皆以为良民证行将颁发,更不虞其有别何作用,虽苦闷而隐忍姑待之,实不自知为釜底游魂也。

　　至第四日昧爽,即令圈内人准备待检,检后放行。一般人闷处已久,急欲求出,争先恐后以赴。余畏挤拥,仍不为动,故不知当时各出口处作若何情状也。迨日晡始从海山街待检,至则令一行排立,挨次盖检字于其身上,鱼贯而出。至街口,其左旁一椅一棹,寇酋坐其中,传译者侍其旁。放出者一一过其目,出口处则有兵严守。余经寇酋前,放欲出,即被喝住,驱向街口之右方,与寇酋相对。凡被禁不得出者,悉聚于此。类皆文弱者流,其粗壮而类苦力工者,皆得扬长而去,心窃讶之,而终不知其意何居也。下午四时许寇酋招被禁者逐一至前,再加盘诘,始许放行。其留者立于左方寇酋之后,驱使上一大车满载而去。向晚寇酋似已厌倦,于出口处添一盘诘者,以速竣事。余此时始上前受诘,以不谙日语故,早已将己之姓名、住址、年龄、职业等预书纸上,受诘时提出,寇酋略一过目挥手使去,已下午七时矣。既出,如乍脱樊笼,顿觉天地异色,急行勿顾。

　　当禁不得出时,目击被留者上车而去,犹以为被征供驱使而已,不虞有他。迨数日后,检去者仍不回,颇生疑讶。久之更如石沉大海,渺无踪影,遂有传为枪杀于某处海滨者。有传为被调往未经开发之岛屿者,纷纷不一,然犹疑信参半。后日人之暴行日益显露,如兵补、奉仕队、转业、筑路……着着逼人,至此知被检去者必无幸免矣。回思被盘诘时,其生死实在寇酋一挥手一点头之间,间不容发,其危险程度,尤甚于曩日在飞机大炮威胁下也。

今虽自庆更生,而同侨在此役牺牲者,不知凡几,当如何平其冤愤,而使其瞑目哉。

(旧剪报复印件,出处待考)

《晋江新志》校订者序

方志之作,似属笃旧之业。何也？一言方志,即令人想象为地方官吏费赀开馆,抄袭陈套,以成其古色古香而不合时宜之典籍；然而此非所语于庄先生之《晋江新志》也。庄先生以个人修志,为政府省志馆之费,为地方备文献之徵,前后亘二十载,成书达六十万言；其立志可嘉,其毅力可佩,此固已异于曩者之修志常蹊矣。

然而居今日而修志,虽有其志趣与毅力,若无革新志学之才识,亦不足以言修志。尽方志之陈套已不适于今日,此其意,识者多能言之；然而对于方志改革之道,有详尽之研究,且能实行之以修成新志者,则殊未多觏；即有一二,亦尚未能斟酌尽善,甚矣新志学之难也。

此书则不然。著者以历史专家之素养,精究方志革新之道者有年,且以身为本籍人,于搜罗材料上更能臻于完备。以著者之新志学固可应用于全国各县,非仅适合于本县而已；若就本县而论,自然更为适合,此固无待论也。

以余管见,此书之长处在乎：

1. 增减篇目：旧志篇目之适宜者,仍旧保留,旧志所无者则酌量增加,如地理志诸篇,社会志华侨篇外侨篇,皆斯增之篇也。由于增加篇目之多,使本书之篇幅亦较旧志扩大甚多。

2. 改变体裁：著者自言以前方志皆以纪传体为中心,今则改用纪事本末体,并以编年为辅助。余甚赞同此意,盖旧志注重人,今则注重事,旧志重个人,今则重社会,此亦即旧史学与新史学不同之点。新史学即应用于方志,自然亦重事而不重人,故著者之改变体裁,极为适当也。

3. 发挥方志之效用：旧式方志范围既狭,效用亦微,杀青之后不过为少数机关之庋藏品,与社会上多数人无关系。今日若不修志则已,如欲修志,必须加以社会化,使之对社会上多数人均有实际效用；不但记录事迹,留贻后世而已,即对于当时当地之政治措施、经济活动、教育事业、风俗改进,均可为参考之资；如此而后可尽方志之用。今世文明国家常有年鉴之作,有全国之年鉴,亦有一地方之年鉴。余常以为我国之方志若能如外国之地方年鉴,便可发挥其实效。今者本书之范围体裁及所收材料俨如外国之地方年鉴,而需求叙述之详且过之,是可谓之方志之脱胎换骨；如各地方志均能如是,则方志之于一般社会,当如新闻之不可一日难矣。

　　著者以半生精力成此巨著,凡在国人莫不钦佩,矧祥本籍亦属晋江,自然更为之忭舞。此书既成,即有乡先达秦望山先生及同学友张孟嘉先生为之筹划出版,祥更为之快慰无既。今者稿已付印,著者索祥为序,爰就鄙见所及,略述如上,然亦尚未足以尽本书之优点也。是为序。

中华民国卅六年十一月卅日
于国立厦门大学

（庄为玑《晋江新志》,泉州志编纂委员会办公室 1985 年版）

文化相关性与文化失调

人类社会的种种"人为的事情",概括而之,便谓之文化。全体的人类有全部的文化,一个部落民族或国家也有其特殊的文化。范围不论大小,都可称为一种文化。

每种文化之中都必有其各部门,那便是物质文化、社会组织、法律、道德、宗教、艺术、语言、文学、思想等。例如一个现代国家如英国的文化包含上述的几部门,一个未开化的澳洲部落的文化也包含有上述的几部门。

这些部门之间有连带关系,例如物质文化与社会组织有密切关系,便是与宗教、道德、法律、艺术、语言、文学、思想也都有关系。又如宗教也与物质文化、社会组织及其他有关系。其他也都是这样。

物质文化有种种,社会组织及其他也都各有种种。上文说各文化部门之间有关系,便是说某部门的某种事物与其他某部门的某种事物有关系。例如某种物质文化与某种社会组织相关联,也可说相适合,此外与某种宗教、某种法律、某种道德、某种艺术、某种文学、某种思想也是这样。更具体言之,例如农业是一种物质文化,农业的发明不但与农村的社会组织有关,与法律、道德、宗教、艺术、文学、科学、思想也都有关系。换言之,一个民族的物质文化如果进到农业阶段,它的社会便不再是游行不定的群而应当是农村,它的不成文的法律便会规定关于土地的权利义务,它的道德便会教人在同一农村中怎样相处之道,它的宗教便会崇拜农业的神,驱除魃旱,请求祈雨,它的艺术便喜欢摹拟植物形象,由于种植的需要而发明天文与历法,生活资料是用和平手段取自无血的植物界,故思想上也变得和平,农业是靠天吃饭的,所以也畏天。以上便是说农业和这一套事物都是相关联的,相适应的。其他种种可以类推。

在每个社会(如部落或国家)之中,其文化的各部门常互相配合而成为一个总体。这个社会如从来闭关自守,少与外界接触,则其文化的各部门必达到高度的融洽,而这个社会的文化便显得与外间的文化截然有异。这个社会里面人都遵循一律的和一定的行为方式,个人的生活和人与人间的关系都很和谐(自然未必是真的和谐,不过由于习惯,视为天经地义,不觉得有矛盾而已)。在这种社会里面道理只有一条,道德标准只有一种,各人的思想观念无大差异。一个人容易做好人。社会上的纠纷虽不能免,但也不至于极严重。

这种文化是和谐的,可称为"和谐的文化"。在里面的人大都自以为他们这一种文化是最合理的,是世界上最好的,对于外界的文化则看不起,认为是不合理的。这种文化的例子便是战前的日本文化,中国在清代中叶以前,西方势力未来时,也是这样的。日本以神权的君主和新旧贵族的政治,配合崇拜君主及祖先的宗教,以及忠君爱国的道德,军事训练式的教育,再加以儒家思想为其说明,古典的艺术文学为其妆饰,是十分融洽的。至于物质文化,他们只采取西洋的技术,故也暂时可与旧式的社会相配合(如再演进下去自然也会变)。至于我国则清代中叶以前那一套旧文化也是和谐的(和谐不就是合理的意思):物质文化是农业和手工业,社会组织是富有民族制色彩的农村,习惯及法律上行家族主义,阶级上是在农民工人之上有士大夫以至于专制的皇帝,在宗教上有酷似人世社会的神圣的世界(玉帝及百神很像人间的朝廷),艺术上有注重静的山水的绘画,文化学有赞叹大自然的诗歌,思想上的提倡忠君孝亲的儒家和鼓吹无为而治的道家,都和现实的社会相配合。所以这也是一种和谐的文化。

和谐的文化不但过去有,现在也有,将来也会有。例如现代的英美和苏联,在他们国内文化的各部门,小节不说,大体上都能互相配合(自然也有不相合之处,将来也会变动,但目前大体上总是融洽的),因而各自成立一种特殊的文化,各自以为自己的文化是世界上最好的。

文化有和谐的,那末有没有不和谐的呢?有。文化和谐的国家是安定的国家,在一国的历史上,文化和谐的时代是安定的时代。世界上有安定的国家,也有不安定的国家,历史上有安定的时代,也有不安定的时代。安定由于文化的和谐,不安定便是由于文化的不和谐。文化的不和谐也便是文化的失调。(这里所谓安定不是说文化发达或人类生活上有高度的快乐之意,而是说社会上比较安静少有纠纷而已。一个现代国家有安定,一个野蛮人的部落内也会有安定,而且野蛮部落比较文明国家还似乎更常安定。)

文化何以不和谐或失调呢?这是因为文化内容的一部门以上发生变动,其他部门即原封不动,致使它们之间不能互相配合,便发生不和谐即失调的现象。现在试用图解表示它。

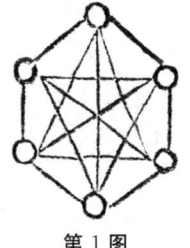

第1图

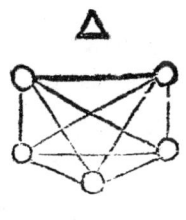

第2图

第1图表示和谐的文化。每一小圈表示一种文化部门,如物质文化、社会组织、道德、宗教、艺术、思想等,部门不一定是六,这里不过假定而已。直线表示有和谐的关系,每一部门都和别部门有关联,便构成和谐的文化。第2图表示不和谐的文化。三角形表示变了的文化部门,与原来的其他部门不能和谐,故无直线联络,它们表示脱了节。

文化部门何以会变化呢?这有两种原因。其一种是自动的变化。宇宙间的现象无永久不变的,人类文化自然也时时刻刻在变。文化各部门中最常自动变化的莫如物质文化,这是由于生活上的要求和人类智识进步的影响。例如人类使用石器久了便发明铜器,陶器用久了便进为磁器,从事狩猎久了便发明畜牧或农业,手工业做得久了便发明机器。就一个社会而言(例如一个民族),有些较容易发明的物质文化常能自己发生,不必等到由外传入。不但物质文化,其他部门也有先自变动的,如社会组织或宗教日久弊生不能不变,便也会自行变动。第二种原因是他动的变化。每一个民族都不能完全闭关自守,绝对不受外族文化的影响。或由和平的交际通商,或由战争及其结果的吞并,每个民族的文化都常受外族文化的影响。外族文化最小的影响也会使一个部门发生了变化。例如新的宗教常由外族传入,新的思想艺术社会制度也都会由外族传入。尤其是物质文化,因其利益易见,更容易由外输入而被采用,例如造纸之传于欧洲,枪炮之输入中国,以及机器之风靡世界。

文化的一部分发生变化,何以会使社会不安定呢?文化的一二部门既已发生变化,便和其他保守原状的部门脱了节,失去了以前的和谐关系,其状如上图所表示。例如物质文化由狩猎而改为农耕时,其社会组织便不能与农耕相适应,其宗教观念也和农耕无关系。又如由手工业改为大工业以后,以前的大家族制度便不能和大工厂相适应。不但物质文化如此,便如一种新思想从外传入以后,也常和原有的社会制度等格格不能相入。因为已变的和未变的文化部门不能相配合,于是这整个文化便也不能和谐,社会上便发生了问题,而个人也受了影响,生活上思想上便都不能安定了。

然而不管它的影响会引起社会不安定,文化的变动却常是无法避免的,它的演变必定有三种结果,三者必居其一。

第一是新来的文化归于消灭:这是因为新来的文化与其他旧的文化部门有如冰炭,全无和解的可能,而其力量太小,不足以克服旧文化,自身便反被排斥,不能立足,而终至消灭。历史上有这种例吗?有。如明末清初基督教在中国的失败,王安石变法的失败,机器发明在中国历史上的夭折,回教在西班牙的消灭都是。

其二是与旧文化和解同化,因而变了质:这种新文化不致和旧文化太相反,而其本身也颇有力量,所以能够立足,然而不久反被旧文化所影响,而改变其原来的性质。历史上如印度佛教传入中国后变成中国式的佛教,中国古衣冠传入安南、朝鲜及日本而改变了样式,都是这种例子。

其三是新文化胜利,引起旧文化其他部门的改变:这种新文化不论是自己发明或由外传入的,其性质必定是很合需要,其势力必定是极为强烈,故能征服了旧的,而且逼使旧的诸部门都要马首是瞻,随它改变。历史上这种例子:属于物质的文化者,有铜器、铁器、农耕、畜牧、产业革命、车战、骑射、枪炮、飞机、印刷术等的发明或传入;属于宗教者,有佛教基督教回教的兴起,属于社会制度者有君主专制政体的压倒封建制,民主政体的代替了君主专制。属于思想者有中国古代的儒家,西洋近代的科学思潮,民权主义,民族主义等。就其中一种而举其所发生的影响,例如产业革命,其初不过是以机器代手工,不过是物质文化中的一种改变而已。不意后来竟引起其他部门的重大改变,如社会组织上则大家族的分散为小家族,法律上由家族主义变为个人主义,阶级上地主贵族让给新兴的资产阶级,政治上君主政体改为民主政体,道德上由忠君改为爱国,思想上由固守旧习惯的保守思想改为自由平等物竞天择的主义。又如基督教的西去,回教的东来,所到之处都使当地的文化发生重大变动。

一个社会的文化如发生了改变,其初必定有新旧不和谐,即失调的现象,因而引起社会的不安定。经过或长或短的时间以后,方才逐渐自然调整,归于和谐。其由上述第一条者,新的失败故恢复较速,不安定的时间较短,第二条新的变质,时间略长。第三条新的征服旧的,其经过时间必定很长。如果任其自然,这种由新旧文化失调而引起的社会不安定,和人民生活的痛苦,定难避免。一个社会里面的人如能以不自私的态度作有计划的控制,则这种不安定的时间是可以缩短,人民的痛苦是可以减轻的。

文化的改变将如何控制呢?这也有三种方法。

其一,对于新发生的或外来的事物,如明知其不合社会的需要,无成功的希望,而且与原来其他文化部门不能相容者,不可提倡或传入,以免引起不必要的纠纷。例如干莽的改制之中,有些是很可笑而不必要的事物。清初罗马教皇坚持输入不折不扣的原装的基督教,也招致失败。洪秀全的民族革命却因附带了些可笑的杜撰事物,而反引起人民的反对,义和团反抗外国固不错,然而那一套见神见鬼的迷信运动自然也归于失败,反累了国家吃大亏。这些新事物如能于事前避免,岂不省了一场大乱。又假如有人大发善心,要劝诱欧美人改信佛教,或者中国人都会奏爵士乐跳裸体舞,强逼非洲黑人都要说中国话,岂不更是滑稽的事。

其二,有些新发生的国外来的事物,如明知其有几分可合社会的需要,而与原来的其他文化不致完全相反者,可以提倡或传入,将它略加修改,以适合于原来的文化。这种例子如佛教在中国的成功便是如此,又如日本人古时的采取中国文化,近世的采取西洋文化,都是这样,假使清初的基督教能继承利玛窦等人的态度,不排斥中国信徒的旧习惯,将教义稍为通融,则基督教早在300年前盛行于中国了。

其三,如见有某种新文化是极合社会需要,而有成功可能的,则除极力提倡或传入以外,必须将和它有关的各部门都同时作有计划的改变,使它们能够合新文化,而免除不安定的痛苦。如不能这样做,则新发生的或传入的新文化必致饱受原来其他文化部门的阻挠拖累,甚或反攻,因而改变了性质,和旧文化同流合污起来。历史上的这种例子,如王安石的新法,其法原是好的,然而归于失败者(扰民),实是由于社会上其他部门(奉行的人及其他弊政)都不曾改变,故不能配合;以旧社会行新法令,致新法令也受累而发生流弊。又假如一个民族已经传入了农业,却仍旧过着游牧的生活,其农业何能发达。又如在未开化民族的地方,立一所印书馆,如不同时教士人们识字,这印书馆只好关门。又假如一个旧式的社会采用了新式的法律,要实行法治;然而社会实践上素来是论势力、分亲疏、讲人情的,它的法律七折八扣,也就有等于无了。由此可见一种新文化的成功不是容易的事,同时必须有关的部门都改变,方免使这新文化反变了质。

上述的这种理论如应用于现时的我国,可能有什么发现吗?我以为是很可以说明我国社会目前不安定的原因,还可以说明我国数十年来变来变去,变得不成样子的原因。

(《江声报》星期专论 1948 年)

厦门大学"上古史"

厦门大学诞生至今已是三十六周年了,校刊室因我是学考古的,叫我来考厦大的古,我便就记忆所及,将厦大的古说一说。厦大于 1921 年 4 月 6 日开学。因厦门演武场的校舍正在建筑,故暂借集美校舍二座应用。当时只办师范科和商科,学生只有 100 余人,教师 10 余人。学生以外省籍为多,远到四川、河南、广西都有,浙江、广东更多。学生已荣任爸爸之职的不少,有一位四川同学高寿 40 外。同学多数是早已毕业中学,当过小学教师等职,我自己就当了菲律宾磨米厂的伙计 2 年。如无这所大学,其中极大多数人是没有机会读大学了。那时大学须读预科一年,本科四年;年纪大的同学们,颇有打算在毕业时同时做寿的。很多人因为年纪大,颇觉老气横秋,在学校里算是学生,在社会上却也是一位绅士老爷。当时有一位教师口口声声叫同学为"学生子",这种称呼在别的同学们不知觉得如何,在我当时便很觉得委屈,因为子便是小的意思。当时大学中的一切事情在大家都觉得新鲜,无论学习和生活都很有趣。同学们因是第一届,自己觉得前无古人,事事都是自我作古,大家很能创造大学生活的宝贵经验,自读大学书,吃大学饭,以至于拉大学屎,都能够发挥独立思想。

当时学校对学生的要求很低,校规很宽,学生每日约上三四课,以外的时间都是自由的,所以课外生活颇多花样。学生会创办校刊,组织各种学会、球队、音乐队、诗社、剧社等。星期日常有多人由集美到厦门买书买物寄信,是搭小帆船的,很费时间。在集美半年多,厦门演武场的校舍集美楼、映雪楼先落成,便于 1922 年春迁到厦门来,以集美楼为办公室和教室,映雪楼为宿舍。第二年学校扩大范围,设立文科理科,第三年更增加法科合共 5 科,学生也加多,到了 1926 年第一届毕业时约三四百人。教师也加至五六十人。校舍也已完成多座,如群贤楼、同安楼、囊萤楼、博学楼、生物楼、化学楼、笃行楼、兼爱楼等。那时厦大的建筑很轰动了一时,常有人乘着到南普陀烧香之便也来瞻仰这所学府。学生们课余无聊也常到南普陀寺免费游览。学生们到处乱闯,不烧香,不拜佛,老和尚方便为门,却也有弥勒佛的大肚子,不曾发生冲突。此外如要到厦门一趟,却不是容易的事。当时马路未开,要到厦门去须经过沃仔岭和镇南关二个小山,路比现在长。由现在的滨海楼海边也有小船载客到厦门市,不但费钱也很费时。因此无事便不常到厦门。

  当时教学抓得不严,学生勤惰不一,课外生活也极自由,在校学生是很舒服的,但如要学生都能达到一定的规格,以应国家的需要,那就没有把握了。课程教本除国文、中国史外都是照抄资本主义国家的样,教师多数是镀过洋金的,开口合口是"我的某国大学老师毒透儿①的学说怎样怎样",学生如非自己多读课外的书,仅读课本和讲义是大大不够的。学校只贩卖一点知识,对学生的思想行为几乎不负责任,全校师生对于政治几乎绝口不谈。但当时的国家形势是很坏的,一面是军阀割据,频年内战,一面是帝国主义侵略不止。对政治最无兴趣的老校长林文庆博士有时也不能不感叹及之。当时一部分顽皮的学生曾编成一部小说,节目内有一回是"水永清课室演关公,阿木林礼堂思刘备"。②据说林博士曾在礼堂演说,喟然叹曰:"现在北有曹(锟)南有孙(中山),只差一位刘备便是三国矣。"当时学生即使是书痴也知道社会是不安的,人民是痛苦的;推究原因也知是由于国内政治不良,引致帝国主义侵略。五四风潮由北京发生后波及全国,厦大初创时便受到五四思潮的影响,故改革政治,抵抗外敌成为学生们共同的愿望。1921年在集美时便曾响应全国的学生运动,到厦门作街头演说,提倡反对日本,不买日货。又学生剧社演《可怜闺里月》一剧,也有反对军阀混战之意。迁到厦门校舍后,更常参加厦门学生运动。在第一次大革命时也有学生加入了共产党,大革命失败后便被杀害。我所知的有第二届的学生广东大埔人罗扬才,领导校内地下党并领导厦门市的学生及工人运动。于1927年被国民党反动派所捕,曾自己割喉不死,终被枪毙。这事给我很深刻的印象,我当时虽不晓得共产党的理论,但我确知这人是爱国的,是热心救国的青年,却为什么被人这样惨杀,我很觉得不平;以后我一生不想加入国民党,这是一个重要的原因。当时学生读了几年书,到毕业时难关便到了。大学毕业生希望找到适当的职业是不容易的,有的甚至于赋闲在家,高卧草庐。毕业即失业是当时的真相,也是学生们所最害怕的,因此大学生在第一二年能够专心念书,到第三年便开始担心将来的职业,到第四年除了书呆子外,聪明人都已经束书不读,削尖了尊头,钻钻门路。如毕业证书到手时聘书还无消息,惘惘然踏出校门,有如丧家之犬,情绪不堪,真有诗书误我之概。这一条是当时和现在最大的差异。当时毕业班学生的心是苦的,还是甜的,这是现在的同学们所不能理解的。

(《新厦大》1957年4月5日)

---

① 即博士的译音。
② 水永清指当时的一个美术教员,阿木林系影射林文庆。

查字写话的速成识字法

本书提要

这本小书是一种新的尝试,可以称为《查字写话的速成识字法》。将教育部颁布的 2000 个常用字以外,再加 1000 字,共约 3000 字,编为四字一句,分为 34 课。每句都有意义,易诵易记;各课都按照事物而分类,很便查字。约六个月可以读完,便可按类查出所需要的字来写出自己所要说的话。再练习六个月,便可看书报。成人用这书读了一年,其程度略等于小学毕业,故成人识字班用此最为适宜。要读国音的可兼用祁建华同志的《速成识字法》。

引 论

一、编写缘起

本书的初稿成于 1951 年夏。编写的缘起是因曾采用洪深先生著的《一千一百个基本汉字教学使用法》来教初学。觉得该书仿效基本英语办法,选择日常必需的汉字,用来教授文盲,可以收到速成的效果。但其后又觉得该书所选汉字,每字孤立,不便诵读,难于记忆;而且基本英语的办法,如遇同义异字是只采一个,字数太少,也觉不足。因此我便以这 1100 个单字为基础,再加 900 字,合 2000 字;又将这 2000 字编成四字一句,分配于三十余课中。

到了祁建华同志发表速成识字法后,我初时以为也属这类办法,后来方知祁同志的办法是由声音入手,使初学者容易晓得字音,晓得字音,便可晓得意义,这实在是很好的办法,在原来使用国语的地方尤为适合。本书办法不同,但却可以和上一法并用,而收到更大的效果。本书的办法是由意义入手的,将一般人在写出自己的话,以及阅看书报时所需要的字,分类编成可诵读的句。字既按意义而分类,便易于记忆和查寻,编成四字一句,又便于诵读。这样便不致觉得个个字孤立,难诵难记。使初学者能在很短的时期内读完,读完了虽还不能完全记得，但也可以按类找到所需要的字，集成为句，写出自己的话。故这本小书可以当电报号码一样来使用，初学者很快便能写话。

在 1951 年冬著者参加惠安县土改时，因见农民渴望识字，便将这本书再加修改，油印分给农民，他们很喜欢这书，说这些字很合用，我答应将来要付印供给他们。回来后又增订复印一次，字数加至 2500 字，成第三次稿。但其后还常修改，且因事忙，不急于出版。

到 1953 年见到教育部发表常用字 1500 字，我校对这书，多已包括在内，只有少数字未收入，乃再修改一次，加入未收的字。每加入一字，常牵动了多句，很为费力。其后又见教育部再发表 500 个次常用字，我又修改这书，再加入少数未收的字。最后的结果，字数增加到约 3000 字，教育部所颁布的 2000 字全收在内，此外还多了约 1000 字。因本书编辑在前，故不能限于 2000 字，不是立意要超过 2000 字。但这多加的约 1000 字也可当作 2000 字以外的次常用字，在一般人还是需要的。简体字发表后我又将本书照改一遍，重抄一次。

我编这本书时间经过五年，修改十余次，重抄六遍稿，很费了脑力。因恐未能十分完善，故迟迟不敢拿去出版。但这书所提出的由意义入手，查字写话的速成识字法，似乎也可供大家的参考，而这本小书对于初学识字的人似乎也有电报号码书的作用；因此现在想将它印出来给希望速成识字的同志们试试看。

二、编辑用意

一、本书兼有常用字表和读本两种性质，因是读本，故中有少数重复的字。重复的原因是由于同字异义，或各字所联成的词不同。

二、本书所采单字数约 3000 字，加重复字 900 余字，计全文 3928 字，982 句。

三、本书以四字为一句，最合中文习惯。而且每句中的字都取其意义相类或相反的，很易记忆，例如："诚实、坦白"，"擒拿、抓捉"是相类的，"远、近；深、浅"或"忠厚、刻薄"是相反的。

四、本书不但有单字，还有二字合成的词，因为词的意义常和独立的单字不同，例如"开明"一词便是这样。书中字旁用"、"或"；"隔开它们。

五、本书中的单字有些是异字同义的，如照基本英语的办法，应选用一字，而弃其他的字。但自己可以限定一字，却不能限定别人也只用这一字。因此认得一字还是不够。而且二字的用途也不全相同，例如"目与眼"二字，目另有目次的意，头目的意，眼有孔洞的意。便是意义相同的，和别字相联成词的习惯也不同；例如眼镜、耳目。

六、所选的字和词是取全国通行的，少取地方语，国语中只盛行于华北的俗语，也只选其最常用的。采用这书教学的人可自选本地需要的字加入，又附近的地名也可自己加入。

七、书中兼采旧社会的事物名字，如奴、婢、妓、妾、皇帝、君臣，不是提倡旧事物，而是因为看旧书的需要。

八、书中还采几个文言用字，如者、也、云、曰等字，是因为看旧小说如《三国演义》有需要。

九、本书分为三十四课，其设置是按照写话的需要，将各种事物分类，以便读者可按类自找所需的字。

十、每课中常将有关同一事物的字和词，不论名词、动词或形容词，都集在一起，以便记忆和应用。次序常是名词在前，形容词继之，动词在后。例如第四课饮食以各种食物的名词居前，食物味道的形容词次之，烧煮或饮食的动词居后。唯第一句常是题目的字，不在此例。

十一、每课句数多少不等，但都是双数，便于诵读。虽不能押韵，但每句中四字的平仄和各句末字的平仄也尽可能顾到，以免拗口。

三、使用方法

大约六个月可以读完，能够学写自己的话，再练习六个月，便可看书报。分二段如下：

第一段（六个月）：开始时每日读四句，逐渐增加到最后达八句。因书中有同字异义及一字和多字配合成词，故愈后面这种重复的字愈多，所以可逐渐增加每日所读的句数。在这一段只求能读，并能记忆其中一部分易认的字，不必全部都能记得。但诵读必须很熟，能够背诵最好。

第二段（六个月）：全书读完，便可学习写话。可按照事物的种类，找出所需要的字来造句。例如说："我昨天感冒，请黄医生看，服了药，现在好了。"可由第十八课人的称呼中找到我字，由第三十课动作的时中找到昨字，由第一课天地内找到天字，由第二课人体中找到感冒二字，余类推。再举一句，并将课数列于字的后面：

"我们18 应当32 认识21 帝国27 主义26 的32 野1 心21 和32 阴1 谋21 时时1 注意21 他们18 的32 行动16 防御27 他们18 的32 侵略27 保护24 我们18 的32 可32 爱21 的32 国家27。"

照这样便可写信记事作文了。初时未熟常须查字，练熟之后便可不必查字。而且别人写来的信和浅显的书报也渐渐看得懂了。

每字旁都注了国音,在华北通行国语的地方可照读便是,在华南有方言的地方,也可读国音,但也可先读方言的音,先求认识字的意义,以便应用,将来再读国音也不为迟。

四、读完后看书报能力的举例

下举的是毛主席选集中《中国社会各阶级的分析》一篇的头二段,其中没有一个生字。

"谁是我们的敌人?谁是我们的朋友?这个问题是革命的首要问题。中国过去一切革命斗争成效甚少,其基本原因就是因为不能团结真正的朋友,以攻击真正的敌人。革命党是群众的向导,在革命中未有革命的党领错了路,而革命不失败的。我们的革命要有不领错路和一定成功的把握,不可不注意团结我们的真正的朋友,以攻击我们的真正的敌人。我们要分辨真正的敌友,不可不将中国社会各阶级的经济地位,及其对于革命的态度,作一个大概的分析。"

"中国社会各阶级的情况是怎样的呢?地主阶级和买办阶级:在经济落后的半殖民地的中国,地主阶级和买办阶级完全是国际资产阶级的附庸,其生存和发展,是附属于帝国主义的。这些阶级代表中国最落后的和最反动的生产关系,阻碍中国生产力的发展。他们和中国革命的目的完全不相容。特别是大地主阶级和大买办阶级,他们始终站在帝国主义一边,是极端的反革命派。其政治代表是国家主义派和国民党右派。"

以下生字也很少,计全文约4000字中只有25字,每200字中只有一字余,可见对于全文的了解已经无碍。

再看《中华人民共和国土地改革法》全文4000数百字中,只有16个字,每200字中不上一字,其数更少。

再看下列新闻一则:"新华社北京廿一日电,东京消息:反对不久将来批准单独和约和侵略性的美日军事协定的抗议运动,正在日本扩大,工会积极参加了这一运动。据报纸说东京和平委员会在九月二十九日举行会议,讨论召开致力于争取和平的斗争的工会会议的筹备事宜,会议决定要求国会议员投票反对批准单独和约和美日军事协定。"其中全无生字。

又本书引论3000字中,只有一个不常见的祁字是生字,读完这书的人便能看得懂。

第一课　天地　时季①

　　天、地；空间　　日、月、星辰　　风、雨、雷、电　　云、霞、虹、雾
　　冰、雪、霜、露　　洪、旱、灾荒　　寒、暑；气候　　阴、阳；历法
　　晴、朗；晦、冥　　冷、暖、凉、热　　时间、周、期　　年、岁、季、节
　　春、夏、秋、冬　　元旦假日　　　　昼、夜；早、晚　　朝、晨、午、暮
　　自然、风景　　　　地方、区域　　　水、陆、山、川　　田、园、原野
　　江、河、海、洋　　潮流、波浪　　　港、湾、岛、屿　　湖、泊、洲、泽
　　坡、谷、坑、岭　　池、塘、堤、坝　泉、源、沟渠　　　尘埃、垃圾
　　疆土、境界　　　　邻、址、处、所　都会、城市　　　　省、州、县、镇
　　乡、村、庄、社　　里、弄、街、巷　亚、欧、美、非　　中华、苏联
　　俄、蒙、朝鲜　　　京、津、沪、汉　江、浙、闽、粤　　福、厦、汕、广
　　（末二句各处可自改附近地名）

第二课　人体和疾病

　　人类、身体　　　　面、貌、颜、脸　头、脑、额、颚　　眼、睛、眉、目
　　耳、鼻、颧、颊　　嘴、口、唇、舌　咽喉、颈、项　　　胸、背、肚、腹
　　肩、臂、肘、腕　　手、掌、拳、指　腰、脐、屁股　　　腿、膝、脚、足
　　心、肺、肝、胆　　肠、胃、内脏　　皮肤、肌肉　　　　须、发、齿、牙
　　筋、骨、尸骸　　　粪、便、屎、尿　涕、泪、涎、沫　　痰、脓、汗、血
　　胎、孕、乳、奶　　性命、精力　　　形容、姿态　　　　影、像、踪迹
　　产、育、生、活　　死、亡、丧、葬　听、闻、嗅、嚏　　观、看、瞧、见
　　睁、眨、打盹　　　吹、喷、含、唾　呼、喊、叫、唤　　欢、笑、哭、泣
　　疲倦、睡眠　　　　梦、醒、晕、昏　疾病、症候　　　　细菌、瘟疫
　　感冒、吐泻　　　　呕、喘、咳嗽　　肿、胀、痹、痒　　痘、疹、疗、疮
　　疼痛、创伤　　　　颤抖、战栗　　　感患、传染　　　　诊、脉服药
　　医疗、注射　　　　卫生、预防　　　痊愈、健康　　　　运动、体育
　　强壮、虚弱　　　　俊秀、丑陋　　　高、矮；胖、瘦　　瞎、哑、聋、跛
　　憔悴、魁梧　　　　幼稚、老寿

第三课　动物、植物

　　动物、植物　　　　鸟、兽；牲畜　　牛、羊、猪、狗　　驴、马、骡、鹿

---

① 本书每一字作者都标注国音，但现在已不使用，故删去。——编者注

虎、豹、狮、象　　熊、狼、狐、兔　　猿、猴、猫、鼠　　龙、蛇、龟、蛙
鸡、鸭、鹅、鸽　　乌鸦、麻雀　　　鱼、虾、螺、蛤　　蜂、蚁、蝗、蚕
蝴蝶、蛾、虫　　　蚊、蝇、蚤、虱　　角、爪、蹄、毛　　羽、翼、翅、尾
蛋、壳、鳞、甲　　雌、雄、公、母　　吠、吼、啼、鸣　　飞、爬、咬、啄
饲养、畜牧　　　　窝、窟、巢、穴　　树木、森林　　　　花、草、蔬菜
杉、松、柳、桂　　梅、杏、梨、枣　　藤、竹、桑、麻　　莲、荷、兰、菊
禾、黍、稻、粟　　高粱、豆、麦　　　薯、芋、瓜、果　　蕉、柑、桃、李
椒、姜、葱、蒜　　茄、藕、笋、栗　　根、干、枝、叶　　种、子、芽、核
朵、瓣、株、棵　　苗、秧、稃、稼　　开、谢、结实　　　播、种、栽、培
耕垦、收获　　　　丰登、茂盛

第四课　饮食

食物、膳餐　　　　米、面、饭、粥　　粮、谷、糯、糙　　菜、肴、腌、腊
包、粽、糕、饼　　饺、馍、馒、头　　糖、盐、酱、醋　　油、脂、糟、糠
烟、酒、蜜、茶　　糊、粉、团、馅　　汤、汁、浆、液　　精、味、膏、粕
甘、甜、酸、咸　　苦、辣、腐、涩　　荤、腥、酵、霉　　生、鲜、烂、熟
煎、炒、蒸、煮　　烹饪、炊事　　　　尝、吃、吞、嚼　　喝、饮、喂、吸
渴、馋、饥、饿　　醉、饱、宴会

第五课　衣服　妆饰

衣服、布匹　　　　丝、锦、绸、缎　　苎、葛、纱、棉　　哆吱、呼绒
冠、帽、盔、笠　　袍、袄、裘、褂　　衫、裳、裙、裤　　领、袖、鞋、袜
被、帐、枕、套　　褥、毯、铺盖　　　巾、带、袋、包　　针、线、纽扣
戒指、环、佩　　　钗、簪、辫、髻　　纺织、裁缝　　　　夹衬、刺绣
穿、戴、披、着　　打扮、装饰

第六课　建筑

屋、宅、房、室　　堂、楼、厅、院　　亭、台、馆、阁　　仓库、宿舍
宫殿、大厦　　　　公署、学校　　　　厂、栈、店铺　　　天幕、茅屋
寺庙、坟墓　　　　碑、碣、坊、塔　　廊、井、篱、棚　　庭、园、厨、厕
门、户、窗、栏　　墙、壁、桩、基　　砖、瓦、梁、柱　　阶、梯、檐、窖
建筑、搭盖　　　　修缮、装拆

第七课　交通　旅行

道、路、途、径　　桥、岸、场、站　　码头、馆驿　　　　旅社、客栈

舟、船、舰、艇　　飞机、汽车　　　交通、航行　　　驾、驶、载、渡
乘、骑、趁、搭　　帆、桨、篙、舵　　旅行、运输　　　邮政、电报
寄信、挂号　　　　行李、包裹　　　来、去、赴、往　　至、到、临、达
归、还、回、返　　经过、游历　　　参观、赏览　　　逗留、寓宿

第八课　物料器具

物产、货品　　　　材料、器具　　　金、银、铜、铁　　钢、铝、铅、锡
沙土、矿石　　　　陶瓷、胶、漆　　水晶、玻璃　　　珠、玉、宝贝
灰、泥、煤、炭　　火柴、蜡、皂　　机械、家伙　　　摩托、轮、轨
桌、椅、橱、柜　　床、炕、榻、席　　台、案、凳、几　　沙发、靠背
盆、桶、篓、匣　　箱、囊、筐、篮　　鞭、帚、网、竿　　筛、篓、畚、箕
屏、帘、旗、伞　　绳、链、钩、铲　　灯、烛、电筒　　钟、表、铃、牌
尺、斗、秤、磅　　镜、梳、刷、扇　　锅、斧、炉、灶　　壶、瓶、罐、缸
碗、碟、盘、盒　　杯、盏、筷、匙　　杆、杖、扁担　　斧、锯、刨、凿
锤、钉、锥、钻　　刀、剪、叉、钳　　锄、耙、犁、镰　　锣、鼓、琴、笛
弓、箭、棍、棒　　枪、剑、炮、弹　　球、丸、板、管　　盖、罩、架、座
耳、柄、圈、箍　　抽屉、锁、钥　　锋刃、锈、屑　　渣滓、泡沫

第九课　声味　色彩

声调、音韵　　　　色彩、光、影　　响、闹、静寂　　香、臭、浓、淡
黑、白、红、绿　　青、黄、蓝、紫　　清、浊、明、暗　　鲜、亮、苍、灰

第十课　位置

位置、方向　　　　上、下、左、右　　东、西、南、北　　中央、旁边
前、后、侧、背　　内、外、表、里　　横、竖、平、斜　　远、近、深、浅
正、反、偏、歪　　顶、底、孔、洞　　周围、附近　　　角落、间际
靠傍、衔接　　　　隔开、距离

第十一课　形状

形状、模样　　　　花纹、款式　　　长、短、高、低　　方、圆、厚、薄
广阔、狭窄　　　　曲、直、凹、凸　　粗、细、肥、瘦　　巨大、微小
整齐、纷乱　　　　颠倒、重叠　　　完全、破损　　　连续、断绝
疏、密、锐、钝　　光滑、平匀　　　粗糙、皱裂　　　空、满、虚、实
弯、扁、尖、穹　　零碎、残缺

查字写话的速成识字法

第十二课　物的性质

种类、性质	好、坏、真、假	优良、珍奇	华美、艳丽
精致、粗劣	简单、复杂	纯粹、混乱	强固、薄弱
鲜嫩、枯焦	坚硬、柔软	清洁、干净	肮脏、污秽
温润、光泽	腐朽、霉烂	干燥、粘湿	稠浓、稀薄
轻、重、紧、松	新、旧、生、熟		

第十三课　数量

一、二、三、四	五、六、七、八	九、十、廿、卅	百、千、万、亿
圆、元、角、分	斤、磅、担、吨	两、钱、分、厘	毫、秒、些、点
亩、石、斗、升	里、丈、尺、寸	个、件、条、串	块、堆、颗、粒
段、节、片、层	卷、包、捆、束	辆、艘、座、架	群、队、匹、只
回、遍、趟、番	名、号、组、列	数量、份度	次序、等第
单、双、复、倍	面积、体积	加、减、乘、除	几何、若干
独、诸、每、各	全、都、凡、尽	约略、一切	包括、除外
成、折、够、足	剩余、超额	相当、等于	平均、总计
丰富、繁多	缺乏、稀少	壹、贰、叁、肆	伍、陆、柒、捌
玖、拾、万、亿	零星、半数	甲、乙、丙、丁	子、丑、寅、卯

第十四课　物的自动

发生、长成	隐藏、显露	累积、增添	减缩、销蚀
升腾、掉队	分离、集合	散播、飘扬	滞留、陷落
震、崩、垮、塌	破碎、断裂	消灭、变化	溜脱、胶着
漂、流、浮、沉	冲、泻、淹、没	汹涌、溅泼	澄清、涸竭
凝冻、溶融	滚、沸、涨、溢	沾、染、浸、透	泄、漏、淋、滴
闪、亮、照耀	熏、烘、映、晒	燃烧、烫、熄	轰炸、爆、响

第十五课　手的动作

举、垂、挥、扬	屈、张、伸、缩	抚、弄、摸、触	擒、拿、抓、捉
抱、持、支、扶	牵、引、招、接	提、携、推、挽	把、握、拱、揖
攀、折、撕、摘	拈、掇、捏、挟	掷、摔、抛、投	捧、托、按、拍
扭、扯、拽、捞	捆、缚、绑、扎	槌、捣、擂、敲	扒、扫、挖、掘
拖、拉、扔、撒	泼、撒、抽、拔	打、击、撞、扑	穿、插、刺、戳
切、割、砍、劈	锯、削、剃、刮	拂、拭、洗、磨	揩、擦、涂抹

第十六课　足和全身的动作

起、行、跑、走	蹬、步、踊跃	坐、立、躺、卧	蹲、跪、拜、伏
居、住、出、入	进、退、登、降	挺身、驻足	滑、跌、倒、扑
迁徙、移居	拥挤、碰、触	追赶、跟随	逃避、躲闪
弯屈、鞠躬	俯、仰、旋转	践踏、跳踢	跨过、超越
涉、游、潜、泅	休息、停歇	游戏、玩耍	操练、澡浴

第十七课　人对物的动作

寻觅、搜找	占有、获得	添置、保存	制造、创设
使用、替换	丢掉、遗失	收藏、封藏	掩埋、填塞
安放、搁置	悬挂、排列	舍弃、摒除	修理、补改
移动、搬运	挑、抬、捎、背	开放、关闭	拴、闩、锁、扣
解脱、松卸	装盛、包束	支撑、掀翻	卷缠、夹榨
挨、贴、垫、叠	摧毁、拆、撤	摊、铺、散播	遮、蔽、隔、截
拦、挡、摇、摆	射中、洞贯	环绕、蒙盖	钩、钓、拣、拾
搅、扰、拌、挽	浇、洒、灌、汲	熔、炼、铸、镀	镶、嵌、雕刻

第十八课　人的称呼和关系

称呼关系	这位、那个	谁、某、自己	我们、俺、咱
你、您、诸位	他、她、伊、它	同志、先生	阿大、老二
男、女、老、幼	家族、眷属	祖宗、公、婆	父、母、爸、妈
爷、爹、伯、叔	丈夫、妻、妇	儿子、侄、孙	孩童、娃、郎
兄、弟、姊、妹	堂、表、舅、甥	哥、姐、姑、嫂	娘、姨、婶、姆
岳、婿、翁、媳	亲戚、朋友	东主、雇佣	师、徒、宾客
人民、百姓	君长、臣属	首魁、伙计	伙伴、仇敌
婢、妾、侍姬	奴隶、童仆	尊长、卑小	代、辈、嗣、裔
婚姻、配偶	嫁、娶、离、续	继承、义、养	鳏、寡、孤、独

第十九课　一般工作

能、够、可、会	在、有、取、用	做、作、干、搞	创建、筹办
劳动、生产	努力、奋斗	实施、执行	准备、设立
处理、经营	扩张、发展	振兴、废除	完成、解决
专工、兼差	充当、担任	辞职、卸责	包办、推诿
领导、指挥	分配、布置	仿效、假冒	比较、竞赛

登记、申请　　调查、考察　　监督、催促　　审核、覆勘
继续、维持　　延缓、等待　　纠正、检讨　　改组、整顿
取缔、改革　　拼凑、综合　　停止、取消　　豁免、罢休
忙碌、闲暇　　缺席、请假　　侦查、了解　　提倡、采用
承袭、沿循　　克服、戒除　　参加、脱离　　重复、转变

第二十课　言语

说话、讲谈　　唱念、吟诵　　宣传、说服　　应答、告诉
教训、批评　　商议、讨论　　询问、质疑　　解释、辩驳
夸张、谎谣　　讥讽、责骂　　言词、语句　　声口、腔调
谜语、俗谚　　云、曰、言、道

第二十一课　心理

感觉、认识　　注意、思想　　记忆、遗忘　　懂晓、知悉
分析、辨别　　判断、选择　　斟酌、考虑　　料度、猜测
清楚、明瞭　　模糊、迷惑　　信仰、怀疑　　迷信、误会
立意、存心　　警惕、漠视　　计策、智谋　　企图、志愿
希望、盼巴　　肯、要、拟、欲　坚决、踌躇　　犹豫、恍惚
恣意、放心　　勉强、无奈　　恳切、殷勤　　焦急、忍耐
兴趣、感情　　悲哀、愁苦　　畅快、愉悦　　欣喜、欢乐
愤怒、恼怪　　忿懑、遗憾　　厌恶、畏怕　　惊慌、恐怖
忧郁、烦闷　　懊悔、觉悟　　怨恨、妒忌　　憎嫌、羡慕
怜惜、爱恋　　惭愧、羞耻　　神经、发呆　　痴呆、疯癫

第二十二课　性情　人品

行为、态度　　品性、道德　　忠直、奸邪　　是非、善恶
高尚、伟大　　卑鄙、龌龊　　诚实、坦白　　诈伪、狡猾
豪侠、英俊　　诏安、无耻　　仁慈、残忍　　宽厚、刻薄
温和、凶暴　　爽直、阴险　　贤明、昏暗　　严肃、滑稽
端正、狂荡　　稳重、冒失　　慷慨、吝啬　　廉洁、贪污
前进、落伍　　开明、顽固　　勇敢、懦弱　　倔强、卑怯
激烈、圆滑　　谦逊、骄傲　　斯文、野蛮　　聪敏、愚蠢
谨慎、鲁莽　　灵巧、笨拙　　勤勉、懒惰　　俭朴、奢侈

第二十三课　人事

性别、龄岁	姓氏、籍贯	事情、状况	遭遇、机会
阅历、经验	才干、能力	名誉、身份	威权、声势
功劳、罪恶	光荣、耻辱	辛苦、舒服	享受、娱乐
吉庆、幸福	凶祸、灾难	富贵、贫贱	穷乏、困苦
胜、败、赢、亏	利益、损害	容易、艰难	平安、危险
惨痛、冤枉	牺牲、挫折	旺盛、衰颓	顺遂、拗逆
剧烈、紧张	缓和、平淡	通常、习惯	奇怪、秘密
错误、偏差	适宜、稳当	极端、中度	矛盾、统一
优胜、超越	特殊、别致	相同、类似	符合、一律
普通、一般	差异、区别	荒谬、无稽	精美、奥妙
典型、重要	详细、简略	必定、偶然	显著、隐伏
便利、麻烦	确实、虚伪	严厉、认真	敷衍、马虎
立异、妄从	彻底、妥协	失败、成功	恢复、重振
公务、私事	制度、系统	附属、独立	凭借、基础
缘故、原因	前途、结果	成绩、功效	需要、供给
条件、前提	特征、重点	宗旨、理由	头绪、要素
环境、现象	趋势、倾向	权利、义务	计划、效率
步骤、方式	证据、消息	危害、弊端	障碍、阻力
责任、信用	阶段、规模	秩序、规矩	标准、原则
惯例、风俗	运动、目的		

第二十四课　人对人的关系（一）相向的

互相、共同	并肩、一致	通讯、联系	交际、接触
逢、遇、离、别	聚会、凑集	陪侍、伺候	探访、慰问
欢迎、致敬	延请、款待	谒见、面洽	授予、接受
指示、向导	嘱咐、传达	代表、接替	物色、雇聘
役使、差遣	委派、任命	介绍、荐引	证明、担保
商量、协议	劝导、谏说	和解、调停	承认、负责
靠托、请求	准许、允诺	拥护、服从	钦佩、尊敬
响应、赞同	联络、团结	巴结、谄媚	支持、包庇
帮忙、照顾	援助、保护	依仗、依赖	宠爱、偏袒
称赞、表扬	认罪、道歉	情谊、恩惠	感激、报答
恭顺、纵容	惦念、牵挂	应酬、结交	同盟、宣誓

| 给予、献供 | 救济、赠送 | 哀悼、吊唁 | 贺喜、庆祝 |
| 酬谢、慰劳 | 鼓励、奖赏 | 原谅、通融 | 饶恕、容让 |

第二十五课 人对人的关系（二）相反的

轻视、侮辱	戏耍、玩弄	欺负、虐待	限制、逼迫
诈骗、哄瞒	引诱、煽惑	妨碍、刁难	排斥、驱逐
惹犯、纠纷	破坏、干涉	拒绝、否认	反对、指责
冤、赖、归咎	加诬、污蔑	拦阻、禁止	责备、惩罚
勒索、敲诈	控诉、驳斥	唆使、离间	威胁、恐吓
剥削、榨取	侵占、抢夺	冲突、吵闹	背叛、违逆
攻击、竞争	抗拒、抵敌	殴打、杀伤	拘捕、扣押

第二十六课 文化

文字、图画	书籍、刊物	新闻、杂志	文章、故事
评论、报告	演说、记录	写、读、绘、算	研究、阅览
训练、学习	考试、实验	起稿、抄袭	签名、盖印
纸、笔、墨、砚	本、册、篇、页	章、节、题、目	纲领、表格
描写、叙述	编辑、注释	著作、翻译	印刷、出版
教育、文化	课程、班级	理论、主义	学问、知识
历史、文学	科学、艺术	音乐、诗歌	舞蹈、戏剧
发明、创造	工业、技术		

第二十七课 政治、军事

世界、国家	阶级、民族	政府、党派	官吏、军警
院、部、处、所	厅、局、科、组	牢狱、法庭	机关、组织
命令、条例	案件、政策	主权、领土	政治、法律
统治、镇压	罪人、囚犯	徒刑、释放	将帅、司令
武装、队伍	师、旅、团、营	连、排、班、兵	攻击、战斗
防御、据守	阵线、堡垒	站岗、放哨	俘虏、间谍
掳掠、斩杀	并吞、灭亡	征伐、侵略	投降、订约
殖民、朝贡	帝国、封建	反动、斗争	革命、解放
民主、共产			

第二十八课 社会职业和宗教

| 社会、团体 | 领袖、群众 | 会长、主席 | 委员、干事 |

秘书、庶务　　会计、出纳　　政、副、代理　　候补、列席
纪念、典礼　　召集、开会　　致辞、发言　　投票、选举
职业、衔头　　英雄、模范　　工匠、技师　　农耕、佃、雇
渔、猎、开矿　司机、航海　　屠宰、厨师　　裁缝、泥水
摊贩、经商　　医生、看护　　记者、教员　　牧师、神父
神巫、道士　　尼姑、和尚　　娼妓、媒婆　　窃贼、流氓
皇帝、官僚　　地主、恶霸　　劣绅、土豪　　盗匪、特务
占卜、命相　　崇祀、礼拜　　鬼魂、妖魔　　神、佛、仙、圣

第二十九课　经济财务

经济、生产　　金融、财务　　储备、募捐　　租税、贸易
联营、代销　　生产、消费　　工厂、农场　　国营、合作
公司、股份　　资本、母利　　账簿、册据　　单、条、票、券
购买、售卖　　赚获、亏蚀　　经费、销耗　　款项、财产
薪俸、工资　　货币、钱钞　　借、贷、垫、汇　划拨、筹措
缴纳、勾销　　存、付、支、领　赊欠、负责　　清还、赔偿
估计、价值　　征没、抵赎　　赌博、输赢　　偷盗、贿赂

第三十课　动作的时间

今、昨、明、来　古、昔、过去　　现在、将来　　暂时、永久
素日、平时　　从来、一向　　曾预、提前　　已经、尚未
初、终、始、末　完、毕、讫、了　更、又、再、次　即将、立刻
刚才、此际　　少顷、半晌　　快速、缓慢　　先、后、迟、早
频、常、屡、罕　相继、陆续　　停歇、间断　　挨延、耽搁

第三十一课　动作的状态

状态、情形　　如此、这样　　稍、略、颇、很　甚、极、太、最
彻底、尽量　　准确、失手　　猛、狠、加劲　　突然、忽然
从容、仓皇　　慌忙、赶急　　单独、俱齐　　逐渐、反复
故意、无心　　公然、暗地　　凑巧、恰好　　胡乱、随便
从、自、到、讫　经、由、沿着

第三十二课　虚字

之、的、底、地　罢、了、吗、呢　乃、是、系、属　不、否、非、没
和、及、与、同　也、亦、或、抑　将、把、致、使　被、受、给、让

于是、才、即　　竟、却、越、愈　　如何、怎样　　为何、何故
怎么、什么　　　那儿、哪里　　　因为、所以　　故、乃、就、便
倘若、如果　　　设使、纵使　　　既然、那末　　与其、宁可
尚且、何况　　　不论、都是　　　必须、该、宜　可能、或者
虽然、但是　　　可是、然而　　　本来、原来　　到底、究竟
并且、尤其　　　仍然、还是　　　而已、不过　　不但、而且
固然、岂有　　　否则、不然　　　至于、关于　　莫非、不外
譬如、比方　　　甚至、甚且　　　仅、只、只有　大概、大抵
其中、另外　　　所谓、话说　　　啊、呀、吧、啦　哼、哈、喂、哎
哦、唉、呸、哩　者、也、矣、乎

第三十三课　商店名

兴隆、振发　　　成、昌、升、裕　利、益、金、福　元、亨、吉、庆
通、顺、宏、广　集、合、协、建　公、慎、信、诚　祥、和、仁、义

第三十四课　常见姓氏

丁、王、方、毛　江、田、史、朱　宋、吕、汪、吴　何、马、余、李
周、杜、林、丘　胡、洪、施、俞　孙、姚、范、姜　唐、梁、袁、柳
张、黄、陈、徐　章、陶、庄、翁　汤、杨、傅、陆　程、彭、曾、冯
董、叶、贾、葛　赵、刘、廖、蒋　蔡、潘、卢、邓　谢、郑、钟、钱
韩、薛、罗、戴　顾、魏、萧、苏　辛、牛、欧阳　　成、沈、尤、童

（林惠祥手稿）

厦门大学应设立
"人类学系"、"人类学研究所"
及"人类博物馆"建议书

一、理 由

(一) 一般的需要

人类学是适合时代需要的新兴学问,它的发生不过是 100 多年的事。由于人类知识的发展,初时是希望了解自然、控制自然,以帮助生产,维持生活的各种自然科学便先成立;继之是希望了解人类社会,控制人类社会的各种社会科学也随而发生。等到这两大类的学问都发展完备,于是人类便有了充足的知识基础,可以彻底了解自身,并控制自己的前途命运;而且有自然科学与社会科学二种性质的"人类学"便应运而兴了。人类学有两项目的:其一是了解人类自身是怎样来的,其二是要了解人类的文化,即其行为,是怎样发生和变迁。了解这两项原理,便可解释现在的状况,拟定以后行动的方针,控制以后的命运。无论统治阶级与被统治阶级,都想利用这种知识,以达到他们的"不同的"目标。百年以来,这种学问发展得很快,在各国学术界都取得重要的地位,大学中有专系,有研究所,有博物馆,此外还有独立的研究机关。我国到了解放前为止,只有 3~4 所大学中有专系和研究所,余者都无这系或甚至无这门课程。这自然是由于人才缺乏,然而以前反动政府不注意文化建设,百废待兴,我们研究者方才有勇气提出这事,希望新政府能提倡新学问,使这门学问也有机会为中国人民效劳。

(二) 配合新思想和新政策的需要

照上面所说,人类学如仅属一种普通学问,而为我国所缺乏的,便已经需要提倡;何况人类学与马列主义的新思想,和人民政府的政策更有密切的关系,何能不加以注意。原来马列主义的完成便很得力于人类学,社会发展史的材料便有很多出自人类学,马克思获得了人类学家摩尔根《古代社会》一书,方确实证明了唯物史观的社会发展学说(如原始共产主义社会等),而恩格斯遵照马克思遗意所写的《家族、私有财产和国家的起源》也完全是一本人类学的著作。人类学中有关人类社会变迁的理论和事实,不但可以帮助唯物史观的社会发展学说,并且可以说明我国目前采取新民主主义的原因。再则人类学的研究范围是全人类,不是限于一个国家或民族;真正人类学者没有民族偏见,不会赞同狭隘的民族主义,而提倡人种平等学说和国际主义或世界大同主义。所以人类的思想对于人类的前途、和平、幸福也很有关系。我国现在方厉行思想改造,在教育上学习马列主义的新思想,而人类学是马列主义的科学根据,要使马列主义在我国发扬光大,自然同时必须提倡人类学。自从人类学发生以后,因被马列主义吸收应用,证实人类社会是进化的,会从一个旧阶段发展到一个新阶段,这在人类学上称为"社会进化论",于是资产阶级的学者便大加恐慌,也注意到人类学,加入研究,加以利用,曲解事实,提出反对的学说,便是"反进化论",或甚至"反进步论",以拥护有利于资产阶级的现行制度,并打击社会发展的学说。人类学在资本主义国家的发达便是由此。资产阶级既然利用人类学以打击马列主义,我们何能任其操纵而不来纠正它,并利用它以反驳资产阶级的邪说。何况人类学的正统学说"社会进化论"原是符合马列主义的。马列主义必须配合人类学方有证据,而人类学也必须完全采取马列主义的观点方能合于正轨。由于以上的理由,解放前反动政府的教育当局不注意人类学,是不足为怪的,如果人民政府的教育当局也不提倡人类学,那便不能不说是很可惋惜。

(三)配合南洋华侨事业和对南洋民族外交的需要

人类学的效用,第一是如上所说的提供关于人类社会全体的发展原则,第二便是关于个别民族的风俗习惯的了解。帝国主义国家利用人类学知识以统治殖民地,我们的国家自然不抱这种目的,然而对于国内边疆的少数民族,以及国外有关的民族,也不能不了解他们的风俗习惯,以便和他们互助合作。我国大学如有设立人类学系的,便应当就地取材,注意附近民族的研究,如东北大学可研究满族和鄂伦春等族,北方的可研究蒙族,西北研究维吾尔族、彝族、西部的研究藏族等,西南的研究苗、瑶、彝族等,东南的研究畲族、蛋民、黎族和台湾的高山族,以及南洋诸族。别处不说,专就南洋而论,我们所以必须研究南洋的原因是:

1. 南洋民族繁多,地方广大,人类学材料极为丰富,欧美学者尚远来研究采集,我国东南部密迩南洋,自然更可就近取材。

2. 我们有1000万华侨住在南洋,将来一定还会加多。如果我们愿意以民族友好的态度与当地人民和平合作,当地人民还会欢迎我们多多移民去,因为那边还是地广人稀的。华侨不但人多,对祖国也很有贡献,所以政府特设侨务行政机关,以帮助他们。然而单有行政机关是不够的,还应有文化机关,研究南洋的历史地理、人种风俗,以及华侨的过去现在状况,方能对于南洋环境和华侨本身有确切的了解。这种南洋研究的工作和人类学性质最相近,可由人类学兼任,而研究机关必须设在华侨故乡的闽粤二省。过去暨南大学,附设"南洋文化事业部"目的便是为此。战后,暨大曾添设人类学系,便将"南洋文化事业部"合并于人类学系,这也可见南洋研究和人类学的关系很密切。解放后暨大取消,南洋研究的工作不知道由哪一机关担任。暨大虽以研究南洋为重要目标,然而设在上海,而不在华侨的故乡,故颇与目标不能相应,而工作也较为困难。这项南洋研究应设在厦门或广州,因这两处是华侨的故乡,对南洋最为接近。广州中山大学已于前年设立人类学系,可以兼任这种工作,厦门还没有,而且由厦门出入回国的华侨占总数的大半,所以更需要成立。

3. 南洋各民族300年来受欧美帝国主义的统治,近来已经觉悟,发生民族独立运动。我们和南洋民族除了民族友爱(南洋的马来族大约同我国古越族同源)之外,还有同受帝国主义侵略的关系。将来他们独立后也必定欢迎我国和他们共同维护和平友好的国交。我们如和这些南洋各民族互助合作,必须对他们的情况能够了解,所以对南洋民族应加以研究。

(四)厦门大学对于人类学研究的适合

人类学研究机关自然各地都可设立,但厦门的地方,尤其是厦门大学更适合这种研究。理由是:

1. 人类学的研究须采集标本和设立博物馆,这种标本南洋极多,又很有学术价值。人类学又需要考察异民族,这也以南洋为最多。欧美和日本的人类学者常来南洋采集研究,便是为此。其实这种工作以我国人为最便,因为南洋到处都有华侨,如要到南洋做短期的采集考察或长期的居留研究,都因有侨胞的帮助而方便得多。华侨半数属福建南方人,又以厦门为出入港口,故厦门大学要做这种工作比别地大学容易。

2. 华侨多属闽粤二省人,故如要研究华侨情况,也必须在厦门、广州各设一个机关,厦门的可设于厦门大学内。

3. 厦门大学原是南洋华侨创办的,本来应负研究南洋的责任,但从来不曾在校内设立这种机构,比较暨南大学更不注意,所以这所大学似乎和南洋绝无关系,这也是很大的遗憾。

4. 这所大学又极便于研究中国和南洋以及古代西洋(印度、波斯、阿拉伯)的交通史,因为厦门的附近晋江,是古时中南或中西交通的著名港口,像现在的上海一样。现在这城市的地下还埋藏着无数古物古迹,可以发掘研究,重新发现被忘却的历史。

5. 中国史前研究在萌芽,华北各地略有一点发现,华南更少,所以历史书上谈到的史前时期都只限于华北,对于华南只有空白。这个空白是应当填补的,而这是我们南方人的责任。华北和南洋都曾发现极古人类遗骨。但是古人类发源地究在何方,还是一个谜。将来华南如有发现,便可解答这个问题。还有南洋太平洋民族的来源,究从何方,也是人类学上一个问题,这个问题的解决,似乎也须看华南,尤其是中国东南部的史前发现。现在各国的史前学研究还集中到远东,在南洋召开国际性的远东史前学家大会,有三次(提议人曾于1938年在新加坡参加第三届大会,提出福建武平的新石器时代遗址研究论文),我们以后不应参加帝国主义的学术会议,但我们也不能不做些这样的研究工作,以便在学术研究上争取国际地位,而福建及邻近地方的研究自然是厦门大学的责任。

6.南洋的马来族和中国东南方人之间似乎有很接近的种族关系。马来人或者是先住在中国东南方,与中国古时东南方的越族人是同类,他们于新石器时代方逐渐移居南洋,而成为马来族,提议人曾著《中马同源论》便是指此。这些近于假说如能获得更多的证据,便是定论,对于中国人和马来人之间必定可以促进友好的感情。这种研究也须在厦门和南洋方有材料。

7.厦门大学在私立时代原有社会学系,一半是人类学课程,所买书籍也不少。改国立以后社会学系被取消。国民党政府接收厦大以后不求发展,反加裁减,这也是很对不住创办人和本校的。现在人民政府有意发展文化,我们才敢提议增设人类学系,这不过等于恢复私立时的原状。

二、可望造成的人才

(一)人类学的专门人才

这是指人类学系本科毕业以后继续在研究所深造,以养成专门学力,将来对人类学的知识能够有所贡献者。其职业是大学教员、研究员、著作家、翻译者等。以后这一门人才无须送到外国留学,只需在国内研究所便可养成。

(二)南洋华侨事业的人才

以前南洋华侨无需什么学问,今后是不同了,必须对于南洋的环境能够有充分的知识,方才应付得来。欧美帝国主义派来南洋殖民地的官吏教员传教师,系多在国内修习人类学等课程,以便明了异民族尤其是落后民族的风俗习惯。而人类学系也兼殖民政策等课程。我们不要采取帝国主义的侵略政策,然而要和南洋各民族和平共处,在南洋发展华侨事业,也应当有所预备。所以我国人要在南洋的,如曾先修人类学和南洋课程必定便利得多。

(三)启发和辅助国内少数民族的人才

我国边疆各地多有文化较为落后的同胞,过去历朝以至国民党政府,都用高压残杀的手段对付他们。今后我们应当启发他们的知识,帮助他们进步。而要做这种工作,必须应用人类学的知识。所以人类学系毕业者还可以任边疆地方行政人员和文教人员。

（四）出使落后国家的外交人才

如南美、印度、西亚、非洲、中南美、大洋洲各地的公使领事，如派人类学系毕业生，必定可以胜任，而且更有兴趣。

（五）社会教育的人才

人类学系统中的民俗学科，探究文明民族尤其是本国的较落后的民族所保留的古旧风俗、迷信恶习等，可用以开通民智。又习人类学者必定兼习博物馆学，可以供职于博物馆、人民文化馆等社教机关，应用人类学、民俗学、史地、自然等科学的知识，采取标本、图画、电影讲演等形式，以灌输知识于民众，破除迷信及陋俗，提倡进步的观念，以辅助学校教育所不及。

（六）一般职业的人才

习人类学者应须具备广泛的常识，如无特别适合的专门职业，也可从事其他职业，如普通行政人员、中学史地社会教员、新闻记者等。

三、开办的方法

开办人类学系、研究所、博物馆，似乎很要花钱。现在政府方在注意更为重要的任务，这种工作似乎应当再等几年方可实行，而在这时提出似乎不识时务，其实人类学知识的重要性，也不输于多种学科，照上面的理由还是很切要的一种学问，问题不过在于经费而已。如果经费不大，现在便可开办，何必再缓几年。我们顾及政府现在的财政状况，绝不敢使政府浪费一个钱于无用的事。我们要用很节约的办法来主办这项工作，现在略举所拟办法如下：

（一）人员

第一年只需教员一人，以后每年添聘一人，四年以后如非有特别需要不再多聘。研究所的研究员便由教员兼任，不需另聘。研究生的导师也由教员兼任。本校现已有教员一人（即提议人。现属历史系，所开人类学课程三四种都是选修课），故第一年不必多聘教员，只需请助教一人兼做研究所和博物馆工作。

（二）设备：分二项

1. 图书：本校原有相当数量的人类学书籍，再加以提议人自己所藏的，足够目前教学和研究之用。提议人自藏的人类学书籍和南洋研究书籍比校内更多，情愿供本系公用，所以开办时无须费一笔购置大批书籍的巨款，只需照别系的例，按月添买些书籍期刊便是；但将来学校经费较为宽裕时，应当特别多拨发款项给本系及研究所买书。厦门还有一所私立的海疆学术资料馆，专门收藏南洋研究的书，也可供本系应用。

2.标本(人类博物馆):人类博物学的研究法近于自然科学,需用标本以为实证。提议人因多年教授人类学的经验,深感有这种需要,自十余年前即有志倡办人类博物馆,曾自费搜罗标本,略有所得,已达数百件,种类分为史前遗物(出自中国东南各地及台湾南洋)、历史时代古物(中国)、现代民族风俗品(南洋、台湾、印度、日本)三大类,颇有学术上的价值。自抗战前数年,即供在厦大教学之用,其旨录曾记载于《厦大一览》(1935年)。本人因目见当时私立厦大经费困难,乃节省自己的生活费,用来旅行采集和购买,并拟向南洋募捐标本,打算到略具规模时献与国家。不意因日寇侵略,携带其大部分逃亡南洋,在南洋续有增加,于前年回国后曾在厦大公开展览一次,参观者颇多,如厦大设立人类博物馆,愿意贡献为基础,但厦大需拨给设备添置的经费,将来政府财政更好转,厦大经费增加时,希望拨给更多的更充足的款项以为发展之用。博物馆与研究所相通,将来凡研究所所做的工作,如采集标本、发掘古物,都可将所得的东西交博物馆陈列。此外还可由购买和交换增加陈列品,将来还可征求南洋华侨捐送标本或采集费或甚至募捐建筑馆舍的经费。人类博物馆陈列品的范围很广,不但可供本系教学或研究之用,还可供史地及其他社会科学的参考。又不但可供本校之用,还可公开给全市中小学和一般民众参观,而有意到南洋的人也可先来看看南洋的标本模型图表所表现的南洋情况,所以又是一所社会教育和辅助华侨事业的机关。这所博物馆的经费,在政府财力未充裕时,固然不能多拨,但将来还希望能够增加到足够发展充实的数量。因为这所机关的效用不止限于校内,而是兼及于全市或更大的范围。所以其规模和经费都应该大些。而且提议人所以愿意捐献自己所珍视的收藏品,也是希望这些博物馆能够发展,否则就无须献出了。

(三)本科人类学系的课程

人类学系的课程从来未经政府规定,暂时计划如下:

甲、公共必修课程:人类学以属文学院为宜(因为文化方面的课程远较体质方面的为多,且由学生的出路看,也应偏于文化方面),故应修习文学院公共必修课程,即辩证法唯物论与历史唯物论(3学分)、新民主主义论(3学分)、政治经济学(6学分)共12学分。

乙、语文课程:本系学生对于中文必须能写作流利的语体文和阅读有关的古记载;对于外国文必须学习最有关系的一种,有阅读、翻译、会话、写浅近文章的能力。已会的可免修,未足的应选习,二项合计24学分。

丙、本系必修课程:本系目标是:(1)指导学生根据唯物史观了解人类本身及其文化的起源与发展,并推论今后的趋势和控制人类自身命运的方法。(2)了解各个民族尤其是落后民族的情况,在本校的任务是研究南洋民族,以应用于华侨事业。根据以上的目的,暂拟课程如下:

人类学通论:3学分,总论人类学的内容,也可供外系选修。

社会发展史:6学分,根据唯物史观应用人类学及历史材料,以研究人类社会如何由原始共产主义社会发展到最后阶段的社会主义社会。这一课程以前称为社会进化史,原是人类学中或社会学系的重要课程。

文化人类学:6学分,采取唯物史观——讨论人类文化各部门的起源与发展,如物质文化(即下层基础)、社会组织、宗教、艺术、语言文字等项。课本采用恩格斯的《家庭、私有制和国家的起源》、摩尔根《古代社会》等书。

体质人类学:3学分,讨论人类怎样由上级动物进化而成,有什么根据,人与猿猴的家谱,多祖论与单祖论,人类发生的时与地,现代人种如何分类,用何标准,如何观察或测量体质特征。课本包括恩格斯的《从猿到人》、达尔文的《人类原始》,及其他人类学书。

世界人种:3学分,按照人种分类系统,一一讨论各种族的来源和沿革,并明了其体质特征、风俗习惯等,可辅助史地书籍的不及。

中国民族史:3学分,将中国古今民族先为分类,次就历史上大事分期,然后一一讨论其来源沿革和现状。理论上采取种族平等说,批判狭隘的民族主义。

史前学:6学分,根据考古的发现,探讨有史以前的人类状况,包括自爪哇猿人以至于真人类,共有八九种古人类,以及自始石器,经旧石器至新石器,以至铜器、铁器,诸时代的诸文化阶段;将人类历史拓展到50万年前,下迄四五千年前的有史之初。除照片图画外,并以史前遗物如石器陶器为实证。

考古学通论:3学分,讨论考古学的性质、方法、古迹、古物等,并叙述中国考古学的发现。这是工具的学问。

民俗学:3学分,讨论文明民族中残留的风俗迷信、故事歌谣等,要保留其好的,而批判其坏的部分,这与社会教育很有关系,末附《迷信论》以破除迷信,更以算命术为例,以驳斥中国迷信。

神话学:3学分,用人类学方法解释神话,使神话能脱离迷信性质而成为有用的历史材料。

社会学:6学分,采用唯物史观以探讨人类社会的性质、种类、成分、变迁原则等,是理论的学科,与人类学关系密切。

博物馆学:3学分,讨论如何陈列、保存修理标本,以及摄影、制模型等技术。这是应用人类学及其他知识于社会教育的技术课。

南洋史:6学分,先总论南洋史的分期,然后分述印尼、菲律宾、马来亚、越南、暹罗、缅甸六国史。要到南洋的人是一种必需的知识,不到南洋的也可辅足历史常识,故列为必修。

人类学研究法:3学分,讨论民族调查的方法,考古发掘的方法,利用记载的方法,体质测验的方法等。

以上14课程共57学分。

丁、选修课程:从下列诸课程中选修39学分,与上面三项合计达132学分。为毕业必需学分。

中国断代史三种(上古及近世必须选)、西洋断代史三种(同上)、中国社会史、亚洲各国史、地理总论、世界地理、中国地理、南洋地理、南洋民族、政治学、法律学、国际法、教育学、心理学、新闻学、社会教育、马列主义史学名著、论文、马来语。

(四)研究的课程

本科人类学系毕业生,或历史系、社会学系毕业生或其他学系毕业生,对人类学有素养者,不论由本校或其他校毕业,都可入研究所为研究生。由本系教授指导研究,自己修习,不上课,研究期间约两年。除已晓第一外国语外,须习第二外国语(以日语为最适合,其他亦可),加修更为专门的课程并研究一个专题(范围见下段),写成论文一册并经考试及格,由校发给研究所毕业证书。如政府届时已颁布学位法,即呈请政府核准给予学位。

研究所的专门课程如拟下:

原始经济:深究原始时代的生产工具、生产方法、衣食住、转运交易等事的发明与发展。和以下的四种都是就文化人类学再分门加以较高深的探讨,须自修指定的外文书籍和中文古书。学习时需注意唯物史观的解释。

原始社会组织:探究原始社会的家族部落婚姻形式,或自然观念、政治、法律等项,研究方法同上。

宗教文化起源:探究宗教妆饰、绘画、雕刻、跳舞、音乐、诗歌等的起源和原始形式。

语言文字的起源:探究语言发展的原因,原始语言的性质,刻木结绳、图画记事、象形字、标音字的产生等事。

亚洲史前发现概况:专就中国、朝鲜、日本、西伯利亚、中亚西亚、南洋、印度等处的史前遗迹的发现报告,详细探讨,以备将来自己发现时的参考。

中国边疆民族现状:详读满、蒙、回、藏、苗、瑶、彝、畲、黎族、台湾高山族等的现在状况的记载报告等,以为自己作调查研究的参考。

应用人类学:研究怎样应用人类学知识于启发辅助国内边疆民族,帮助华侨发展,联络国外落后民族,辅助社会教育,改良旧俗,破除迷信,推行政策,应用体质测量于有关事业。

人类学史:叙述人类学成立前的未成熟的人类学知识,以及自人类学产生以来的诸家学说、各家著作等,以明了人类学研究的沿革和现状。

南洋国别史:可选一个国家的历史,如印度尼西亚史、越南史,详细阅读,如不想到南洋的可免选。

南洋民族专志：可选一国（如菲律宾）或一种（如马来人）详细阅读其记载，这是为想到南洋者，或华侨学生，将来自己调查研究的预备。

人类学学说：探究各家学说，加以唯物史观的评判。

以上共12个课程，每一课程3学分。研究生可选8个课程，共24学分，并加以第二外国语12学分，合计36学分，论文10学分，共46学分，为研究生所毕业应修学分。

(五)研究的题目

研究所有两项目的，一是收研究生，由教员指导学习上举专门课程并指导研究专题，撰写论文。二是教员自身也兼任研究员，不论有无研究生，教员也需研究专题，以求有所贡献于学术界。所以研究所应与人类学系同时设立，不必等到有本科毕业生时方设立。教员自己研究的与研究生研究的题目，可同由以下范围选择，题目可更为狭小而具体。出于下列之外的也可以。只要不越出人类学以外。

1. 唯物史观的人类学学说的研究：根据唯物史观说明人类文化的起源与发展。在这种范围内大小题目都可，大的概括全人类，小的专论一个民族或国家，或一个时代，或一件事物。

2. 中国东南部史前研究：应探寻和发掘遗址遗物，不得作空泛的推论。

3. 中国民族史的研究：就中外史书和现实状况研究。

4. 中国边疆少数民族研究：就近的如畲族、黎族、台湾高山族等。如有机会到远处也可研究苗、瑶、彝等族。应实地调查及采集标本，带回陈列于博物馆内。

5. 福建体质人类学的研究：测量福建现在居民的体质特征，以和别地别族人比较，又研究中国人与南洋人的混合种等。

6. 南洋民族的研究：应实地调查及采集标本。有机会到南洋作短期调查研究，如到南洋长久居留，更可作长期研究。

7. 南洋史前研究：应实地探寻发掘，长久居留者方有机会。

8. 南洋史研究：应参考中外书籍。

9. 南洋交通史的研究：可到泉州发掘古迹，获得新材料。

10. 南洋华侨研究：包括过去和现在。

11. 民俗学研究：如中国的迷信、旧俗、神话、故事、歌谣等，可专究一种。

12. 其他。

总结：以上所提的人类学系、人类学研究所和人类博物馆一起并设，是为三者有密切的联系，而且设一种与设三种费用也相同。教人类学不能无标本，而教员不能不作研究，研究的结果所得到的标本也一定陈列于博物馆内。所以三者不可分离，设一种便是设三种。照上文所提的办法很容易，因为图书标本已有基础，目前足可应用。故开办费也不多。提议人因抱服务国家，建设新文化的热心，故愿贡献自己珍藏的标本和书，以提倡这事。希望本校当局和人民政府勿置之度外，批准这项建议，于下年度（1950年秋）付之实施，是所切盼。

  军事代表 萧
并恳转呈 教育部

1949年

（厦门大学图书馆藏油印本）

国立厦门大学添设历史研究所计划书

为发展大学使命，配合新民主主义文化建设，拟就原有历史研究室并接收省立研究院历史组及私立海疆学术资料馆之便，设立历史研究所，自1950年秋开始工作。兹拟计划书于下：

一、理由

（一）加强马列主义历史理论研究的需要

过去历史著作，无论教科书或其他作品，大都染有封建主义或资本主义思想，如任其流传，不加以一番扬弃的工作，必定流毒无穷，要做这种工作，同时必须加强马列主义的历史理论的研究，将马列主义应用于东方历史的研究，也便是将东方历史的材料来充实马列主义。这消极积极二方面的工作都必须由高教或学术机关发动历史学者来担任。

（二）由地方的利便从事特殊性研究的需要

中国历史详于华北，略于华南，东南一隅，尤其模糊不明。本校为东南唯一国立大学，理应担起这种研究的责任，利用地方性的材料，发掘古迹，钩稽史籍，以补足这种空白，甚至台湾、南洋的历史和民族，因为地方接近，便于研究，也可以兼任得来。大学的学术研究原应就地方的利便选择重点。本校的学术研究重点之一，如选择我国东南的历史及台湾南洋历史民族的研究，自然极为适合（具体计划见下）。

（三）一般性研究的需要

这是指没有地方性，范围涉及全国或世界的，各大学都可研究，但本大学现有人员和设备，对于数种问题颇有研究的条件，这也是本大学所应从事的。

（四）培养高级学术人才的需要

我国新民主主义的文化建设从今开始，以后无论学术研究的人才，或高等教育的师资，都需要大量的人数，而培养的方法，在文学、哲学、社会科学方面，自然应以在国内养成为原则。所以大学如有适合的条件，便应添办研究所，以造成这种人才。

二、已具条件

本校在 20 年前曾办国学研究院,其中便包括史学,所以图书古物的设备原有根底。现在的条件也足以担任这种任务。

(一)人员

本校原有历史学教授 6 人,讲师 2 人,学术上都有成就(名单及履历著作见后),近得福建省立研究院合并本校,其中有历史组研究员 3 人,也都有研究成绩和教书经验,合原来 8 人共为 11 人。人数由一系言之已属有余,所以可添设研究所。各教员除担任历史系教学外,可兼任研究工作或指导研究生工作。

(二)设备

除图书外且有标本,目前足可应用。

1. 图书:本校原有中西文历史类图书杂志不少,加以省立研究院书籍数万册移交本校,且近有私立海疆学术资料馆也自愿合并于本校,所藏多属福建台湾、南洋的史地书籍。以上合计很足目前研究之用。(此外本校教授所藏专门图书不少,也可公用。)

2. 古物标本(附设博物馆):新的历史研究法需要标本以为实证。本校原有由华北买来古陶俑百余件,在泉州发掘的唐初瓷质明器数十件,又本校教授林惠祥自愿将十余年来所搜集的历史人类学古物标本约 500 件(多为史前遗物、历史时代古物、民族学标本三大类,移交时另有目录)送给本校做博物馆的基础,本校可即成立历史研究所附设博物馆筹备处,将这些标本古物整理陈列,一面供本研究所和历史系之用,一面公开给校外民众参观,兼作社会教育之用。本研究所成立之后,并拟发掘附近地方(如泉州)的古物,搜集边疆民族的标本,征募南洋民族风俗标本,将来如局势许可时拟派员到南洋作大规模的采集研究。经过十年的努力之后,这个博物馆可成为东南历史和南洋民族研究的重镇。

三、开办手续

(一)时期

在本年(1950 年)暑假中筹备,秋季开学时成立历史研究所,并设立博物馆筹备处。招考研究生时间如不及与其他学生同时,可另外举行。

(二)经费

书籍不需费。博物馆筹备处需陈列用具一项,数目亦不大。人员只需添博物馆员一人,兼办研究所或历史系的事。海疆学术资料馆如亦属历史研究所,管理及应用上更为便利,费也可节省。研究所有博物馆需要经费,但目前不必多。

(三)组织

历史研究所之下可附设博物馆筹备处。海疆学术资料馆所藏多属历史地理图书,性质专门,如作为历史研究所附设图书馆更为适合。

四、内容及研究工作

本研究所用历史二字为名称,是用它的广义,可等于历史科学,包括通常所称的历史(即狭义的历史,也便是有文字记载的历史)、地理学、人类学、考古学、民俗学、民族学等。这些学问实际上都密切相通,而不能完全划分得开,所以合在一起研究。

大学研究所有两种任务,其一是由教员从事创作性的研究,这事在本研究所便由历史系教员兼任。现在就目前可能做到的研究计划略举于下:

(一)马列主义的历史理论研究

应用历史及人类学材料证明和阐述马列主义,如历史唯物论、社会发展史等,这是全体研究员都要担任的。

(二)地方性的研究

这便是在地理上有特别利便的问题,本大学应当选做研究的重点,如本校不做,别处的大学又不能代庖,这些问题便永远不能解决。略举这类问题如下:

1. 中国东南及台湾南洋的史前研究:这一片地方在史前文化上和人种上另成一区,与华北不同,现在已有些发现,将来发现必更多。本校由地位的关系适于担任这种研究的责任。本校教授中有做过这种工作多年的,发现史前遗址及遗物颇多。

2. 福建开发建置史研究:福建不但史前状况不明,便是有史以来的事迹也缺乏详明的记载,所以这种研究也需要。

3. 中西中南海道交通史研究:要研究这个问题应当在福建、广东找材料,尤其是福建的泉州,无论地上地下都有无数的古物,发现出来便可以成为重要史料。(本校以前便曾有过这种发现)

4. 福建社会经济史研究:福建地理和北方不同,自必在经济上也有其特殊之处,这事对目前的经济政策也有关系,所以很应加以研究,以供实际工作的参考。

5.明末清初有关福建史事的研究：福建当明末清初在历史上颇有重要地位，如倭寇之祸、郑成功的抗清、清初的水师和海寇，都有关于全国。这些事实尚未有详书的历史，故也需要加以钩稽补足。

6.福建民族来源研究：福建民族很复杂，是一个未解决的谜，今日方言的众多是一个证据，上古有越族，今日还有畲民蛋民，他们的来源系统都不甚明了。更古或者还有别种异族，也待证实。至于自华北迁入的汉族，其来源路线时间也都不明。这些都待研究。

7.福建民俗研究：福建人民至今还保存许多特殊奇异的风俗习惯，不曾见于记载，所以也不为外省人所知道，即使本省人所知道的也不完全。这些风俗习惯对于实际的生活上很有些反作用，必须加以扬弃，方能促进民众的文化，改善他们的生活。

8.华侨史研究：南洋华侨历史经千年以上，人数达千万，对祖国的关系极大，关于他们的过去，经历必须有详确的历史记载，而华侨之中闽人居其半数，所以本省学术机关极适合研究华侨史，本校原是华侨创办的，更应当担起这种责任。

9.南洋史研究：我国华侨多在南洋，南洋对我国的关系，无论古今都很密切，所以我们应当了解南洋的历史，而且南洋前期的历史只见于中国史籍，所以研究南洋史更是我们的责任。

10.南洋民族研究：我们如要明了南洋的现在状况以供外交上的参考，以及帮助华侨的发展，必须研究南洋各地复杂的民族和奇异的风俗习惯、文化、宗教，方能应付得来，而不致错误。本校位在中南交通要港的厦门，从事这种研究最易获得材料，或派员前去实地调查，而且学生中也有来自南洋的，毕业生也常有到南洋服务的，所以最适合研究这个问题。

(三)一般性的研究

这种研究是全国都一样的，没有地理上的特别利便，不过本校现有的人才和设备，对于数种问题，很有研究的条件，而且是曾经做过的，略举如下：

1.中国社会经济史研究：这是很重要的问题，本校从事这种研究的有数人。

2.国内兄弟民族史研究：这便是要研究国内历史上的兄弟民族，如匈奴、突厥、肃慎、东胡、氐、羌、蒙古、西藏等族。本校教授曾著有专书。

3.中国断代史专题研究：如汉代史、隋唐五代史、宋元明史、清史，本校都有人经事。

4.方志学研究：本校也有人做过这种工作。

5.民俗学研究：本校也有研究的人。

6.国内兄弟民族现状调查研究:如苗瑶、罗罗、摆夷、黎人、台湾高山族等,本校也可参加研究。

以上各题都是大题目,里面包括无数小题目,研究者都可随自己的所长和兴趣,作个人研究或集体研究。至于这些题目的提出,是因为这些都是本校的历史系教员曾经做过的,曾经发表过专书或论文,以后有了研究所,更可以发展他们的工作。

五、研究生的课程

大学研究所的第二种任务是培养学术研究的人才,或高等教育的师资。本研究所可招收大学本科毕业生为研究生,由教授指导修习所需课程,并作专题研究,以二年毕业为原则。研究所课程不但程度较本科为高,学习方法也有异,应由教授指导多读中文古书或外文原著,不能以讲义或教本为满足。

本研究所的教学宗旨在乎扩大历史范围,增加历史方法,以成立一种新历史,也便是"人类历史"。就时间上说,应由现代上溯到史前时代;就空间上说,应包括中外文野的民族;就内容而论,应兼含事实与理论。本所所要造成的,首先是历史学的通才,学识博,方法多,不限于一方面。为要达到上述目标,应指定一部分课程为必修,其余为选修,必修课程之中以有文字记载的历史为基础,以人类学、考古学的知识扩充历史的范围,并供给新研究法。除此以外可各就性之所近,选修性质更专的课程,便更有所专长了。将来如有必需时亦可分组。预拟课程如下:

(一)必修课程(括弧内为学分数)

1.历史唯物论专著:这是指比概论更深的名著。(2)

2.第二外国语:东方历史书籍以日文为最多,又最易学,故以修日文为宜,别种文亦可。(6)

3.论文:在第二年做。(4)

4.中国史书阅读:如廿五史、清史、通鉴、纪事本末、十通等,有些应浏览一遍,有的应详细阅读。这一项应继续二年。(8)

5.西洋史原著阅读:西洋史不读原文必定隔膜,故须选读。(6)

6.国别史二种:除本科所修的一种以外应再修二种,如日本史、南洋史、印度史等。(6)

7.史前史:史前时期比有史时期长远数十倍,而且原始共产社会便在史前,所以研究历史不能不扩充到史前时期,将这一段当作历史的第一章,而这便是人类学知识贡献于历史的第一种。在这课程内应探讨本国及外国各地的史前人类及文化。(6)

8. 文化人类学:讨论物质文化(下层基础),社会组织、宗教、艺术、语言文学等(上层建筑)的起源与发展,是理论的学科,可以帮助了解历史上的事实,并供给新的研究方法。(6)

9. 体质人类学:讨论人类怎样由下级动物变成(劳动创造人类),人类发生的时地,人类的种族如何区分。这些都是广义的历史知识,是人类学对于历史的又一贡献。(3)

10. 世界人种志:分论现在世上各种族的体质特征、文化状况,以及他们的来源和迁移路线,这种知识可以帮助了解各民族的历史和现状,这又是人类学对于历史的一种贡献。(3)

以上必修课程共50学分。

(二)选修课程

11. 中国文化史:这一门因内容广泛,包括几种专门史,如学术、思想、文学、宗教艺术等,故仍放在研究所课程内较为适合。(6)

12. 中国民族史:这一门是人类学与历史的结晶,探讨国内历史上兄弟民族的历史。(3)

13. 中西交通史:包括中西中南陆路海路的交通事迹。(3)

14. 华侨史:要研究侨务或到南洋者应选这一门。(3)

15. 中国地理沿革:这一门放在研究所内较为适合。(3)

16. 中国边疆民族:探讨国内住在边疆的兄弟民族,如苗瑶、罗罗、猓㺠、羌、藏、满、蒙、黎、蛋、台湾番族等的现在状况。(3)

17. 南洋民族:南洋种族繁多,风俗奇异,要到南洋者须选这一门。(3)

以上二门是人类学课程,也是地理课程,对历史也有关系。

18. 中国史学:包括中国史学理论、研究法、史料学。(3)

19. 方志学:探讨方志学理论的书,阅览各地方志,研究如何用新方法写方志。(3)

以上两种是注重中国史的所应选。

20. 人类学史:了解人类学的发展进程以及各家学说。(3)

21. 人类学研究法:包括考古发掘、民族调查、体质测量等方法。(3)

以上二者是注重人类学的所应选。

22. 博物馆学:研究如何保存修理和陈列标本古物,以及摄影、扩印、制模型等技术。研究人类学者常兼做博物馆的研究员,故须修这一门。学习方法除理论外须作实习。(3)

以上选修课程可选修15学分,合必修的共65学分,为毕业必需学分。稍多些也可。

研究生修习以上课程的目的,是为要了解必须知道的史实和学者们已发表过的理论,养成学力,以为自己作专题研究的预备。研究生在第二年便应当研究一个专题,题目可参照上举的研究题或另拟亦可。研究方法可钩稽史料,考证古籍;或发掘古迹,加以研究;或调查民俗,记录成书;或参考众说,发明新理。总之必须有所发现,有所贡献于学术界。

附现有人员略历及著作一览

林惠祥 50岁,历史系教授兼主任。担任社会发展史、史前史、人类学、考古学、亚洲史等课。私立厦大历史社会学系毕业,菲律宾大学人类学硕士,曾任前中央研究院民族学专任研究员,历任本校教授并曾兼主任。研究工作:曾从事调查台湾番族二次,发现厦门、南安、闽西、武平、香港、台湾、马来亚各地史前遗物,发掘泉州唐墓,发现泉州婆罗门教遗物,探察印度古迹,出席远东国际史前学家大会。提出新说:中国东南史前海洋系文化及人种臆说,中国马来同源说,人类学上的新进化论,中国古今民族系统表等。著作已出版者有《文化人类学》(大学讲本)、《中国民族史》(曾被日人译去)、《世界人种志》、《民俗学》、《神话论》、《台湾番族之原始文化》、《罗罗标本图说》,完稿未出版的有《福建武平新石器时代遗址》、《苏门答腊民族志》、《婆罗洲民族志》、《菲律宾民族志》、《南洋人种风俗概说》。长篇论文有《新进化论》、《中马同源论》、《算命研究》、A Neolithic Site in Wuping、《怎样研究人类学》、《民俗学研究法》等十余篇。

叶国庆 50岁,中国史教授。私立厦大毕业,燕京大学研究院历史学硕士,历任本校历史系教授并曾兼主任。著作有《庄子研究》(已出版)、《纬书与史学》(未出版)、《中国的诞生》(译本未出版)。论文有《古闽地考》、《三国时代山越分布之区域》、《论尧典著作时代》、《西汉豪华大姓商贾之僭窃与兼并》、《评冯译〈秦代初平南越考〉》等。

聂西生 47岁,西洋史教授。法国巴黎大学文学硕士,历任北京大学法国东方语言学校讲师,勷勤大学、北京师大、长春大学等校历史教授。曾在法国与伯希和教授学习畏兀儿语及古蒙古语二年。著作有《法译元〈圣武亲征录〉》、《法译〈隋书·西域传〉》、《法译斯米特氏〈蒙古语文法〉》、《中央民族史》、《中古欧洲民族转移史》(皆未出版),长篇论文有《现代蒙古语言比较研究》、《中亚三古语认识之经过》等。

李式金 地理教授。清华大学地理系毕业,清华大学研究所研究员,甘肃科学馆副研究员,西北大学、东北大学、台湾大学等校教授。曾调查西部民族。著作有《拉卜楞民族研究》、《台湾地理》、《南洋地理》等书(未出版),论文有《西喇嘛教盛行的原因》、《论中国的边界》、《青海湖流域》、《越南巴颜喀喇山》、《汉夷杂区经济》、《云南阿墩子》等(已刊)。

熊德基 中国史教授。西南联合大学毕业,曾任国立师范学院讲师四年,厦大副教授四年,现兼厦大副教务长。著作有《北宋史稿》、《中国社会经济史稿》(未刊),论文有《南诏宗教考》、《纲常理论与实际之史的检讨》(已刊),《南诏种族考》、《南诏汉化考》、《三统术程例》、《明代租佃制》及《邓茂七之铲平运动》(未刊)。研究计划:《宋元明社会经济史》、《中国农民战争史》、《南明史》。

庄为玑 中国史及沿革地理教授。厦门大学历

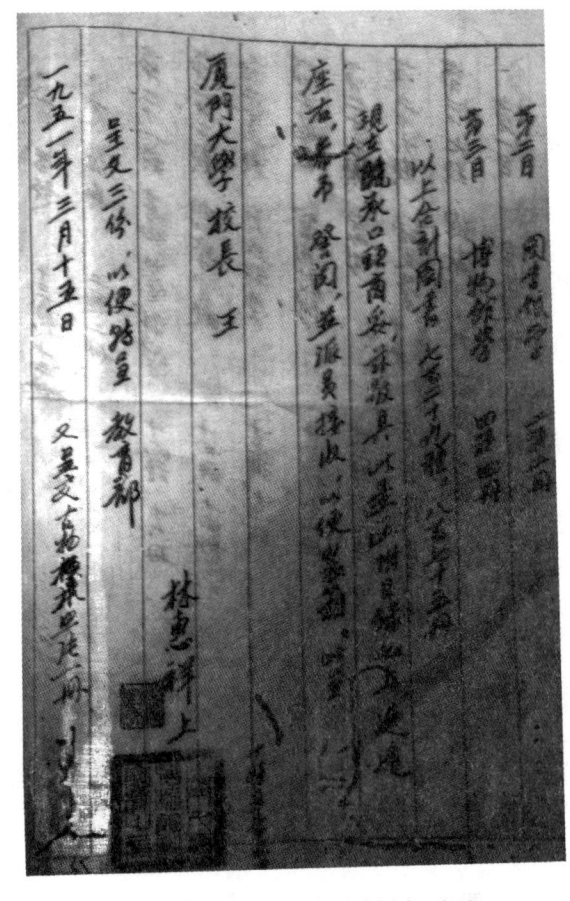

林惠祥《添设历史研究所计划书》底稿

史系毕业,曾任协和大学讲师,海疆学校副教授,厦门大学副教授。曾作过的研究工作:发掘泉州唐墓,发掘安溪唐墓。著作有《晋江新志》(已刊),论文有《安溪唐墓发掘报告》、《泉州唐墓发掘之经过》、《泉州史迹略述》等(已刊),《福建州县建置原理之发现》(未刊)等。研究计划:《泉州史迹的发掘》、《方志学的革新》、《福建开发建置史》、《郑成功抗清史》等。

陈诗启 中国史讲师。厦门大学历史系毕业,研究题明清史。

韩国磐 中国史讲师。厦大历史系毕业,研究题中国社会经济史、隋唐史。论文《隋征高丽之目的及其失败之原因》、《杨玄感之乱考实》等(已刊),《唐代之宦官》、《从经济基础上说明隋的富强和崩溃》(未刊)。

傅衣凌 中山大学毕业。留学日本研究所,研究中国近代经济史、中国政治制度史、中国近代史,论文有《论乡族势力对中国封建经济之干涉》、《明代江苏洞庭商人考》、《太平天国时代团练抗官问题引论》等多篇。

韩振华 协和大学毕业。研究中西交通史、南洋华侨史。

胡寄馨 厦大历史系毕业。研究中国近代革命史、明代阶级斗争史、中南交通史等。论文有《宋代福建对外贸易》、《明代的乡绅》、《明代国人航海贸易考》等多篇。

末后三人原是省立研究院历史组研究员,转来本系,职位未定。

（原件藏于厦门大学图书馆）

捐赠古物标本及图书
提议设立人类博物馆筹备处呈函

一、事由

本人由教学和研究的需要，20年前即开始自费搜罗古物及标本，于1935年设立私立厦门人类博物馆筹备处于厦门顶澳仔十七号（在本校附近）公开陈列，供厦大历史社会学系应用，并供外界中小学参观。曾附记于1936年的厦大一览，实际上等于厦大附设的一个陈列室，但用费完全自己负担，也从未向外人捐募。抗战前所做的工作是曾在1939年发现厦门史前石器。1935年到台湾采集高山番族标本和史前石器。1936年参加厦大发掘唐初古墓。1937年到闽西武平县发掘史前遗址。此外，与南京古物保存所、西湖博物馆、新加坡博物馆，皆有联络交换，并有南洋华侨赠送标本。又陆续在附近一带购得历史时代古物，如铜器、瓷器等。1936年春与厦大合开文物展览会。1937年夏方将出发海南岛五指山研究黎族（也是自费备1000元），证明的公文已领到，因战争爆发停止。厦门沦陷之前携带可装箱之物往新加坡，曾于1938年1月由华侨推选作为中国非正式代表参加第三届远东史前学家大会（The Third Congress of Far Eastern Prehistorians）（日本及逻罗都不得参加这一届），即将武平的史前发现作论文提出，曾刊于该会专刊。当时有西洋人要买带去的古物，本人不肯卖，希望胜利后带回国内，送与国家。在南洋时仍继续搜集和研究，曾发现马来亚吉打洞穴遗址，得旧石器很多，又入吉打马来人村落买得"雷石"，即史前新石器数件。此外，在新加坡添买民族学标本数件。1939年赴印度、缅甸，也采得不少标本。1942年以后新加坡沦陷期间，保存这些古物标本极为困难而且危险，因中有古刀剑数十件，而石器又很重。1947年应本校聘携带回国，曾于11月间开展览会三天，观者很多，报纸有报导。三四年增添几件，并于1948年夏到南安县发现史前遗物，又摄照晋江县及南安县古迹，大幅相片，费也是自出。

本人不是富裕的人，薪金及稿费所得的半数用于搜集古物标本及图书。抗战以后，生活虽困苦，也还是节衣缩食，作研究采集的费。所以愿意这样做，是因为觉得我国有发展博物馆事业的需要,尤其是人类学方面博物馆更为缺乏。本人是学人类学历史的,深知这种博物馆可以帮助教学和专门研究以及社会教育三者。以前的反动政府和大学当局不注意这事,所以愿竭微力,先做一点预备工作,等到搜集略有可观时献给国家,以求发展。不意抗战发生后原来收藏略有损失。十几年来虽略有增添,但进步很慢。现在人民政府很提倡文物的搜集保存,本校也比以前注重学术研究,保存公物也很见认真负责。本人现已决定将这些古物标本捐献本校。又本人30年来所购买的人类学、考古学、历史、地理、民俗以及其他有关的图书也一并捐赠本校,以便配合这些古物标本作教学研究之用。这些图书性质比较专门,大半是本校所无的,且多有珍本及孤本的书。本人很爱惜这些书籍,但因深信社会主义以至共产主义是人类社会的良好制度,故愿意将自己私自珍藏,患难不肯离身的书公开给多数人应用,以收得更大的效果。

二、提议

本人希望本校将这些古物标本做一个基础,设立一所人类博物馆筹备处。在筹备期间便可以少数费用,尽力做些搜集研究的工作,等到将来有可能时方正式成立人类博物馆。这博物馆可以用人类的名义,是和自然相对而言,目的在搜罗陈列及研究有关人类的古今中外文物,包括史前时代和有史时代,文明民族和原始民族,范围比较历史博物馆为广,可供人类学、史地、民俗、考古、艺术、宗教以及各种社会科学的参考。本校如设立这所博物馆,由位置的关系,除搜罗一般性的古物标本以外,将来必带有特殊性,便是多收中国东南部和南洋、台湾的东西,对于南洋及台湾的了解很有帮助,这是学术上的分工。就全国学术的各地平均发展计,也应当这样。现在仅按具体计划如下:

1. 呈报中央及华东教育部,请准设立人类博物馆筹备处。
2. 呈报中央文化部文物局,请给予指导和补助。
3. 函本省文教厅请给予指导及研究便利。
4. 每月暂拨少数经费以作整理、陈列、发掘、采集之费。
5. 现在本校疏散物资,此项古物标本图书本宜疏散,且有关教学及研究,应请全数运往龙岩,并指一室应用。
6. 此批图书是说明古物及标本的,宜合置一处,不合并于图书馆,以后购买的也是这样,但图书馆可将本馆图书编入总目录,以便复对。

附录甲

古物标本简单目录(因目前办理疏散工作,无及作详细目录,待疏散完毕补作)

第一部门　史前遗物

石器324件,石器模型4件,化石1件,陶器4件,陶片117件,原人模型。

第一类:山西万泉新石器时代遗物,石器4件,彩陶片6块。

第二类:河南安阳石刀1件。

第三类:浙江杭州古荡新石器末期遗物,石器3件,陶片7块。

第四类:福建厦门新石器时代遗物,石器2件。

第五类:福建武平新石器时代遗物,石器75件,陶器4件,陶片90块。

第六类:福建南安新石器时代遗物,石器2件。

第七类:福建长汀新石器时代遗物,石器1件,陶片1块。

第八类:广东海丰新石器时代遗物,石器3件、陶片3块。

第九类:香港本岛新石器时代遗物,石器1件。

第十类:香港东南舶辽洲岛贝冢遗址遗物,石器1件,陶片7块。

第十一类:广东民间收藏雷斧1件。

第十二类:台湾旧石器时代石器2件。

第十三类:台湾新石器时代遗物,石器53件,陶片3块。

第十四类:菲律宾新石器时代遗物2件。

第十五类:马来西亚吉打华玲旧石器时代洞穴遗物石器132件。

第十六类:马来西亚吉打达古亚圭巴食余遗址中遗物,石器2件,贝壳1包,骨化石数块。

第十七类:马来西亚吉打新石器时代遗物6件。

第十八类:苏门答腊新石器时代遗物,石器2件。

第十九类:印度新石器时代石斧2件。

第二十类:澳洲土人现在使用的始石器型石器5件。

第二十一类:马来西亚旧石器模型4件。

第二十二类:爪哇猿人泥制模型1件。

第二十三类:史前大动物骨化石4块。

第二部门　历史时代古物

第一类:铜器(剑、箭、镞、盾等)7件。

第二类:陶瓷器,28件。

　　第一目:华北陶制明器6件。

第二目:泉州唐墓瓷制明器,12件。
　　第三目:宋明瓷器,10件。
第三类:玉石器6件。
第四类:旧货币约数百枚。
　　第一目:中国旧铜钱。
　　第二目:外国旧货币。
第三部门　民族学标本
第一类:武器,39件。①
　　第一目:中国旧式武器,6件。
　　第二目:台湾番族武器,3件。
　　第三目:南洋各民族武器,21件。
　　第四目:日本旧武器,3件。
第二类:器物14件。
　　第一目:台湾番族器物,11件。
　　第二目:南洋土人器物,2件。
　　第三目:印度器物,1件。
第三类:服装。
　　第一目:台湾番族8件。
第四类:宗教品,26件。
　　第一目:印度宗教品,22件。
　　第二目:南洋宗教品,3件。
　　第三目:中国宗教品,1件。
第五类:艺术品,15件。
　　第一目:南洋土人艺术品,5件。
　　第二目:台湾土人艺术品,2件。
第六类:建筑模型,3件。
第七类:人种风俗模型,5件。
第四部门　其他
第一类:自然物标本,18种。
第二类:旧邮票,百余种约千枚以上。
第三类:仪器(照相绘图等用)共2件。

---

①　总计39件与下面的数字之和不符,原件如此。下文亦有同样的情况,不另加说明。——编者注

第四类:照片底及纸片、片底百余张,纸片 400 余张。

以上总计 643 件,货币、邮票、照片不计。附精致小木箱大小 10 个。

附录乙

图书简目(以人类学、史地、考古、民俗为中心,其他不过是辅助质,故分类与普通图书馆不同)。

第一类:人类学总论,小计 20 种,50 册。
 第一目:引论,5 种,5 册。
 第二目:本论,10 种,10 册。
 第三目:丛书,1 部,19 册。
 第四目:期刊,2 种,12 册。
 第五目:论文合订本,2 册。
 第六目:画片合订本,1 册。
 第七目:画片零张,20 张,以 1 册计。

第二类:文化人类学,小计 39 种,46 册。
 第一目:理论,9 种,9 册。
 第二目:总论,19 种,20 册。
 第三目:各论,9 种,9 册。
 第四目:期刊,2 种,8 册。

第三类:体质人类学,12 种,20 册。

第四类:史前史,小计 57 种,64 册。
 第一目:总论,34 种,38 册。
 第二目:各论,22 种,22 册。
 第三目:期刊,1 种,4 册。

第五类:民族志,小计 78 种,93 册。

第六类:普通考古学,小计 30 种,56 册。
 第一目:总论,9 种,9 册。
 第二目:各论,24 种,41 册。
 第三目:期刊,5 种,6 册。

第七类:民俗学,小计 30 种,35 册。
 第一目:总论,3 种,3 册。
 第二目:神话学,7 种 7 册。
 第三目:迷信论,11 种,11 册。

第四目:风俗记载,9种,14册。
第八类:史学总论,5种,5册。
第九类:世界通史,11种,18册。
第十类:中国史,小计50种,75册。
　　第一目:总论,10种,17册。
　　第二目:断代史,14种,21册。
　　第三目:专题,29种,35册。
　　第四目:期刊,1种,2册。
第十一类:亚洲史,小计77种,95册。
　　第一目:总论,3种,3册。
　　第二目:日本朝鲜史,12种,15册。
　　第三目:印度中亚史,17种,17册。
　　第四目:南洋史,45种,60册。
第十二类:西洋史,14种,20册。
第十三类:传记,9种,10册。
第十四类:地理通论,8种,8册。
第十五类:地图,11种,4册,7幅。
第十六类:世界地图总论,3种,10册。
第十七类:中国地理,12种,12册。
第十八类:南洋地理,小计58种,64册。
　　第一目:总论,24种,26册。
　　第二目:各论,30种,30册。
　　第三目:期刊,4种,8册。
第十九类:其他区域地理,4种,5册。
第二十类:社会学,小计71种,71册。
　　第一目:学说史,11种,11册。
　　第二目:总论,21种,22册。
　　第三目:研究法,4种,4册。
　　第四目:社会发展史,19种,19册。
　　第五目:专题,13种,13册。
　　第六目:辞典,2种,2册。
第二十一类:其他社会科学,16种,16册。
第二十二类:哲学宗教,14种,14册。
第二十三类:自然科学,17类,17册。
第二十四类:实用技术,12种,14册。

第二十五类:美术,12 种,15 册。
第二十六类:语文类(中、英、日、法、马来),55 种,58 册。
第二十七类:总类,小计 12 种,13 册。
　　第一目:学术总论,6 种,7 册。
　　第二目,图书馆学,2 种,2 册。
　　第三目,博物馆学,4 种,4 册。

以上合计图书 729 种,875 册。
　　现在既承口头商妥,兹敬具此呈函,附目录如上,送达座右,希予登阅,并派员接收,以便装箱。此呈
厦门大学校长　王

林惠祥上

呈文三份,以便转呈教育部

一九五一年三月十五日

又呈交古物标本照片一册

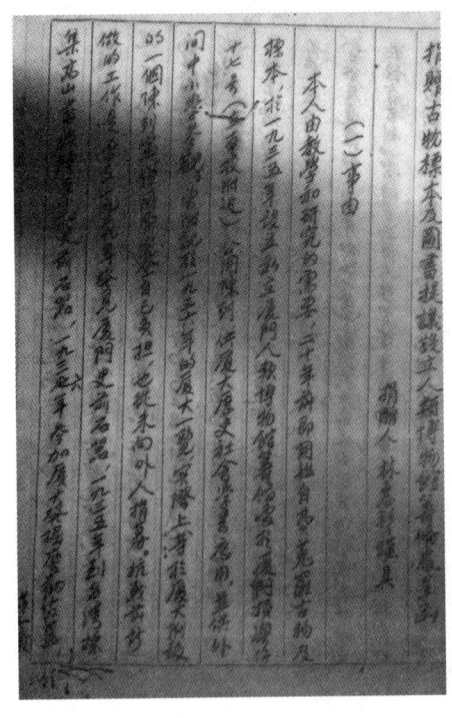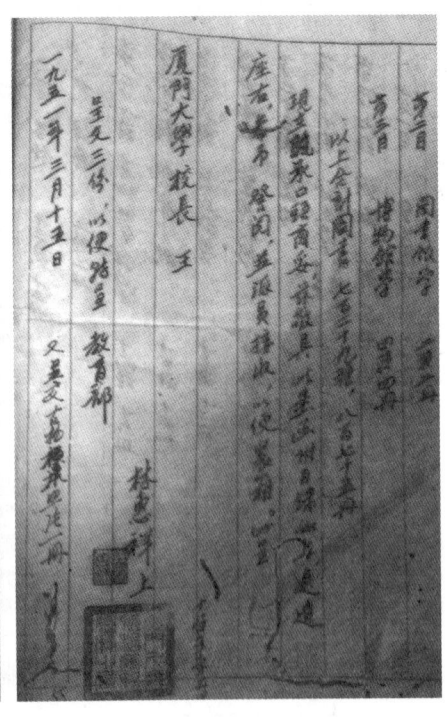

呈函原件

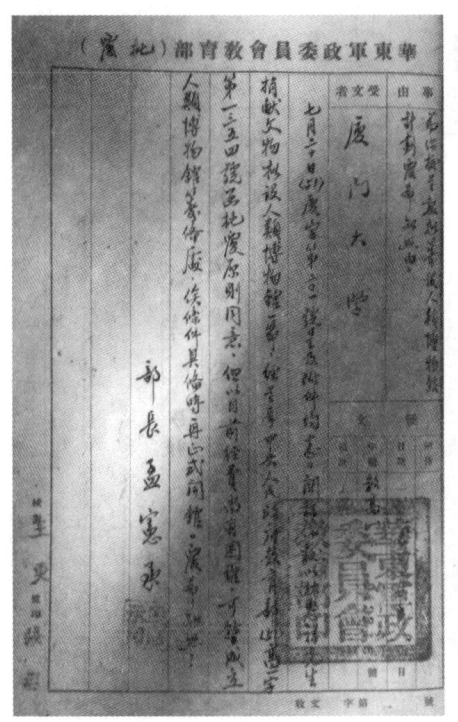 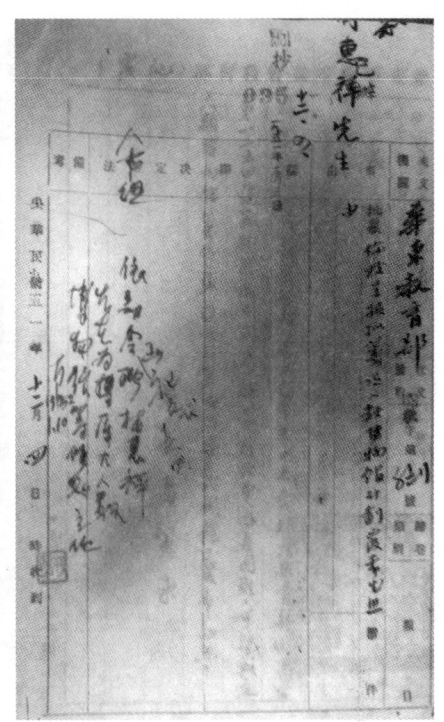

华东军政委员会教育部批复

（原件藏于厦门大学档案馆）

林惠祥捐献厦门大学人类博物馆筹备处古物标本细目、图书细目

林惠祥捐献古物标本细目

林惠祥呈报

捐赠厦门大学人类博物馆筹备处

第一部门　史前遗物

（石器324件，石器模型4个，陶器1件，陶片127片）

总号	地方及号数	名称	件数	收入时	来源
1	山西省万泉县	厚石斧（略圆的）完整	1	1929	南京古物保存所交换
2	山西省万泉县	厚石斧（略扁的）完整	1	1929	南京古物保存所交换
3	山西省万泉县	薄石斧完整	1	1929	南京古物保存所交换
4	山西省万泉县	石锛（黑色炭质）完整	1	1929	南京古物保存所交换
5	山西省万泉县	彩陶片	6	1929	南京古物保存所交换
6	河南省安阳县	石刀（缺）	1	1936	郑德坤赠
7	浙江省杭州古荡	有孔石斧完整	1	1935	与西湖博物馆交换
8	浙江省杭州古荡	石铲破片	1	1935	与西湖博物馆交换
9	浙江省杭州古荡	石斧破片	1	1935	与西湖博物馆交换
10	浙江省杭州古荡	石锛破片	1	1935	与西湖博物馆交换
11	浙江省杭州古荡	陶片	7	1935	与西湖博物馆交换
12	福建省厦门蜂巢山	新石器时代石锛完整	1	1931	本人发现
13	福建省厦门蜂巢山	新石器时代石锛微缺的	1	1931	本人发现

续表

总号	地方及号数	名称	件数	收入时	来源
14	广东省海丰县	新石器时代有段小石锛	1	1938	与发现人 Maglioni 交换
15	广东省海丰县	厚石环破段	1	1938	与发现人 Maglioni 交换
16	广东省海丰县	薄石环破段	1	1938	与发现人 Maglioni 交换
17	广东省海丰县	陶片	3	1938	与发现人 Maglioni 交换
18	福建省武平县	新石器时代有段石锛（大的）	1	1937	本人及梁惠溥发现
19	福建省武平县	新石器时代有段石锛（小的）	1	1937	本人及梁惠溥发现
20	福建省武平县	新石器时代普通石锛	2	1937	本人及梁惠溥发现
21	福建省武平县	新石器时代薄边石锛	1	1937	本人及梁惠溥发现
22	福建省武平县	新石器时代短石锛	1	1937	本人及梁惠溥发现
23	福建省武平县	新石器时代弯锋石锛	1	1937	本人及梁惠溥发现
24	福建省武平县	新石器时代小石锛	4	1937	本人及梁惠溥发现
25	福建省武平县	新石器时代石锛破块	6	1937	本人及梁惠溥发现
26	福建省武平县	新石器时代石斧破片	5	1937	本人及梁惠溥发现
27	福建省武平县	新石器时代石凿	1	1937	本人及梁惠溥发现
28	福建省武平县	新石器时代三棱石凿	1	1937	本人及梁惠溥发现
29	福建省武平县	新石器时代石铲破块	2	1937	本人及梁惠溥发现
30	福建省武平县	新石器时代未磨石斧	2	1937	本人及梁惠溥发现
31	福建省武平县	新石器时代完整石箭镞	3	1937	本人及梁惠溥发现
32	福建省武平县	新石器时代石镞破块尖端	7	1937	本人及梁惠溥发现
33	福建省武平县	新石器时代石镞破块中段	16	1937	本人及梁惠溥发现
34	福建省武平县	新石器时代石镞破块根部	10	1937	本人及梁惠溥发现
35	福建省武平县	新石器时代未磨石镞	2	1937	本人及梁惠溥发现
36	福建省武平县	新石器时代石环残块	1	1937	本人及梁惠溥发现
37	福建省武平县	新石器时代石砺	3	1937	本人及梁惠溥发现
38	福建省武平县	新石器时代陶尊（将近完整，高12.3厘米）	1	1937	本人及梁惠溥发现
39	福建省武平县	新石器时代陶豆足部	1	1937	本人及梁惠溥发现
40	福建省武平县	新石器时代残缺的陶器	1	1937	本人及梁惠溥发现
41	福建省武平县	新石器时代陶盂的一半	1	1937	本人及梁惠溥发现

续表

总号	地方及号数	名称	件数	收入时	来源
42	福建省武平县	新石器时代陶片:表示花纹的	36	1937	本人及梁惠溥发现
43	福建省武平县	新石器时代陶片:表示盖形的	4	1937	本人及梁惠溥发现
44	福建省武平县	新石器时代陶片:表示盖边的	2	1937	本人及梁惠溥发现
45	福建省武平县	新石器时代陶片:表示器口的	25	1937	本人及梁惠溥发现
46	福建省武平县	新石器时代陶片:表示腹部的	12	1937	本人及梁惠溥发现
47	福建省武平县	新石器时代陶片:表示耳部的	3	1937	本人及梁惠溥发现
48	福建省武平县	新石器时代陶片:表示底部的	4	1937	本人及梁惠溥发现
49	福建省武平县	新石器时代陶片:表示足部的	7	1937	本人及梁惠溥发现
50	武平城西南小山	新石器时代石锛	1	1949	林杰赠送
51	武平城西南小山	新石器时代石锛	1	1949	林杰赠送
52	武平城西南小山	新石器时代石镞	1	1949	林杰赠送
53	福建长汀河田	新石器时代石镞	1	1949	赖镇东、李式金赠送
54	福建南安八尺岭	新石器时代石斧	1	1940?	庄为玑发现赠送
55	福建南安浦山	新石器时代有段石锛	1	1948	本人发现
56	福建长汀河田	新石器时代陶片	1	1949	赖镇东赠送
57	广东民间保存	雷斧(即新石器时代石斧)	1	1949	香港古董店买得
58	香港本岛大潭	新石器时代石器残段	1	1937	本人发现
59	香港南丫岛	新石器时代小石锛	1	1937	本人寻得
60	香港南丫岛	新石器时代陶片	12	1937	本人寻得
61	台湾东海岸	旧石器型石斧	2	1929	该地学校赠送
62	台湾台北圆山	新石器时代大石斧(完整1,破块1)	1	1929	本人就地购得
63	台湾台北圆山	新石器时代完整有段长石锛	1	1929	本人就地购得
64	台湾台北圆山	新石器时代完整有段红色石锛	1	1929	本人就地购得

续表

总号	地方及号数	名称	件数	收入时	来源
65	台湾台北圆山	新石器时代完整有段青色石锛	1	1929	本人就地购得
66	台湾台北圆山	新石器时代表皮剥落的有段石锛	1	1929	本人就地购得
67	台湾台北圆山	新石器时代灰色有段小石锛	1	1929	本人就地购得
68	台湾台北圆山	新石器时代黑色坚硬有段小石锛	1	1929	本人就地购得
69	台湾台北圆山	新石器时代黑色狭小有段石锛	1	1929	本人就地购得
70	台湾台北圆山	新石器时代方形灰色壶形中石锛	1	1929	本人就地购得
71	台湾台北圆山	新石器时代黑色常型中石锛	1	1929	本人就地购得
72	台湾台北圆山	新石器时代黑色常型小石锛	5	1929	本人就地购得
73	台湾台北圆山	新石器时代灰色常型小石锛	3	1929	本人就地购得
74	台湾台北圆山	新石器时代红色常型极小石锛	2	1929	本人就地购得
75	台湾台北圆山	新石器时代三棱型石锛	1	1929	本人就地购得
76	台湾台北圆山	新石器时代软玉常型石斧	1	1929	本人就地购得
77	台湾台北圆山	新石器时代灰色常型中石锛	3	1929	本人就地购得
78	台湾台北圆山	新石器时代贝壳锛	1	1929	本人就地购得
79	台湾台北圆山	新石器时代青色软玉小石斧	1	1929	本人就地购得
80	台湾台北圆山	新石器时代表皮剥落的小石斧	1	1929	本人就地购得
81	台湾台北圆山	新石器时代有肩石斧（完整）	4	1929	本人就地购得
82	台湾台北圆山	新石器时代石枪尖破块	2	1929	本人就地购得
83	台湾台北圆山	新石器时代石箭镞破块	4	1929	本人就地购得
84	台湾台北圆山	新石器时代石饰物破块	15	1929	本人就地购得
85	台湾台北圆山	新石器时代沉网石	1	1929	本人就地购得

续表

总号	地方及号数	名称	件数	收入时	来源
86	台湾台北圆山	新石器时代旋钉器状小石器	1	1929	本人就地购得
87	台湾台北圆山	新石器时代陶片	3	1929	本人就地购得（以上台湾新石器共56件）
88	菲律宾吕宋	新石器时代石刀（略缺）	1	1928	H. O. Beyer 赠送
89	菲律宾吕宋	火山溶液制细石器	2	1928	H. O. Beyer 赠送
90	马来亚吉打、华玲	新石器时代黑色长石斧（完美）	1	1941	本人到马来人村中买得
91	马来亚吉打、华玲	新石器时代黑色长石锛（完美）	1	1941	本人到马来人村中买得
92	马来亚吉打、华玲	新石器时代特厚长石锛（完整）	1	1941	本人到马来人村中买得
93	马来亚吉打、华玲	新石器时代黑色短薄石斧（缺）	1	1941	本人到马来人村中买得
94	马来亚吉打、华玲	新石器时代有肩厚石锛（完整）	1	1941	本人到马来人村中买得
95	马来亚吉打、华玲	新石器初期半磨石斧	1	1941	本人拾得
96	马来亚吉打、华玲 Gua Duboleti 洞	旧石器时代石斧 AI 杏仁状	8	1941	本人发现
97	马来亚吉打、华玲 Gua Duboleti 洞	旧石器时代石斧 BI 长形	26	1941	本人发现
98	马来亚吉打、华玲 Gua Duboleti 洞	旧石器时代石斧 CI 方形	10	1941	本人发现
99	马来亚吉打、华玲 Gua Duboleti 洞	旧石器时代石斧 DI 上锐下广	7	1941	本人发现
100	马来亚吉打、华玲 Gua Duboleti 洞	旧石器时代石斧 EI 上广下锐	4	1941	本人发现
101	马来亚吉打、华玲 Gua Duboleti 洞	旧石器时代石斧 FI 圆形	5	1941	本人发现
102	马来亚吉打、华玲 Gua Duboleti 洞	旧石器时代石斧 GI 石锛状	3	1941	本人发现
103	马来亚吉打、华玲 Gua Duboleti 洞	旧石器时代石刀即第Ⅱ类	25	1941	本人发现
104	马来亚吉打、华玲 Gua Duboleti 洞	旧石器时代石刮刀即第Ⅲ类	6	1941	本人发现
105	马来亚吉打、华玲 Gua Duboleti 洞	旧石器时代鹰嘴形石器即Ⅳ	4	1941	本人发现

续表

总号	地方及号数	名称	件数	收入时	来源
106	马来亚吉打、华玲 Gua Duboleti 洞	旧石器时代石锥即V	4	1941	本人发现
107	马来亚吉打、华玲 Gua Duboleti 洞	旧石器时代石尖器即Ⅵ	18	1941	本人发现
108	马来亚吉打、华玲 Gua Duboleti 洞	旧石器时代石片即Ⅶ	17	1941	本人发现
109	马来亚吉打、华玲 Gua Duboleti 洞	旧石器时代无定型石器即Ⅷ	10	1941	本人发现
110	马来亚吉打 Gua Kepah 贝冢	旧石器时代凹肩石斧	1	1941	本人拾得
111	马来亚吉打 Gua Kepah 贝冢	旧石器时代小红石弯形物	1	1941	本人拾得
112	吉打、华玲、近桥山边小洞	半磨石器	3	1941	本人拾得
113	吉打、华玲附近村中	新石器时代双斜锋石锛	1	1941	本人到地买得
114	吉打、华玲附近村中	新石器时代青色石斧	1	1941	本人到地买得
115	马来亚	旧石器模型（石膏制）	4	1937	新加坡博物馆交换
116	苏门答腊南部	新石器时代石斧	1	1946	李吉成掘得赠送
117	苏门答腊南部	新石器时代未磨石斧	2	1946	颜涵卿、林惠柏赠送
118	印度雪山	新石器时代石斧、长形	1	1939	本人拾得
119	印度雪山	石石器时代石斧、短形	1	1939	本人拾得
120	澳洲	现代土人使用小石器	5	1938	与 Melbourne 博物馆交换

第二部门 有史时代古物

（小计60号，大的50件，铜币数百枚）

总号	地方及号数	名称	件数	收入时	来源
以下铜器					
121	河南洛阳	汉以前铜剑	1	1936	郑德坤赠送
122	河南洛阳	汉以前铜箭镞，三棱的	2	1936	郑德坤赠送
123	河南洛阳	汉以前铜箭镞，双倒钩的	1	1936	郑德坤赠送

续表

总号	地方及号数	名称	件数	收入时	来源
124	河南洛阳	汉以前铜带钩	1	1936	郑德坤赠送
125	日本	古铜镜	1	1934	买得
126	日本	铸古武士像金属盘	1	1934	买得
127	南洋	古代铜盾	1	1936	华侨捐赠
以下瓷器					
128	河南洛阳	汉墓明器:坐俑	1	1936	原与厦大交换所得,郑德坤经手
129	河南洛阳	六朝墓明器:立俑	1	1936	原与厦大交换所得,郑德坤经手
130	河南洛阳	唐墓明器:士人俑	1	1936	原与厦大交换所得,郑德坤经手
131	河南洛阳	唐墓明器:平民俑	1	1936	原与厦大交换所得,郑德坤经手
132	河南洛阳	唐墓明器:女俑	1	1936	原与厦大交换所得,郑德坤经手
133	河南洛阳	唐墓明器:马	1	1936	原与厦大交换所得,郑德坤经手
134	福建晋江城内	唐初古墓瓷制明器:瓿	1	1935	原与厦大交换所得,郑德坤经手
135	福建晋江城内	唐初古墓瓷制明器:鐎斗	1	1935	原与厦大交换所得,郑德坤经手
136	福建晋江城内	唐初古墓瓷制明器:茶盏及座	1	1935	原与厦大交换所得,郑德坤经手
137	福建晋江城内	唐初古墓瓷制明器:动物形便壶	1	1935	原与厦大交换所得,郑德坤经手
138	福建晋江城内	唐初古墓瓷制明器:盘	1	1935	原与厦大交换所得,郑德坤经手
139	福建晋江城内	唐初古墓瓷制明器:灯	1	1935	原与厦大交换所得,郑德坤经手
140	福建晋江城内	唐初古墓瓷制明器:小碗	1	1935	原与厦大交换所得,郑德坤经手
141	福建晋江城内	唐初古墓瓷制明器:小洗	1	1935	原与厦大交换所得,郑德坤经手
142	福建晋江城内	唐初古墓瓷制明器:大盘及小杯	1	1935	原与厦大交换所得,郑德坤经手
143	福建晋江城内	唐初古墓瓷制明器:甑	1	1935	原与厦大交换所得,郑德坤经手

续表

总号	地方及号数	名称	件数	收入时	来源
144	福建晋江城内	唐初古墓瓷制明器：黑釉碗	1	1935	原与厦大交换所得，郑德坤经手
145	福建晋江城内	唐初古墓瓷制明器：灶	1	1935	原与厦大交换所得，郑德坤经手
146	福建	宋代黑釉建窑碗	1	1935	薛永黍赠送
147	福建厦门	宋代灰色浅碗	1	1936	本人在蜂巢山上挖得
148	厦门	宋代？青瓷盘	1	1951	本人在厦门买得
149	南京明故宫	明代盛朱砂瓷碗	1	1929	本人在该处买得
150	福建晋江城内	明代仿犀角瓷杯	1	1935	在该处购得
151	厦门	明代青瓷浅碗	1	1932	买得
152	厦门	明代青瓷小盘（成化）	1	1951	买得
153	厦门	明代青瓷小碟	1	1951	买得
以下玉石器					
154	香港	青色软玉圭大号	1	1937	香港买得
155	香港	青色软玉有肩形圭	1	1937	香港买得
156	香港	青色中号玉圭	1	1937	香港买得
157	香港	灰色雕龙虎小玉圭	1	1937	香港买得
158	香港	灰色素四小玉圭	1	1937	香港买得
159	香港	红色雕龙玉牌	1	1937	香港买得
160	香港	小玉璧	1	1937	香港买得
161	香港	小石镞及石珠一串	1	1937	香港买得
162	中国	玛瑙鼻烟壶连玉盖	1	1946	新加坡买得
163	中国	玛瑙珠串（清代朝珠）	1	1929	台湾买得
164	中国	白玉连环	1	1929	台湾买得
以下钱币					
165	中国	中国历代铜钱	约数百枚	1929	买得
166	日本	日本古铜钱	数枚	1929	买得
167	中国	钱剑	一柄	1929	李庆霄赠
168	印度	印度古币方块状	10	1939	本人由印度内地买得
169	中国	苏维埃时代铜币	1	1947	康建勋赠送

续表

总号	地方及号数	名称	件数	收入时	来源
170	香港	旧铜币		1947	以下各处铜币共约百余枚,未详计,买得,此种旧币现皆不用
171	安南	旧铜币			
172	暹罗	旧铜币			
173	马来亚	旧铜币银形			
174	菲律宾	旧铜币			
175	婆罗洲	旧铜币、镍币			
176	爪哇	旧铜币			
177	印度	旧铜币			
178	中国	旧银币(1元的)	2		
179	欧洲百年前	旧银币(1元的)	1		
180	墨西哥	旧银币(1元的)	1		
181	中国	洪宪特烧瓷瓿(此件补入陶瓷类)	1	1938	在新加坡买得

第三部门 民族学标本

总号	地方及号数	名称	件数	收入时	来源
(一)武器类40件					
182	南洋	蛇形剑海马牙雕鸟颈柄,连木鞘	1	1938	本人在新加坡买得
183	南洋	蛇形剑刃薄落木鞘缠绿线	1	1936	华侨捐赠
184	南洋	蛇形剑附木鞘包铜,刃不甚弯	1	1936	华侨捐赠
185	南洋	蛇形剑附木鞘包铜,刃不甚弯	1	1936	华侨捐赠
186	南洋	蛇形剑附木鞘,柄鸟形	1	1936	华侨捐赠
187	南洋	蛇形剑附木鞘	1	1936	华侨捐赠
188	南洋	蛇形剑附皮鞘	1	1936	华侨捐赠
189	南洋	蛇形剑小号鞘	1	1936	华侨捐赠
190	南洋	有阿拉伯字的小蛇形剑	1	1938	韩槐准赠
191	南洋	弯形马来小刀附木鞘包铜	1	1936	华侨捐赠

续表

总号	地方及号数	名称	件数	收入时	来源
192	南洋	弯形马来小刀附木鞘铜箍	1	1936	华侨捐赠
193	南洋	弯形马来小刀角柄鸟形,木鞘	1	1936	华侨捐赠
194	南洋	弯形马来小刀附木鞘包银	1	1936	华侨捐赠
195	南洋	弯形马来小刀最小,柄如马蹄,木鞘	1	1936	华侨捐赠
196	南洋	直形马来小刀附木鞘	1	1936	华侨捐赠
197	南洋	小匕首附木鞘	1	1936	华侨捐赠
198	南洋	镰形小刀(Beladau)附木鞘	1	1938	本人在新加坡买得
199	南洋	镰形小刀(Beladau)较大附木鞘	1	1936	华侨捐赠
200	南洋	婆罗洲大刀(Panang ilang)木雕鞘	1	1936	华侨捐赠
201	南洋	菲律宾摩洛族大刀银柄附木鞘	1	1936	自买
202	南洋	马来大刀木鞘木柄	1	1936	华侨赠
203	台湾	北番刀附鱼形木鞘	1	1935	本人采集(买得)
204	台湾	南番刀附雕蛇及人头的木鞘	1	1935	本人采集(买得)
205	台湾	红头屿番刀附凹雕人形的木鞘	1	1935	本人采集(买得)
206	日本	古式短倭刀附鞘	2	1935 1948	本人买得 黄用君捐赠
207	中国	清代单剑象牙柄木鞘	1	1936	本人自买
208	中国	清代双短剑木鞘	1	1936	本人自买
209	中国	清代武官佩刀鲨鱼皮鞘	1	1936	本人自买
210	中国	清代长刀(俗称关刀)	1	1948	本人自买
211	中国	清代三叉	1	1948	本人自买
212	中国	清代单铁铜	1	1948	本人自买
213	中国	清代双叉长刀	1	1951	本人自买
214	日本	古式长倭刀有鞘	1	1951	本人自买
215	日本	新式装潢倭刀有鞘	2	1949	黄用君捐赠
216	中国	国术用双剑	1	1936	本人买得
217	中国	国术用阔头刀	1	1935	自买
218	澳洲	飞去来(Boomerang)模型	1	1940	钟灵中学学生赠
219	中国	国术用枪	1	1936	自买

续表

总号	地方及号数	名称	件数	收入时	来源
(二)器物类 14 件					
220	台湾番族	双连木杯	1	1935	本人到地采买
221	台湾番族	木勺	1	1935	本人到地采买
222	台湾番族	人形木匙	1	1935	本人到地采买
223	台湾番族	人面形木烟斗	1	1935	本人到地采买
224	台湾番族	螺形木烟斗	1	1935	本人到地采买
225	台湾番族	雕图案纹木烟斗	1	1935	本人到地采买
226	台湾番族	竹烟斗	1	1935	本人到地采买
227	台湾番族	羊角烟斗	1	1935	本人到地采买
228	台湾番族	小刀连木鞘(折断)	1	1935	本人到地采买
229	台湾番族	背物用绳	1	1935	本人到地采买
230	台湾番族	陶杯	1	1935	本人到地采买
231	南洋马来人	铜制象形瓶	1	1936	华侨赠
232	南洋马来人	铜制捣槟榔器	1	1936	华侨赠
233	印度	土制烟斗	1	1939	自买
(三)服装类 8 件					
234	台湾番族	贝壳珠衣	2	1935	本人到地采买
235	台湾番族	贝壳珠腿饰	1	1935	本人到地采买
236	台湾番族	红花外褂	1	1935	本人到地采买
237	台湾番族	青花外褂	1	1935	本人到地采买
238	台湾番族	红上衣	1	1935	本人到地采买
239	台湾番族	彩腰带	1	1935	本人到地采买
240	台湾番族	藤帽	1	1935	本人到地采买
(四)宗教类 30 件					
241	南洋峇厘岛	恶魔面具	1	1936	华侨赠
242	印度	印度教中号铜制神像	1	1939	本人到该地采买
243	印度	印度教小号铜制神像	10	1939	本人到该地采买
244	印度	印度教石雕猴神像	1	1939	本人到该地采买
245	印度	印度教石雕四神及生殖器崇拜	1	1939	本人到该地采买
246	印度	印度教生殖器崇拜石像大号	3	1939	本人到该地采买

续表

总号	地方及号数	名称	件数	收入时	来源
247	印度	印度教生殖器崇拜石像白石小号	2	1939	本人到该地采买
248	印度	印度教生殖器崇拜石像灰石小号	3	1939	本人到该地采买
249	印度	印度教搽额用斫牛直角槌	1	1939	本人到该地采买
250	印度	印度教祭神用石卵	1	1939	本人到该地采买
251	印度	印度教贝叶经	2	1939	本人到该地采买
252	印度	菩提子念珠	1串	1939	僧嘉善师赠
253	缅甸	铜制女神像	1	1939	本人采买
254	缅甸	铜制神兽像	1	1939	本人采买
255	中国	雷公画像	1	1939	南洋买
(五)艺术类(12件)					
256	台湾番族	木雕女像	1	1935	本人到地搜集
257	台湾番族	红头岭番人制土偶	1	1935	本人到地搜集
258	南洋峇厘岛	木雕恶魔像	1	1938	买得
259	南洋爪哇	傀儡(女人)	2	1936	华侨赠
260	南洋爪哇	薄角片神话人物像	2	1938	买得
261	南洋某地	木雕人像(如猴状)	1	1935	交换所得
262	南洋某地	雕人面石片(小)	1	1935	交换所得
263	南洋某地	浮雕动物及人面的牛角	1	1941	买得
264	南洋爪哇	布绘神话人物图	2	1941	买得
(六)人种风俗模型8件					
265	台湾	木雕太么族人像	1	1935	买得
266	台湾	泥及纸塑番人像(略破)	1	1935	买得
267	日本	泥及纸塑古式舞女像	1	1948	华侨赠
268	日本	古武士泥像	1	1939	买得
269	日本	西乡隆盛小铝像	1	1947	买得
270	欧洲	18世纪欧人瓷像	1	1939	买得
271	印度	印度人小像	1	1939	买得
272	史前	自制猿人泥像	1	1947	买得
(七)建筑舟车模型4件					
273	南洋苏岛	米南加堡族大屋铜制模型	1	1936	华侨赠

续表

总号	地方及号数	名称	件数	收入时	来源
274	南洋苏岛	米南加堡族小屋铜制模型	1	1936	华侨赠
275	南洋苏岛	米南加堡族台屋铜制模型	1	1936	华侨赠
276	南洋苏岛	米南加堡族塔屋铜制模型	1	1936	华侨赠

第四部门 其他

总号	地方及号数	名称	件数	收入时	来源
277	自然物1	中国出土史前大动物骨化石	4	1951	由厦门药店买得
278	自然物2	南洋吉打冢内贝化石	二大块	1941	本人购得
279	自然物3	南洋吉打史前洞穴内贝化石	十余个	1941	本人购得
280	自然物4	厦门出土古大蚌壳化石破块	1块	1947	本人购得
281	自然物5	安南犀角	1	1938	南洋买得
282	自然物6	羚羊角	1	1938	南洋买得
283	自然物7	南洋红豆子	数百颗	1941	南洋拾得
284	自然物8	矿石	7种		
285	集邮1	中国	数量未计		
286	集邮2	南洋各地	数量未计		
287	集邮3	日本远东	数量未计		
288	集邮4	其他诸地	数量未计		
289	照片1	武平史前遗址照片及底片	各20	1937	自照
290	照片2	台湾番族探查照片及底片	各十余	1935	自照
291	照片3	印度缅甸风俗古迹照片及底片	各十余	1939	自照
292	照片4	马来亚华玲史前洞穴照片及底片	各二十余	1941	自照
293	照片5	泉州古迹照片底(5吋)	20	1948	原是本人与庄为玑、罗志甫共有
294	照片6	中国史前遗物照片(3吋大)	底50,纸100	陆续照	自照
295	照片7	台湾史前遗物照片(3吋)	底16,纸40	陆续照	自照
296	照片8	南洋吉打旧石器照片(3吋)	底34,纸90	1951	自照
297	照片9	其他史前遗物照片(3吋)	底9,纸20	1951	自照

续表

总号	地方及号数	名称	件数	收入时	来源
298	照片10	有史时代古物照片(3吋)	底10,纸20	1951	自照
299	照片11	民族学标本照片(3吋)	底15,纸30	1951	自照
300	器物1	显微镜附镜头2套	1架		买得
301	器物2	凸镜	1		买得
302	器物3	放大尺	1		买得
303	器物4	照相用大木架	1		自制
304	器物5	木箱(不计在内)	10		买得

以上共计303号,643件,另钱币数百枚、邮票数百枚(不同的)、照片底224片、纸张300张。

此呈

厦门大学　王校长

捐赠人　林惠祥

林惠祥捐赠图书细目

林惠祥呈报

(捐赠厦门大学人类博物馆筹备处)

(这批图书是以人类学、考古学、历史地理、民俗学等为中心,其他不过是补助性质,故分类与普通图书馆不同)

第一类　人类学总论(20部,49册)[①]

子目	著者	书名	文字	版本	册数
引论1	A. C. Haddon	History of Anthropology	英	布面,小(大小指篇幅而言,下同)	1
引论2	S. Casson	The Discovery of Man	英	布面,中	1

---

① 原件总计的册数与子目或有不符,部分子目数据不全,今从原件。——编者注

续表

子目	著者	书名	文字	版本	册数
引论 3		Hundred Years of Anthropology	英	布面,大	1
引论 4	C. Wissler	Anthropology as a Career	英	薄册	1
本论 1	A. L. Kroeber	Anthropology	英	布面,大	1
本论 2	Wallis	An Introduction to Anthropology	英	布面,大	1
本论 3	Kroeber、Waterman	Source Book in Anthropology	英	布面,大	1
本论 4	V. & Calueston	The Making of Man	英	布面,大	1
本论 5	西村真次著,张武军译	人类学泛论	中	纸面,大	1
本论 6	Marett 著,吕叔湘译	人类学	中	纸面,小	1
本论 7	刘敏著	人类学体系	中	纸面,中	1
本论 8	张栗原著	现代人类学	中	纸面,中	1
本论 9	Marett 著,张铭鼎译	人类学小引	中	纸面,小	1
本论 10	陈映璜著	人类学	中	纸面,中	1
丛书 1	长坂金雄等著,雄山阁刊	人类学先史学讲座,全部	日	纸面,中	19
期刊 1	日本人类学会	人类学杂志第 58 卷 2、3、4、6、8、10、11、12 期,第 59 卷 3、5、7 期,第 1 卷 1 期	日	纸面,小	11
期刊 2	历史语言研究所	人类学集刊	中	纸面,中	1
论文合订本	由多种期刊上取来	人类学史地论文合订本第一、二册	中	纸面,大	2
画片合订本	由 Illustrated London News 取来	人类学画片合订本	英	八开,大	1
画片零张		人类学画片零张		20 余张	

第二类 文化人类学(39 部,46 册)

子目	著者	书名	文字	版本	册数
理论 1	Lowie	Culture and Ethnology	英	破纸面,小	1
理论 2	Driberg	At Home with the Savage	英	布面,中	1

续表

子目	著者	书名	文字	版本	册数
理论 3	C. Wissler	*Man and Culture*	英	布面,中	1
理论 4	Shirokogoroff	*Ethnical Unit and Milieu*	英	纸面,小	1
理论 5	Lowie 著,吕叔湘译	文明与野蛮	中	纸面,中	1
理论 6	西村真次著,李译	文化移动论	中	纸面,中	1
理论 7	Smith 等著	文化传播论集	中	纸面,小	1
理论 8	Malinowiski 著,费孝通译	文化论	中	纸面,小	1
理论 9	Smith 著,周译	文化起源论	中	纸面,小	1
总论 1	Goldrneiser	*Early Civilization*	英	布面,大	1
总论 2	Tylor	*Primitive Culture*	英	布面,大	2
总论 3	Frazer	*The Golden Bough*	英	布面,大	1
总论 4	W. G. Thomas	*Source Book for Social Origins*	英	布面,大	1
总论 5	Scott Elliot	*The Romance of Savage Life*	英	布面,大	1
总论 6	Eichler	*The Custom of Mankind*	英	布面,大	1
总论 7	Ellwood	*Cultural Evolution*	英	布面,大	1
总论 8	Tozzer	*Social Origin and Social Continuities*	英	布面,中	1
总论 9	Lowie	*Primitive Society*	英	布面,大	1
总论 10	Wissler	*Introduction to Social Anthropology*	英	布面,大	1
总论 11	Starr	*First Steps in Human Progress*	英	布面,中	1
总论 12	林惠祥著	文化人类学	中	布面,大	1
总论 13	西村真次著	文化人类学	日	布面,大	1
总论 14	波克洛夫斯基著,卢哲生译	世界原始社会史	中	纸面,大	1
总论 15	Clodd 著,俞译	世界幼稚时代	中	纸面,中	1
总论 16	Warden 著,中西章译	人间行动与の进化	日	布面,中	1
总论 17	Morgan 著,蔡和森编译	社会进化史	中	纸面,中	1
总论 18	石井童美著	人类及び地球の运命	日	纸面,中	1
总论 19	Engels 著,张仲实译	家族私有财产及国家之起源	中	布面,中	1

续表

子目	著者	书名	文字	版本	册数
各论1	Westermark 著,王亚南译	人类婚姻史	中	纸面,中	1
各论2	Malinovski 著,林译	蛮族社会之犯罪与风俗	中	纸面 32开,小	1
各论3	Grosse 著,陈易译	艺术起源	中	纸面 32开,中	1
各论4	L. Adam	Primitive Art	英	纸面 36开,小	1
各论5	Lewin Dosch Cunow	技术の起源	日	纸面 20开,中	1
各论6	岑家梧著	图腾艺术史	中	纸面 32开,小	1
各论7	Cunow 著,吴觉先译	经济通史卷一:原始经济生活	中	布面 32开,大	1
各论8	张东民著	性的崇拜	中	纸面 32开,小	1
各论9	Malinovski 著,李安宅译	巫术科学宗教与神话	中	纸面 32开,中	1
期刊1	中山文化教育馆刊	民族学研究集刊第1、2、6期	中	16开,大	3
期刊2	民族学协会刊	民族学研究新第1卷2、3、4、5期,新第2卷6期	日	32开,小	5

第三类 体质人类学(12部,90册)

子目	著者	书名	文字	版本	册数
总论1	西村真次著	体质人类学	日	32开,布面,大	1
总论2	长谷部言人著,汤译	自然人类学概论	中	20开,布面,中	1
总论3	Darwin 著,马君武译	人类原始及类择	中	万有文库本	9
总论4	Huxley 著,华汝成译	人类在自然界之地位	中	32开纸面,中	1
总论5	张作人著	人类天演史	中	20开纸面,中	1
总论6	Thomas 著,伍况甫译	原人	中	20开布面,中	1
总论7	Baitsell 著,杜译	人类之进化	中	20开纸面,中	1
各论1	中央研究院	华北平原中国人之体质测量	中	16开纸面,小	1
各论2	谷口虎年著	东洋民族と体质	日	36开纸面,小	1

续表

子目	著者	书名	文字	版本	册数
各论3	卢政纲著	言词写真学	中	20开纸面,中	1
各论4	Engels 著,中译	从猿到人	中	32开,小册	1
各论5	黄一德	从猿到人画册	中	32开纸面,小	1

第四类 史前史(58部,65册)

子目	著者	书名	文字	版本	册数
组论1	Montelius 著,滕固译	先史考古学方法论	中	20开布面,中	1
组论2	Scott Elliot	Prehistoric Man and His Story	英	20开布面,大	1
组论3	Vulliamy	Our Prehistoric Fore-runners	英	32开布面,中	1
组论4	Burkitt	Our Fore-runners	英	36开布面,小	1
组论5	G. de Morgan	L'humanitē Préhistorique	法	32开布面,厚	1
组论6	Boyle	Prehistoric Man	英	32开布面,中	1
组论7	E. O. James	The Beginning of Man	英	32开布面,中	1
组论8	D. Davison	Men of the Dawn	英	32开布面,中	1
组论9	A. Keath	Construction of Man's Family Tree	英	32开布面,小	1
组论10	A. Keath	Concerning Man's Origin	英	32开布面,小	1
组论11	Bibby	Evolution of Man and His Culture	英	32开布面,小	1
组论12	H. Haeckel	The Last Link	英	32开布面,中	1
组论13	British Museum	Guide to Stone Age Antiquities	英	20开硬纸面,中	1
组论14	British Museum	Antiquities of Bronze Age	英	20开硬纸面,中	1

续表

子目	著者	书名	文字	版本	册数
组论 15	British Museum	*Early Iron Antiquities*	英	20开硬纸面,中	1
组论 16	British Museum	*Fossil Remains of Man*	英	20开硬纸面,旧	1
组论 17	陈兼善著	史前人类	中	20开布面,中	1
组论 18	朱洗著	我们的祖先	中	24开纸面,中	1
组论 19	岑家梧著	史前史概论	中	32开纸面,中	1
组论 20	H. Peake & H. G. Harold	*Apes and Men (Corridors of Time)*	英	32开布面,中	1
组论 21	R. Broom	*The Coming of Man*	英	20开布面,大	1
组论 22	鸟居龙藏著	人类及び人种	日	16开布面,大	1
组论 23	J. de Morgan 著,成田译	有史以前の人类	日	20开布面,大	1
组论 24	Macabe 著,吴译	荒古原人史	中	32开纸面,中	1
组论 25	游嘉德著	人类起源	中	32开纸面,中	1
组论 26	佐藤传藏著,周译	考古原人史	中	32开纸面,中	1
组论 27	鸟居龙藏著,张译	化石人类学	中	32开纸面,中	5
组论 28	裴文中著	旧石器时代之艺术	中	32开纸面,旧	1
组论 29	岑家梧著	史前艺术史	中	32开纸面,中	1
组论 30	Andrew 著,伍况甫译	人类底始祖	中	32开纸面,中	1
组论 31	G. Childe	*What Happened in History*	英	36开纸面,旧	1
组论 32	Y. E. Smith	*The Search for Man's Ancestors*	英	36开纸面,旧	1
组论 33	F. E. Zeuner	*Dating the Past*	英		1

续表

子目	著者	书名	文字	版本	册数
组论34	M. Dunn	Up to Civilization	英		1
各论1	W. C. Pei	Stone Artifacts of Choukoutien Cave Deport	英		1
各论2	D. Black	Fossil Man in China	英	特大版，珍本	1
各论3	叶为耽	震旦人与周口店文化	中		1
各论4	滨田耕作著,中译	东亚文化之黎明	中		1
各论5	李济等	田野考古报告第一册	中		1
各论6	D. G. Finn	Archaeological Finds in Lanrma Is.	英	非卖品，珍本	1
各论7	Maglioni 赠送	Archaeological Finds in Hoifung	英		1
各论8	Third Congress of Far-eastern Prehistoricans 赠送	Proceedings of Third Congress of Far-eastern Prehistoricans	英		1
各论9	W. Linehan	Some Discoveries on the Tembeling	英		1
各论10	鸟居龙藏	有史以前の迹な寻根て	日		1
各论11	江苏研究社赠	吴越文化专号	中		1
各论12	吴越史地研究会赠	杭州古荡新石器时代遗址试探报告	中	非卖品，珍本	1
各论13	何天行赠	杭县良渚镇之石器与黑陶	中	非卖品	1
各论14	Van des Hoop 著,日译	インドネシセの原始文化	日		1
各论15	S. W. Winbolt	Britian B. C.	英		1
各论16	祢津正志	印度支那の原始文明	日		1
各论17	松本信广	印度支那の民族と文化	日		1
各论18	李济等	中国考古学报（即田野考古报告）（第二、三册）	中		2
各论19	前中央研究院	城子崖	中	特大版，珍本	1
各论20	H. O. Beyer 赠送	Philippine and East Asian Archaeology	英	珍本	1
各论21	裴文中	中国史前时期之研究	中		1
各论22	曾松友	中国原始社会之探究	中		1

续表

子目	著者	书名	文字	版本	册数
各论23	饶宗颐赠送	韩江流域史前遗址及其文化	中	非卖品	1
期刊1	Raffle Museum 赠	Bulletin of Raffles Museum (No.1、2、3、4)	英	非卖品	4

第五类　民族志（78部，93册）

子目	著者	书名	文字	版本	册数
总论1	Hammerton	Peoples of All Nations	英	特大版珍本	7
总论2	Hammerton	Manner and Customs of Mankind	英	特大版珍本	3
总论3	仲摩照久	世界风俗写真大观	日		1
总论4	良友书店	世界人种风俗大观	中		1
总论5	Hutchinson	The Living Race of Mankind (Vol. II)	英		1
总论6	British Museum	Handbook to Ethnographical Collection	英		1
总论7	Manhattan	The Secret Museum of Mankind	英		1
总论8	British Museum	Specimens Illustrating Races of Mankind	英		1
总论9	林惠祥	世界人种志	中		1
总论10	吴泽霖	现代种族	中		1
总论11	小牧实繁著,郑震译	民族地理学	中		1
总论12	古屋芳雄著,张译	民族生物学	中		1
总论13	Taylor 著,葛绥成译	人种地理学	中		1
总论14	E. Pittard	Les Races et L'histoire	法		1
总论15	Pittard 著,董译	种族与历史	中		1
总论16	Starr 著,津田译	世界人种物语	日		1
总论17	Huxley 著,小泉译	人种の问题	日		1
总论18	R. Brown	People of the World	英	1900 ed.	5
总论19	A. H. Keane	Man Past and Present	英		1

续表

子目	著者	书名	文字	版本	册数
总论 20	Odhams Press	The world's People and How They Live	英		1
总论 21	A. E. Hanin	Customs of the World	英	特大版珍本	1
各论 1	Heine Geldern，小堀译	东南アジセの民族と文化	日		1
各论 2	バツサルゲ著，高山译	东亚地理民族学	日		1
各论 3	Li Chi	Formation of the Chinese People	英		1
各论 4	须山卓	支那民族论	日		1
各论 5		我が民族	日		1
各论 6		支那の民族问题	日		1
各论 7	东京人类学会	日本民族	日		1
各论 8	鸟居龙藏著,中译	东北亚洲搜访记	中		1
各论 9	鸟居龙藏	日本周围民族の原始宗教	日		1
各论 10	庄学本	羌戎考察记	中		1
各论 11	鸟居龙藏著,中译	苗族调查报告	中		1
各论 12	庞新民	两广瑶山调查	中		1
各论 13	刘锡蕃	岭表纪蛮	中		1
各论 14	刘介	苗荒小纪	中		1
各论 15		Les Mois (Photo)	法		1
各论 16	吴定良	Classification of Asiatic Race	英		1
各论 17	林惠祥	台湾番族之原始文化	中		1
各论 18	林惠祥	罗罗标本图说	中		1
各论 19	Davis 著,中译	云南各夷族及其语言研究	中		1
各论 20	徐松石	粤江流域人民史	中		1
各论 21	铃木质	台湾番人风俗志	日		1
各论 22	中岛宗一	印度支那民族志	日		1
各论 23	棚濑襞尔	比律宾の民族	日		1
各论 24	泽田谦	南洋民族志	日		1
各论 25	宫武正道	南洋の文化及土俗	日		1

续表

子目	著者	书名	文字	版本	册数
各论 26	清野谦次	南方民族の生态	日		
各论 27	Skeat, Blagden	Pagan Races of Malay Peninsula	英		2
各论 28	Wheeler	The Modern Malay	英		1
各论 29	Wilkinson	The Aboriginal Tribe (of Malaya)	英		1
各论 30	Wilken 著, Hunt 译	Sociology of Malayan Peoples	英		1
各论 31	E. Hose	Natural Man: A Record from Borneo	英		1
各论 32	Hore & Medougall	Pagan Tribes of Borneo (Vol. Ⅱ)	英		1
各论 33	Gardener	Keris & Other Malayan Weapons	英		1
各论 34	Haddon	Head Hunters	英		1
各论 35	松冈静雄	太平洋民族志	日		1
各论 36	Rout	Maori Symbolism	英		1
各论 37	C. Petero	New Hight on Dark Africa	英		1
各论 38	Yuha 赠	An Outline of Racial Ethnology of India	英		1
各论 39	Yuha 赠	Racial Composition of Hindustani Tribe	英		1
各论 40	Yuha 赠	Racial Affinities of Gew of Cochin	英		1
各论 41	Meerwarth 赠	Andamanese, Nicobarese & Hill Tribes of Assam	英		1
各论 42	Meerwarth 赠	Musical Instruments in Indian Museum	英		1
各论 43	魏觉钟	南荒民族	中		1
各论 44	前原、野口等	大东亚の民族	日		1
各论 45	F. C. Cole	Peoples of Malaysia	英		1
各论 46	林耀华	凉山夷家	中		1
各论 47	陈礼颂	暹罗民族学研究译丛	中		1
各论 48		佛印の住民及习俗	日		1
各论 49	曾昭抡	大凉山夷区考察记	中		1

续表

子目	著者	书名	文字	版本	册数
各论 50	清野谦次	太平洋民族学	日		1
各论 51	吴清友	苏联民族	中		1
各论 52	王兴瑞赠	海南岛之苗人	中		1
各论 53	江应梁赠	西南边疆民族论丛	中		1
各论 54	陈序经	蛋民的研究	中		1
各论 55	徐松石	泰族僮族粤族考	中		1
各论 56	方德修	东北地方沿革及其民族	中		1
各论 57	纪伯庸译	苏联民族文诰	中		1

第六类 普通考古学(37部,54册)

子目	著者	书名	文字	版本	册数
总论 1	滨田耕作著,俞剑华译	考古学通论	中		1
总论 2	British Museum	How to Observe in Archaeology	英		1
总论 3	钟聚贤	中国考古学史	中		1
总论 4	Wooley 著,胡肇椿译	考古发掘方法论	中		1
总论 5	胡肇椿	古物之修复与保存	中		1
总论 6	G. Clark	Archaeology and Society	英		1
总论 7	容媛	金石书录目	中		1
总论 8	米海里司著,郭沫若译	美术考古一世纪	中		1
总论 9	朱剑心	金石学	中		1
各论 1	Hammerton	Wonders of the Past	英	特大版珍本	2
各论 2	梅原末治著,胡厚宣译	中国青铜器时代考	中		1
各论 3	滨田耕作著	古玉概说	中		1
各论 4	郑师许	铜鼓考略	中		1
各论 5	周玮	亚洲古兵器与文化艺术之关系	中		1
各论 6	京都帝大	出云上代玉作遗物之研究	日		1

续表

子目	著者	书名	文字	版本	册数
各论7	高楠乙治	圣书と考古学	日		1
各论8	G. Gorer	Bali and Angkor	英		1
各论9	郑德坤赠	Excavation of Tang Dynasty Tombs	英	抽印本	1
各论10	庄为玑赠	安溪唐墓发掘报告	中		1
各论11	冯云鹏、冯云鹓	金石索	中	万有文库本	12
各论12	原田淑人、驹井和爱	支那古器图考:兵器篇	日	特大,散页及一册,珍本	
各论13	吴仁敬、辛安潮	中国陶瓷史	中		1
各论14	商务印书馆	参加伦敦中国艺术国际展览会出品图说	中	特大版珍本	4
各论15	Majamdar	A Guide to the Sculpture in Indian Museum	英		1
各论16	Museum of Nalanda	Postcards of Nalanda Site 18 ps.	英		1
各论17	朱琰	陶说	中		1
各论18	梁慧梅	古玉图说	中		1
各论19	戴震	考工图说	中		1
各论20	好陶会	陶寄	日		1
各论21		日本刀	日		1
各论22	R. S. Hobson	Chinese Pottery & Porcelain (价17英镑)	英	珍本	2
各论23	滨田耕作著,杨炼译	古物研究	中		1
期刊1	中国考古学会	考古(第三期)	中		1
期刊2		古代文化(卷十四之4,5)	日		2
期刊3	日本考古学会	考古学杂志(三十三卷之4)	日		1
期刊4		古美术(第149号)	日		1
期刊5		国宝(第54期)	日		1

第七类 民俗学(32部,43册)

子目	著者	书名	文字	版本	册数

续表

子目	著者	书名	文字	版本	册数
总论1	林惠祥	民俗学	中		1
总论2	江绍原译	现代英吉利谣俗及谣俗学	中		1
总论3	杨成志	现代民俗学	中	抽印本	1
总论4	中山大学	民俗（第一卷第三期）	中		1
神话学1	茅盾	神话杂志	中		1
神话学2	黄石	神话研究	中		1
神话学3	西村真次著，谢六逸译	神话学ＡＢＣ	中		1
神话学4	林惠祥	神话论	中		1
神话学5	赵景美	童话学ＡＢＣ	中		1
神话学6		古中国的跳舞与神秘故事	中		1
神话学7	松村武雄	民族性と神话	日		1
迷信1	费鸿年	迷信	中		1
迷信2	社会学什说社	术数之社会学的分析	中		1
迷信3	江绍原	发须爪	中		1
迷信4	袁树珊	命理探原	中		1
迷信5		星命新万年书	中		1
迷信6	牧田弥祯	迷信在打破やよ	日		1
迷信7	新城新藏	迷信	日		1
迷信8	C. Platt	*Popular Superstition*	英		1
迷信9	J. & Knouhon	*Origin of Popular Superstition*	英		1
迷信10	胡山源	打鬼	中		1
迷信11	Presbyterian Mission	*The Chinese Recorder*	英		1
迷信12	朱洗	由迷信中抽科学	中		1
风俗1	胡	中华全国风俗志	英		4
风俗2	张亮采	中国风俗史	中		1
风俗3	翟宣颖	中国社会史料丛钞	中		3
风俗4	尚秉和	历代社会风俗事物考	中		1
风俗5	杨荫深	日常事物掌故丛书	中		7

续表

子目	著者	书名	文字	版本	册数
风俗6	铢庵	人物风俗制度丛谈	中		1
风俗7	杨树达	汉代婚丧礼俗考	中		1
风俗8	王三聘	古今事物考	中		1
风俗9	程树德	说文稽古篇	中		1

第八类　史学总论(5部,5册)

子目	著者	书名	文字	版本	册数
总论1	Barnes 著,向达译	史学	中		1
总论2	杨鸿烈	历史研究法	中		1
总论3	李泰芬	方志学	中		1
中国史学1	梁启超	中国历史研究法	中		1
中国史学2	梁启超	中国历史研究法补编	中		1

第九类　世界通史(18部,21册)

子目	著者	书名	文字	版本	册数
全史1	H. G. Wells	Outline of History	英		1
全史2	Thorndike 著,倪受民译	世界文化史	中		1
全史3	傅运森	世界大事年表	中		1
全史4	Marshall	The Story of Human Progress	英		1
全史5	Marshall	Readings in Story of Human Progress	英		1
全史6	Blackmar	History of Human Society	英		1
全史7	C. Ray	Outline of Progress	英	特大版	1
全史8	平凡社	世界历史大年表	日		1
全史9	G. A. Hammerton	Universal History of the World	英	特大版,珍本	8
古代1	西村真次著,金译	世界文化史	中		1
古代2	A. Moret	Qer Clan Aux Errpires	法		1

续表

子目	著者	书名	文字	版本	册数
现代1	H. S. Commager	*Pocket History of the Second World War*	英		1
现代2	Evans 著,陈译	明日之国界	中		1

第十类 中国史(54部,70册)

子目	著者	书名	文字	版本	册数
全史1	邓之诚	中华二千年史	中		4
全史2	章钦	中华通史	中		4
全史3	高桑驹吉著,李继煌译	中国文化史	中		1
全史4	陈登原	中国文化史(上册)	中		1
全史5	翦伯赞	中国史纲(第一册)	中		1
全史6	吕振羽著	简明中国通史	中		2
全史7	吴泽	中国历史商篇	中		1
全史8	Gorven & Washington	*An Outline History of China*	英		1
全史9	M. Granct	*La Cordization Chinois*	法		1
断代1	孙星衍	尚书今古文注疏	中		2
断代2	朱芳圃	甲骨学商史篇	中		2
断代3	汤球	十六国春秋辑补	中		3
断代4	洪钧	元史译文证补	中		2
断代5	萧一山	清代通史上册	中		1
断代6	陈恭禄	中国近代史	中		
断代7	H. G. Creel	*The Birth of China*	英		1
断代8	郑子由	中国原始社会研究	中		1
断代9	吕思勉	先秦史	中		
断代10	吴泽	古代史	中		1
断代11	吕振羽	中国原始社会史	中		1
断代12	吕振羽	中国社会史纲(第二册)	中		1
断代13	胡厚宣	古代研究的史料问题	中		1

续表

子目	著者	书名	文字	版本	册数
专题1	张国仁	中华民族考	中		1
专题2	林惠祥	中国民族史	中		2
专题3	陈登原	国名疏故	中		1
专题4	施瑛	中国民族史讲话	中		1
专题5	吕振羽	中国民族简史	中		1
专题6	林炎	中国民族的由来	中		1
专题7	Schlegel 著,冯承钧译	中国史乘中未详诸国考证	中		1
专题8	向达	中西交通史	中		1
专题9	张星烺译	马哥勃罗游记	中	万有本	4
专题10		穆天子传	中		1
专题11	朱杰勤译	中西文化交通史译粹	中		1
专题12	Yule & Condier	The Book of Ser Marco Polo (Vol. II)	英	珍本	1
专题13	石田干之助著,张宏英译	中西文化之交流	中		1
专题14	桑原骘藏著,陈裕菁译	蒲寿庚考	中		1
专题15	郑鹤声	郑和遗事汇编	中		1
专题16	驹井和爱著,杨炼译	中国历代社会研究	中		1
专题17	G. Q. Ball	Things Chinese	英		1
专题18	金吉堂著,日译	支那回教史	日		1
专题19	Aurouseau 著,冯承钧译	秦代初平南越考	中		1
专题20	Parker 著,向达译	匈奴史	中		1
专题21	Bretschneider 著,梁园东译	西辽史	中		1
专题22	Grousset 著,冯承钧译	蒙古史略	中		1
专题23	羽田亨著,郑元芳译	西域文明史概论	中		1
专题24	李震明	台湾史	中		1

续表

子目	著者	书名	文字	版本	册数
专题 25	梁启超	国史研究六篇	中		1
专题 26	T. Allom, T. N. Wright	China Illustrated	英	1842 ed. 特大版珍本	1
专题 27	Rennie	Peking and the Pekingese	英	1865 ed. 珍本	1
专题 28	F. E. Farbes	Five Years in China	英	1848 ed. 珍本	2
专题 29	Old Nick & Borget	La Chine Ouverte	法	1848 ed. 珍本	1
专题 30	华岗	中国历史的翻案	中		1
期刊 1	前中央研究院	历史语言研究所集刊（五卷之3、16）	中		2

第十一类 亚洲史（78部，99册）

子目	著者	书名	文字	版本	册数
总论 1	Steiger, Beyer, Benites	A History of Orient	英		1
总论 2	傅彦长	东洋史ＡＢＣ	中		1
总论 3	石井	大东亚古代文化史研究	日		1
日本朝鲜 1	白椰秀湖	民族日本历史：建国篇，封建篇，王朝篇，近世篇	日		4
日本朝鲜 2	赖山阳著，矶注	日本外史精解	日		1
日本朝鲜 3	藤崎俊茂	概观日本文化史	日		1
日本朝鲜 4	坂本健一	日本风俗史要	日		1
日本朝鲜 5	陈恭禄	日本全史	中		1
日本朝鲜 6	西村真次著，徐碧晖译	日本文化史概论	中		1
日本朝鲜 7	E. 茹科夫著，胡明译	日本历史讲话	中		1
日本朝鲜 8	王辑五	中日交通史	中		1
日本朝鲜 9	李宗武	日本史ＡＢＣ	中		1
日本朝鲜 10	河村只雄	南方文化の探究（流球，高砂族等）	中		1

续表

子目	著者	书名	文字	版本	册数
日本朝鲜 11	林泰辅著,陈清泉译	朝鲜通史	中		1
日本朝鲜 12	*Fortune Magazine*	Japan	美		1
印度中亚 1	唐玄奘	大唐西域记	中		1
印度中亚 2	山泽种树	印度五千年史	日		1
印度中亚 3	岑仲勉	佛游天竺记考释	中		1
印度中亚 4	日本外务省调查局	印度民族史	日		1
印度中亚 5	Chharbra	*Expansion of Indo-Aryan Culture during Pallava Rule*	英		1
印度中亚 6	吉永寿	イソド史	日		1
印度中亚 7	武田丰四郎著,杨炼译	印度古代文化	中		1
印度中亚 8	羽田亨著,张译	中央亚细亚的文化	中		1
印度中亚 9	色伽兰著,冯承钧译	中国西部考古记	中		1
印度中亚 10	冯承钧辑译	史地参考	中		1
印度中亚 11	冯承钧辑译	史地参考续编	中		1
印度中亚 12	Sven Hedin	*Trans-Himalaya*	英	珍本	1
印度中亚 13	H. S. Landor	*In the Forbidden Land*	英	1898 ed. 珍本	1
印度中亚 14	中原等著,杨炼译	西南亚细亚文化史	中		1
印度中亚 15	刘炳荣	印度史	中		1
印度中亚 16	金仲华	世界战争中的印度	中		1
印度中亚 17	麦浪	印度	中		1
南洋史 1	(宋)赵汝适著,冯承钧注	诸蕃志校注	中		1
南洋史 2	Hinth & Rockhill 译	*Chau Ju-kua, His Work Cha-Fan-Chi*	英	珍本	1
南洋史 3	(明)黄信著,冯承钧注	星槎胜览校注	中		1
南洋史 4	(明)马欢著	瀛涯胜览	中		1
南洋史 5	张燮	东西洋考	中		1
南洋史 6	谢清高、杨炳南著	海录注	中		1

续表

子目	著者	书名	文字	版本	册数
南洋史 7	李长傅	南洋史纲要	中		1
南洋史 8	冯承钧	中国南洋交通史	中		1
南洋史 9	李长傅	中国殖民史	中		1
南洋史 10	三省堂	南方文化讲座：历史篇	日		1
南洋史 11	藤四丰八著，何健民译	中国南海古代交通丛考	中		1
南洋史 12	冯承钧辑译	西域南海史地考证译丛正续三篇	中		3
南洋史 13	Fryke Schweitzer 著	十七世纪南洋群岛航海记两种	中		1
南洋史 14	刘半农译	苏莱曼东游记	中		1
南洋史 15	Renouard de Saint-Croix	Voyage Aux Indes Orientales	法	1810 ed.	2
南洋史 16	Pelliot 著，冯承钧译	郑和下西洋考	中		1
南洋史 17	扳泽武雄	南方圈文化史讲话	日		1
南洋史 18	井出季和太	南方开发史	日		1
南洋史 19	セチヤーチワード	南洋诸岛の古代文化	日		1
南洋史 20	东京日日新闻社	南の传说	日		1
南洋史 21	成田节男	华侨史	日		1
南洋史 22	夏公南	中印缅道交通史	中		1
南洋史 23	潘公昭	东南亚各国内幕	中		1
南洋史 24	Maspero 著，冯承钧译	占婆史	中		1
南洋史 25	王又申译	暹罗古代史	中		1
南洋史 26	W. A. K. Wood 著，陈礼颂译	暹罗史	中		2
南洋史 27	曹绵之	暹罗	中		1
南洋史 28	许云樵译	暹罗王郑昭传	中		1
南洋史 29	G. W. Harvey 著，姚枬译	缅甸史（上、中）	中		2
南洋史 30	以沛	缅甸	中		1
南洋史 31	张礼千	马六甲史	中		1
南洋史 32	Winstedt	A History of Malaya	英		1

续表

子目	著者	书名	文字	版本	册数
南洋史 33	W. clkineon	A History of Peninsular Malay	英		1
南洋史 34	Malaya Publishing Co.	Elementary History of Malaya	英		1
南洋史 35	许云樵	北大年史	中		1
南洋史 36	Muller 著,范文涛译	马来半岛与欧洲之政治关系	中		1
南洋史 37	姚枬	马来亚华侨史纲要	中		1
南洋史 38	南洋筹赈总会	大战与南侨：马来亚之部	中		1
南洋史 39	村上等合著	兰领印度史	日		1
南洋史 40	デクラーク著,日译	兰印史	日		1
南洋史 41	巴人	群岛之国印尼	中		1
南洋史 42	日本外务省调查部	比律宾民族史	日		1
南洋史 43	李长傅	菲律宾史	中		1
南洋史 44	Royal Asiatic Society	Journal of Malayan Branch	英		7
南洋史 45	南洋学会	南洋学报	中		8
南洋史 46	南侨筹赈总会	大战与南侨	中		1

第十二类　西洋史(14部,21册)

子目	著者	书名	文字	版本	册数
1	Robinson & Breasted	History of Europe: Ancient & Medieval	英		1
2	Robinson & Breasted	Outlines of European History Ⅱ	英		2
3	Schapiro 著,金楠秋译	欧洲近代现代史	中		1
4	Gibbon	History of the Decline & Fall of Roman Empire	英		1
5	原随园等著,杨译	希腊文化东渐史	中		1
6	Buell 著,谭译	欧洲战后十年史	中		1
7	Neloon	Highroad of History	英		7
8	Ensor	A Miniature History of the War	英		1
9	Beard & Bagley	美国史	英		1

续表

子目	著者	书名	文字	版本	册数
10	Nevins & Commager	A Pocket History of the United States	英		1
11	Godec-Molobergen	South African History Told in Picture	英		1
12	H. Johnstone	Pioneers in South Africa	英		1
13	斯特鲁威著,焦敏之译	古代东方社会	中		1
14	Comte de Benyoweky	Voyage et Memoires	法	1791 ed.	2

第十三类 传记(11部,12册)

子目	著者	书名	文字	版本	册数
1	姜兆夫	历代名人年里碑传总表	中		1
2	Chavannes 著,冯承钧译	中国之旅行家	中		1
3	孙毓修	玄奘	中		1
4	李士厚	郑和家谱考释	中		1
5	杨荫深	中国学术家列传	中		1
6	杨家骆	民国名人图鉴(第一、二册)	中		2
7	陈嘉庚	南侨回忆录	中		1
8	范焕基	现代中外名人小辞典	中		1
9	任嘉尧	当代中国名人辞典	中		1
10	B. Jaffe	Men of Science in America	英		1
11	D. Carnegie	Little Known Fact about Well Known People	英		1

第十四类 地学总论(8部,8册)

子目	著者	书名	文字	版本	册数
1	Dickinson & Howarth,王译	地理学史	中		1
2	Martonne 著,王勤培译	自然地理学	中		1
3	Brunhes 著,张译	人生地理学	中		1
4	Stevens 著,余译	实用地理学	中		1
5	高桥纯一著,杜季光译	地文地理集成	中		1

续表

子目	著者	书名	文字	版本	册数
6	Jarr	New Physical Geography	英		1
7	Luciene-Febrere	La Jenne et Levolution humaine	法		1
8	香川干一著,葛绥成译	地形学	中		1

第十五类 地图(11种,7册,4幅)

子目	著者	书名	文字	版本	册数
世界1	金擎宇	世界地理教科图	中		1册
世界2	Bartholomew	The Comparative Atlas	英		1册
中国1	欧阳缨	中华析类分省图	中	特大	1册
中国2	丁文江著	中国分省地图	中		1册
中国3	童世亨	历代疆域形势一览图	中		1册
中国4	武昌亚新地学社	福建分县新图	中		1幅
中国5	中国史地图表社	福建分县详图	中		1幅
外国1	袭世昭	商用南洋群岛全图	中英		1幅
外国2		Map of Malaya（增幅）	英		1册
外国3		Road Map of Malaya（增幅）	英		1册
外国4	Geographia Co.	Daily Telegraph War Map of Far East	英		1幅

第十六类 世界地理总论

子目	著者	书名	文字	版本	册数
1	Hammerton	Colour Book of Land & Peoples	英	初版珍本	6
2	Nelson	Highroad of Geography	英		3
3	大阪商船会社	Office Shipping Guide（世界商埠图说）	英		1

第十七类　中国地理(12部,12册)

子目	著者	书名	文字	版本	册数
总论1	渡边光	支那地理大系：自然环境篇	日		1
总论2	滨田纯一	现代大支那	日		1
总论3	张其昀	本国地理(上册)	中		1
分论1	D. H. Culp 著，日译	南支那の村落生活	日		1
分论2	曾骞著	海南岛志	中	珍本	1
分论3	朝日新闻社	蒙古高原横断记	日		1
分论4	谢彬	云南游记	中		1
分论5	Rinchen-Lhamr，汪译	西藏风俗志	中		1
分论6	杨希尧	青海风土记	中		1
分论7	任乃强	西康图经：民俗篇	中		1
分论8	张其昀	中国民族志	中		1
分论9	庄为玑	晋江新志(第一册)	中		1

第十八类　南洋地理(59部,64册)

子目	著者	书名	文字	版本	册数
总论1	新光社	南洋(在世界地理风俗大系内)	日	珍本，特大	1
总论2	沈原成	南洋地理	中		2
总论3	李长传	南洋地理	中		1
总论4	何尔玉、肖发兴，南洋商报	南洋群岛年鉴	中	特大	1
总论5		外南洋(世界地理の七)	日		2
总论6	南洋协会	南洋管内	日		1
总论7	佐藤宏	南方の全貌(特大)	日		1
总论8	饭冢茂	南洋の雄姿	日		1
总论9	沈原成	南洋奇观	中		1
总论10	斋藤易司	概观大东亚图	日		1
总论11	每日新闻社	南方图要览	日		1

林惠祥捐献厦门大学人类博物馆筹备处古物标本细目、图书细目

续表

子目	著者	书名	文字	版本	册数
总论12		大南洋年鉴	日		1
总论13	张礼千	倭寇侵略中之南洋	中		1
总论14	朱育莲	战斗中的东南亚	中		1
总论15	竹井十郎	富源の南洋	日		1
总论16	松田寿男	漠北の南海	日		1
总论17	一原有常	南方国统治概说	日		1
总论18	吉田弥太郎	南洋重要物产	日		1
总论19	细田秀造	南方の资源	日		1
总论20	冈本正一	南方资源统计要览	日		1
总论21	贺川英夫	南方诸国の资源与产业	日		1
总论22	六盟馆	南洋の民族上册	日		1
总论23	ハイメニドルフ著，高山洋吉译	南方怪民の研究	日		1
总论24		中国南洋经济协会特刊	日		1
各论1	Winstedt	Malaya	英		1
各论2	Coote	Peeps at Many Lands: Malay State	英		1
各论3	张礼千	英属马来亚地理	中		1
各论4	Willis	Guide to Singapore & Malaya	英		1
各论5	南洋地理大系内	マレ，ビルマ	日		1
各论6	Mekerson	Annual Report on Singapore 1946	英		1
印尼1	大谷光瑞	兰领东印度地志	日		1
印尼2	东亚研究所	东印度の地理	日		1
印尼3	ダイヤモンド社	南洋地理大系之六：东印度Ⅱ	日		1
印尼4	东亚旅行社	东印度诸岛	日		1
印尼5	仲原善德	ボルネオ，ヤレベス	日		1
印尼6	简井千寻	スマトラ	日		1
印尼7	N.W.ホンダー，日译	ジヤバス生活文化	日		1
印尼8	ストニテルヘイム，日译	回教と兰印群岛	日		1

续表

子目	著者	书名	文字	版本	册数
印尼9	チヤンヒオン,日译	ニューギニヤ探险记	日		1
印尼10	绳田宗三郎	兰领ニューギニヤ	日		1
印尼11	日本拓殖协会	ニューギニヤ	日		1
印尼12	Honig & Verdoorn	Science & Scientist in Netherland Indies	英		1
印尼13		荷属东印度地理	中		2
菲律宾1	仲原善德	比律宾纪行	日		1
菲律宾2	仲原善德	比律宾群岛の民族と生活	日		1
越南1	井出浅龟	佛印研究	日		1
越南2	水谷乙吉	佛印老挝	日		1
越南3	台湾拓殖会社	佛印の性格ヒ环境	日		1
暹罗1	谢犹荣	暹罗图志	中		1
暹罗2	满铁东亚经济调查局	シヤム	日		1
暹罗3	谢犹荣	暹罗风俗	英		1
缅甸1	Scott	Burma, a Handbook for Practical Information	英		1
缅甸2	シユウエイヨー著,日译	ビルマ民族志	日		1
其他	台洪氏解说	南岛巡航记(指日领诸岛)	日		1
华侨1	日本企画院	华侨の研究	日		1
华侨2	姚枬	马来亚华侨经济概况	中		1
期刊1	暨南大学	南洋研究(第一卷汇编)	中		1
期刊2	新加坡	南洋杂志(1、2、3)	中		3
期刊3	Strait Times	Strait Times Annual	英		2
期刊4	南洋协会	南洋	日		2
期刊5	战时油印	南洋情报(合订一册)	中		1

第十九类 其他区域地理(14部,15册)

子目	著者	书名	文字	版本	册数
1		Glimpse of the East	英	特大	1

续表

子目	著者	书名	文字	版本	册数
2		Annual of the East 1938	英	特大	1
3	Firesone	Journey to Japan	英		1
4		the Rising Sun	英		1
5	Dubois	Hindu Manner Customs & Ceremonies	英		1
6	新光社世界地理风俗大系	インド	日		1
7	Steven Hedin	Through Asia（Vol.Ⅰ）	英	珍本	1
8		印度及支那经济篇	日		1
9	井原微山	印度教	日		1
10	世界地理风俗大系	アメリカ合众图	日	特大	2
11	世界地理风俗大系	アフリカ	日		1
12	世界地理风俗大系	太平洋、南极	日		1
13	世界地理风俗大系	北极地方	日		1
14	白仁泰	濠洲事情	日		1

第二十类 社会学(72部,75册)

子目	著者	书名	文字	版本	册数
学史1	李剑华	社会学史纲	中		1
学史2	Bogardus	A History of Social Thought	英		1
学史3	Bogardus 著,钟兆麟译	社会思想史	中		1
学史4	易家铖	社会学史要	中		1
学史5	Sorokin	Contemporary Sociological Theories	英		1
学史6	黄凌霜译	当代社会学学说	中		1
学史7	孙本文	现代社会学派	中		1
学史8	孙本文	近代社会学发展史	中		1
学史9	孙本文编	现代社会科学趋势	中		1
学史10	亚历山洛夫著,梁香译	论社会发展学说史	中		1

续表

子目	著者	书名	文字	版本	册数
学史 11		论资本主义社会学	中		1
总论 1	Blackman & Yillin	*Outline of Sociology*	英		1
总论 2	Rose R. A.	*Principles of Sociology*	英		1
总论 3	Gidding	*Principles of Sociology*	英		1
总论 4	Gidding	*Inductive Sociology*	英		1
总论 5	Park & Burgers	*Introduction to the Science of Sociology*	英		1
总论 6	Ward	*Pure Sociology*	英		1
总论 7	Smale	*General Sociology*	英		1
总论 8	Case	*Outline of Introductory Sociology*	英		1
总论 9	Hankins	*An Introduction to the Study of Society*	英		1
总论 10	孙本文	社会学的领域	中		1
总论 11	孙本文	社会学原理	中		2
总论 12	应成一	社会学原理	中		2
总论 13	大思想ユニサイクロベチセ内	社会学	日		1
总论 14	高田保马	社会学原理	日	特大	1
总论 15	陈潭民	社会科学基本智识	中		1
总论 16	波格远洛夫著,陈望道译	社会意识学大纲	中		1
总论 17	莫迺群	历史唯物论浅说	中		1
总论 18	沈志远	新社会学底基本问题	中		1
总论 19	祝百英	社会科学讲话	中		1
总论 20	胡明编译	社会科学简明教程	中		1
总论 21	米丁著,沈志远译	历史唯物论	中		2
总论 22	曹伯韩	精神文化讲话	中		1
研究法 1	Durkheim著,许德珩译	社会学方法论	中		1
研究法 2	杨开道	社会研究法	中		1
研究法 3	樊弘	社会调查方法	中		1

续表

子目	著者	书名	文字	版本	册数
研究法 4	言心哲	社会调查大纲	中		1
社会发展史 1	刘炳藜	社会进化史	中		1
社会发展史 2	黄菩生	社会进化史	中		1
社会发展史 3	严复	社会通诠	中		1
社会发展史 4	Muller-Lyer 著，陶孟和译	社会进化史	中		1
社会发展史 5	黄凌霜	社会进化	中		1
社会发展史 6	Heilborn 著，李季译	妇女自主史和文化史的研究	中		1
社会发展史 7	平青	社会的进化	中		1
社会发展史 8	解放社	社会发展简史	中		1
社会发展史 9	亚历山大洛夫著，梁香译	论社会发展学说史	中		1
社会发展史 10	李达	先资本主义的社会经济形态论	中		1
社会发展史 11	沈志远	社会形态发展史	中		1
社会发展史 12	艾思奇	社会发展史讲授提纲	中		1
社会发展史 13	读者书店编委会	社会发展史学习提纲	中		1
社会发展史 14	华岗	社会发展史纲	中		1
社会发展史 15	艾思奇	历史唯物论——社会发展史讲义	中		1
社会发展史 16	联合社	历史唯物论——社会发展史学习资料	中		1
社会发展史 17	林萍	社会发展简史学习问答	中		1
社会心理 1	Rose	*Social Psychology*	英		1
社会心理 2	陆志韦	社会心理学新论	中		1
社会心理 3	K. Young 著，高译	社会科学史调查之一：社会心理学	中		1
文化论 1	Summer	*Folkways*	英		1
文化论 2	孙本文	社会学史之文化论	中		1
文化论 3	孙本文	社会变迁	中		1
文化论 4	孙本文	社会的文化基础	中		1
文化论 5	孙本文	文化与社会	中		1
文化论 6	Ogburn 著，费孝通译	社会变迁	中		1

续表

子目	著者	书名	文字	版本	册数
文化论7	朱谦之	文化社会学	中		1
杂论1	Joune	Social Problem	英		1
杂论2	长野朗著,朱家清译	中国社会组织	中		1
杂论3	Edward著,滕柱译	革命进程之科学的研究	中		1
杂论4	H. G. Well	The Work, Wealth & Happiness of Mankind	英		1
杂论5	麦惠庭	中国家庭改造问题	中		1
杂论6	冯友兰	新事论	中		1
杂论7	解放社	列宁论马克思恩格斯与马克思主义	中		1
解书1	高君圣等	社会学辞汇	中		1
解书2	高希圣	社会科学大辞典	中		1

第二十一类　其他社会科学(16部,16册)

子目	著者	书名	文字	版本	册数
政治学1	张慰慈	政治学大纲	中		1
政治学2	梁任公	先秦政治思想史	中		1
政治学3	中共	中国共产党党章教材	中		1
政治学4	毛泽东	论联合政府	中		1
政治学5	光明日报	新民主主义论、唯物论、政治经济学提纲	中		1
政治学6	毛泽东	新民主主义	中		1
政治学7	毛泽东	论人民民主专政	中		1
政治学8	毛泽东	开国文献	中		1
政治学9	毛泽东	各界人民代表会议文献	中		1
政治学10	刘少奇	论国际主义与民族主义	中		1
法律学1	织田万著,刘译	法学通论	中		1
经济学1	薛暮桥	政治经济学	中		1
经济学2	彭迪先	世界经济史纲	中		1

续表

子目	著者	书名	文字	版本	册数
经济学 3	Bogdanoff 著，中译	经济科学大纲	中		1
经济学 4	王思华	政治经济学教程	中		1
教育学 1	Thornlike Gates 著，中译	教育之基本原理	中		1

第二十二类　哲学宗教(18部,21册)

子目	著者	书名	文字	版本	册数
哲学 1	冯友兰	中国哲学史	中		2
哲学 2	渡边秀方著，刘侃元译	中国哲学史概论	中		1
哲学 3	胡适	中国哲学史大纲(上册)	中		1
哲学 4	Thilly 著，陈正谟译	西洋哲学史(上、下)	中		2
哲学 5	Cushman 著，翟译	西洋哲学史(上、下)	中		2
哲学 6	樊炳清	哲学辞典	中		1
哲学 7	M. Granet	La Pensée Chinoise	法		1
哲学 8	Thilly 著，朱进译	伦理学导言	中		1
哲学 9	王章焕	论理学大全	中		1
哲学 10	Huxley 著，严复译	天演论	中		1
哲学 11	孙怀仁	唯物辩证法读本	中		1
哲学 12	艾思奇	大众哲学	中		1
哲学 13	哲学研究社	新哲学研究纲要	中		1
心理学 1	Mcbride	The Conquest of Fear	英		1
心理学 2	Teear	The Art of Making Friends	英		1
宗教 1	蒋维乔	佛学纲要	中		1
宗教 2	佐野胜也	宗教学概论	日		1
宗教 3	李俊承	印度古佛国游记	中		1

第二十三类 自然科学(19部,19册)

子目	著者	书名	文字	版本	册数
总论1	Thomson	*Outline of Science*（Vol.Ⅰ）	英	特大	1
总论2	新光社	科学总论,生物の相互关系、遗传、进化	日		1
总论3	大思想ユニサイクロ□チセ	自然科学辞典	日		1
总论4	裴文中	自然发展简史	中		1
地质物1	Barrorus	*Elements of Geology*	英		1
地质物2	Gradanu,赵记	地球与其生物之进化	中		2
地质物3	E. Perrier	*La Jece Cuuant that Ocie*	法		1
地质物4	G. Reeves	*The World Story*（Chart）	英		1
生物学1	Thomson 著,琼田奇译	生物の科学	日		1
生物学2	C. Darwin	*The Origin of Species*	英		1
生物学3	陈秉善	动物学	中		1
生物学4	坂本喜一	动物剥制及标本制作法	日		1
生物学5		*Malayan Fish*	英		1
生物学6	马君武	实用主义植物学教科书	中		1
生物学7	商务印书馆	植物学大辞典	中		1
生物学8		南洋植物要览	日		1
生物学9		热带有用植物	日	珍本	1
矿物学1		原色日本岩石图谱	日		1
矿物学2		矿物岩石鉴定要览	日		1

第二十四类 实用技术(12部,17册)

子目	著者	书名	文字	版本	册数
工艺1	宋应星	天工开物	中		1
工艺2	吴仁敬	绘瓷学	中		1
农业1		南洋の栽培事业	日	珍本	1

林惠祥捐献厦门大学人类博物馆筹备处古物标本细目、图书细目

续表

子目	著者	书名	文字	版本	册数
农业 2	开成馆	热带植物产业写真集	日	珍本	1
农业 3	黄绍绪	菜蔬园艺学	中		1
医药 1	Kauffmann 著，洪伯容译	病理各论	中		2
医药 2	渡边房吉	临床救急疗法	日		1
医药 3	式场隆三郎	四十无病生活法	日		1
医药 4	余云岫	药理学	中		2
医药 5	汪昂	本草备要	中		4
医药 6	竹内茂代	一般家庭看护学	日		1
医药 7	祝振纲	皮肤病	中		1

第二十五类　美术（19部，30册）

子目	著者	书名	文字	版本	册数
1		世界美术全集（第1、2、3、12、29、30册）	日	珍本，特大版	6
2	Bushell	Chinese Art（珍本）	英		2
3	李朴国	中国艺术史概论	中		1
4	史岩	东洋艺术史（第一册）	中		1
5	高田修	印度南海の佛教艺术	日		1
6		Japanese Art	英		
7	俞剑华	中国绘画史	中		2
8	傅抱石	中国绘画理论	中		1
9	黑田重太郎	洋画メチユー技术全科の研究	日		1
10	陈万里	西陲壁画集	中		1
11	张丹农	丹农画集	中		1
12	翁占秋	菊花画集	中	散页一套	1
13	徐悲鸿	徐悲鸿作品展览目录	中		1
14		世界写真杰作集	日	特大	1
15		日本写真年鉴	日	特大	1

续表

子目	著者	书名	文字	版本	册数
16		历代名人法帖	中	特大,珍本	5
17	弘一法师书	心经	中		1
18		魏碑(张猛龙碑)	中		1
19	文徵明	飞燕外传画册	中		1

第二十六类　语文学(65部,90册)

子目	著者	书名	文字	版本	册数
中国语文1	蒋善图	中国文字之原始及其构造	中		2
中国语文2	顾实	中国文字学	中		1
中国语文3	陈夕康	龟甲文字概论	中		1
中国语文4	朱芳圃	甲骨学文字篇	中	珍本	2
中国语文5	孙海波	甲骨文编(一函)	中	珍本	5
中国语文6	简琴斋	甲骨集古诗联	中		1
中国语文7	孙海波	古文声系(一函)	中		4
中国语文8	Blakney	A Course in the Analysis of Chinese Characters	英		1
中国语文9	许有成	标准辨字汇	中		1
中国语文10	王筠	文字蒙求	中		2
中国语文11	郝懿行	尔雅义疏	中		5
中国语文12	刘鹗	铁云藏龟	中	珍本	6
中国语文13	刘鹗	铁云藏陶	中	珍本	4
中国语文14	朱大可	古籀蒙求	中		1
中国语文15	蒋镜芙	同音字母标准体式	中		1
中国语文16	方孝岳	中国文学批评	中		1
中国语文17	陈钟凡	中国文学批评史	中		1
中国语文18		骈体文作法	中		1
中国语文19	(清)吴锡祺	有正味斋骈文笺注	中		3
中国语文20	胡怀琛	中国民歌研究	中		1

续表

子目	著者	书名	文字	版本	册数
中国语文 21	陈光在	中国民众民艺论	中		1
英语学 1	詹文浒	英文作文文法两用辞典	英		1
英语学 2	Yenung & Hanson	Outline of Composition & Rhetoric	英		1
英语学 3		时事英语の読み方と书き方	日		1
英语学 4	Dickens	David Copperfield	英		1
英语学 5	Dickens	Pickwick Papers	英		1
英语学 6	Lin Yutang	Importance of Living	英		1
英语学 7	Le Sage Smallet	Adventure of Gil Blaos	英	1802 ed.	1
英语学 8	H. G. Wello	The War of the World	英		1
英语学 9	H. G. Wello	The Island of Dr. Moneall	英		1
英语学 10	H. G. Wello	Time Machine	英		1
英语学 11	H. G. Wello	The Invisible Man	英		1
英语学 12	Conan Doyle	The Lost World	英		1
英语学 13	G. N. Hall	Lost Island	英		1
英语学 14	Gibbins	Coconut Island	英		1
日语学 1	小柳司气太	汉和大字典	日		1
日语学 2	山川作治郎	和英现代新语の译レ方と使ひ方	日		1
日语学 3		新语新问题早おかり	日		1
日语学 4	服部嘉香	新レじ言叶の字引	日		1
日语学 5		时局ポテット便览	日		1
日语学 6		新语解说集	日		1
日语学 7	新村出	辞苑	日		1
日语学 8	顾南沙	综合现代日语课本	日		1
日语学 9	松本龟次郎	日语肯縈大全	日		1
日语学 10	松本龟次郎	日本语会话教典	日		1
日语学 11	左田、臼田合著	新体作文宝典	日		1
日语学 12	保科孝一	汉字解略义	日		1
日语学 13	服部嘉香	商业作文纲要	日		2

续表

子目	著者	书名	文字	版本	册数
日语学 14	葛祖兰	日语文艺读本	日		1
法语 1		法文文牍程式	法		1
法语 2	C. Vanara	*Memento d'historie générale*	法		1
法语 3		法英华会语指南	法		1
法语 4		华法中学读本	法		1
法语 5	杨立诚	英德法造句法之比较	英德法		1
法语 6	杨立诚	英德法珍谈互译	英德法		1
法语 7	震旦大学	字文辑例	法		1
法语 8	徐仲年	大学法文文法	法		1
法语 9	Bescherelle	*L'art de Conjuguer*	法		1
法语 10	萧子琴	模范法华字典	法		1
法语 11	萧石君	法语文法新解	法		1
	戴恩荣	德文举隅	德		1
	商务印书馆编	德华大字典	德		1
	商务印书馆编	德文教科书	德		1
	宇治武夫	马来语入门	马来		1
	Wilkin	*Malay English Dictionary*	马来	珍本	1

第二十七类　总类(20部,22册)

子目	著者	书名	文字	版本	册数
学术总论 1	商务印书馆编	读书指导(第二辑)	中		1
学术总论 2	钱穆	中国近三百年学术史	中		2
学术总论 3	梁启超	清代学术概论	中		1
学术总论 4	宋濂、姚际恒、胡应麟、崔述	古书辨伪四种	中		1
学术总论 5	皮锡瑞著，周予同注	经学历史	中		1

续表

子目	著者	书名	文字	版本	册数
学术总论6	朱芳圃	王静安的贡献	中		1
学术总论7		蔡柳二先生寿辰纪念	中		1
字书类书1	中华书局	辞海	中		2
字书类书2	唐敬杲	新文化辞书	中		1
字书类书3	讲读社	新语新知识	日		1
字书类书4	何炳崧著	百科名汇	英		1
图书馆学1	张之洞	书目答问	中		1
图书馆学2	洪有丰	图书馆组织与管理	中		1
博物馆学1	费耕雨、费鸿年	博物馆学概论	中		1
博物馆学2	陈端志	博物馆	中		1
博物馆学3	滨田青陵	博物馆	日		1
博物馆学4	杨成志	现代博物院学	中	抽印本	1
博物馆学5	曾昭燏、李济	博物馆	中		1
补入 学术总论	章太炎	国学概论	中		1
补入中国史		通志略	中		20
补入中国史		史记	中		16
补入中国史		通鉴纪事本末	中		20
补入 字书类书	三省堂	日英独佛图解辞典	日、英、德、法		1

以上共计801部,1051册,比较前呈简目,增加72部,176册。
此呈
厦门大学王校长

捐赠人:林惠祥上
1951年3月15日

(原件藏于厦门大学图书馆)

林惠祥第二次赠送
厦门大学人类博物馆文物图书清单

甲　文物类（总号数续前）

总号	名　称	件数	获得时来源
304	龙岩新石器时代石斧	1	1950年本人发现
305	龙岩新石器时代有段石锛	1	1950年本人发现
306	龙岩新石器时代石锛残段	1	1950年本人发现
307	龙岩新石器时代磨钝的有段石锛	1	1950年本人发现
308	龙岩新石器时代剥蚀的长石斧	1	1950年本人发现
309	龙岩新石器时代三棱形石器残段	1	1950年本人发现
310	龙岩新石器时代石铲残片	3	1950年本人发现
311	龙岩新石器时代石箭镞	2	1950年本人发现
312	龙岩新石器时代未磨小石锛	1	1950年本人发现
313	龙岩新石器时代极小石锛	1	1950年本人发现
314	龙岩新石器时代石雕兽形物	1	1950年本人发现
315	龙岩新石器时代石环一段	1	1950年本人发现
316	龙岩新石器时代石饰物	1	1950年本人发现
317	龙岩新石器时代石牙状物	1	1950年本人发现
318	龙岩新石器时代有沟小石	1	1950年本人发现
319	龙岩新石器时代方柱形小石	1	1950年本人发现
320	龙岩新石器时代双角形小石	1	1950年本人发现
321	龙岩新石器时代小石臼	1	1950年本人发现
322	龙岩新石器时代砺石	1	1950年本人发现
323	龙岩新石器时代雷纹陶片	7	1950年本人发现

续表

总号	名　　称	件数	获得时来源
324	龙岩新石器时代菱形纹陶片	11	1950年本人发现
325	龙岩新石器时代曲尺纹陶片	12	1950年本人发现
326	龙岩新石器时代人字纹陶片	7	1950年本人发现
327	龙岩新石器时代鱼鳞纹陶片	4	1950年本人发现
328	龙岩新石器时代半字纹陶片	2	1950年本人发现
329	龙岩新石器时代方格包直线相错纹陶片	2	1950年本人发现
330	龙岩新石器时代云字纹陶片	6	1950年本人发现
331	龙岩新石器时代方格纹陶片	107	1950年本人发现
332	龙岩新石器时代粗网纹陶片	7	1950年本人发现
333	龙岩新石器时代横直相错纹陶片	3	1950年本人发现
334	龙岩新石器时代筐篮纹陶片	33	1950年本人发现
335	龙岩新石器时代直线纹陶片	6	1950年本人发现
336	龙岩新石器时代草形纹陶片	1	1950年本人发现
337	龙岩新石器时代布纹陶片	15	1950年本人发现
338	龙岩新石器时代花纹不明的陶片	12	1950年本人发现
339	龙岩新石器时代素面陶片	48	1950年本人发现
340	疑似旧石器时代常型石斧	1	1950年本人发现
341	疑似旧石器时代常型石斧	1	1950年本人发现
342	疑似旧石器时代小石斧	1	1950年本人发现
343	疑似旧石器时代石刀	1	1950年本人发现
344	疑似旧石器时代石刀	1	1950年本人发现
345	疑似旧石器时代双头尖石器	1	1950年本人发现
346	惠安新石器时代石锛	1	1951年本人发现
347	惠安新石器时代缺口石锛	1	1951年本人发现
348	惠安新石器时代小石器	1	1951年本人发现
349	惠安新石器时代未完成石箭镞	1	1951年本人发现
350	惠安新石器时代三角形小石镞	1	1951年本人发现
351	惠安新石器时代陶片	2	1951年本人发现

续表

总号	名 称	件数	获得时来源
352	惠安新石器时代石器破块	4	1951年本人发现
353	厦门史前疑似半磨石斧	1	1947年本人发现
354	厦门史前陶片	1	1947年本人发现
355	厦门唐代瓷片	1	1947年本人发现
356	日本古式铁甲	1	1947年由同文路旁拾得
357	日本古式铁盔	1	1947年由同文路旁拾得
358	日本古式皮甲	2	1947年由同文路旁拾得
359	无影摄影木架	1	1948年自制
360	中国古匕首	1	1950年买得

乙 图书类

总号	种类	著者	书名	文字	册数
804	民族志	清代敕撰	图书集成边裔典	中	9
805	考古学	清代敕撰	图书集成考工典	中	4
806	政治	梁启超编著	新民丛报(清末)	中	2
807	政治		经世文编三集(清末)	中	6
808	历史	李提摩太译	泰西新史揽要	中	4
809	历史		尚友录	中	1
810	社会学	第三步兵学校编	社会发展史画集	中	1
811	史前学		海南岛新石器时代遗迹调查	中	1
812	考古学	岑家梧	中国艺术论集	中	1
813	自然科学	吴体仁	热带经济植物:橡胶树	中	1
814	自然科学	吴体仁	热带经济植物:椰子	中	1
815	文化人类学	吕叔湘译	初民社会	中	1
816	南洋地理		*Handbook to British Malaya*	英	1
817	南洋地理		*The Chinese Abroad*	英	1
818	中国地理		厦门大观	中	1
819	中国地理		台湾杂咏	中	1

续表

总号	种类	著者	书名	文字	册数
820	中国地理		朝鲜和台湾	中	1
821	中国地理		新生的台湾	中	1
822	社会科学	郭大力	生产建设论	中	1
823	英文		The New World	英	1
824	哲学		思想起源论	中	1
825	社会学		社会进化简史	中	1
826	社会学		中国社会文化	中	1
827	其他社会科学	陈嘉庚	我国行的问题	中	1
828	哲学	斯大林	辩证唯物主义与历史唯物主义	中	1
829	社会学	沈志远	社会经济形态	中	1
830	地理	颜洒卿	外国经济地理	中	2
831	中国史		资治通鉴正续编	中	3
832	文学		旧小学	中	19
833	中国史		国语	中	2
834	中国史		后汉书	中	1
835	中国史		晋书	中	1
836	艺术		广艺舟双楫	中	1
837	其他社会科学		世界人口问题	中	1
838	中国史		痛史	中	20
839	文学		诗经集注	中	1
840	中国史	叶长青	汉书艺文志问答	中	1
841	中国地理		八邑志书序例	中	1
842	总类		集美校友论著	中	1
843	南洋地理		新南洋	中	1
844	南洋地理		亚洲世纪	中	1
845	南洋地理		新福建南洋专号	中	1
846	南洋地理		海疆学报	中	1
847	南洋地理		印度尼西亚民族运动	中	1
848	南洋历史		Philippine History & Civilization	英	1

续表

总号	种类	著者	书名	文字	册数
849	南洋地理	Alip	*Philippine Government*	英	1
850	南洋地理		荷属东印度概况	中	1
851	南洋地理		南洋华侨经济概况	中	1
852	南洋地理	洪锦棠	劫后回忆录	中	1
853	南洋地理		保护侨民论	中	1
854	南洋地理		*Economic Position of the Chinese in Netherland Indies*	英	1
855	南洋地理		南洋华侨（上经济）	日	1
856	南洋地理		兰领东印度史	日	1
857	南洋地理		*Administration of Burma*	英	1
858	传记		Benjamin Franklin	英	1
859	民族志		Races of Java	英	1
860	中文	戚继光	纪效新书	中	1
861	西史		*Dictionary of International Affairs*	英	1
862	考古	吴文良	泉州古代石刻集前言	中	1
863	中史		文史通义	中	4
864	中史		史通	中	
865	中史		元史纪事本末	中	2
866	中史	吕振羽等	中国历史论集	中	1
867	中史		明代支那汇拾けろ西洋学术绍介の伟动者	日	1
868	社会学		家庭问题	中	1
869	实用技术		广告印刷物の智识	日	1
870	总类		学术（期刊）	中	2
871	中地		长汀风光	中	1
872	史前考古		台湾文化论丛	日	1
873	世史	Wells	*A Short History of the World*	英	1
874	民族志		スマトラの民族（上）	日	1
875	社会学	张资平辑	近代社会思想史纲	中	1
876	哲学		思想名著解题	日	1

续表

总号	种类	著者	书名	文字	册数
877	南洋史		Popular History of Malaya	英	1
878	考古		岭表录异	中	1
879	考古		博物要览	中	1
880	中史		马可孛罗	中	1
881	亚洲史		Political Advance in India	英	1
882	世界史		发见发明物语	日	1
883	考古学	Casson	Archaeology	英	1
884	文化人类学		婚姻进化史	中	1
885	人类学总论		人类学大意	中	1
886	中史		天地会研究	中	1
887	民俗学		百中经	中	1
888	民俗学		批命实例(手抄本)	中	1
889	中史		支那人名翻书(上、中、下)	中	3
890	考古		安鳌古迹照片(一套15张)		一套
891	南洋史	Sweltenham	British Malaya	英	1
892	考古	王振铎	司南指南针与罗盘经	中	1
893	艺术		张黑女碑	中	1
894	艺术		广仓学会艺术临时增刊	中	1
895	艺术		董文敏秋兴八景册	中	1
896	教育	郑宗海译	人生教育	中	1
897	政治	钟建闳译	政治中之人性	中	1
898	经济学	陈寿增译	新经济学	中	1
899	社会学	欧阳钧译	社会学	中	1
900	社会学	曹聚仁编	社会学大纲	中	1
901	心理学	陆志韦	心理学	中	1
902	社会学	邹译	社会哲学原论	中	1
903	社会学	瞿世英译	社会学概论	中	1
904	哲学	任白戈译	伊里奇底辩证法	中	1
905	哲学	夏译	相对论浅释	中	1
906	社会学		社会问题概观	中	1

续表

总号	种类	著者	书名	文字	册数
907	社会学	邹振青	各国社会思潮	中	1
908	教育学	范寿康	教育史	中	1
909	社会学		社会结构学	中	1
910	哲学		近代思想（上册）	中	2
911	哲学		试验论理学	中	1
912	社会科学		测验统计法概要	中	1
913	哲学	刘伯明	西洋古代中世哲学史大纲	中	1
914	自然科学		原色日本矿物图谱	日	1
915	西史		Highroads of History 10th Book	英	1
916	英文	Long	English Literature	英	1
917	中史		前汉书	中	9（不全）
918	中史		纲鉴易知录	中	5
919	历史		历史教学与爱国主义思想教育	中	1
920	中史		战国策	中	1
921	艺术	雷圭元	工艺美术技术讲话	中	1
922	亚洲史		东亚各国史参考书	中	1
923	中史	孟世杰	先秦文化史	中	1
924	法律	胡长青	民法总则	中	1
925	英文		Shakespeare's Complete Works	英	1
926	社会科学	何永年	现代经济学概论	中	1
927	自然科学		进化论讲话	中	1
928	教育		教育测验纲要	中	1
929	语言		世界语译鲁迅阿Q正传	世界语	1
930	世界地理		人文地理学	中	1
931	总论	顾实	重考古今伪书考	中	1
932	总论	章太炎讲	国学概论	中	1
933	哲学		格言联璧	中	1
934	哲学		西洋伦理主义述评	中	1（小册）
935	西史		文艺复兴小史	中	1（小册）
936	社会科学		经济思潮小史	中	1（小册）

续表

总号	种类	著者	书名	文字	册数
937	社会科学		法律	中	1(小册)
938	西史		Gleig's History of England	英	1
939	西史		史略	中	4(不全)
940	西史		廿四史论新编	中	5
941	图书馆		中国图书统一分类法	中	1
942	自然科学		Life and Health	英	1
943	西史		通俗世界全史	日	4
944	中文	姚永朴	文学研究法	中	3
945	中文		岑嘉州集	中	1
946	自然科学		College Zoology	英	1
947	英文		Tales from Shakespeare	英	1
948	自然科学		Sea-side and Wayside	英	1
949	英文		Stories from Tennyson	英	1
950	英文		Life of Samuel Johnyson	英	1
951	英文	Austen	Pride and Prejudice	英	1
952	英文		From Brown's Schooldays	英	1
953	英文		An Essay on Burns	英	1
954	英文		The Vicar of Wakefield	英	1
955	英文		Famous English Fiction	英	1
956	自然科学		How to Keep Well	英	1
957	社会学	朱亦松	社会学原理	英	1
958	社会学	Blackmar & Gillin	Outlines of Sociology	英	1
959	社会学	Ross	Principles of Sociology	英	1
960	西洋史	Myers	General History	英	1
961	艺术考古		世界美术全集(第6、7、8、16、18、23号)	日	6

以上共158部256册。合第一次所送共961部,1307册。

(原件藏于厦门大学图书馆)

厦门大学设立人类博物馆筹备处计划书

一、性质及范围

(一)性质

所谓人类是与自然相对而言,搜罗及陈列自然物,如动植矿地质各项标本者是自然博物馆,搜罗及陈列有关于人类及其活动表现(即文化)的标本者为人类博物馆。自然博物馆是帮助我们对于自然界的了解之用,而人类博物馆则是帮助对于人类本身及其行为的了解之用。换言之,前者有助于自然科学,后者则有助于社会科学。人类博物馆比较历史博物馆范围广些,因为不专限于古物,即现代的民族标本也包含在内。

(二)范围

时间上是起自史前时期,中经有史时代以至于现代。空间上则无论本国和外国都包括在内。不过由地理上的条件,本校的人类博物馆必然会多收中国南方和台湾南洋的文物,此外华北的及其他地方的文物也应有一部分,以供比较研究和教学参考之用。

二、设立的理由

(一)学术研究和教学参考的需要

马列主义的教育方法和学术研究法是主张理论与实际联系的,采取客观的科学的态度,重实证不尚空谈,每句话都要言之有物,有实事实物可以为证,不但对自然科学这样,对社会科学也是这样。自然科学要实验,要参考实物的标本,社会科学也需要调查和参考实物标本。自然科学由上述的需要便要有实验室、博物馆,社会科学由同样的需要,自然也应有博物馆。社会科学之中最需要这种设备者是历史、地理、人类学、考古学、民俗学等科,因为这些学科表现于实物者很多。如史前以及有史时代的古物,如表现现代各民族和地方的风俗习惯的标本,如表现古今各种人类及其衣饰的模型,如表现世界各地各种人文状况的模型等。此外,如经济学也需要一部分标本,如古货币、古代生产工具、生活用具、交通工具等标本。又如宗教学也需要各种宗教物品,如神像、法物等以为标本。艺术也有需要标本以供研究各种艺术的起源发展与派别。文字学、语言学也有需要古文字的遗迹和少数民族的语文记录以为研究之用。更重要者,马列主义的社会发展史是采取各种社会科学的材料而成的,所以极为需要实物来做证据。旧的文化教育政策是愚民的,不要人民明了事物的真相,限制人民的眼光于书本上,因为书本上的文字是可以随意写,可以歪曲真相的。新的文化教育政策却是要使人民明了事物的真相,所以必须兼用文字与实物,把理论与实际联系起来,使人民有正确的认识,而且也比较容易学习。

由上面的理由,可见博物馆是研究和教学不可缺的工具,其重要不输于图书馆。而高等学校和研究机关都必须附设。欧美各国和日本都设立不少,甚至殖民地也大都有设立。至于苏联建国以来更急起直追,建立很多,更胜过资本主义国家。我国人民政府成立后设置文化部文物局专司这事,博物馆事业有勃兴之势,这是很符合于新的文教政策的。但博物馆的应用也和图书馆一样,限于一地方。我国虽在北京和南京、上海有数所博物馆,别处还没有,所以各地也应当设立,总够应用。本校僻在东南,不能应用北方的博物馆,如不设立一所,实属缺陷,无论在学术研究上或教学参考上都不能完满。

(二)社会教育的需要

博物馆的效用,不但可供高深学术的研究而已,在社会教育上也极重要。凡博物馆必定是公开的陈列品,必定附加说明,并用种种图表,将科学上的真理作成浅显的说明,以普及于民众。所以博物馆又是普及科学知识的教育机关,它的教育方法是诉于眼的教育,是用实物(即标本)、模型、图画、表格等教育人民,而不是用文字的。这种教育的范围普及人民大众,不论是在校的学生或校外的人民,都可随时到馆内参观吸取知识。我们人民政府的文教政策不限于学校教育,而同样重视校外的社会教育,所以设立很多人民文化馆。文化馆也便是博物馆的一种,不过程度较浅,规模较小,各大都市还应当有一所博物馆,搜罗陈列较多的物品,方能满足民众的需要。本校如有设立,便可兼供厦门以及附近各校中小学生和一般人民的参观。提议者曾见印度加尔各答博物馆,每日有数百人参观,人民称它为魔术宫,熙熙攘攘进出不绝,不输于一处娱乐场所。他们资本主义国家内或殖民地的博物馆收效还小,如我们国家多设这种博物馆,有计划地将科学知识和政治思想介绍给人民,其收效决不输于学校教育。

(三)保存地方文物的需要

福建及邻省是历史很短的地方,似乎没有什么文物的遗留,其实这是因为考古学未发达，故发现还少。由考古学看来，无论什么地方都有古代文物的遗留。福建及附近一带有史时代虽短，史前时代却长。华北有史前遗物发现，福建也有发现，而且与华北的不同，代表另一系统的史前人类及文化（提议者拟名之为"东南海洋系文化"），所以在学术价值上是与华北的史前遗物同其重要性。福建及附近的史前民族应是越族，关于越族的记载太少，但地方所藏的遗物必定不少，以后必定逐渐发现出来。有史以来，汉人移殖的经过以及与土著越族的接触，也极缺记载，但地下遗物也必能告诉我们。还有自唐以来，福建沿海城市，尤其是泉州，在中外海道交通史上极为重要，所留史迹不少，地上地下都有发生，以后必会发现更多的遗物。这不但是本国的，而且还是世界性的重要文物。以上的古物有时偶然发现，或被私人收藏盗卖，或因不认识而抛弃，不知已经损失多少。如能设立博物馆，不但可收藏已出现的古物，而且可以有计划地发掘研究。厦大是国立的大学，应负这种责任，但要办这事，必须先设立博物馆。

（四）帮助了解台湾、南洋的需要

南洋已经成为华侨的第二故乡，而闽南人到南洋的占华侨的半数，出入国都经由厦门，平时船舶来往频繁，闽南侨区几乎和南洋打成一片。欧美日本各帝国主义国家，为要侵略南洋，便注意了解南洋，除出版书籍外，并搜罗南洋的人种风俗历史、地理等项标本，陈列于博物馆内，以供参考。我们不是帝国主义国家，不想侵略南洋，但我们已有很多侨民在那里，所以还会有大量移民到那里和土著共过和平生活，所以我们也应当介绍南洋的情形给将出国的人民，使他们能够了解南洋。在厦门如有一所博物馆，我们便也可将南洋的各项标本搜罗陈列，供出入国的华侨参观，这是很有助于侨务的。至于台湾与福建毗邻，台湾人多是由闽南移去的，所以福建人应当研究台湾，了解台湾。如厦门有一所博物馆，便可陈列台湾的标本，以供了解之用。

三、应搜罗的物品及其分类

第一部门　史前遗物

史前遗物应按地方及时代分类，而不是按种类来分，凡一地所发现的石器、骨器以及人类遗骨等都合在一起，称为某地某时代遗物。本馆应兼收中国的和外国的，尤以中国南部的和台湾、南洋的可能收到很多，因为华南的史前研究比华北更不发达，更有发现的可能。华南的史前遗物和南洋、台湾以至于太平洋各岛是同一系统的，所以应兼采这些地方的遗物来供比较研究。提议人曾发现福建、台湾、南洋的史前遗物，以及由交换所得的华北、浙江、广东的遗物 300 余件可以作为基础。

史前部门除了实际遗物以外，又需有模型，或为石膏制或石蜡制，如人骨的模型，史前人类生存型态的模型，石器、陶器等的模型。别地所发现的遗物可以托制或交换得那种遗物的模型，自己所发现的也可制造陈列或和人交换。本校已向北京地质调查所定制从猿到人的模型一套50余件，馆内也可自行塑造和人同大的史前人类全身模型，放在玻璃柜内，给他手里拿着最初生产工具的石斧，肩着打来的野兽，表示劳动创造世界的意义，这是最可引人惊愕而又最有教学价值的东西。

史前人类的生活单看实物和个别的人类模型还不够，需要塑制多人活动的模型，或绘成大幅的图画挂于壁上，如合群打猎图、穴居图、湖居图、跳舞图等也很有教育意义。

第二部门　历史时代古物

可按地方和种类分为某地，再分为某种。地方可按国别，但本国的一定居最大多数，外国的不会多。本国的可按以下分类：

1. 铜器：华南除铜鼓外少有铜器出土，但由于香港舶寮洲的发现，可以推测华南也应有铜器，因为华南人类断无由石器时代直接进到铁器时代之理。除本地发现的以外，应兼收华北的商周古铜器，以供比较研究和教学参考，因为商周铜器是重要的古物，富有历史研究的价值，是博物馆内不可缺的东西。因地理的关系，本馆不能自己到华北发现，但可由交换或购买而得到。物不须多，每类有一件便可。

2. 陶瓷器：再按时代分类。福建在建窑、德化窑等可望有地方的发现。又由宋至明中国瓷器输出海外的大部分，先汇集泉州然后下船，所以泉州地下应有遗存。（去年提议人在泉州中山公园发现地下一市尺深的地层全是宋代的瓷片，其中有青瓷双层碗一件，现在本校。）又由南洋土人乡村也可买得宋明瓷器。至于古董店的东西价值较差，可择其真物采买一部分。提议人已捐赠10件，本校也发现泉州的宋代双层碗和似汉代物的陶身、绿釉陶片，可以作为基础。陶瓷是中国手工业的重要产物，所以也颇重要。

3. 玉器：商周至汉代的古玉器，如圭璧等，为读古代中国史的必需参考品。玉器不是本区域的产物，还须搜采华北的。本人已捐赠数小件，还不足，应添置。

4. 明器：这是指古墓内殉葬的泥陶或瓷制物，因与活人的真物有别，故不能合于陶瓷器的。应再分一类：

（1）华北系统：华北各省所发现的汉至唐明器多属陶和泥制物，少有瓷制的，又多属俑（人像）及动物，少有器物。俑可表示历代的衣饰风俗，最有助于读史的参考。本校在二十余年前曾由华北买来二百数十件，现尚保存，足可应用，无须多买。

(2)东南系统:福建所发现隋唐古墓的明器多属瓷制,而且没有俑和动物,都是器物,如茶碗杯盘四管花插、动物形便壶等,与华北的东西大不相同。本校曾发掘泉州唐贞观时古墓和南安隋开皇时墓,获得明器二批数十件。此后必定还会发现不少。

5.商代甲骨:这是读商代史的必需品。本校在抗战前曾有数十片,后被日寇抢去。应向华北大量搜采以供教学参考之用,但不必多采,因这不是本区域出品,本校不必担任研究。

6.历代货币:本校前有全套数千枚,被日寇抢去,大约在台湾博物馆,将来可收回。现只有提议人捐赠数百枚。本校图书馆有古钱币书很多,都有拓印的图可参考。

7.石刻物:福建是出石材的地方,历史上的石刻物不少,有人物鸟兽的雕刻,有刊刻文字的石碑。人物鸟兽的雕刻技术,自来很精,尤以泉州的石工为最有名,到现在还是这样。这种古代雕物和石碑以泉州为最多,且很为特别。因为所雕物常有外国色彩,如狮身人面像、婆罗门教神像、生殖器崇拜像、印度式佛像、古代天主教十字架等。石碑也有很多是古时的外国字,如阿拉伯文及其他。这些石雕物和石碑,小件的可以移入博物馆内,大的应在泉州设一个陈列所,聚集陈列,另制石膏模型陈列于本馆内。

8.字画:历史上的字画也可供读史的参考,如能得到真迹,也很有价值,但不必多买。还有国内别省有名的石碑和石刻图像(如山东武梁祠内名画)的拓片,却应当多买些以供参考。

9.其他:如古时的砖瓦、铁器、骨角、竹简、印章、符节等物,凡有参考价值者都可酌量搜集。

10.模型:没有实物,或大场面的事物,可自制模型或购买已有的。有以下诸种:

(1)历代人像:依研究所得制成模型,以表现当时的衣服饰物和风俗习惯,这是很好的读史参考品。这不是容易的事,但却很值得研究。

(2)大物模型:如舟车等。

(3)古迹模型:如长城、战场、城邑、运河、坟墓、宫殿等。

第三部门　民族学标本

这是指现存各种民族,包括国内兄弟民族和国外民族,现在还在应用的,或不久以前还在应用的各种文物。汉族的特殊罕见的东西也可包括在内。与历史上的古物不同,所以别称为标本。这些标本可以表示各民族的生活情形、风俗习惯,其种类不是按物质而分别,而是按用途性质而分的,可分为以下几类:

1.武器:这是指火器以前的古式武器,在民族学标本武器中常占不少,其

形状常很奇怪。再分类常按民族或地方而分,拟分为:

(1)中国汉族古式武器:即刀枪弓箭等。鸦片战争前,火器未盛行,还是主要的武器,直至十余年前还用作辅助的武器,所以不能算作古物,但如真正的地下发现的古代武器,常是腐蚀残缺,可以归入历史时代古物内。

(2)中国各兄弟民族古式武器:如苗瑶、罗罗、僰撣、黎人、藏族、回族、蒙族、台湾高山族等都有特殊的武器。

(3)外国各民族古式武器:如日本、朝鲜、安南、暹罗、缅甸、爪哇、马来亚、菲律宾、婆罗洲、苏门答腊、印度、新几尼亚等处都各有多种特殊的奇形怪状的旧式武器,至今还有大部分在使用。以上都在亚洲,都容易采集,此外澳洲、非洲、美洲、太平洋各岛土著民族也都有特殊的武器,可与各地博物馆交换获得,将来如有可能也可派人去采集。

2. 器物:如生产工具、消费用具等也可按民族分类。每次调查一种民族时,一定可以采集不少。

3. 服装:即衣服装饰品等,各民族也都有相同,很易采集。

4. 宗教品:即各种宗教,尤其是低级宗教的神像和祭祀、祈祷、魔术等的法物。

5. 艺术品:不是指现代的高级艺术品而是指表现各民族的固有的作风,尤其是原始性的艺术品,这可以帮助了解艺术的起源发展和派别。这一类包括绘画、雕刻、塑铸等作品。

6. 建筑车舟等模型:建筑、舟、车等大物不能陈列于博物馆内,只能作雏形的模型,大约半米至二米大便可。但如独木舟和小车也可运入博物馆内。

7. 人种风俗模型:现代的各种民族体质和衣饰都不同,可以用模型来表现。模型有小的,也有和人同大的,更为逼真。大约表示集体的一群人的活动,可以用小的人像放在大的环境模型中,表示一个人的体质衣饰,则用大的人像模型。模型可用泥土、纸蜡、石膏等为原料。大人像的身上还穿了真的衣服,挂了真的饰物,手里拿着真的武器或别物,这也是博物馆中最引人注意,给人印象最深的东西。

8. 人文地理模型:在立体地图(即地形模型)上用人和物的小模型表示现代各国的经济、政治、宗教、文化、军事等现象。

四、应做的工作

现代的博物馆不是古董或奇物的保存所,它有一连串有关文教的工作可做,起自物品的搜集,继以整理陈列和研究,最后则出版报告,公开展览,供学校参考和一般民众参观。以上是基本的工作,此外有时举行专题演讲、通俗演

讲,放映教育电影,开办教育性或政治性的临时专题展览会,出版通俗小册或画片等,分述如下:

(一)搜集的工作

再分为以下数项:

1. 田野考古:博物馆应负责附近一带的考古工作,时常派员探访研究,不论自己发现,或听到偶然发现的消息,都应当请准文物局和地方政府,然后作有计划的发掘。发掘既完,所得的古物应公开陈列于博物馆内,以供众览。该古迹如有保存的价值,也应加工修筑,并标明名称。回博物馆后先发表临时报告,在一年内作成研究报告,自行出版或交科学院出版。有发掘无报告,等于破坏古迹,盗窃古物,故每次考古手续起自探访必终以报告。

2. 民族调查:田野考古所得者是史前或历史时代的古物,民族调查所得的是现代或不久以前、表现各民族风俗习惯的标本。这种调查的对象,不是本族或高级文化的外族,因为知道已经多了,所要调查的是文化上很为特别,为我们所不很明了的别族。欧美国家于一二百年内调查研究了世界上许多异民族,搜集无数的标本陈列于博物馆内。苏联也调查了境内亚洲部分的许多民族,建设了许多博物馆。我国境内兄弟民族繁多,风俗习惯都有异于汉人,为要了解他们应常作调查研究。各地大学或博物馆应就地理的利便,调查附近的兄弟民族。本校博物馆可调查本省的番民、蛋民,台湾的高山族,海南岛的黎人,西南的苗瑶、罗罗、僰掸诸族。甚至更远的如西北、西藏、东北等族,如有可能,也可前往调查采集。又因此地与南洋关系密切,交通方便,也应当兼负调查研究南洋各种民族的责任。凡做这种调查工作,同时必须采集其标本,带回陈列于博物馆内,而回来之后,也必须发表调查研究报告。

3. 交换文物:各地博物馆必定对于附近的古迹和接近的民族,工作得特别详,所得的古物标本自然也特别多,因之多有重复的东西,至于在远处的便不易做到,因之所得的东西也比较少,或且不曾得到。所以各地博物馆之间常作物物交换,取其有余,易所不足,人家都方便。本校博物馆除自己发掘采集以外,也应当和国内外博物馆交换。本馆将来所能提供交换的必是附近一带史前遗物,晋至唐的墓内明器,宋至明的瓷器,可作中外海道交通史料的文物,以及台湾、南洋的民族学标本。本馆所缺乏而希望获得的是华北、华中的史前遗物,铜器、玉器、甲骨、石刻拓本,以及东北、西北、蒙古、西藏、西南的民族学标本。

4. 购买:购买不过是补助的方法,如可断定是真物而又不易自己采得的便也可以购买。

(二)整理陈列的工作

每次文物采入以后,都应鉴定分类、登记、写说明卡片,陈列于适当的地点。有些文物还须修补。特殊的东西须作特殊的橱柜架子等物。馆内文物应有流水账式的总登记录和分类的登记簿，前者比较简略，后者应较详。文物都应有照相，以便贴于登记簿上，并供出版报告之用，或就将照片出售于参观者。陈列是重要的工作，陈列法有数种，或按地区，或按时代，或按种类，或按发展程序，或按特定目标。大约可采取一种为主要的陈列法，以外按别种陈列法以陈列一部分文物。

(三) 研究出版

如上所说每次发掘或调查都应发表研究报告，所以博物馆也便是研究机关。此外还应当有定期馆刊。

(四) 临时性的展览会

配合学校教育或政治宣传，有时须应用馆内文物，按照特定目标而陈列，例如社会发展史展览会、帝国主义侵华史展览会、抗美援朝展览会等。博物馆内应留一间大房，做这种时时更换的展览之用。展览过后又将文物退回原处，改排下一次的展览品。这种展览会有一定日期，故每次都须先登报。如办得好收效很大。

(五) 制模型绘图摄影等工作

古迹和大件的古物、建筑物、多人活动状况、古人的体型和衣饰、各民族的体型和衣饰都需要制作模型或绘画，模型与绘画又以大的为佳。博物馆须能自作这些东西，方能充实内容。有时也须做些自己特有的文物的小件模型或照相，以便和其他博物馆交换。

(六) 放映教育电影及幻灯

博物馆应购买或租用有教育意义的电影片，如历史片、时事片、地理片、科学片或幻灯片，义务放映给人民看，或收极少的票价。博物馆于旅行调查或发掘古迹时，也可自摄电影短片或将照片制成幻灯片。

(七) 举办演讲、讨论会、传习会等

博物馆可以举行定期的或不定期的公开演讲，所讲的或为专门的高深的学说，或为浅显的通俗的知识，或者是配合政策的时事宣传。此外也可以用讨论会的形式，请多人参加讨论一个问题，有时也可请有专门技术的人举办公开传习会。

五、原有的基础

本校设立人类博物馆，不是凭空的事，而是已有了基础，其来源如下：

(一) 提议人捐献的文物及图书

提议人早于 20 年前便开始自费搜罗古物和标本，到 1935 年乃设立私立

厦门人类博物馆筹备处于厦门大学附近,以供给厦大历史社会学系应用,并供附近中小学参观,曾记于1936年的厦大一览本。抗战后大部分运往南洋,在南洋续有增添,于胜利后又运回国内。现在因感觉人民政府可以信托,故全数捐献给厦门大学。其文物总数640余件,货币、邮票、相片等不计在内。东西虽不多,但各类都有,做一个筹备处是有余的。

博物馆也需要特殊的图书,如考古学、人类学、民俗学、历史、地理等,以说明文物并作研究之用,因此并将自己所收藏的这种特殊图书800部1000余册完全捐送。这些图书因是专门性的,故数量不算少,且内多珍本孤本,很不易得。

(二)厦大原有的文物图书

厦大在私立时代曾设立文物陈列所,后改称文化陈列所,曾由华北购买明器二百数十件,历代古钱数千枚,瓷器数十件,民族学标本数十件,甲骨20片及其他。又曾于1935年派员(本人在内)到泉州发现唐墓,获得明器70余件。直至抗战发生后,文物全被日寇抢去,存在台湾博物馆内,这陈列所便取消。直到胜利后,方由台湾收回明器二百数十件,别物未收回。收回的明器暂交历史研究室保管,但不能陈列(便是本人管理)。历史研究室又自去年来向北京地质调查所定制从猿到人模型全套52件,不久将运到。以上的东西也可合在博物馆内。本校在私立时代因曾办国学研究院,故购买中国考古学书不少,多属特殊的版本,价值很大。又图书馆内西文的考古学、人类学书也有相当数量。

以上二个来源全并起来,已足成立一个陈列所,不止筹备而已。

六、办理步骤

(一)成立筹备处

就上述已有基础先成立筹备处,办法如下:

1. 工作:筹备时期已有工作可做。

(1)陈列已有文物:在适当地点将现有文物陈列,并加说明卡片,以便参观和研究。因为文物如长久装箱,必致朽坏,且置而不用,也很可惜。

(2)在可能范围内搜罗增添:目前国外虽不能去,但国内是可以工作的,无论考古发掘或民族调查都可以做,交换购买更可以办到。

(3)研究出版:现有材料大都是未曾发表的,已经可以写成大小篇幅的论文十余种,何况还可由新做的田野考古和民族调查而得到新的研究材料。

(4)临时性的展览会:这是必须做,而且是可以做到的。

(5)制模型、绘图、照相:这也可酌量做。

2. 经费:可多可少,少则每月数十万,多则数百万。

3. 人员:一个主任,一个研究实习员,一个做抄写等事的书记便可。

(二)发展的前途

等到国际局势平静,国内建设发展时,便可成立正式博物馆,其办法大略如下:

1. 工作:上面第四节所说的都可实行,不但国内,便是国外也可派人前去调查研究,采集标本回来。这种派到远处的工作人员便是所谓"远征队"。

2. 人员:那时工作多,人员必定增加,少则十人八人,多可至数十人。可分为田野考古组、民族调查组、馆内工作组等,博物馆的研究员在欧美另称为Curator,是一种特殊职业,地位等于大学教授。其次有副研究员、助理员、实习员等。

3. 经费:由政府酌量增加,到南洋等处调查采集,还可受华侨捐送标本,不必完全自费。

4. 馆舍:希望本校将来能建筑一座人类博物馆的馆舍,因为博物馆的建筑应有别于其他建筑,否则这次陈嘉庚先生新建的楼也应指定一座为人类博物馆之用。或者将来南洋解放、情形好转时,可向华侨募捐另建一座。

总之,在筹备时期已可逐渐充实博物馆的内容,到了正式成立之后,只要五年的工作,必定颇有可观,十年之后,将成为规模宏大的一所博物馆,汇聚了中国以至海外的文物,为厦大的一个特色,可替国家担任这一区域的研究工作,并供附近一带学校教学的参考以及一般人民和华侨的参观。

此呈

厦门大学王校长　转呈

华东教育部长吴

中央教育部长马　台核

提议人:林惠祥上

1951年7月12日

(所捐献文物图书目录见前呈)

(原件藏于厦门大学档案馆)

倡建华侨博物院缘起

博物馆是教育工具之一种,与学校图书馆等同样重要,其施教的范围还更为广阔些。学校施教的对象只限于学生,图书馆只限于已识字的人,博物馆的对象是一切的人民,无论是学生非学生,已识字或不识字的人,只要踏入博物馆,多少都有所获。博物馆所以会有这样的效力,是因为博物馆用形象(即用实物模型图尺)来直接表现事物,不是用文字间接表现事物。一般人民参观了博物馆,可以获得必需的常识,学校师生参观博物馆,可以和书本上所说的相印证,而且博物馆中还有新发现的东西,更出于书本所记载之外,可以帮助专门学者的研究。

博物馆是这样有用的一种机构,故在社会主义国家非常重视,苏联革命后添设了很多博物馆,在资本主义国家如英、美、德、日本等国虽远不及苏联之多,但也有不少的博物馆。甚至各国的殖民地也多设立博物馆以供统治者自己的参考。我国在解放前只有极少数不像样的博物馆,华侨在外国殖民地常见博物馆,回到祖国却又不见,心中难免发生祖国不如外国之感。解放后人民政府大力发展社会主义的文化建设,新设了很多博物馆,这是很可喜慰的事。在我个人想祖国的社会主义建设是人人应尽的责任,我是华侨,我很希望华侨也来尽一部分责任。因此我提议,由华侨来建立一所大规模的博物馆,这所博物馆可设在华侨故乡出入国的港口,既可给国内人民看,又可给华侨自己看,两者都受其利,我现在建议在厦门先设立一所博物馆,不但因厦门是华侨出入国的要港,也因厦门原有厦门大学,且已有附设的人类博物馆,可以合力办理,易于发展。

至于这所博物馆的名称,我拟为华侨博物院。为什么称为华侨呢?因为这所博物馆是华侨创设的,故应以华侨为名。为什么不称为厦门博物馆呢?因为照各处的例,以地名为馆名的,便是地方设立的博物馆。这一所是华侨设立的,故不便称为厦门。又因地方博物馆是地志性的,这所博物馆有特殊任务,它应陈列祖国的文物给华侨看,而祖国的文物不应限于厦门市或福建省,必须是全国性的,方能满足华侨的需要。况且这所博物馆原是合并厦门人类博物馆而成立的,应仍旧配合厦门大学的教学和研究,大学所需要的是全国性的东西,也不能限于一个地区。加以这所博物馆负有介绍南洋的责任,须陈列很多南洋文物，以供国内人民了解南洋之用。由陈列品看来，这所博物馆绝不是地志性的，而是陈列全国性，甚至世界性文物的专门博物馆，故不应以地方为名，以免和地志性博物馆相混淆。为什么不称厦门华侨博物馆呢？因为华侨是各处都有的，不限于一处，故不应加以地名，以免误会。这所博物馆为什么称为博物院呢？博物院便是博物馆，不过因为这所博物馆是合几个博物馆而成立的，如人类博物馆、自然博物馆等，故总称为博物院，以别于内部的分馆。

华侨博物院的计划如上述包括几个专门博物馆。第一个是人类博物馆，这原是厦门大学附设合并来的，陈列内容包括有关人类及其文化的陈列品，即古代历史文物和现代民族的标本等，可以供学习和研究各种社会科学的参考。第二是自然博物馆，陈列品包括动物、植物、矿物、地质、生理卫生等标本，可以供学习和研究各种自然科学的参考。第三是南洋博物馆，陈列南洋各国的历史、地理、经济、政治以及华侨情况等文物模型图表等，可以供了解南洋及华侨之用。第四是新中国博物馆，陈列祖国革命及新建设的实物模型图表等，以供回国华侨了解祖国之需。还有其他的可依需要设立。

至于这所博物院有什么样效用呢？我国政府宣布"发展博物馆事业，为科学研究和广大人民群众服务"，这所博物院当然也有这两种效用。分析言之，可以说第一是社会教育，日日开放给一般人民参观。第二是协助厦门大学教学并供全国各大中小学教学及各学术机关参考。第三是配合南洋研究所的南洋研究工作。第四是供回国华侨参观，并协助南洋华侨文教事业。第五是从事其他科学研究，如考古学、民族学、历史生物学等。

建设这所华侨博物院的进行步骤是：第一先由厦门市人民委员会指拨地址，现已拨来厦港蜂巢山附近一大片空地，面积97市亩，可以说是很大的。第二是先建一部分馆舍，落成后将厦大人类博物馆迁入，即先行成立开放。第三是一面组建其他馆舍，一面筹备自然博物馆等，陆续成立开放。

现在这件事情已获得中央及地方各有关部门的支持，厦门大学也愿意合作，并已筹得一部分捐款，自9月初便设立建筑部动工建筑第一座。侨胞们，这是我们效力祖国建设的机会，无论已归国或在海外的侨胞们，请你们各尽个人的责任来帮助祖国建设，或帮助建筑费，或捐送文物设备费，或采集南洋文物赠送陈列，这都是祖国所欢迎的。

捐送旧屋及基地给厦大证明字

厦门大学王校长、陆副校长钧鉴：

敬启者　祥于战前即1933年曾以稿费所得由厦大黄开宗先生夫人买得基地一所，面积3457平方英呎，址在校旁顶澳仔。即于今年就其中拾贰丈建筑二层石墙屋一座及后面平房二间，基地买价400元，建筑2000元，投税之契上只写建筑1500元，是为减少纳税故少报，又建筑报作砖造，实是石造。该基地及建筑均已向当时思明县契税局纳税并取来正式凭证。祥住居四年，至沦陷前乃放弃该屋逃亡南洋，十年之后再来时，该屋已因无人管理被人拆去门窗板壁，但墙壁天花板屋瓦均尚牢固。解放前厦门伪市长黄天爵及地政局长苏宗文（均厦大校友）曾对祥说愿为介绍及担保向当时的农民银行借款一二千万元修理，据云该银行存有一笔款是要借给人民为修理因抗战而破坏的房屋之用，且对祥实说二年后通货又膨胀等于不必还。祥因不愿受其饵诱，故不肯接受，另一南洋华侨要汇来助我修理，我亦力拒不受，以此至今未修理。前日本校方副总务长对我说不如让给学校，我即答说我愿即捐送本校，不须报酬，只希望将该屋照原状修理。因该屋无蚊子，无西照，且有园地，很适合作高级住宅。我自己不想再住该屋，不过希望勿随便修理而已。

兹敬将有关该基地及建筑的契据等九种附此呈上以便本校向市税务局登记屋权转移。

一、基地白契（即卖主所写的卖契）一纸。以下至第五种都用前妻林杨氏淑华的名义

二、基地红契（即契税局所发正式卖契）一纸

三、建筑白契（即自己投税所写）一纸

四、建筑红契（即契税局所发正式契）一纸

五、验契证（即后来财政所验契完发给的）一纸

以上五纸经税务局粘合盖印于骑缝。

六、胜利后登记所有权的土地所有权状一纸，1948年3月20日以上都改用我的名，因我前妻已死。

七、解放后缴交房捐捐单，1949年12月发一纸

八、解放后房地产税缴款书

九、本人捐送该旧屋及基地证明字一纸
专此即致
敬礼

林惠祥及家人全体敬上
1956 年 6 月 12 日
代笔人　陈国强

林惠祥捐送旧屋及基地证明字

　　立证明字人林惠祥曾于 1933 年由黄叶氏雪云买得基地一所，面积叁肆伍柒平方英呎，址在厦门港顶澳仔，即于同年就其中拾贰方丈建筑二层石墙洋瓦屋一座又后面平房二间，当时均已投税清楚。基地买价肆佰元，建筑贰仟元，当时投税的契上只报壹仟伍百元是为减少纳税之故，又报作砖屋，理由同上，实是石屋。抗战期间放弃，致门窗被人拆去，至今尚未修理。兹愿将该旧屋及基地捐送厦门大学修理执掌。该基地及建筑皆是本人所置，旧契上虽报作前妻林杨淑华，但战后一九四八年登记时因前妻已死，曾改作本人姓名，此次捐送厦门大学家人亦皆同意，本人保证今后绝无纠纷。将立此字以便厦门大学向税局登记所有权的转移，此据。

捐赠旧屋及基地人　林惠祥及全家
代笔人　陈国强
1956 年 6 月 12 日

林惠祥教授遗物及遗书稿清单

一、遗稿及文集

1.《石器时代考古论文集》 一本。
2.《史前考古论文集》 一本。
3.《南洋马来民族及华南古民族关系》 单稿前篇一本。
4.《南洋马来民族及华南古民族关系》 草稿一本。
5.《南洋马来民族及华南古民族关系》 油印本一本。
6.《南洋马来民族及华南古民族关系》 英文提要二本。
7.《南洋马来民族及华南古民族关系》 插图一本。
8.《有段石锛》 底稿一本。
9.《中国东南新石器时代特征之一:有段石锛》 英文提要二本。
10.《中国东南新石器时代特征之一:有段石锛》 插图一本。
11.《福建长汀河田区新石器时代遗址》 考察简报一本。
12.《福建长汀河田区新石器时代遗址》 底稿二本。
13.《算命研究》 底稿二本。
14.《福建武平新石器时代遗址》 底稿一本。
15.《论长住娘家风俗的起源及母系制到父系制的过渡》 底稿一本。
16.《论长住娘家风俗的起源及母系制到父系制的过渡》 油印本一本。
17.《论长住娘家风俗的起源及母系制到父系制的过渡》 杨承志意见一本。
18.《由民族学社会学所见之文化之意义及其内容》 铅印一册。
19.《考古学讲义》 三本。
20.《怎样证明台湾从古是中国的领土》 底稿二本。
21.《南洋人种风俗概论》 原稿一册。
22.《福建新石器时代遗物、遗址的略说》 底稿一本。
23.《三千常用字读本》 底稿四本。
24.《查字写话的速成识字法》 一本。

25.《天风海涛室漫稿》 一本。

26.《已刊厦大论文集(早期及学报发表)》 一本。

27.《中国史学时代略史》 一本。

28.《香港大学遗物零星发现追记》 底稿一本。

29.《为什么要保存古物》 底稿二本。

30.《常用字读本》 三本。

31.已刊什著 合订本一本。

32.《中学历史课程参考用品目录》 一本。

33.《福建长汀县河田区新石器时代遗址》 印本二、油印本一。

34.《厦大学报》(社会科学版)1957.1、1956.1、1954.1、1956.4、1956.6;《厦大学报》(自然科学版)1957.1。合计六本。

35.《厦大学报》 1957.1二本,1954年第八册一本。

36.《台湾番族之原始文化》 书二本。

37.《民族学》 书一本。

38.《世界人种志》 一本。

39.《神话论》 书一本。

40.《大战与南洋》 二本。

41.《英文打字》 印本一本。

42.《入党知识书》 十二本。

43.《武平新石器时代遗址的研究》(与梁惠博、雷光泽合著) 底稿一本。

44.《日文讲义》 一本。

45.《中国通史(原始社会)》 讲义一本。

46.手抄诗赋 一本。

47.图表目录 二本。

二、个人历史资料

1.自传 二篇。

2.个人历史资料 自贴簿一本。

3.简历文件 一份。

4.入党志愿书 三份。

5.日记本 18本。

6.三反文件 一包。

7.毕业证书

8.《厦门日报》《新厦大》刊登入党的消息 三份各八张。

9. 省政协文件　九本。

10. 反右斗争发言稿　一份。

11. 书信、什稿、相片　若干

12. 六寸个人像　四张。

三、其他

1. 《增添历史研究所计划书》　底稿一份。

2. 《厦大设立人类博物馆筹备处计划书》　一份。

3. 《捐献厦大人类博物馆筹备处古物标本细目、备查细目》　计二本。

4. 优胜镜框　二个。

5. 相册　一本（张贴像）。

6. 卷宗　二个。

7. 拳术谱　二本。

8. 空白日记簿　一本。

9. 《英文文法》　油印一本。

10. 英、俄文练习本　6本。

11. 资料备用　二本（《中马同源》、《有段石锛》）

12. 学术什记　一本。

13. 馆务什记　一本。

14. 馆务簿记　三本。

15. 美术集　一本。

16. 音乐（闽南民间音乐陈三娘）　二本。

17. 南洋风景像一盒（自照）。

18. 南洋风景名片　一册。

19. 挂画及字卷　7张。

20. 彩色盒　一个。

21. 望远镜　一个。

22. 坐车枕头套　一个。

23. 大刀　一支。

24. 长矛　一支。

25. 小锄　一支。

26. 比武用棍　一支。

27. 单刀　一支。

28. 双刀　一副。

29. 剑　三支。
30. 二胡　一支。
31. 雨伞　一支。
32. 手杖　一支。
33. 洞箫　一支。
34. 笛子　一支。
35. 挫琴　一支。

1958年3月11日

（原件藏于厦门大学图书馆）

诗　　词

上官婉儿　　民国六年(1917年)

亲携玉尺上台来,不量绮罗却量才。桃李不归馆阁去,倾心翻向内园栽。

陈圆圆　　民国六年(1917年)

小宝青灯忏宿缘,沉忧无力可回天。大王幕下多才俊,卓识谁如一女贤。

仿子夜歌　　民国六年(1917年)

闻欢从远来,闺中自徘徊。急期迎欢去,恐惹耶娘猜。

送妹从妹夫远行　　民国七年(1918年)

重晤知何日,于今竟别离。雁行分翅苦,鲸浪远航危。苹藻温柔德,幽兰荏弱姿。尝羹举案外,还望自维持。

古迹四咏　　民国十年(1921年)

终南山

何意深林幽壑间,求荣径捷竞跻攀。可怜胜地清名玷,谁为移文效北山。

王官谷

漫说桃源好避秦,王官谷里更多春。先生睡足羲皇梦,不晓人间战伐频。

木棉庵

南荒不是邯郸道,也醒黄粱梦一场。为问木棉庵里事,何如斗蟀半闲堂。

铁笛亭

三弄桓伊旧有名,使君衫湿不胜情。于今铁笛亭边过,仿佛犹闻人破声。

桓伊:人名,晋朝人,与谢玄共破苻坚于淝水。得蔡伯喈柯亭笛,常自吹之,曾为王徽之在河边"踞胡床,作三调"。铁笛:据朱熹《铁笛亭诗序》记载,武夷山隐者刘君兼善吹铁笛,有穿云裂石之声。——张宗洽补注

西史偶咏（五首）　　民国十年（1921年）

约安达克

应是安琪降世间,解城围似解连环。三军喜得神威助,一旅能收故土还。闷煞香心忧国是,戚残愁黛念家山。可怜身没功难竟,当日应留泪血斑。

（约安达克以一弱女举兵却敌,几于收复全国失地,惜功未成而身先殒,千载而下,犹令读史者掩卷太息。）

哥伦布

三艘瓜皮逐浪行,英雄事业太轻生。上书已致貂裘敝,得地方教世俗惊。天上云低疑近陆,海中涛涌骇逢鲸。空劳四度航行苦,不为金钱只为名。

（哥伦布只注意安戢土人,不似他人以暴力掠夺黄金,卒以此获罪。然而英名长留,不与余子俱没也。）

奥女皇马利亚

娇小雏龄未解忧,偏教当璧半含羞。庄严国土同容丽,婉曲江河见性柔。封豕漫劳强问鼎,长鲸何事欲吞舟。莫轻纤弱如花质,曾抗凶顽展壮猷。

（女皇妙龄嗣位,列国纷起侵之,是为奥地利王嗣之争及七年之战。）

普鲁士大王腓特列

列国纷纷未止戈,文章美术总如何。读书已致词流峡,投笔能教陆起波。一代威名才盖世,七年战事血成河。泉台应悔贻谋误,故国于今几黍禾。

（腓特列少好文学美术,厌武事。即位后,一变而为黩武之雄主,七年之战,大拓疆土。后嗣袭其遗谋,致有近年世界之大战,德几不国。英魂如在,应悔其贻谋之疏也。）

瑞典王查理十二

弱龄十五已难驯,半岛先驰拿破仑。狮子北方真有种（瑞典前王阿多夫,号称北方之狮子）,猁儿西国迥无伦（俄大彼得之遇查理,有似曹瞒之论孙策,惜结果不同耳）。身均士卒矜贤将,手掳名王作外臣。最是可怜波达瓦,也同滑铁战场尘。

（查理年十五善用兵,号为北方之拿破仑。提兵抗俄、波、丹三国之联军,大破之。惜卒败于波达瓦,一蹶不振,与拿破仑结局亦相类。）

猁儿：形容少年威猛。《三国志·吴孙策传》"是时……策并江南"注引《吴历》："曹公闻策平定江南,意甚难之,常呼：'猁儿难与争锋也。'"——张宗洽补注

寄华威（二首）　　民国十年（1921年）

拥鼻愁吟有所思,海天翘首不胜悲。自从南国归来后,红豆移栽子满枝。
北风飒飒向人吹,吹我梦魂南向驰。怪底八行笺不到,鲤鱼也怕涉波危。

集美舟中（二首）　　民国十年（1921年）秋

一叶扁舟自在行,从今事业定吾生。千金货殖掉头去,只为真修岂为名。
为德从来必有邻,当年独学见非真。于今骥尾听追附,攻玉他山大有人。
（此二诗作于入厦门大学时,当时予已辞去吕宋商界之职业,自誓沉舟破釜,如不得列入学籍,亦愿为校役以听讲于课室之外。）

厦门旅舍闻歌（二首）　　民国十年（1921年）

夜夜笙歌起四邻,似怜孤客慰酸辛。莺声婉转穿窗入,胜似当前笑语亲。
未必秦娥爱唱歌,艳秾曲里惨声多。低眉掩抑应含恨,坠溷沾泥没奈何。

戏　作　　民国十一年（1922年）

景嵩得其夫人来书,予见而匿之,要以一醉,方令璧还。
忽地瑶缄托雁来,偏逢射雁落尘埃。知君屈指情方急,让我开怀事细猜。
年月日时封面记,温寒冷暖语中赅。家书真是万金值,愿把万金换一杯。

题名人像册　　民国十一年（1922年）

《新民丛报》附有历史上名人像,汇为一册,诗以咏之。
虎斗龙争逐逝波,穷天究地等闲过。空余陈影残篇里,展卷聊为怯睡魔。

南禅拜佛词（三首）　　民国十一年（1922年）

南普陀礼佛者多年轻女人,诗以嘲之。
莺莺燕燕笑相邀,齐到南禅参海潮。恼煞闲人多口舌,评头品足浪相调。
深深屈膝拜团前,心事喃喃告佛天。但愿良缘从速就,摽梅期过已年年。
年来心事厌尘红,顶礼观音悟幻空。莫道青楼难拜佛,杨枝也许插瓶中。
摽梅:摽,落下之意。《诗》有"摽有梅,其实七兮。求我庶士,迨其吉兮",言梅落知时已晚,谓嫁期当及时也。——张宗洽补注

读《剑南集》　　民国十一年（1922年）

中原北望气如山（放翁原句）,如此诗怀岂等闲。太息南朝颠倒甚,坐教壮士隐林间。

邯郸梦　　民国十一年（1922年）

未向世间大解脱,却寻梦里小游仙。半生一瞥须臾事,草草功名太可怜。

慰某君梦 民国十一年(1922年)

会面真成一度难,多情惟遣梦中看。幻灵聊慰相思苦,惆怅西楼晓又阑。(某君与其情人别,刻骨相思,时萦梦寐,每晓或为余唤醒,辄咎予破其好梦,予亦为怅然,因诗以慰之。)

感　怀 民国十一年(1922年)

悠悠满目暗咨嗟,拟把黄金买莫邪。斩尽世间忘义客,归来洗手读南华。

读杜集《月夜》有感 民国十一年(1922年)

痴心不读浣花诗,怕见云鬟玉臂词。遥想故园明月夜,有人伫立数归期。

与育崧小饮 民国十一年(1922年)

百端愁绪一腔含,冷雨凄风更不堪。幸喜惺惺相爱惜,衔杯且自作雄谈。

育崧病起幽忧,诗以慰之 民国十一年(1922年)

天风吹海作大响,惊起侨人争竞想。负笈担簦赋远游,学成好护旧侨壤。陈君弱冠负奇气,誓通英汉两文字。慷慨时闻斫地声,昂藏谁识凌云意。岂知二竖苦相缠,从此高怀百虑牵。沈约愁来腰更瘦,文园病后恨难蠲。呜呼陈君勿懊恼,葆身且自宽怀抱。失马塞翁未是凶,小事岂足萦头脑。近来南岛屡妖氛,大势挽回谁建勋。好把千金自爱惜,伫看孤鹤出鸡群。

厦门海望 民国十三年(1924年)

极目苍茫尽可惊,废兴往迹眼前呈。舳舻不遂孤忠愿,营垒曾归丑虏兵。滚滚前尘随浪去,汹汹局势逐波生。最怜天际扁舟小,也似心潮不肯平。

登五老峰 民国十三年(1924年)

五老峰头夕照红,登临犹忆郑成功。金戈铁马归何处,惟有荒丘满眼中。

鹭江岁暮感怀 民国十三年(1924年)

身世如蓬转,逗留即是家。年华招永叹,岁月起长嗟。鹭岛涛声大,漳山岚景遐。抚时聊纵眺,心事已如麻。

荷花将开尽有感 民国十三年(1924年)

陈石遗师试

倏觉凉飔动,秋容满小塘。红颜惊褪艳,玉貌懒施妆。衣裂珠难佩,盖倾雨更狂。佳人伤老大,叹息子盈房。

苦 热 民国十三年(1924年)

国文十五古体诗考题,陈石遗师命题。

三伏已过尽,南荒热未已。空际断浮云,微尘重不起。斗室无逃处,开户思他徙。哀彼途中人,锅中走群蚁。裹足不敢前,挥汗无休止。竹簟不为凉,饮冰不知美。我无电气扇,有亦无奈彼。又无夹壁冰,有恐化为水。沉思无他法,惟有将皮褫。刃下皮告痛,不敢再尔尔。或劝濯清池,炎威可尽弛。一入急跃出,稍迟恐烹死。丧气返斋中,卧思致热理。恐是地行错,太阳近尺咫。或是地层中,爆发处从此。近世科学精,进步古无比。戡天法已多,惟热未能弭。我劝科学家,此着安可委。若成却热方,厥功为最伟。暑天业不停,热带人不靡。林林此众生,皆当大欢喜。

冬日读书乐 民国十三年(1924年)

石遗师出题

读书乐事多,四时宁有异。霜威凛冽天,寒窗足春意。怒号天风鸣,引我凌云志。抗喉起狂吟,慷慨多壮气。龟裂未足言,缩手非吾事。伸纸呵冻笔,翻作辟寒字。冬日照西斋,暖我如相媚。老梅宅畔开,暗香起诗意。谁言冬日苦,我道宁足畏。不闻古人言,三余亦可贵。

花朝纪事(三首) 民国十三年(1924年)

披衣晨起耐寒骄,自把灌畦清水挑。怪道惜花春起早,关心今日是花朝。
春阳冶艳韶光融,姊妹生辰此日同。柳眼桃腮齐展笑,互将烂漫答东风。
护花幡子手亲雕.更把清泉代酒浇。三揖花前勤拜祝,一年芳运始终饶。

述 怀 民国廿六年冬(1937年)

国难后初抵星洲,仿陆放翁作。

国破家倾万事空,飘零未解叹途穷。王师北定中原日,好句犹能续放翁。
(放翁诗云:"死去元知万事空,但悲不见九州同。王师北定中原日,家祭无忘告乃翁。"予素喜诵之。)

雨后观物兴感　　民国廿七年（1938年）

和丘菽园先生

倾盆快雨不嫌粗,坐对青山草木苏。拥塞阶前惊众蚁,辛勤壁上有孤蛛。阵成一线封能固,网破千回志不渝。老去诗情时见道,诗人此处是真儒。

（时正在国内抗战中,故五、六二句寓抗战到底之意。）

〔附原作〕

芭蕉叶大雨声粗,袭枕新凉午梦苏。观物堂坳浮芥蚁,悬空屋角坠丝蛛。垂垂破网张能补,泛泛虚舟溺不渝。却念风涛东岸去,萧闲我正耻为儒。

重　阳（二首）　　民国廿七年（1938年）

重阳日延谦先生止园雅集,感赋。

佳节重阳客里过.归途何处奈风波。情牵老菊家园瘁,目断哀鸿故国多。填海未穷精卫石,回天伫看鲁阳戈。飘零幸预群贤末,暂扫牢愁且放歌。

（时厦门沦陷,予方逃亡南洋,故触处生悲,不知涕之何从也。徐悲鸿先生见之,赞"填海"一联为警句,为作大字。后经日寇时期.犹幸保存勿失。）

鲁阳戈:即"鲁阳麾戈"。鲁阳公与韩作战,战方酣,日已暮,鲁阳公挥戈指向太阳,太阳为此而同升三竿之高。喻中国人民抗日决心。——张宗洽补注

谁筑名园胜境来,更将韵事巧安排。千层黄蕊添诗兴,万顷金波映酒杯。枝叶有声思落帽,云山无尽怕登台。竟教破涕翻成笑,雅会何曾得几回。

槟榔屿极乐寺塔　　民国廿八年（l939年）

嵯峨宝塔与云齐,想为登天造此梯。十丈红尘看不到,清音回绝翠禽啼。

随李慧觉先生游印度归赋　　民国廿八年（1939年）

天竺由来负盛名,追随杖履事长征。身临鹫岭云无迹,夜渡恒河水有声。古国遗踪劳寄慨,异乡风物饰行程。收将画影诗情返,好与先生仔细评。

赠徐悲鸿大师　　民国廿八年（1939年）

名下如君信有真,愁无好句为敷陈。传神不赖毫添额,写实偏能意出尘。彩笔有情哀国土,丹青和泪济穷民。天南岛树苍苍里,争看田横五百人。

（君在星洲举行画展,将所得卖画之资全数交筹赈会汇回国内。予曾为文于报上赞叹,故次句云云。此次画展中,似以《田横五百士》一幅最受观众欢迎,五句、末句皆指此。"海云岛树郁苍苍",为蒋剑人《咏田横五百士》之句。徐先生自云有感于此而作画。星洲亦一海岛,故七句云云。）

题李慧觉先生僧装留影　　民国廿八年（1939年）

一着袈裟意态真，恍疑此是再来身。如君德慧人间少，何必空门始出尘。

（先生偶着袈裟摄影，恍如一高僧。然予意无论僧俗，一以德慧为先。先生之德慧，已臻上乘，固不在乎袈裟之形式也。）

题翁占秋画二绝　　民国廿八年（1939年）于新加坡

陵园名菊

萧飒声中百卉凋，却看素艳转娇娆。陵园露冷霜寒夜，笑对西风舞袖飘。

白麒麟

花里麒麟语不诬，高标劲节总非孤。于今妖气盈京国，偕隐应同石兽俱。

赠丘菽园先生　　民国廿八年（1939年）

震世声名戊戌年，只今犹幸见诗笺。望门张俭头千贯，报国宾王檄一篇。隐去襟怀还洒落，老来辞句更清妍。天南此日文坛盛，知赖先生着祖鞭。

（丘菽园先生为南洋著名文学家，清末戊戌政变，康有为逃亡新加坡，以丘先生家为逃逋薮。丘先生为斥家资无数，甚至以纸币为纸卷，供客吸烟。当时康有为之头固不输于张俭，丘先生之豪气亦震惊中外。先生至晚年极穷困，予甚钦其为人，故投赠此诗，先生甚喜。）

题徐悲鸿先生所赠画松　　民国廿八年（1939年）

苍劲柯枝郁不开，低头寂寞傲风雷。园林春好君休顾，只合深山作废材。

七　绝　　民国廿八年（1939年）

民国廿八年冬，予长钟灵中学，见诸生踊跃认捐寒衣，感赋一绝，书赠纪念。

戢冷戈寒雨雪中，天南翘首痛沙虫。齐声唱到同袍句，年少翻多卜式风。

卜式：人名，汉朝河南人，以牧羊致富。汉武帝时上书愿捐一半家产支持防匈奴，召拜中郎令。——张宗洽补注

题吴人俊女士纪念册（二首）　　民国廿八年（1939年）

前后同窗有两姝，俊人人俊不相输。杏坛远设重洋外，教泽钦君更广敷。
久隔云天各一隅，惟闻彩笔与身俱。槟榔岛上断飞雪，咏絮诗篇减少无。

初抵星洲育菘索诗赋呈一笑　　民国廿九年（1940年）

国破家倾万事空，飘零未解叹途穷。"王师北定中原日"，好句犹能继放

翁。

为槐准题悲鸿绘红毛丹（二首）　　民国卅年（1941年）

佳果何因落世寰，人工天赋两无间。若教一骑能将去，未许荔枝占笑颜。
（唐人诗云："一骑红尘妃子笑，无人知是荔枝来。"红毛丹艳绝荔枝，如当时亦得进御，必不输与荔枝也。）

绝艳红裳白雪肤，枝头累累已堪娱。是花是果从君唤，艺苑新添韶子图。
（红毛丹又名韶子果，壳鲜红，枝头成簇，远观如花，状甚美。）

悼　亡（十首）　　民国卅年（1941年）

月缺花残蝶梦慵，人天何处觅仙踪，从今始悟红楼句，恩爱夫妻不到冬。
（《红楼梦》有咏竹夫人句云"恩爱夫妻不到冬"，似有至意。）

小别经年病不支，那堪撒手永相离。泉台如有芳魂在，苦忆也应损玉姿。
（妻生前曾有一度痼疾成病，几于不起，不意今竟永诀，死而有知，恐较生者尤苦也。）

为觊丰姿乏鹊桥，伴狂吴市学吹箫。卑田种玉终嫌薄，乞得良缘只半条。
（婚前曾化装乞儿，往妻家偷觊，不意乞儿终属无福，只得半生良缘也。）

只觉心心相印来，未曾一语费疑猜。早知反目能延寿，故惹娇嗔怒不才。
（半生相聚，未尝一度反目，想亦为造化所忌。）

同苦共甘尽折磨，更亏明慧翼扶多。飘零方洒牛衣泪，又向天涯唱九歌。
牛衣：编织乱麻为衣。《汉书·王章传》载，初时王章在长安为诸生，得病无被，卧牛衣中，与妻决，涕泣，其妻呵怒之。及为京兆欲上书讦封，妻又止之曰："人当知足，独不念牛衣中涕泣时耶！"——张宗洽补注

知己由来不易逢，闺中有友慰愁侬。自从环佩无消息，锦瑟尘封已几重。
□，复印稿缺，依意补上。——张宗洽补注

小劫匆匆只半生，红颜未老蝶魂惊。鸳鸯若许能同命，愿折余龄半与卿。

秋月春花几变迁，伤心日日复年年。悲怀最是难排遣，午夜梦回冷雨天。

自愁更为众生愁，愿向天公进一筹，令有情人成眷属，更须偕老雪盈头。
（有情人虽成眷属，若中途折翼，更属憾事。）

竞说南华绝妙词，更推内典解情痴。忘情反是多情极，开卷翻教恸不支。
（庄子鼓盆之歌，故示旷达，佛经痛说爱别离之苦，劝人解脱，其实皆伤心人多情语也。读之只增哀感，何能忘情。）

闻最后胜利讯，喜续八年前旧作（七首）

民国卅四年（1945年）九月

八年前初抵星洲时，曾仿陆放翁诗，作《述怀》一首示友人。陆诗云："死去

元知万事空,但悲不见九州同。王师北定中原日,家祭无忘告乃翁。"拙作云:"国破家倾万事空,飘零未解叹途穷。王师北定中原日,好句犹能续放翁。"

血战年年喜不空,竟教顽敌叹途穷。王师克服中原日,好句终能续放翁。

百战翻教百胜空,报施天道巧无穷。用兵不为吞人国？真意还应问醉翁。

（日敌宣称目的不在灭中国,谁能信之!）

碧海珠还梦不空,金瓯无缺祚无穷。神州今是谁天下,家祭欣然告我翁。

（此喜台湾光复,可告我父也。）

八载流离未是空,伸眉不复叹身穷。孤臣孽子深危惧,幸际升平作圃翁。

（前因放弃日籍事,畏日人知之,有如孤臣孽子,操心危,虑患深,今幸解决矣。）

半世龙潜事岂空,耻将富贵换孤穷。凌夷华夏争存日,忍作胡儿负祖翁。

（我国虽弱,个人岂肯趋炎附敌,以取富贵。）

敝屣黄金甑屡空,逢时妙手不疗穷。若教折尽平生志,怕见先民郑所翁。

（予能日语,当时如肯变节,取黄金如拾芥,然予终不屑取不义之财,所谓不为也,非不能也。甚慕宋末郑所南,自分万一亡国,将以老农牧猪奴终。）

华夏声灵日照空,昆仑东走脉难穷。自将青史从头写,见义也应似老翁。

（割台时抗日不成之丘逢甲先生,有句云:"昆仑山势走中华,赴海南如落地鸦。"盖言台湾为中国昆仑山余脉所成,余第二句故云,亦寓余家国籍上之秘密也。中国民族精神方如日之升,且余著《中国民族史》,熟知割台史实,固不输于亲历其事之老翁也。）

送吾女安娜入军政大学（二首） 1949年12月

髫龄爱诵木兰诗,早兆樽前别我时。羞换戎装抛彩服,忙将清水洗胭脂。风鬟雾鬓鬓心犹壮,万水千山步恐迟。转念兴亡天责在,强收老泪送娇儿。

中华鸿运此时开,巾帼从戎亦快哉。齐唱新词前进去,竞辞妆阁参军来。双眉不为伤春蹙,一命拼教爱国摧。喜汝稚年能附骥,倚闾伫望凯歌回。

读黄紫霞先生《赠输血词》感赋（二首）

新诗写罢不胜情,续命琼浆感再生。恨煞渔阳鼙鼓急,酬恩何处觅卿卿。

他生未卜此生休,丝绣难将大德酬。最是中宵梦醒后,白农飘渺眼前浮。

厦门解放周年喜赋（二首） 1950年10月17日

鹭岛妖氛一扫空,去年今日此呈功。雄师振奋风雷迅,小丑仓皇狐兔穷。漫道通宵盈室暗,喜看一夕满江红。万人空巷齐加额,箪食壶浆四海同。

（解放前二夕,余被匪党捕去下狱,狱中真觉暗无天日,不敢有生还之望,故五句云云。剧战才一夕,解放军已登陆,满江中尽是红旗矣,六句指此。)

　　鸦片寇侵已劫灰,沉沦百载剧堪哀。久经丑虏英倭暴,历受淫凶党吏摧。拯溺即今多国手,经营满岁见通才。余生犹得同观庆,一纸诗笺一酒杯。

　　(厦门自鸦片战争后即被逼开港,遭受帝国主义侵略,首句指此。四句指国民党统治二十余年之虐政。五、六二句指解放一年来人民政府措施良好,人民复苏,可见政府干部人才之优也。)

国庆两周年诗以志喜　　1951年10月1日

　　国庆双周届,欢声动海滨。援邻正克敌,建设又逢春。百载沉沦满,万方气象新。乃身逢此日,喜煞劫余人。

　　(解放前,予被毛森捉去,幸解放军到,得庆更生,故末句云云。)

厦门解放二周年喜咏(二十首)　　1951年10月17日

　　又见红旗映碧空,欢呼解放一周同。与君细数开心事,美政新猷出不穷。
　　(明端绪也。)
　　千亩机场一片开,更看堡垒数难猜。东南今是金汤固,寇盗来时只化灰。
　　(喜国防建设之完成也。)
　　百万雄师莅海滨,壶浆箪食竞相亲。弄潮身手争传授,爱国支前不少人。
　　(记拥军支前之热烈也。)
　　仗义援朝大国风,出疆杀敌建奇功。天南也奋同仇气,共献飞机泝远空。
　　(志对抗美援朝之贡献也。)
　　匪党全盘已尽输,堪嗟特务入迷途。任他使尽千般计,孤鬼终难避珍诛。
　　(喜镇压反革命之收效也。)
　　人生痛苦数农民,封建千年气不伸。剥削解除地主尽,从今方是自由人。
　　(庆土地改革之施行也。)
　　岛国原凭海舶来,横遭封锁少樯桅。维持生产收奇效,扶植工商见干才。
　　(表维持生产之有效也。)
　　昔年伪币若山倾,越夕惊看值已更。今日物平钱稳定,更看美钞羽毛轻。
　　(欣币值之稳定也。)
　　油盐柴米寻常事,多少诗人受折磨。今日劝君休懊恼,国营贸易货存多。
　　(喜贸易公司之调剂物资也。)
　　苞苴中饱旧官僚,杂税苛捐民耗凋。此日官场清似水,归公点滴有凭条。
　　(喜财政之清明、干部之廉洁也。)
　　有理无钞休进来,衙门只为富人开。于今诉讼无需费,有话任君说一回。
　　(志司法制度之改善也。)

文教方针彻底更,穷人今不是文盲。弦歌劳动相间学,建设将来有众英。
（表文教设施之普及也。）

浪迹天涯岁月更,回头祖国梦魂惊。传闻解放扁舟返,喜煞归人涕泪盈。
（美侨乡设施之妥善也。）

崎岖曾说道难行,道路也如人不平。今日请君漫步去,康庄大路到神京。
（志交通之进展也。）

□为原稿缺字,依意补上,未知是否合作者之意,下同。——张宗洽补注

卫生防疫无遗力,垃圾沟渠尽扫清。秽政于今已过去,病魔也逐政魔行。
（喜防疫清污之收效也。）

乞米舍门懒折腰,穷途吴市怕吹箫。怜君失业为登记,有饭大家共一杓。
（善失业救济之合理也。）

恶少椎埋久纵横,短枪匕首逐人行。于今觉悟知劳动,改造从头过一生。
（嘉流氓之受感化也。）

一句阿弥了此生,禅堂坑尽好前程。请君加入人民会,漫说道情计世情。
（善僧众出家人之参加社会活动也。）

吹箫乞食路孱多,从古如斯唤奈何。无容人今有容处,收容所里好高歌。
（嘉乞丐之被收容也。）

沧桑历尽诗情富,善恶心头有渭泾。莫道诗翁年已老,老夫今日只二龄。
（结作诗之意为善善恶恶也。）

解放后侨情竹枝词（八首） 1953年

南荒半世倦风尘,逐客归来感慨频。漫拭老花眼一看,故乡景象尽翻新。
（被遣送回国的老华侨,归国后觉得故乡都变了样,大吃一惊。）

五星赤帜映青天,大好河山现眼前。翻悔归来嫌太晚,早应收拾策归鞭。
（他看了国内变得这样好,反悔不早回来看一看。）

番客从来鱼肉资,竟教游子怕归期。陋规革尽良规出,从此归人不受欺。
（解放前,番客回国常被敲诈,现在已经全无这种恶风俗了。）

生产工夫久擅场,投资设厂利家乡。公私兼顾明文在,产业兴时国运昌。
（华侨在工业方面素有经验,回国经营必受保护,家国两利,何乐不为。）

十年沦落客天涯,垂翅归来自怨嗟。失业于今有登记,不教游子叹无家。
（归侨如无职业,可以登记,由政府介绍职业。）

侨汇青黄未接时,竟教巧妇叹难炊。银行有款凭君借,免使佳人蹙翠眉。
（为补救侨汇不能接续,政府银行定有种种办法以接济侨眷。）

娶得糟糠擅女红，未曾入学把书攻。万金家信今能写，文化推行迥不同。
（国内厉行识字运动，侨眷识字后写信到南洋，丈夫一定觉得非常高兴。）
追求真理故乡来，有志终成梁栋才。那怕爷娘万里远，人民政府善安排。
（回国求学的侨生，有了政府可倚靠，不怕爷娘照顾不到。）

觅福州故居不得志感　　　1953年9月

三十年来迹久违，故居何处访柴扉。令威化鹤犹常事，城郭人民两已非。

抵京后闻徐悲鸿先生噩耗，诗以志哀　　　1953年10月

迢遥方拟赋重逢，忽报高人弃世踪。艺苑有功推老马，尘寰无命叹卧龙，挥残双管纾邦难，剩有千图作画宗，深感同留南岛日，即今犹忆旧仪容。

鹰厦铁路完成志喜

武夷岭溃戴云摧，千里神龙奋迅来。缩地于今非幻想，长安咫尺不须猜。
八闽自古属荒遥，远望中原隔紫霄。夙愿多年早看破，成功倏忽立今朝。
如此工程非等闲，万山起伏水潺湲。英雄人作英雄事，铁路兵团不怕难。
社会新来事事新，难能奇绩竟成真。三年一半犹堪慰，两载通车到海滨。
孤岛风涛海里藏，驾鳌无术叹汪洋。行人车马安然过，请看双堤十里长。
一条铁轨胜长城，卫国兵车任畅行。从此海疆成一片，东南指日庆澄清。

林惠祥年谱

蒋炳钊　编

清光绪二十七年（1901年6月2日）

生于福建晋江县南门外近海小村莲埭乡，即今石狮市蚶江镇。又名圣麟、石仁、淡墨。曾祖赴台湾从事航海经商。父林毓鑑，又名敏方，仍在台湾经营小生意。母张氏红羽，理家，仍居家乡。甲午战后，日本侵占台湾，居民被逼改隶日籍，依其国籍法以血统和户主为原则，因此林家亦兼属日籍。

清光绪三十三年（1907年）六岁

在家乡入书塾，读书两年。

清宣统元年（1909年）八岁

随人乘船至福州，居其父店内，达八年之久，自此惠祥离开老家。

清宣统二年（1910年）九岁

入日人办的东瀛学堂，程度如小学。课程以日语居多，学制四年。惠祥平日喜看旧小说，自认为中文进步，盖全由此。

民国三年（1914年）十三岁

经四年学习，获第一名。小学毕业后，日语和中文已有一定的基础，日人校长欲介绍到日本商行工作，惠祥不肯就。

民国四年（1915年）十四岁

入教会办的青年会中学，投考该校第一学年第二学期期终考获第一名。该校素重英文，其他课程很少，学制五年。惠祥认为学校授课太少，浪费时间。五年课程欲在两年毕之，决定退学，在家自习。英文靠字典，中文课程不限于学校规定，诸如中外史地、古文诗赋。博览群书，并每日作文一篇。继二年，惠祥自觉中英文已达到中学毕业的程度。

民国七年（1918年）十七岁

林父以为"既不入学，又不从商"，即命惠祥去当教师。经日人校长横尾广辅介绍回母校东瀛学堂，教授中文。有一日本教师愿出资送他到日本留学，惠祥不理，关系亦疏远，约两个月又离开该校。

离开东瀛学堂，入台湾公会任副书记。台湾公会办理台侨事务，职务司填表格，工作乏味。时中日关系又紧张，福州学生倡议排斥日货，公会内有台侨扬言要与中国学生斗。有些日本浪人，冥顽凶暴，并邀惠祥入伙。惠祥告知父亲"不愿参加此种无理之举"。此时，适有父亲一朋友来福州，赏识惠祥中英文和日文的程度，愿介绍到台北某巨商当书记。于是向公会辞职，随父抵台北，入某商肆抄账。由于工作时间过长，无暇读书，极感烦闷，两星期便辞职不就。

民国八年（1919年）十八岁

妹夫为菲律宾华商，曾来函邀惠祥抵马尼拉。惠祥喜出望外，立即从台北回故乡办理赴菲手续。抵菲后，妹夫介绍到一亲戚家米厂当书记。工作虽不尽人意，暇时仍不忘诗文。妹夫亦好学，工作还顺利。但对商业不感兴趣，一度欲想再入教育界，此时方知资格文凭的重要，但又不愿再入中学。正在苦恼之际，见报上报导陈嘉庚先生捐资创办厦门大学，学生可免学膳费。惠祥决意弃业就学，在菲前后约三年。

民国十年（1921年）二十岁

惠祥以同等学力报考厦大，回国时因考期已逾期，勉强补考，终于无师自学，各科不齐，不得为正式生，只可为旁听生。惠祥仍觉高兴，第一学期考试成绩优异，次学期改为特别生。数学补考及格，第二年即为正式生。

追入厦大后，当时正是五四运动发生后不久，学生之救国呼声四起，厦大学风亦甚活泼有生气。于是民族国家思想大为发达，立志专为中国公民，决意私自放弃日籍。这就是后来写就的《自传》上篇《二十五年的秘密——主要是放弃日籍的事情》思想活动的开始，就是说从这一年算起。

民国十一年（1922年）二十一岁

在预科一年毕业，转入人文学科社会学系学习。入学厦大第二年，家父生意经营失败，妹夫助学的钱亦被骗走。虽然学习成绩优秀获得甲等助学金两次，亦难解生活上困难。虽有译稿三四种，却无人愿意出版。

民国十三年（1924年）二十三岁

由于生活陷入困境，大学三年级时，由系主任徐声金老师介绍，在校外兼任厦门中华中学的史地、社会诸学科教员，月薪25元，略补家费。在该校兼课一年半时间，大学毕业后，由弟弟惠柏继任。

是年，发表一篇译文，名为《时尚》。

民国十五年（1926年）二十五岁

厦大毕业，获学士学位，并被追及为厦大第一届毕业生。毕业后，留任厦大预科教员一年。

厦门大学奖学证明书

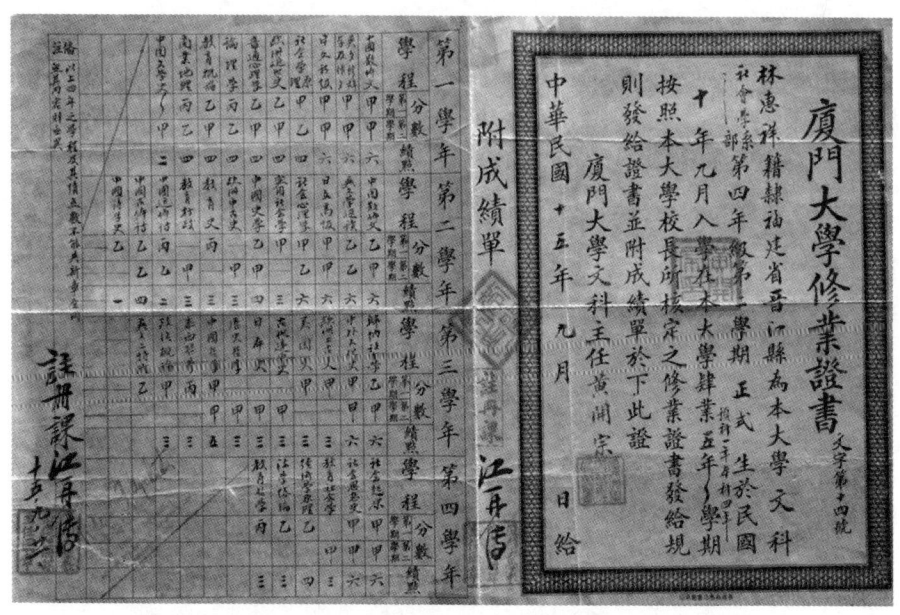

厦门大学修业证书

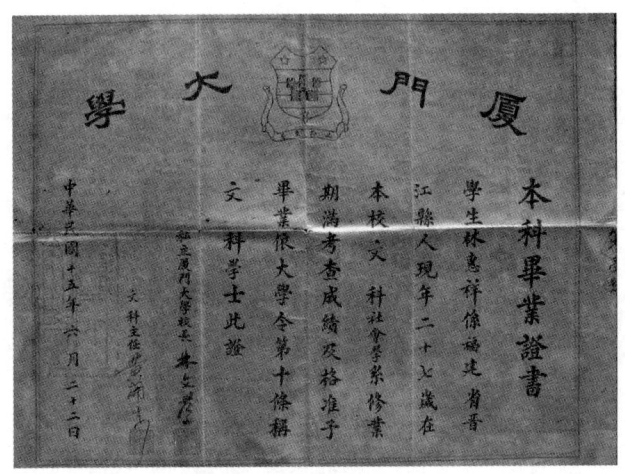

厦门大学本科毕业证书

民国十六年(1927年)二十六岁

在任预科教员时,眼见林语堂、鲁迅诸先生因办国学研究院事与某院长之冲突,很不满意。学期终结时遂辞职,自费赴菲律宾大学研究院人类学系深造,师从美国教授拜耶(H. Otley Beyer)做人类学实地研究工作。惠祥以未入学时曾预备一年,故得越常例,一年即毕业,授人类学硕士学位。

民国十七年(1928年)二十七岁

菲律宾大学毕业回国后,由老师毛夷庚介绍入教育部改称的大学院任特约著作员。不久中央研究院成立,蔡元培院长兼民族学组长,惠祥被任为该组助理研究员。

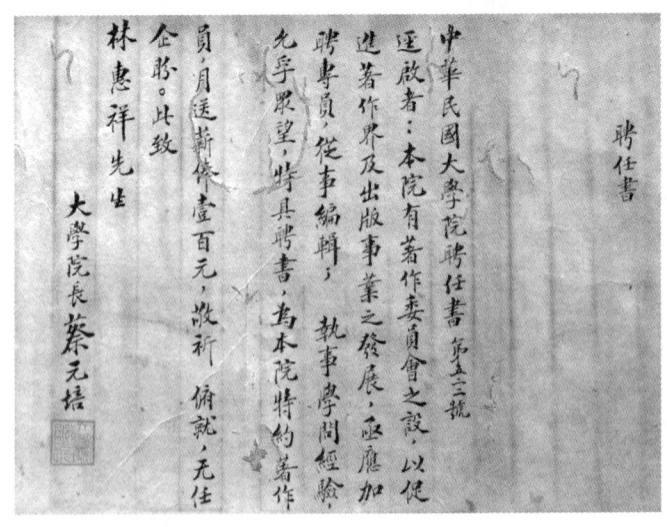

特约著作员聘书

民国十八年(1929年)二十八岁

7月,林父病逝台湾,惠祥告假奔丧。事毕,按行前蔡院长建议,乘此机会深入番地,调查和购买番族(即今高山族)文物标本,经两个月乃归上海。历尽千辛万苦,采得标本一百余件。回南京后办展览,到中央广播电台广播,并着手编写《台湾番族之原始文化》一书。

民国十九年(1930年)二十九岁

完成《台湾番族之原始文化》一书,并由中央研究院印行,列中央研究院社会科学所专刊第三号。蔡元培院长对该书出版予以很高评价,破格提升惠祥为研究员。国立中央研究院聘他为该院社会科学研究所民族学组专任研究员。

8月,接到厦门大学聘书。

民族学组专任研究员聘书

民国二十年(1931年)三十岁

应母校之聘,回厦门大学,受聘该校文学院历史社会学副教授。同时接受中央研究院聘请为该院特约著作员一年,呈交《俚倮标本图说》一书,是年由中央研究院出版。

民国二十一年(1932年)三十一岁

由于当时人类学资料十分缺乏,为了教学需要,惠祥下决心要在短期内编著出版一批有关人类学专著。

是年,由商务印书馆先出版《世界人种志》一书。还发表《石器概说》、《民族精神与国难》等文章。

民国二十二年(1933年)三十二岁

教授人类学尚需有原始文化之标本,而学校又不可能提供采集之费,于是惠祥在厦大顶澳仔申请一块地,建造一栋房子,留前厅为人类学标本陈列室,把自己购买和采集以及南洋热心者捐送计达三四百件,陈满二室,专供厦大历史社会学系学生之用,并欢迎中小学师生参观,社会影响很好。

是年,商务印书馆又出版惠祥《神话论》一书。

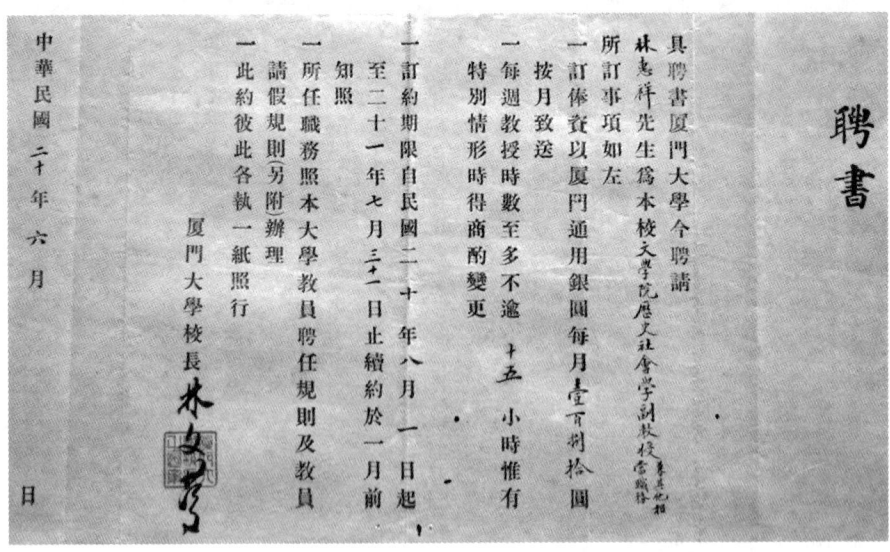

厦门大学给林惠祥的聘书(1930—1937年、1947—1951年每年1份)、兼任通知(1952、1953年)等

聘書

具聘書廈門大學今聘請
林惠祥先生為本校文學院社會學系副教授兼
其他相當職務
所訂事項如左
一 訂俸資以廈門通用銀圓每月壹百捌拾圓
　按月致送
一 每週教授時數至多不逾十五小時惟有
　特別情形時得商酌變更
一 訂約期限自民國二十一年八月一日起
　至二十二年七月三十一日止續約於一月前
　知照
一 所任職務照本大學教員聘任規則及教員
　請假規則(另附)辦理
一 此約彼此各執一紙照行

廈門大學校長 林文慶

中華民國二十一年六月　日

聘書

具聘書廈門大學今聘請
林惠祥先生為本校文學院副教授兼其他相當職務
所訂事項如左
一 訂俸資以廈門通用銀圓每月壹百捌拾圓
　按月致送
一 每週教授時數至多不逾十五小時惟有
　特別情形時得商酌變更
一 訂約期限自民國二十二年八月一日起
　至二十三年七月三十一日止續約於一月前
　知照
一 所任職務照本大學教員聘任規則及教員
　請假規則(另附)辦理
一 此約彼此各執一紙照行

廈門大學校長 林文慶

中華民國廿二年六月　日

聘書

具聘書廈門大學今聘請
林惠祥先生為本校文學院副教授兼其他相當職務
所訂事項如左
一訂俸資以廈門通用銀圓每月壹百捌拾圓
　按月致送
一每週教授時數至多不逾十五小時惟有
　特別情形時得商酌變更
一訂約期限自民國二十三年八月一日起
　至二十四年七月卅一日止續約於一月前
　知照
一所任職務照本大學教員聘任規則及教員
　請假規則另附辦理
一此約彼此各執一紙照行

廈門大學校長　林文慶

中華民國廿三年六月　　日

聘書

具聘書廈門大學今聘請
林惠祥先生為本校文學院人類學教授兼其他
相當職務
所訂事項如左
一訂俸資以廈門通用銀圓每月貳百肆拾圓
　按月致送
一每週教授時數至多不逾十五小時惟有
　特別情形時得商酌變更
一訂約期限自民國二十四年八月一日起
　至二十五年七月卅一日止續約於一月前
　知照
一所任職務照本大學教員聘任規則及教員
　請假規則（另附）辦理
一此約彼此各執一紙照行

廈門大學校長　林文慶

中華民國二十四年六月　　日

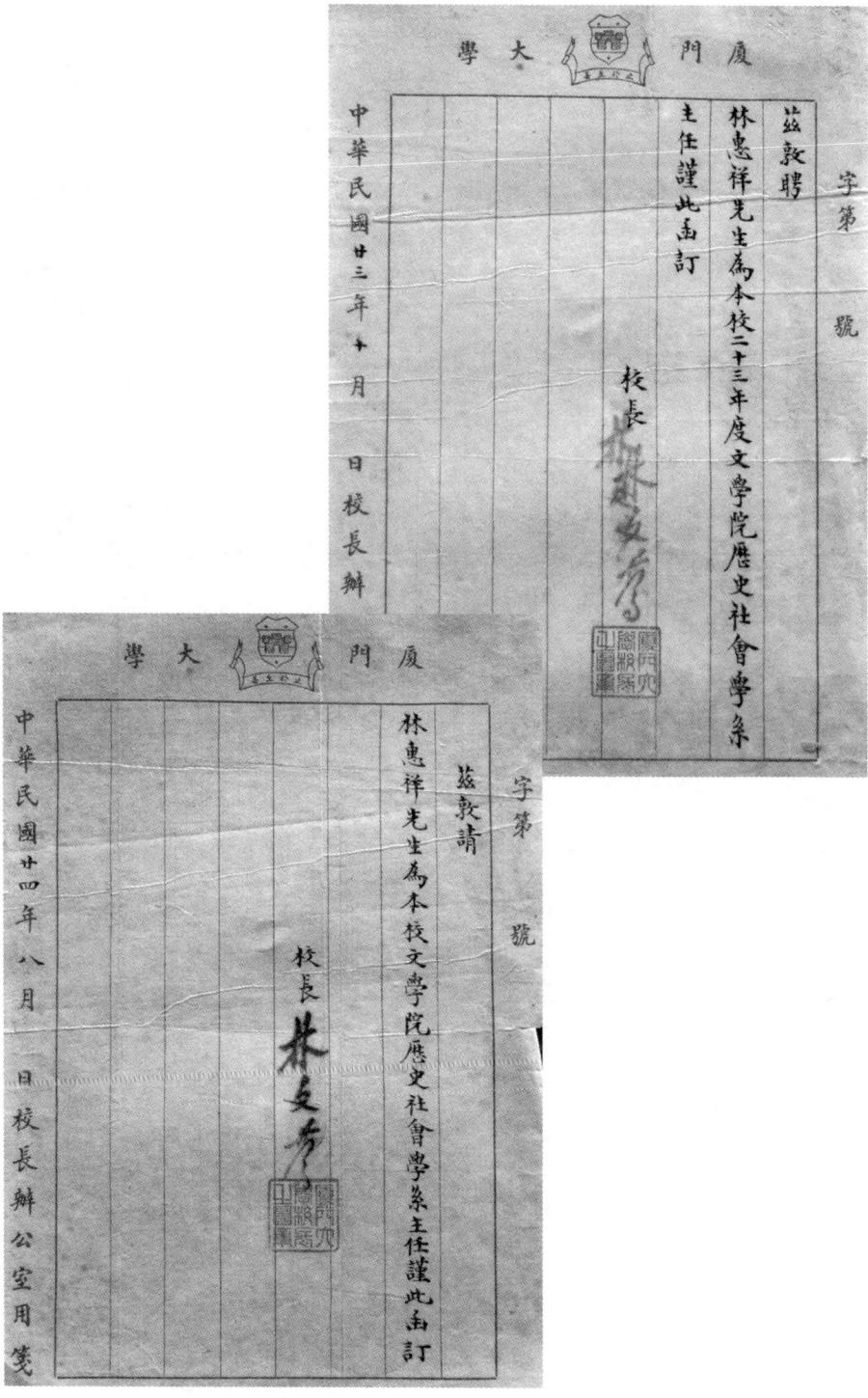

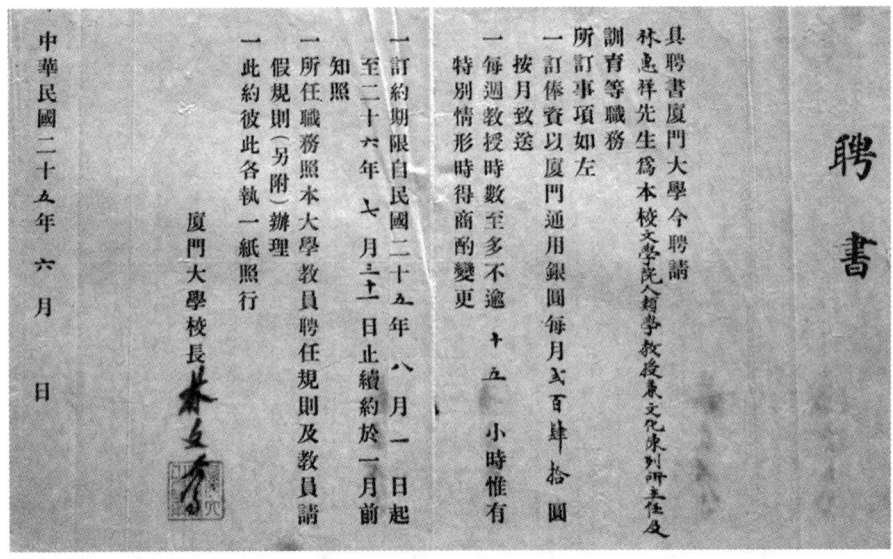

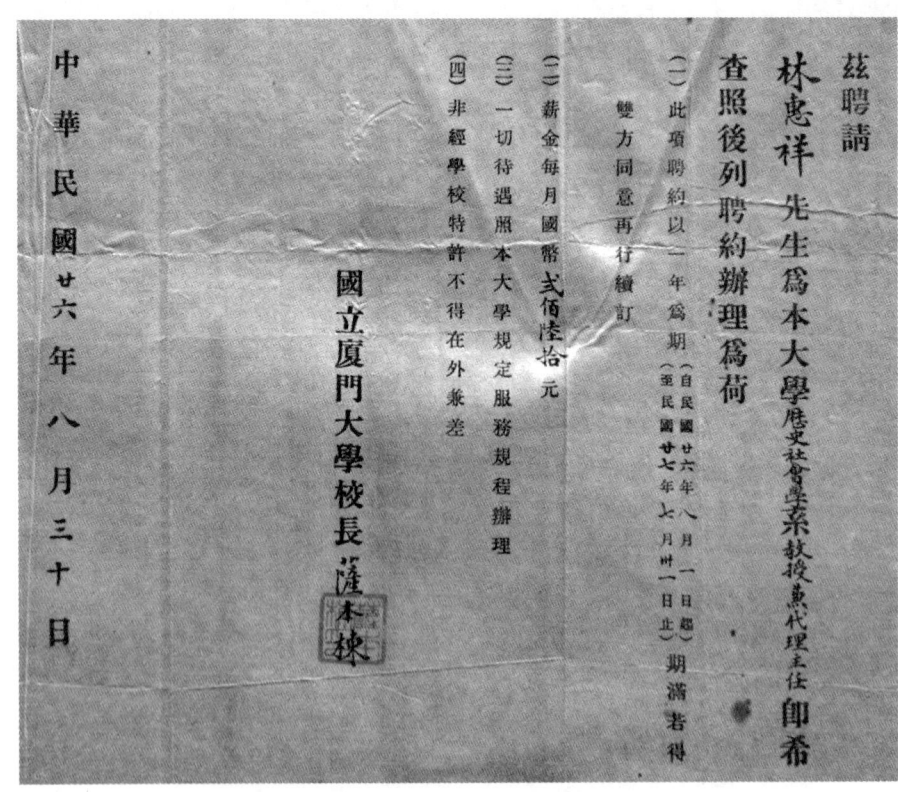

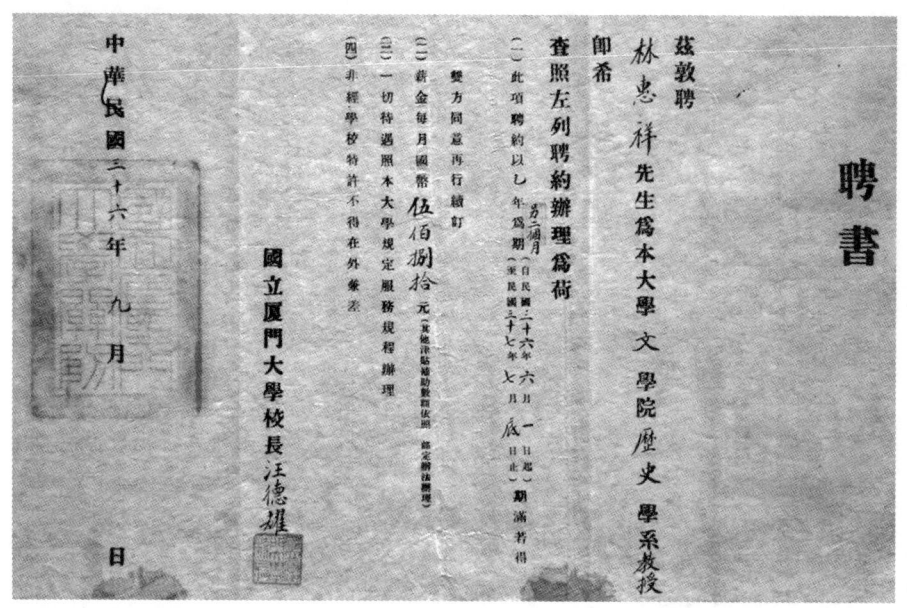

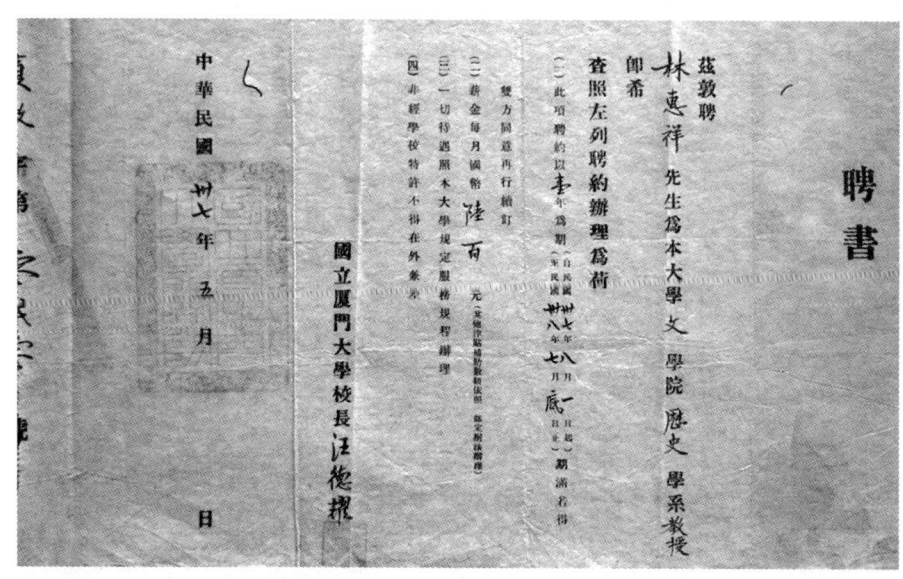

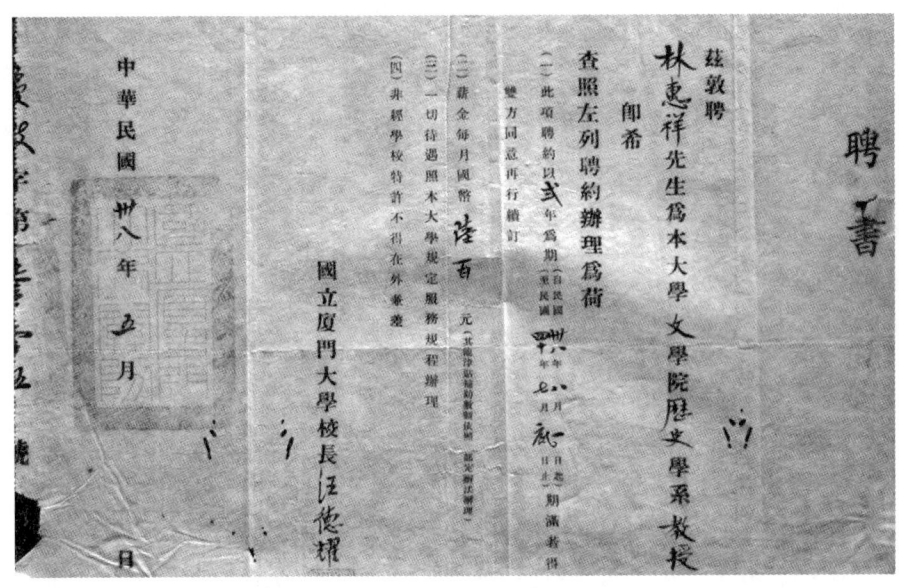

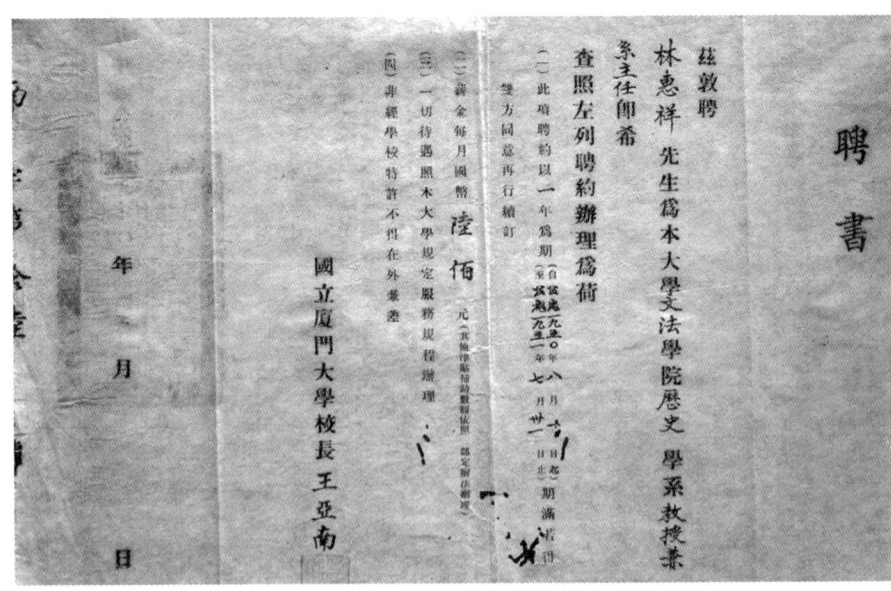

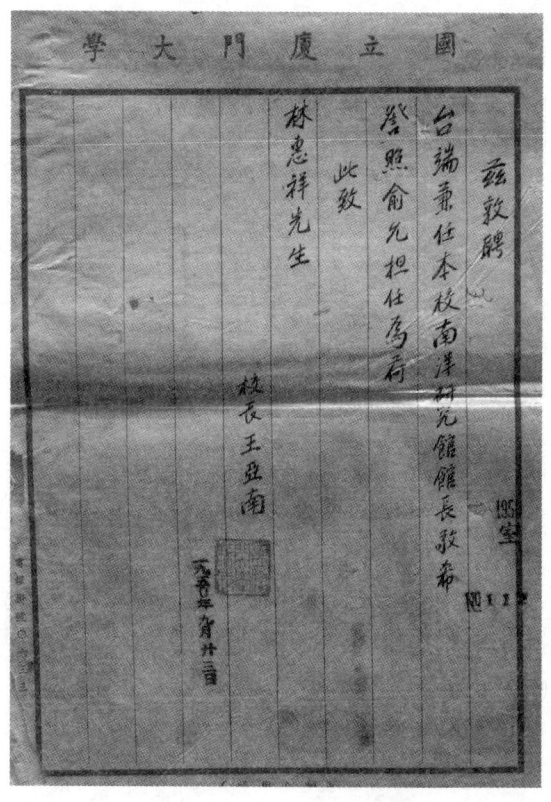

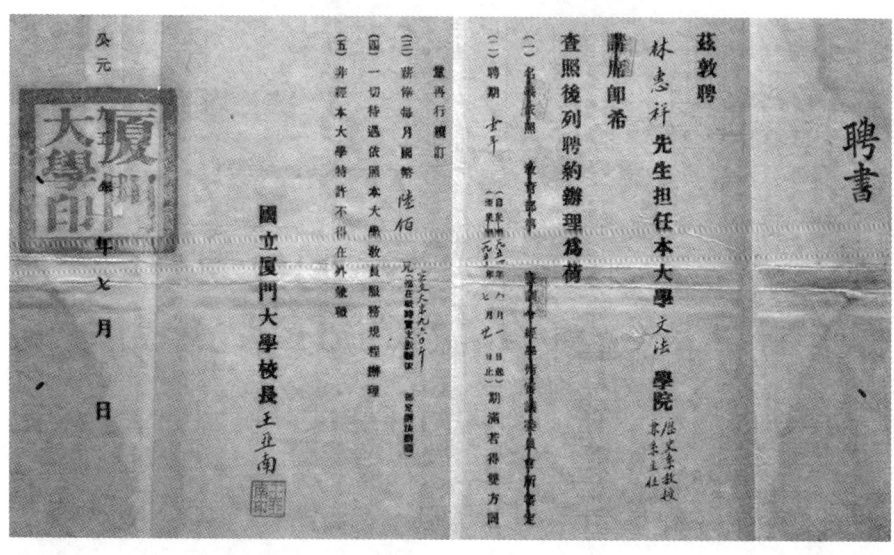

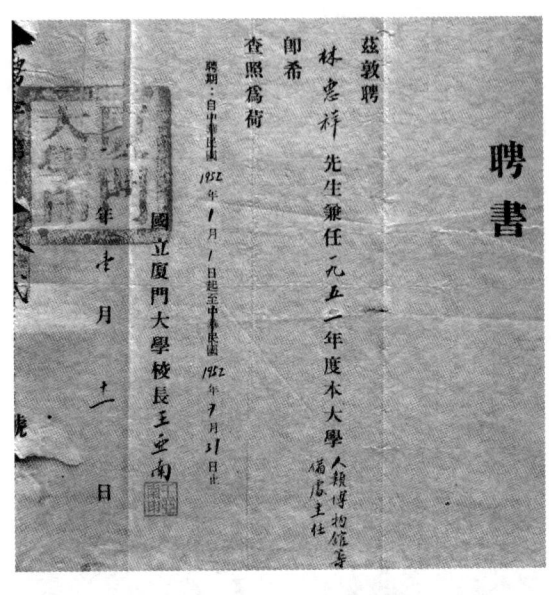
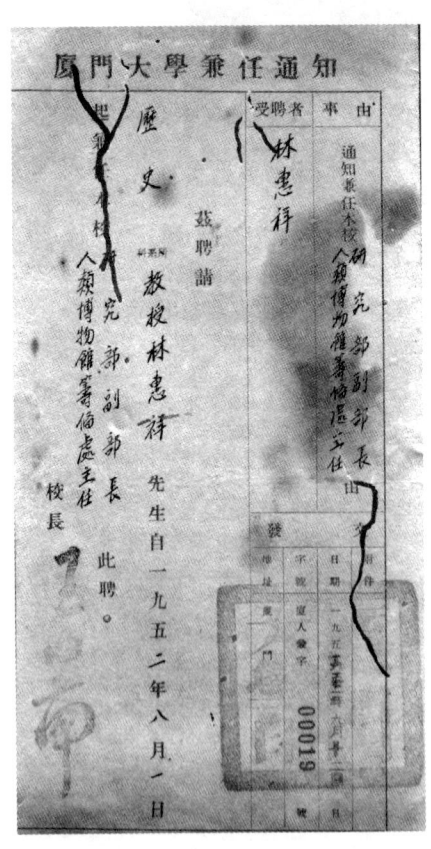
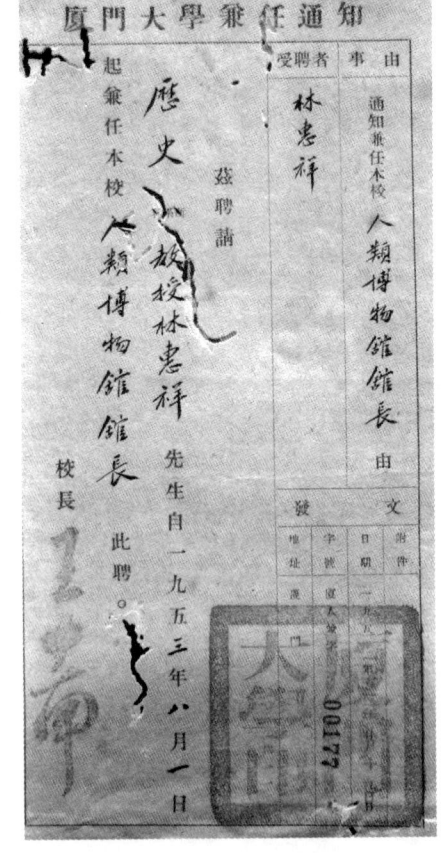

民国二十三年(1934年)三十三岁

这一年,惠祥著的《民俗学》、《文化人类学》又相继出版。其中《文化人类学》还被商务印书馆列为大学丛书。

此外,还发表《民俗学研究法》、《中国原始社会之探究序》、《答叶为耽先生译〈文化人类学〉》等文。10月,兼任厦门大学文学院历史社会学系主任。

民国二十四年(1935年)三十四岁

暑期,惠祥自费再渡台湾入番地调查和采购民族标本,并到台北圆山"贝冢"遗址考察,获得一批文物标本。陈列品得到充实,惠祥即把"古物陈列所"更名为"私立厦门人类博物馆筹备处"。6月,受聘厦门大学文学院人类学教授。又接兼国立中山大学研究院文科研究所历史学部名誉撰述的聘请。

发表《墨子的社会思想》、《社会学观的现代中国》等文。并在文学院作"算命研究"专题讲演。

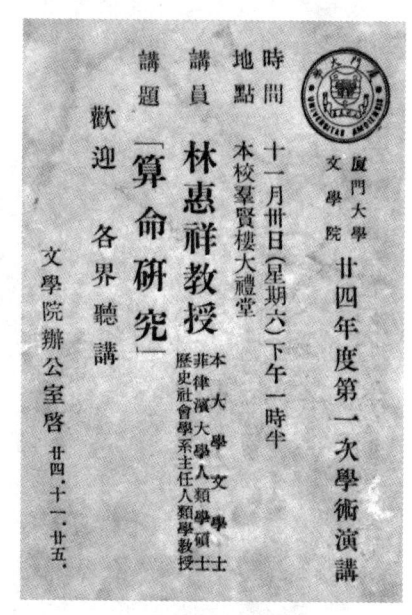

林惠祥举行学术演讲的公告

民国二十五年(1936年)三十五岁

春,惠祥与厦大同事郑德坤、庄为玑二先生同赴泉州探寻古迹,于中山公园掘得唐初古墓四座,得瓷制明器数十件。又向当地驻军索得清初小铁炮二尊,一并带回厦门大学。

是年,商务印书馆又出版惠祥《中国民族史》上下两册。后来日本学者中村、大石合译为日文,1940年在日本出版。

此外,还发表《民族学说的新综合——新进化论》、《晋江之重要》等文章。

6月,受聘为厦门大学人类学教授兼文化陈列所主任。

民国二十六年(1937年)三十六岁

得悉武平发现新石器时代遗址,惠祥利用暑假,取道潮、梅转入武平,与发现者梁惠溥、雷泽光二君共同进行发掘,获得石器数十件,陶片无数。本欲再到海南岛五指山调查黎族,不幸"七七"事变发生后,"八一三"继之,厦门告急。故放弃海南之行,急速返厦,匆促举家被逼避难南洋。

在港数月,在该岛大潭山上发现一处新石器时代遗址,见战事无速了之望,准备动身赴南洋。

是年,发表《中国文化之起源及发达》、《怎样研究人类学》、《香港本岛及舶辽洲史前遗址探寻》等文。

8月,受聘厦门大学历史社会学教授兼代理主任。

民国二十七年(1938年)三十七岁

1月,时新加坡政府博物馆方召集远东史前学家第三届国际大会,惠祥与该博物馆原曾交换过史前石器,乃由同学陈育崧君介绍于李俊承、林金殿二先生,购船票寄港助惠祥前来参加该会。会上用英文宣读《福建武平之新石器时代遗址》一文。

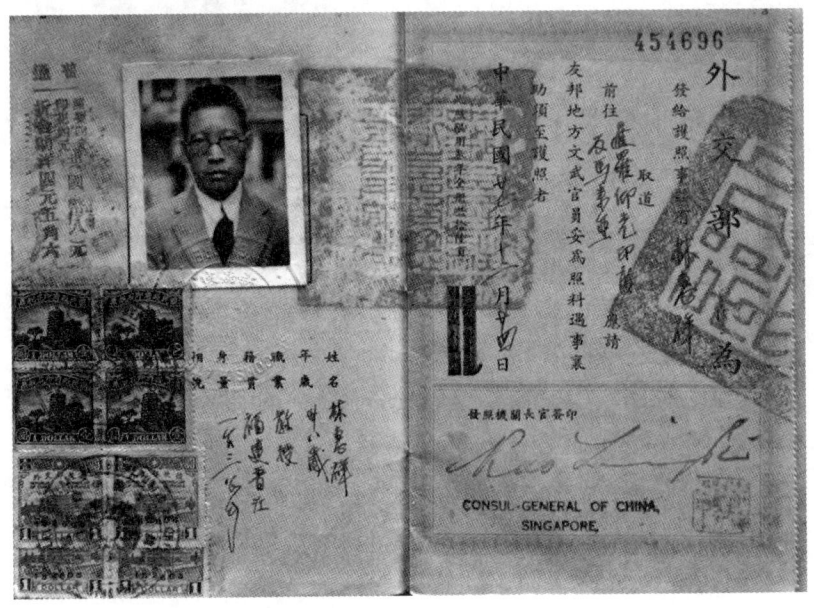

林惠祥的护照

会后,惠祥陪华侨李俊承先生到印度游历,经恒河流域登灵鹫山至尼泊尔边境之古舍卫国等处,途经仰光。历两个月始回新加坡,获得一些有关印度的考古及民族文物标本。

惠祥初抵新加坡,因考虑该地有博物馆、图书馆,可供人类学研究资料较多,因此选择新加坡某女中教员为职业,薪金比去苏门答腊之苏东中学减少一半。这是惠祥南来找到的第一份工作。

由于家庭人口较多,工资收入仅厦门的四分之一。为了解决生活上困难,除做好本职工作外,努力著作,在这一年内,惠祥先后在《星洲日报·半月刊》等刊物发表一批文章。如《马来人与中国东南方人同源说》、《南洋高架屋起源略考》、《南洋人种总说》、《马来半岛的马来人》、《马来半岛的最古土著塞芒人》、《马来半岛的怪民族沙盖人(SAKAI)》、《苏门答腊的阿齐人》、《苏门答腊的峇搭人》、《苏门答腊的民南加堡人》、《马来谚语》、《古代的新加坡》、《菲律宾石器发现记》、《人类学说研究》、《南洋华侨应发展文化事业》、《南洋人种的起源》等文章。

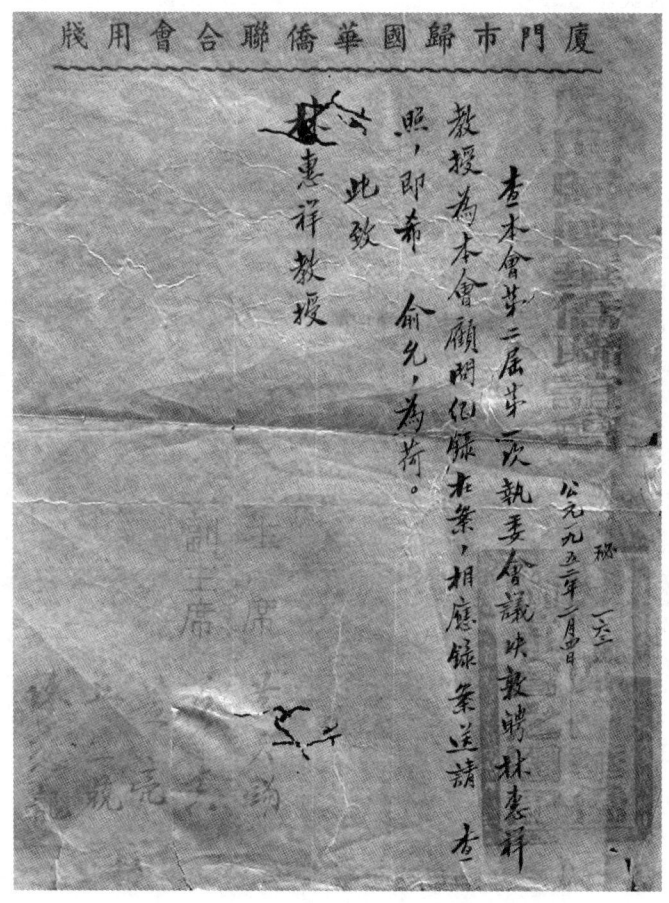

厦门市归国华侨联合会给林惠祥的聘书

民国二十八年(1939年)至民国三十年三月(1941年)　三十八至四十岁

冬,应聘槟榔屿钟灵中学,主持校务。该校系当地一所著名侨校。惠祥任校长后,致力校务,提出《办理本校(钟灵中学)之计划及其实施》方案,全面进行整顿。虽觉身心交瘁,经过三个学期的努力,学校各方面都有了很大起色,深得师生和社会上的好评。

在校期间,惠祥支持抗战,鼓励捐资筹款,并领头捐献第一个月全部薪金于筹赈会。又索徐悲鸿先生之画以为寒衣捐的奖品,全校师生都行动起来,捐献甚多,影响很大。但终因国内政争波及南洋,由于惠祥积极支持抗战,拥护陈嘉庚先生的爱国行动,拒绝某些人的胁逼参加国民党,故于1941年3月,无故被校董解职。此事曾引起该校大部分师生和社会各界强烈的不满,钟灵中学校董会被迫发表了《为辞退林惠祥事敬告侨胞书》,惠祥亦发表《告社会书》、《林惠祥对钟灵中学董事会"告侨胞书"的解答》,以正视听。

在这一段时间内,惠祥还发表了《印度古迹研究》、《谈翁占秋先生画展》、《新民学校周年纪念刊序》、《教师之自觉》、《徐悲鸿教授作品之另一看法》、《办理本校(钟灵中学)之计划及实施》、《(钟灵中学)小规模图书馆分类编目简法》诸文。

2月,接受国立暨南大学聘请为该校南洋研究馆南洋研究特约编辑。

民国三十年(1941年)四十岁

离开钟灵中学,遂回新加坡从事著述,以卖稿为生。原拟译《苏门答腊民族志》、《婆罗洲民族志》两部巨著,承张礼千君介绍于郑天送,加入于纪念其翁成块先生之丛书中,郑先生先给稿费。在家设私塾,教授国文。由于战事临近,杂事又多,使翻译之事未能顺利进行。

由于生活每况愈下,致使相濡以沫的贤妻杨淑华因贫苦而得病,因乏医药而致死。正在悲痛之际,南洋战事爆发了,12月8日,日寇开始轰炸新加坡,为了避难及节省房租,住家由中峇鲁迁往距市区四英里半的武吉智马,一幼儿亦因战乱致死。为了生活计,惠祥购得一把旧锄,拟在附近草地开荒种菜,与小孩到处砍拾草木为薪,日子过得十分艰难。

虽然不幸之事接连发生,仍不忘著述,曾赴北马来亚发现一处史前洞穴遗址,获得旧石器式之遗物颇多,写下《马来亚吉打州石器时代洞穴遗址》一文。

民国三十一年(1942年)四十一岁

自1941年底以来,日机对星岛不停轰炸。惠祥整日提心吊胆,携家人与日机周旋,有时露宿街头,状如乞丐,苦不堪言。是年2月16日英军投降,星岛沦陷。18日,日宪兵驱赶华人集中受检,时见日宪兵以日语告谕华人,华人不解,日宪兵甚焦躁无法,惠祥和其弟亦伪装不解,不愿出为翻译。冒着极大的生命危险,坚决不与日人为伍,真是度日如年。

民国三十二年(1943年)四十二岁

在日寇占领下的星岛,生活遇到极大困苦。在这危难之时,惠祥始终坚持慎选职业,不以一己之营生为念,不以金钱之收入为标准,所以婉言谢绝了诸多好友的劝说和职业的介绍。坚定不与日人为伍,更不愿意为日本统治机关做事。为了养家糊口和当时人民的需要,秘密地在家办私塾,教授日语,大约一年不到就停止。后来只是替人拟些函电,取得一点微薄收入。

民国三十三年(1944年)四十三岁

整天提心吊胆,终致严重失眠,身体日渐消瘦。尤使惠祥最为担心的,由于《中国民族史》在日本出版了,惠祥在日本学术界有些名气,且感到似有日本军特在跟踪着他。为了避免日人的干扰和养家糊口的需要,于 6 月间又搬家至郊区农村后港,距市区有六七英里,租住草房,开荒种菜,种木薯,兼作小贩。惠祥回忆起家庭生活的变迁时曾说道:在厦门大学时的生活犹如天堂,在新加坡时生活虽不尽如人意,仍在人间,现在已进入地狱了。

幸好! 在这极端困难时期,惠祥结识了邻居一位侨生姑娘黄瑞霞,从此结束了两年孤独生活。

在乡下避难这一极困难时期,惠祥坚持编译完《菲律宾民族志》。

民国三十四年(1945 年)四十四岁

抗战胜利,日本投降。惠祥重见天日,解除了 25 年国籍上的危险问题,心情格外舒畅。回想八年前避难南来,惠祥曾仿陆放翁《述怀》,作一首诗"以示余友"。如今惠祥又续读放翁临终《示儿》诗作,深受感动,仿其体写下:"国破家倾万事空,飘零未解叹穷途;王师北上中原日,好句又能续放翁。"以表自己的心情。

当时陈嘉庚先生要发表他的《南洋回忆录》,特来找惠祥为其润饰文字,数月完成。惠祥利用工作之余的夜间,着手编写《自传》上篇,1945 年 12 月于新加坡怡和轩完成。

民国三十五年(1946 年)四十五岁

完成陈老先生大作后,陈老又邀惠祥参加南侨筹赈总会编辑,《大战与南洋·马来亚之部》一书,是载述华侨在战争中所受的痛苦,工作是就应征的文章加以润饰,这部书费去七个月时间。

夏间,接厦门大学来函,请惠祥回国续旧职,惠祥将此事告知陈老先生,陈老很高兴,并送 1000 元之路费,并应惠祥请求,欣然写下《述志诗》一首赠予惠祥留念。

由于尚未接到厦门大学的正式手续,不便自行回国。即利用这一时间,在后港家中继续为郑天送君编译未完稿子,《婆罗洲民族志》就是在家中完成的。1946 年 10 月,从惠祥译著自序得知,该书定价太贵,上下两册合新币 65 元,译者买不起,幸有韩槐准先生赠送一本下册,译上册则日日赴新加坡莱佛士图书馆"马来西亚参考书室"借译。

此外,还帮一家私营出版公司编《南洋年鉴》,用两个月时间,还写出《算命可信吗?》一篇长文。

民国三十六年(1947 年)四十六岁

6 月,接厦门大学校长汪德耀的厦门大学文学院历史学系教授聘书及津贴路费后,陈老先生交代的事和为郑先生的译稿均已完成了。惠祥如期率家眷回厦门大学,续任历史系主任,随身转移的文物标本和图书资料也如数随行,安全运达厦大。

回厦大后办的第一件事,就是将带回的文物、标本,开了一次人类学标本展览会。历史系学生也将学运的资料同时展出。展览会开了三天,惠祥还作一次学术讲座,题为"错认雷公当祖先"。

撰写了《福建民族之由来》、《〈晋江新志〉校订者序》、《新加坡大检举逃生记》、《印度尼西亚名称考释》、《广东雷斧的获得及雷斧、雷楔、雷碱略考》诸文。

民国三十七年(1948年)四十七岁

回厦后,对国内情况不甚了解,但见通货膨胀日益加剧,学生运动愈演愈烈,学校的薪金不够维持一家七口的生活。当时老同学、厦门市长黄天爵夫妇特地登门探望,并说要替惠祥介绍向农业银行借一两千万元,修理旧屋,还有人愿为担保,此事引起惠祥警觉,"不敢接受"。后来黄又介绍惠祥卖一本书稿给南侨通讯社,惠祥给《南洋民族志》一稿,幸该书未曾出版,原稿退还,但稿费已被花光。

黄还曾拉惠祥为华侨协会委员,并送来聘函,惠祥不接受。当时厦大政治系主任陈列甫,是国民党在厦大负责人,曾办一刊物,常向惠祥索稿,惠祥未曾给过一篇。

由于有了南洋的经历,对国内政治格外慎重,对厦门市参议会也不在意,致力于教学和著作。写出《道德阶段论》、《作为常识之一种的人类学》、《文化相关性与文化失调》等文和《南洋人种风俗概说》书稿。

民国三十八年(1949年)四十八岁

春,黄天爵丢了市长之职,欲搬家台湾,来向惠祥告辞。惠祥对他说:"现在的局势已到了不能不变的地步,我劝你以后莫再参加政界。由台湾再到南洋去,最好是到婆罗洲垦荒种植,不问世事,岂不是好?"他唯唯不说可否。

是年,国民党海军军官学校迁到厦门来,请厦大派教员兼课。乃因生活太苦,惠祥答应担任《西洋近代史》。惠祥对当时学运是抱同情和支持态度,对时局也有自己的观点。有一次,海军某学员直问对世界和国内局势的看法,甚至提出是否赞成"勘乱"。惠祥坦言:"我不赞成勘乱,因为这是内战,我国是不应该再有内战,你们应预备将来抵抗外敌","战后日本受美国扶植,恢复很快……将来日本国力充实,必仍旧侵略我国"。过后自知说这种话,必有不利的后果,但又觉得总不能昧着良心去赞成"勘乱",去毒害学生。

1949年10月1日,中华人民共和国宣告成立。解放战争逼近厦门,反动派大肆捕杀共产党员和民主进步人士。10月15日夜9时,一群敌特包围了同文路惠祥家,以"匪嫌犯"强行把惠祥绑走,关进警察局。幸好解放军进展神速,反动头子毛森一伙逃跑了。17日凌晨,管狱员在"犯人"的逼迫下打开牢门,惠祥卷起铺盖走出牢门回家。这一天是厦门解放的日子。

厦门解放了,厦门大学焕发了生机和活力,惠祥获得了自由,心情格外高兴。12月,厦门市军管会和市政府聘请惠祥为市第一届人民代表。10月市侨联成立,惠祥任筹备委员会主任。

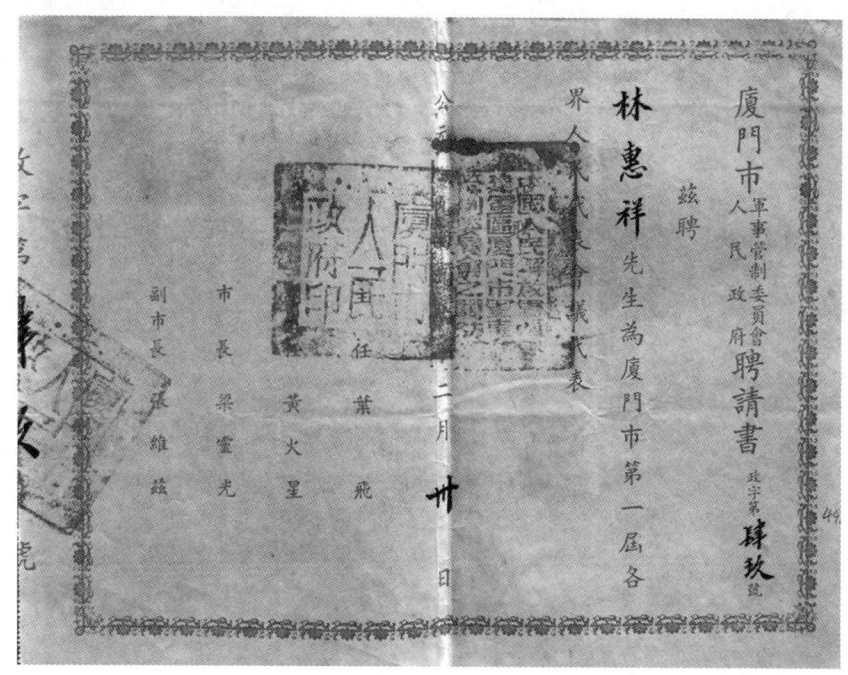

厦门市军事管理委员会、人民政府的聘请书

1950年四十九岁

受王亚南校长之聘为厦门大学文法学院历史系教授兼系主任。

完成《自传》下篇《对国内反动派的认识问题》初稿。深有感触写道:"我的余生是出自无产阶级的兄弟所赐",要为社会主义建设奋斗终生。

为了实现这一诺言,首先做好本职工作,惠祥以历史系主任之责,号召全体教师新编《中国通史》讲义,提高教学和科研水平。惠祥带头编第一部《中国史前时代略史》(即原始社会史),后来又编《考古学通论》。7月,向王校长呈请《国立厦门大学添设历史研究所计划书》。厦门刚解放,惠祥即向军代表呈送并请转呈教育部关于《厦门大学应设立"人类学系"、"人类学研究所"及"人类博物馆"建议书》。

9月,王亚南校长聘请惠祥为厦门大学南洋研究馆馆长。10月17日厦门解放周年,在部队支持下,带领历史系等师生前往泉州考古实习。

1950年1月,厦门市政府又聘请惠祥为市文化教育研究委员会委员、中苏友好协会厦门支会副会长。

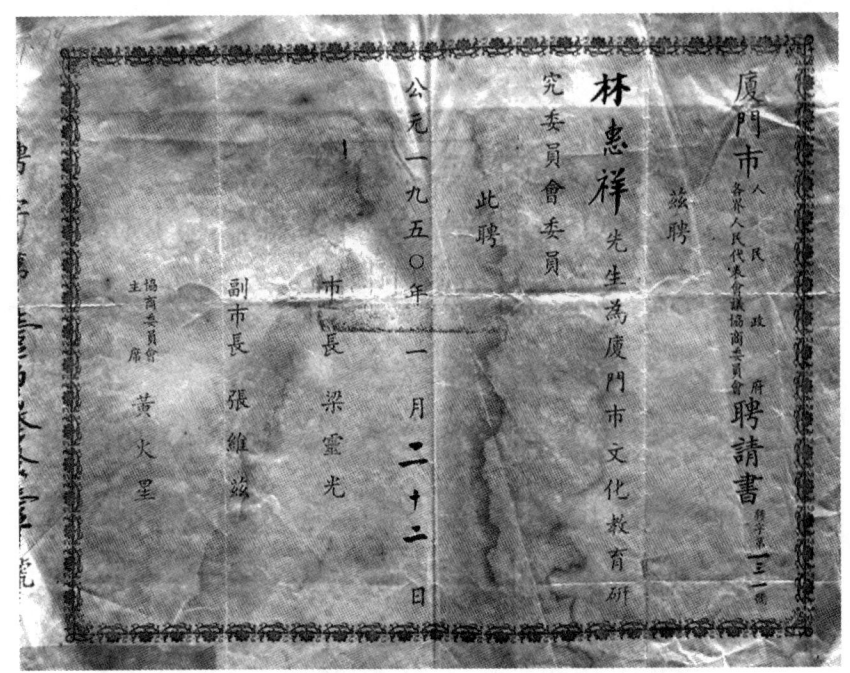

厦门市人民政府、各界人民代表协商委员会的聘请书

撰写了《从历史观点看：朝鲜战争的前途》一文。

1951年五十岁

3月15日，惠祥呈文《捐赠古物标本及图书，建议设立人类博物馆呈函》给王亚南校长，并请转华东教育部审批。此举得到王校长和教育部领导高度赞赏。

7月12日，惠祥又呈文关于《厦门大学设立人类博物馆筹备处计划书》，送达王校长并转教育部。

12月4日，中央人民政府教育部批覆同意成立厦门大学人类博物馆筹备处。惠祥被任命兼为筹备处主任。从此全力投入人类博物馆筹建工作。

王亚南校长任命惠祥为《厦门大学学报》编委。

参加惠安县土改工作，被分配到第二区瑞东乡，该乡长期存在妇女婚后长住娘家的旧俗。为配合新婚姻法宣传，惠祥进行实地调查。后来写成的《论长住娘家风俗的起源及母系制到父系制的过渡》一文，便是在这里开始酝酿的。

1952年五十一岁

厦门大学人类博物馆筹建处设在生物馆三楼，大约有两三间小房间，初时全馆只有三人，首要工作把惠祥捐赠的700多件文物标本和厦大文化陈列所原有200多件文物集中，归类整理，登记造册。图书资料开箱整理，登记造册，工作量很大。惠祥还得为历史系学生开设"考古学通论"课程。

是年,王亚南校长又命惠祥兼任学校研究部副部长。

9月,厦门市政府又聘请惠祥为市第二届人民代表。

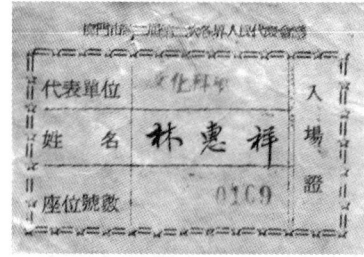

林惠祥的人民代表会议入场证

林惠祥被聘为厦门市第二届各界人民代表会议代表

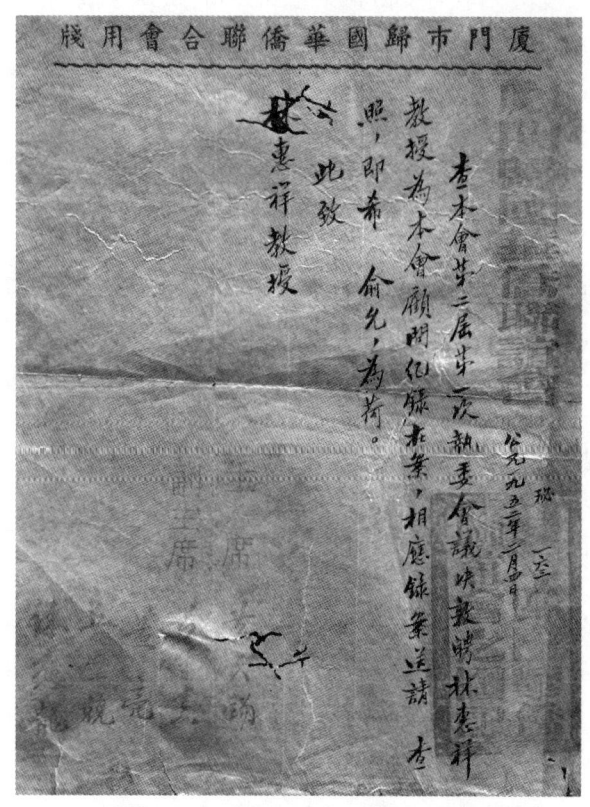

厦门市归国华侨联合会给林惠祥的聘书

1952 年的剪报

1953 年五十二岁

3 月 15 日，厦门大学人类博物馆正式开馆，供众参观。海内外报刊都有报导，收到良好效果。徐悲鸿先生题写馆名。惠祥被任命兼人类博物馆馆长。请辞历史系主任获准，全力投入创建人类博物馆工作。馆舍设在博学楼，陈列室有一二层楼 38 间房间（该楼原为厦大最早学生宿舍），三楼仍为教职工单身集体宿舍。陈列品内容按惠祥草拟《文物分类号码说明书》，陈列室内容依次：从猿到人模型、史前遗物、有史时代古物、民族标本、其他类五大部分，以后逐年均有更新。

参加福州闽侯考古，著《福建闽侯县甘蔗恒心联乡新石器时代遗址考察报告》。

福建省政府聘请惠祥为省博物馆学术辅导员，华侨文化事业促进委员会委员。

1954 年五十三岁

博物馆陈列室增加世界人种模型。陈列次序按社会发展分为原始社会、奴隶社会、封建社会及其他专题，如民族标本、字画、货币等，作了一些改进和更新。

发表《台湾自古是中国领土》、《1954 年厦大泉州考古队报告》、《福建南部的新石器时代遗址》、《1950 年厦门大学泉州考古队报告》等文章。

福建省人民政府聘任惠祥为省文物保护委员会委员。厦门市政府聘他为厦门市文管会副主任。

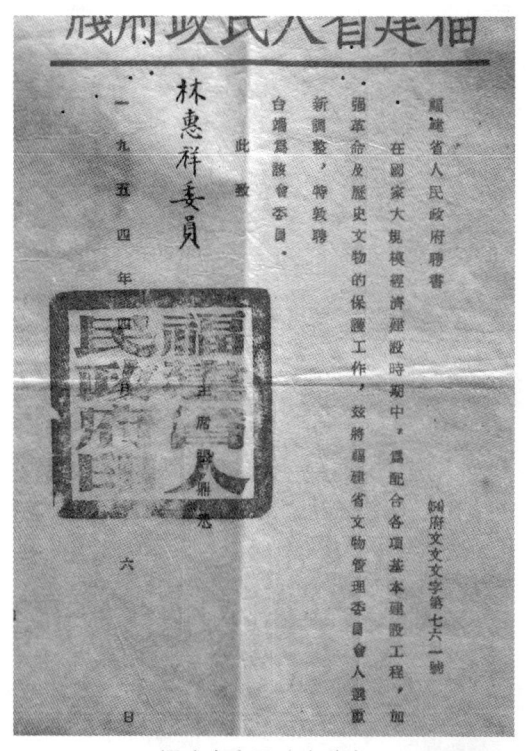

福建省人民政府聘书

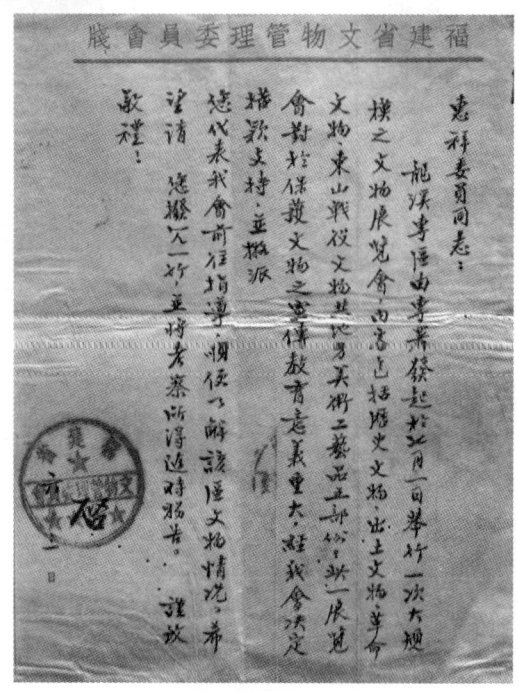

福建省文管会致林惠祥函

1955 年五十四岁

除做好博物馆工作外,到长汀河田进行考古发掘。

6月,惠祥被推荐为福建省政协委员、省科委委员。

参加鹰厦铁路"厦门青年段"义务劳动。

编著和出版《为什么要保存古物》、《台湾石器时代遗物的研究》、《台湾是中国领土——中国人民一定要解放台湾》等。

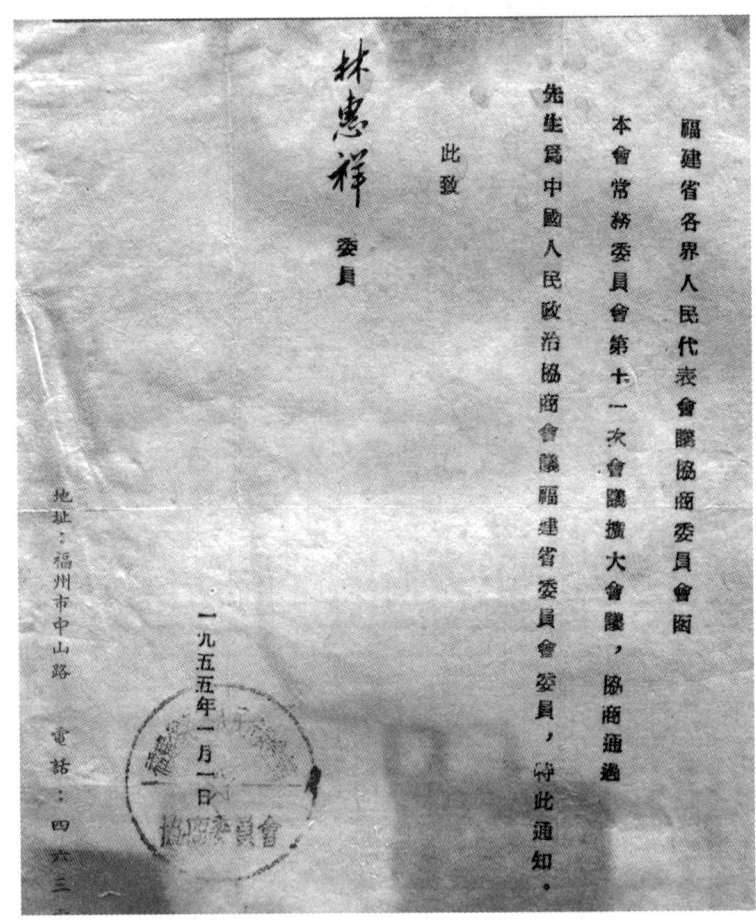

福建省各界人民代表会议协商委员会函

1956 年五十五岁

经过几年的努力,博物馆已粗具规模,38间陈列室都布满了。内容有:从猿到人古人类复原模型;新石器有福建、台湾及东南地区诸省和华北等地;陶器有北方彩陶、黑陶和东南地区印纹陶以及印度、马来西亚旧石器;商周及汉代的铜器、玉器;魏晋唐宋及明清的陶瓷器、明器;还有甲骨、历代货币、社会仪式品、宗教品、字画、民族标本、古兵器和社会人种模型等。图书资料室有三间,工作人员有资料员三人,技术员三人,研究人员四人,还有两名研究生。

惠祥还承担高教部任务,负责在厦门大学招收和培养两名副博士考古研究生。

到北京参加全国考古工作会议,惠祥被选入主席团,并在会上宣读《福建长汀县河田区新石器时代遗址》,提出有段石锛发展三个阶段的观点,有段石锛和印纹陶是构成我国东南地区新石器时代的文化特征。

《自传》下篇完稿。还发表《福建武平县新石器时代遗址》、《1956年厦门大学考古实习队报告》等文。

1957年五十六岁

2月,国家高教部任命惠祥为厦门大学南洋研究所副所长。

9月27日,惠祥被批准光荣地加入中国共产党,这是惠祥一生中一件大事。

撰写《中国东南区新石器时代文化特征之一:有段石锛》,这是一篇集毕生研究心得的综合性论文,也是惠祥平生最后的一篇杰作。惠祥提出有段石锛发展三个阶段,即初级型、中级型和高级型,福建多属低级或中级,高级型极少。台湾高级型较多。菲律宾和太平洋诸岛几乎全是高级型。由此得知,有段石锛出自亚洲大陆,后传至台湾、菲律宾、玻利尼西亚,说明中国东南区和东南亚地区古代文化关系相当密切。

12月,市各界人士应铁道兵部队之邀,乘火车欣赏铁路沿途风光。惠祥受邀参加这次活动。

此外,还发表《南洋马来族与华南古民族的关系》、《南洋民族的来源与分类》、《算命的研究与批判》、《中国猿人第一个头盖骨发现二十八周年》、《福建长汀县河田区新石器时代遗址》等文章。

1958年五十七岁

博物馆陈列室开始向三楼扩展,学校又腾出三楼前面两个大间,惠祥觉得很高兴。2月12日,惠祥正常地忙完博物馆工作,骑着自行车回家。晚饭后,继续在完成《中国东南区新石器时代文化特征之一:有段石锛》一文的英文提要。因为是冬天,临睡前还给孩子盖好被子。2月13日凌晨,因突发性脑溢血,经多方抢救无效,与世长辞,享年57岁。

图集

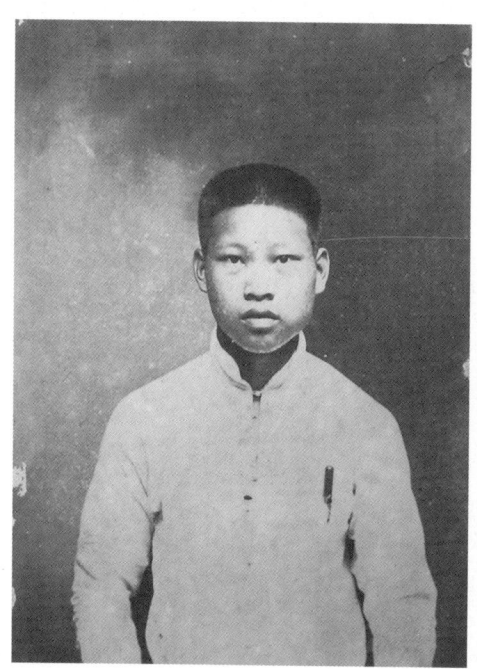
1918年林惠祥17岁时护照像

1921年由菲律宾回国后在福州照

1921年就读厦门大学学生时代之戏照

1928年菲律宾大学硕士研究生毕业照

1928年菲律宾大学人类学硕士学位证书

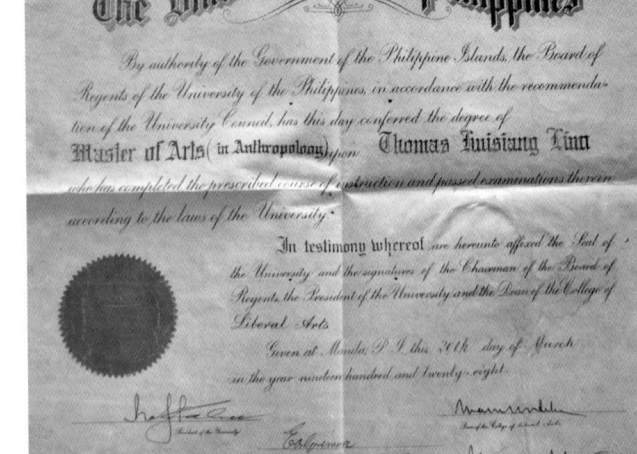

1929年赴台湾调查高山族

1929年由台湾采集到高
山族标本带回中央研究院

1929年在台湾高山族村社茅草屋前

穿着高山族的服饰(1929年)

1929年第一次赴台考察高山族

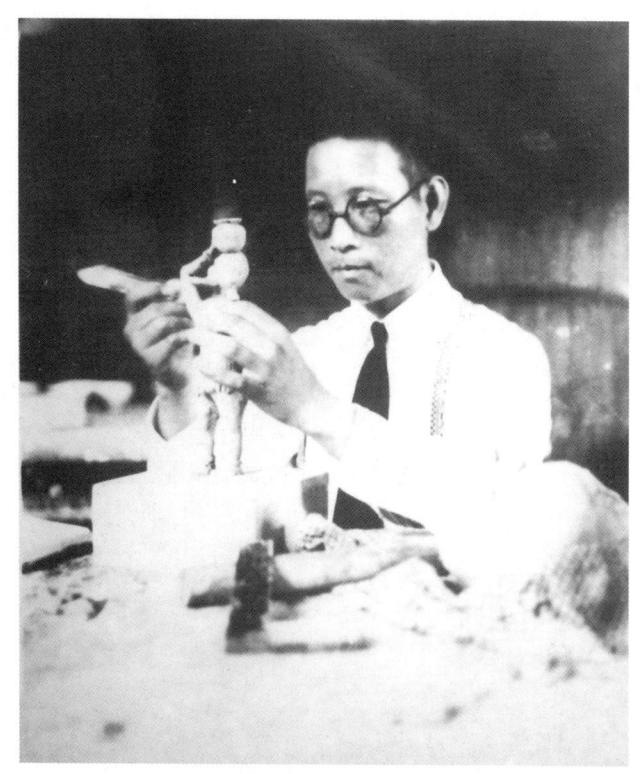

1930年在中央研究院制作人类学模型

1934年用稿费在厦门顶沃仔自建房屋一栋，楼上自住，楼下作为展览室

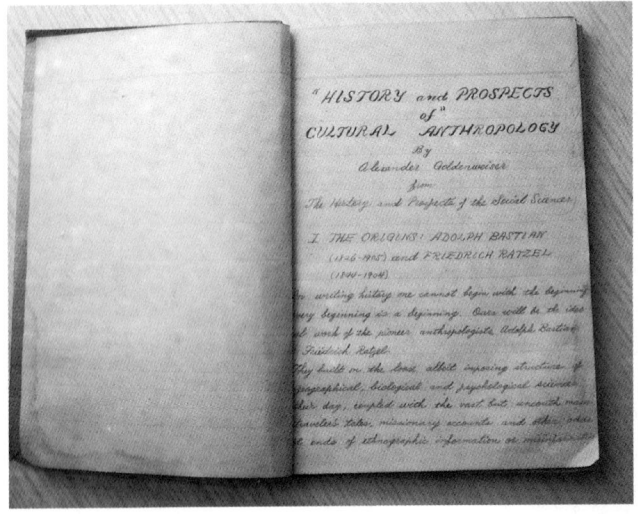

林惠祥手抄的英文版《文化人类学》

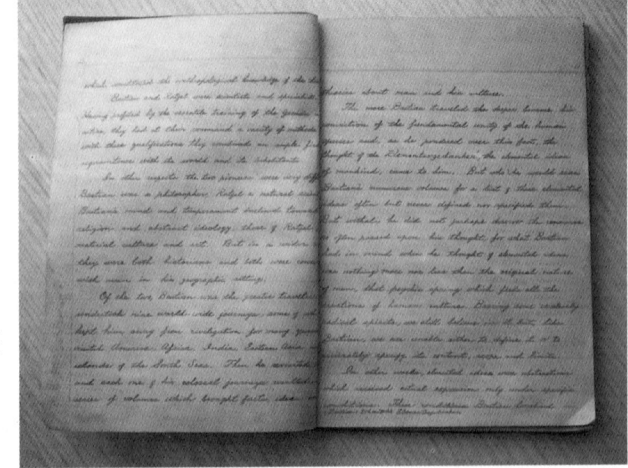

1939年在钟灵中学宿舍前耍大关刀锻炼身体

1941年好友徐悲鸿先生亲笔书写"富贵不能淫，贫贱不能移，威武不能屈，是之谓大丈夫"之条幅赠林惠祥教授

1941年钟灵中学生物研究会欢送林惠祥（前排中）、林惠柏二位先生留影

1941年3月即将离开钟灵中学时当地照相馆免费为其拍照

1944—1947年，住新加坡后港六个石椰园内的阿答厝，回国前拍照留念

1944—1947年，在阿答厝旁开垦空地，种植树薯、香蕉、蔬菜度过最苦难的日子

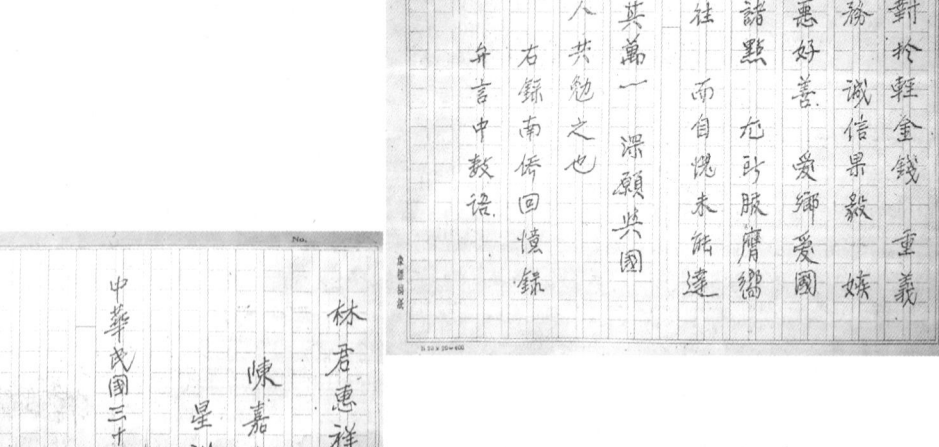

1946年陈嘉庚先生亲笔书写《述志诗》赠送林惠祥教授，以作回国之留念

1950年春参加厦门市
第一届各届人民代表会议

厦门市第一届各届人民代表会议（林惠祥教授为主席团成员）

1951年参加厦门市的土改运动,任工作组副组长

1951年夏天在龙岩城外东南小溪边

1953年为制作猿人模型，亲自给工作人员当模特

1953年林惠祥馆长在其办公室

1953年厦门大学人类博物馆全景

1954年参加厦门大学校庆运动会上表演双刀

林惠祥参加厦门大学第一届运动会的奖状

1956年长汀考察　　　　　　　1956年在厦门大学做考古实习动员报告

1956年7月厦门大学考古实习队留影（二排右六为林惠祥）

1956年陈嘉庚先生在厦门大学人类博物馆办公室和林惠祥馆长探讨创办华侨博物馆事宜

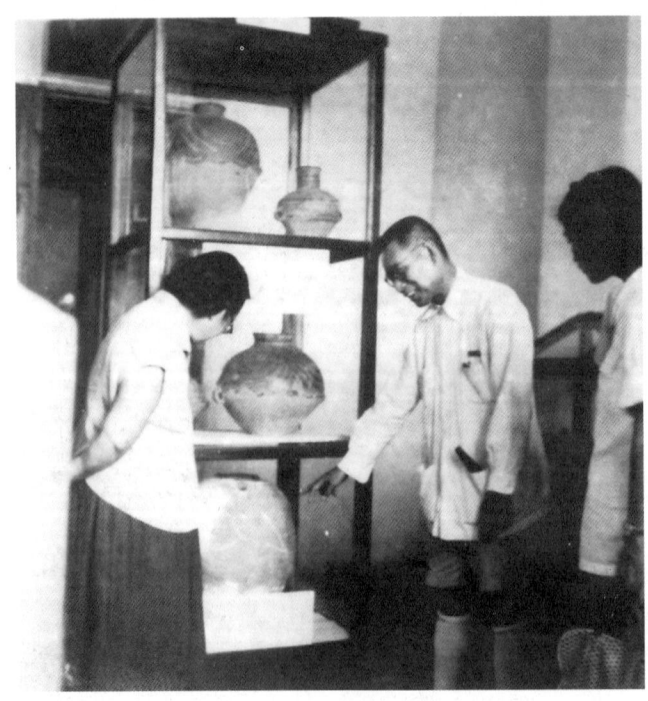

1956年,林惠祥馆长亲自为人类博物馆的参观者讲解

1956年在厦门大学标准像

1956年最后一张全家福

1956年4月第一次科学讨论会,林惠祥做长汀河田新石器遗址报告